“十四五”职业教育国家规划教材
“十三五”职业教育国家规划教材

U1020452

新编21世纪职业教育
精品教材
电子商务类

移动商务基础

（第三版）

主　编　王忠元　郭　明
副主编　沈稷婵　张明勇
主　审　雷　玲

PPT课件　电子教案　课程标准　微课视频

中国人民大学出版社
· 北京 ·

前言

党的二十大明确提出“加快构建新发展格局，着力推动高质量发展”，明确指出要加快建设网络强国和数字中国，同时提出“实施科教兴国战略，强化现代化建设人才支撑”，“全面贯彻党的教育方针，落实立德树人根本任务”。促进移动商务健康发展，培养德才兼备的移动商务技术技能型人才，是建设网络强国和数字中国的有力推动力量。

目前，我国的移动互联网已经得到迅猛发展，并且日益趋于成熟。中国互联网络信息中心（CNNIC）发布的第 54 次《中国互联网络发展状况统计报告》显示，截至 2024 年 6 月，我国网民规模近 11 亿人（10.996 7 亿人），较 2023 年 12 月增长 742 万人，互联网普及率达 78.0%。我国手机网民规模达 10.96 亿人，网民使用手机上网的比例达 99.7%。随着 5G、大数据、人工智能等技术的发展，移动互联网已经渗透到人们生活的方方面面，成为当代生活必不可少的工具。

移动互联网及其所支撑的移动商务的迅猛发展，引发了移动商务应用型和技能型人才的巨大缺口。工信部数据统计显示，我国目前移动互联网人才及移动商务人才缺口达百万以上。随着移动互联网高速且深入的发展，移动互联网行业的专业人才匮乏将进一步加剧。根据《国家职业教育改革实施方案》、《关于深化现代职业教育体系建设改革的意见》和修订实施的《中华人民共和国职业教育法》等相关文件精神，为了进一步适应移动商务发展的需要，加强对移动商务技能型人才的培养，职业院校移动商务相关课程教学的教材建设开发与修订迫在眉睫。本书正是为了满足国内职业院校和各类培训机构开设移动商务课程的需求而编写的一本基础教材，涉及移动商务认知、移动商务技术概况、移动支付、移动商务经营模式、移动营销、移动商务安全、短视频与直播电商和移动商务典型案例等内容。

职业教育的内涵是以就业为导向的，其专业核心课程教学应该注重培养学生的岗位工作能力。因此，本书的编写旨在使移动商务课程教学能与电子商务企业就业岗位直接对接，重在培养学生的移动商务岗位应用能力，采用理实一体的编写结构，并在阐述职业院校学生应该具备的移动商务理论和讲解典型案例的同时，重点强调对学生在商务技能和应用技能方面的培养。本书共设计了七个移动商务技能实训项目，充分体现了职业教育“做中学”的理念和“教学做”一体化的教学方式。

本书主要有以下几个方面的特色：

1. 充分贯彻党的二十大精神，全面落实立德树人的根本任务

本书依照党的二十大精神，全面落实立德树人的根本任务，将知识传授、能力培养和价值塑造融为一体，特别设计了“素养目标”“科技创新”“职业伦理”“法治护航”等栏目。

2. 产教融合

本书与武汉众拓、武汉荆楚壹号等移动电子商务企业深度合作，设计了基于企业移动商务典型岗位的项目训练，培养学生的移动商务岗位技能。

3. 内容新

本书教学内容的选取紧跟移动互联网的发展，增加了移动商务先进技术、短视频与直播电商、企业案例等内容，顺应了移动商务发展的现状和趋势。

4. “教学做”一体化

本书的部分内容是作者在课程教学中运用“教学做”一体化职业教育教学模式的呈现，教学过程充分体现了“师徒式”和“做中学”的理念，“教师示范、学生模仿、学生创新”的方式贯穿整个教学过程。

5. 中高职衔接

本书是在武汉职业技术学院与武汉市第一商业学校联合开办的电子商务专业“3＋2”中高职衔接分段培养课程教学研究创新实践基础上的结晶。

本书由武汉职业技术学院王忠元教授、章丘中等职业学校郭明担任主编，武汉市第一商业学校沈稷婵、武汉职业技术学院张明勇教授担任副主编，武汉职业技术学院雷玲教授进行了审稿。

由于电子商务发展迅速，加之作者学识和经验有限，书中的疏漏甚至错误在所难免，敬请读者提出批评和修改意见。作者邮箱：mailtowzy@163.com。

编者

目 录

模块一 移动商务认知 / 1

单元一 移动商务概述 / 4

单元二 移动商务分类 / 9

单元三 移动商务物流配送 / 13

单元四 移动互联网的现状及发展趋势 / 16

实训项目一 体验移动商务——手机淘宝购物及应用 / 22

模块二 移动商务技术概况 / 29

单元一 终端与移动操作系统 / 34

单元二 二维码、RFID、NFC 与蓝牙技术 / 38

单元三 基于位置的服务（LBS）技术 / 43

单元四 移动商务开发的技术——HTML5 和 CSS3 / 45

单元五 云计算、大数据、物联网技术与人工智能 / 51

单元六 移动商务小程序 / 63

实训项目二 AI 人工智能技术的应用 / 70

模块三 移动支付 / 76

单元一 移动支付概述 / 82

单元二　移动支付类型　/ 86
单元三　典型的移动支付方式　/ 89
实训项目三　招商银行手机银行注册及应用　/ 93

模块四　移动商务经营模式　/ 97

单元一　O2O 模式　/ 99
单元二　平台模式　/ 105
单元三　免费模式　/ 112
单元四　C2B 模式　/ 118
单元五　移动电子商务平台　/ 122
实训项目四　抖音账号注册与基本功能　/ 129

模块五　移动营销　/ 133

单元一　移动营销概述　/ 135
单元二　移动 App 营销　/ 140
单元三　二维码营销　/ 145
单元四　LBS 营销　/ 150
单元五　微信营销　/ 154
实训项目五　抖音营销策划　/ 159

模块六　移动商务安全　/ 163

单元一　移动商务安全概述　/ 165
单元二　移动商务信任机制及行业自律　/ 171
单元三　移动终端安全　/ 174

实训项目六　360 手机卫士及其安全管理　/ 178

模块七 短视频与直播电商　/ 186

单元一　短视频与直播电商概述　/ 190
单元二　短视频电商　/ 192
单元三　直播电商　/ 197
单元四　短视频与直播电商融合　/ 199
单元五　短视频与直播电商的营销策略　/ 201
单元六　短视频与直播电商技术赋能　/ 203
实训项目七　抖音直播　/ 206

模块八 移动商务典型案例　/ 211

案例一　美团网　/ 211
案例二　拼多多移动电商人工智能赋能　/ 216
案例三　跨境移动电商典范：希音　/ 219
案例四　微信公众平台“某吃货邦”许可证问题　/ 222
课程综合实操案例　/ 224

参考文献　/ 228

模块一

移动商务认知

扫一扫

认知移动商务——把握时代脉搏，引领商务变革

● 知识目标

理解移动商务的概念、优点以及与电子商务的区别。

熟悉移动商务的应用类型。

了解移动物流的相关内容及应用。

● 技能目标

能够熟练操作主流移动商务平台（如淘宝、京东等）的卖家后台。

能够说明移动商务的特点和未来发展趋势。

● 素养目标

培养并践行社会主义核心价值观。

传播优秀商业文化，培养文化自信。

能准确认识移动互联网，致力于推进网络强国战略。

案例导入与预演

在桌面互联网时代，电子商务的用户使用终端一般是位置固定的台式电脑（也称为桌面PC），这种形式的电子商务一直延续到现在，仍是电子商务的重要形式。然而，随着移动互联网和智能手机的普及，用户网上商务活动使用的终端逐渐过渡到智能手机、平板电脑、智能手表、车载移动终端等移动终端，使消费者随时随地上网购物消费得以普遍化，移动商务时代已经到来。淘宝、天猫、京东、苏宁易购、唯品会等电子商务平台都同时拥有桌面购物平台和移动App，使用户在线消费有了很大的灵活性和便捷性。

一、案例导入——京东及其移动商务

1998年6月，京东公司成立。2004年，京东正式涉足电商领域。2016年入榜《财富》全球500强，成为中国首家入选的互联网企业，也是中国收入规模最大的互联网企业。

京东集团 2023 年全年净收入为 10 847 亿元人民币，同比增长 3.7%。归属于普通股股东的净利润为 242 亿元人民币，同比增长 132.69%。2023 年，非美国通用会计准则（Non-GAAP）下，京东净利润为 352 亿元人民币，同比增长 24.82%。截至 2023 年底，京东集团员工总数已超过 56 万人，并且京东已为近 62 万人创造了就业岗位，这包括了公司的自有员工和外部人员。京东通过对供应链的“补链”“强链”，带动了上下游产业 2 500 万人实现稳定就业。目前京东集团的业务涉及电商、金融和物流三大领域。

京东目前已成长为中国最大的自营式电商企业，2015 年在中国自营式 B2C 电商市场的占有率为 56.9%。京东致力于为消费者提供愉悦的在线购物体验，坚持“正品行货”的理念，对假货零容忍；采取六大品控措施，保障正品，大量品牌直供，从源头上杜绝假货。通过内容丰富、人性化的网站（www.jd.com）和移动客户端，京东以富有竞争力的价格，提供具有丰富品类及卓越品质的商品和服务，以快速可靠的物流方式送达消费者，并且提供灵活多样的支付方式。京东致力于打造一站式综合购物平台，服务中国亿万家庭。3C 事业部、家电事业部、消费品事业部、服饰家居事业部、生鲜事业部和新通路事业部六大部门领航发力，覆盖用户多元需求。同时，京东还为第三方卖家提供在线销售平台和物流等一系列增值服务。

京东拥有中国电商领域规模最大的物流基础设施，通过完善布局，京东已发展成为全球唯一拥有中小件、大件、冷链、跨境、B2B、众包（达达）六大网络的物流企业。从 2007 年京东集团自建物流开始，京东物流用 10 多年时间完成了大件和中小件物流在我国几乎所有区县的全覆盖，服务触达行政村超过 55 万个。京东于 2017 年 4 月 25 日正式成立京东物流子集团，截至 2023 年 6 月，京东在全国范围内拥有 1 600 个大型仓库，运营了超过 30 个大型智能化物流中心“亚洲一号”、全国首个 5G 智能物流园区以及超过 70 座不同层级的无人仓，形成了目前亚洲规模最大的智能仓群，仓储总面积约 3 200 万平方米。京东专业的配送队伍能够为消费者提供一系列专业服务，如 211 限时达、次日达、夜间配、2 小时极速达、GIS 包裹实时追踪、售后 100 分、快速退换货以及家电上门安装等服务，保障用户享受到卓越、全面的物流配送和完整的“端对端”购物体验。京东智能物流持续创新，“亚洲一号”现代化物流中心是目前中国最大、最先进的电商物流中心之一，具备高度智能化处理能力，集商品暂存、订单处理、分拣配送功能等于一体，不仅组成了亚洲电商物流规模最大的智能仓群，而且已经成为多地的地标性建筑和物流覆盖能力的象征。京东物流实验室开始测试无人机送货，准备为农村电商配送提速。京东物流于 2021 年 5 月 28 日在港交所挂牌上市。

扫一扫

京东物流

2011 年 2 月，京东商城 iPhone、Android 客户端相继上线，京东启动了移动商务战略。现阶段，京东的移动商务得到了长足发展，用户移动购物已经成为京东在线交易的主流。根据京东官方的数据，截至 2023 年 6 月 30 日，京东过去 12 个月的活跃购买用户数已达到 6.238 亿，单季度新增 3 500 万，同比增长 25.6%的增速也创下近 15 个季度以来的新高。2023 年 6 月，京东移动端日均活跃用户数较上年同期大幅增长 50%。良好的购物体验和稳定可靠的供应能力为京东赢得了更多的用户信赖。

二、预演

预演任务

比较京东桌面网站购物与手机 App 购物的异同。

预演步骤

（一）京东桌面网站购物体验

（1）进入京东桌面购物网站（www.jd.com），如图 1－1 所示。

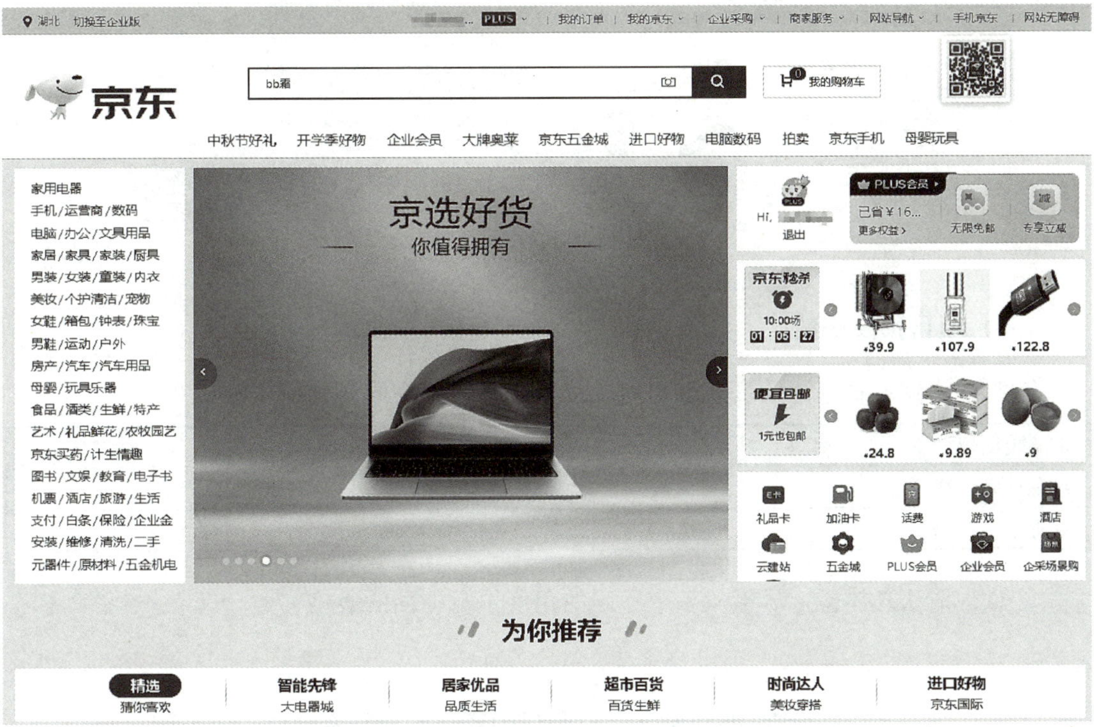

图 1－1　京东桌面购物网站首页

（2）注册京东会员。

（3）进行购物体验，熟悉桌面购物网站的功能及特点。

（二）京东手机 App 购物体验

（1）在手机上下载京东手机 App 并安装。

（2）进入京东手机 App，使用自己的京东账号登录。

（3）进行购物体验，熟悉手机 App 购物的功能及特点，如图 1－2 所示。

图 1-2　京东手机 App 页面

（三）项目预演小结

对两种购物形式进行认真总结，完成以下表格，并在同学之间交流。

比较项目	相同点	不同点	优点	缺点
京东桌面购物				
手机京东购物				

注意：请认真体验，尽量从多个不同的角度填写上面的表格。

单元一　移动商务概述

随着互联网的普及，电子商务成为建立在互联网基础之上的一种新型商务活动。而近几年移动互联网的发展速度之快、潜力之大，超出人们的想象，手机、平板电脑、PDA甚至可穿戴设备等移动端也迅速发展并广泛应用，推动了电子商务向移动商务发展。

一、移动商务的概念

广义的移动商务是指通过移动设备随时随地获得的一切服务，涉及通信、娱乐、商业广告、旅游、紧急救助、农业、金融、学习和商业运营等。狭义的移动商务是指通过移动终端（如手机、平板电脑、PDA 等）等无线通信设备与互联网有机结合进行商品或服务的货币交易的商务类活动。本书侧重的是狭义的移动商务。

移动商务是在移动终端开展的商务活动，移动是手段，商务是目的，其从本质上仍属于电子商务。

2009 年以后，智能手机逐渐普及，我国的移动商务得到了较快的发展。现在 5G 网络和应用正在快速代替 4G 网络，移动商务环境也日趋成熟，各种新型的移动商务应用形式还会不断涌现，移动商务的应用范围将更加广泛。

二、移动商务与电子商务的区别

移动商务，简单地说，是移动互联网应用普及的环境下电子商务的表现形式。现阶段，我们关注的重点是 4G/5G、Wi－Fi 环境下的移动商务。移动商务与电子商务（应用终端以桌面 PC 为主）也存在较为明显的区别。

（一）服务个性化

移动商务所依托的无线通信具有地理定位功能，因此，移动商务可以充分利用基于位置的个性化服务，移动用户能更加灵活地根据自己的需求和喜好来定制服务与信息。而电子商务则强调的是无差别的服务。

（二）终端设备

电子商务使用的终端设备主要是桌面个人计算机，显示器屏幕大、内存大、处理器速度快、采用标准键盘，不用考虑电池问题。移动通信设备则相反，屏幕小、内存小、处理器速度慢、输入不便，电池一次不能用太久，因此移动商务的信息比较简洁，不宜处理复杂应用。

（三）用户群体

移动商务的潜在用户群远大于电子商务，但这个群体分布不均且具有不同的特点。

（四）移动性

与电子商务相比，移动商务因终端设备的移动性而产生更多的商业机会，更能实现个性化和随时随地的商务活动。

（五）时空约束

移动商务往往与空间和时间有关，更能实现个性化服务，更能满足用户与位置有关的需求，如在陌生城市找理发店、餐馆和酒店等。许多移动商务有时间限制，如医疗救护和限时特价酒店等；而电子商务通常强调不受时间和空间的影响，都能提供一样的服务。

（六）商业模式

电子商务更强调低成本和无限的网络空间，消除信息不对称，提供无限的免费信息服务；而移动商务更多的是针对差异性，提供差异化的个性服务来盈利。

三、移动商务的优点

当然，移动商务与电子商务相比有许多优点，主要包括以下几个方面：

（1）使商务活动的信息互动更高效、更及时。

（2）使商务活动的规模更大、机会更多，不限于坐在计算机前才能开展商务活动，而是随时随地都可凭借智能手机来进行。更大的规模和更多的机会，会让企业与用户双方均可得利。

（3）通信终端的私有性帮助交易双方确认对方身份，使得移动商务供应商能精准地与目标用户交互，提高了交易的成功率。

四、移动商务的应用类型

移动商务形式多样，除从传统 PC 电子商务中扩展而来的一些服务外，还有许多新的形式会被逐渐开发出来。目前，主要的移动商务应用可分为六种类型。

（一）移动信息服务

移动信息服务包括移动短信、彩信和移动即时通信等形式，如微信、微博、短信通知、短信广告等，也包括移动信息搜索服务。

（二）移动支付

移动支付（Mobile Payment）也称为手机支付，即允许用户使用其移动终端（通常是手机）对所消费的商品或服务进行账务支付的一种服务方式。典型的移动支付手段有手机银行、第三方移动支付平台、NFC 近场支付等。

（三）移动医疗

移动医疗就是通过使用移动通信技术，例如 PDA、移动电话和卫星通信来提供医疗服务和信息，具体到移动互联网领域，则以基于安卓和 iOS 等移动终端系统的医疗健康类 App 应用为主。相比于传统医疗，移动医疗实现了对医疗资源配置利用的优化，让患者和医生、医院管理者更省时、更省心。在国家医改进程的推动下，得益于知识付费时代和医药电商政策放开，移动医疗作为我国医疗卫生的重要补充，近年来在移动互联网技术终端、大数据技术等推动下，实现了快速发展。移动医疗 App 市场近年来持续扩大，不仅应用的种类达到了数千款，市场规模也在快速增长。相关数据显示，自 2013 年起，该市场规模从 19.8 亿元迅猛增长，2022 年超过 1 000 亿元，年复合增长率高达 40%

左右。预计到 2025 年，整个行业规模有望突破 2 000 亿元大关。如图 1－3 所示，使用春雨医生 App 进行大夫门诊预约。

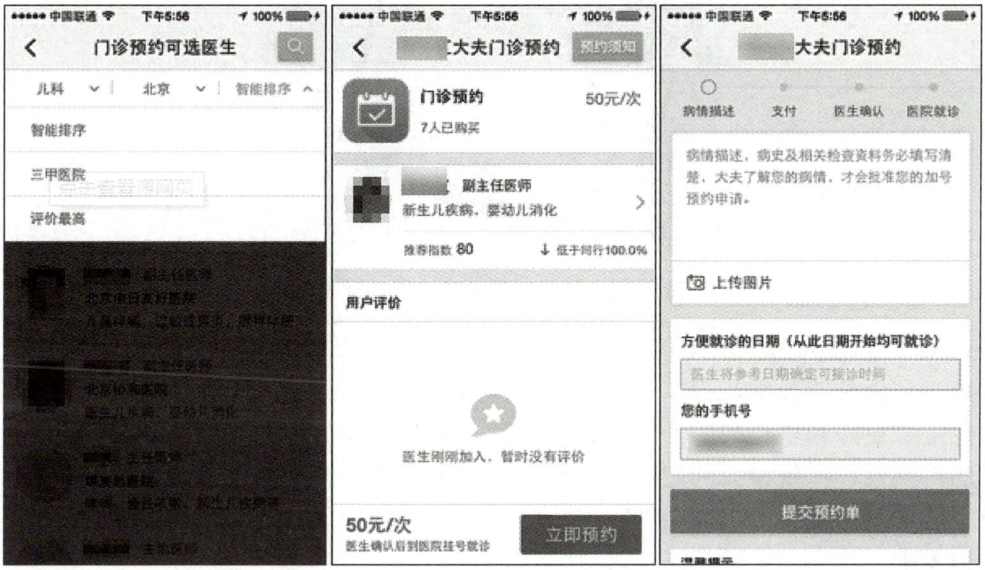

图 1－3　春雨医生 App 门诊预约

（四）移动娱乐

移动娱乐就是传统娱乐方式在手机、平板电脑及 PDA 等移动通信终端上的应用。随着 5G 技术的普及，宽带传输、手持终端和移动视频等新技术产生的能量会进一步扩展，娱乐创新的表现形式也会越来越丰富多彩。移动娱乐业务包括移动游戏、移动视频、移动在线音乐和无线宠物生活等。2020 年开始，随着人们纷纷宅在家中，用户都转向移动设备来保持联系、消磨时间和获取信息。抖音实现大幅度增长，在全球范围内积累了大量活跃用户。2023 年，抖音的日活跃用户数达到了 6 亿，月活跃用户数更是高达 9.5 亿。这一数据不仅展示了抖音在全球范围内的广泛影响力，也反映了其作为社交媒体平台的强大吸引力和用户参与度。

（五）移动学习

移动学习（Mobile Learning）是一种在移动设备帮助下能够在任何时间、任何地点发生的学习。移动学习所使用的移动设备必须能有效地呈现学习内容，并且提供教师与学习者之间的双向交流。采用微课、幕课、直播课等形式开展"碎片化"学习，翻转课堂和移动学习等是移动互联网时代的学习创新。如图 1－4 所示，使用平板电脑可以随时随地进行课程学习。

（六）移动企业应用

移动企业应用包括面向企事业单位的移动客户服务、移动办公、移动物流和移动后勤管理等。特别是移动客户关系管理、移动 ERP（企业资源计划）和移动供应链管理等，对移动商务企业有极其重要的意义。移动客户服务可以帮助客户迅速实现有效的"客户

图 1-4 使用平板电脑进行移动学习

关系管理”，开展对客户的个性化营销、个性化关怀以及个性化服务，建立起和客户之间互惠互利的长期关系，提高企业的经营效率，提升服务品质，创建客户忠诚，为中小企业带来更好和更长久的经济效益。例如，全球较为流行的移动终端 Zendesk，具有极高的扩展性，提供强大的定制化选项，可用于任意规模的客服团队。Zendesk 为客户提供基于互联网的 SaaS 客户服务/支持管理软件，使企业能更轻松地管理终端客户的服务与需求。

五、移动商务的特点

相对于基于桌面 PC 互联网的电子商务来说，移动商务有以下显著特点。

（一）时空无界性

移动用户可以在任何时间、任何地点查询所需的商品或服务信息，并启动、协调和完成移动交易。

（二）便捷性

不受地域限制，查看邮箱、收发即时信息和交换图文、观看视频等，都因移动互联网的普及而变得非常容易和便捷。

（三）位置相关性

采用全球定位技术（GPS）和基于位置服务技术（LBS），可以帮助服务提供商更准确地识别用户所在位置，从而向用户提供与其位置相关的信息，如附近的旅游景点、酒店或旅馆、共享单车等。

（四）个性化

由于每部移动终端都有唯一的 SIM 智能卡，因此服务提供商可以很方便地通过它收集用户信息。同时，消费者可以在经过自己许可的情况下，让商家收集自己的数据信息，从而为自己提供更好的服务，还可让商家根据自己的要求提供一定的隐私保护措施。

中国方案

关于网络强国的论述

党的二十大明确提出要推进国家安全体系和能力现代化，坚决维护国家安全和社会稳定。其中在健全国家安全体系举措中提出强化网络完全保障体系的建设。

当前以互联网特别是现阶段移动互联网为代表的信息技术日新月异，给经济社会发展带来历史机遇和严峻挑战。

习近平总书记指出："互联网是20世纪最伟大的发明之一，给人们的生产生活带来巨大变化，对很多领域的创新发展起到很强带动作用。""网信事业发展必须贯彻以人民为中心的发展思想，把增进人民福祉作为信息化发展的出发点和落脚点，让人民群众在信息化发展中有更多获得感、幸福感、安全感。""要适应人民期待和需求，加快信息化服务普及，降低应用成本，为老百姓提供用得上、用得起、用得好的信息服务，让亿万人民在共享互联网发展成果上有更多获得感。""大数据在保障和改善民生方面大有作为。"

"要探索'区块链+'在民生领域的运用，积极推动区块链技术在教育、就业、养老、精准脱贫、医疗健康、商品防伪、食品安全、公益、社会救助等领域的应用，为人民群众提供更加智能、更加便捷、更加优质的公共服务。"这些重要论述字里行间饱含着对人民的深厚感情，是坚持以人民为中心的发展思想在推动网络强国建设实践中的生动诠释。现在，互联网已经融入社会生活方方面面，深刻改变着人们的生产和生活方式。以互联网为代表的信息技术引领了社会生产新变革，极大提高了人类认识世界、改造世界的能力。当今世界，网络信息技术深刻改变着全球经济格局、利益格局、安全格局，主要国家都把互联网作为经济发展、技术创新的重点，把互联网作为谋求竞争新优势的战略方向。在深入分析科技发展和近现代世界大国兴衰的历史后，习近平总书记鲜明指出："信息化为中华民族带来了千载难逢的机遇""我们必须敏锐抓住信息化发展的历史机遇"。

习近平总书记强调："向着网络基础设施基本普及、自主创新能力显著增强、信息经济全面发展、网络安全保障有力的目标不断前进。"

实践证明，党的十八大以来，以习近平同志为核心的党中央把握战略机遇，统筹协调涉及政治、经济、文化、社会、军事等领域信息化和网络安全重大问题，作出一系列重大决策，提出一系列重大举措，推动网信事业取得历史性成就。其中，移动商务的蓬勃发展尤其令人瞩目。

单元二 移动商务分类

移动商务一般根据移动商务经营模式来分类，也常常根据移动商务服务类型和应用终端类型来分类，下面分别描述。

一、按经营模式分类

移动商务是电子商务在移动互联网时代的延伸，传统的电子商务经营模式完全适应移动商务，因此移动商务按照经营模式划分基本与电子商务分类相同，具体来说，可以分为以下几类。

（一）B2C 移动商务

B2C（Business to Consumer）移动商务即企业与消费者之间的移动商务。它类似于联机服务中进行的商品买卖，是利用计算机网络使消费者直接参与经济活动的高级形式。这种形式基本等同于电子化的零售，它随着万维网（WWW）的出现迅速地发展起来。目前，在互联网上遍布各种类型的商业中心，它可以提供从鲜花、书籍到计算机、汽车等各种消费商品和服务。京东商城、唯品会、亚马逊都是典型的 B2C 电子商务。

（二）B2B 移动商务

B2B（Business to Business）移动商务即企业与企业之间的移动商务，包括非特定企业间的电子商务和特定企业间的移动商务。B2B 移动商务包括垂直型 B2B 移动商务、水平型 B2B 移动商务和分销式 B2B 移动商务。垂直型 B2B 移动商务主要是以产业链为核心，基于移动互联网平台与移动推广手段实现产业链上、下游企业之间或上游原材料供应商、生产商与下游经销商之间的资讯、沟通和交易。水平型 B2B 移动商务是将各个行业中相近的交易过程集中在一个移动端平台，为企业的买方和卖方提供交易机会。分销式 B2B 移动商务是移动商务模式中较为常见的移动商务模式，以北京口袋时尚科技有限公司开发的微店 App 为例（见图 1－5），任何人通过手机即可开通自己的店铺，通过一键分享到 SNS（社交网络服务）平台来宣传店铺并促进交易。

阿里巴巴、中国制造网也都是典型的 B2B 移动商务平台。

（三）C2C 移动商务

C2C（Consumer to Consumer）移动商务即消费者与消费者之间的移动商务。它是指消费者之间通过移动网上商务平台实现交易的一种移动商务模式。传统的商务模式不能提供便利的方式让消费者出售其所持有的产品，而利用互联网就可以很好地解决该问题。产品持有者发布其产品信息，产品需求者对其所需要的产品出价，产品持有者最终将产品卖给出价最高的买方。卖方能以较高的价格出售产品，买方也能以自己接受的价格购买产品，这种交易方式类似于拍卖方式，又称为网上拍卖。典型的 C2C 电子商务网站有淘宝网、eBay、58 同城等。

C2C 移动商务模式近年来正在发生一些变化，一部分的厂商和商家也开始利用这种系统在互联网上销售产品和服务，将 B2C 和 C2C 逐步地融合在一起，形成了新的 B2C2C 或 B2B2C 移动商务模式。

图 1-5 微店界面

（四）O2O 移动商务

现阶段电子商务逐渐向线下扩展，出现了线上线下融合的趋势，由此产生了新的电子商务模式——O2O（Online to Offline）模式。O2O 就是将线下电子商务机会与互联网结合在一起，让用户可以线上订购、线下消费，互联网成为线下的交易平台，将线上的消费者带到现实的店铺中。O2O 作为一种新兴的商业模式，正在改变电子商务的业态和格局。对商家来说，O2O 降低了商家的运营成本，扩大了商品销售的客源；对消费者来说，O2O 提供更加丰富、全面、及时的商品信息，可以方便快捷地选择和订购产品及服务；对于 O2O 平台商来说，该模式可以带来大量高黏度的消费者，提高了平台的影响力。随着移动商务和二维码等新技术的普及，O2O 电子商务的市场规模将进一步扩大。同时，随着贸易的全球化程度提高，电子商务的平台也逐渐跨出国界，跨境电子商务迅猛发展。

（五）C2B 移动商务

C2B（Consumer to Business）模式指消费者对企业的交易模式。狭义上的理解是有别于 B2C 的反向电子商务模式，通过将分散但数量庞大的用户聚合起来形成一个强大的采购集团向商家集中采购的行为，也叫反向定制或聚定制。广义的 C2B 的理解是由消费者发起需求，企业进行快速响应的商业模式，即客户需要什么，企业就生产什么。C2B的核心是消费者角色的变化，由传统工业时代的被动响应者变为真正的决策者。B2C模式是典型的推动（Push），而C2B的模式是拉动（Pull），按需定制，降低甚至消除了库存和相应的成本。C2B的另一个特征是积少成多、聚沙成塔，企业利用社会的零碎资源和个人的能力及零碎时间低成本地帮助企业完成需要大量劳动力、短生命周期或企业不具有能力和资源的项目。

二、按服务类型分类

按照服务类型，移动商务一般分为推式服务、拉式服务和交互式服务三种。

（一）推式服务

移动商务的推式（Push）服务是根据特定用户的习惯、兴趣、爱好、风俗、专业背景等信息，向用户推送所需要的个性化服务。

（二）拉式服务

移动商务的拉式（Pull）服务是一种被动的服务，用户根据商家在移动App或者移动Web网站上发布的信息，自主选择所需要的服务。比如：用户用手机浏览或搜索京东手机App，然后通过比较后购物。

（三）交互式服务

移动商务最常用的服务方式是交互式服务，交互式服务是介于推式服务和拉式服务之间的一种服务，就是说商家可以为用户推送个性化信息，用户也可以在商家的移动站点或App应用中自主选择服务。

三、按应用终端类型分类

（一）手机移动商务

由于智能手机保有量越来越大，手机移动商务已经成为当前移动商务的主流。

（二）平板电脑移动商务

使用平板电脑进行的移动商务活动即为平板电脑移动商务，平板电脑具有屏幕大的优势，在很多场合下使用平板电脑更为方便。

（三）其他移动终端移动商务

移动商务使用的终端不局限于手机和平板电脑，其他的移动终端如PDA、车载终端、可穿戴移动终端等不断涌现，移动商务使用的终端也在不断推陈出新。

单元三 移动商务物流配送

随着信息化时代的到来，行业门户类应用正在从传统 PC 端互联网向移动互联网延伸，物流业经营平台也开始转向移动互联网。例如，包括顺丰、圆通等快递物流企业纷纷推出物流 App 软件，这标志着物流行业正在加快线下实体产业与移动互联网的融合，一种新的商业模式正在崛起。移动物流随时随地满足物流行业车辆定位、内部沟通、客户服务等需求，节约了管理成本，提高了工作效率，增加了货物运送中的透明度，使物流公司能及时、准确地掌握车辆和位置等信息，提高了运输质量和运输效率，增强了客户服务能力，从而提升了企业的核心竞争力。移动物流充分运用信息化手段和现代化方式，对物流市场做出快速反应，对物流资源进行全方位整合，实现了物流信息系统的移动化。

一、移动物流概述

由于近年来国际物流企业进军中国市场、国际燃油价格节节攀升、人力资源费用不断提高，现代物流企业之间的竞争越来越激烈。降低物流企业的经营成本，提高物流过程的效率，成为物流企业在竞争中制胜的关键因素。

移动通信技术、微电子技术、计算机技术和计算机网络技术的发展，为物流企业的移动信息化打下了坚实的基础，使现代物流企业从原材料的采购到产成品的销售运输以及最终客户的货物配送服务，都能形成一个完善的物流体系来支撑整个商务流程，做到及时精确的物流服务、快速高效的配送流程、低廉的成本费用和良好的客户服务水平。

这种新形式的物流由于以移动通信技术和网络技术为基础，因此被称为移动物流。移动物流服务包括以下特点和内容。

（一）简单方便

移动物流服务简化了消费者业务办理流程，使物流企业的管理变得简单方便。消费者通过移动终端或个人计算机就可以完成在线下单、查询货物物流信息和收货反馈操作；物流企业通过给员工配置移动终端，可以随时了解货物运输地点、货物配送信息和仓储信息等内容，实现自动订货、自动转账、物流过程追踪、24 小时营业等诸多功能，提升了服务的质量，提高了企业的运行效率，也提高了客户的忠诚度，当然也增加了商品或服务的价值。

（二）费用低廉

通过将先进的条码技术、射频识别技术、定位技术、Internet 技术及现有的物流服务系统进行有效的结合，可以了解待发货物的运输目的地，对流通中的货物进行跟踪，进行统一的协调配送，降低专业物流企业运营成本，减少客户在物流费用上的支出，提高物流运输的效率，并且通过这些技术能为客户提供量身定做的个性化服务。

（三）增值服务

移动物流提供了许多增值服务，外向服务包括市场调查、商品采购和订单处理，内向服务包括货物配送、物流咨询、物流方案的选择与规划、库存控制决策建议、货款回收与结算、物流系统设计与规划方案的制作等。对于费用结算，物流的结算不仅是物流费用的结算，在从事代理和商品配送的情况下，物流服务商还要提供向收货人结算货款等服务。对于市场评测，物流服务商根据物流中心的商品进货和出货的信息，以及以往的数据来分析商品的销售走势，预测未来一段时间内的商品进出库量，进而预测市场对商品的需求，从而为生产企业和销售企业提供重要的咨询服务。

二、移动物流的技术支撑

物流技术包括硬件技术和软件技术两个方面。随着计算机网络技术的应用普及，物流技术中综合了许多现代技术，如条码、射频识别、地理信息系统和全球定位系统等。

（一）条码

条码（Bar Code）是为实现对信息的自动扫描和识别而设计的，是将计算机技术应用于物流行业的一种自动识别技术，能实现快速、准确、可靠地采集数据。条码技术提供了一种对物流中的商品进行标识和定位的方法，借助自动识别技术、全球定位系统和电子数据交换（EDI）等现代技术手段，企业可以随时了解有关商品的实际所处位置及其在供应链上的阶段，并进行实时的管理和协调。条码可以分为一维条码和二维条码。条码技术在物流行业中的应用有销售商品扫描、库存管理、仓库分货拣选等。

（二）射频识别

射频识别（Radio Frequency Identification，RFID）又称为电子标签、无线射频识别，是一种通信技术，可通过无线电信号识别特定的目标并读写相关数据，而无须在系统与特定目标之间建立机械或光学接触。

RFID 在物流的许多环节中都发挥了重大作用，在商品销售扫描、自动库存管理、商品流通检查、配送分货拣选、生产制造环节跟踪方面都起到了重要的作用。

（三）地理信息系统

地理信息系统（Geographical Information System，GIS）是以地理空间数据为基础，采用地理模型分析方法，适时地提供多种空间和动态的地理信息，是一种为地理研究和地理决策服务的计算机技术系统。其基本功能是将表格类型数据转换为地理图形显示，然后对显示结果进行浏览、操作和分析，显示范围可以从洲际地图到非常详细的街区地图，显示对象包括人口、销售情况、运输线路以及其他内容。GIS 应用于物流分析，主要是利用GIS强大的地理数据功能来完善物流分析技术。目前，许多利用GIS为物流分析技术提供专门分析的工具软件已经广泛使用。完整的GIS物流分析软件集成了车辆路线模型、最短路径模型、网络物流模型、分配集合模型和设施定位模型等。将GIS应用于物流管理中，可使物流管理人员方便、快捷、全面地了解各类物流与地理位置有关的信息。它与物流控制、车辆定位和道路信息等相结合，可以实时、准确地评测出物流流量和道路通畅情况，大大提高企业对物流的快速响应能力。

（四）全球定位系统

全球定位系统（Global Positioning System，GPS）是一种先进的卫星导航技术，整个系统由发射装置和接收装置两大部分构成。发射装置主要由若干颗位于地球卫星静止轨道、不同方位的导航卫星构成，通过不断地向地球表面发射无线电波来提供地面物体的位置信息。接收装置通常安装在需要定位的移动目标（如飞机和车辆）上，根据接收到的来自不同方位的导航卫星的定位信号，即可计算其当前的经纬度坐标，然后将其坐标信息记录下来或发回监控中心。

物流系统中，许多环节都涉及与地理位置有关的信息处理，如运输车辆的调度、商品运输路线的选择、仓库位置的选择、配送路线的选择和合理装卸策略等，这些都可以通过运用GPS的定位功能、导航功能、车辆跟踪功能和信息查询功能等进行有效的管理和决策分析。将GPS应用于物流系统，无疑将有助于配送企业有效地利用现有资源、降低消耗和提高效率。

三、移动物流的应用

随着经济全球化进程的加快和现代物流对经济发展的重要性逐渐被国人所认识，我国的物流产业正处于一个高速发展的时期，未来的市场竞争将给我国传统的物流企业带来很大的机遇，同时也会带来新的挑战。只有最大限度地满足客户对物流服务的需求，最大限度地降低物流服务的成本，才能获得企业的信任和利润，才能获得商机。因此，传统物流企业应更新观念，充分利用现代物流技术手段来实现自己的经营管理目标。物流管理的最终目标是降低成本和提高服务水平，这需要物流企业能够及时、准确、全面地掌握运输车辆的信息，对运输车辆实现实时监控调度。现代科技和通信技术的发展，GPS/GIS技术的成熟，为现代物流管理提供了强大而有效的工具。4G/5G对物流企业优化资源配置、提高市场竞争力，也将起到积极的促进作用。

（一）实时掌控物流运输过程

移动物流使得客户能够实时追踪货物的在途情况，准确推算出预计到达时间，这一功能彻底改变了传统物流中货物一旦发出便信息不明的状况，为客户提供了极大的便利和透明度。

（二）优化物流调度与管理

通过移动物流技术，企业能够有效解决物流调度难题，不仅提高了工作效率，还显著降低了油耗等运营成本。同时，系统能够实时监控车辆和货物状态，一旦偏离预设线路即触发紧急报警，提高了物流过程的安全性和可控性。

（三）强化司机管理与安全保障

移动物流还具备强大的司机管理和安全功能，通过全程记录行程轨迹，有效避免了公车私用和非法拉货等问题。此外，GPS 定位系统的应用已成为 ISO9001 认证的要求之一，进一步提升了企业的管理水平。车载终端适应各种复杂环境，提供全网通服务，并在断电时自动报警，确保行车安全。

（四）提高物流运作效率与企业竞争力

移动物流数据终端通过采集、管理、监控和分析货物信息，为物流运营管理提供了坚实的基础数据支持。这不仅有助于优化业务流程，提高物流效率，还能够帮助物流企业全面改善运作效率，从而在激烈的市场竞争中脱颖而出，提高企业的整体竞争力。

随着一大批物流企业开始涉足 4G/5G 移动互联网，物流行业开始逐渐迈入信息化时代，创建物流信息手机 App 客户端成为很多物流企业的选择，这种触网模式对物流企业生产方式产生了重大影响，不但使信息交易的速度加快，而且在一定程度上加快了货物的周转速度，从而提高了整个物流行业的发展速度，提升了行业信息化水平。在物流行业中，物流信息平台是企业及货车车主接触最广，也是最实用的物流互联网。物流信息平台一方面汇聚了全国各地区的货主车主，增加货源车源的交易量，另一方面从货主车主的角度出发，通过物流信息的交流交换，辐射区域迅速扩大，物流信息通过手机 App 客户端传递到每一个角落，大大提高了物流信息的交易速度。

此外，大量物流行业手机 App 客户端的涌现使物流行业实现了“掌上配货”，通过移动终端和物流信息平台的对接，为配货站、车主和货运司机提供基于移动终端的找货和车辆管理应用功能，满足车找货、货找车的物流配货需求以及车主对司机和车辆的监督需求，成功解决了车主的配货、车辆和货物跟踪监控等问题，大大提升了物流行业的效率。

单元四　移动互联网的现状及发展趋势

现在，移动互联网已进入最好的时代，移动商务正在高速发展。移动互联网与云计算、物联网、大数据的有效融合，给人们带来了无限想象的空间，也为人们的工作和生活带来了极大便利，使之拥有更多创新和发展的机会。随着 5G 及新一代信息技术的加速发展，基于移动端本身的研发和应用将不断深入，移动电子商务将迎来全面爆发。纵观近年来移动互联网的发展现状不难发现，移动互联网未来发展呈现以下趋势。

一、移动互联网基础设施不断完善，商业价值进一步凸显

近年来，随着移动互联网技术的快速发展，移动互联网的基础设施不断完善，用户

规模继续保持增长，移动互联网增长势头强劲，成为当前全球信息产业竞争的焦点。

（一）移动互联网用户继续增长，流量消费迅速增长

根据中国互联网络信息中心（CNNIC）发布的第 54 次《中国互联网络发展状况统计报告》，截至 2024 年 6 月，我国网民规模近 11 亿人（10.996 7 亿人），较 2023 年 12 月增长 742 万人，互联网普及率达 78.0%。我国手机网民规模达 10.96 亿人，网民使用手机上网的比例达 99.7%。短视频应用依然是流量增长的主要拉动力，在新增网民中，娱乐社交需求最能激发网民上网，在该群体首次使用的互联网应用中，短视频应用占比达 37.3%。2024 年上半年随着支付便利性系列举措的深入实施，移动支付便利化程度不断提升。截至 2024 年 6 月，我国 60 岁及以上网民网络支付的使用率已达 75.4%。同时超 500 万入境人员使用移动支付，同比增长 4 倍；交易 9 000 多万笔，金额 140 多亿元，均同比增长 7 倍。截至 2024 年 6 月，微短剧用户占网民整体的 52.4%。随着短视频平台用户黏性不断提升，短视频电商业务稳步发展，商业化变现效率持续提高。截至 2024 年 6 月，短视频用户占网民整体的 95.5%。

（二）移动互联网基础设施不断完善

自 2019 年我国正式进入 5G 商用元年以来的几年间，5G 网络建设与应用发展取得了显著成效。截至 2024 年，我国已建成超过 300 万个 5G 基站，实现了全国范围内的深度覆盖和重点区域的优化升级。5G 套餐用户规模更是突破了 10 亿大关，5G 手机普及率持续攀升，成为全球 5G 发展的重要引领者。

在移动宽带网络方面，我国继续保持高质量发展态势。截至 2024 年底，我国 4G 用户总数已接近饱和，但 4G 网络的覆盖范围和服务质量仍在不断提升。与此同时，5G 网络逐渐成为新的移动通信主力，为用户提供了更加高速、稳定、低延迟的网络体验。

在物联网、工业互联网、车联网等新兴领域，我国同样取得了举世瞩目的成果。工业互联网产业市场规模持续扩大，2024 年已突破万亿元大关，成为推动制造业数字化转型的重要引擎。车联网技术不断创新，自动驾驶汽车逐步进入商业化阶段，为智能交通系统的发展奠定了坚实基础。

此外，我国 IPv6 地址数量也实现了快速增长。截至 2024 年，我国 IPv6 地址总量位居世界第一，为移动互联网、物联网等新兴产业的快速发展提供了充足的 IP 地址资源保障。

中国方案

网络强国战略

在全球信息化的浪潮中，中国已经成为一个网络大国。网络规模、网民数量、智能手机用户等均处于世界第一位，同时，中国国内域名数量、境内网站数量以及互联网企业等也处于世界前列。

但是，目前我国的网络形态仍处于大而不强的状况，距离网络强国目标还存在一定距离。主要表现在：宽带建设规模和质量仍需进一步提升；自主创新动力不足，关键技术受制于人的格局还没有完全改变，网络安全面临严峻挑战；中国不同地区间“数字鸿沟”问题突出，信息化驱动工业化、城镇化、农业现代化任务还十分繁重。

党的十八届五中全会提出：十三五时期，中国将大力实施网络强国战略，以及与之密切相关的“互联网+”行动计划。2022 年 10 月，党的二十大又提出了加快建设网络强国和数字中国。以习近平同志为核心的党中央深刻把握网络信息时代的新特征、新规律，高度关注网络空间对全球经济、政治、文化、社会、生态等领域的深刻影响，准确把握时代大势，积极回应实践要求，站在战略高度和长远角度，重视、发展、治理互联网，统筹协调设计政治、经济、文化、社会、军事等领域网络安全和信息化的重大问题，作出了一系列重大决策，出台了一系列重大举措，推动我国网信事业取得历史性成就，走出了一条中国特色社会主义治网之道。

（三）智能终端全面普及，移动智能终端市场从手机独霸到“一超多强”

以苹果 iPhone、iPad 为代表的智能终端的推出，掀起了移动智能终端发展的浪潮，智能终端产业链各方的努力及千元以内智能手机的发展，加速推动了智能终端的普及。根据研究机构 Digitimes Research 的最新报告，2023 年全球智能手机企业总共出货 15.6 亿台，尽管面临全球经济波动和供应链挑战，但智能手机市场已逐渐恢复增长态势，同比增长约 7.7%。这一增长主要得益于 5G 技术的普及以及新兴市场的需求回升。

2023 年我国手机市场表现亮眼。全年手机出货量累计达到 4.5 亿部，同比增长 15.7%。其中，5G 手机出货量累计高达 3.8 亿部，占全球 5G 手机出货量的比重超过 60%，彰显了我国在全球 5G 手机市场的领导地位。值得一提的是，国产手机品牌凭借技术创新和品质提升，继续占据市场主导地位。华为、荣耀、小米、OPPO、vivo 等品牌不仅在国内市场表现出色，还在全球范围内赢得了广泛认可。

在智能终端方面，2024 年智能音箱、智慧屏、车载设备等继续保持高速发展势头。5G、人工智能等前沿技术的深入应用，为智能终端带来了更加丰富的应用场景和交互方式。智能终端设备已不再局限于手机、电脑等传统类别，而是广泛渗透到生活的方方面面。

此外，2023 年我国可穿戴设备市场也取得了显著增长，全年出货量为 2.5 亿台，同比增长高达 60.3%。智能家居市场规模更是突破了 3 000 亿元大关，产品出货量超过 15 亿台。其中，视频娱乐产品、智能安防产品以及智能家居控制系统等产品类别均实现了快速增长，反映了消费者对智能家居的旺盛需求和智能化生活的追求。

（四）移动互联网新业态成为经济发展新引擎，直播带货成电商新风向

我国智能手机技术的快速发展，加之 5G 技术的加快普及，伴随着国家逐渐完善电子商务行业相关法律法规，推动着中国电子商务的发展，在 2020 年“宅经济”的刺激下，直播电商带货的模式在 2020 年开始发展势头更加迅猛。截至 2023 年 12 月，我国网络直播用户规模达 8.16 亿人，较 2022 年 12 月增长 6 501 万人，占网民整体的 74.7%。演员、主持人及企业家竞相下场直播。名人跨界直播吸金效果显著，带货实力强劲，观看

量和成交额不断创新高，已成为头部主播的强劲对手。直播电商领域的快速发展，使各大电商平台均加大力度布局电商直播，品牌商家的目光也纷纷投向电商带货。艾媒咨询分析师认为，移动端一直作为电商平台发展重要渠道，随着近年直播电商市场爆发，预计未来几年，移动电商交易规模将继续升级，移动互联网成为推动经济发展的重要力量。

二、移动互联网构建中国数字化经济结构新模式，“云经济”逆势突围

2019 年 5G 正式宣布商用，数十倍乃至百倍于 4G 的传输速率大大改善了互联网的使用效率，同时也迎来了更多创新性的应用场景。5G 为智能生活夯实了互联网基础，万物互联成为趋势，智能家居到城市技术设施全面联网，打破手机、电脑、平板大数据源的单一性，场景化的大数据为智慧生活和城市智能化管理提供更多的可能性。高速度、低延迟的 5G 为工业智能生产提供了互联网基础，传统产业的联网化和智能化生产成为趋势，进一步解放人力，提高效率。目前萌芽阶段的车联网也获得更多发展可能性，5G 互联网环境下车联网有望提供更丰富的信息服务，智慧驾驶及无人驾驶的趋势不可阻挡，交通出行的效率和方式都有望得到进一步提升和创新。5G 高效的传输速率为视频类内容发展提供支撑，视频将进一步成为主流信息载体。5G 为新闻、体育、文艺表演等视频内容生产者提供更便捷的制作设备，为观看者提供身临其境的视听体验。5G 使云游戏获得发展土壤，大制作游戏的使用设备门槛降低，游戏用户群体扩大，游戏体验提升。5G 解除 VR/AR 的带宽限制，进一步释放其在视频娱乐、游戏、视频社交、视频购物、医疗、教育、安防等方面的应用。

“云经济”包含云办公、云医疗、云教育等内容，且不受空间限制，具有配置灵活、效率高等特点。疫情防控下，人们的数字化需求被点燃，“云经济”移动互联网用户规模已超 9 亿，部分线下场景向线上云端转移，云教育、云办公、云医疗、云政务等行业逆势增长。从 2020 年开始，用户“在线学习”的习惯得以培育，2024 年，我国在线教育用户规模达到 3.81 亿，语言教育成为“新宠”；同时，远程办公用户习惯得以培养，远程办公需求激增，用户一年内暴增 2 亿。

三、移动互联网与云计算、大数据、AI 融合，开创移动云服务新时代

随着互联网技术的发展，“云”概念也应运而生，从本质上来看，这是对网络应用的拓展，通过转化动态信息使其成为一种能够得到保存的资源。云计算是由全球最大的搜索引擎服务提供商谷歌在 2007 年率先提出的。云计算是将大量用网络连接的计算资源进行统一管理和调度，构成一个计算资源池向用户提供按需服务，各式各样的服务可以通过网络来完成，无须在本地计算机或移动终端上进行计算与存储。云计算自身具备强大的处理数据的功能，据统计可达到十万亿次每秒。当前社会生产生活已经离不开“云”，例如：天气预报、市场经济动态预测等。大数据时代是在云计算真正兴起后依附衍生出来的一种形式，由于计算机在运作时会留下痕迹，而拓宽网络应用范围就代表数据含量也会随之增加，在这种情况下必然会引起数据变革。如今，互联网公司、电信运营商和终端厂

商等科技公司纷纷开始云计算布局，面向用户的云计算服务市场前景广阔。IBM、英特尔、微软、苹果和亚马逊等国外公司纷纷腾“云”驾“物”，火速前进，相继发布云计算产品，阿里云、腾讯云、新浪云平台和百度云计算服务平台等国内云计算产品也层出不穷，国内三大电信运营商均开始云计算数据中心的建设，政府也出台政策大力支持云计算的发展。

云计算和大数据都是开展人工智能的支撑，同时也是突破当前行业制约的核心力量。当前我国科技拥有良好发展空间，因此人工智能也处于发展的重要阶段，实现大数据与云计算的协同开展，能够给人工智能的成熟提供源源不竭的动力。人工智能可以通过学习云端的海量信息实现自身知识储备，并且利用大数据的计算能力、精准度实现自身执行效率的提升。换句话说，从分析人工智能工作形式来看，其运行会应用到大量知识和数据辅助完成人类下达的要求。想要提高自身应用水平必然要借助两者的力量，实现数据整合、传输、执行等能力。从作用上来讲，假如人工智能是一辆汽车，那么大数据与云计算就是其中的助燃动力。

当前人工智能、大数据技术、云计算技术通过技术人员的不断努力逐渐呈现出一种“ABC 三位一体”模式，即 AI、big data、count computing。三种技术的深度交互，能够为人类社会生产生活提供更多优质服务，当前信息化技术正不断在各行各业中使用。无论是教育行业中的微课翻转课堂、多媒体辅助技术、智能课堂辅导，还是工业中的自动化技术、智能化诊断都离不开互联网信息技术的服务。

大数据和人工智能的交叉越来越显著，这种交叉使越来越多的方法、应用以及价值得以产生。现如今，人们处理大数据的能力在不断提升，比如人类通过分类、检索和统计方法的利用，有效地提升了大数据的实际利用价值，而就大数据能力的提升而言，其与大数据技术的进步是密不可分的。再者，在大数据的分析方面，人工智能的部分方法也得到了显著的应用。

云计算的发展与大数据的积累，为人工智能的发展提供非常有力的支持，另外，也是人工智能实现实质性突破的核心所在。云计算应用深度与广度的拓展依赖于大数据与人工智能的发展与进步。当前我国科技水平的发展已经相对成熟，因而人工智能、大数据与云计算的发展正处于黄金时代，对人工智能的发展提供强有力的推动力。

以云计算、大数据、人工智能、物联网、移动互联网为代表的新一代网络信息技术，正加速与经济社会各领域深入渗透融合，世界主要国家都把互联网作为谋求竞争新优势的战略方向。

总之，在移动互联网时代，传统的信息产业运营模式正在被打破，新的业务模式正在形成。对于移动终端厂商、互联网公司和电信运营商甚至传统企业来说，这既是机遇，也是挑战。只有重视商业模式创新的企业，才能发展得更好。

拓展阅读

第 54 次《中国互联网络发展状况统计报告》

2024 年 8 月 29 日，中国互联网络信息中心（CNNIC）在 2024 中国国际大数据产业博览会“智能经济创新发展”交流活动上发布第54次《中国互联网络发展状况统计报告》（以下简称《报告》）。《报告》显示，截至2024年6月，我国网民规模近11亿人（10.996 7亿人），较2023年12月增长742万人，互联网普及率达78.0%。上半年，我国互联网行业保持良好发展势头，互联网基础资源夯实发展根基，数字消费激发内需潜力，数字应用释放创新活力，更多人群接入互联网，共享数字时代的便捷和红利。

互联网基础资源持续丰富，基石作用日益凸显

《报告》显示，上半年域名、IP地址等互联网基础资源不断丰富，为互联网行业运行和蓬勃发展提供坚实支撑。一是IPv6规模部署和应用持续推进。截至6月，IPv6地址数量为69 080块/32，较2023年12月增长1.5%；截至5月，IPv6活跃用户数达7.94亿，移动网络IPv6流量占比达64.56%，主要商业网站及移动互联网应用IPv6支持率达到90%。二是国家顶级域名保有量连续十年位居全球第一。截至6月，我国域名总数为3 187万个，其中国家顶级域名“.CN”数量为1 956万个，占域名总数的61.4%，连续十年位居全球第一。

青少年和“银发族”成新增主力，短视频“拉新”能力最强

《报告》显示，上半年我国数字信息基础设施持续稳固，数字惠民利民服务广泛开展，有力推动网民规模增长。一是青少年和“银发族”是新增网民重要来源。随着数字适老化服务的不断完善和网络应用的加速普及，多措并举推动更多人民不断“触网”。数据显示，我国新增网民742万人，以10～19岁青少年和“银发族”为主。其中，青少年占新增网民的49.0%，50～59岁、60岁及以上群体分别占新增网民的15.2%和20.8%。二是短视频成为新增网民“触网”重要应用。在新增网民中，娱乐社交需求最能激发网民上网，在该群体首次使用的互联网应用中，短视频应用占比达37.3%。此外，即时通信也显示出一定“拉新”能力，占新增网民首次使用互联网应用的12.6%。

以旧换新释放内需潜力，在线服务消费日益普及

《报告》显示，上半年以旧换新消费、在线服务消费成为消费亮点。一是线上以旧换新活动火热。上半年，电商平台积极配合“以旧换新”政策，通过加大补贴、简化流程、完善物流等方式助力政策落地，促进消费转化和消费升级。数据显示，最近半年参与“以旧换新”消费活动的网民中，68.8%的用户选择线上参与。其中手机数码、洗衣机等传统大家电“以旧换新”消费比例最高，分别占相关消费用户的28.8%和23.7%。二是在线生活服务消费日益普及。随着在线服务场景的日益丰富，越来越多的用户通过在线方式享受生活服务便利。截至6月，在网上购买过外卖、到店餐饮、电影及休闲娱乐等在线服务的用户，分别占网民的50.3%、20.7%和17.3%。

移动支付日益便利化，“老”“外”尽享支付新体验

《报告》显示，上半年随着支付便利性系列举措的深入实施，移动支付便利化程度不断提升。一是老年群体移动支付服务不断完善。移动支付产业各方积极推进适老化升级，通过简化流程、增加语言播报等方式提升老年群体移动支付服务体验，推动老年群体移动支付普及。截至6月，我国60岁及以上网民网络支付的使用率已达75.4%。二是外籍来华人员移动支付日益便利。针对外籍来华人员的“外包内用”和“外卡内绑”等移动支付创新服务，持续优化外籍来华人员支付便利。上半年，超500万入境人员使用移动支付，同比增长4倍；交易9 000多万笔，金额140多亿元，均同比增长7倍。

网络视频行业蓬勃发展，微短剧逐步走向规范

《报告》显示，上半年随着用户对优质内容需求的不断增长和行业环境的不断优化，网络视频行业呈现蓬勃发展势头。一是微短剧行业合规化水平不断提升。随着行业引导政策陆续出台，微短剧创作生产走向规范化。《报告》显示，截至6月，微短剧用户占网民整体的52.4%。二是短视频行业持续繁荣。随着短视频平台用户黏性不断提升，短视频电商业务稳步发展，商业化变现效率持续提高。截至6月，短视频用户占网民整体的95.5%。三是长视频行业提质增效。行业提质趋势延续，其中《我的阿勒泰》《繁花》等长视频类剧集兼具热度与口碑，为用户带来了高质量的视听体验。截至6月，长视频用户占网民整体的65.2%。

资料来源：https://www.cnnic.net.cn/n4/2024/0529/c88-11065.html.

实训项目一　体验移动商务——手机淘宝购物及应用

一、实训目标

（1）通过手机淘宝购物，了解移动商务网店的基本购物流程。

（2）掌握移动商务手机购物及支付的方法。

（3）体验移动商务的基本应用。

二、实训环境

4G/5G Android或iOS智能手机，开通4G/5G网络或Wi-Fi。

三、实训背景知识——手机淘宝购物

手机购物是移动商务最基本的形式，是利用手机上网实现网购的过程。手机购物让人们可以随时随地便捷地利用电子商务，满足人们随时产生的消费欲望。但这不等于手机网购可以轻松获得成功，因为用户需求的开发和使用习惯的培养是要花费时间和精力的。手机购物蕴含的巨大潜力，足以成为电子商务的另一个“杀手级”应用。其中，淘宝手机购物主要通过淘宝手机客户端完成，其依托淘宝网强大的自身优势，整合旗下团购产品聚划算和淘宝商城为一体，为用户提供每日最新的购物信息，同时具有搜索比价、订单查询、购买、收藏、管理和导航等功能，为用户带来方便快捷的手机购物新体验。淘宝手机购物流程如图1-6所示。

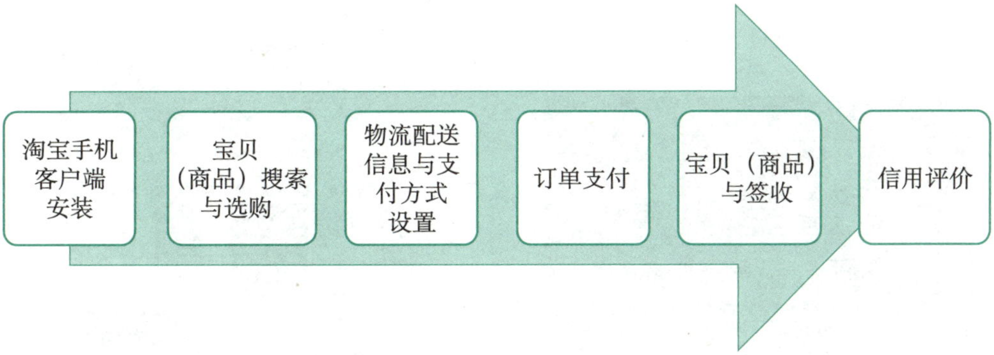

图 1-6　淘宝手机购物流程

四、实训指导

（一）淘宝手机客户端的下载安装及打开

（1）打开手机，在“应用商店”搜索需要安装的淘宝 App，如图 1-7 所示。进入手机淘宝安装界面，图 1-8 为安卓（Android）系统下载安装界面。下载完成后在手机上安装，安装完成后在手机应用中将出现淘宝 App 图标，如图 1-9 所示。

（2）打开“手机淘宝”客户端，界面如图 1-10 所示。

图 1-7　在手机应用商店中搜索淘宝 App

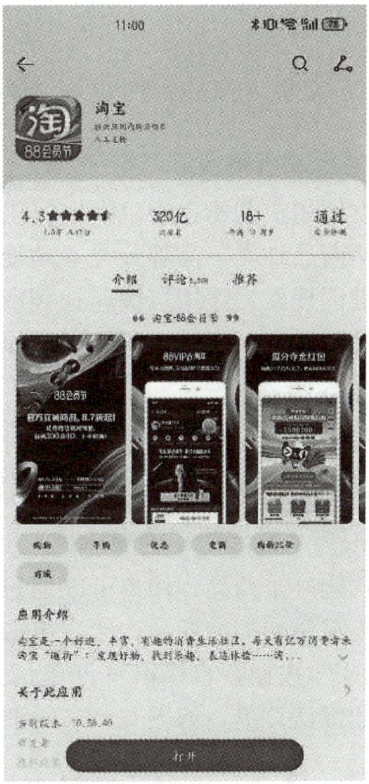

图 1-8　基于安卓系统的手机淘宝下载界面

图 1－9　手机淘宝应用

图 1－10　“手机淘宝”客户端的界面

（二）宝贝（商品）搜索与选购

1. 宝贝或店铺搜索

为方便用户购物，手机淘宝提供了功能强大的站内分类索引及快速搜索功能，分类索引包括商品种类、品牌分类、功能分类和价格分区等，而快速搜索能够满足用户不具体的关键词搜索，让用户快速找到所需商品。在搜索框中输入所需商品关键字，这里搜索“茵曼”并进入店铺，商品展示如图 1－11 所示。

2. 宝贝选择

如果找到需要的商品，可以随时将该商品添加到“购物车”中。单击“加入购物车”按钮可以继续选择商品，如图 1－12 所示。

3. 购物车管理及订单确认

若选购好了商品，用户可以通过“查看购物车”功能来修改购物车中的商品数量，或删除不需要购买的商品，然后单击“结算”，开始进行结算；也可以单击商品页面上的“立即购买”按钮，直接填写订单信息，而不需要经过“购物车”环节。最后单击“确认”按钮确认订单，如图 1－13 所示。

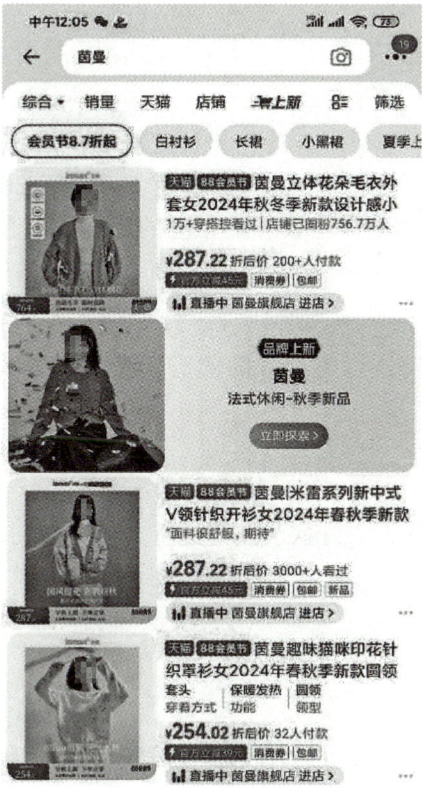

图 1－11　店铺商品展示

图 1－12　宝贝选择

图 1－13　购物订单确认

（三）物流配送信息及支付方式设置

1. 物流配送信息设置

为保证用户所购买的商品能及时送到收货人手中，用户首先需要正确填写送货信息，包括送货区域和详细地址，收货人姓名、手机、电话，以及送货时间、订单通知邮箱、邮政编码等，并提交保存，系统将根据用户指定的送货区域匹配相应的配送方式及配送机构。

2. 支付方式设置

淘宝购物需要通过第三方支付平台——支付宝进行支付，因此需要按支付方式设置流程绑定银行卡与支付宝账号。

（四）订单支付

支付宝信息设置完成后，输入支付宝密码并单击“付款”按钮进行支付，如图 1－14 所示。

（五）宝贝配送与签收

1. 宝贝配送

支付成功后，将进入物流配送环节，用户可以在手机上查看自己订单的物流信息及当前的配送状态，如图 1－15 所示。

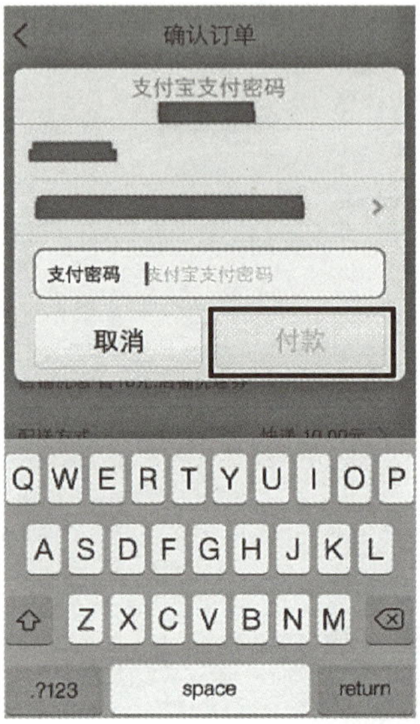

图 1－14　支付宝支付

图 1－15　宝贝物流信息

2. 宝贝签收

当用户收到配送机构送达的货物后，可以按以下步骤进行签收：

（1）检查货物的外包装是否完好，包括封条是否完整、包装是否完好、有无拆开痕迹、有无进水痕迹等，若发现有类似迹象，应拒收货物。

（2）若货物外观无异常，打开包装检查包装内货物有无破损、单据是否齐全、单据商品信息是否与实物一致等，若发现有异常，应拒收货物，并联系网店客服反馈信息；若无异常可直接签收，货到付款的订单需要用户现场全额付款。

（3）若用户在开包后因为货物异常或其他原因要求退货，应协助配送人员现场包装好货物，以免在货物返回过程中出现货物丢失或调包的情况。

（六）信用评价

当签收宝贝没有发现问题时，应通知支付宝向卖家付款，并对卖家进行信用评价，其中包括描述相符、物流服务、服务态度等方面，如图 1－16 所示。

图 1－16　信用评价

思考与练习

1. 试说出移动商务所处的环境和发展状况。
2. 什么是移动商务？移动商务与传统电子商务相比有何优势？
3. 分析当前移动互联网的发展趋势，并讨论这些趋势对移动商务的影响。
4. 移动物流有哪些支撑技术？

5. 自己体验手机天猫、手机苏宁、手机唯品会等网购平台，比较各个移动购物平台的可用性、易用性和其他特点。

扫一扫

在线练习

模块二

移动商务技术概况

扫一扫

移动商务支撑技术现状与发展趋势

- **知识目标**

了解移动终端设备及智能手机操作系统。

了解移动商务技术的相关知识。

熟悉基于位置的服务（LBS）技术。

了解云计算、大数据、物联网与人工智能基础知识。

认识移动商务小程序，掌握微信小程序的基础开发知识，包括 WXML、WXSS 和 WXS 语法规则。

- **技能目标**

能够运用不同操作系统的智能手机。

能够运用二维码、RFID、NFC 和蓝牙技术解决实际应用问题。

能够运用 AI 和 AIGC 赋能移动商务运营，如智能推荐系统、智能客服等。

能够开发基础的移动商务小程序。

- **素养目标**

工欲善其事，必先利其器，培养工匠精神。

树立科技自立精神，把“饭碗”牢牢地端在自己的手里。

立志在移动互联网、人工智能、大数据等领域创新发展，制胜未来。

案例导入与预演

一、案例导入——HTML5 与 DW

HTML（HyperText Markup Language）是一种用于创建网页和网上信息的标记语言。它由一系列的元素组成，这些元素告诉浏览器如何展示内容。HTML 文档由嵌套的标签组成，这些标签描述了内容的结构，比如标题、段落、链接和图片等。HTML 的发展经历了多个版本，从最初的 HTML 1.0 发展到 HTML 4.01，不断增加新功能以满足更丰富的网页设计需求。

HTML5 是 HTML 的最新版本，由 W3C 在 2014 年正式发布。它不仅是一个标记语言的规范，更是一个广泛的开发标准，旨在使互联网应用更加丰富和互动性更强。HTML5 引入了新的语义化标签，如<article>、<header>和<footer>，使得内容结构更加清晰。它还增加了对音频和视频的原生支持，通过<audio>和<video>标签，无须第三方插件即可在网页中嵌入多媒体内容。此外，HTML5 还引入了<canvas>元素，为 2D 和 3D 图形提供了强大的绘图功能。它还增强了表单处理能力，支持新的表单类型和验证功能，以及提供了本地存储和离线应用的支持。HTML5 的这些新特性，使得开发者能够创建更加复杂和功能丰富的网页应用，同时也改善了跨平台的兼容性和用户体验。现阶段，HTML5 技术已经成为互联网 Web 设计的基础技术，大大促进了移动商务的发展。

Adobe Dreamweaver，简称“DW”，中文名称“梦想编织者”，是美国 Macromedia 公司开发的集网页制作和管理网站于一身的所见即所得网页编辑器，DW 是第一套针对专业网页设计师特别开发的视觉化网页开发工具，利用它可以轻而易举地制作出跨越平台限制和跨越浏览器限制的充满动感的网页。Macromedia 公司成立于 1992 年，2005 年被 Adobe 公司收购。Adobe Dreamweaver 使用所见即所得的接口，亦有 HTML（标准通用标记语言下的一个应用）编辑的功能。它有 Mac 和 Windows 系统的版本。目前已经广泛支持 HTML5、CSS3 技术和移动 Web 开发，是移动商务网站开发和网页设计的必备工具。Dreamweaver 2021 是目前最新版本，引入了编辑时启用 linting 功能，以改善自动化的 linting 功能。专注于移动优先设计，制作美观的响应式站点。通过实时预览在浏览器和设备中即时查看更改。可更高效编写 CSS 代码。

二、预演

预演任务

（1）熟悉 Dreamweaver 的界面和基本操作技术；

（2）使用 Dreamweaver 制作带拖拽功能的 HTML5 页面。

预演步骤

（1）打开 Dreamweaver，这里以 Dreamweaver CC 2015 为例，如图 2－1 所示。

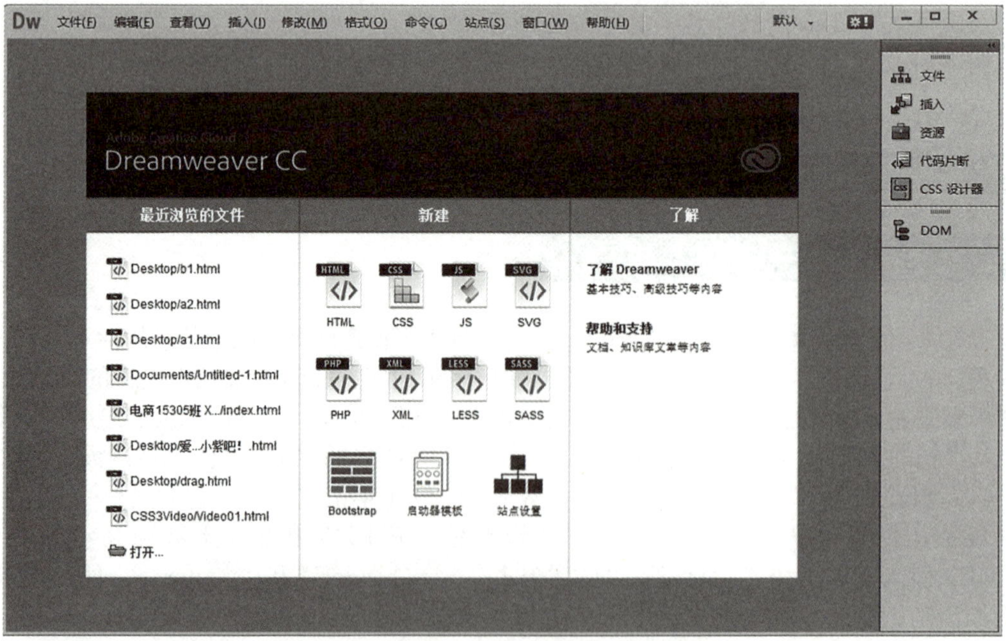

图 2－1　Dreamweaver CC 2015 启动界面

（2）点击图中的 HTML 图标，弹出如图 2-2 所示的对话框。

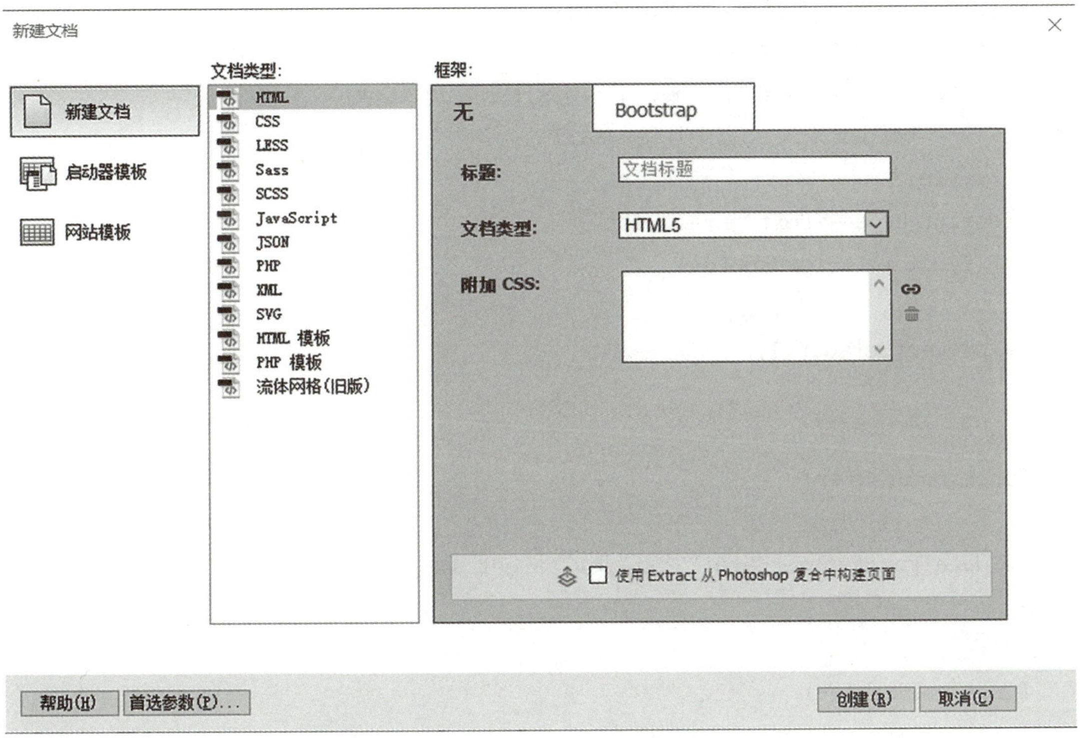

图 2-2　Dreamweaver 新建文档配置界面

（3）点击图 2-2 中的 创建(R) 按钮建立一个 HTML5 页面文档，如图 2-3 所示。

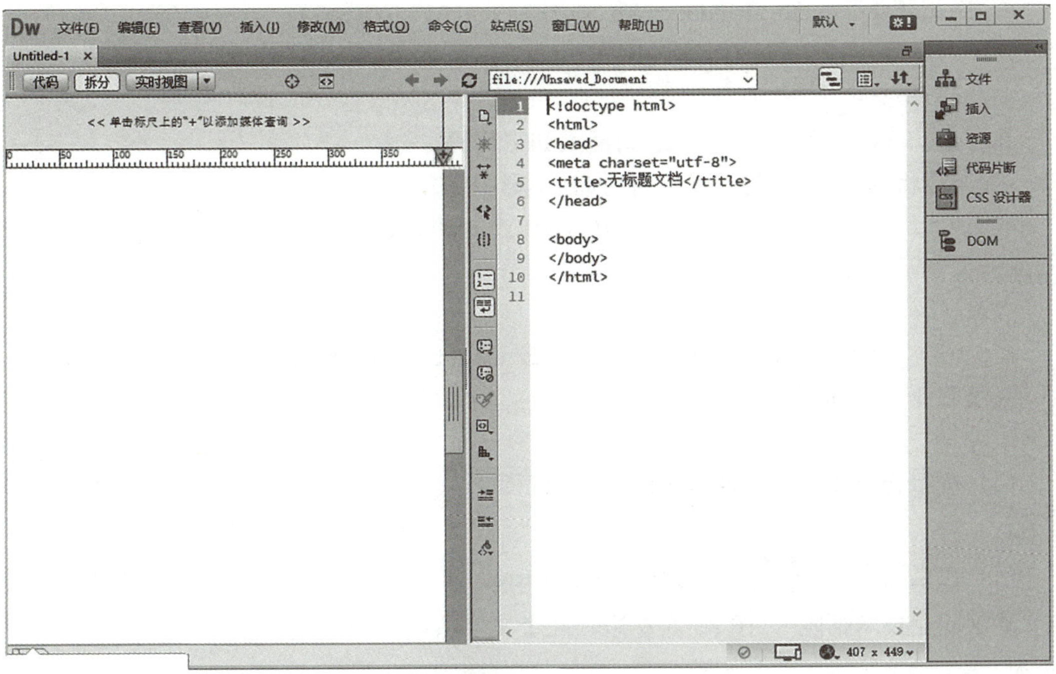

图 2-3　新建的无标题页面文档（自动生成代码框架）

（4）将代码中的“无标题文档”几个字改为“可拖拽的区块”。

在标记</head>之前插入下面的代码：

```
<style type="text/css">
    #div1 { width:488px;height:70px;padding:10px;
        border:1px solid #aaaaaa;}
</style>
<script type="text/javascript">
    function allowDrop(ev)
{
ev.preventDefault();
}

function drag(ev)
{
ev.dataTransfer.setData("Text",ev.target.id);
}

function drop(ev)
{
ev.preventDefault();
var data=ev.dataTransfer.getData("Text");
ev.target.AppendChild(document.getElementById(data));
}
</script>
```

在标记<body>和</body>之间插入如下代码：

```
<p>请将"武汉职业技术学院"拖拽到矩形中:</p>
<div id="div1" ondrop="drop(event)" ondragover="allowDrop(event)"></div>
<br />
<p id="drag1"  draggable="true" ondragstart="drag(event)" >
武汉职业技术学院
</p>
```

（5）按组合键 Ctrl+S 将文档保存在桌面上，文件名为“drag.html”，如图 2－4 所示。

（6）在桌面上双击图标浏览“drag.html”页面，如图 2－5 所示，用鼠标可以拖动“武汉职业技术学院”（图 2－5 左边）几个文字放在矩形框中（图 2－5 右边）。

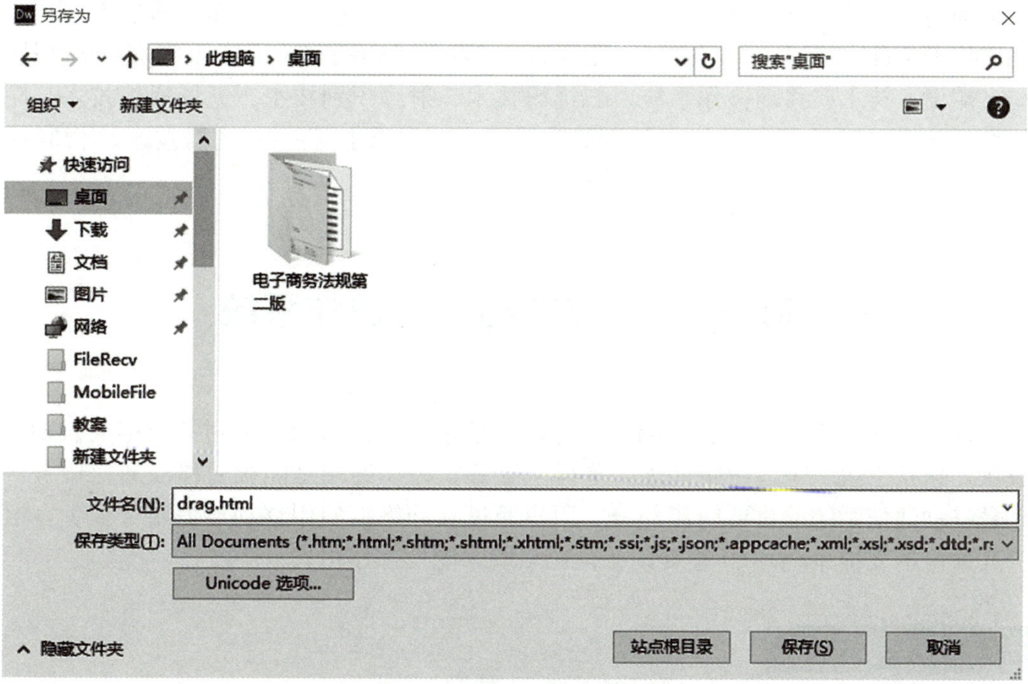

图 2-4　页面文档保存对话框

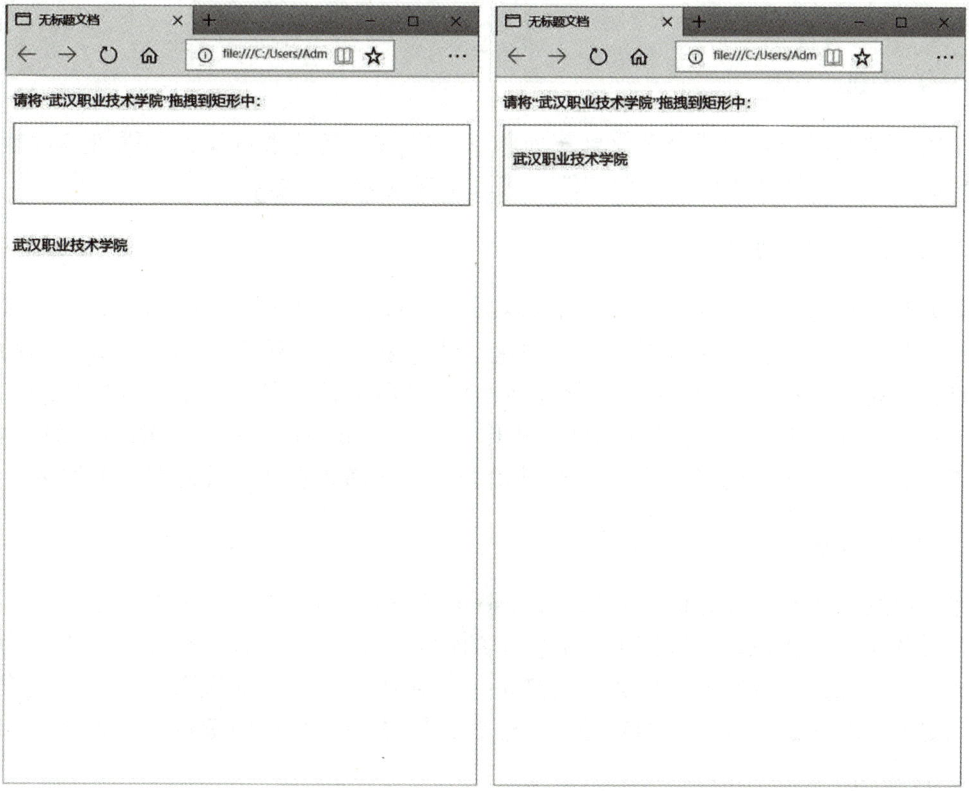

图 2-5　移动 Web 可拖拽的文字效果

移动商务是传统桌面电子商务的延伸。与传统桌面电子商务一样，移动商务也是在必要的技术条件支持下才得以演进和发展的。这些技术包括移动通信和移动互联网技术、移动终端设备技术、移动操作系统、二维码技术、射频识别技术、近场通信技术、陀螺仪技术、基于位置的服务技术、HTML5 技术、云计算技术、大数据技术、物联网技术等。

单元一　终端与移动操作系统

移动终端（MT），也称为移动通信终端，是指可以在移动中使用的小型或微型计算机设备，包括手机、个人数字助理、平板电脑等。移动终端是能接受移动通信服务的机器，是移动通信系统的重要组成部分。用户通过移动终端使用移动通信服务业务，必须有极其关键的支撑系统—— 移动设备操作系统才能发挥作用。

一、移动终端设备

移动终端设备产品非常多，个人移动通信终端设备主要包括手机、个人数字助理、平板电脑、便携式计算机和 GPS 定位设备等。

（一）手机

手机通常被视为集合了个人信息管理和移动电话功能的手持设备。手机按性能不同分为智能手机和非智能手机，目前智能手机已发展到 5G 时代。

（二）个人数字助理

个人数字助理（Personal Digital Assistant，PDA），也叫掌上电脑。正如“掌上电脑”这个名字一样，它实际上也是“微型化”的电脑。个人数字助理和一般电脑的区别有两点：一是可以在移动中进行个人数据处理；二是在固定点进行个人数据处理和特殊场景应用。工业级 PDA 还在特殊领域发挥作用，如智能条码扫描仪、RFID 读写器、手持 POS 机等，广泛应用于鞋帽服装、快速消费品、快递、仓储、移动医疗等领域。

（三）平板电脑

平板电脑也叫平板计算机（Tablet Personal Computer，Tablet PC），是一种小型且方便携带的个人计算机，以触摸屏作为基本的输入设备。它拥有的触摸屏（也称为数位板技术）允许用户通过触控笔或数字笔来进行作业而不是传统的键盘或鼠标。用户可以使用内建的手写识别、屏幕上的软键盘、语音识别或一个真正的键盘（如果该机型配备的话）来输入。

（四）便携式计算机

便携式计算机是台式PC的微缩与延伸产品，也称笔记本电脑，是用户对计算机产品更高需求的必然产物。其发展趋势是体积越来越小，重量越来越轻，而功能却越发强大，其便携性和备用电源使移动办公成为可能，因此其市场容量迅速扩展。

（五）GPS定位设备

全球定位系统（GPS）是在全球范围内实时进行定位和导航的系统。GPS功能必须具备GPS终端、传输网络和监控平台三个要素，缺一不可。GPS定位设备功能包括全球卫星定位、电子导航、语音提示和偏航纠正等。GPS导航系统现在已经被广泛使用。

二、移动终端设备的技术特征

移动终端设备不同于传统的固定办公设备，它有许多特殊的技术特征。典型的移动终端设备一般包括输入工具、较小的显示屏幕、一定的计算和存储能力以及独立的电源。移动设备的主要特征有以下几个方面：

（1）移动设备的显示屏幕小，而大多数设备使用多义键盘，通过按键来确定具体语义，操作起来比较麻烦，可操作性差。

（2）移动设备都是依靠电池来维持的，而电池的使用时间很短。电池技术尽管一直在不停地发展，但容量还是一个限制因素。

（3）移动设备内存和存储容量比传统的固定设备要小，但目前也在不断增加。

（4）移动设备的安全性相对较差。

移动通信终端正逐渐向智能化方向发展，终端不仅是通信的工具，更是技术发展、市场策略和用户需求的体现，因此，受到移动互联网和物联网等大的战略发展方向的影响，移动通信终端将向通信终端融合化和各类物品通信化方向发展。

三、移动操作系统

操作系统（OS）是对计算机系统内各种硬件和软件资源进行控制和管理、有效地组织多道程序运行的系统软件，是用户与计算机之间的接口。以前人们普遍认为操作系统就是计算机所拥有的，但现在手机和平板电脑等移动终端也应用了操作系统，包括Android、iOS、HarmonyOS等。

（一）Android操作系统

安卓（Android）是谷歌（Google）于2007年11月5日宣布的基于Linux平台的开源手机操作系统，该平台由操作系统、中间件、用户界面和应用软件组成，Android操作系统的标识如图2-6所示。Android系统架构由五部分组成：Linux Kernel，Android Runtime，Libraries，Application Framework，Applications。

图 2－6　Android 操作系统标识

中国移动、中国联通、中兴通讯、华为通信和联想等大企业纷纷使用了 Android 操作系统，而且 Android 手机系统是开放的，服务是免费的，因而使用 Android 手机的人也越来越多，Android 的发展前景十分广阔。

（二）iOS 操作系统

iPhone OS 或 OS X iPhone 是由苹果公司为 iPhone 开发的操作系统，它主要是给 iPhone 和 iPod Touch 使用的，后在 2010 年 6 月 7 日 WWDC 大会上宣布改名为 iOS，其标识如图 2－7 所示。iOS 的系统架构分为四个层次：核心操作系统层（the Core OS Layer）、核心服务层（the Core Services Layer）、媒体层（the Media Layer）和可轻触层（the Cocoa Touch Layer）。

图 2－7　iOS 操作系统标识

从最初的 iPhone OS 演变至最新的 iOS 系统，并应用于 iPod Touch、iPad 和 iPhone，成为苹果最强大的操作系统，iOS 系统给用户带来了极佳的使用体验。

（三）鸿蒙系统（HarmonyOS）

鸿蒙系统（HarmonyOS）是华为公司自主研发的分布式操作系统，自 2019 年正式发布以来，已成为华为全场景智能生态的核心基石。鸿蒙系统旨在创造一个超级虚拟终端互联的世界，通过将人、设备与场景紧密相连，实现多种智能终端的极速发现、极速连接、硬件互助及资源共享。这一创新系统不仅极大提升了用户体验，还推动了智能设备间的无缝协同工作。

鸿蒙系统在技术特性上表现出色，拥有卓越的兼容性和安全性。它不仅能够支持智能手机、平板电脑等移动设备，还广泛应用于电视、智能手表、智能家居等多种智能终端，展现了广泛的设备适应性。同时，鸿蒙系统通过多层防护机制，确保用户数据的安全无忧，赢得了用户的广泛信赖。随着鸿蒙生态的持续壮大，越来越多的开发者加入进来，共同探索和创新，为鸿蒙系统注入了源源不断的活力。鸿蒙系统的不断升级和完善，正引领着智能设备市场的新一轮变革。鸿蒙系统标识如图 2－8 所示。

图 2－8　鸿蒙系统标识

（四）其他移动操作系统

除了上述三大移动操作系统外，市场上还存在其他移动操作系统，如 Windows Phone，SIRIN OS、KaiOS、Ubuntu Touch、Tizen 等。

科技创新

科技自立还需更多“鸿蒙”

党的二十大报告提出“加快实施创新驱动发展战略”，强调“以国家战略需求为导向，集聚力量进行原创性引领性科技攻关，坚决打赢关键核心技术攻坚战”。华为“鸿蒙系统”的成功给了我们很好的启迪。

“鸿蒙，元气也”。在中国的古老传说中，当盘古劈开混沌元气之后，属于华夏文明的故事才正式开始。2019 年 8 月，华为正式发布“鸿蒙”系统，其名寄托的美好寓意，其身肩负的重要使命，瞬间燃爆了舆论场。

“鸿蒙”出世，像是给国人送上了一颗“定心丸”。一段时间以来，随着中美经贸摩擦的升级与反复，美国对我国高科技领域的警惕和遏制也愈发强烈。2018 年，美国商务部的一道禁令，让中兴通讯瞬间“休克”，让国人深感“缺芯”之痛。2019 年，美国再次出“杀招”，谷歌安卓随即响应施以“围剿”，一时间“少魂”之困让不少人忧心忡忡。在 3 个月后，传闻许久的“鸿蒙”系统正式公开，“科技自立”有了坚实的基础。

“手里有枪，咱腰杆子就硬”。微内核、分布式架构、一次开发多端部署……种种特性表明，“鸿蒙”不只是既有操作系统的“备胎”，更是一次超越眼前、放眼未来的全新尝试。众所周知，操作系统研发关乎国计民生且后期收益高，但巨大的前期投入与建立生态的难度，让成功概率几近于零——国外英特尔、三星、惠普中道“崩殂”，国内红旗 Linux、沃 Phone 无疾而终。无数巨头折戟沉沙，表明没有自研系统这条“生命线”，企业就注定要被“卡脖子”。正是出于这样的战略眼光，2012 年华为组建团队，默默研发“鸿蒙”，并终于打造出了“诺亚方舟”。

实践反复告诉我们，一般技术可以引进，关键核心技术却是要不来、买不来、讨不来的。小到芯片、新材料，大到数控机床、发动机，中国成为制造强国的“必备”、迈向高质量发展的“刚需”，往往就是一些国家“出口管制清单”上的“常客”。如果不能实现这些核心部件的研发突破，“就好比在别人的墙基上砌房子，再大再漂亮也可能经不起风雨，甚至会不堪一击”。而华为在“极限施压”下所爆发出的强大生命力也再次证明：中国不可能买来一个现代化，只有坚持科技自立，一心一意攻关核心技术，才能把饭碗牢牢地端在自己的手里。

在“鸿蒙”系统里，授权许可证被命名为“木兰”——打破桎梏，勇敢淳朴。以这样的精神进行创新，我们必将自立于世界民族之林。

资料来源：https://www.xuexi.cn/lgpage/detail/index.html?id=7264977711752434102.

单元二　二维码、RFID、NFC与蓝牙技术

一、二维码技术

（一）二维码技术简介

当前，二维码的应用普及程度可谓空前。电子商务网站、商品的外包装、火车票、机票、各类消费场所以及电视上都可以寻找到二维码的身影。许多企业看好二维码的前景，纷纷投入二维码的应用中。对于中小企业而言，在营销费用短缺的情况下，二维码可以作为企业的基础营销工具。图 2-9 所示是二维码扫码购物场景。

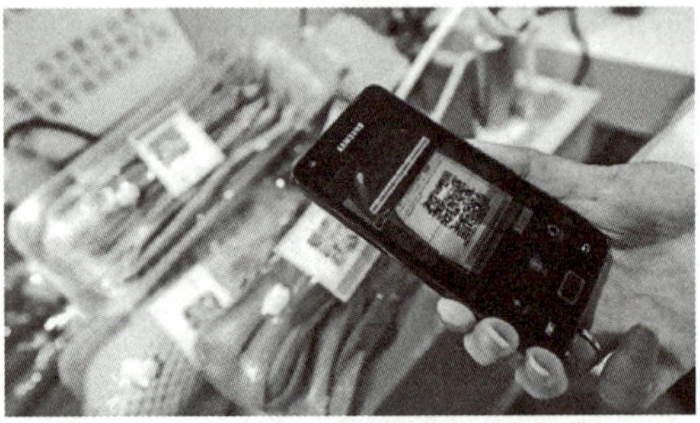

图 2-9　二维码扫码购物场景

二维码（2-Dimensional Bar Code）是用某种特定的几何图形，按一定规律在平面（二维方向）上分布的黑白相间的图形记录数据符号信息的。QR 码是 1994 年由日本 Denso-Wave 公司发明的。QR 来自英文“Quick Response”的缩写，即快速反应的意思，发明者希望 QR 码可让其内容被快速解码。QR 码最常见于日本和韩国，是目前日本最流行的二维空间条码。

与普通条形码（一维码）相比，二维码由于是几何图形文件，因此可存储的信息量是

前者的几十倍，并且在编码和译码时加上了密码，保密性更好，而普通条形码光凭肉眼就能读出粗细线的意义。二维码还可以打印和传真，大大减少了制作成本，而我们平常看到的普通条形码内容只是一个关键词，完整信息仍保存在数据库中，打印和传真件识别不出条码内容。再者，假如普通条形码严重折叠或出现了磨损的情况，那么它也无法被识读出内容，而二维码则采用了"错误纠正码"技术，在磨损率达到50%的情况下仍能读出有效信息。

（二）二维码的原理

二维码的原理可以从矩阵式二维码的原理和行排式二维码的原理来讲述。

1. 矩阵式二维码的原理

矩阵式二维码又称棋盘式二维码，是在一个矩形空间通过黑、白像素在矩阵中的不同分布进行编码，如图 2-10 所示。在矩阵元素位置上，出现方点、圆点或其他形状点表示二进制"1"，不出现点则表示二进制"0"，点的排列组合确定了矩阵式二维码所代表的意义。矩阵式二维码是建立在计算机图像处理技术、组合编码原理等基础上的一种新型图形符号自动识读处理码制。具有代表性的矩阵式二维码有 Code One、Maxi Code、QR Code 和 Data Matrix 等。

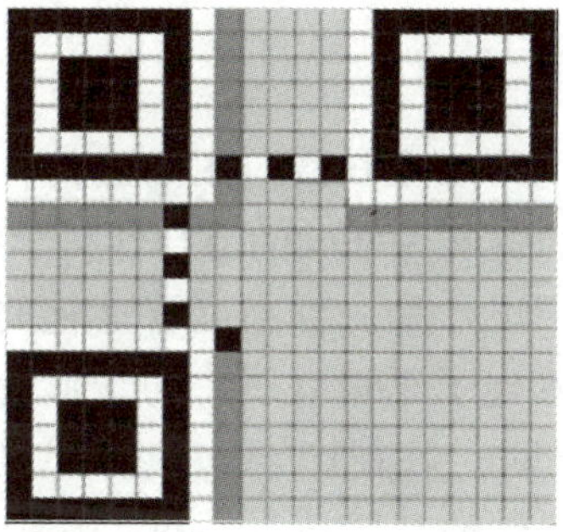

图 2-10　矩阵式二维码

在图 2-10 所示的 21′21 的矩阵中，黑白的区域在 QR 码规范中被指定为固定的位置，称为寻像图形（Finder Pattern）和定位图形（Timing Pattern）。寻像图形和定位图形用来帮助解码程序确定图形中具体符号的坐标。浅灰色的区域用来保存被编码的数据内容以及纠错信息码。深灰色的区域用来标识纠错的级别（即 Level L～Level H）和所谓的"Mask Pattern"，这个区域被称为"格式化信息"（Format Information）。

2. 行排式二维码的原理

行排式二维码又称堆积式二维码或层排式二维码，其编码原理是建立在一维码基础之上的，按需要堆积成两行或多行。它在编码设计、校验原理和识读方式等方面继承了一维码的一些特点，识读设备和条码印刷与一维码技术兼容。但由于行数的增加，需要对行进行判定，同时，其译码算法与软件也不完全相同于一维码。有代表性的行排式二维码有 CODE49、CODE 16K 和 PDF417 等。

（三）二维码技术在移动商务中的应用

随着移动互联网的飞速发展，二维码作为一种便捷的信息存储与传递方式，在移动商务领域得到了广泛应用。

二维码的高密度编码特性使其能够在极小的空间内储存大量信息。这一特点在商品销售中尤为突出，商家通过在产品包装或宣传材料上印制二维码，消费者只需扫描即可快速获取商品详情、价格、评价等信息，极大提升了购物体验。同时，二维码也成为优惠券、折扣信息的载体，消费者扫描后即可享受相应优惠，促进了消费行为的即刻发生。

在移动支付领域，二维码更是发挥了不可替代的作用。用户只需打开手机支付应用，扫描商家提供的收款二维码，即可完成支付，无须现金或刷卡，既方便快捷又安全可靠。此外，二维码还被应用于会员管理、积分兑换等场景，帮助商家构建更完善的客户管理体系。

除了上述应用，二维码还在物流追踪、票务验证、会议签到等领域发挥着重要作用。在物流行业，通过扫描二维码可以实时追踪包裹位置，提高物流效率；在票务市场，二维码电子票替代了传统纸质票据，在方便了消费者的同时也有效防止了假票流通。

二维码凭借其独特的优势，在移动商务的各个环节都展现出了强大的应用潜力，不仅提升了商家的运营效率，也为消费者带来了更加便捷、高效的购物体验。

二、RFID 技术

自动识别技术的发展促进了移动互联网应用的延伸，如物联网的发展。自动识别技术是以计算机技术和通信技术的发展为基础的综合性科学技术，它是信息数据自动识读、自动输入计算机的重要方法和手段，是一种高度自动化的信息或数据采集技术。自动识别技术近几十年在全球范围内得到了迅猛发展，初步形成了一个包括条形码技术、磁卡技术、IC 卡技术、光学字符识别、射频识别和声音识别及视觉识别等集计算机、光、磁、物理、机电、通信技术于一体的高新技术学科。其中，射频识别（RFID）技术对于移动商务具有积极意义。

（一）RFID 系统组成

RFID（Radio Frequency Identification）即射频识别，俗称电子标签。RFID 是一种非接触式的自动识别技术，它通过射频信号自动识别目标对象并获取相关数据，实现对静止或移动中的物品的识别。作为条形码的无线版本，RFID 技术具有防水、体积小、使用寿命长及存储数据容量大等优点。最基本的 RFID 系统由三部分组成，即标签（Tag）、阅读器（Reader）和天线（Antenna）。

电子标签是射频识别系统的数据载体，由标签天线和标签专用芯片组成。每个标签具有唯一的电子编码，实现被识别物体信息的存储。RFID 阅读器（读写器）通过天线读取和写入 RFID 电子标签上的信息。天线负责在标签与阅读器之间传输数据和信号。

（二）其他自动识别技术

常用的自动识别技术除了有条形码和射频识别技术外，还包括语音识别、生物识别、磁卡和接触 IC 卡。表 2－1 对这几种常用的自动识别技术进行了比较。

表 2-1 几种常用的自动识别技术的比较

	信息容量	读写性能	保密性	环境适应性	成本	通信速度	识别速度	多标签识别
条形码	小	R	无	不好	最低	低	低	不能
语音识别	大	R	无	一般	较高	较低	很低	不能
生物识别	大	R	好	一般	较高	较低	很低	不能
磁卡	较小	R/W	一般	一般	低	快	低	不能
接触 IC 卡	大	R/W	好	一般	较高	快	低	不能
射频识别	大	R/W	好	好	较高	很快	很快	能

注：R 代表“只读”，R/W 代表“读/写”。

（三）RFID 技术的应用

自 20 世纪 90 年代以来，射频识别技术在全世界范围内快速发展。经过几十年的发展，射频识别技术在各行各业都得到了广泛的应用，具体见表 2-2。

表 2-2 RFID 技术的应用

应用领域	具体应用
物流行业	包括运输业、仓储业、包装业、装卸业、物流信息业和加工配送业等。根据物流供应链管理的需要，在仓储、运输、装卸、包装、配送等应用场景，应用 RFID 技术进行运输管理、货物跟踪以及物流数据交换等，实现物流企业的 RFID 信息服务系统
公共管理	包括医药业、人员管理、门禁管理和交通领域等。药品上的电子标签能防范假药和降低处方误差等；RFID 与车牌识别技术的有效结合能对所有车辆实现高度自动化检查
生产领域	包括制造业、汽车业、农业等。生产领域使用电子标签，可以全面提高生产、制造和加工产业的管理效率
政府应用	包括电子政务和国防与安全等。RFID 可以使电子政府服务更灵活、有效和安全，而且在政府增强国防和安全体系方面发挥了重要的作用
消费者应用	包括图书馆和影视出租商店、个人福利与安全、体育与休闲、购物与餐饮和智能家居等。RFID 技术可以使图书馆管理员更方便地管理借书和控制借出的书籍，使顾客在购物与用餐时能快速结账付款，还可以方便人们的日常生活

随着技术的不断进步，RFID 产品的种类会越来越多，应用也会更加全球化。相信在未来的几年里，RFID 技术会越来越完善。

三、NFC 技术

NFC（Near Field Communication），即近场通信，是由飞利浦公司和索尼公司共同开发的。NFC 是一种非接触式识别和互联技术，可以在移动设备、消费类电子产品、PC 和智能控件工具间进行近距离无线通信。NFC 提供了一种简单、触控式的解决方案，可以让消费者简单直观地交换信息、访问内容与服务。NFC 技术允许电子设备之间进行非接触式点对点数据传输，在十厘米内交换数据，其传输速度有 106Kbit/秒、212Kbit/秒和 424Kbit/秒三种。NFC 工作模式有卡模式（Card emulation）、点对点模式（P2P mode）和读卡器模式（Reader/writer mode）。虽然 NFC 和蓝牙都是短程通信技术，而且都被集成到移动电话，但 NFC 不需要复杂的设置程序，并且 NFC 也可以简化蓝牙连接。NFC 技术不需要电源，对于移动终端或是其他移动消费性电子产品来说，NFC 的使用比较方便。图 2－11 所示为 NFC 典型应用场景。

图 2－11　NFC 典型应用场景

首先，NFC 是一种提供轻松、安全、快速的通信的无线连接技术，其传输范围比 RFID 小，RFID 的传输范围可以达到几米甚至几十米，但由于 NFC 采取了独特的信号衰减技术，相对于 RFID 来说 NFC 具有距离近、带宽高、能耗低等特点。其次，NFC 与现有非接触智能卡技术兼容，目前已经成为越来越多主要厂商的正式标准。再次，NFC 还是一种近距离连接协议，提供各种设备间轻松、安全、迅速而自动的通信。与无线世界中的其他连接方式相比，NFC 是一种近距离的私密通信方式。最后，RFID 更多地被应用在生产、物流、跟踪、资产管理上，而 NFC 则在门禁、公交、手机支付等领域内发挥着巨大的作用。手机内置 NFC 芯片成为组成 RFID 模块的一部分，可以当作 RFID 无源标签使用——用来支付费用；也可以当作 RFID 读写器——用作数据交换与采集。NFC 技术支持多种应用，包括移动支付与交易、对等式通信及移动中信息访问等。通过 NFC 手机，人们可以在任何地点、任何时间，通过任何设备，与他们希望得到的娱乐服务与交易联系在一起，从而完成付款，获取海报信息等。NFC 设备可以用作非接触式智能卡、智能卡的读写器终端以及设备对设备的数据传输链路，其应用主要可分为四个基本类型：用于付款和购票、用于电子票证、用于智能媒体以及用于交换、传输数据。

四、蓝牙技术

蓝牙（Bluetooth）技术是一种短距离无线通信技术，它使现代一些轻易携带的移动通信设备和电脑设备，不必借助电缆就能联网，能够实现无线上网。其实际应用范围还可以拓展到各种家电产品、消费电子产品和信息家电产品，组成一个巨大的无线通信网络。

蓝牙用于在不同的设备之间进行无线连接，如连接计算机和外围设备，打印机、键盘等，还可以让个人数字助理（PDA）与其他附近的 PDA 或计算机进行通信。目前市面上具备蓝牙技术的手机非常多，可以连接到计算机、PDA 甚至连接到免提听筒。

事实上，根据已订立的标准，蓝牙可以支持功能更强的长距离通信，用以构成无线局域网。每个蓝牙设备可同时维护 7 个连接，可以不断向附近的设备发送信息以便建立连接。另外也可以对两个设备之间的连接进行密码保护，以防止被其他设备接收。

单元三 基于位置的服务（LBS）技术

1993 年 11 月，美国女孩詹尼弗・库恩遭绑架之后被杀害，在这个过程中，库恩用手机拨打了 911 电话，但是 911 呼救中心无法通过手机信号确定她的位置。这个事件导致美国的 FCC（美国通信委员会）在 1996 年推出了一个行政性命令 E911，要求强制性构建一个公众安全网络，即无论在任何时间和地点，都能通过无线信号追踪到用户的位置。基于位置的服务就是这样一种为使用者提供与其位置相关信息的服务类型。位置信息服务是一项集成系统，是地理信息系统、空间定位、移动通信和无线互联网等技术的综合体，是通过无线通信网络来获取无线用户的位置信息（经纬度坐标或高程数据），在地理信息平台的支持下提供相应服务的一种无线增值服务。目前，无论是公众用户还是行业用户，对于获得位置及其相关服务都有着广泛的需求，包括移动商务、娱乐消息、交通报告、地图和向导、目标广告、交互式游戏、车辆跟踪等众多领域。

一、基于位置的服务简介

基于位置的服务（Location Based Services，LBS）又称为定位服务，是移动通信网络和卫星定位系统结合在一起提供的一种增值业务，通过一组定位技术获得移动终端的位置信息（如经纬度坐标数据），提供给移动用户本人或他人以及通信系统，实现各种与位置相关的业务。LBS 包括两层含义：一是确定移动设备或用户所在的地理位置；二是提供与位置相关的各类信息服务。LBS 意指与定位相关的各类服务系统，简称“定位服务”，另一种叫法为 MPS（Mobile Position Services），也称为“移动定位服务”系统。

LBS 业务特点主要有：（1）要求覆盖率高。一方面要求覆盖的范围足够大；另一方面要求覆盖的范围包括室内。根据覆盖率的范围，定位服务可以分为三种覆盖率：覆盖整个本地网、覆盖部分本地网和提供漫游网络服务类型。除了考虑覆盖率外，网络结构和动态变化的环境因素也可能使一个电信运营商无法保证在本地网络或漫游网络中的服务。（2）要求定位精度高。手机定位应该根据用户服务需求的不同提供不同的精度服务，并可以给用户提供选择精度的权利。定位精度一方面与采用的定位技术有关，另一方面还要取决于提供业务的外部环境，包括无线电传播环境、基站的密度和地理位置以及定位所用设备等。

二、基于位置的服务的应用

目前，国内基于位置的服务主要表现为四大类形式的应用。

（一）签到（Check-in）模式

LBS 在国内最早的应用模式就是签到，模仿自美国的 Foursquare，虽然在具体功能上有所不同，但用户的主要行为逻辑是一样的，即通过签到与他人分享，产生衍生的应用。LBS 的应用上，先是涌现出了一大批独立的 LBS 应用网站，如切客网、街旁网、开开网、玩转四方，同时，LBS 还成为微博等社交平台的标配，用户可以在这类社交媒介上实现签到。在社交网站上，我们总会见到好友更新了“我在某某地”之类的信息，这就是所谓的签到。然而这只是表象，背后隐藏的是基于签到的各种有关营销的信息推送，这才是 LBS 最让商家愿意采纳的原因。签到是基于用户的新鲜感、满足感与成就感发展起来的，一旦用户对这种感觉失去了兴趣或觉得很麻烦，那么 LBS 的签到价值就会大打折扣。

（二）分享模式

大众点评和美团等是这类服务的代表。这类分享模式通过“周边搜索”等定位服务为与其合作的商家推荐和导入客流。同时，作为消费者也有不同的优惠可以得到，以此调动用户活跃度。另外，LBS 和旅游的结合是十分切合的。分享攻略和心得体现了一定的社交性质，其代表是切客网。

（三）LBS＋团购模式

LBS 和团购两者都有地域性特征，但团购又有其差异性，两者如何融合？美国的 GroupTabs 给我们带来了新的想象：GroupTabs 的用户到一些本地的签约商家，如一间酒吧，到达后使用 GroupTabs 的手机应用进行签到。当签到的数量达到一定程度后，所有进行过签到的用户就可以得到一定的折扣或优惠。

（四）即时推送

所谓推送（Push）技术是一种基于客户服务器机制，由服务器主动地将信息发往客户端的技术。基于地理位置向用户实时推送是指通过检测用户位置向用户主动发送 Push 信息的方式。如 Getyowza 用户通过安装 Getyowza 提供的客户端，Getyowza 会根据用户的地理位置，给用户推送附近的优惠券信息。Getyowza 只在美国开展此项业务，用户安装软件之后可以设置推送距离（推送距离自己多远范围内的优惠信息），可以直接在谷歌地图上查看这些优惠信息，可以收藏自己喜欢的店铺，选择只接受自己收藏店铺的优惠券的推送信息。Getyowza 的优惠券不需要打印，直接给商户看便可以享受打折优惠。

LBS 的核心是“我在哪里”，但它的增值理念却在“这里有什么”上。因此，虽然目前 LBS 发展和盈利模式遇冷，但只要正确理解了增值理念，则可为 LBS 行业的发展带来新的机遇。把个人服务作为 LBS 应用发展的方向，将成为未来互联网商家竞争的关键点。谁能提供更优质的服务和更适合市场需求的服务，谁就能赢得优势，并在激烈的市场竞争中脱颖而出。移动位置服务被认为是继短信之后的“杀手级”业务之一，有着巨大的市场规模和良好的盈利前景，但实际进展比较缓慢。不过，随着产业链的完善，移动位置和位置服务市场有望日益壮大。

单元四 移动商务开发的技术——HTML5 和 CSS3

HTML5 是 HyperText Markup Language 5 的缩写，HTML5 技术结合了 HTML 前期版本的相关标准并大幅更新，使其更加符合现代网络发展特别是移动互联网发展的要求。HTML5 在 2008 年正式发布。HTML5 由不同的技术构成，其在移动互联网中得到了非常广泛的应用，提供更多增强网络应用的标准，能够让移动应用功能通过 Web 浏览器实现，使消费者能够从包括个人电脑、笔记本电脑、智能手机或平板电脑在内的任意终端访问相同的程序和基于云端的信息。由于 HTML5 技术中存在较为先进的本地存储技术，因此其能做到减少应用程序的响应时间，为用户带来更便捷的体验。

一、HTML5 简介

HTML5 是 HTML 下一个的主要修订版本，现在仍处于发展阶段，目标是取代 1999 年所定的 HTML4.01 和 XHTML1.0 标准，以期能在互联网应用迅速发展的时候，使网络标准符合当代的网络需求。广义论及 HTML5 时，实际指的是包括 HTML、CSS 和 JavaScript 在内的一套技术组合。它希望能够减少浏览器对于基于插件的丰富性网络应用服务（Rich Internet Application，RIA），如 Adobe Flash、Microsoft Silverlight、Oracle JavaFX 等需求，并且提供更多能有效增强网络应用的标准集。

具体来说，HTML5 添加了许多新的语法特征，其中包括<video><audio><canvas>元素，同时集成了 SVG 内容。这些元素是为了更容易地在网页中添加和处理多媒体与图片内容而添加的。其他新的元素包括<section><article><header><nav>，目的是丰富文档的数据内容。新的属性的添加也是基于同样的目的，同时也有一些属性和元素被删除了。一些元素，如<a><cite><menu>被修改，重新定义或标准化了。另外，APIs（应用程序接口）和 DOM（文档对象模型）已经成为 HTML5 中的基础部分。HTML5 还定义了处理非法文档的具体细节，使所有浏览器和客户端程序能够一致地处理语法错误。

二、HTML5 的新标记

HTML5 提供了一些新的元素和属性，反映了现代网站中的典型用法。其中，有些元素在技术上类似<div>和<span>标签，但有一定含义，如<nav>（网站导航块）和<footer>。这种标签有利于搜索引擎的索引、小屏幕设备页面设计以及视障人士的使用。同时，这些新的元素也为新版浏览器提供了新的功能，即通过一个标准接口实现某一特定的功能，如通过<audio>和<video>标签实现音频或视频播放。

同时，一些过时的 HTML4 标记被取消，其中包括纯粹用作显示效果的标记，如<

font＞和＜center＞，它们的效果完全通过 CSS 实现。

尽管和 SGML 在标记上有相似性，但 HTML5 的句法却被设计成向后兼容对老版本的 HTML 的解析。它有一个新的开始行进行文档类型声明：＜！ DOCTYPE html＞。这会触发和标准兼容的渲染模式，并且在 2009 年 1 月 5 日，HTML5 添加了 Web Form 2.0 的内容。

在 HTML5 中新增了很多标签，加强 HTML 标签的语义化，如＜article＞＜aside＞＜header＞ ＜footer＞＜audio＞＜canvas＞＜command＞＜datalist＞＜details＞＜figcation＞＜figure＞＜hgroup＞＜mark＞＜meter＞＜video＞＜nav＞＜output＞＜progress＞＜section＞＜source＞等，这些标签都有各自的意义，不再仅是 span 和 div。虽然 HTML4 中也有很多语义化的标签，但不如 HTML5 丰富。除了这些新增的标签，还有一些此前就有的标签，但新增了类别，最具代表性的就是表单 form。如果浏览器支持 form 的新属性，那么就会自动调用相应组件，如在移动设备中“type＝number/email/text”时，浏览器会调用不同版面的键盘，这样可以加快用户的输入，使用户的体验更好，如图 2－12 所示。

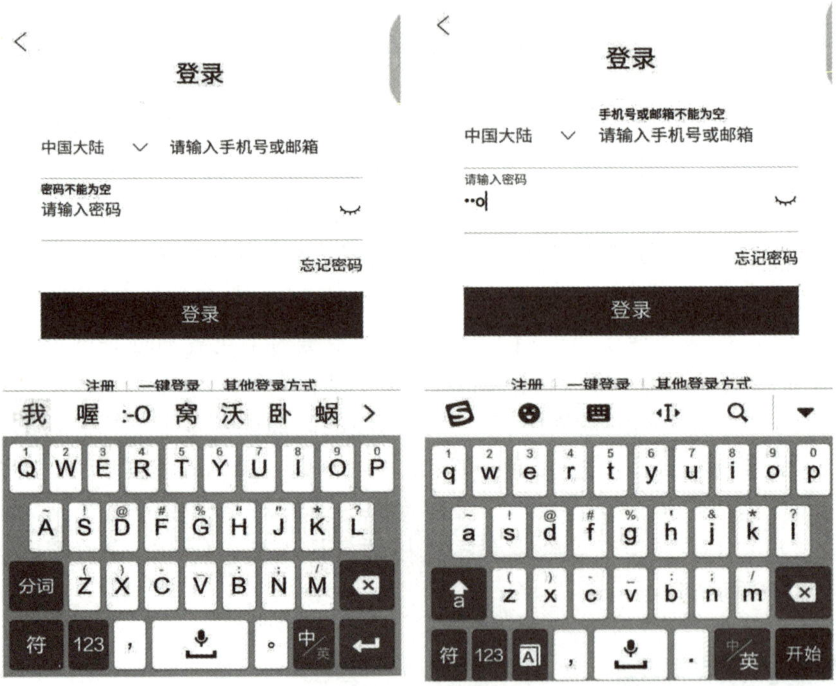

图 2－12　基于 HTML5 的表单控件快速输入实例

如果是 type＝range，则会出现如图 2－13 所示的组件，供用户选择范围。

图 2－13　HTML5 表单 type＝range 控件

如果是 type＝date，则出现日期选择器，如图 2－14 所示。

另外，除了 input 的 type 新增量类别外，还增加了一些很实用的属性，如 placeholder，

图 2-14 HTML5 表单 type=date 控件

我们知道，在 input 中常常会默认一些文案，当用户输入的时候会自动清除，HTML5 之前我们是靠 JavaScript 实现的，但有了 HTML5，只需要 placeholder＝“默认文案”即可轻松实现。

三、HTML5 与电子商务网络营销

对于电子商务网站，特别是那些严重依赖于 Flash 动画的商务网站，HTML5 是一个大福音。首先，搜索引擎的蜘蛛或机器人页面抓取程序将抓取站点和索引站点中的内容。所有嵌入动画中的内容将全部可以被搜索引擎读取。在搜索引擎优化的基本理论中，这会驱动网站获得更多的点击流量。

同时，使用 HTML5 的另一个好处就是它可以增加更多的功能。对于 HTML5 的功能性问题，从全球几个主流站点对它的青睐可以看出。脸书（Facebook）已经推出基于 HTML5 的 iPad 应用平台；潘多拉推出基于 HTML5 的音乐播放器的新版本；游戏平台 Zynga 也推出了三款新的在移动设备浏览器上运行的基于 HTML5 的游戏等。每天都有基于 HTML5 的网站和 HTML5 特性的网站被推出。保持站点处于新技术的前沿，也可以很好地提高用户的友好体验。

最后，基于 HTML5 的电子商务网站可用性的提高，提升了用户的友好体验。从可用性的角度上看，HTML5 可以更好地促进用户与网站间的互动情况。多媒体网站可以获得更多的改进，特别是在移动平台上的应用。使用 HTML5 还可以提供更多高质量的视频和音频流。到目前为止，事实就是 iPhone 和 iPad 将不会支持 Flash，同时 Adobe 公司也公开声明停止 Flash 基于移动平台的开发，现在已经可以这么说：移动平台中的视频音频日后是 HTML5 的天下。

可以肯定的是，在移动商务网络营销领域，越来越多的搜索引擎优化师开始研究对于 HTML5 站点的优化，搜索引擎也会不断地更新算法以适应 HTML5 的发展。

四、CSS3

在 HTML5 逐渐成为 IT 界最热门话题的同时，CSS3 也开始慢慢地普及。目前，很多浏览器都开始支持 CSS3 的部分特性，特别是基于 Webkit 内核的浏览器，其支持力度非常大。在 Android 和 iOS 等移动平台下，正是由于 Apple 和 Google 两家公司大力推广

HTML5 以及各自的 Web 浏览器的迅速发展，CSS3 在移动 Web 浏览器下才能得到很好的支持和应用。

CSS（Cascading Style Sheet）即层叠样式表。在网页制作时采用层叠样式表技术，可以有效地对页面的布局、字体、颜色、背景和其他效果实现更加精确的控制。只要对相应的代码做一些简单的修改，就可以改变同一页面的不同部分，或页数不同的网页的外观和格式。CSS3 是 CSS 技术的升级版本，CSS3 语言开发是朝着模块化发展的。以前的规范作为一个模块实在是太庞大而且比较复杂，所以，把它分解为一些小的模块，更多新的模块也被加入进来。这些模块包括盒子模型、列表模块、超链接方式、语言模块、背景和边框、文字特效、多栏布局等。CSS3 作为在 HTML 页面担任页面布局和页面装饰的技术，可以更加有效地对页面布局、字体、颜色、背景或其他动画效果实现精确的控制。

（一）CSS3 新增属性

现在移动端两大阵营 iOS 和 Android 都是基于 Webkit 内核的，而 Webkit 内核对 CSS3 的支持走在了前面。CSS3 给我们带来了如文字阴影（text-shadow）、盒子阴影（box-shadow）、圆角（border-radius）、背景渐变（background：linear-gradient（＃000，＃fff））、2D 变换（transition）和动画（animation）等大家耳熟能详的常用属性，另外还有如-webkit-mask、-webkit-text-stroke、-webkit-nbsp-mode、-webkit-tap-highlight-color、-webkit-box-reflect、-webkit-marquee、-webkit-box 等 webkit 内核私有属性，至于这些属性的其他浏览器支持程度，有兴趣的读者可以自己研究，这上面的每一个属性都有自己的使用场景，就看如何灵活运用。下面仅简单介绍几个属性。

1. display：-webkit-box

我们知道元素大致分为内联元素、块状元素和介于两者之间的元素，当然还有 inline-table 和 table-cell 等。对于如图 2－15 所示的情况，父元素被 1、2、3 均分，且 2 和 1 之间间隔 10px。

图 2－15　-webkit-box 实例

此时可以试试新的 display：-webkit-box，另外还有如下属性配合使用：

（1）-webkit-box-orient：子元素的排列方向为 horizontal、vertical、inline-axis、block-axis、inherit，其中默认值是 inline-axis，即横向排列。

（2）-webkit-box-flex：子元素之间的比例，仅作一个系数。

（3）-webkit-box-direction：子元素的排列顺序为 normal、reverse、inherit，其中默认值是 normal。

（4）-webkit-box-flex-group：以组为单位的流体系数。

（5）-webkit-box-ordinal-group：以组为单位的子元素排列方向。

（6）-webkit-box-lines：子元素是否换行，类似 word-wrap 和 word-break 的作用。

（7）-webkit-box-align：子元素垂直方向的对齐方式。

（8）-webkit-box-pack：子元素水平方向的对齐方式。

这些配合使用的属性我们全部保留默认设置即可。

HTML 代码：

```
<div class="box">
<ul class="item_list_clearfix">
<li class="child1">1</li>
<li class="child2">2</li>
<li class="child3">3</li>
</ul>
</div>
```

CSS 代码：

```
.box { width:600px;height:400px;margin:10px auto;padding:0;font-size:0;}
.item_list {display:-webkit-box;background:black;}
.item_list li{position:relative;height:100px;line-height:100px;
              text-align:center;font-size:16px;-webkit-box-flex:1;back-
              ground:#f00;}
.item_list li:first-child { background:#f00;}
.item_list li:nth-child(2){ margin-left:10px;background:#ff0;}
.item_list li:last-child { background:#c96;}
```

上述代码可以这样理解：父亲有一块地，要分给兄弟几个，除去老大和老二之间的分割线所占的那块，剩下的部分均分的份数由 li 的兄弟个数和 box-flex 的总数确定，现在有兄弟三人，每个人的 box-flex 都是 1，所以总份数=1′1+1′1+1′1=3。

如果对于上面的 CSS 代码稍作修改：

```
.item_list li:nth-child(2){ margin-left:10px;background:#ff0;
  -webkit-box-flex:2;}
```

那么现在老二的 box-flex 是 2 了，总份数就是 1′1+1′2+1′1=4，其中老大和老三各占一份，老二占两份，显示效果如图 2-16 所示。

图 2-16 修改后的-webkit-box 实例

2. -webkit-text-size-adjust：none

在移动页面设计中，有时竖屏显示效果不错，但是当横屏的时候，字号会变大，无论怎样设置字号大小都无效，这是因为浏览器默认会根据当前的屏幕和内容做调整，在 webkit 内核的浏览器中只需要-webkit-text-size-adjust：none 就可禁止自动调整，至于是否全局或局部使用要看自己的项目需求，示例如图 2-17 所示。

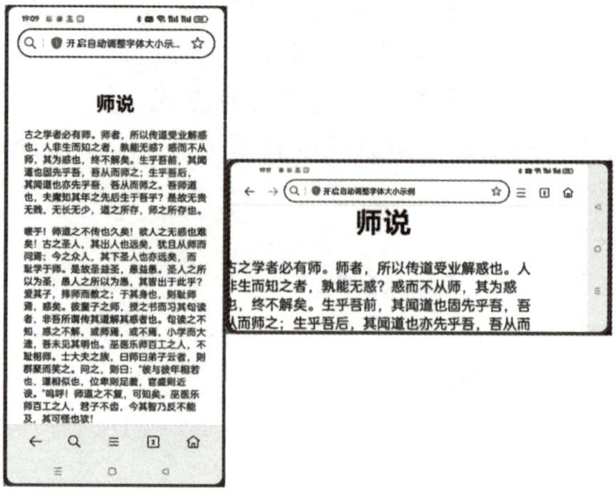

图 2－17　手机横屏显示效果问题

很明显，当手机由竖屏转向横屏的时候，主题区域的文字自动变大，跟自己设置的大小无关，设置了-webkit-text-size-adjust：none 后，横屏的效果就正常了，如图 2－18 所示。

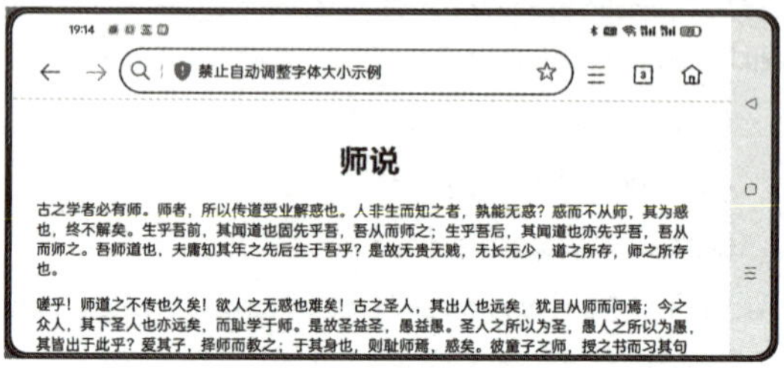

图 2－18　更正后手机横屏正常显示效果

这样，字号的大小就由我们自己设置了，是可控的。

3. 字级单位

常用的字级单位有 px、pt、百分比、em 等，CSS3 还新增加了 rem。用 em 和百分比的时候遇到的问题就是计算，而且当嵌套的层级太多时就会出现控制文字大小困难，而用 px 则成为固定大小的字体。现在使用 rem 完全不用担心这些问题，因为 rem 的参照对象只有根节点，只需设置根节点的大小，其他所有子节点都只需参照它来设计即可。下面是 px、em、百分比和 pt 的对比。只需设置 html 根元素字体大小为 75%，对应的 px 值就是 12，这样我们可以很方便地设置页面的宽、高和字体大小，当然单位是 rem，这样参考对象才会永远是 html 而不是父元素，当需要变化的时候，只需改变 html 的大小，其他的元素都会相应变化，这样使用 rem 单位控制页面字体大小就非常方便。

（二）移动页面的设计技巧

1. 禁止用户旋转设备

禁止用户旋转设备在浏览器里办不到，因为禁止开发者阻止浏览器的 orientationchange 事件。

2. 禁用自动识别电话号码

在开发项目的时候，经常会用到一些数字或真正的电话号码，但是又不想系统自动识别让用户可以直接拨打，那么只需在标签之间加入即可，但是有些特殊情况我们又需要让用户直接拨打，示例情景如图 2 - 19 所示。

图 2 - 19　自动识别号码的情景

页面中的电话号码“010 - 52918772”系统会自动识别，用户单击即可选择拨号。

3. 盒边框溢出

当指定了一个块级元素时，并且为其定义了边框，设置了其宽度为 100%，按照盒模型，就会发现该元素的左右边框各一个像素会溢出，导致出现横向滚动条，此时可以为其添加-webkit-box-sizing：border-box 来指定该盒子的大小，包括边框的宽度。

4. CSS3 绘图和 CSS3 动画

在 HTML5 和 CSS3 的世界里，很多图片都是多余的，我们可以尽情发挥自己的想象力，让 CSS3 替代不必要的图片和不必要的 JavaScript 代码。另外，做 CSS3 动画时最好将动画代码提取出来单独命名。

目前，CSS3 是移动 Web 开发的主要技术之一，它在界面修饰方面占有重要的地位。由于移动设备的 Web 浏览器都支持 CSS3，因此对于不同浏览器之间的兼容性问题，它们之间的差异非常小。不过，对于移动 Web 浏览器的某些 CSS 特性，仍然需要做一些兼容性的工作。当前，CSS3 技术在移动商务网站开发中最适合使用的特性包括增强的选择器、阴影、强大的背景设置和圆角边框等。

单元五　云计算、大数据、物联网技术与人工智能

云计算的概念是 2006 年谷歌首席执行官埃里克·施密特提出的。从被提出之日起，云计算便因其极具革新的理念而被业界广泛地关注，因而成为整个 IT 行业中最为热门的核心话题之一。大数据时代的到来，是全球知名咨询公司麦肯锡最早提出的，麦肯锡称：“数据，已经渗透到当今每一个行业和业务职能领域，成为重要的生产因素。人们对于海量数据的挖掘和运用，预示着新一波生产率增长和消费者盈余浪潮的到来。”近几年，“大数据”一词的持续升温也带来了大数据泡沫的疑虑，大数据的前景与目前云计算、物联网、移动互联网等是分不开的。互联网用户的互动，企业和政府的信息发布，物联网

传感器感应的实时信息每时每刻都在产生大量的结构化和非结构化数据，这些数据分散在整个网络体系内，体量极其巨大。这些数据中蕴含了对经济、科技、教育等领域非常宝贵的信息，大数据的研究就是通过数据挖掘、知识发现和深度学习等方式将这些数据整理出来，形成有价值的数据产品，提供给政府、行业企业和互联网个人用户使用和消费。当前，全球新一轮科技革命和产业变革孕育兴起，带动了人工智能等数字技术加速演进，引领了数字经济蓬勃发展，对科技、经济、社会等均产生深远影响。

一、云计算技术

云计算是由谷歌提出的一个网络应用模式，是指服务的交付和使用模式，通过网络以按需、易扩展的方式获得所需的服务。这种服务可以是 IT 和软件或与互联网相关的内容，也可以是任意其他的服务，它具有超大规模、虚拟化、可靠安全等独特功效。

（一）云计算的概念

1. 狭义的云计算

提供资源的网络被称为“云”。“云”中的资源在使用者看来是可以无限扩展的，并且可以随时获取，按需使用，随时扩展，按使用付费。这种特性使其经常被称为像水电一样使用的 IT 基础设施。

2. 广义的云计算

“云”是一些可以自我维护和管理的虚拟计算资源，通常为一些大型服务器集群，包括计算服务器、存储服务器和宽带资源等。云计算将所有的计算资源集中起来，并由软件实现自动管理，无须人为参与。这使得应用提供者无须为烦琐的细节而烦恼，能够更加专注于自己的业务，有利于创新和降低成本。

云计算的基本理念是“一切皆是服务（Everything as a Service)”。任何通过网络能够提供给用户的服务都可以成为云计算的应用形式，而用户在使用这些服务时采取“租用”(Pay Per Use）的形式进行付费。从形式上看，“云”以数据中心的形式存在，而数据中心由大规模计算机集群、管理这些计算机集群的软件、海量数据以及能够为用户提供特定计算服务的软件组成。在“云”中，所有的资源，包括构架、平台和软件都可以作为服务来提供。由于用户可以租用服务，节省了购买机器、平台和开发软件的费用，因此，云计算有着节省成本、快速服务和提高管理效率等优势。

目前，谷歌、微软、IBM、阿里巴巴等一些国内外大公司都已建立了自己庞大的云计算中心，在这些 IT 巨头的推动下，云计算正在以空前的态势迅速发展，并已经成为很多企业增长最快的业务之一。而亚马逊、优酷、脸书（Facebook）等这些著名的电子商务公司的积极参与，也进一步推动着云计算的发展。在可预见的未来，云计算将持续出现蓬勃发展的局面。

（二）云计算的服务模型

云计算的核心是提供服务，因此，云计算也称作“云计算服务”。目前，学术界和企业界提出的云计算服务包罗万象，有 AaaS（Architecture as a Service，体系结构即服务）、CaaS（Computing as a Service，计算即服务）、DaaS（Data as a Service，数据即服务）、DBaaS（Database as a Service，数据库即服务）、HaaS（Hardware as a Service，硬件即服务）、IaaS（Infrastructure as a Service，基础设施即服务）、OaaS（Organization as a Service，组织即服务）、SaaS（Software as a Service，软件即服务）、PaaS（Platform as a Service，平台即服务）和 TaaS（Technology as a Service，技术即服务）等。但根据云计算的发展来看，目前云计算提供的服务主要有 SaaS、PaaS 和 IaaS 等。

已经推出或正在酝酿自己的云计算服务的主要有谷歌的云计算平台、微软的 Azure 服务平台、亚马逊的弹性计算云（Amazon EC2）以及 IBM 的 Blue Cloud 和 Sun Cloud 等。

（三）云计算的优点和问题

云计算能够被各大企业和政府机构关注，并投入大量的人力、物力进行开发和利用，与其具有的巨大优势和特点是分不开的，被视为科技界的下一次革命。

1. 云计算的优点

云计算的优点主要体现在以下六个方面：

（1）经济实惠。因为数据计算、数据维护和数据存储都在云端进行，所以对于租用云计算服务的企业和用户来讲，无须再花大量的成本来建设和维护自己的数据中心，节约了一大笔高昂的设备购置费用，并且不用担心设备的淘汰和升级问题。

（2）方便易用。在云模式下，用户可以根据自己的需求和喜好来定制服务、应用和平台，而不必记住资源的具体位置，相关的资源存储在“云”中，用户在任何时间、任何地点都能以某种便捷、安全的方式获得“云”中的相关信息或服务。虽然“云”由大量的计算机组成，但对用户来说，只看到一个统一的“服务”界面，感觉就像使用本地计算机一样方便。

（3）资源整合。在传统模式下，各个企业和政府机构的信息化建设都是自己开发程序、购买服务器和建设计算中心，而这些设备往往大部分时间都是闲置的，且数字资源难以共享。而云计算本身就是对大量 IT 资源的整合，构成庞大的资源池，资源统一灵活调配。在云模式下，通过租用云计算服务，各自为政的信息资源建设模式将会彻底改变，全球资源可以高度整合，可以实现真正意义上的共享。不管是物理意义上的计算机资源还是数字信息资源，云计算对资源整合后再进行重新配置，能发挥更大的经济效益和社会效益。

（4）安全性更高。由于云计算服务商都是大型企业，有专业的团队来维护数据安全，因此比以往中、小企业及个人用户自己维护数据更安全，大大增强了资源的安全性和可靠性。同时，云计算使用数据多副本容错和计算节点同构技术，保障了服务的高可靠性，因此使用云计算比使用本地计算机更可靠。

（5）超强的计算能力。云计算服务商都具有相当大的规模，亚马逊、IBM、微软、雅虎等公司的“云”均拥有几十万台服务器，而 Google 云已经拥有 200 多万台服务器。云计算的这种大规模使其具有超强的计算能力，而用户通过租用这些云计算服务，也就相当于拥有了具备超强计算能力的计算中心。

（6）绿色环保。云计算的出现，使无数企业不再需要建设自身的信息中心，完成一定量的计算任务所需使用的服务器数量比以前大大减少，为实现低碳经济和节能减排发挥了很大的作用。同时，通过虚拟机技术和虚拟化资源管理技术，实现了计算能力的自动伸缩扩展，对于无须使用的服务器，可以使其自动处于休眠状态，减少热量，节约电能，降低污染。因此，云计算拥有低能耗、低污染、高性能、高效益的特点，在全球倡导低碳经济的时代背景下，云计算成了“绿色”IT 技术。

2. 云计算的问题

云计算的迅猛发展，为企业和用户带来了极大的便利，同时也因为其自身的特点，产生了一系列的问题，如数据安全、云计算标准、隐私权及知识产权等。只有妥善地解决这些问题，才能促使云计算更好地发展。

这些问题对于个人和企业来讲，都是非常重要的。分析当前云服务提供商的服务合同，不难发现，服务提供商并不认可数据所有者泄密事件中应承担的任何法律责任或义务，也不针对任何事件做出承诺。对于用户来说，选择云服务所面临的主要风险在于缺乏主体责任担当者和制度上的保障，这会在很大程度上影响用户对云服务的信心。

（四）云计算的关键技术

云计算的目标是以低成本的方式提供高可靠、高可用、规模可伸缩的个性化服务。为了达到这个目标，需要数据中心管理、虚拟化、海量数据存储与处理、资源管理与调度、QoS 保证、安全与隐私保护等关键技术加以支持。

1. 虚拟化技术

虚拟化技术实现了云计算基础设施服务的按需分配，是 IaaS、PaaS 和 SaaS 等所有云计算服务的支撑和基础。虚拟化是 IaaS 层的主要组成部分，也是云计算最重要的特点。虚拟化技术可以为云计算提供以下强大的优势：

（1）资源分享。通过虚拟机封装各用户的运行环境，可以有效实现多用户分享数据中心强大的硬件和软件资源。

（2）资源定制。用户利用虚拟化技术，配置私有的服务器，指定所需的 CPU 数目、内存容量和磁盘空间，可以实现资源的按需分配。

（3）细粒度资源管理。将物理服务器拆分成若干虚拟机，可以提高服务器的资源利用率，减少浪费，而且有助于服务器的负载均衡和节能。

（4）实现弹性、可靠的基础设施服务。当分配给用户的虚拟机不足以完成用户的计算任务时，可以通过虚拟机在线迁移技术，自动将参与用户任务的资源进行扩展；而当有部分虚拟机资源闲置时，又可通过关闭这些虚拟机，收回它们占用的资源，实现弹性的计算资源管理。

传统的虚拟机部署分为四个阶段，即创建虚拟机、安装操作系统与应用程序、配置虚拟机属性、启动虚拟机，整个过程花费时间较长。虚拟机快速部署技术通常采用虚拟机模板技术来简化虚拟机的部署过程。虚拟机模板预装了操作系统和应用软件，并对虚拟机进行了缺省参数的配置，可以有效减少虚拟机的部署时间。

2. 海量数据存储与处理技术（以 Google 为例）

云计算服务采用大规模服务器集群的数据中心为用户提供超强性能和超大存储能力的服务，所处理的数据通常以 TB 为计算单位。根据报告，早在 2008 年，Google 每天所处理的数据就达到了 20PB（1PB=1 024TB）。因此，海量数据的存储和处理技术是云计算服务的重要部分。

（五）云计算与移动商务

1. 云计算带来的新机遇

云计算应用于移动商务领域，将为众多移动商务企业的发展提供全新的技术基础和服务模式，尤其是中小企业将获得更廉价的资源、更广阔的发展机遇和更完善的服务。中研普华管理咨询有限公司发布的《2014—2018 年中国云计算行业全景调研与发展战略研究咨询报告》显示：云计算在我国尚处于市场导入阶段，但其发展的速度及影响力惊人。“十二五”期间，我国云计算产业链规模就已达 1 万亿元人民币。由此可见，将云计算应用于电子商务和移动商务，提供更加高效的商务运作模式，已不仅是一种设想，而是一种趋势。云计算将给移动商务带来全面的历史发展机遇，主要体现在以下几个方面：

（1）打破移动终端性能瓶颈。移动商务对终端的运算能力、信息传递和处理能力都有较高的要求，如果移动终端和移动通信网络无法可靠、安全地完成信息的传递和运算，那么移动商务就只是空谈。云计算恰恰解决了这些困扰，只要所有的移动终端都能顺利地接入“云”，移动终端之间的信息处理及传递、信息安全等问题都将迎刃而解。运用云计算的强大计算、处理和传输能力，移动终端的性能瓶颈将被彻底打破。

（2）提供全新的 IT 资源部署模式。云计算移动商务模式将涵盖信息技术服务、营销和管理等各个业务领域，提供移动商务交易和移动商务服务的综合性平台。云计算下的 IaaS、PaaS、SaaS 服务模式，让企业不再需要建设自身的信息中心，无须再投入大量的资金和人力、物力来进行信息中心的开发和维护。这些工作都将交给云计算服务商来为企业量身定制，企业因此可以专注于自身的核心业务。此外，云计算让移动商务企业的核心数据也能得到更妥善、更完整、更安全的保存。

（3）提供更加安全的数据存储模式。从事移动商务的中小企业都会为保证后台海量数据的安全而煞费苦心。但由于自身专业技术团队力量的薄弱，服务器被攻击、信息被窃取、数据被篡改等问题仍会频繁出现。而在云计算模式下，其数据存储的高度分散性、数据管理的高度集中性以及数据服务的高度虚拟化，能提供更加安全的数据服务。与此同时，云计算服务还会自动对数据进行统一管理、分配资源、均衡负载、控制安全，并进行可靠的安全实时监测。在某台服务器出现故障时，管理监测软件可以利用克隆技术或在线数据迁移技术，将数据快速复制到其他服务器上，并启动新的服务器继续提供服务，以保证服务的高可用性、完整性和安全性。

（4）提供商业智能级的经营决策模式。所谓商业智能（Business Intelligence，BI），是指利用相关决策分析工具，将企业中现有的数据转换为知识，帮助企业做出明智的业务经营决策。目前，大多数电子商务，包括移动商务企业，在商业智能领域遇到的困难主要来自以下几个方面：1）随着用户数量的增加，产生的海量数据要求有更强大的数据存储和管理能力，同时需要更强大的数据挖掘能力，这样才能帮助企业做出明智的商业决策。2）需求的不断变化和应用的复杂化、多样化，要求商业智能的实时性越来越高。这就需要移动商务企业后台具有更加快速、高效、稳健的运行性能，同时还应具有良好的扩展性。3）高成本也是制约移动商务企业，尤其是中小移动商务企业发展商业智能的一个重要因素。

云计算所提供的大型数据中心以及海量的数据存储、运算、分析、挖掘能力，为移动商务企业发展商业智能提供了良好的基础。而“租赁+服务”的资源分配和交付模式，也为中小移动商务企业发展商业智能提供了巨大的成本优势。

2. 全新的移动商务模式构建

现阶段，将云计算运用于移动商务环境，构建新型的商务模式，其主要思想还是基于移动外包服务的应用。利用移动外包服务所提供的“按需分配”的能力，移动商务企业可以在需要的时候快速获得相关资源和服务，不但免去了移动商务企业自身前期建设和后期维护等方面的烦恼，而且服务提供商也能利用“云”同时为众多用户提供服务，实现更深层次的资源共享和技术外包服务。对目前云计算的应用发展趋势进行分析，基于云计算的移动商务模式构建将朝着以下两个方向发展：

（1）基于“供应链云”的全程移动商务模式。利用分布在全球范围内的“云”，可以构筑一个庞大的“供应链云”系统，利用这个系统可以实现以供应链管理为核心的全程移动商务模式。在这种模式下，利用云计算提供安全、可靠的数据存储服务和运算处理，极大地降低了对客户移动终端设备的要求，轻松实现所有用户的数据共享和资源合理分配，并能在客户有需要时，及时提供几乎无限制的空间和服务。

云计算服务提供商、云计算用户、政府主管机构及其各类产品及服务提供商（如云终端设备提供商、云计算系统集成商、软件基础设施提供商等）形成了一个全新的基于云计算的“供应链云”体系。该体系以整合企业资源为核心，以改善企业流程为焦点，以供应链和云计算管理为基本思想，在合理分工协作的基础上，充分使用已经建立的云计算平台服务，建立与重组企业核心业务流程，利用强大的“链式云”移动商务模式实现企业的战略目标。目前，如用友、伟库等大型服务商都已经开始打造全程移动商务服务系统，基于“供应链云”的全程移动商务已经进入实践应用的阶段。

（2）基于“移动云”的移动商务模式。随着“移动云计算”“三网整合”等的发展，移动商务模式也将发生深刻变革。由于有了庞大的分布式“云”系统，其信息处理能力和运算效率等都会得到大幅度提高，而云计算为我们提供的“按需分配”的服务模式和4G/5G为我们带来的全新移动终端，将彻底打破移动商务存在的瓶颈。有了云计算，移动商务服务的安全将得到更好的保障，信息处理和数据传输也将变得更加简单。用户只要持有具备简单计算能力的移动终端，就可以随时随地接入为其提供服务的“云”，并及时、安全地获得移动商务平台的相关服务。

基于“移动云”的移动商务模式，不但解决了移动终端性能瓶颈的问题，还极大地提高了数据分享的便捷性和任务执行的高效性。在这种模式下，对手机等移动终端没有复杂的硬件性能要求，只要具备简单的跨系统平台就可以顺利连接“云端”，获取移动商务企业利用“移动云”所提供的信息和服务。

同时，移动商务企业自身也无须搭建复杂的移动商务平台，而只需要向云计算服务提供商申请租赁，就可以获取相应的“云服务”，从而快速实现其业务功能。“移动云”快捷高效的存储、运算、处理、共享能力，为移动商务的发展提供了全新的发展空间。

二、大数据技术

与云计算紧密相关的技术就是大数据技术。在互联网思维、互联网经济、移动互联和电子商务等新兴产业纷纷走上历史舞台的大背景下，越来越多的数据使得单纯扩展服务器硬盘容量、提升磁盘阵列性能等传统的存储数据的方式越来越不适应企业的实际需求，分布式计算平台成为时代的新宠，大数据时代来临，大数据分析行业应运而生。

（一）大数据的概念

大数据（Big Data）又称为巨量资料，指的是所涉及的资料量规模巨大到无法通过目前主流软件工具，在合理时间内撷取、管理、处理并整理成为帮助企业经营决策的量化信息。大数据的特点可以归纳为“4V”：首先是数据体量（Volume）大，一般达到或超过 10TB 容量规模，但在实际应用中，很多企业用户把多个数据集合放在一起，形成了 PB 级的数据量；其次是数据类别（Variety）多，数据来自多种数据源，数据种类和格式日渐丰富，已冲破了以前所限定的结构化数据范畴，囊括了半结构化和非结构化数据；再次是数据处理速度（Velocity）快，在数据量非常庞大的情况下，也能做到数据的实时处理；最后是数据的真实性（Veracity）高，随着社交数据、企业内容、交易与应用数据等新数据源成为移动商务时代企业的关注点，传统数据源的局限被打破，企业愈发需要有效的数据信息，以确保其真实性和安全性。

（二）大数据分析技术

众所周知，大数据已经不只是数据大的事儿了，最重要的现实是对大数据进行分析，只有通过分析才能获取很多智能的、深入的、有价值的信息。现在，越来越多的应用涉及大数据，而这些大数据的属性，包括数量、速度、多样性等都呈现出大数据不断增长的复杂性，所以大数据的分析方法在大数据领域就显得尤为重要，可以说是最终信息是否有价值的决定性因素。一般来说，大数据分析的方法主要涉及以下五个方面的内容。

1. 大数据可视化分析

大数据分析的使用者有大数据分析专家，同时还有普通用户，二者对于大数据分析最基本的要求就是可视化分析，因为可视化分析能够直观地呈现大数据的特点，同时也非常容易被用户接受。

2. 数据挖掘算法

大数据分析的理论核心就是数据挖掘算法，各种数据挖掘的算法只有基于不同的数据类型和格式，才能更加科学地呈现数据本身具备的特点，也正是因为这些统计方法我们才能深入数据内部，挖掘公认的价值。另外，也是因为有这些数据挖掘的算法我们才能更快速地处理大数据，如果一个算法得花上好几年才能得出结论，那大数据的价值也就无从说起了。

3. 大数据预测性分析能力

大数据分析最重要的应用领域之一就是预测性分析。从大数据中挖掘特点，通过科学地建立模型，然后代入新的数据，从而预测未来的数据。

4. 语义引擎

大数据分析广泛应用于网络数据挖掘，可以通过用户的搜索关键词、标签关键词或其他输入，分析并判断用户需求，从而实现更好的用户体验和广告匹配。

5. 数据质量和数据管理

大数据分析离不开数据质量和数据管理，高质量的数据和有效的数据管理，无论是在学术研究还是在商业应用领域，都是保证分析结果的真实性和有价值的重要因素。

（三）大数据分析的作用

大数据时代已经到来，那么大数据意味着什么？它到底会改变什么？仅仅从技术角度来回答，无法解惑。我们需要把大数据放在人的背景中加以透视，理解它作为时代变革力量的原因。

1. 大数据是变革价值的力量

一是体现在民生上，通过大数据看我们在人与人的关系上，做得是否比以前更有意义；二是体现在生态上，通过大数据看我们在自然与人的关系上，做得是否比以前更有意义。

2. 大数据是变革经济的力量

生产者是有价值的，消费者是价值的意义所在。有意义的才有价值，消费者不认同的，就卖不出去，就实现不了价值；只有消费者认同的，才卖得出去，才可以实现价值。大数据帮助我们从消费者这个源头识别意义，从而帮助生产者实现价值。

3. 大数据是变革组织的力量

随着具有语义网特征的数据基础设施和数据资源发展起来，组织的变革就越来越显得不可避免。大数据将推动网络结构产生无组织的组织力量。最先反映这种结构特点的，是各种各样去中心化的 Web 2.0 应用，如 RSS、维基和博客等。大数据之所以成为时代变革的力量，在于它通过追随意义而获得智慧。

三、物联网技术

“物联网”这个概念，早在 1999 年就提出来了，当时叫传感网。物联网概念的问世，打破了之前的传统思维。过去的思路一直是将物理基础设施和 IT 基础设施分开，一方面是机场、公路和建筑物，另一方面是数据中心、个人计算机和宽带等。而在物联网时代，钢筋混凝土和电缆将与芯片和宽带整合为统一的基础设施，在此意义上，基础设施更像是一个新的地球，所以也有业内人士认为物联网与智能电网均是智慧地球的有机构成部分。

（一）物联网概述

物联网（Internet of Things，IoT）也称为 Web of Things，是指通过各种信息传感设备，如传感器、射频识别技术、全球定位系统、红外感应器、激光扫描器、气体感应器等各种装置与技术，实时采集任何需要监控、连接和互动的物体或过程，采集其声、光、热、电、力学、化学、生物和位置等各种需要的信息，与互联网结合而形成的一个巨大网络。其目的是实现物与物、物与人、所有的物品与网络的连接，方便识别、管理和控制，提供安全可控乃至个性化的实时在线监测、定位追溯、报警联动、调度指挥、预案管理、安全防范、远程维保、在线升级、统计报表、决策支持和领导桌面（集中展示的 Cockpit Dashboard）等管理和服务功能，实现对“万物”的“高效、节能、安全、环保”的“管、控、营”一体化。

物联网把新一代 IT 技术充分运用在各行各业之中，具体地说，就是把感应器嵌入和装备到电网、铁路、桥梁、隧道、公路、建筑、供水系统、大坝、油气管道等各种物体中，然后将物联网与现有的互联网整合起来，实现人类社会与物理系统的整合。在这个整合的网络中，存在能力超级强大的中心计算机群，能够对整合网络内的人员、机器、设备和基础设施实施实时的管理和控制，在此基础上，人类可以以更加精细和动态的方式管理生产和生活，达到“智慧”的状态，提高资源利用率和生产力水平，改善人与自然之间的关系。

毫无疑问，如果物联网时代来临，那么人们的日常生活将发生翻天覆地的变化。然而，即便不谈隐私权和辐射问题，单把所有物品都植入识别芯片，现在看来还不太现实。人们正走向物联网时代，但这个过程可能需要很长的时间。

（二）物联网关键技术

物联网是继互联网后又一次技术的革新，代表着未来计算机与通信的发展方向。这次革新也取决于一些重要领域的动态技术创新，如从 RFID、EPC、传感技术到认知技术和云计算技术等。

1. RFID、EPC 和传感技术

RFID 技术在前文已经介绍，这里不再赘述。EPC6（Electronic Product Code）是一种编码及接口标准，专用于 RFID。传统的观点认为 EPC 是 RFID 中的一种技术标准，即 EPC 的载体是 RFID 电子标签。现今提到的 EPC 系统是在互联网、射频技术与计算机互联网的基础上，利用 RFID 和无线数据通信等技术构造一个物品信息实时共享的网络。

2. 物联网的认知技术

物体本身智能化，通过下放信息处理能力给网络边缘（远离网络数据中心或云端的设备层，这些设备直接与用户或物理世界交互）来增强网络的功能，这样为数据处理和增加网络弹性提供了更大的可能性；赋予网络边缘的网络交互实体（如传感器、智能设备等）独立处理和决定的能力；智能意味着机器能对外界的刺激信息做出反应并通过学习和规划做出决策来应对外界的变化，即能够模拟人类的一些智能活动，感知当前网络条件，然后依据这些条件做出规划和决策，并采取行动。

3. 物联网云计算技术

物联网要求每个物体都与它唯一的标示符相关联，这样就可以在数据库中检索信息。因此需要一个海量的数据库和数据平台，以把数据信息转换成实际决策和行动。若所有的数据中心都各自为政，数据中心的大量有价值的信息就会形成信息孤岛，无法被有需求的用户有效使用。云计算试图在这些信息孤岛之间通过提供灵活、安全、协同的资源共享来构造一个大规模的、地理上分布的、异构的资源池。云计算是由软件、硬件、处理器加存储器构成的复杂系统，它按需进行动态部署、配置、重配置以及取消服务。在云计算平台中的服务器可以是物理的服务器或虚拟的服务器。

四、人工智能与 AIGC

在科技日新月异的今天，人工智能（Artificial Intelligence，AI）已不再是遥不可及的概念，而是深刻地影响着我们的工作与生活的技术。作为 AI 领域的一个重要分支，AIGC（AI Generated Content，即人工智能生成内容）正引领一场全新的内容生成革命，极大地拓宽了内容创作的边界和效率。

（一）人工智能概述

人工智能，是让机器具备执行通常需要人类智能才能完成的任务的能力。这些任务包括但不限于理解自然语言、学习、推理、规划、创造、感知环境以及识别图像和声音等。根据能力水平，AI 可以分为弱人工智能和强人工智能两大类。弱人工智能，或称狭义人工智能，专注于并擅长于特定任务，如人脸识别、语音识别等；而强人工智能，则是指具有与人类智能相当的能力，能在任何智力任务上与人类比肩，甚至超越，这是目前科研追求的长远目标。

人工智能的核心技术主要有以下四个方面：

（1）机器学习。作为 AI 的核心，机器学习使计算机能够在不进行明确编程的情况下从数据中学习并做出预测或决策。监督学习、无监督学习、强化学习是其三大主要类型。

（2）深度学习。作为机器学习的一个分支，深度学习利用深层神经网络模拟人脑处理信息的方式，特别擅长处理图像、声音等复杂数据，极大地推动了 AI 技术的进步。

（3）自然语言处理（NLP）。NLP 致力于让计算机理解和生成人类语言，包括语音识别、文本分析、机器翻译等，是实现人机交互的关键技术。

（4）计算机视觉。通过图像和视频分析，计算机视觉技术使机器能够“看见”并理解世界，广泛应用于面部识别、物体检测、场景理解等领域。

人工智能有四个要素：算法、算力、数据、应用场景。随着这四要素的进步与丰富，人工智能应用领域不断扩大，比如机器视觉、自动规划、智能控制、语言和图像理解等。

（二）AIGC

AIGC，即人工智能生成内容，是指利用人工智能技术自动生成文本、图像、音频、视频等多种类型的内容。作为继专家生产内容（PGC）和用户生产内容（UGC）之后的新型内容生产方式，AIGC 以其高效、高质量和个性化的特点，正逐步成为内容创作领域的重要力量。

AIGC 的核心在于深度学习和自然语言处理（NLP）等技术。深度学习算法通过模拟人脑神经网络的工作方式，使计算机能够从海量数据中学习并提取特征，进而生成符合特定要求的内容。在文本生成方面，NLP 技术赋予了 AI 理解和生成自然语言的能力，使得 AI 能够根据用户输入的关键词或提示，自动生成连贯、有意义的文本。在图像、音频和视频生成方面，则依赖于计算机视觉、生成对抗网络（GAN）等技术，实现从文本描述到具体内容的自动化转换。

（三）人工智能和 AIGC 对移动商务的影响

人工智能与人工智能生成内容对移动商务产生了深远的影响，这些影响体现在多个方面，包括提升用户体验、优化运营流程、促进个性化服务以及推动商业模式创新。

1. 提升用户体验

（1）智能推荐系统：AI 通过分析用户的历史行为、购买记录和偏好等大数据，能够精准地为用户推荐个性化商品和服务。这种智能推荐系统显著提升了用户的购物体验，增加了用户的购买转化率。AIGC 技术进一步增强了推荐系统的能力，通过生成式算法生成符合用户兴趣的内容推荐，使得推荐更加多样化和精准化。

（2）智能客服：AI 技术使得智能客服成为可能，通过自然语言处理和语音识别技术，智能客服能够 24 小时在线服务，快速响应客户需求，并根据用户的喜好和历史数据进行个性化推荐，提升客户体验。AIGC 技术的应用使得智能客服的回复更加自然、流畅，甚至能够生成富有创意的解决方案，进一步增强了用户的满意度和忠诚度。

（3）虚拟试衣与互动体验：在移动商务中，AI 和 AIGC 技术还应用于虚拟试衣和互动体验领域。通过图像识别和生成技术，用户可以在不实际试穿的情况下预览服装效果，极大地提升了购物的便捷性和趣味性。

2. 优化运营流程

（1）自动化供应链管理：AI 技术能够自动化和优化供应链管理，通过实时数据分析和预测，提高物流效率和准确性，降低成本。这对于移动商务来说至关重要，因为它确保了商品能够迅速、准确地送达消费者手中。

（2）内容营销自动化：AIGC 技术的应用使得内容营销变得更加高效和自动化。通过分析市场趋势和用户喜好，AIGC 可以自动生成符合品牌形象的营销文案和多媒体内容，如商品描述、广告视频等，降低了内容创作的成本和时间。

（3）数据分析与决策支持：AI 和 AIGC 技术为移动商务提供了强大的数据支持和决策依据。通过对海量数据的分析和挖掘，企业可以更好地了解消费者需求、预测市场变化，从而制订更有效的战略和营销计划。

3. 促进个性化服务

（1）个性化商品推荐：基于 AI 和 AIGC 技术的个性化商品推荐系统能够根据不同用

户的需求和偏好生成定制化的推荐列表，提高用户的购物体验和满意度。

（2）定制化用户体验：在移动商务中，AI 和 AIGC 技术还可以应用于定制化用户体验的设计。通过收集和分析用户的行为数据，企业可以为用户提供更加符合其个人喜好的界面设计、交互方式和服务内容。

4. 推动商业模式创新

（1）共享经济模式：AI 技术的发展催生了共享经济模式的兴起。在移动商务领域，共享经济模式使得资源的利用更加高效和灵活，如共享单车、共享住宿等服务的出现改变了传统商业发展模式。

扫一扫

新职业介绍——智能客服训练师

（2）数据驱动的商业模式：AIGC 技术使得数据驱动的商业模式成为可能。通过对用户数据的深入分析和挖掘，企业可以发现新的商业机会和创新点，从而推动商业模式的不断创新和发展。

综上所述，人工智能与人工智能生成内容对移动商务产生了深远的影响，这些影响不仅体现在提升用户体验和优化运营流程方面，还促进了个性化服务和商业模式的创新。随着技术的不断发展和完善，我们有理由相信这些影响将会越来越显著和深远。

科技创新

AI 大数据模型：智能时代的核心驱动力

随着人工智能和大数据技术的飞速发展，AI 大数据模型应运而生，成为当今智能时代的核心驱动力。这类模型结合了机器学习、深度学习等先进算法，具备处理和分析大规模数据集的能力，能够从中挖掘出有价值的信息和知识，为各行各业提供智能化的决策支持。

AI 大数据模型的核心优势在于其强大的数据处理能力和高度的智能化。它能够应对 PB 级甚至更大规模的数据集，通过自动化的学习和优化过程，不断提高预测的准确性和决策的合理性。与此同时，这类模型还具备良好的可扩展性和适应性，能够灵活应对不同领域、不同场景下的复杂需求。

在实际应用中，AI 大数据模型展现出了广泛且深入的应用价值。在金融领域，它能够帮助金融机构进行风险评估、欺诈检测和智能投顾，提升金融服务的效率和安全性。在医疗健康领域，通过处理和分析患者的医疗记录和基因数据，AI 大数据模型能够辅助医生进行疾病诊断，制定个性化的治疗方案。在智慧城市建设中，它则发挥着交通流量预测、环境监测和公共安全预警等多重作用，为城市居民提供更加便捷、安全的生活环境。

展望未来，AI 大数据模型将继续保持快速发展的势头，并在精度、效率、可解释性和隐私保护等方面实现突破和创新。它将与更多学科进行交叉融合，拓展出更广泛的应用场景，成为推动社会进步和产业升级的核心力量。可以说，AI 大数据模型正引领着我们走向一个更加智能、高效和便捷的未来。

目前我国典型的AI大数据模型包括文心一言、通义千问、讯飞星火、豆包、Kimi、智谱清言、天工AI等。

单元六 移动商务小程序

在移动互联网时代，微信、微博等社交App应用不可或缺，这些App提供的小程序开发功能切合了时代需要，已经成为政府、组织机构、企业以及开发者必争的互联网应用场景。特别是微信小程序再一次扩展微信强大的“连接力”，帮助我们解决现有服务痛点，或者发掘、衍生出新的商业模式，帮助行业、企业以及政府机构改善服务或实现“互联网＋”转型。在移动商务运营的诸多形式中，小程序是极有特色的一种。从名字就可以看出，它胜在一个“小”字，虽然占用空间不大，但是“麻雀虽小，五脏俱全”，在小的前提下又能设计必备的功能，真可谓“小而美”的典范。小程序成为移动商务演进的主要推动技术之一。

一、小程序发展历程

在2016年1月于广州举行的微信公开课上，微信宣布将推出应用号——类似于公众号，但比公众号更便捷、更好找，是更容易使用的形态，“应用号”就是微信小程序的前身。2016年9月，微信小程序公布开启“内测”，因广受关注，内测消息刚一公布即刷爆朋友圈。2017年1月，微信小程序正式上线，备受好评。企业、政府机构、服务商、开发者开始通过微信小程序更方便地开发移动互联网的各种应用。2017年4月，微信推出专属的圆形小程序码，令人耳目一新。2017年12月，微信小程序开放了小游戏类目，甚至在微信启动页面重点推荐小游戏“跳一跳”，使得小程序可以连接更丰富的场景。2018年3月，微信正式开放小游戏类目公测，一周后小游戏开放发布。2018年9月，微信上线小程序“云开发”能力，提供云函数、数据库及存储管理能力，进一步降低小程序开发门槛，大大提升小程序开发、调试效率。2019年3月，微信开放好物推荐能力（好物圈），为小程序增加新的社交流量入口。2019年7月，微信正式开放“一物一码”能力，使每一个商品都成为一个小程序入口，强化了小程序移动商务应用。2019年8月，桌面PC版微信新推Beta版本，全面支持桌面PC版微信打开小程序，而且支持多开，这无疑增加了一个非常大的流量入口。

上述的微信小程序，缩写xcx，英文mini program，是一种不需要下载安装即可使用的应用，它实现了应用“触手可及”的梦想，体现了“用完即走”的理念，用户不用关心是否安装太多应用的问题。微信小程序上线并推广应用，用户可以通过二维码、搜索等方式体验开发者们开发的小程序各种应用功能。

不仅仅是微信小程序持续、快速地从横向覆盖与纵向能力扩展方向发展，各个互联网巨头、手机大厂商等均看中小程序的连接线上线下的能力，大举进入并提供小程序开发平台。现在，已有微信小程序、QQ 小程序、快应用、百度智能小程序、支付宝小程序、淘宝轻店铺、头条小程序、抖音小程序、360 等多个小程序应用开发平台上线。

至此，可以说移动商务小程序应用时代已来临。

二、小程序的商业价值

小程序开发者可在微信等广泛应用的移动应用内搭建和实现特定的服务、功能。通过小程序全面开放的能力，企业与服务提供者被赋予了更多的连接可能，从而可以建立自己的品牌、流量，将商业机会带给整个产业链。

通过微信等应用小程序所提供的功能与服务，海量微信用户可以享受具有持续价值和高品质的服务。目前随着腾讯、阿里、百度等互联网巨头相继投入小程序的开发中来，小程序的发展更是得到了提升。而伴随企业数字化转型的加快，越来越多的企业选择了与小程序进行结合。

尽管小程序在开发上仍有一些限制，但小程序的优势是非常明显的——可以保留在使用列表中，可以在微信中直接搜索到，可以以卡片的形式进行分享等，这些小程序的特点为用户提供了前所未有的便捷体验。

在移动商务时代日益丰富的行业服务与应用场景覆盖过程中，小程序的商业价值也在进一步得到体现。可以说，小程序的真正商业价值在产业互联网。因为产业互联网中有无数的琐碎触点，这些触点只有依靠小程序才能解决，由此提升用户的整体体验。

判断商业价值的标准维度包括五个方面：经营情况、客户价值、品牌价值、现金流状况与企业风险。移动商务小程序为企业数字化转型赋能，为推进产业互联网助力，进而重塑企业的生态系统，助力商业价值体现。具体表现为：

（1）增强用户体验。利用移动商务小程序实现新产品、新服务，重新定义客户体验。例如，美团单车无须替换车身原有的 App 二维码，可直接通过小程序扫码打开车锁。

（2）提高运营效率。移动商务小程序可大幅度地降本增效。现阶段广泛使用的微信小程序支付将过程全面线上化，避免用户排长队。广东“粤省事”政务小程序将政府服务大厅搬到小程序里，大众可通过该小程序一站式办理业务，避免了来回奔波，节省了时间与费用，大大提高了办事效率。

（3）助力企业数字化转型。移动商务小程序以客户与效率为中心，可以实现用户、产品服务、内容等数据转化与留存，帮助人们全面开展数字化业务，为智能数据化运营打下基础。比如人民日报 FM 小程序利用人工智能赋能小程序，将原始素材自动生成音频，提升了内容生产效率，再结合大数据进行精准推荐，成功实行数字化运营。

（4）实现在线商务流量积累与效能提升。移动商务小程序作为线下流量的抓手，可以帮助商家实现用户流量的积累、沉淀与转化变现。移动商务小程序易于传播与分享，而且实现了交易闭环，体验流畅，结合公众号等生态，可以大幅提升经营效能。

三、微信小程序开发基础

微信小程序对开发者要求比较低，掌握 HTML、CSS 和 Javascript 后，再熟悉 WXML、WXSS 和 WXS 语法规则就足以应付开发需要了。HTML、CSS 和 Javascript 前文已经介绍。WXML（WeiXin Markup Language）是框架设计的一套标签语言，结合基础组件、事件系统，可以构建出页面的结构。WXSS（WeiXin Style Sheets）是一套样式语言，用于描述 WXML 的组件样式。WXS（WeiXin Script）是小程序的一套脚本语言，结合 WXML，可以构建出页面的结构。

只有成为微信公众平台开发者，才可以使用公众平台的各种开发接口，这是小程序开发的首要条件。

（一）成为微信公众平台开发者

一般来讲，开发者的微信号就是小程序的开发者 ID。要注意的是：微信号可以独立存在，而开发者 ID 不能独立存在，它必然要绑定于某个公众平台服务项目，如公众号或小程序。因此，若要成为开发者，还需要有公众平台服务（订阅号、服务号、企业号、小程序）账号或归属于某个公众平台服务的开发者。如果还没有公众平台小程序服务账号，需要先注册，注册入口为：https://mp. weixin. qq. com/，点击首页右上角“立即注册”进行注册。经过以下步骤完成小程序服务账号注册：

（1）填写账号信息。

（2）邮箱激活。

（3）信息登记。

注意：目前小程序项目不仅开放给企业、政府机构、媒体及其他组织，也已支持个人开发者注册，但对个人开发者所支持的开发类目与 API 能力相对较少或受限，如暂不支持电子商务与网上超市等类目，暂不支持个人认证、支付与卡券等 API。

完成注册后，可以登录公众平台（网址为 https://mp. weixin. qq. com/）并完善微信小程序信息（如小程序名称、头像、小程序介绍、服务范围等）。

然后就可以绑定开发者了。登录后进入“用户身份”页面，选择“开发者”进行绑定。已认证的小程序最多可以绑定 20 名开发者，未认证的小程序最多可以绑定 10 名开发者。

虽然个人不能注册小程序账号，但这并不意味着个人不能进行小程序开发，可以通过已有的订阅号（或新注册的订阅号）开发小程序。步骤如下：

（1）使用订阅号账号，登录公众平台（用电脑在 https://mp. weixin. qq. com/中登录），在左边菜单中，选择“开发”→“基本配置”，点击“开通”，成为开发者。

（2）在左边菜单中，选择“开发”→“开发者工具”，点选“Web 开发者工具”的“进入”，点选“绑定开发者微信号”。成功后可以看到个人头像。之后，开发者微信号可在 Web 开发者工具中进行公众号或小程序的开发与调试。绑定后，开发者手机的微信里会收到一条消息，需要接受邀请，才能成为真正的开发者。

（二）获取小程序 App ID

成功注册小程序账号后，会有唯一的 App ID。登录 https://mp. weixin. qq. com，在页面左边的菜单中，点选“设置”→“开发设置”，可查看到微信小程序的 App ID。注意，这里不可使用公众号（服务号或订阅号）的 App ID。没有 App ID 也可以进行小程序开发练习，只是部分功能受限，且不能上传发布。要在手机上体验此 App ID 的小程序，默认只有公众平台小程序账号的管理员微信号可以；其他微信号还需要进行“绑定开发者”的操作，即在“用户身份”—“开发者”模块中，绑定需要体验该小程序的微信号。

（三）安装开发者工具包

作为开发者，需要有开发环境。这里需要下载安装开发者工具包。微信团队提供的开发者工具包有 Windows 32 位、Windows 64 位及 Mac 三种版本。官方下载地址为：https://mp. weixin. qq. com/debug/wxadoc/dev/devtools/download. html。成功下载适当的版本后，在开发者的电脑上进行安装。下面以 Windows 64 位安装包为例，描述安装过程：双击下载的安装包，将出现安装向导；点击“下一步”，完成开发者工具包的安装；运行“微信 Web 开发者工具”，将会要求开发者使用手机微信扫码登录。

（四）创建一个小程序

在安装开发者工具的电脑上运行“微信 Web 开发者工具”，通过开发者的微信扫码进入后点击“添加项目”，填入前面我们获得的 App ID（无 App ID 可以忽略），并输入项目名称“Hello World”，选定本地文件夹作为“项目目录”。勾选“在当前目录中创建 quick start 项目”后，点击“添加项目”按钮，即已成功创建了我们的第一个微信小程序项目——Hello World。

Hello World 项目创建成功后，即进入并看到完整的开发者工具界面。我们创建的 Hello World 这个小程序只包含两个相互关联的页面：首页（index）与信息页（logs）。点击首页的头像就切换到信息页，在信息页点击“返回”可以再返回到首页。小程序的开发实际上就是实现这些页面的展示（视图），以及实现“页面上用户交互事件”“页面间切换逻辑”“数据存储及网络调用”等事务与逻辑处理的过程。

四、移动商务小程序商务能力范畴

从运营的角度看，移动商务小程序的能力范畴包含四个层面，即基础能力、扩展能力、场景和连接能力、变现能力。

（一）基础能力

移动商务小程序的基础能力是指用于实现业务需求功能的能力。对于业务需求功能可否实现，这部分能力非常关键，基础能力包括：网络、存储与数据、文件系统、视频、音视、直播、地图、画布、内容安全、硬件（蓝牙、NFC、Wi－Fi 等）、相机、账号、客服等。为使用这些基础能力来实现业务需求，微信团队提供了丰富的组件与 API 接口。在开发能带来原生体验的小程序时，基础能力是至关重要的。相对而言，这部分能力是开发者或服务商最关注的，但小程序运营团队也应了解小程序具备哪些基础能力。

（二）扩展能力

扩展能力是小程序提供者为降低开发门槛、加快小程序开发速度及协同发展第三方生态而推出的能力，包括但不限于云开发（如云函数、云数据库、云存储及云调用等）、第三方插件（如 OCR 支持、微信等社交应用同声传译等）、工具及性能优化等。例如，云开发为开发者提供完整的原生云端支持和微信服务支持，弱化后端和运维概念，无须搭建服务器，使用平台提供的 API 进行核心业务开发，即可实现快速上线和迭代。

移动商务小程序提供者提供了插件能力拓展，一般包括线上线下的插件服务，涵盖组件展示、支付、线下服务等。这使得移动商务小程序开发者可直接使用具备资质的插件服务，无须独立开发所有功能，质量也更有保证。同时对于某些需要资质的服务，使用有资质的插件则无须再单独申请资质，如视频服务。

比如，在微信开放社区的服务平台上，已经有第三方服务商提供大量的小程序插件服务，由此大大扩展了微信小程序的能力，且加快了微信小程序的开发过程。对于工具及性能优化，则帮助开发者或服务商不断完善小程序的开发效率、性能问题及体验优化。比如微信小程序助手就是一个非常好用的官方小程序管理工具，可以实现版本体验、项目成员管理、获取小程序码、查看小程序关键数据、性能分析等。微信小程序包大小已经放开至 20MB，以支持更复杂的功能。为减少小程序加载等待时间，可实现小程序分包加载，以优化加载性能。

同样，这部分扩展能力也是开发者或服务商需要密切留意的，移动商务小程序运营团队可以结合自身的业务需求，了解这部分扩展能力，进而判断是否可以将其应用到所需的业务场景中。

（三）场景和连接能力

移动商务小程序场景和连接能力指的是小程序适用于哪些场景，在哪里可以找到、连接小程序等。最常见的找到或连接到小程序的场景包括群、公众号、小程序码、App、附近的小程序、搜索、任务栏、历史列表等。小程序场景和连接的能力是运营团队最需要关注的，因为这涉及小程序的入口、流量（拉新、留存、促活及转化）。例如，可以通过以下场景来连接小程序进行用户拉新：

（1）微信公众号可以关联不同主体的小程序。

（2）微信公众号正文中可以添加小程序卡片。

（3）微信公众号可任意关联小程序，无须小程序管理确认。

（4）查看附近的微信小程序。

（5）使用社交立减金。

（6）微信小程序支持跳转 App。

（7）App 可直接打开微信小程序。

（8）搜索直达（微信小程序）。

移动商务小程序场景和连接的能力是运用运营招式的基础，由于小程序提供者是持续动态释放小程序能力的，因此其商务运营团队务必对场景和连接能力保持密切的关注，并及时应用。

（四）变现能力

变现能力就是移动商务小程序提供的创收能力。目前移动商务小程序变现能力主要是广告组件。对于微信小程序来说，只要小程序的 UV（Unique Visitor，独立访客数）达到 1 000 次/天，即可申请使用。对于服务商而言，开放平台社区上的服务平台也提供了展示机会，这也是变现途径之一。如果算上小游戏，那么安卓平台还有道具内购的变现能力。

除去平台本身，好的移动商务小程序当然有很多变现的方法，比如定制化推广。例如无码科技的“抽奖助手”，这款工具类小程序访问人次超过 6 亿，通过定制化推广合作、广告、增值服务和电商四种变现模式，运营者的月收入能达到百万级。

一般移动商务小程序提供者也包括“数据分析”功能。通过数据分析，其运营团队可获取到移动商务小程序的各项数据指标（访问页面、访问趋势、访问分布、访问留存、用户画像等），依据数据指标变化来优化调整小程序运营，也可以用于做转化变现的决策。

五、移动商务小程序运营

截至 2024 年 6 月 30 日，微信及 WeChat 的合并活动账户数达到 13.71 亿。微信小程序的生态系统越来越有生命力，吸引了更多的开发者及服务提供商参与。其中长尾小程序数目同比增长超过 1 倍，小程序的品类亦趋多元化。例如，内容类小程序令用户在微信制作、上传及分享有趣的视频、音乐及信息时更为方便。微信小程序商务应用保持快速增长。微信几乎连接了全部移动网民，小程序也就天然地可连接覆盖全部网民。其他移动商务小程序提供者也不断地释放、扩充及升级小程序的能力，让小程序不仅可以连接物理形态的产品，也可以连接线上与线下服务，更可以与 App、公众号等联动，形成完备的网络生态，使之可以有极为丰富的使用场景，真正做到“触手可及”。

移动商务小程序有着长期分享的形态，可以通过社交裂变传播，覆盖所有移动网民，这也使得小程序在金融理财（支付）、旅游出行、移动购物、生活服务、实用工具、政务民生、游戏娱乐（小游戏）等各个场景中有着极大的运营价值。

以移动购物为例，对零售渠道而言，小程序是助力零售渠道运营能力升级的一个重要工具。作为直接触达用户的工具，小程序可以为企业解决流量获取、会员转化、流量增值、数据沉淀、体验改善等问题。而且进一步，零售渠道还可以利用小程序，让供应链上的各个企业优化升级运营流程；供应链上的各个企业可以利用小程序触达、转化更多用户，最终这些用户也会通过小程序的能力不停地被唤醒，达到多次复购和良性循环。

（一）移动商务小程序运营指标

移动商务小程序的基础运营指标主要有留存率、PV、DAU/MAU。

1. 留存率

根据微信小程序数据助手上的定义，留存率的算法是：指定时间内新增（指首次到访）用户，在之后的第 N 天（周、月）再次访问小程序的用户数占比。

假设某小程序第一天有 10 个新用户登录，其中 5 个在第二天都登录过，那么，次日留存率就是 50%，到了第七天，第一天的 10 个用户中有 3 个用户登录了，那么七日留存率就是 30%。通俗地讲，留存率类似于用户回头率。回顾 App 时代的数据分析，留存率相当重要，没有留存率就没有任何商业价值。现今 App 流量成本已经成倍增长，与其去拉新，还不如留住老用户，提高留存率，这是一个更加高效、经济的运营导向。留存率的高低是决定竞争优势的关键。留存率高，用户活跃度也很高，而更多的活跃用户可以带来更高的竞争力和公司估值。

2. PV

PV（Page View，页面浏览次数）用于衡量用户访问服务的页面数量。这个指标历史悠久，自有互联网建站以来，就是很重要的指标。不过，进入移动互联网时代，这个指标有些弱化，容易被运营团队忽视。在移动商务小程序中，PV 这个指标仍然很重要，它可以给运营团队指出用户喜爱的页面（内容或服务）以及用户使用小程序的路径。另外，对于移动购物而言，这个指标往往与购买转化存在隐含的某种对应关系。

3. DAU/MAU

不过现在移动商务小程序各项数据中，留存率不再是指标之王，越来越多的数据开始被关注，其中 DAU（Daily Active User，日活跃用户）最为特别。

在微信小程序的数据统计算法中，无论是新用户还是老用户，只要点击进入小程序，就算一个活跃用户。DAU 与传统流量统计工具中的 UV 概念基本一致。无论是 DAU 还是 MAU（Monthly Active User，月活跃用户），都是依据用户点击做出的统计。这两个指标一般用来衡量服务的用户黏性以及服务的衰退周期。DAU/MAU 分别从微观和宏观的角度对服务的用户黏性做了权衡，也可以这么说，DAU 更像战术层面的表征，而 MAU 更像战略层面的表征。

不过应该注意留存率和 DAU/MAU 的关系。在移动商务小程序运营中，留存率和 DAU/MAU 显示出“双王竞争”的态势，这源于留存率和 DAU/MAU 的“亲密”关系。自移动互联网时代，留存率和 DAU/MAU 就经常被绑定在一起出现。无论是 App 还是小程序，都绕不开“拉新—转化—复购”的终极命题，而留存率和 DAU/MAU 通过不同维度的数据解读了这个终极命题——DAU/MAU 主要反映的是拉新和转化两个方面的情况：拉新越多，DAU/MAU 越高；日活越高，转化相对就高。留存率反映了转化和复购两个方面的情况：留存率高，老用户多，转化概率更大；没有留存，复购很难实现。可见，两者相辅相成，谁也不能少了谁。移动商务小程序领域的情况也一样，留存率和 DAU/MAU 谁更重要，取决于两大因素：商业模式和产品阶段。

总之，小程序生态日趋成熟，有众多入口触达用户，用户的小程序使用习惯也已培养形成。就运营指标而言，要依据不同的场景类别、产品的商业模式与产品发展阶段，有所兼顾与侧重。

（二）移动商务小程序运营手段

移动商务小程序运营手段是指为了达到运营目标而采取的运营的策略、方式与方法。

（1）移动商务小程序运营要围绕运营目标展开。移动商务小程序运营目标的设定需要聚焦场景，也就是聚焦小程序具体是为哪些人提供哪些连接或服务。

（2）移动商务小程序运营手段本身，即采用什么样的工具、方式或方法，从哪里引入流量。移动商务小程序运营手段不是唯一的，而是多种多样的，需要组合来进行一体化联动运营。例如小程序零售一体化联动的运营，可以是通过短信、App、微博、公众号、小程序等触达用户，通过线上优惠分发、传播、扫码等或线下通过门店扫码购等进行下单购买，促成营销转化与会员发展。

（3）移动商务小程序运营需要评估、衡量与反馈。对于移动商务来说，小程序除了是人与人、人与服务、人与商品的连接载体之外，还是企业数字化的重要工具。要注意收集小程序运营的数据，以数据来评估运营效果，以数据来驱动优化产品体验，以数据来决策，提升服务能力。

实训项目二 AI人工智能技术的应用

一、实训目标

（1）学生对 AI 有一个基本的认知。
（2）掌握 KIMI 的基本功能。
（3）熟练使用 KIMI 来提高自己的工作和学习效率。

二、实训环境

（1）连接互联网的个人计算机，安装 Windows10/11 操作系统。
（2）4G/5G Android 或 iOS 智能手机，开通 4G/5G 网络或在 Wi-Fi 环境下。

三、实训背景知识

以前我们只是在科幻电影中看到过 AI，现如今 AI 人工智能已悄然进入我们生活中，且触角伸向多个领域，比如教育、医疗、公共交通、科研、环境监测等，各行各业都运用人工智能来提高工作效率。商业企业依靠人工智能来处理、分析海量的数据，从而作出精准高效的决策。所以 AI 人工智能在现代社会的重要性是多维度的，它已经渗透到我们生活、工作的方方面面，并对经济、社会和文化产生了一定的影响。

实训任务如下：
（1）KIMI 移动端的安装。
（2）KIMI 的基本功能。

（3）从图片中整理文本信息的能力。
（4）长文解读解析。
（5）实时奖牌榜。

四、实训指导

（一）KIMI 移动端的安装

（1）打开手机应用商店，在搜索栏输入“KIMI 智能”，下面就会显示出“KIMI 智能助手”App，点击安装即可。如图 2－20 所示。

（2）回到手机桌面，即可看到“KIMI 智能助手”App 的图标，如图 2－21 所示。

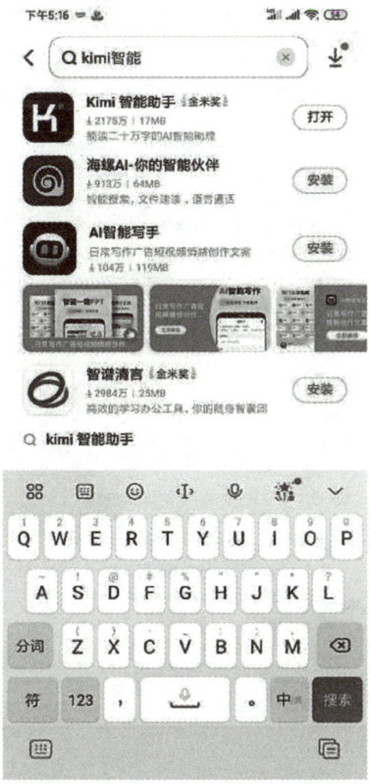

图 2－20　KIMI App 的安装

图 2－21　手机桌面上 KIMI App 的图标

（二）KIMI 的基本功能

（1）在桌面上点击“KIMI 智能助手”App 图标，即可进入该界面，如图 2－22 所示。

（2）进入界面后，在输入框中输入自己的诉求，即可人机互动。比如，这里输入“KIMI 的基本功能”后，很快 KIMI 就展示出核心功能。如图 2－23 所示。

（三）从图片中整理文本信息的能力

（1）在 KIMI 主界面，点击右下方加号按钮，如图 2－24 所示。在出现的选项中选择“本地文件”按钮，如图 2－25 所示。可以在本机相册中选择一张图片。

图 2－22　KIMI 的界面

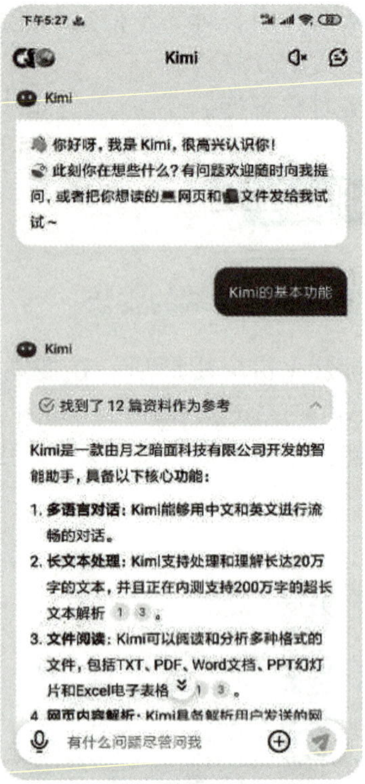

图 2－23　KIMI 互动界面

图 2－24　KIMI 主界面

图 2－25　选择“本地文件”按钮

（2）KIMI 会对你正在上传的图片进行解析，格式和大小都有显示，如图 2－26 所示。然后再点击右边的确认发送按钮，KIMI 将自动整理出图片中的核心文本内容，如图 2－27 所示。

图 2－26　KIMI 正在解析上传的图片

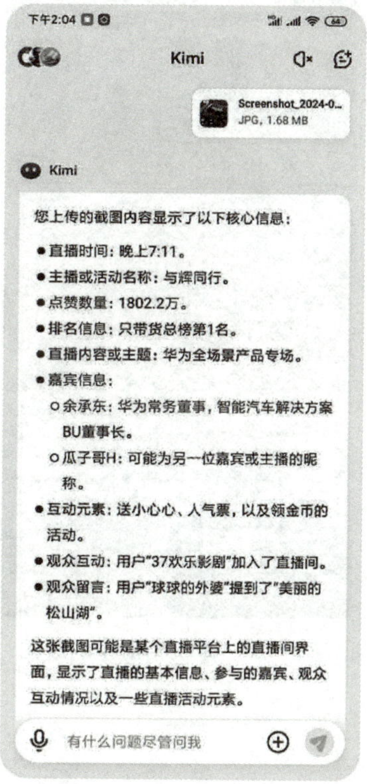

图 2－27　KIMI 整理出图片上的核心内容

（3）下面我们展示出原图，该原图是直播间的一张截图，如图 2－28 所示。我们可以做一个比对，图 2－27 是 KIMI 对该图做的整理分析，通过智能分析提取出了图片中的重要信息，并以文本形式罗列出来，提纲挈领、清楚明了。

该功能已经展示出了 AI 人工智能强大的力量，它给予我们工作和学习诸多的方便，除此之外，还有“拍照识字、照片识字、微信文件”等功能，大家可以依次尝试，从而提高我们的工作效率。

（四）长文解读解析

在对话框中输入想要的长文解析，如图 2－29 所示。输入“解析草房子这本书”后，即显示出对《草房子》这部长篇小说的介绍及赏析。

（五）实时奖牌榜

想要获取 2024 年奥运实时奖牌榜情况，且用表格形式呈现，输入要求后，KIMI 迅速反馈，如图 2－30 所示。

图 2－28 本机相册中的原图

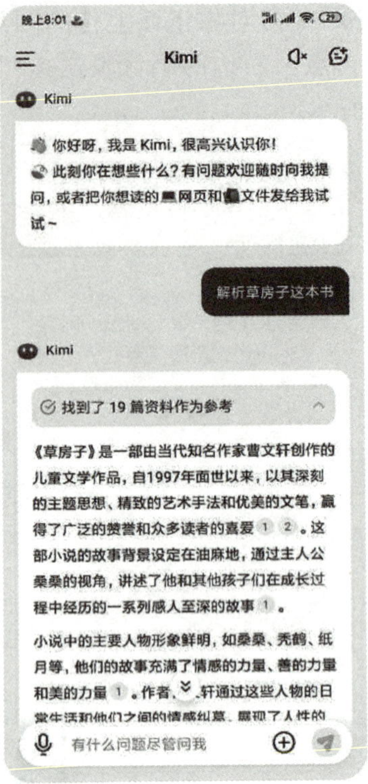

图 2－29 KIMI 长文解析

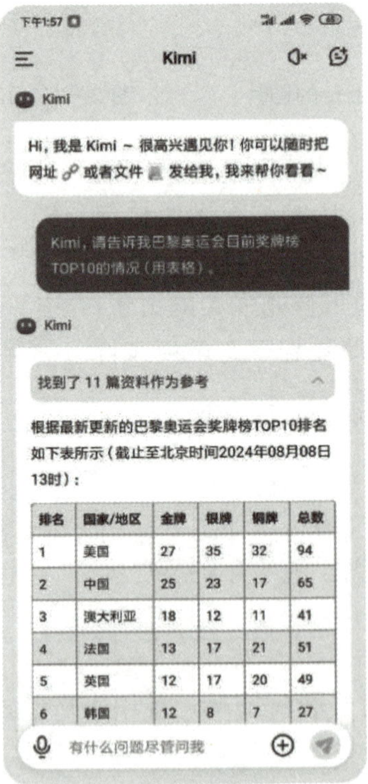

图 2－30 实时奖牌榜

思考与练习

1. 移动电商常用的基础技术有哪些？

2. 请列举并简要解释 HTML5 新增的至少三个语义化标签及其用途。同时，说明一个使用 CSS3 实现动画效果的具体例子，并给出关键代码片段。

3. LBS 对于移动营销有什么意义？

4. 物联网与移动电商的关系是什么？

5. 如何使用二维码从线下向线上引导流量？

扫一扫

在线练习

模块三

移动支付

扫一扫

移动支付的未来

● **知识目标**

了解移动支付的含义和流程。

熟悉移动支付的类型和常见的支付方式。

了解中国移动支付的现状与趋势。

了解数字人民币的概念与应用。

● **技能目标**

能完成移动支付产品的申请、充值、查询、消费、转账等业务操作。

能够分析移动支付在零售、餐饮、交通等行业的应用案例。

能够总结移动支付在不同行业中的优缺点及改进建议。

● **素养目标**

具备家国情怀，自觉养成爱国意识。

培养正确的移动支付习惯，具备诚信和安全意识，保护移动支付用户的合法权益。

在移动商务环境下抵制不良的消费观，养成守法尚理、理性节俭的正确消费观。

案例导入与预演

一、案例导入——支付宝

支付宝（中国）网络技术有限公司是国内领先的第三方支付平台，致力于提供“简单、安全、快速”的支付解决方案。2003 年 10 月 18 日，淘宝网首次推出支付宝服务。2004 年 12 月 8 日，浙江支付宝网络科技有限公司成立。支付宝旗下有“支付宝”与“支付宝钱包”两个独立品牌。截至 2023 年底，支付宝注册用户数量已经突破 15 亿，其中活跃用户超过 10 亿。这一数据表明支付宝已经成为中国人日常生活中不可或缺的支付工具，并且用户规模持续增长。

自 2014 年以来，支付宝成为全球最大的移动支付厂商，主要提供支付及理财服务，包括网购担保交易、网络支付、转账、信用卡还款、手机充值、水电煤缴费、个人理财等多个领域。在进入移动支付领域后，支付宝又为零售百货、电影院线、连锁商超和出租车等多个行业提供服务，还推出了余额宝等理财服务。此外，支付宝与国内外 180 多家银行以及 VISA、MasterCard 等机构建立了战略合作关系，成为金融机构在电子支付领域最为信任的合作伙伴。

随着移动支付越来越普及，在“春节”这个全民欢庆的传统节日，支付宝等第三方移动支付平台纷纷推出年终活动，为春节造势，为平台提升用户黏性。集五福（见图 3－1）、发红包，已经成为春节一道独特的风景线。自 2016 年支付宝首次推出“集五福”开始，这项活动就成为不少人每年春节必须参与的“保留节目”。用户需要通过不同的任务来收集五种福卡（和谐、爱国、敬业、友善、富强），集齐后有机会获得红包奖励。到如今不过短短 8 年的历史，但“集五福”的国民受欢迎程度确实不容小觑：从 2017 年开始，光是集齐五福的用户规模就已经突破亿级大关，2019 年和 2020 年分别有 3.27 亿和 3.18 亿的消费者集齐五福。2024 年的活动在开启后的 24 小时内就有超过 37 万用户迅速集齐了五福。

图 3－1　支付宝集五福

支付宝数字生活平台发布的新春数据报告显示，2024 年春节期间，参与通过该平台发送红包拜年的用户数量持续显著增长。特别是 60 岁以上的老年用户群体，其发送红包的数量较 2023 年增长了逾 210%，而接收红包的人数更是实现了近 430%的增长。这一数据反映出老年人群体逐渐适应并采纳数字支付工具进行传统拜年活动的趋势。在地域分布上，江浙沪及广东省几乎占据了最爱发送红包的前十名位置，而北京是唯一上榜的北方城市。春节期间，观影、本地旅游、网络逛街等消费活动均呈现出显著的增长态势。

二、预演

预演任务

（1）注册支付宝账号；
（2）绑定银行卡；
（3）下载安装手机支付宝 App；
（4）手机支付宝应用。

预演步骤

（一）注册支付宝账号

（1）进入支付宝网站（www.alipay.com），如图 3－2 所示，点击“立即注册”按钮。

图 3－2　支付宝官方网站首页

（2）输入注册信息，应按照页面中的要求如实填写，否则会导致支付宝账户无法正常使用。注意：支付宝账户分为个人、企业两种类型，应根据自己的需要慎重选择账户类型。企业类型的支付宝账户一定要有公司银行账户与之匹配。

（3）正确填写了注册信息后，点击“确认注册”，支付宝会自动发送一封待激活邮件到注册时填写的邮箱中。

（4）登录邮箱，点击邮件中的激活链接，激活注册的支付宝账户。

（5）激活成功，支付宝注册成功，即可体验网上安全交易的乐趣。

另外，支付宝账号也可以通过登录淘宝网站（www.taobao.com）注册，方法与上面类似。

（二）绑定银行卡

支付宝账号一般需要绑定银行卡才能正常使用，其目的是向支付宝账号充值或者将支付宝的资金转入银行卡。其步骤如下：

（1）支付宝实名认证。注册支付宝账号后，进入“我的支付宝”，点击“实名认证”选项，如图 3-3 所示。然后点击“立即申请”按钮，如图 3-4 所示。

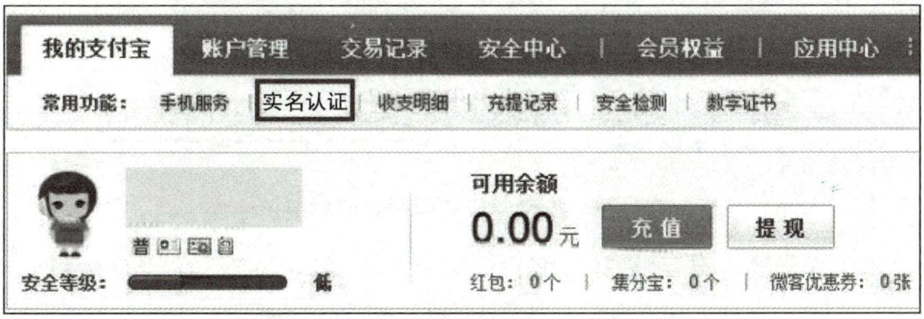

图 3-3 “我的支付宝”页面

图 3-4 支付宝实名认证申请

（2）在信息页面中填写个人相关信息、上传身份证图片及银行卡信息，如图 3-5 所示，然后点击“下一步”按钮。

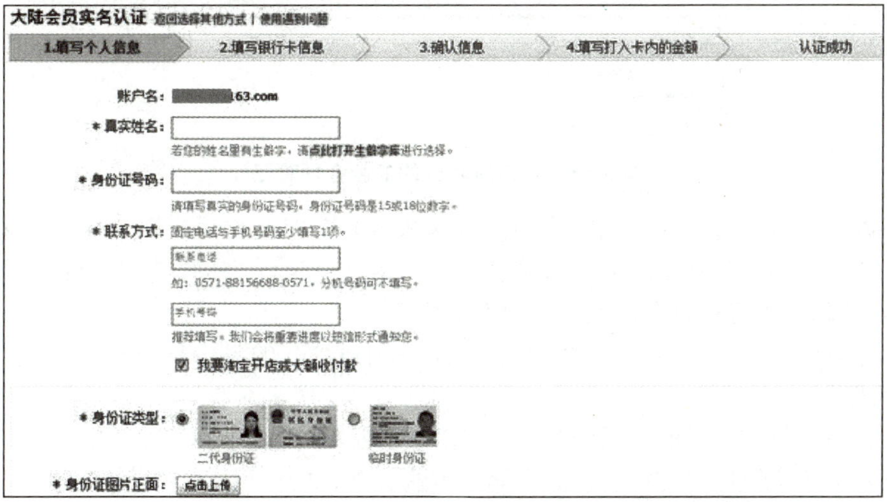

图 3-5 支付宝实名认证个人信息填写及身份证图片上传页面

（3）在“确认信息”页面点击“确认信息并提交”，1～2 天后支付宝会给银行账户打入一笔 1 元以下的确认金额，如图 3－6 所示。

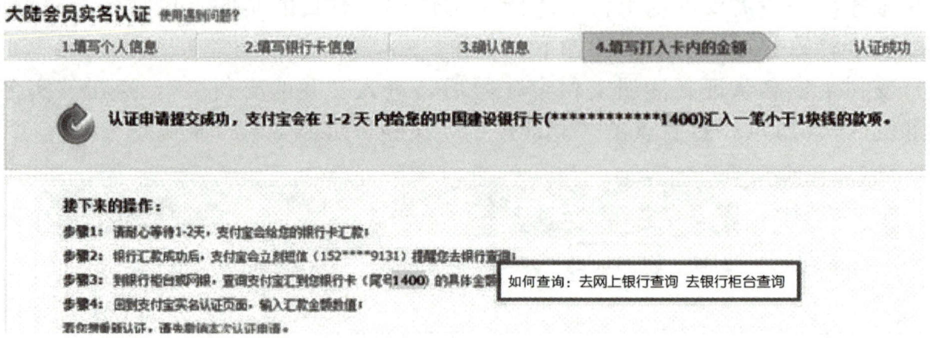

图 3－6　支付宝认证中试验汇款提示

（4）收到打款金额，登录支付宝账户，点击“实名认证”，在“填写打入卡内的余额”页面点击“输入查询到的金额”，如图 3－7、图 3－8 所示。

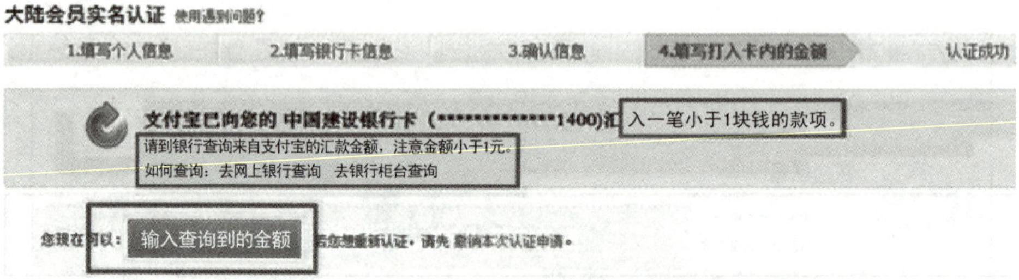

图 3－7　点击“输入查询到的金额”按钮

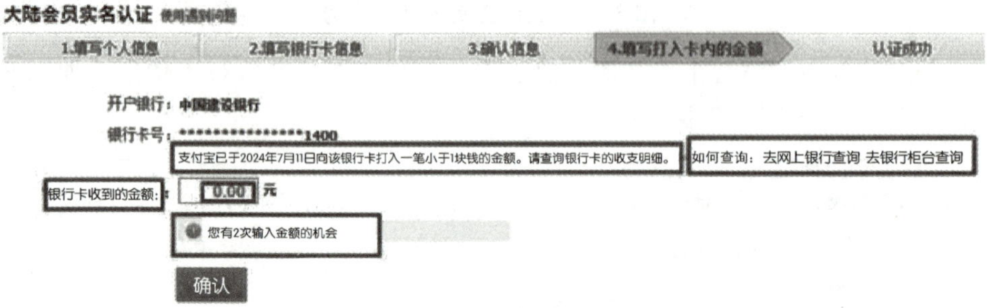

图 3－8　输入所收到的汇款金额验证

注意以下两点：若收到 1 元以下的银行入账通知，但是支付宝账户中没有看到确认金额汇入，是因为时间还没有到，普通银行卡需要 1～2 天（邮政储蓄银行需要 1～2 个工作日），请耐心等待；只有两次输入金额的机会。

（5）输入的金额正确后，支付宝会即时审核用户填写的身份信息；如审核通过，即认证申请成功。

说明：（1）付款、充值。同一个账户最多可以签约 18 张卡；一个支付宝账户只能签约一张浦发信用卡快捷支付和一张浦发储蓄卡快捷支付的银行卡。（2）绑定提现银行卡：一个账户最多可以绑定 20 张提现银行卡。

（三）下载安装手机支付宝 App

（1）进入手机支付宝站点（https://mobile.alipay.com），点击“立即下载”按钮后，使用手机“扫一扫”功能扫描图中的二维码下载手机支付宝 App，并进行安装，如图 3－9 所示。

（2）在手机上安装好支付宝 App 后，手机桌面会显示手机支付宝应用，打开应用就可以使用支付宝相关功能，如图 3－10 所示。

图 3－9　扫码下载安装手机支付宝 App 页面

图 3－10　支付宝手机 App 图标及应用界面

（四）手机支付宝应用

熟悉使用手机支付宝功能，如充值、提现、付款、转账、手机充值、滴滴出行、扫一扫、咻一咻等。

单元一 移动支付概述

移动商务的主要优点之一就是能够实现随时随地的商务处理，方便、快捷是其特点，这就要求移动商务的支付方式也应该同样表现出方便、快捷的特点。可以想象，当我们坐在公交车上，利用手机和平板电脑等上网订购火车票，或在线欣赏一部影片，却因现场无法支付而带来诸多不便，将是怎样的心情呢？支付处理的不便或效率不高带来的必然结果，是客户对移动商务的兴趣大减。可见，移动支付处理得好不好将直接影响移动商务的拓展。移动支付是移动商务的重要环节，也是移动商务得以顺利发展的基础条件。

一、移动支付的含义

没有适宜的电子支付手段的配合，移动商务就成了真正意义上的“虚拟商务”，只能是电子合同，而不能成交。移动支付可以定义为借助移动终端设备（如手机、平板电脑、PDA 和移动 POS 机等），对所消费的商品或服务进行账务支付的一种服务方式。移动支付是移动金融服务的一种，必须安全可靠，其属于电子支付与网络支付的更新方式，主要支持移动商务的开展。移动设备可用于多种付款情况，如图 3－11 所示，可以购买数字产品（铃声、新闻、音乐、游戏等）和实物产品、公共交通（公共汽车、地铁、出租车等）、生活缴费（水、电、煤气、有线电视等）、现场消费（便利店、超市等）。移动支付可以在移动设备、自动售货机、票务机、POS 机等多种移动与固定终端上实现。例如，中国招商银行的手机银行服务（Mobile Banking Service）就包括移动支付的业务，可查询和缴纳手机话费以及水、电、煤气等各类日常费用，也可直接用手机完成商户消费的支付结算，是当今继信用卡之后最新的支付手段之一。

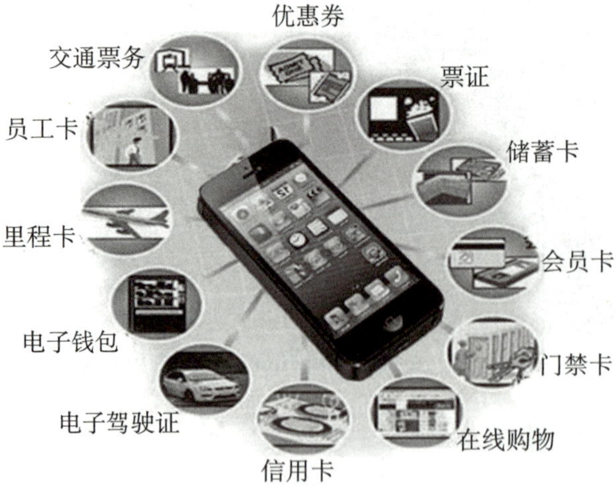

图 3－11　移动支付的场景

二、移动支付流程

移动支付与普通支付的不同之处在于交易资格审查的过程有所不同，移动支付需要移动网络运营商及所使用的浏览协议（如 WAP 和 HTML、信息系统 SMS 或 USSD 等）支持。在流程上，移动支付与一般的支付行为没有太大的区别，都要涉及四个环节：消费者、出售者、发行方和收款方。其中，发行方和收款方都应是金融机构，如图 3－12 所示。

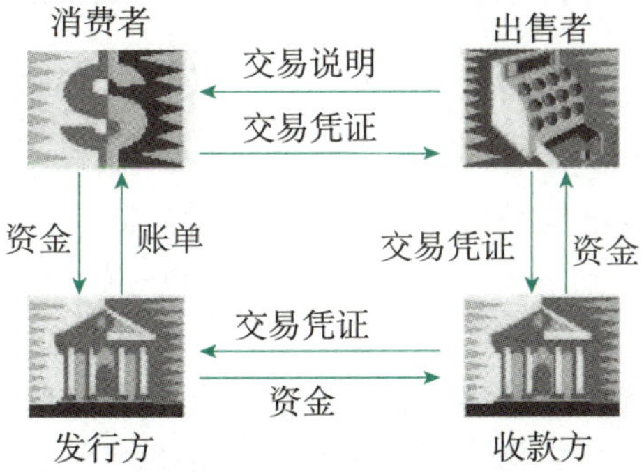

图 3－12 移动支付流程

（一）购买请求

消费者可以对准备购买的商品进行查询，在确定了准备购买的商品后，通过移动通信设备发送购买请求给商业机构。

（二）收费请求

出售者（商业机构）在接收到消费者的购买请求后，发送收费请求给支付平台。支付平台利用消费者账号和这次交易的序列号生成一个具有唯一性的序列号，代表这次交易过程。

（三）认证请求

支付平台必须对消费者和内容提供商账号的合法性及正确性进行确认。支付平台把消费者账号和内容提供商账号信息发送给第三方信用机构，第三方信用机构再对账号信息进行认证。

（四）认证

第三方信用机构把认证结果发送给支付平台。

（五）授权请求

支付平台在收到第三方信用机构的认证信息后，如果账号通过认证，则支付平台把交易的详细信息，包括商品或服务的种类和价格等发送给消费者，请求消费者对支付行为进行授权。如果账号未能通过认证，则支付平台把认证结果发送给消费者和商业机构，并取消本次交易。

（六）授权

消费者核对完交易细节后，发送授权信息给支付平台。

（七）收费完成

支付平台得到了消费者的支付授权后，开始在消费者账户和内容提供商账户之间进行转账，并且记录转账细节。转账完成后，传送收费完成信息给商业机构，通知其交付消费者商品。

（八）支付完成

支付平台传送支付完成信息给消费者，作为支付凭证。

（九）交付商品

商业机构在得到了收费成功的信息后，把商品交给消费者。

以上所讨论的流程是一种成功支付的方式，即消费者、商家、金融机构能在支付网关的支持下进行移动支付。如果在其中某一步发生错误，则整个流程就会停滞，并且系统会立刻向用户发出消息。

三、中国的移动支付现状及趋势

随着智能手机的普及和移动网络在国内的高速发展，在日常生活中使用移动支付的用户日益增多，移动支付已融入我们生活的方方面面。

（一）中国移动支付现状

当前我国境内移动支付市场的覆盖率高于发达国家，一二线城市市场已进入成熟期，消费者已普遍形成了使用移动支付取代现金交易和银行转账的消费习惯。未来农村地区将成为移动支付平台的提供者激烈竞争的目标市场。移动支付以扫码支付作为主要方式，主要应用于生活类消费场景中，呈现出小额高频的特点。在整个市场中，支付宝和微信形成双寡头垄断格局，银联云闪付则具有后发优势。未来，移动支付将进一步显示出市场下沉趋势，重点建设县域乡村市场，刷脸支付将更大规模落地，应用场景将向更多领域扩展，线上线下的资源需进一步有效整合，打造更为融合高效的产业生态环境。

（二）中国移动支付行业发展趋势

1. 移动支付相关政策频繁出台，行业发展更趋规范化

支付属于货币流通环节，对国家金融稳定和安全有着重要影响，但目前移动支付行业以市场为主导，第三方支付企业占据行业主导。目前政府出台条码互联、试点数字货

币 DECP 等措施，目的是以官方资质加强市场监管和市场规范化。而数字货币的推出可能会对移动支付市场带来冲击，但目前第三方移动支付平台在市场普及和应用方面仍有较大优势，双方互为补充，推动中国移动支付市场规模稳定扩大。

2. 支付宝、微信支付占据市场主导，创新型平台细分领域各显优势

现阶段中国第三方移动支付市场以支付宝和微信支付占据市场主导，两大平台凭借各自流量优势和场景覆盖完善度成为用户的主要选择。艾媒咨询分析师认为，虽然市场头部企业有较大领先优势，但两大平台优势主要体现在全面性上，细分支付领域和场景仍然具有发展机会。以苏宁支付、云闪付为代表的创新移动支付平台未来将更多挖掘细分领域机会，如联合 B 端企业、专注生活服务等，在各自优势领域发挥优势。

3. 移动支付场景覆盖日渐完善，市场下沉是必然趋势

在第三方平台的推动下，移动支付对日常生活场景的覆盖已趋于完善，其轻便、高效的特点和高普及率为普惠金融注入活力。但随着行业竞争激烈、领先支付平台的优势难以撼动以及人口红利的消失，行业的增量相对有限。因此，未来市场下沉是移动支付行业的必然趋势。

4. 5G＋物联网时代将至，移动支付迎升级发展

目前 5G 商业化应用已逐渐提上日程，移动支付发展的技术环境正在发生变化，5G＋物联网的时代即将来临。技术更替的背景下，移动支付将迎来升级发展，包括支付场景、交互模式、支付效率、商业化探索将实现全面升级。

移动支付行业未来商业化路径将更趋多元化。首先，通过支付积累的海量用户，将成为继社交平台后另一重要廉价流量入口，为综合型互联网平台利用；其次，移动支付应用场景更广泛的情况下，对于消费行为的大数据挖掘价值更加珍贵；最后，平台能够以支付为触点，发展信贷等金融服务。

职业伦理

斩断伸向移动支付用户的黑手

现在，越来越多的手机 App 推出付费会员服务。有的人只是为了体验一下会员服务，结果在下一个会员周期“自动”被续了费。有的 App 在开通会员时，在不起眼的地方默认勾选了“自动续费”，当用户发现这一问题后，想要退订自动续费时，发现退订比开通的流程更复杂。还有一些 App 的免密支付安全保障并不到位，容易导致个人财产损失。近年来，随着移动支付的快速发展，在改进用户体验、便利群众的同时，风险也发生新的变化和转移。移动支付市场的不断扩大，一些不法分子逐渐将黑手伸向移动支付用户。其作案手段专业化、团伙化，通过网络联系，一些素未谋面的不法分子也可以分工协作，逐渐形成黑色产业链。

近年来，国内关于用户隐私信息被窃取的事件时有发生。网络黑色产业链已经呈现低成本、高技术、高回报的爆发性增长态势，越来越多的网络黑产分子通过拖库、撞库盗取用户个人信息，给网民造成了金融资产和个人信息安全等多方面的危害。

由此，在积极推进移动支付服务创新的同时，要加强交易监测和风险识别，保障支付业务安全，保护用户的合法权益。在延伸推广的时候，要做好现金支付以及移动支付相关产品的宣传和安全教育，培养正确的支付习惯，有效防范风险。平台和支付经营者应该通过技术和制度建设，确保金融消费者的支付安全。诚信和安全是移动支付发展的两大基石。

单元二 移动支付类型

自 2011 年第三方支付牌照下发以来，央行已累计发放 200 多张支付机构牌照，支付主体变得多元化，业务范围也变得多元化，具体涵盖了互联网支付、移动电话支付、银行卡收单、预付卡发行与受理、货币汇兑等众多支付业务类型。从本质上来看，移动支付是通过移动网络与金融系统相结合，将移动通信网络作为实现手机支付的工具和手段，为用户提供商品交易、缴费和银行账号管理等金融服务的业务。移动支付的实质是资金的转移，核心是支付账户，介质是移动终端，如手机等。移动支付就是允许用户使用其移动终端（通常为手机），对所消费的商品或服务进行账务支付的一种服务方式。移动支付按业务模式可以分为第三方移动支付平台、手机银行、手机钱包和手机信用平台四类，这也是一种常见的分类形式。

一、第三方移动支付平台

第三方移动支付平台是第三方支付平台在移动端应用，指与银行（通常是多家银行）签约，并具备一定实力和信誉保障的第三方独立机构提供的交易支持平台。第三方移动支付是买卖双方在交易过程中的资金“中间平台”，是在银行监管下保障交易双方利益的独立机构。在通过第三方移动支付平台的交易中，买方选购商品后，使用第三方移动平台提供的账户进行货款支付，由第三方通知卖家货款到达、进行发货；买方检验物品后，通知付款给卖家，第三方再将款项转至卖家账户。作为网络交易的监督人和主要支付渠道，第三方移动支付平台提供了更丰富的支付手段和可靠的服务保证。目前国内处于支配地位的第三方移动支付平台是手机支付宝和微信支付，云闪付作为后起之秀，目前处于行业第三位。

（一）支付宝

支付宝成立于 2004 年 12 月，致力于为用户提供“简单、安全、快速”的支付解决方案，当前已经成为全球领先的第三方支付平台，自 2014 年第二季度开始成为当前全球最大的移动支付厂商。支付宝主要提供支付及理财服务，涉及网购担保交易、网络支付、转账、信用卡还款、手机充值、水电燃缴费、个人理财等多个领域。

支付宝手机客户端是支付宝官方推出的集手机支付和生活应用于一体的手机软件，通过加密传输、手机认证等安全保障体系，为用户提供随时随地使用淘宝交易付款、手机充值、转账、信用卡还款、水电燃缴费等功能。支付宝主要在 iOS、Android 设备上使用。

（二）微信支付

微信支付是由腾讯公司于 2014 年 3 月推出的支付功能，是集成在微信客户端的支付功能，用户可以通过手机完成快速的支付流程。微信支付以绑定银行卡的快捷支付为基础，向用户提供安全、快捷、高效的支付服务。

用户只需在微信中关联一张银行卡，并完成身份认证，即可将装有微信 App 的智能手机变成一个全能钱包，之后购买合作商户的商品及服务，用户只需在自己的智能手机上输入密码，无须任何刷卡步骤即可完成支付，整个过程简便流畅。

（三）云闪付

云闪付是一种非现金收付款移动交易结算工具，是在中国人民银行的指导下，由中国银联携手各商业银行、支付机构等产业各方共同开发建设、共同维护运营的移动支付 App，于 2017 年 12 月 11 日正式发布。

云闪付 App 具有收付款、享优惠、卡管理三大核心功能，云闪付 App 与银联手机闪付、银联二维码支付同为银联三大移动支付产品。作为各方联手打造的全新移动端统一入口，银行业统一 App“云闪付”汇聚各家机构的移动支付功能与权益优惠，致力于成为消费者省钱省心的移动支付管家。消费者通过“云闪付”App 即可绑定和管理各类银行账户，并使用各家银行的移动支付服务及优惠权益。2023 年 12 月，云闪付 App 用户数突破 5 亿大关。

二、手机银行

手机银行又称为“移动银行”，即通过移动通信网络将客户的手机连接至银行，实现通过手机界面直接完成各种金融理财业务的服务系统。用户将手机号和银行卡账户进行绑定，在进行银行卡账户管理、转账汇款、缴费业务、手机股市、基金业务、外汇业务、黄金业务、信用卡还款等金融服务时，无须至银行排队，只要用手机发送相应短信，经系统识别确认后，便可直接从银行卡账户划款支付。手机银行是货币电子化与移动通信业务的结合，以无线通信技术为手段，在人们应用无线通信手段进行信息交流的基础上，将银行业务应用到手机功能中，特别是通过短消息、WAP 等方式，使手机银行真正成为人们身边的银行。无论什么样的银行业务，都要有移动支付系统作为重要的技术支撑。手机银行所提供的功能如图 3－13 所示（以工商银行为例），这使得人们随时随地都可以通过手机终端完成日常的支付业务。

在我国，很多商业银行都推出了手机银行业务，主要通过 WAP 和短信方式进行操作，如中国工商银行、中国农业银行等就可通过 WAP 形式进行账户管理、投资理财

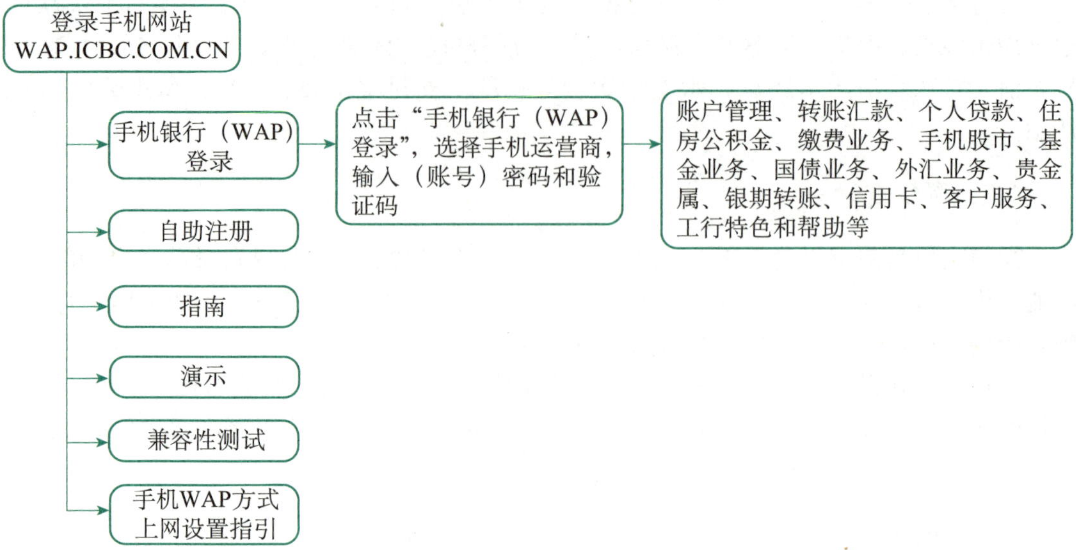

图 3-13 工商银行手机银行业务流程

（基金、证券、黄金、外汇）、缴费业务、信息查询等金融服务，还可通过短信进行账户查询、转账汇款、缴纳话费、网上购物支付和手机捐款。图 3-14 显示了手机银行的小额支付流程。

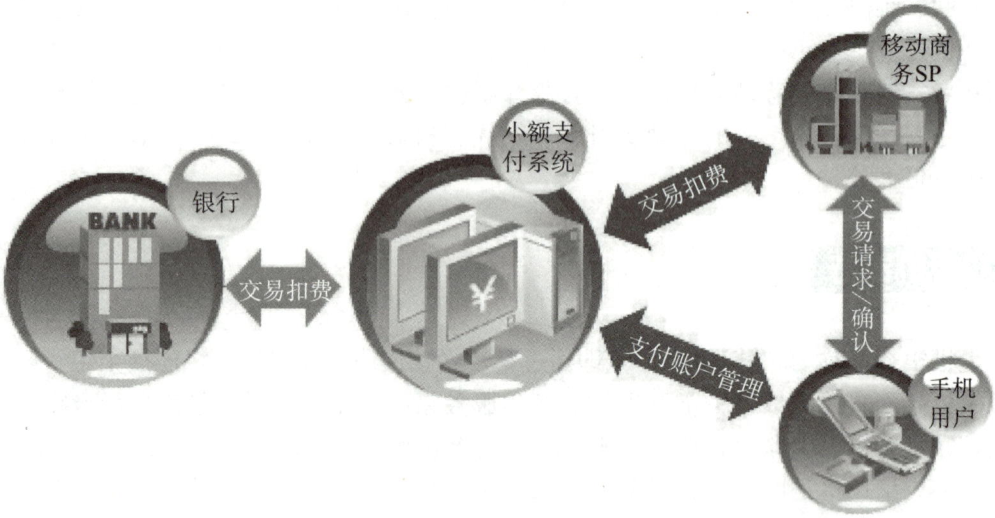

图 3-14 手机银行的小额支付流程

三、手机钱包

手机钱包是综合了支付类业务的各种功能的一项全新服务，它是以银行卡账户为资金支持、手机为交易工具的业务，就是将用户在银行的账户和用户的手机号码绑定，通过手机短信息、IVR、WAP 等多种方式，用户可以对绑定的账户进行操作，实现购物消费、转账和账户余额查询，并可以通过短信等方式得到交易结果通知和账户变化通知。

中国移动率先推出了手机钱包业务，中国移动手机钱包是中国移动和银行系统合作推出的为客户提供移动金融服务的业务。这项业务的主要功能就是通过将用户的手机号码和其银行信用卡账户进行绑定，使用户通过手机就能随时随地对其银行信用卡账户进行查询以及转账、缴费、交易等支付操作。实际上，手机钱包并非中国的独创，国外很早就已经开始了这方面的尝试和商业应用。很多欧美国家已经在小型购物、支付交通费用和购买水电等方面引入了手机钱包方式，在一些地区，手机钱包甚至已经占据了与现金支付和信用卡同等重要的位置，成为最流行的支付方式之一。

手机银行和手机钱包的主要区别如下：

（1）手机钱包由移动运营商与银行合资推出，以规避金融政策风险；手机银行由银行联合移动运营商推出，移动运营商为银行提供信息通道，它们之间一般不存在合资关系。

（2）申请手机银行需要更换具有特定银行接口信息的 STK 卡，这就容易受到银行的限制，难以进行异地划拨；而手机钱包则不需要更换 STK 卡，受银行的限制也较小。

（3）手机钱包需要建立一个额外的移动支付账户，而手机银行只需要原有的银行卡账号。

（4）手机钱包主要用于支付，特别是小额支付；而手机银行可以看作银行服务方式的升级，利用手机银行，用户除了可以进行支付，还可查询账户余额和股票、外汇信息，完成转账、股票交易、外汇交易和其他银行业务。

四、手机信用平台

手机信用平台的特点是移动运营商和信用卡发行单位合作，将用户手机中的 SIM 卡等身份认证技术与信用卡身份认证技术结合，实现一卡多用功能。例如，在某些场合使用接触式或非接触式 SIM 卡可以代替信用卡，用户提供密码即可进行信用消费。

现阶段，在我国推广手机代缴费和手机钱包比较可行，可接受的用户群体和使用范围比较广泛，中国移动和中国联通也各自独立（或联合银行）推出了这两种方式的业务，新的业务将越来越丰富。

单元三　典型的移动支付方式

一、扫码支付

扫码支付是一种基于账户体系搭起来的新一代无线支付方案。在该支付方式下，商家可把账号、商品价格等交易信息汇编成一个条码或者二维码，并印刷在各种报纸、杂志、广告、图书等载体上或者直接在手机上发布。用户通过手机客户端扫二维码，便可实现与商家移动账户的支付结算。最后，商家根据支付交易信息中的用户收货、联系资料，就可以进行商品配送，完成交易。支付宝和微信支付是扫码支付的主要移动支付服务商。

二、近场支付

近场支付也称为 NFC 支付，是指消费者在购买商品或服务时，即时采用 NFC（Near Field Communication）技术，使用手机射频、红外、蓝牙等通道，实现与自动售货机以及 POS 机的本地通信，实现短距离小额支付。移动近场支付被视为移动支付中最重要也是最容易实现的一种支付方式。该技术由 RFID 射频识别演变而来，并兼容 RFID 技术，其由飞利浦、诺基亚、索尼、三星、中国银联、中国移动、捷宝科技等主推，主要内置于手机等手持设备中。但是 NFC 在国内普及多年效果却不是十分明显，很多人并不知道如何使用，而且 NFC 的普及成本也较高。中国银联联合国内 15 家商业银行、Apple Pay 和 Samsung Pay 为用户提供的“云闪付”就是 NFC 支付。

三、指纹支付

指纹支付是采用已成熟的指纹系统进行消费认证，通过指纹识别即可完成消费支付。支付宝、微信支付以及民生银行手机银行等都与相关的手机供应商合作，推出了指纹支付功能。支付宝钱包 8.4 版本上线，iPhone 手机的指纹支付功能也已开通。民生银行手机银行个人版或小微版客户，也开通了指纹支付服务。随后微信 6.2 版本也推出了指纹支付功能，绑过卡的微信支付用户开通微信指纹支付即可使用。指纹支付难度较大，如果实现指纹支付，必须单独设计相应的软件并且与不同的手机供应商合作，同时对于一些想要保护隐私的客户来说，指纹的录入可能并不是最好的支付方式。不过，使用指纹支付更加快捷方便，省去了输密码的时间。

四、声波支付

声波支付是利用声波的传输，完成两个设备的近场识别。如图 3－15 所示。声波支付的具体过程是：在第三方支付产品的手机客户端中内置有“声波支付”功能，用户打开此功能后，用手机麦克风对准收款方的麦克风，手机会播放一段“咻咻咻”的声音；然后售货机听到这段声波之后就会自动处理，用户在自己手机上输入密码，售货机就会“吐出”商品。

五、人脸识别支付

人脸识别支付系统是基于脸部识别系统的支付平台，它于 2013 年 7 月由芬兰创业公司 Uniqul 推出。人脸识别支付系统不需要钱包、信用卡或手机，支付时只需要面对 POS 机屏幕上的摄像头，系统会自动地将消费者面部信息与个人账户相关联，整个交易过程十分便捷。2018 年 12 月 13 日，支付宝宣布推出一款全新的刷脸支付产品——“蜻蜓”，直接将刷脸支付的接入成本降低80%。支付宝人脸识别支付如图3-16所示。

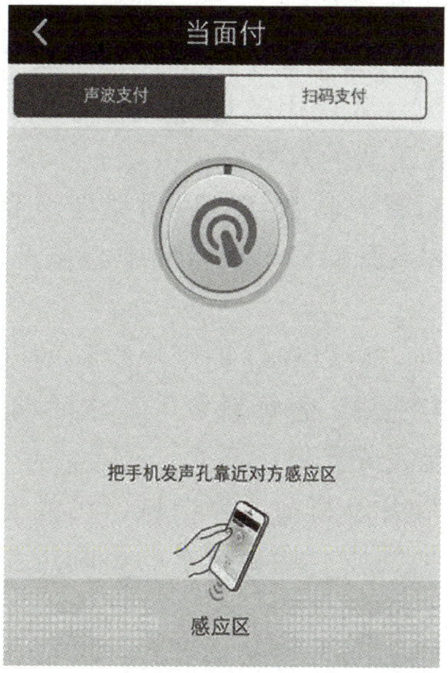

图3-15 声波支付

图3-16 支付宝人脸识别支付

六、虚拟货币支付

虚拟货币是指非真实的货币。知名的虚拟货币如百度公司的百度币、腾讯公司的Q币和Q点、新浪推出的微币（用于微游戏、新浪读书等）。目前全世界发行有上百种数字货币，2013年以来流行的虚拟货币有比特币、莱特币、无限币、夸克币、泽塔币、烧烤币、便士币（外网）、隐形金条、红币、质数币。

我国也已推出自己的虚拟货币——数字人民币。

（一）比特币

比特币（Bitcoin）是一种去中心化的数字货币，于2009年由一个化名为中本聪（Satoshi Nakamoto）的人或团队创立。与传统货币不同，比特币不受任何中央银行、政府或金融机构的控制，其价值完全基于市场供需关系。

比特币的交易通过区块链技术实现，这是一种分布式账本技术，确保了交易的透明性和安全性。每个比特币交易都会被记录在一个公共的区块链上，任何人都可以查看，但修改交易记录几乎是不可能的。

比特币的总量有上限，最多只能存在2 100万个比特币。这种稀缺性使得比特币具有潜在的投资价值和抗通胀特性。随着时间的推移，挖矿难度会逐渐增加，这意味着新比特币的产生速度将逐渐减慢。

比特币具有高度的匿名性，用户可以在不透露身份信息的情况下进行交易。然而，这也使比特币成为一些非法活动的工具，如洗钱、贩毒等。因此，各国政府和监管机构对比特币的态度不一，有的国家甚至禁止或限制其使用。

（二）数字人民币

数字人民币，又称 e-CNY，是中国人民银行发行的法定数字货币。它以数字形式存在，与实物人民币等价，具有价值特征和法偿性。数字人民币的设计初衷是为了满足数字经济时代对法定货币的需求，同时提高货币发行和流通的效率。

数字人民币采用双层运营体系，即中国人民银行首先将数字人民币兑换给商业银行或其他运营机构，再由这些机构兑换给公众。这种体系既保证了央行的中心化管理地位，又充分发挥了商业机构的资源优势和技术优势。

数字人民币具有诸多优点。首先，它具有匿名性，可以在保护用户隐私的同时进行交易。其次，数字人民币具有可追溯性，有助于打击洗钱、恐怖融资等非法活动。此外，数字人民币支持离线交易，即使在无网络环境下也能完成支付。

数字人民币的推广和应用正在全国范围内逐步展开。目前，多个城市已经开展了数字人民币试点工作，覆盖了购物、餐饮、交通等多个领域。随着技术的不断进步和应用场景的不断拓展，数字人民币有望在未来成为主流支付方式之一。

数字人民币的发行和使用并不会取代实物人民币。两者将长期并存，共同构成我国的货币体系。此外，数字人民币的跨境使用也在积极探索中，未来有望为国际贸易和金融合作提供更加便捷和安全的支付手段。商务部 2020 年印发《全面深化服务贸易创新发展试点总体方案》，自此在我国开始数字人民币试点，截止到 2024 年 9 月底，我国数字人民币试点范围覆盖 17 个省（市）的 26 个地区，下一步还将继续深化。数字人民币在批发零售、餐饮文娱、教育医疗、社会治理、公共服务、乡村振兴、绿色金融等领域形成了一批可复制、可推广的应用模式，在服务国家重大战略、提升货币支付便利性和安全性、优化营商环境和数据要素市场化配置、增强人民币国际影响力等方面的作用初步显现。截至 2024 年 7 月末，数字人民币 App 累计开立个人钱包 1.8 亿个，试点地区累计交易金额 7.3 万亿元。

扫一扫

无接触移动支付

职业伦理

大学生非理性消费

大数据信息时代下，网络借贷平台逐渐兴起，大学生的消费水平虽然有限，但是他们对物质的欲望并不低，互联网金融各种借贷平台的不断兴起，生活中充斥的信贷信息刺激着大学生的尝鲜心理，加上网络信贷平台门槛低、方便快捷的特点，为缺少收入来源但消费意识极强的大学生提供了资金渠道，大学生非理性消费的现象越来越普遍。大学生容易受网络上的各类新鲜事物的诱惑，同时在消费主义的影响下，很多时候容易产生攀比性、盲目跟风型的超前消费行为。

作为一名当代大学生，我们应该摆正对消费的态度，增强自身金融素养，对每个月的花销做好预算，科学避开超前消费主义的桎梏，谨防产生攀比心理，抵制不良的消费习惯，养成守法尚理、理性节俭的正确消费观。

实训项目三 招商银行手机银行注册及应用

手机银行是将无线通信技术与银行业务相结合，以为客户提供在线的、实时的服务为目标，将银行业务中的某些业务转移到手机上，以银行服务器作为虚拟的金融服务柜台，客户利用移动支付终端，通过移动通信网络与银行建立连接，在银行提供的交互界面上进行操作，从而完成各种金融交易。本实训任务是注册及熟悉手机银行的商务应用。

一、实训目标

（1）了解手机银行的相关知识。

（2）能够申请使用手机银行。

（3）能够熟练、安全地使用手机银行进行网上交易支付。

二、实训环境

中文 Windows 10/11 操作系统与浏览器，连接 Internet，能上网的手机或平板电脑。

三、实训背景知识——手机银行及其业务

手机银行是利用手机办理银行相关业务的简称，是继网上银行之后，依托移动通信技术迅速发展起来的一种银行电子服务渠道。原则上说，只要是通过移动通信网络将客户手机连接至银行，利用手机界面直接完成各种银行金融业务的服务系统都可称为手机银行。我国移动银行业务在经过先期预热后，逐渐进入了成长期，如何突破业务现有发展瓶颈，增强客户的认知度和使用率，已成为移动银行业务产业链各方关注的焦点。

随着 4G/5G 智能手机的普及，手机银行应用越来越广泛。

四、实训指导

（一）招商银行手机银行简介

招商银行手机 App 是一款提供全面金融服务的移动应用程序，在使用过程中请注意个人信息的安全，并享受招商银行 App 带来的便捷金融服务。它不断地更新迭代以满足用户的多样化需求。以下是招商银行 App 的一些核心功能和特点：

（1）金融服务。支持账户查询、转账汇款、信用卡还款、充值缴费、购买电影票、申购赎回基金及理财产品等多种金融应用。

（2）智能推荐。根据用户的行为偏好、交易习惯和需求，为每位用户推荐理财产品、热门活动、资讯等内容。

（3）生活服务。覆盖公共出行、生活缴费、购物消费、积分兑换等生活服务，提供便民服务和城市专区服务。

（4）生物识别技术。支持指纹和人脸识别登录及支付，提供更安全便捷的服务体验。

（二）下载招商银行手机客户端

在手机的应用商城搜索“招商银行手机银行”并下载。

（三）招商银行手机银行注册

用户可以通过手机银行客户端自助注册，也可通过个人网银或到营业网点柜台签约开通，下面以客户端自助注册为例进行说明。

（1）准备好自己的招商借记卡、信用卡、活期一本通、定期一本通账户之一，在手机中打开安装好的招商银行手机客户端，进入注册界面，如图 3-17 所示。

（2）认真阅读并勾选“我已阅读并同意以下协议”复选框进行确认，输入签约账号与交易密码，单击“下一步”按钮。然后，设置登录密码，获取并输入短信验证码，单击“提交”按钮，即可签约成功，如图 3-18 所示。

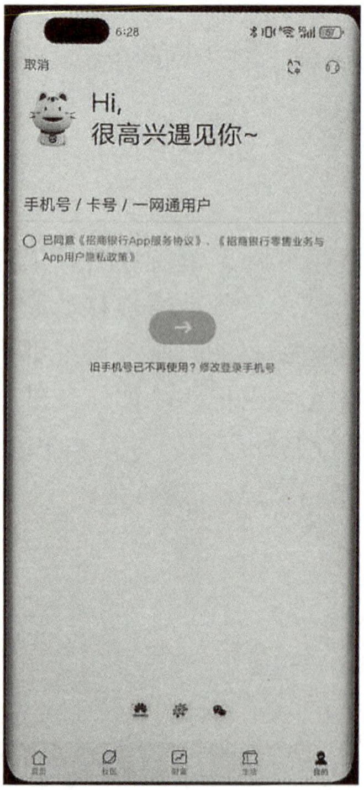

图 3-17　招商银行手机银行登录注册入口

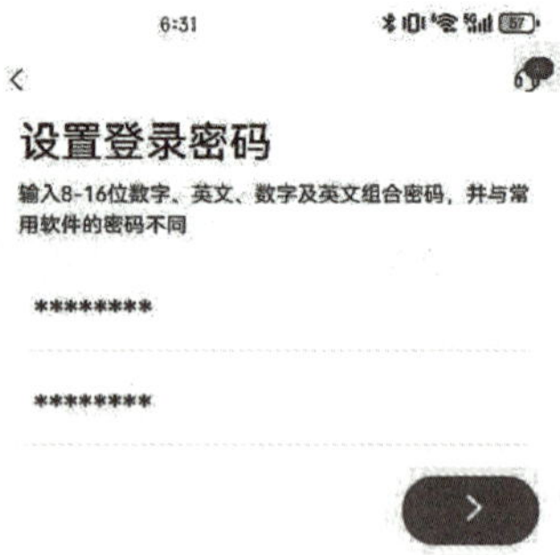

图 3-18　设置手机银行登录密码

（3）银行为了保障我们账户的安全，会进行人脸识别用于核验身份。按照步骤提示，完成人脸识别的步骤。如图 3-19 所示。

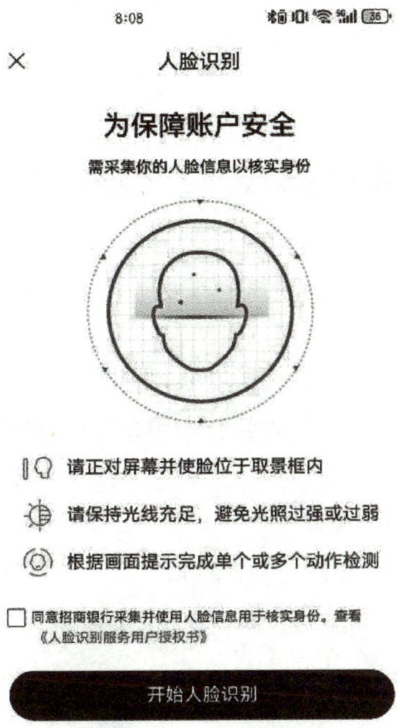

图 3－19　人脸识别

（四）招商银行手机银行的使用

（1）在手机客户端登录招商银行手机银行，应用界面如图 3－20 所示。

（2）选择“转账”功能，然后按照要求输入相关信息，即可实现手机汇款，如图 3－21 所示。

图 3－20　招商银行 App 首页

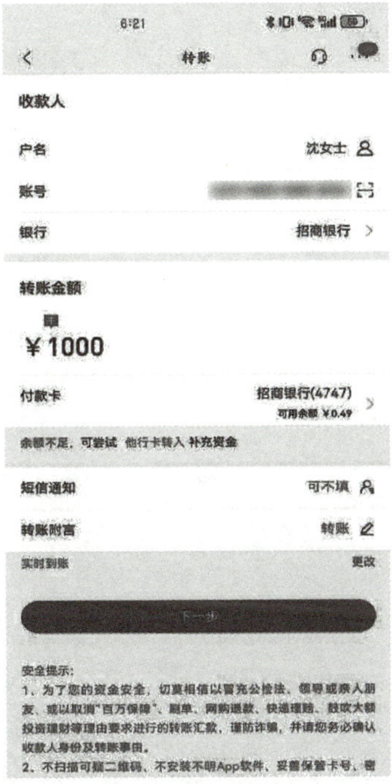

图 3－21　招商银行 App 转账汇款界面

五、拓展训练

根据自己的银行账户，开通工商银行、建设银行、农业银行、招商银行等手机银行业务，并进行商务支付活动体验。

思考与练习

1. 简述移动支付流程，并说明每个环节的作用。
2. 简述移动支付的发展现状，并预测未来可能的发展趋势。
3. 移动支付方式有哪些？
4. 移动支付和移动商务有什么关系？
5. 比较支付宝与微信支付的异同和便捷性。
6. 讨论移动支付的安全问题及其防范措施，并提出个人在使用移动支付时应注意哪些安全问题。

扫一扫

在线练习

模块四

移动商务经营模式

扫一扫

了解商业模式

● 知识目标

认识移动电子商务平台与模式，理解移动电子商务平台的主要类型。

了解 O2O 模式的定义、交易流程及分类（轻型 O2O 与重型 O2O）。

掌握平台模式的基本概念和分类，了解平台经济的特征及战略定位。

熟悉免费商业模式与 C2B 模式。

● 技能目标

能根据具体的行业和企业，分析其移动商务的运营模式。

能够熟练安装并使用各类移动商务应用（如大众点评、美团、滴滴出行等）。

能够运用免费模式策略吸引用户，设计基于免费＋收费、免费＋广告等模式的盈利计划。

● 素养目标

培养并践行社会主义核心价值观。

培养法治意识和职业道德。

增强互联网风险防范意识，防止“免费套路”等非法网络营销行为侵害自身权益。

做合法“微商”，打造风清气正的在线商业环境。

案例导入与预演

移动商务是伴随智能手机市场兴起而快速发展起来的行业，有着天然的便捷性，加上互联网的快速传输，本地化服务又将迎来一次大展身手的机会。各种生活服务网站纷纷转战移动互联网，同时推出了各种版本的手机端应用。比如大众点评手机客户端、手机淘宝、饿了么、滴滴出行等。

一、案例导入——大众点评及其移动本地化生活平台

大众点评于 2003 年 4 月成立，是中国领先的城市生活消费平台和独立第三方消费点评网站。借助移动互联网、信息技术和线下服务能力，大众点评为消费者提供值得信赖

的本地商家、消费评价和优惠信息，以及团购、预约预订、外送、电子会员卡等O2O闭环交易服务，覆盖了餐饮、电影、酒店、休闲娱乐、丽人、结婚、亲子、家装等几乎所有本地生活服务行业。

大众点评手机客户端是在中国极受欢迎的本地生活App之一，已成为广大城市消费者的必备工具。“点亮精彩生活”是其使命，因此团队的奋斗目标是：深刻理解消费者与商户需求，为其创造非凡体验和最大价值，并引领本地生活方式。

大众点评拥有PC端、App、M站、微信等多元入口。根据2024年数据信息，大众点评网的日活跃用户数（DAU）为1 890万，月活跃用户数（MAU）为1.21亿。美团App与大众点评App的用户重合数为0.81亿人，美团日活用户中有20.6%同时使用大众点评。大众点评网市场渗透率：在生活服务市场中，大众点评的行业渗透率为15.4%，排名第二，仅次于美团App。

二、预演

预演任务

体验大众点评手机客户端和其他平台移动本地生活的便捷性。

预演步骤

（一）下载安装大众点评手机客户端App

（1）在手机的应用商城搜索“大众点评”，安装大众点评手机客户端。

（2）打开大众点评客户端，注册大众点评会员（或者使用QQ、微信等账号）。

（3）登录进入大众点评手机客户端。

（二）大众点评本地化生活体验

（1）进入大众点评手机客户端，根据自己的需要体验移动商务本地化生活的便捷性，如图4-1所示。

（2）除了大众点评外，美团、饿了么、滴滴出行等也是移动商务本地化生活平台，可以按照自己的需要分别进行体验。

（三）项目预演小结

体验大众点评、饿了么、美团、滴滴出行和其他本地化移动电子商务平台，填写下面的表格，并与同学交流。

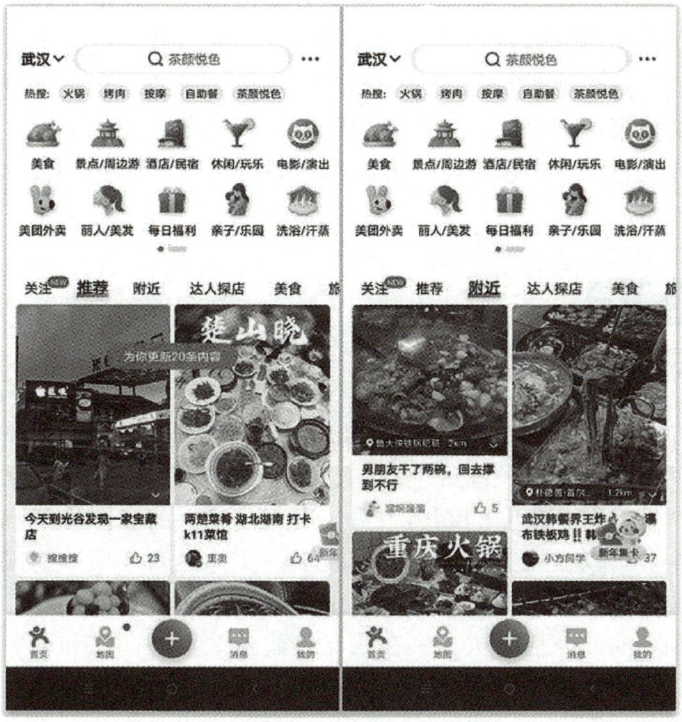

图 4-1 大众点评手机 App

移动电子商务平台	提供的本地化生活服务	优点	缺点
大众点评网			
饿了么			
美团			
滴滴出行			
其他			

注意：请认真体验，尽量从多个不同的角度填写上面的表格。

单元一 O2O 模式

现在各类手机应用的用户规模不断上升，场景更加丰富。早在 2017 年，手机外卖应用开始迅速增长，用户规模达到 2.74 亿。截至 2023 年 12 月，中国网上外卖用户规模已达 5.45 亿人，我国移动支付用户规模达到 8.54 亿。线下场景使用特点突出，超过 8 亿网民在线下消费时使用手机进行支付。研究显示，手机购物并非 PC 购物的替代，而是在移动环境下产生增量消费，并且重塑线下商业形态促成交易，从而推动网络购物移动化发展趋势。移动互联网的迅速发展，为移动商务带来了巨大商机，并且未来市场发展潜力巨大。艾瑞咨询分析认为，中国电子商务发展已经步入快速发展时期，通信和硬件条件对市场的推进作用将逐渐被品牌和服务所取代。随着移动商务平台建设得更加完善和手机网民电子商务意识逐步增强，中国移动商务市场进入市场大规模爆发的阶段。正是看好移动商务的发展潜力，淘宝、京东等传统电子商务企业，中国移动、中国电信等电信运营商纷纷布局移动商务领域，寻求新的利润增长点，其中，O2O电子商务的市场前景和地位日益显现。

一、O2O模式概述

2011年8月，美国试用品营销、广告服务商TrialPay的创始人亚历克斯·兰佩尔（Alex Rampell）率先提出了O2O的概念。O2O（Online to Offline）模式就是将线下商务的机会与互联网结合在一起，即线上订购、线下消费模式，让互联网成为线下交易的平台，把线上的消费者带到现实的商店中去，真正使线上的虚拟经济和线下的实体经济融为一体。这样企业可以在线招揽客户到其线下的实体经营场所购物或消费，而消费者可以在线筛选企业的产品或服务，交易可以在线结算。O2O模式的核心很简单，就是把线上的消费者带到现实的商店中去——在线支付购买线下的商品和服务，再到线下去享受服务。企业通过打折、提供信息等方式，把线下商店的消息推送给互联网用户，从而将他们转换为自己的线下客户。此外，O2O模式的关键点就在于，平台通过在线方式吸引消费者，但真正消费的服务或产品须由消费者在线下体验，这就对线下服务提出了更高的要求。

一个标准的O2O模式的交易流程如图4-2所示。

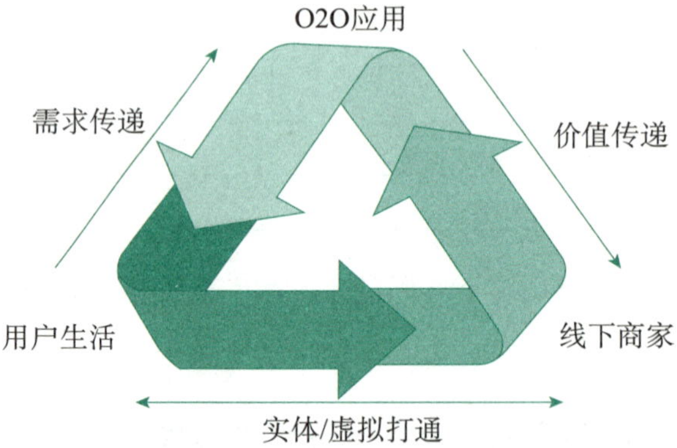

图4-2　O2O模式的交易流程

（1）线上平台（移动网站、移动App应用、PC网站等）通过与线下商家沟通，就商品或服务及开展经营活动的时间达成协议。

（2）线上平台通过各种渠道和推广手段将准备开展的经营活动向自身的用户进行推介，用户则向线上平台付款而获得线上平台提供的商品或服务消费“凭证”。

（3）用户持“凭证”到线下商家获取商品或享受服务。

（4）用户获得商品或享受服务后，线上平台与线下商家进行结算，线上平台获得一定比例的佣金，线下商家获得提供商品或服务的款项，完成交易。

O2O 模式是电子商务业务针对用户个性化、情景感知等特点及移动网络强大的定位与搜索能力在商业模式方面取得的重大突破。随着物流、支付等问题的解决，社交网络、LBS、二维码的有效结合，移动商务将会给用户带来更多更丰富的购物体验。O2O 模式将带动整个移动互联网产业的发展，而移动互联网也将成为 O2O 发展的重要助推剂。

二、O2O 模式分类

互联网的迅猛发展为 O2O 提供了无限想象的空间。消费者通过手机连接互联网，在 O2O 网站、App 商店、社交网店，或通过在线下实体店或传单上扫描条形码、二维码等方式，查找和获得自己需要的产品和服务，然后利用手机支付进行购买，再到线下实体店进行消费。随着 SNS 的迅猛发展、LBS 应用的普及以及二维码技术的成熟和应用，O2O 模式更趋多元化，表现出旺盛的市场需求。按本地服务的介入程度，O2O 可以分为轻型 O2O 和重型 O2O。

（一）轻型 O2O

电子商务平台解决人与商品的关系，而本地生活消费平台即 O2O 解决人与服务的关系。轻型 O2O 本地服务介入程度浅，如大众点评、美团等。它的优势是资产相对较轻、属网络型应用、易于跟踪数据、流量购买相对容易、团队构成单一、文化冲突较少。

轻型 O2O 面临的挑战是对服务体验缺少真正的控制，容易进入同质化竞争，初期商家合作中议价能力较低，佣金获取面临一定挑战。例如，大众点评的触角延伸到了线下的传统商铺，开始涉足线下商品的 O2O 团购。如图 4－3 所示，大众点评的 O2O 团购鞋类商品的用户，可在线下门店试穿后通过手机扫描二维码进入点评页面在线购买。

大众点评的 O2O 团购实际上跟虚拟团购业务没有什么本质的区别，只是把虚拟业务换成了穿戴类的实物，并且让消费者主动来到店铺。可以想象一种场景，当某个消费者来到一个台球室，掏出手机开始购买这个台球店铺的团购券的时候，同样可以立刻购买，立刻体验。大众点评的做法对传统商家而言，最直接最明显的特点是减少了物流配送环节的费用。商家可以把这部分的费用分摊到店铺的租金成本上，进行打折。

从本地生活消费来讲，服务的对象就是消费者和店家，而消费者有三大需求：找信息、找优惠和享受服务。移动互联网对大众点评最大的价值在于，它是形成 O2O 闭环的关键。这就好比物流对于电子商务的意义，电商和 O2O 都是连接“买卖”双方，电商是“零售＋物流”，物流把商品带到消费者家里；而 O2O 是“服务＋移动”，即“移动把互联网带到了服务中”。

（二）重型 O2O

线下服务业的标准化程度低、规范化程度低、从业人员 IT 水平低、业务定位随时间和市场改变等因素，导致了重型 O2O 本地服务的出现。重型 O2O 本地服务的介入程度较深，如安居客、美餐、神州租车、到家美食会等。重型 O2O 的优势包括对服务体验有较强的控制和保障，在商家合作中有较强的议价能力，能很快收到佣金，能提供个性化

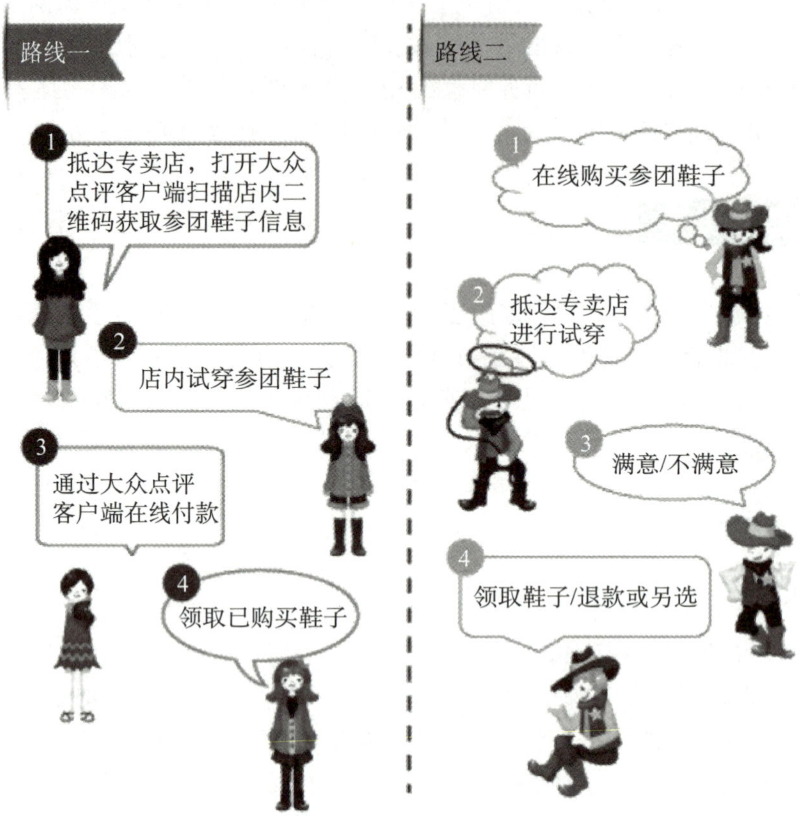

图 4-3　大众点评线下商品经营团购路线

服务，而且不易被复制。重型 O2O 面临的挑战主要包括实体资产比重大、规模化难度大、推广有较大限制、团队构建难度高。

例如，神州租车公司成立于 2007 年，从 2013 年起，一直坚持只开直营租车分店的神州租车启动全新区域扩张战略——“百城千店”加盟计划，宣布在 66 大直营城市之外，将通过加盟的方式覆盖三四线城市，核心是地级市和全国百强县，使其发展到 1 000 多家加盟店，并利用这个网络来做成一个覆盖全国的二手车买卖 O2O 平台。一开始，神州租车采用直营店的模式，很难覆盖较多的城市，管理难度比较大。因此，神州租车随后发布了云战略，即以“云概念”和“云计算”为基础，通过规模化采购车辆和铺设密集的服务网点，建立丰富的资源池，利用高科技手段充分共享车辆资源，从而精准地向客户提供随时随地、应有尽有、按需付费、简单便捷的用车体验。截至 2024 年 5 月，神州租车的车队规模已经达到了 15 万辆，在国内 1 000 余个主要城市设有 10 000 余个服务网点，服务个人客户超过 5 000 万、企业客户数万家，是目前中国汽车租赁行业的领跑企业。图 4-4 所示为神州租车平台。

租车行业是重资产，是一种基础的生活服务行业，其最核心的特质是“本地化”。本地服务的便捷性，是租车服务中不逊于价格的另外一种核心体验。重视线下，立足本地化，提高地理渗透率，将服务推到客户身边，是租车 B2C 公司目前突破价格战困局的唯一选择。应该说，在短时间内，或者较长一段时间内，互联网巨头们基本上无暇顾及一

图 4-4 神州租车平台

些小城市，它们基本上都把火力集中在一线城市，因而借这个机会发展起来，即使日后互联网巨头们的战略延伸到了二三线城市，本地的创业团队也是有实力与其抗衡的。

随着 4G/5G 网络的日益成熟和智能手机的大量普及，越来越多的用户开始通过手机获得各种服务，传统 PC 未来必然被智能手机所替代。O2O 只有抓住移动互联网带来的机遇，才能真正获得爆炸式的发展。

三、O2O 模式的盈利点分析

O2O 已经逐渐成为电子商务业投资的热点领域，正吸引着众多企业的加入，其中也不乏成功企业，如大众点评、携程网、搜房网、去哪儿、酒店达人等，它们发展得如火如荼，在人们工作和生活中发挥着重要作用。一旦形成强大的 O2O 平台，其盈利模式将更加清晰、多元化，从而支撑企业的发展和 O2O 平台的良性发展。O2O 的盈利模式是比较清晰的，有面向用户收费的，也有面向商家收费的，更有通过广告来收费的。总体来说，O2O 模式的收入来源主要有以下几种。

（一）销售佣金收入

O2O 运营企业通过打造 O2O 平台，聚焦了大量的商家，平台通过提供打折、优惠券、促销等活动吸引线上客户到线下商家购买商品，由于线上资源增加的顾客并不会给商家带来太多的成本，这样商家在销售产品中能获得更多利润，O2O 运营企业根据商品销售或代理向商家收取销售佣金。例如，在豆瓣网，用户看到一本书后就可以单击其右侧的链接，或者将其添加到购书单，到网上书城里进行购买，豆瓣收取佣金。

（二）广告收入

O2O 运营企业通过业务运营、业务模式的创新，结合社交、LBS 等移动互联网应用，丰富 O2O 平台的应用，为消费者提供互动、良好的客户体验，平台一方面聚集海量商户资源，另一方面聚集大量的商家，通过线上巨大流量，聚集消费者，然后把这些流量导入给商家，通过关键字搜索、电子优惠券等形式开展广告，O2O 运营企业可以借此向商家收取广告费。同时，O2O 运营企业聚集了海量的用户消费行为、消费能力、消费习惯、消费需求等数据，通过数据分析为商家开展精准营销，在正确时间将与之需求相适应的商家信息推送给潜在用户，从而向商家收取精准广告推送收入。广告收入是 O2O 运营企业的主要收入来源。大众点评通过“点评模式”聚集了海量的用户资源，采取精准广告模式向商家收取广告费，从而为商家开展关键字搜索、电子优惠券、客户关系管理等多种营销推广。大众点评的关键字搜索类似于谷歌和百度，输入关键词，会有相关的商家信息出现，在此类搜索热词附近，大众点评推出竞价排名，并向消费者明确这是广告。这类广告模式，并没有给用户的体验效果带来直接的负面影响，反而成为满足用户需求的针对性信息，拓宽了大众点评网的营收渠道。

（三）数据服务收入

当 O2O 平台每天访问量达到上百万次或上千万次时，O2O 平台积累了海量的用户数据，成为电子商务企业最大的“金矿”。大数据商业价值主要表现在：对每个消费群体制定有针对性的策略和行动，运用大数据模拟实境，发掘新的需求和提高投入的回报率；提高大数据成果为商家等生态系统伙伴服务，提高商家整个管理链和产业链的投入回报率，O2O 运营企业可以将用户数据集成开发客户关系管理（CRM）系统，进行数据分析和挖掘，开展有意义的消费行为分析，制定有针对性的营销方案，为商家商业模式、产品和服务创新提供服务，从而向商家收费。

（四）增值服务收入

O2O 运营企业应当借助自身的平台优势和媒体优势，与商家合作进行多元化业务的开发，挖掘一些增值业务。例如，国外有一家网上订餐商店 OpenTable，不仅能为消费者提供快速、便捷的网上订餐服务，还能为商家提供订餐软件系统，帮助商家进行订餐管理，优化业务流程，降低经营成本。而 OpenTable 可以向商家收取这套软件的“初装费”，以获得收入。

（五）其他收入

比如，大众点评汇聚大量的用户点评内容和商家信息，将其加以整理汇集成册，每年发售一册餐馆指南书籍，每本定价 20 元左右，书价也不贵，在上海、北京、广州等 20 多个城市，该餐馆指南书籍销售量达到每年 10 万册，这也是收入来源之一；再加上书上刊登广告，盈利模式更加丰富。

上述是当前O2O模式的主要盈利点，针对不同O2O运营企业，在制定盈利模式时，要根据企业发展所处的阶段、平台运营状况灵活确定，收入来源可以是上述几种方式的组合。

单元二 平台模式

在移动互联网时代，人们对“平台”这个词可谓耳熟能详。不仅是运营商，而且以互联网公司为代表的内容提供者、终端厂商等，都打破了传统的产业链分工限制，开始尝试直接面对客户。这时，平台就成了一个新的手段，可以借助平台将用户所需的各类应用和信息整合和推送，实现盈利。于是，移动互联网时代给了所有的参与方一个新的自由空间，大家纷纷选择搭建自己的平台，或者联合在一个优质平台之下，形成新的产业体系。就这样，移动互联网产业实际上已经成了一种平台化的产业。

一、平台模式概述

“平台”是指在平等的基础上，由多主体共建的资源共享、能够实现共赢的、开放的一种商业生态系统。传统的经济观念是追求大而全，或者是“螺蛳壳里做道场”式的小而全。但现代市场经济是市场细分化的产物，细分化的显著特征再也不是“凡事不求人”，而是“别人能干得更好，那就让别人去干”。因此，平台经济模式应运而生，平台经济不仅是一种新的产业形态，也是一种新的商业模式。当今世界，“新”和“快”比“大”和“全”更加重要，“你不要完善完善再完善、规模规模再规模，如果没有新和快，等你拿出来，什么都晚了”。

移动互联网发展到今天，平台开放的商业模式已经成为主流，各个垂直领域都出现了平台型服务商：苹果的应用商店平台，谷歌的Search API、Google Map API、Open-social API等一系列还在不断增长的API列表以及Android操作平台，Facebook的F8开放平台，腾讯的社区开放平台和微信开放平台，新浪的微博开放平台，阿里巴巴的电子商务开放平台，360安全平台等，不胜枚举。

平台就是为合作参与者和客户提供一个合作和交易的软硬件相结合的环境。平台模式是通过双边或多边市场效应和平台的集群效应，形成符合定位的平台分工。在这个平台上有众多的参与者，有明确的分工，大家都可以作出自己的贡献，每个平台都有一个平台运营商，它负责聚集社会资源和合作伙伴，为客户提供好的产品，通过聚集人气、扩大用户规模，使参与各方受益，从而达到平台价值、客户价值和服务最大化。

二、互联网平台模式的四个条件

从形式上看，超市就是一种交易平台，各种商品和顾客在这里集中交易，而超市提供场地、环境、收银、促销等各种服务。股票交易市场同样是一种平台，无数买家和卖家在这里对接，而交易市场则提供信息服务和交易服务。

美国运通卡也是一个平台运营商的经典案例。它与传统的信用卡盈利渠道不同，主要盈利来源于运通卡用户的消费商家返点和年费，而不是银行产生的利息，运通卡将这部分利益让渡给了银行。在这个前提下，各大银行就有动力帮助运通发卡，这成了运通卡通向最终用户的渠道。而随着运通卡发卡量的增大，越来越多的商户被吸引加盟，于是就形成了良性循环。运通卡成为一个平台，用户和商家都依赖于运通卡广阔的渠道和营销服务获得利益。

平台模式要健康运营，取得成功，应具备开放、共赢、平等、共享四个必要条件。

（一）开放

平台不一定依托互联网，但互联网是最佳的开放平台，有着数据库和信息化管理方面的优势，与互联网结合可以最大化地扩大参与主体。平台型企业越开放，它与其他企业或个人的连接就越多。在一个网状社会，"个人"跟"企业"的价值，是由连接点的广度和厚度共同决定的。企业连接越广、连接越厚，其价值就越大，这也是纯信息社会的基本特征，是由信息含量决定价值。所以开放变成一种生存的必要条件，你不开放，就没有办法去获得更多的连接。

（二）共赢

平台型企业若要获取盈利，平台生态圈就必须达到一定规模。而要达到一定规模就必须吸引主体参与者，那么共赢就必须成为一个前提。因此平台的交易结构设计必须基于多方共赢的考虑。平台模式下的共赢需要认识"多边性"的特征。单边无法构建出一个平台，搭建平台的首要工作就是定义双边或多边的群体。比如淘宝、招聘网站属于双边模式（供需双方），搜索平台属于三边模式（供需双方+广告方）。

（三）平等

平台必须是一个平等的平台。对于传统商业来说，渠道管控是一贯的思维。但是互联网思维不是这样的。这是由技术决定的，就像生产力决定生产关系。一个网状结构的互联网，是没有中心节点的，它不是一个层级结构。虽然不同的点有不同的权重，但没有一个点是绝对的权威。所以互联网的技术结构决定了它内在的精神，是去中心化，是分布式，是平等，是互动。平等是互联网非常重要的基本原则。

（四）共享

共享就是对于生产资料、资产及资本的共同开发和使用。平台思维的共享有两个特点：

（1）互动性。无论是从互联网还是从大数据的角度，共享一定是双向的，只有互动的才创造价值。比如 Facebook 和微信这样的产品，它们最大的特点是多向互动，任何人跟任何群体之间，都可以在瞬间发生互动交流，共享强调的重点就是双向互动的正循环，双方都给对方贡献了数据价值。

（2）共用平台。在互联网中经常出现开放源代码的词汇，开放源代码就是一种共享机制。开放源代码协作是一条能够通过相互协作孕育重大创新的途径。开放源代码的途径是使用平台的技术，即搭建一种典型的公用平台使得开源技术提供者和使用者可以共建共享。另外一种共用平台，便是云技术服务，如云存储、云计算等。这种平台未来会像电网和通信一样成为社会的基础设施。

移动互联网发展到今天，市场情况非常符合这四项基本条件，因此平台模式出现也就是必然的。在互联经济的背景下，平台化商业模式呈现快速发展之势，出现在社交网络、电子商务、移动通信、搜索引擎、线上游戏等诸多领域。在全球最大的 100 家公司中，60 家公司的大部分收入均来自平台商务。在网络效应下，平台上往往出现规模收益递增现象，强者可以掌控全局，而弱者只能分一杯残羹。

三、平台模式的分类

平台的竞争，也渐渐形成了不同的模式，可以按照平台的业务属性以及运营主体来划分。

（一）按业务属性分类的平台模式

当前应用型平台模式是移动互联网平台模式的主流，应用型平台模式主要有：

（1）新媒体平台模式，如新浪、搜狐、网易、抖音、小红书、微博、微信以及各类媒体 App 应用等。

（2）垂直应用平台模式，主要是专注某类产品或某一类目标市场而打造的平台，如阿里巴巴、优酷、盛大文学、我买网、唯品会等。

（3）电子商务平台模式，如京东商城、淘宝网、苏宁易购等。

（4）综合服务平台模式，即通过与产业链合作伙伴合作，为客户提供多种产品和服务的平台。如腾讯就是综合服务平台模式，腾讯不仅提供即时通信服务，还向客户提供游戏、音乐、视频、安全软件、支付等各类服务；百度也属于综合服务平台。

当前，由垂直应用平台向综合服务平台和媒体平台转变是一大趋势。对于进入移动互联网的企业来说，一开始选择垂直应用平台模式是最佳策略，只要集中资源，坚持专注，做专、做精、做深，就一定能在垂直市场处于领先地位。

（二）按产业链运营主体分类的平台模式

按照产业链运营主体分类，平台模式主要分为终端商、互联网公司和移动运营商三类平台模式。

1. 终端商的平台模式

智能终端本身就是一个平台，它汇聚操作系统、浏览器，内嵌各种应用和客户端，如今智能终端的功能越来越强大，消费者可随时随地上网，使用购物、音乐、影视、阅读、游戏、交友等各种应用，当然这些应用未必是由终端平台商自己开发的。

智能终端竞争很大程度上就是操作系统之间的竞争，只要掌握了操作系统，也就获得了更多的用户规模，而掌握了平台的主动权，终端平台模式就能成功。谷歌为生产商和应用开发者免费开放 Android 开源系统，终端厂商以 Android 操作系统为基础，开发出不同款式的终端手机。同时，内容开发者也可以开发出不同的软件应用，通过谷歌平台销售给用户。

对于终端平台商来说，只有以终端厂商、软件开发企业、消费者多赢为目标，通过整合产业链合作伙伴，强化自主创新，开发自己的应用商店，实施软硬件融合，终端平台模式才能真正建立起来。

2. 互联网公司的平台模式

互联网公司平台模式的最大特点就是基于做大核心应用提升平台价值并向其他服务延伸。像百度就是专注搜索核心应用，通过技术创新、商业模式创新、客户体验创新以及平台开放，使得搜索信息更加精细化，“即搜即用”的实现让用户的搜索体验大幅提升。

3. 移动运营商的平台模式

移动运营商拥有网络，因此其搭建的平台也必须与自己的网络绑定。移动运营商可以通过开放自己的一部分能力，如短信、计费以及位置服务等能力，给内容开发者开发相应的应用；同时也可以发展移动互联网业务（如我国三大运营商成立基地，大力拓展手机视频、阅读、音乐、电子商务等业务）和打造自己的应用商店，通过提供平台，聚集合作伙伴和应用开发者，通过平台聚集丰富的应用，满足用户多元化需求和长尾需求。移动运营商的平台，面向的操作系统可以有很多，终端也可以有很多，但是用户一般只能是自己网络的用户。

对于开发者和终端商而言，自由度越大，对于用户的控制力则越强。中国移动的 MM 商城、中国电信天翼空间就是这一模式的代表产物。

目前来看，三种平台模式各有特点，差异化比较大。终端商的平台模式无论是操作系统还是终端，都是单一的，既有封闭的，也有开放的。互联网公司的平台模式是开放的，它的优势是其拥有的核心应用，并在此基础上打造的互联网平台，互联网公司是平台的领导者。移动运营商的平台模式也是完全开放的，但由于运营商既不掌控终端、操作系统，又没有内容优势，因此，运营商的平台模式比较脆弱。运营商的平台模式要成功，就必须做好战略定位，聚焦垂直应用，只有通过战略创新、模式创新、市场创新、机制创新才能实现成功。

四、平台模式的战略定位

移动互联网平台化商业模式的最大特点就是汇聚产业链上下游企业，平台模式的成功必将释放巨大的经济价值，这对促进移动互联网产业发展、繁荣社会文化经济、提高人们物质文化生活品质具有重要意义。移动互联网企业实施平台模式，把握自身的战略定位十分重要，通常平台模式有以下几种选择。

（一）成为完全的平台中介者

也就是说，自己搭建一个交易平台，通过强化平台运营和管理，汇聚内容开发者以及其他合作伙伴，自己不开发任何产品和服务，应用完全由合作伙伴和开发者提供，并通过合作分成、前向内容收费、后向广告收费等方式实现盈利。360 在其开放大会上多次强调 360 开放所有业务、全部流量及用户数据，并且“只做平台，不做应用”，不与合作者争利，这对于开发者而言具有不小的吸引力。

（二）构建独特优势，成为差异化的垂直平台

如今，几乎在移动互联网所有业务领域都有市场成功者和领先者，对于进入移动互联网的企业来说，不能盲目跟风，要结合自身资源能力和优劣势，做好市场研究和客户需求分析，选择垂直细分市场为切入点，从而构建不同于市场领先者的差异化平台优势，这样企业才有立足之地。如在线旅游市场，携程无疑是行业的领先者，对于后来者来说，只有差异化定位才有生存空间。相比携程全面出击的一站式策略，同程艺龙则不断强化“订酒店”的业务定位，突出“订酒店，用艺龙”的宣传口号，同程艺龙这种以小而专抗击大而全，踩对了市场的点。同样，2006 年 10 月成立的途牛旅游网，提供的是“旅行线路预订服务”，面向大众旅游客户，通过“网站＋呼叫中心＋手机客户端”提供标准化的多种旅游线路选择服务和个性化的旅行线路预订服务，然后在此基础上拓展“吃住行游购娱”全面的配套预订服务，彻底地对在线旅游产业的商业模式进行了革命，从而使企业呈现良好的发展态势。

（三）对原有平台提供支持服务，成为平台的平台

自如网通过在我国各主要城市的本地化站点建设，不断汇聚有买房需求和租房需求的客户流量，并利用这种需求汇聚的影响力，向各实体中介公司兜售发布房源信息的接入端口程序。自如网不参与任何实际的房屋交易，通过房源信息的快速更新形成了良性循环。自如网（现通常称为自如或自如 App）在发展过程中，逐渐从一个提供单一租房服务的平台，转变为一个集租住产品、生活服务、科技智能、智慧社区等多功能于一体的综合服务平台。这种转变使得自如网能够为包括原有平台在内的更广泛用户提供全方位的支持服务，从而在某种程度上实现了“成为平台的平台”的目标。这种模式就是为房产中介提供平台，同时，更好地为用户提供了便捷的服务。

（四）对现有平台提供延伸增值服务，成为“综合平台供应商”

平台模式的发展一般先是从满足客户核心需求的垂直应用平台做起，当垂直平台规模做大了、品牌做强了，在此基础上通过流量导入拓展和延伸业务服务领域，往往能取得巨大的成功。这方面的例子有很多，如 UC 优视科技原来是做手机浏览器的，如今成为手机浏览器知名品牌，通过实施战略转型，由手机上网入口向服务平台转变，如今 UC 平台能为用户提供资讯、游戏、音乐、电商、娱乐等多种服务，成为一个综合服务平台。

（五）开创全新的平台

当前，在互联网领域，如果按照既有的游戏规则来竞争，可能永无出头之日。对于移动互联网企业，要有勇于创新、开创全新业务领域的精神，打造全新的业务平台。但关键点在于：一要切实满足客户需求，对客户真正有价值；二要通过技术创新实现产业

的拓展和延伸，提高竞争门槛；三要实行产品创新，真正推出客户想要的产品；四要实行商业模式的变革。这里全新的创新不是炒什么新概念，而是实实在在的创新，全新的创新，甚至是颠覆性的创新。为适应电子商务个性化和定制化的消费趋势，C2B模式越来越受到电子商务企业的重视，它是对现有B2B、B2C和C2C电子商务模式的突破和延伸，具有广阔的市场前景。捷足先登者，必将在未来电子商务市场处于领先地位。

五、生态系统与平台模式完美结合

移动互联网的机会不胜枚举，但平台将是贯穿始终的主线。从操作系统、浏览器到应用商店，平台正在变得广泛而重要。所谓平台，实质是信息的增值通道，谁把握了这个通道，谁就掌握了通往移动互联网财富之路的话语权。我国移动互联网正从以运营商主导的时代向内容与应用为王的时代过渡，在移动互联网产业中，最为关键的就是平台运营商。眼下，围绕着方寸间的手机屏幕，平台之下迎来了许多争食者。其中，运营商、谷歌、苹果和手机浏览器厂商分别代表了不同的平台运营的理念。而在它们中间，谁才能代表移动平台的未来，移动互联网将由谁主宰虽还未成定数，但各方都在试图摸索出一条能够控制住未来移动互联网最大财源的通道，而在其中，平台无疑成为兵家必争之地。

平台模式能否取得成功，关键在于平台经营。平台经营是移动互联网的核心，平台经营关键是通过开放共享广泛聚集合作伙伴和第三方开发者，形成平台企业、合作伙伴、第三方开发者共赢的局面。

可以看出，打造有价值的开放平台的本质就是建立良好的生态系统。生态系统的建设是平台经营的核心，也是平台经营制胜的法宝，没有良好的生态系统，平台经营难以成功；平台经营与生态系统建设两者途殊同归，目标一致，密不可分，互为一体。当然，平台经营的内容更加宽泛，除了包括生态建设这一重要内容外，还包括战略定位、目标市场选择、市场营销、品牌推广、渠道建设、产品创新等。平台经营和生态系统建设是移动商务商业模式创新的核心内容，也越来越受到众多传统企业和互联网企业的青睐，如阿里巴巴、淘宝、苹果、谷歌、亚马逊等。那么平台经营和生态系统建设如何实现完美结合呢？本书认为，应从以下几个方面进行考虑：

（1）明确平台经营和生态建设目标是一致的，是统一的。它们的共同目标就是做大做强平台，实现互利共赢，共同繁荣，从而实现企业业务持续发展。

（2）更加强化平台经营和生态系统建设的运营过程的有机统一，实现高效运营。提升平台价值和打造良好的产业生态系统目标的实现有赖于高效的运营管理。过程往往比结果更为重要。平台经营的运营过程和生态建设的运营过程在实践中是有机统一的，因为平台经营中最重要的内容是企业间合作、内容运营、盈利模式、API开放管理、合作管理、制定平台激励机制等，这些正是生态系统建设的内容。因此，在运营过程中，强化两者的有机统一是必需的。

（3）无论是平台经营还是生态系统建设，要从做业务开始，专注于把业务做大做强。业务做不好，平台经营和生态系统建设只能是空中楼阁。因此，提高客户感知、做大业务规模、提高流量、提高业务的影响力是打造生态系统和推进平台经营的基础，这需要平台企业在客户体验、商业模式和盈利模式上进行创新。

（4）创新合作模式，提高平台的产业集聚能力。创新合作模式，加强与合作伙伴合作，实现共赢发展，是打造良好产业生态系统的关键。实现合作模式创新，关键要做到以下几点：一是强化核心能力建设，不断提高聚合产业链上下游合作伙伴的能力。面对移动互联网巨大机会，这就需要更加专注、更加深入，不能将核心能力外包。二是做好合作需求分析，严格合作伙伴选择标准，有效选择合作伙伴，最广泛地开展合作。三是把握能力开放的本质，实现共同繁荣。能力开放主要包括客户、数据、产品、软件和服务等，做好能力开放一定要对开发者有用，一定要对丰富平台内容和服务有价值，一定要能节约开发者的开发成本，一定要能提高用户平台黏性。四是实行积极的分成模式，提高合作伙伴积极性，提高合作伙伴的忠诚度。如淘宝为了扶持合作者，调动开发者的积极性，形成一个巨大的商业生态圈，将原有的5∶5分成比例进一步向合作者倾斜，改为3∶7分成，特别优质的合作伙伴还能拿到整个收益的80%，目的是让开发者赚到更多的钱。

总之，平台为进入移动互联网的企业包括电信运营商创造了无限的机会，没有广阔的平台空间，生态系统建设就没有很好生长的土壤，企业永远无法做到真正的强大。在移动互联网时代，企业要永续经营，成功转型，生态系统建设、平台经营乃至盈利模式创新将是企业制胜的法宝。

典型案例

“一亩田”移动商务平台助力乡村振兴

一亩田作为国内领先的农产品B2B交易平台，自2012年成立以来，始终致力于用科技创新推动农业产业升级，以移动商务为引擎，赋能乡村振兴。

在广西壮族自治区的偏远山区，优质的农产品如百香果、柑橘等因交通不便、信息闭塞而难以走出大山，农民收入增长缓慢，乡村经济发展滞后。面对这一困境，一亩田凭借其强大的移动商务平台和深厚的行业资源，积极介入，为当地乡村振兴注入了新活力。

1. 搭建移动商务平台

一亩田首先在其移动App上开设“广西特色农产品专区”，为当地农户提供了一个便捷、高效的农产品销售渠道。农户只需通过手机，即可轻松发布产品信息，对接全国采购商，实现快速交易。同时，一亩田利用大数据和人工智能技术，为农户提供精准的市场行情分析和采购商匹配服务，帮助农户更好地把握市场动态，提高销售效率。

2. 开展“灯塔计划”公益培训

针对当地农户电商知识匮乏、操作技能不足的问题，一亩田启动了“灯塔计划”公益培训项目。该项目以线上线下相结合的方式，为农户提供电商运营基础、互联网农产品供应链知识等培训。一亩田讲师深入乡村，面对面传授电商营销技巧、财务管理知识和品牌打造策略，让农户真正掌握互联网销售技能。据统计，仅广西百色地区，“灯塔计划”就培训了数百名新农人，显著提升了他们的电商经营能力。

3. 构建智能代卖网络

为了进一步优化农产品流通环节，一亩田依托其豆牛智慧代卖网络，为农户搭建了产地直通批发市场的渠道。农户无须再通过中间商，可直接将农产品送至一亩田合作的批发市场进行销售，大大节省了物流成本和时间成本。目前，豆牛智慧代卖网络已覆盖全国200多个批发市场，帮助数十万新农人实现了更高的收益。

4. 实施成效

在一亩田移动商务平台的助力下，广西山区的农产品迅速打开了全国市场。百香果、柑橘等特色农产品通过一亩田平台销往全国各地，农户收入显著增加。据统计，2023年，一亩田App产销服务平台服务了全国2 800多个县域的新农人，交易额超过1 000亿元。在广西地区，一亩田不仅帮助农户解决了销售难题，还带动了当地农业产业结构的优化升级，促进了乡村经济的全面发展。

一亩田以移动商务为引擎，通过搭建平台、开展培训、构建网络等一系列举措，成功助力广西山区乡村振兴。未来，一亩田将继续秉持科技兴农、服务三农的理念，不断创新服务模式和技术手段，为更多地区的乡村振兴贡献智慧和力量。

单元三 免费模式

俗话说“天下没有免费的午餐”，但是在移动互联网时代，这句话好像已经被彻底颠覆了。手机用户时时都在使用着免费的Android系统、免费的微信通信软件、免费的移动地图软件，等等，免费已经成为移动互联网的主流。同时，免费已经成为移动商务企业在竞争中获胜的法宝之一。

一、免费模式概述

早在20世纪初期，“免费”的商业模式就十分盛行。例如，剃须刀厂商通过免费派送剃须刀具，从后续销售刀片中盈利，就形成了典型的捆绑销售模式；早期的电视节目也是免费向观众播放的，通过第三方——广告商预付的广告费来盈利；咖啡厅免费为顾客提供Wi-Fi上网，其3美元一杯的拿铁咖啡每天都供不应求；1996年，在微软与网景之间爆发了历史上最为奇特的商战之一：双方争着把浏览器免费送到客户手中；在中国，电信运营商在用户安装宽带时免费提供ADSL调制解调器；银行提供免费的银行卡；等等。腾讯QQ、微信、电子邮箱、360软件等免费网络工具或网络服务给人们的工作和生活提供了很大的便利，甚至在一定程度上改变了人们的工作和生活的行为方式：利用互联网可以收看免费的电影以及收听海量音乐；大量的门户网站和专业类细分网站免费为人们提供了无穷无尽的信息资源。诸如此类的免费商业模式数不胜数，可见“免费”的商业模式并非是一个新生事物，而是通过不断地改变其模式形式来呈现，免费似乎改变了人们数千年来的等价交换法则。20 世纪末的互联网革命诞生了互联网经济，互联网经济的发展使它越来越成为免费经济的代名词，以数字时代的“免费”商业模式踏上了历史的舞台。2004 年提出“长尾”理论的经济学家克里斯·安德森惊叹：“这个世界太疯狂，全世界都在发送免费的午餐。”

移动互联网时代，用户需求在变，业务类型在变，盈利模式在变，唯一不变的就是用户规模，只有先把用户留住，才能再考虑如何在用户身上挣钱。在对价格非常敏感的中国互联网市场，免费是移动互联网企业赢得海量用户的重要手段。因此，以免费模式吸引用户、做大规模受到众多移动互联网企业的青睐。

二、免费商业模式产生的原因

从传统经济学来看，商品的价格＝成本＋利润。在一个完全竞争的市场里，一个产品的长期目标价格趋向于该产品的边际成本。这里的边际成本表示当产量增加一个单位时，总成本增加多少。一般而言，随着产量的增加，总成本的增量是递减的，从而边际成本下降，这就是所谓的规模效应。随着互联网经济的发展，免费模式受到众多互联网企业的垂青，从而产生了新型的商业模式——免费。

（一）数字产品的成本特征

对于数字产品而言，它的成本结构比较特殊，生产第一份产品需要投入很大的研发和创造成本，但第一份产品出来后，复制的成本极低。比如现在越来越多的微电影，当初创作者花费很多的灵感和精力做创意、拍摄和后期制作，而在完成后，传播和复制的成本就几乎可以忽略不计，上传到优酷后，可以让很多的网友看到，几乎没有发行成本。据说微软开发 Windows 95 花费了 2.5 亿美元，因此它的第一张光盘就已经花费了这么多的成本，但第二张和第三张的成本就只有几美分。由此可见，数字产品具有很高的固定成本和极低的边际成本。再比如杀毒软件，一个部门花了一年的时间研发完成，这是固定费用，但一旦上线后传播和复制的成本就变得极低，用户自行下载即可，下载一千万份和下载一万份对企业来说都一样（服务器和带宽等成本越来越低，不考虑在内）。也就是说，该款软件达到一定的销量后，边际成本可以认为是 0。通俗地讲，对 360 杀毒这样有着几亿用户的产品来说，多你一个不多，少你一个不少，你成为 360 杀毒的用户对 360 来说成本为 0。因此从经济学的角度来看，数字产品的免费模式是有理论依据的。

数字产品具有较高的固定成本和极低的边际成本特征。如在线阅读，通过网络传递内容的成本非常低，免费则能吸引众多的读者。如果网站平均每个页面设置两则广告，广告千次点击量可为网站带来 40～150 元的广告收入，而维护这个页面的费用却是极低的。

以传统的经济学理论分析，在企业产品具有大量固定成本而边际成本相对较小的时候，该企业只有通过大量的后期产品生产及销售，以获得规模效应，从而赚取利润。对于这类产品而言，由于后续生产的边际成本远远小于初始生产开发的固定成本，因此产品的数量越大，其平均成本越小。在销售价格至少大于边际成本的情况下，随着销量的增加，总利润会呈现大幅上涨的趋势。正是这种高固定成本低边际成本的生产关系体现了互联网时代数字产品生产的基本特征。

与传统产品的销售和消费模式相比，消费者或者受众在接受数字产品和服务时所花费的成本很低，产品的传递成本、储存成本几乎都下降为零。消费者只需花费搜寻成本以及学习成本，而这两项成本对于大多数数字产品而言也是很低的。随着谷歌、百度、360 搜索、搜狗等的搜索技术不断进步，未来搜索成本将会不断下降，网络用户可以准确而便捷地查找到自己所需要的数字产品。正是基于互联网数字产品的这种生产及消费成本的特征，互联网数字产品的制造商往往选择前文所述的免费商业模式来销售商品，以期取得更大的市场份额，从而通过大量低边际成本的后续商品销售来实现前期投入的回收，并最终获得收益的最大化。

（二）注意力经济促成免费商业模式

美国学者迈克尔·戈德海伯（Michael H. Goldhaber）在 1997 年最早提出“注意力经济”的概念，他在《注意力购买者》（*Attention Shoppers*）一文中指出，“注意力经济”是指如何更有效地配置企业现有的资源，以最低成本去吸引用户或消费者的注意力，通过培养其潜在的消费群体，以期获得最大的未来无形资产，即经营消费者的注意力。当今社会是一个信息极大丰富甚至泛滥的社会，互联网的出现更是加快了这一进程，信息以及同质化的产品非但不是稀缺资源，相反是大量过剩的。消费者去寻找这些信息或产品就需要耗费时间和精力，以便建立对所需商品的了解和信任，而消费者的这种时间和精力的耗费又会随着信息的泛滥而不断增加。因此，相对于过剩的信息，消费者的注意力开始变得十分稀缺，从而使得吸引消费者的注意力成了互联网经济的显著特征。特别是当数字产品极低的边际成本使得传统的定价策略在数字产品市场上失效时，吸引消费者注意力就成为成功获取最终收益的关键。在互联网经济中，互联网企业为了盈利就必须将注意力转化为经济价值，互联网媒体既需要吸引大众的注意力，同时又要完成注意力价值的交换，所以互联网经济是在吸引大众注意力的基础上创造价值。在注意力经济时代，拥有大量的客户就掌握了大众的注意力，庞大的客户群就成了公司最大的资产。这种将客户群纳入公司资产的做法改变了传统经济对于资产的认识，与稀缺经济的理论方法有很大的不同。正如目前中国最大的互联网公司腾讯当初所采取的商业模式，在通过“免费”的产品“诱饵”成功获得消费者的注意和认可后，再通过这些产品的后续经营利润去收回当时的大量固定投资和免费产品的成本。当奇虎 360 以免费杀毒软件赢得数以亿计的注册用户后，其后续的盈利模式则变得简单而又清晰了。可以说奇虎 360 公司的成功正是在于有效地吸引了当时电脑用户的注意力，在市场竞争尚未白热化之时及时地获得了消费者的注意力，从而获得了市场的绝大份额，为其后续的企业经营发展创造了非常有利的条件。因此，在移动互联网时代，如果网络经营企业成功地掌握了大众的注意力，那么企业离成功就不远了。

（三）免费商业模式是提高“网络效应”的有效手段

互联网存在网络效应，在互联网经济中，伴随着使用人数的增加，信息产品或服务的效益才会逐步增加，从而产生规模效应。当信息产品具有网络效应时，通过实行免费模式来扩大用户规模、提升网络价值成为互联网公司一项基本策略。

所谓网络效应，是指一个网络的价值取决于该网络用户的数量，用户数量越大，网络的价值就越大，即一种产品越是受到人们的欢迎，人们对它的评价就越高，需求量也就越大。网络效应会产生滚雪球效应，一旦网络用户达到一定的数量后，网络的用户人数越多，就会吸引更多的用户加入网络，从而产生需求方规模经济，即产品的效用随着使用人数的增加而增大。这种网络效应也称为直接网络效应。试想，当某个消费者使用某公司的邮箱或者通信工具时，而其余大部分人都不使用这一工具，那么该消费者如何能与别人顺利完成沟通和交流呢？互联网公司就是利用直接网络效应来扩大产品的客户群，以吸引更多的注意力。美国著名的流量信息网站 Alexa 曾就各大门户网站的访问流量与经济价值进行过深入的比较分析，一个显著的结果即是某个网站的访问量越大，则该网站的商业价值越大，这种价值初期表现在该网站的广告费用及网页版面收入上，随即则更深层次地反映在该网站的证券市场市值及评估价值等具体价值之中。

还有另外一种网络效应，即间接网络效应。间接网络效应的作用机制有所不同，它是指同一个网络下多个相关产品的关系，即其中一种网络产品用户数量的增加会带动相关产品需求增加，产品之间有可能存在互补效应，也有可能只是同一网络下或同一品牌下的产品。随着相关产品需求的增加，产品之间会形成正反馈效应。这种互补产品销量的增加从形式上和传统经济理论中互补产品的原理相似，但效果要更为明显。当消费者习惯于使用某网络企业的一种商品时，他也往往会被该企业的其他商品所吸引。因此，互联网企业就可以通过其中一种免费产品来扩大自己的客户群，用其他的产品或者升级产品来获取价值。在这种情况下，产品的效用取决于互补产品的品种多少、质量好坏和价格高低。互补产品的品种越多、质量越好、价格越低，产品本身给消费者带来的效用价值就越高。可见，互联网企业就是充分利用间接网络效应将注意力转化为价值。互联网企业深知网络效应的重要性，很多企业在产品推向市场的早期，为了产生网络效应，都采取了种种措施，免费就是其中的一种。例如，淘宝网在成立之初，为了迅速扩大市场就采用了免费的策略；同样，2008 年奇虎 360 推出的安全卫士也高调宣布 360 杀毒软件永远免费。这种种免费策略的选择，其目的均在于直接或间接地扩大网络效应，从而使企业最终从消费市场中获得更大的份额。

三、互联网免费商业模式的分类

在互联网经济中，人们确实享受到了种种免费的好处，但作为互联网企业最关心的问题必然是企业的盈利模式与盈利能力。互联网企业在短期内基本均倾向于通过免费迅速占领市场，扩大“客户资产”以引起注意力，从而形成网络效应，但是长期来看，互联网企业必须建立自己的盈利模式，以达到最终利润最大化的目的。因此，每种免费模式下一定会有互联网企业根据不同经营战略需要所选择的商业模式。以下是互联网经济中几种常见的免费商业模式。

（一）免费＋收费的模式

免费＋收费模式又称为免费增值商业模式（Freemium Business Model），它是互联网最常见的一种商业模式。免费+收费商业模式最早由美国风险投资人弗雷德·威尔森（Fred Wilson）提出，这种商业模式是企业为用户提供免费服务，借助口碑营销、良好客户体验聚集大规模用户和流量，然后向用户提供增值产品和服务，以实现企业的盈利。在Web平台，免费成为一种普遍的商业模式，相比于Web平台，在移动平台上，从免费到收费模式是一种更自然的过渡方式，使实行收费成为可能。从Web时代到后Web（Post-Web）时代，随着技术与用户行为的改变，商业模式也在悄然变革。用户行为已经开始从Web时代的浏览器主导逐渐演绎到现在的App，人们越来越多地采取订阅的模式来消费内容。因此，在Web时代盛行的免费模式，在移动互联网时代，将逐渐变成一种免费+收费的商业模式。当一个网络或平台拥有足够多的用户和流量时，它就不必担心赚不到钱，因为总有少数人去购买它的收费产品，而且庞大的用户规模和流量提升了平台的广告价值，盈利模式逐步多元化。

免费增值模式的兴起有两种主要推动力量。一方面，业务多元化的发展使得交叉补贴被越来越多地使用；另一方面，在移动互联网领域，随着用户规模的不断扩大，每个用户的边际服务成本加速下降，并趋近于零，这为免费增值模式提供了基础。

免费增值模式是目前移动互联网企业普遍使用的商业模式。在国内，知名的互联网企业如百度、腾讯、奇虎360等，都是这种模式的践行者。众所周知，360是杀毒软件永久免费的开创者，对于普通用户而言，360就是杀毒软件的代名词，而360是怎样利用庞大的用户规模实现盈利的呢？

实际上，360的盈利与其安全产品并没有直接关系，免费的安全产品只是吸引用户的诱饵，其是以安全产品为入口，将海量用户牵引到其他前端产品，如浏览器、安全桌面等，再将浏览器用户进一步转化为导航站及游戏用户，通过带给第三方流量和用户，从第三方获得收入。正是提供免费产品所起到的广告和导向作用，才能使付费产品有如此大的潜在市场。

（二）免费+广告的模式

这种模式又称作“三方市场”或“双边市场”，就是由第三方付费来参与前两方之间的免费商品交换。“免费+广告”模式的一个典型例子就是电视媒体：电视媒体负责向观众免费播放新闻、娱乐节目以及广告，而广告商向电视媒体支付广告费，广告产生了较好的效应可以扩大广告商的产品或者服务的销量，最终弥补广告费；媒体运营商用广告费收入来弥补运营成本并获得利润。观众虽然免费收看了电视节目，但是只要观众中有极小的一部分人在观看广告后购买了广告发布商的产品，那么广告发布商就能获取广告效用的回报。

再比如，谷歌和百度，都属于搜索类网站，它们的共同特点是为广大网民免费提供方便、快捷的搜索服务，从而聚集了大量的用户和流量，谷歌和百度并不直接从使用者身上赚钱，而是向发布信息的企业收取费用。因为大量上网用户使用谷歌、百度搜索服务，为谷歌、百度创造了巨大的“注意力”，“注意力”就是价值，从而吸引无数企业在这两个网站上投放广告。

中国用户更偏向于免费应用软件的使用，这是由于中国消费者在互联网时代形成的消费理念与免费习惯导致的，国内手机用户要养成付费下载的习惯还需要一个较长时间的培养过程。在这种背景下，移动应用免费下载+广告植入模式，就责无旁贷地成为推动移动应用产业在中国成长以及快速实现收益的另一根救命稻草。贝叶思调研结果显示，目前国内的移动应用开发者中70%以开发免费应用为主，仅有30%的开发者及团队以开发付费应用为主。移动应用的“免费+广告”模式，可以大大降低手机用户参与的门槛，因为免费可以让中国的移动应用市场积累起庞大的用户市场规模，成为行业发展初期的最佳选择。“免费+广告”模式将成为移动应用“付费下载模式”的有力补充，更符合中国手机用户的习惯，也更容易解决移动应用开发者的商业模式和成为移动应用开发者盈利模式的重要手段之一，从而盘活整个产业链。

移动互联网“广告+免费”模式之所以走向历史舞台，是因为开放的传统宽带互联网已经培养了广大网民免费化的消费心理，转入移动互联网时代，由于传统宽带互联网业务与移动互联网业务具有很多的相似性，因此免费化的消费心理也逐渐影响到移动互联网的用户行为。从整个产业的发展角度来看，针对前向用户的免费应用和服务将会培育出更大的有效用户规模，从而对后向广告主更具吸引力，而移动互联网本身所固有的个人化及社会化特征也是广大广告主们愿意花大资金投入的重要原因。

（三）非货币市场模式

非货币市场模式来自个人行为的外部性。由于互联网信息传播的成本很低，人们上网的时间几乎是免费的，唯一花费的就是时间成本，这也是互联网能迅速普及的一个重要原因。如今互联网已经成为一个大的平台，人们可以在互联网上完成各种各样的互动，用来满足自己各种需求，或者进行交换。只要存在一个大型的平台，就存在交换的可能性，人们通过交换各取所需，彼此增加对方的福利。例如，为了满足自己的表达欲或者增加在某个组织的认同感，人们倾向于在网上发表自己的观点，或者告知他人一些信息。随着大量人群在互联网社区的聚集，在网络效应的作用下就会吸引更多的人参与进来，从而形成更大规模的聚集，使互联网具有一定的公共性。个人行为的外部性给其他人带来效用的提高，从而使公众处于一个有利的外部性平台上，这就是互联网络商业模式的非货币市场模式本质。

移动互联网中关于非货币市场模式比比皆是。如抖音具有丰富视频内容，积极打造用户创造内容（UGC）平台，用户可以通过互动方式上传内容，用户创造内容将是未来互联网传播的主导力量。再如用户在旅游景点拍照上传与朋友分享，同时也上传了其所在的地理位置，从而帮助更多的潜在游客了解其周边的景色；大众点评是一个典型的UGC移动网站，用户可以对去过的餐馆、娱乐场所进行点评，提供相关用餐资讯，这些信息对其他用户挑选餐馆有着很好的参考价值。在大量用户点评的基础上，大众点评深入挖掘自身的营销和渠道优势，推出了点评卡等多种服务，用户凭此卡可在其联盟店享受一定的折扣优惠，这实际上是一种劳动交换。可以看出，点评的用户越多，对提高相应网站或服务的价值、品牌的作用就越大。大众点评凭借其平台优势拓展服务领域，通过增值服务、线下服务、佣金收入和广告等实现了盈利。

总之，科学技术的进步成就了互联网，也得益于互联网的广泛应用。新型的“免费”商业模式不断地攻城略地，向传统的商业模式发出强有力的挑战。环顾四方，一片片的商业沃土上遍插“免费”的大旗，这已经是一个用户对“免费”习以为常、商家视“免费”为盈利模式的时代。可以预言，免费的商业模式最终将成为改变人们生活及消费模式的重要因素。

法治护航

防范互联网“免费”套路行为

银保监会消费者权益保护局发布的2022年首期风险提示，提醒消费者注意防范侵害金融消费者知情权、自主选择权、公平交易权、财产安全权的网络“套路”行为。比如在贷款产品网络营销中，有息费不透明、虚假宣传、莫名收费等类似“套路贷”行为；在保险营销中，有以“首月0元”“免费保障”等为噱头的误导投保“套路保”行为。

在互联网保险营销中，保费交纳前轻后重、层层递增等“套路保”行为也是以“免费”或“优惠”之名进行诱导。比如片面宣传“首月0元”“首月1元”“免费领取”，以“零首付”等套路给人优惠错觉，实际上是将保费分摊至后期，消费者并未真正享受到保费优惠。此外，还有炒作“限售、限时、限量”，不如实、不准确介绍产品责任、功能和保险期间，或以银行存款、理财产品等其他金融产品名义宣传销售保险产品等销售误导行为。有的消费者就因所谓“免费”“限时”等套路，被误导投保了不需要甚至是完全不了解的保险产品。

针对上述风险或问题，银保监会不断完善制度、强化监管力度，联动相关单位齐抓共管，有力整治突破道德底线、漠视群众利益的行为。此外，从广大消费者角度，如何增强风险防范意识，防止“免费套路”营销行为侵害自身权益，银保监会消费者权益保护局作出以下提示：

第一，警惕隐瞒风险、模糊费用等网络虚假宣传套路，根据自身风险承受能力和需求购买网络金融产品。

第二，警惕过度负债风险，合理合规使用个人消费信用贷款。

第三，警惕网上非法“代理维权”侵害，谨慎对待网络签字、授权等重要环节，选择合理合法途径维权。

第四，警惕网上的“债事服务”等名义的诈骗侵害，正确看待、依法解决债务问题。

单元四 C2B模式

C2B是以聚合消费者需求为导向的反向电商模式，起源于1998年美国Priceline客户自我定价系统，在旅游、航空淡季市场非常受欢迎。Priceline在1999年第一季度通过C2B就卖掉了19.5万张机票，最高峰一天卖掉6 000张；同年3月，Priceline在纳斯达克上市，受到投资者的热捧。C2B发展需要庞大的社交平台做组件，在移动互联网时代得到了蓬勃发展。2013年1月，阿里巴巴集团在杭州举行的“C2B定制研讨峰会”上对外宣布，启动 C2B（消费者驱动）战略，推出大规模定制产品平台——聚定制，在家电、家居、旅游、电信等行业发力，未来通过聚定制平台将更有效聚合需求，消费者将能购买到个性化的高性价比商品。

一、C2B 模式概述

C2B 模式指消费者对企业的交易模式。狭义上的理解是有别于 B2C 的反向电子商务模式，通过聚合分散但数量庞大的用户从而形成一个强大的采购集团向商家集中采购的行为，也叫反向定制或聚定制。这种理解低估了 C2B 带来的商业变革力量。广义的 C2B 的理解是由消费者（Customer）发起需求，企业（Business）进行快速响应的商业模式，即客户需要什么，企业就生产什么。C2B 的核心是消费者角色的变化，由传统工业时代的被动响应者变为真正的决策者。B2C 模式是典型的推动（Push），而 C2B 的模式是拉动（Pull），即按需定制，降低甚至消除了库存和相应的成本。C2B 的另一个特征是积少成多、聚沙成塔，企业利用社会的零碎资源和个人的能力及零碎时间低成本地帮助企业完成需要大量劳动力、短生命周期或企业不具有能力和资源的项目。

B2C 电子商务模式的特点之一是信息对称，比拼的就是价格，这严重挤压了供应商和电商的生存空间。供应商难过，B2C 企业更难过。然而，从消费者的角度看，有太多的选择，这让他们无所适从。这样的恶性竞争是注定无法长久的。消费者需要的是性价比，而不仅仅是简单的便宜，移动互联网的发展促进了 C2B 模式的演进。与之对应，C2B 是消费者发起的需求，更加贴近生产。通过博弈数据的挖掘，可以对消费者的层次进行分类，从而可以更有针对地给消费者提供适合他的高性价比产品，对供应商而言，也更加贴近消费者产品，降低了风险，提高了效率。

C2B 模式的竞争优势达成，是消费者用商品的某些属性上的交换，商品价格优势背后是“时间”“选择权”等属性的丧失。从商家的角度，在固定沉默成本和对既有消费群体利益影响较小的情况下，追求利益的最大化，其中信息技术的应用起到了至关重要的作用。数据智能体系是 C2B 模式的核心内容。C2B 模式更适宜作为具有庞大资源和用户的综合性平台的组件，对其他业务模式有着提升促进作用，特别是对社交关系具有其他商业模式难以替代的作用。C2B 模式的典型应用就是用户个性化定制，由消费者主导，提出自己的需求，由厂商根据消费者的需求定制相应的个性化产品。

二、C2B 模式的主要形式

目前看来，基于移动互联网的电商 C2B 模式主要依靠的形式还是聚合需求形式和要约形式，同时个性化定制也是一个重要的形式。

（一）聚合需求形式

聚合需求形式 C2B 模式是通过预售、集体团购等形式将分散的用户需求集中起来，对于一些还没有生产出的产品，可以根据集中的需求进行快速生产，在用户需求完全表达的理想情况下，这使得商家的供给正好与用户的需求匹配，避免了资源的浪费。对商家而言，即需即产实现了零库存，而由于已经知道需求的分布，甚至可以选择不同的生产地点进行生产从而降低运输成本，同时由于用户已经付费而确定了收益，商家也不必担心调研时口碑很好的商品大规模生产后出现“叫好不叫座”的情况。这种形式整体降低了商家的成本，在一定程度上避免了商家的损失。

而对用户而言，由于商家的成本降低，通过预售购买的用户可以享受到更低的价格，其实在某种程度上可以理解为是在用“时间”换“价格”。很多用户对一些物品的时间属性并不十分敏感，而低价正好迎合了这些用户的需求。可见聚合需求的形式给商家和用户都会带来许多好处，不过目前也存在着许多问题，其中最大的一个问题可能就是商家是否可以根据用户的需求实现迅速生产。

一方面如果聚合的需求较少，生产的单位成本则会很高，商家一般不会做这些产品，而已经预订的用户的感情也许就会受到伤害；另一方面如果需求较多，商家是否有能力实现快速生产？虽说弱化了时间属性，但时间过长的话用户必定不能忍受，此外还有一个行业问题，比如服装等季节性较强的行业，强调发布的时间，也许就不适合这种形式。针对这个问题，可以考虑在发布预售或团购时就注明预售数量达到多少时该预售生效，让用户有心理准备，同时商家要衡量自身的生产能力和运送能力能不能达到即需即销的要求，也许通过与其他商家或平台共同合作能从一定程度上缓解这个问题，但关键还是商家的能力与规模。聚合需求形式整体上看还是有着较大的用户群体，如果商家有足够的能力，这种形式还是很有发展空间的。

（二）要约形式

随着中国经济近十年的持续快速发展，人们尤其是高收入人群和都市先锋人群的消费观念已经发生转变，部分高收入者和崇尚自我个性的人群并不很在乎过去人们认为的消费的最重要的影响因素——价格，而是把产品的品质和特性的重要性置于价格之上。他们消费时往往更看重产品的质量、样式、品位等方面，由此催生出团购的另一大潜在市场：通过自发或者第三方平台聚合为数众多的该类用户，促使企业按他们的需求进行设计和生产，甚至可能改变企业所提供的产品内容，比如材质、外观设计、组合方式等。

这种形式的典型例子是 Priceline，即将销售方与购买方的传统位置调换了一下，用户自己出价，商家选择是否接受。从商家角度来说，这种方法最理想的状况是使消费者剩余趋零，提高了利润。Priceline 平台帮助用户在商品的品牌、特性和卖家（通常是航空公司、酒店、金融服务公司）的低价格之间求得平衡；用户可以向 Priceline 提交他们的期望价格和产品，卖方通过 Priceline 了解用户的产品需求和价格，然后根据用户需求特征提供他们所需要的产品来达成交易。

所谓消费者剩余，是指消费者为取得一种商品所愿意支付的价格与他取得该商品而支付的实际价格间的差距。比如一款商品价格为 50 元，用户 A 愿意为这款商品支付 55 元，用户 B 愿意支付 60 元，那么用户 A 消费者剩余为 5 元，用户 B 为 10 元。对商家而言最理想的情况是将商品 55 元卖给 A，60 元卖给 B，但由于 50 元的公开定价使得商家在 A、B 用户身上损失了 15 元。而要约模式对商家而言是将价格隐藏，并根据用户的出价来判断是否销售，这种方法可以降低消费者剩余，对商家有利。对用户而言，如果对一款产品愿意支付的价格是60元，尽管产品实际价格为50元，尽管用户都想越便宜越好，但在用户不知道实际价格时，60元买到了产品同样会感到高兴。

上面说的是比较理想的情况，在真正的要约模式电商中不可能只是商家得利，如果仅是某一方得利而造成了不平衡，那么这种模式也不可能长久。这种C2B电商的问题在于买家之间如果可以互相联系，那么就可以都用较低的成交价格进行买卖，而如果买家可以有较多次的尝试，从低价开始慢慢提高，甚至可以测出产品的实际价格，这种要约模式也就失去了意义。在设计要约形式时规则十分重要，对用户的保护也十分重要，如果用户多次要约都以商家拒绝而结束，那么用户也不会再访问你的网站。但如果以高于产品成本一定区间内的价格销售，给予付溢价较多用户赠品或更好的服务等超出用户预期的体验，给多次要约失败用户一定补偿和鼓励，也许会有助于这类网站的稳定发展。这种模式相对较为新颖，可以吸引一定用户与商家，但设计与规则是重中之重，同时如果站内商品在别的公开平台可以查到价格，那么也就失去了意义，所以要约模式对于服务行业更为合适。

（三）个性化定制

由用户提出个性化需求，商家根据需求生产个性化产品，用户为此付出一定的溢价，这听上去不错但做起来很难。其实，目前也有一些商品在销售时可以个性化定制，但这个个性化一般都仅仅是针对某个小模块，比如iPad mini订购时背面的刻字，又比如购买手机时外壳的颜色和样式等。这些定制可以给用户带来一定的个性化元素，让用户体会到产品的不同，但这还不够，仅仅是某一个模块的定制并不能带来实质性的变化，某一商品的外观、功能、包装、销售过程等都应该实现个性化的定制，这在目前看来并不容易实现，但是一个发展的趋势。人们都有从众的内在倾向，也可能正因为如此我们才更加想让自己看起来与众不同，打造唯一属于自己的产品，这会迎合许多用户的需求。

当然，为了这种个性化用户也需要付出更多的金钱，目前为个性化买单的理念虽有发展但并没有完全普及，随着人们自我展现需求的不断加强以及个性化的不断升级，为个性化买单，买属于自己的产品的理念终会深入人心。这种深度个性化的定制也对商家的设计与生产提出了更高的需求，要求其在设计产品时就要考虑到如何让产品更有可配性，同时要为生产做铺垫，要考虑这样的个性化是否有利于生产，生产流程也需要一定改变，这无疑会增加成本。可见，个性化定制同样要求着商家有着较强的实力，因此普及真正的个性化定制还尚需时日。

这个阶段的C2B商业模式将极具有创新性，对企业而言，需要在满足用户个性化定制所需更高成本和群体采购所要求的低价格之间达到平衡；对用户而言，则需要在满足个性化产品所需支付的高价格和群体采购可能出现的个性弱化之间寻求平衡。作为国内率先提出“全屋定制”概念的家居品牌，尚品宅配通过“C2B＋O2O”创新商业模式，为消费者提供一站式家居个性化定制服务，发展成为现代家居服务企业，并且以软件技术、创新能力、先进的柔性化生产工艺、云计算和大数据实践，成为中国工业4.0的样本。尚品宅配从前端的设计、生产制造，再到末端的物流配送，利用大数据的原理，以信息化的手段对全流程进行优化，不仅破解了定制家具难以批量化生产的问题，同时在生产制造环节仍保持着高效。因此，公司的生产业务一直保持高速增长，2016年被工信部评选为“智能制造试点示范企业”，2019 年入选“CCTV 大国品牌”。尚品宅配在 2024 年的新战略中，继续聚焦定制与配套、大家居，大力推进招商与组织发展，作为定制家居行业的领头羊和数字化定制的先锋，尚品宅配利用强大的技术研发能力和丰富的数据库，建立了行业内首个“AI 设计工厂”，深入布局 AIGC 技术，引领家居产业的创新发展。

法治护航

“微商”or“危商”，从业者法律风险有哪些？

作为移动电商主要形态之一，微商目前正以迅猛的态势发展着。它以微信、微博、微店为载体，以移动智能终端为硬件基础，借助社交网络关系开展产品及服务的营销。

微商经营的产品主要是一些利润较高的快消品，例如零食、面膜等，以分销、代购为主，微商从业者具备严格的等级和收益划分，且一般市场定价制度比较严格。与传统电商相比，微商营销门槛低、自由度高，销售渠道、方式均发生了重大变化，这也为大众提供了就业和创业的新平台，但这一过程中也衍生出来不少问题。

微信朋友圈里的很多微商都是无实体店、无营业执照、无信用担保、无第三方交易平台的“四无”微商。尽管通过微信朋友圈的销售模式很大程度上方便大家购买商品，但也带来了一系列的问题，如销售假冒伪劣商品、“三无”产品、涉嫌传销，甚至恶意诈骗等。

微商从业者面临如下法律风险需要注意：“裂变”之下的微商产品代理模式涉嫌传销，“三无”产品层出不穷，销售假冒商品屡见不鲜，推销产品夸大其词或涉嫌虚假广告，微商主体登记制须落实，超范围经营或涉嫌非法经营。

单元五 移动电子商务平台

移动电子商务平台是为企业和个人提供网上交易和洽谈业务功能的平台，即开展电子商务活动的场所。随着移动电子商务的崛起和快速发展，移动电子商务平台的发展也如火如荼，主要有传统移动电子商务平台、跨境移动电子商务平台和社交移动电子商务平台。移动电子商务平台多种多样，企业不能盲目跟风，而应根据目标群体和自身资源优势、特点选择适合的移动电子商务平台，这样才能在激烈的市场竞争中站稳脚跟。

一、传统移动电子商务平台

随着移动电子商务的迅猛发展，许多企业纷纷开始在移动电子商务领域进行全面布局，主要包括电子商务平台移动端的衍生以及传统企业的移动端的布局。

（一）电子商务平台移动端的衍生

近年来，移动购物正在飞速增长之中，已成为电子商务的新增长点。京东、阿里系、唯品会、苏宁易购等传统电商平台纷纷推出相应的移动端平台，更好地优化消费者的购物体验，培养消费者的购物习惯。

作为最先试水移动购物的网络零售企业，京东商城从 2011 年开始布局移动端，陆续推出了 iPhone、Android、iPad 手机客户端，不仅具有商品浏览、购物、订单跟踪、晒单、商品评价等功能，更有精心设计的操作界面，让消费者能享受移动购物的便捷。

手机淘宝是淘宝网官方出品的手机应用软件，整合旗下天猫、聚划算、淘宝商城为一体，具有搜索比价、订单查询、购买、收藏、管理、导航等功能，并依托于淘宝网强大的平台优势，将淘宝网的业务平移到移动端，通过各种促销方式，培养消费者通过移动端购物的习惯。

唯品会为了拓展移动端业务还单独成立了移动事业部，并且通过一些促销政策来推动移动端的发展。

（二）传统企业的移动端的布局

伴随着互联网＋的快速发展，我国的移动应用经济迅速崛起。新型移动互联网创新求发展的同时，传统企业也在积极转型，借助新平台迎来广阔的发展以及“弯道超车”的契机。银行、航空公司、汽车品牌以及传统的零售、旅游、餐饮企业，正在借助移动端实现线上和线下资源联动的销售闭环，并利用移动端打造优质的用户体验，获得新的商业增长。一方面，企业积极推进线上线下无缝融合，布局全渠道销售；另一方面，传统企业凭借在资源投入方面的绝对优势，保证了消费者售前和售后购物体验。这些对于本身就拥有线下流量的传统企业来说，把自己的线下资源变成电商的流量入口，再结合电商平台稳步发展或许才是发展的方向。

二、跨境移动电子商务平台

随着经济与互联网的快速发展，跨境电子商务应运而生，作为对外贸易的新业态，跨境电子商务缩短了外贸的交易链条，以小额交易、低成本、低风险、敏捷灵活的特点迎合了全球经济发展的趋势。多批、小批的对外贸易订单需求将取代传统的对外贸易大宗交易，为促进跨境电子商务发展注入动力。尤其是进入移动互联网时代，国家政策的进一步支持，跨境电子商务向移动端拓展业务，促进了跨境移动电子商务快速发展。据海关统计，2024 年上半年，我国跨境电商进出口总额持续增长，显示出强劲的市场活力。具体数值方面，2024 年一季度跨境电商进出口总额为 5 776 亿元，同比增长 9.6%。其中，出口额为 4 480 亿元，进口额为 1 296 亿元。而且，我国跨境电商市场规模继续保持平稳增长态势。

（一）跨境移动电子商务概述

跨境移动电子商务是指分属不同关境的交易主体，在移动互联网环境下，通过跨境电子商务平台达成交易、进行支付结算，并通过跨境移动电子商务物流送达商品、完成交易的一种新型国际贸易活动。

跨境移动电子商务不仅是跨境电子商务在PC端的延伸和工具上的变革，更是跨境电子商务在思维上、模式上的革新。它是利用移动互联网开展跨境电子商务的国际贸易新模式，因此跨境移动电子商务兼具跨境电子商务和移动互联网的特点，具体体现在以下四个方面：

1. 交易的灵活性

从B2C方面看，移动端使消费者能够随时随地进行购物；从B2B方面看，全球贸易朝着小额化、碎片化发展的趋势明显，移动端可以让跨境交易无缝完成，商家可以随时随地做生意，如白天商家可以在仓库或工厂用手机上传商品图片，实现即时销售，晚上商家可以回复询盘、接收订单。

2. 贸易的实时性

互联网的发展加速了国际贸易的发展，PC端的通信工具方便了贸易双方的交流，减少了时滞产生的影响。移动互联网和移动智能终端的便携性，使国际贸易买卖双方真正实现了随时随地实时交流，减少了不对称消息对贸易的影响。

3. 支付的便捷性

跨境电子商务向移动端拓展，相应的支付方式也开始由PC端的支付方式发展到移动支付方式，使支付更加便捷。境外消费者可选择贝宝（PayPal）、谷歌钱包（Google Wallet）等移动支付方式进行移动支付，境内消费者可选择支付宝、微信、快钱和易宝等支付工具进行移动支付。

4. 消费的分散性

跨境移动电子商务模式下，消费者的购物习惯发生了改变，消费者的移动海淘行为是“碎片化”和“分散化”的，消费者可以随时随地通过跨境移动电子商务平台选购商品。

（二）常见跨境移动电子商务平台

随着跨境电子商务行业的蓬勃发展，企业纷纷涉足跨境电子商务领域，近几年陆续涌现出新成立的跨境移动电子商务平台。常见的跨境移动电商平台分为进口跨境移动电子商务平台和出口跨境移动电子商务平台。进口跨境移动电子商务平台和出口跨境移动电子商务平台还可以进一步分为B2B类和B2C类跨境电子商务平台。下面我们介绍一些国内常见的跨境移动电子商务平台。

1. 阿里巴巴国际站

阿里巴巴国际站（Alibaba.com）成立于1999年，是阿里巴巴集团的第一个业务板块，旨在帮助中小企业拓展国际贸易的出口营销推广服务。它基于全球领先的企业间电子商务网站阿里巴巴国际站贸易平台，通过向海外买家展示、推广供应商的企业和产品，进而获得贸易商机和订单，是出口企业拓展国际贸易的首选网络平台之一，现已成为全球领先的数字外贸操作系统。

作为全球最大的 B2B 跨境电商平台，阿里巴巴国际站物流已覆盖全球 200 多个国家和地区，将与生态合作伙伴融合共振，通过数字化重新定义全球货运标准。

“阿里巴巴国际站”提供一站式的店铺装修、产品展示、营销推广、生意洽谈及店铺管理等全系列线上服务和工具，帮助企业降低成本、高效率地开拓外贸大市场。阿里巴巴始终以创新技术为内核，高效链接生意全链路，用数字能力普惠广大外贸中小企业，加速全球贸易行业数字化转型升级。阿里巴巴国际站移动端 App 是阿里巴巴面向电子商务商家打造的移动营销软件，商家可以通过该 App 快捷、有效地推广产品，批量处理和管理店铺等。

2. 敦煌网

敦煌网（DHgate. com）成立于 2004 年，是国内首个为中小企业提供 B2B 网上交易的出口跨境电子商务平台，致力于帮助我国中小企业通过该平台走向全球市场，开辟更加安全、便捷和高效的国际贸易通道。敦煌网以在线贸易为核心，以交易佣金为主要收入的模式进行运营，商家在敦煌网内进行注册、开店、发布和交易都是免费的，消费者购买时需要支付一定的佣金。

敦煌网在行业内率先推出移动端 App，敦煌网（商户版）即敦煌网为国内商家打造的手机应用软件，不仅解决了跨境沟通和时差问题，并且打通了订单交易的整个购物流程。

3. 希音

希音（SHEIN），这个源自中国的跨境移动电商平台，近年来在全球范围内崭露头角，成为快时尚领域的一匹黑马。自成立以来，希音凭借其独特的商业模式、高效的供应链和精准的市场定位，迅速吸引了全球消费者的目光。希音的核心优势在于其快速响应的供应链系统。通过与大量供应商建立紧密合作关系，希音能够迅速捕捉市场趋势，将最新设计转化为实际产品，并在最短时间内送达消费者手中。这种“快时尚”模式让希音在竞争激烈的电商市场中脱颖而出。

除了供应链优势，希音还非常注重用户体验。其移动应用界面简洁易用，支持多种语言，方便全球用户使用。此外，希音还提供了丰富的产品选择和灵活的支付方式，满足了不同国家和地区消费者的多样化需求。

在市场策略方面，希音采取了“农村包围城市”的策略。它首先在欧美等发达国家的下沉市场打开局面，然后逐步渗透到一线城市。这种策略让希音在短时间内积累了大量忠实用户，同时也降低了市场推广的风险。

展望未来，希音将继续扩大其全球市场份额，加强品牌建设和产品创新。同时，随着人工智能、大数据等技术的发展，希音有望进一步提升其运营效率和用户体验，成为全球跨境电商领域的领军企业。

4. Temu

Temu 是拼多多旗下的跨境移动电商平台，自 2022 年 9 月正式上线以来，迅速在全球市场崭露头角。Temu 旨在通过提供高性价比的商品和创新的购物体验，吸引全球消费者。该平台定位偏中端用户，以“Team Up，Price Down”（团结起来，价格更低）为核心理念，即买的人越多，价格越低，与拼多多的国内策略相呼应。

Temu与全球知名品牌和供应商合作，商品种类丰富，涵盖服装、电子产品、家居用品、化妆品等多个品类。平台经常推出促销活动和优惠券，以低价策略吸引用户。同时，Temu提供高效的物流服务，确保商品能够快速、安全地送达消费者手中。此外，平台还注重售后服务，为消费者提供退货、换货或退款等服务，保障消费者权益。

Temu初期主要面向北美市场，上线后迅速取得初步成功。随后，平台开始向欧洲、东南亚等其他国际市场扩展，支持多语言和多货币结算，以满足不同地区消费者的需求。通过不断优化用户界面和购物体验，Temu在全球范围内的用户群体不断扩大。

Temu采用独特的运营模式，为商家提供多种合作模式选择，包括直接采购、代销模式等。平台对商品进行严格的筛选和审核，确保上架商品的质量。同时，Temu还利用拼多多的用户流量和社交传播优势，助力商家迅速推广产品，提升产品曝光度和销售额。

展望未来，Temu将继续扩展其全球市场份额，特别是在新兴市场和发展中国家。通过技术创新和用户体验优化，Temu计划进一步提升其平台竞争力和用户满意度。同时，平台将逐步建立和强化其品牌形象，成为全球领先的在线购物平台之一。

5. Shopee

Shopee是东南亚地区知名的跨境移动电子商务平台，自成立以来便在电商领域崭露头角。该平台以其广泛的商品种类、用户友好的界面设计以及便捷的购物体验而受到当地消费者的广泛欢迎。Shopee不仅为东南亚地区的消费者提供了丰富的国内外商品选择，还通过其强大的物流网络和领先的支付系统，确保了交易的顺畅进行。同时，Shopee也积极扶持当地卖家和小型企业，帮助它们拓展市场，实现商业增长。平台经常推出各种促销活动和优惠，进一步提升了消费者的购物热情。

总之，Shopee凭借其出色的服务、丰富的商品和创新的运营模式，在东南亚跨境移动电商市场中占据了重要地位，成为连接消费者与卖家的桥梁，推动了该地区电商行业的蓬勃发展。无论是对于寻求国际商品的消费者，还是希望拓展海外市场的卖家，Shopee都是一个不可或缺的平台。

三、社交移动电子商务平台

移动互联网时代，消费者的消费行为越来越受到社交媒体信息的影响。社交移动电子商务是移动电子商务在社交媒体环境下的一种衍生模式，是社交媒体与移动电子商务的一个结合体。具体来说，社交移动电子商务是借助微信、微博、社交网站等社交媒体，通过社交互动、用户原创内容等手段来促进商品的销售，并将关注、分享、沟通、讨论等社交元素应用于电子商务交易过程的一种模式。简单地讲，通过时下流行的社交媒体和粉丝进行社交互动，来促进商品销售，就是社交移动电子商务。以信任为核心的社交型交易模式，是新型电子商务重要表现之一。2023年，社交电商行业规模达27 648亿元，占网络购物市场整体规模的20.63%，比例还在不断增加。用户规模达到8.5亿人，同比增长8.97%。

（一）社交移动电商的模式

社交移动电商包括以下四种模式：

1. 拼购型社交移动电商

以低价为核心吸引力，聚集 2 人及以上的用户，通过拼团减价模式，激发用户分享形成自传播。

2. 会员制社交移动电商

平台同意提供货仓、配送及售后服务等全供应链流程，通过分销提升刺激用户成为分销商，利用其自有社交关系进行分享裂变，实现“自购省钱、分享赚钱”。

3. 社区型社交移动电商

以社区为基础，社区居民加入社群后，通过小程序等工具下订单，社区团购平台在指定时间内将商品统一配送到团长处，消费者上门自取或由团长进行最后一公里配送的团购模式。

4. 内容型社交移动电商

通过各类型内容影响、引导消费者进行购物，同时通过内容进一步了解用户偏好，实现商品与内容的协同，提升营销转化效果。

（二）常见的社交移动电子商务平台

1. 拼多多

扫一扫

移动商务 C2M 模式

拼多多是专注于 C2M 拼团购物的第三方社交电商平台，成立于 2015 年，用户通过发起和朋友、家人、邻居等的拼团，可以以更低的价格购买优质商品。

拼多多旨在凝聚更多人的力量，用更低的价格买到更好的东西，体会更多的实惠和乐趣。通过沟通分享形成的社交理念，形成了拼多多独特的新社交电商思维。截至 2023 年底，拼多多年活跃买家数已达到 10.67 亿，进一步巩固了其作为中国用户规模最大的电子商务平台的地位。与 2020 年底的 7.884 亿相比，增长了约 35.3%，显示出拼多多在用户增长方面的强劲势头。同时，拼多多的年成交额（GMV）也取得了显著增长，达到了 35 420 亿元，与 2020 年的 16 676 亿元相比，同比增长了 112.4%。拼多多通过大数据和人工智能技术，精准匹配消费者需求，为用户提供了丰富多样的商品选择和优质的购物体验。此外，拼多多还积极拓展农产品上行渠道，助力乡村振兴，进一步提升了平台的用户黏性和社会价值。

拼多多的成功在于利用微信巨大的流量形成低成本的用户裂变，抓住三四线及以下城市的用户追求高性价比的真正痛点，找到“爆款”商品来完成销售的闭环。其实际操作是用户看中一件商品后，可以选择自己开团或者参团，然后通过社交分享邀请更多的好友参团，当在有效时间内达到成团人数后，即可以拼单价购买商品。

2. 云集

云集是云集共享科技有限公司旗下电子商务平台品牌，是主打社交驱动的会员电子商务平台，旨在为电子商务平台会员提供美妆个护、手机数码、母婴玩具、水果生鲜等品类的商品选择。2019 年 9 月，入选 2018 年零售百强名单。根据云集发布的 2023 年第四季度和全年财报，云集 2023 年第四季度实现营收 1.491 亿元，总运营费用同比下降 28.1%。

作为一家精品会员电子商务平台，云集致力通过“精选”策略，为会员提供超高性价比的全品类精选商品。通过帮助亿万消费者以“批发价”买到品质可靠的商品，云集推动发展零售电子商务消费的新业态新模式，真正意义实现助力行业消费升级。

云集微店是一个提供一站式个人零售服务解决方案的 App，其提供海量美妆、母婴等货源，并为用户搭建宣传推广，店主仅需通过分享完成商品的分销零售即可。

3. 小红书

小红书是一个深受年轻女性喜爱的社交电商平台，以其丰富的生活分享内容、时尚潮流的购物指南以及真实的用户评价而广受好评。自 2013 年成立以来，小红书已经从一个单纯的购物攻略分享平台，逐渐发展成为一个集社交、电商、营销于一体的综合性平台。

在小红书上，用户可以轻松找到各种生活领域的优质内容，从美妆护肤、穿搭技巧，到旅行攻略、美食分享，应有尽有。这些内容不仅由专业博主创作，更多的是来自普通用户的真实分享，因此具有极高的参考价值和信任度。除了丰富的内容分享，小红书的电商功能也十分强大。用户可以直接在平台上购买心仪的商品，而且经常能享受到各种优惠活动和促销折扣。此外，小红书还建立了严格的商品审核机制，确保所售商品的质量和真实性。

在营销方面，小红书也为品牌和企业提供了广阔的空间。通过与博主、KOL 的合作，品牌可以更精准地触达目标用户，提高品牌知名度和影响力。同时，小红书的社交属性也让用户更容易接受和传播品牌信息。

4. 抖音电商

抖音电商是北京空间变换科技有限公司旗下的重要业务，它巧妙地将抖音平台的庞大用户流量与电商功能相结合，成为一种创新的移动社交电商模式。抖音电商通过短视频和直播等生动、个性化的内容形式，激发用户的购物兴趣，满足其多元化消费需求。平台不仅吸引了众多优质商家和创作者入驻，还积极引入合作伙伴，为商家提供多元化的变现渠道。抖音电商以其强大的内容生态、高效的转化路径和广泛的用户基础，正在不断推动电商行业的新一轮变革与发展。

5. 贝店

贝店是一个以“人人皆可开店”为理念的移动社交电商平台，由贝贝集团推出。该平台整合了全球供应链资源，为店主提供了一站式的供应链解决方案及 SaaS 开店工具，帮助用户轻松开店并经营自己的线上店铺。贝店通过社交分享的方式，将商品推荐给亲朋好友，实现了口碑传播和社交裂变。然而，近年来贝店也面临了一些挑战和争议，如商家货款拖欠、发货问题、商品质量投诉等，这些问题需要平台方加强管理和改进服务，以维护用户和商家的权益。尽管如此，贝店作为社交电商领域的早期探索者之一，仍然具有一定的市场影响力和用户基础。

实训项目四 抖音账号注册与基本功能

目前抖音是国内非常流行且用户较多的分享平台，用户可以在该平台上创建、分享和观看短视频。它由中国的字节跳动公司（ByteDance）开发，最初于2016年在中国推出，名为“抖音”。随后，它推出了国际版本，名为“TikTok”。抖音以其丰富的音乐库、特效和编辑工具而闻名，允许用户创作有趣、有创意的视频内容。它在年轻人中尤其受欢迎，并迅速在全球范围内获得了巨大的用户基础。用户可以通过这个平台展示自己的才艺、通过分享视频来引流吸粉，然后进行直播带货。本实训项目目标是使用手机申请注册抖音账号。

一、实训目标

（1）熟练掌握抖音注册开通流程。

（2）熟悉抖音商城的操作。

（3）掌握个人账户的一些基本功能。

二、实训环境

无线 Wi-Fi，基于安卓系统的手机或平板电脑。

三、实训指导

（一）安装抖音 App 然后进行注册

（1）打开手机应用商店，搜索“抖音”App，然后点击安装。

（2）打开抖音后只能作为游客身份观看内容，如若想要留言、点赞或者购物等更多的功能体验必须申请注册账号，注册界面如图4-5所示。

（3）注册成功后，点击“我”即可进入个人账户界面，如图4-6所示。

（二）抖音商城

（1）进入个人账号后台会看到几个菜单，第一个菜单就是“抖音商城”，如图4-7所示。

（2）进入商城后，如图4-8所示，与淘宝相似，在里面可以选购自己喜欢的商品，也可以进入其中一个直播间进行商品的选购。

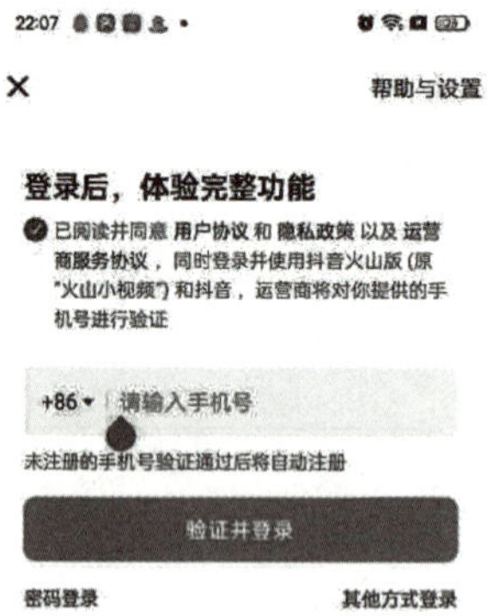

图 4-5　注册界面

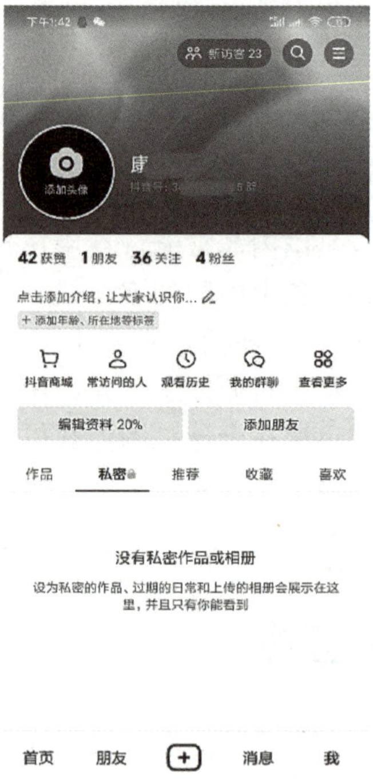

图 4-6　注册成功后个人账户界面

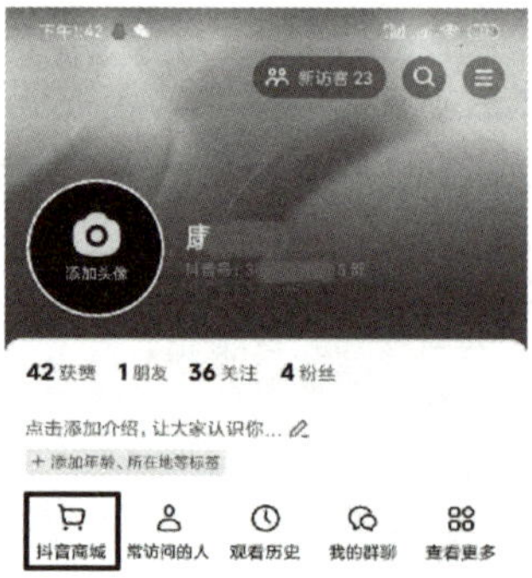

图 4-7　个人账号里的基本功能

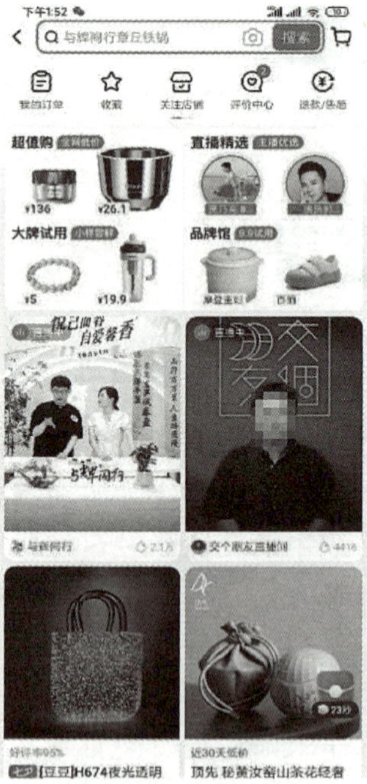

图 4-8　抖音商城

目前移动端的经营模式大多是采取用某一平台，一边做直播一边带货的方式。

（三）个人账户基本功能

（1）在个人账户后台界面，我们可以看到还有几大功能，比如“常访问的人”“观看历史”“收藏”“喜欢”“添加朋友”等，如图 4 - 9 所示。

（2）点击最右侧的“查看更多”菜单，有更为丰富的功能体验，如图 4 - 10 所示。

图 4 - 9 个人账号后台

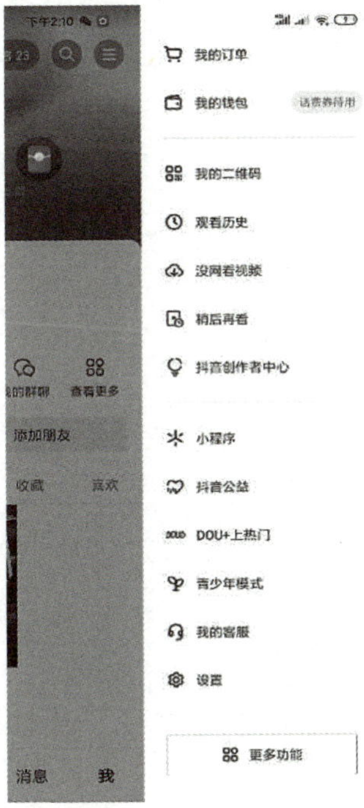

图 4 - 10 个人账户的功能界面

通过抖音钱包，用户可以进行充值、提现、查看收益等操作。抖音公益则是抖音平台提供的一项服务，旨在鼓励和支持公益活动。用户可以通过抖音搜索公益创作前往活动页面，选择感兴趣的公益主题视频创作任务，完成任务后视频将有机会获得平台奖励。此外，抖音公益项目涵盖了乡村振兴、教育助学、扶危助困、生态人文等多个领域，用户可以通过抖音 App 内的相关入口参与公益项目，进行捐赠或参与相关活动。

抖音创作者中心是一个为抖音创作者提供的一站式服务平台，支持创作者进行作品发布及管理、数据分析、商单任务变现等操作。创作者可以通过该中心提高运营效率，获取创作灵感，以及享受机构服务权益等。

思考与练习

1. 移动商务的商业模式有哪些？
2. 简述 O2O 商业模式和发展前景，并说明一个标准的 O2O 交易流程。
3. 免费模式为什么受到移动商务企业的青睐？
4. 分析社交移动电商的特点及主要模式，并举例说明其中一种模式在实际中的应用。

5. 根据学过的知识和通过上网（或其他途径）查阅美团资料，将其与大众点评进行对比分析。

扫一扫

在线练习

模块五

移动营销

扫一扫

移动营销的演进

● **知识目标**

理解移动营销的基本理论和特点。

熟悉移动营销的几种类型。

了解微信及其营销功能。

● **技能目标**

能根据实际需要，运用微信营销、二维码营销、移动 App 营销、LBS 营销等方式进行营销推广。

能够使用数据分析工具监控移动营销效果。

能够根据监控结果，调整并优化移动营销策略，提升营销效果和客户参与度。

● **素养目标**

培养法治意识和职业道德。

践行社会主义核心价值观，致力打造诚信网络空间。

不断提升个人综合素质和专业能力，以更好地适应市场变化和客户需求。

承担应有的社会责任，遵从网络行为规范和职业道德。

案例导入与预演

一、案例导入——微信

微信（WeChat）是腾讯公司于 2011 年 1 月推出的一个为智能终端提供即时通信服务的免费应用程序。微信支持跨通信运营商、跨操作系统平台通过网络快速发送免费（需消耗流量）语音短信、视频、图片和文字。同时，微信提供公众平台、朋友圈、消息推送等功能，用户可以将看到的精彩内容分享到微信朋友圈和分享给好友。

微信已经开放了微信支付，并且也集成了微信红包、滴滴出行、本地生活服务、游戏中心、理财通等特色功能。微信作为时下最热门的社交信息平台，也是移动端的一大入口，并正在演变成为一大商业交易平台，其对营销行业带来的颠覆性变化开始显现。微信商城的开发也随之兴起，微信商城是基于微信而研发的一款社会化电子商务系统，消费者通过微信平台，可以实现商品查询、选购、体验、互动、订购与支付的线上线下一体化服务。2017 年 1 月 9 日，微信小程序正式上线。

2015 年春节期间，微信联合各类商家推出春节“摇红包”活动，送出了超过 5 亿元的现金红包，以及超过 30 亿卡券红包。

2019 年 2 月，微信官方发布 2019 年春节数据报告。数据显示，从除夕到初五，微信消息发送量同比增长 64.2%，8.23 亿人次收发微信红包，微信运动全体用户走出 9.63 亿步。春节期间在非常住地的微信支付消费共产生了 12.4 亿笔。

截至 2024 年第一季度，微信的月活跃用户数达到了 13.59 亿。这一数字不仅展示了微信在社交领域的强大影响力，也反映了其在支付、购物、办公等多功能应用上的普及程度。微信已经成为中国移动互联网用户不可或缺的一部分，其用户基数的增长和用户参与度的提升，为微信生态内的各项业务，如视频号、小程序、小游戏、微信搜索等，提供了广阔的发展空间和强大的商业价值。

二、预演

预演任务

多维度体验微信的功能，思考微信的价值。

预演步骤

（一）注册微信

（1）使用手机浏览器访问 http://weixin.qq.com/d，或者直接使用手机腾讯 App 扫描如图 5－1 所示的二维码，或在手机应用商店搜索“微信”，下载安装微信 App。

图 5－1　微信安装二维码及微信图标

（2）进入微信，按照提示注册微信。

（二）微信功能全访问体验

（1）添加微信朋友，体验基本的文字、语音、图片、视频等交流功能。

（2）体验微信朋友圈信息发布功能。

（3）体验关注“电商狮友会”微信公众号，如图 5－2 所示，并取消关注：扫描下面的二维码实现关注，关注成功后，在“订阅号”中选择“电商狮友会”按住一秒钟，在弹出的对话框中选择“取消关注”。

（4）体验微信“发现”中的“扫一扫”“直播”“附近”“视频号”等功能。

图 5-2 “电商狮友会”微信公众号二维码

(5) 体验微信“我的钱包”功能。

1) 按照微信提示，绑定银行卡，并进行实名认证。

2) 体验微信支付功能，包括付款、收款、转账、缴费、手机充值、微信红包、理财通、滴滴出行、吃喝玩乐等功能。

(三) 项目预演小结

认真体会微信的各种功能运用，填写如下表格，并在同学之间交流。

微信功能	功能特点	营销作用	备注
文字、语音通信			
朋友圈			
附近			
扫一扫			
视频号			
付款			
转账			
关注订阅号			

注意：请认真体验，尽量从多个不同的角度填写上面的表格。

单元一 移动营销概述

移动营销是网络营销在移动互联网技术支持下的延伸，可以实现个性化精准市场营销，其目的主要是通过移动互联网线上线下的营销手段，提高品牌知名度，收集客户资料数据，增大客户参加活动或拜访店面的机会，改进客户信任度和增加企业收入。

一、移动营销及其特点

移动营销涉及移动互联网和无线通信技术，又与市场营销有关，是以市场营销为基础，基于移动互联网网络平台实现的，其接入终端包括手机、平板电脑、PDA、便携式计算机或其他专用接入设备等。目前的主要应用有移动 App 营销、二维码营销、LBS 营销和微信营销等。

与网络营销和传统营销相比，移动营销具有如下特点。

（一）个性化精准营销

由于每部手机对应着一个手机用户，因此，营销人员可以根据用户的兴趣、爱好、年龄层次、上网习惯和浏览记录等信息，向用户推荐相关商品，实现有针对性的个性化精准营销，提高营销的效率和准确性。

（二）实时交互

手机在交互性方面有着传统媒体无法比拟的优势，对企业营销应用来说，这是一个非常强大的有利功能。手机的互动性相比传统媒体在效率、速度和灵活性上都更胜一筹，使双方能产生很好的互动，起到立竿见影的双向功效。通过这种良好的沟通和互动，企业可以向客户提供更具个性化的产品和服务，有助于改善企业的客户关系管理，提高客户的忠诚度。

（三）灵活方便

移动终端的个性化及定位特性，使得在移动商务营销环境中，人们不再受时间和地域的限制，可以随时随地通过无线设备进行移动支付和在线交易，并进行信息反馈。这种灵活性可以使企业随时随地掌握市场动态，了解消费者的需求，并为他们提供最优质的服务。

（四）经济环保

移动营销通过数字信息向用户进行商品和服务的宣传和推销，所花费的营销成本相对较低，与传统的营销手段相比，省去了印刷媒体所需要的实物成本、影视明星的代言费以及在电子媒体（如电视和广播）上所支付的巨额广告费，并且不产生任何营销活动带来的废物和垃圾。

（五）信息整合

移动营销充分发挥了多媒体技术应用的优势，使得企业可以将产品的价格、外观、评测和用户使用效果等信息，通过文字、图片、视频等方式详细地展示出来，用户通过移动终端就可以直接浏览这些内容，了解商品各个方面的信息。

（六）可监测

在移动营销过程中，通过相关监测软件，企业还可准确地监控信息的回复率和回复时间，从而为企业提供了监测营销活动的便捷手段。这种检测能力，对于民意调查、信息反馈、客户服务及市场分析等具有极为重要的意义。

二、移动营销的运行模式

目前，移动营销的运行模式主要有以下几种。

（一）推模式

推（Push）模式是指企业直接向用户发送即时信息进行商品营销的形式。在推模式中，以往应用最广的是SMS营销，即短信营销，现在以微信营销为主。其优势是费用低廉、潜在广告对象群体巨大。例如，短信营销中较有特色的是小区短信营销，是在特定的商业区域、特定的时间向特定的人群发送营销短信的无线增值服务。其缺点是这种模式容易引起客户的反感。因此，企业在采用推模式进行市场营销时，应建立许可与退出机制。

（二）WAP网站模式

WAP网站模式有两种，一种是商家自建WAP网站模式，另一种是与其他知名WAP网站合作模式。商家自建WAP网站进行移动营销的优点是自由度较大、灵活方便，缺点是推广成本较高。WAP网站的宣传，可以采用推模式，将具有超链接内容的短信或彩信发送给用户；也可以通过购买关键词的形式在搜索引擎网站进行推广，并且选择合理的搜索引擎营运商，实现效果监控和成本控制等。

采用与其他WAP网站合作的模式对于一些小企业来讲，是一种节约成本的可行方式，这种方式可以通过与知名WAP网站合作，在知名WAP网站上做宣传或开展互动营销活动。

（三）终端嵌入模式

终端嵌入模式是将广告以图片、屏保、铃声和游戏等形式植入手机企业生产的手机中，通常以买断的方式，在一个品牌的每部手机里投放3～4个广告，并将一定的广告收入分给手机厂商。对终端的占有，是一种行之有效的模式。相对而言，这种模式是最具创新性而又最具难度的，同时也能最有效地形成壁垒。不过，这种嵌入式广告的模式只能覆盖少数几款手机，因而广告的覆盖范围有限，且也容易造成用户的反感。

三、移动营销的理论

移动商务是传统电子商务的延续。我们在制定移动商务营销策略时，应该考虑传统商务营销的策略，通过分析传统商务营销的策略和方法，以服务客户为中心，结合目前移动商务发展的现状和特点以及未来发展的趋势，分别采用以下理论或综合采用以下理论。

（一）4P营销理论

4P营销理论是20世纪50年代由美国密歇根州立大学的教授杰罗姆·麦卡锡提出

的，4P 分别指产品（Product）、价格（Price）、促销（Promotion）和渠道（Place）。该理论认为：如果一个营销组合中包括合适的产品、合适的价格、合适的分销渠道和合适的促销策略，那么这将是一个成功的营销组合，企业的营销目标也将得以实现。这一理论对营销理论的发展和实践都产生了深远的影响，被视为营销理论的经典，时至今日它仍是许多营销部门选择营销战略时的重要依据。

（二）4C 营销策略

市场营销中的 4C 策略由美国的罗伯特·劳特伯恩在 1990 年提出，包括客户（Consumer）、成本（Cost）、方便（Convenience）、沟通（Communication）四个组成部分。将 4P 与 4C 进行对比可以看出，4P 理论的思维基础是以企业为中心的，因而适合供不应求或竞争不够激烈的市场环境；4C 理论的思维基础是以消费者为中心，是消费者在市场营销中越来越居主动地位、消费的个性化需求越来越高、市场竞争空前激烈、传播媒体高度分化、信息膨胀过剩的营销环境下的必然要求。4C 理论认为，只有了解到消费者真正的需要，并据此进行市场定位，才能确保营销的最终成功。

（三）4I 营销策略

4P 与 4C 之间的关系是一种互补、完善和发展的关系。4P 营销理论从企业的角度来思考问题，4C 营销理论则站在客户的角度来思考问题，但是它们都是对营销过程中重点元素的静态描述，没有侧重从企业整体运作的角度将其表述为一个动态的过程，它们的营销理念仍是“粗放”型的。相对于 4P 及 4C 营销的理论，无线营销则更加丰富和细腻。无线营销具有鲜明的可量化、能互动、能识别、可锁定、即时快速的特征，这些特征可以将消费者与企业更加紧密地结合在一起，使营销理论和实践向更深、更广的层次发展。有学者提出了可以更好地应用在无线营销上的 4I 模型，4I 分别代表分众识别与锁定（Individual Identification）、即时信息（Instant Message）、互动沟通（Interactive Communication）和“我”的个性化（I Personality）。

1. 分众识别与锁定

这是将分众精细化为目标个体，并与其建立“一对一”的关系。这里的目标个体是指差别化的个体，而不是抽象的某一个群体，移动营销就是利用第五媒体的手机与差别化的个体进行“一对一”的沟通。电子商务时代消费渠道的畅通和便利，使消费者能轻松地转移品牌，如此，消费者的品牌忠诚度将更难把握和捉摸。而移动营销可做到分众识别、个体锁定、定向发布广告，将有助于刺激消费者的购买欲望，促进交易的成功率，提升消费者的品牌忠诚度。

2. 即时信息

即时信息意味着企业和客户能建立及时有效的沟通，站在客户的角度倾听客户的愿望和诉求，并迅速做出反应，满足客户的需求，移动营销的动态反馈、实时互动和服务跟踪特性为这种营销策略提供了可能。

3. 互动沟通

即企业通过“一对一”的无线互动营销，与消费者形成一种互动、互求和互需的关系。

4. “我”的个性化

移动营销出现之初，消费者的消费大多带有猎奇心理，以新鲜和时尚型消费为主。随着移动营销的不断发展，消费者的消费模式也在不断变成熟，并逐渐转化为以个性化、注重个人感受为主的体验型消费模式。这种个性化消费诉求要求市场的营销活动个性化，所传递的信息也要个性化，企业需要更加关注每个消费个体的消费习惯、兴趣偏好和个性品位等，个性化需求的满足成为能引起消费者共鸣的有力武器。

案例

“家常菜”饭馆客户的“定位导航”

李华曾经是一名厨师，在经过几年的锻炼后，他决定自己开一家饭馆。但是因为资金积累不足，他只能在一个小巷子中开了一家名为“家常菜”的饭馆，由于这里人烟稀少，因此鲜有人光顾，收入惨淡。没有顾客上门的李华每天只能玩手机打发时间，直到有一天，李华在玩微信时，一位微友与他联系上了，在聊天的过程中，对方知道李华跟自己在同一个城市，而且开了一家饭馆，于是提出要光顾李华的饭馆。但是由于李华的饭馆所处的位置非常偏僻，也没任何地标建筑物，李华根本说不清楚自己在哪儿。后来他灵机一动，利用“发送位置”的功能把自己饭馆的地址发给了这位微友。过了一会儿，这个微友便凭借着手机中自带的导航功能来到了“家常菜”饭馆。

这件事情给了李华很大启发，随后他便开始利用各种移动终端上的“定位”功能开始宣传自己的“家常菜”饭馆，并且为客户提供送餐服务，客户只要在各个移动终端上给李华发送“地图位置”并且附上想点的餐，李华就会立刻使用导航功能将饭菜送上门。由于这种模式新颖方便，再加上李华的手艺高超，很多客户都关注了李华的微信和微博。在方便了客户的同时，李华也为自己带来了一群固定的消费者，他的饭馆也被越来越多的人熟知。

一个普普通通的厨师，依靠移动互联网的“定位”功能竟然将生意做得有声有色。当我们在感叹移动互联网营销的威力时，也不妨思考一下，我们自身企业的营销，是否“定位”成功了呢？其实在营销界一直有这样一句名言：“我知道自己50%的营销投入被浪费了，但是我始终不知道浪费在哪儿。”这句话道出了传统营销时代的硬伤，每个专业的营销人员都知道，营销的核心目的就是将合适的信息传递给合适的受众，但是想要做到这一点却并不容易。

其实，营销信息与消费者的接受度在很大程度上取决于用户定位的准确性。产品或服务的营销信息再好，如果顾客所处的位置和自身情况不符合，那么也无济于事。正是基于这个原因，用户的个人信息，包括一些行为信息、位置信息与时间信息就变得尤为可贵。而如今，移动互联网的定位服务恰恰可以准确地为我们提供这些信息。

在传统的营销环境中，营销者无法准确清晰地了解消费者的即时需求，因此他们会有自己的一套固定模式——先分析不同平台受众，然后根据自己产品的营销需求来选择相应的媒体投放广告。例如，在电视黄金档时期投放一些生活类的广告，在经济频道投放一些汽车、房产广告，然后等待陌生的受众去接受这些对他们可能有效的营销信息。通过新技术实现的新的移动营销手段不断出现，且今后将不断发展。实现这种功能的背景不但是技术革新，手机功能的不断加强及方便的使用环境也是大前提。这也再一次印证了 4G/5G 手机的普及使移动营销的发展得以加速。

移动营销除了传统的网络营销的方法和手段（如搜索引擎营销、网络广告、博客营销、微博营销、论坛营销等）外，因为移动互联网自身的特点，也诞生了许多新的营销方法和手段，主要包括移动 App 营销、二维码营销、LBS 营销和微信营销等。

单元二 移动 App 营销

移动 App 即移动应用服务，是针对手机这种移动连接到互联网的业务或无线网卡业务而开发的应用程序服务。随着移动智能终端的广泛应用，移动终端正向功能增强化、多模化、定制化、平台开放化的方向发展，而移动 App 营销作为 SNS 新的开拓渠道，正崭露头角。当前的移动 App 大致可以分为两种，一种是企业模式，另一种是个人移动 App 模式。两种模式根据面向人群设定了不同的模式。从中国进入移动互联网时代开始，大家就发现 App 已经成为市场中主要的营销获利方式。

一、移动 App 营销概述

移动 App（Application）营销是指移动应用程序营销，是通过在特制手机、社区、SNS 等平台上运行的应用程序来开展营销活动。App 营销是品牌与用户之间形成消费关系的重要渠道，也是连接线上线下的天然枢纽。移动 App 的主要对象是所有移动领域的终端使用者，而就目前形势而言，移动 App 应用的主要方向有两个：一是娱乐方向；二是实用方向。这两个方向一直是所有企业 App 商店中获利的主要方向。

（一）移动 App 的娱乐应用

在移动应用领域，娱乐类 App 以独特魅力占据重要地位，但研发高娱乐性且盈利的游戏软件对企业是一大挑战。从营销角度看，娱乐 App 注重将其吸引力作为营销载体，侧重品牌曝光、用户黏性及市场拓展。当前，游戏软件中嵌入广告成为普遍现象，显示了游戏娱乐与商业营销的紧密融合。企业通过娱乐 App 融入品牌信息，有效触达目标群体，传递品牌价值。随着移动互联网的发展，娱乐 App 不仅是消遣工具，更是品牌营销的重要平台，通过精准定位用户需求、创新形式并与营销结合，正重塑移动营销新格局。

（二）移动 App 的实用价值

随着移动互联网的兴起，越来越多的互联网企业和电商平台将移动 App 作为销售的主战场之一。App 给手机电商带来的流量远远超过了传统互联网（PC 端）的流量，通过

App进行盈利也是各大电商平台的发展方向。各大电商平台正在向移动App发力，其原因不仅是每天增加的流量，更重要的是由于手机移动终端的便捷，为企业积累了更多的用户，同时一些用户体验不错的App使用户的忠诚度和活跃度都得到了大幅提升，从而对企业的创收和未来的发展起到了关键性的作用。移动App营销有如下特点：

（1）成本低。移动App营销的费用相对于电视、报纸甚至是网络都要低很多，只要开发一个适合于本品牌的应用即可，可能还会有一点推广费用，但这种营销模式的营销效果是电视、报纸和网络所不能代替的。

（2）信息全面。全面展示信息能够刺激用户的购买欲望，移动App能够全面地展现产品的信息，让用户在没有购买产品之前就已感受到产品的魅力，降低用户对产品的抵抗情绪，并通过加深用户对产品信息的了解，从而刺激用户的购买欲望。

（3）提升品牌实力，形成竞争优势。移动App营销可以提高企业的品牌形象，让用户了解品牌，进而提升品牌实力。良好的品牌实力是企业的无形资产，可以为企业带来竞争优势。

（4）跨时空，随时随地为用户服务。营销的最终目的是占有市场份额。移动互联网具有的超越时间约束和空间限制进行信息交换的特点，使得脱离时空限制、达成交易成为可能，企业能有更多的时间和空间进行营销，可每周7天、每天24小时、随时随地为用户提供全球的营销服务。用户可以在移动App上了解产品信息，并及时地在移动App上下单或链接到移动网站进行下单。商家通过移动App，易于开展与用户之间的交流，也容易掌握用户喜欢与厌恶的样式、格调等。这对产品大小、样式设计、定价、推广方式、服务安排等均有重要意义。

（5）精准营销。移动App本身具有很强的实用价值，App程序本身就是一种实用性很强的工具。App程序可以为手机用户在生活、学习、工作中提供方便。手机App程序可量化的精确的市场定位技术突破了传统营销定位只能定性的局限，借助先进的数据库技术、网络通信技术和现代高度分散物流等手段保障与顾客的长期个性化沟通，使营销达到可度量、可调控等要求。摆脱了传统广告沟通的高成本束缚，使企业低成本快速增长成为可能，保持了企业和客户的密切互动沟通，从而不断满足客户个性需求，建立稳定的企业忠实顾客群，实现客户链式反应增值，从而达到企业长期、稳定、高速发展的需求。

（6）用户黏性和互动性强。App营销的黏性在于一旦用户将应用下载到手机，则应用中的各类任务和趣味性的互动就会吸引用户，形成用户黏性。这种营销效果是电视、报纸和网络所不能代替的。

二、移动App营销需要注意的问题

移动App模式和以往的任何一种营销模式一样，主旨在于更好地体现营销方式，提升营销效果。在创建移动App营销模式时应该注意以下几点。

（一）移动App营销定位要抓住人性

移动App的功能定位需要先调研品牌、产品与消费者之间的关系，根据大数据分析，挖掘他们内在的需求和兴趣点，并与能抓住目标人群人性的某些元素结合，如好奇、分享、愤怒、善良、感性等。定位的成败关键在于与产品的贴合度，要既能适合品牌或产品，又能很好地满足用户的需求。

任何一种成功营销模式都是从简单发展到复杂的。因此，创建的移动 App 营销模式在初期阶段应尽量保持一个定位，这就是营销。移动 App 模式只有具备了良好的用户体验效果，完成了完整的系统模式之后，才能在这种基础上进行扩展。万不可操之过急——在移动 App 模式发展初期就秉持获利、宣传和营销等多向发展的原则。

（二）移动 App 营销品质超越软广告

好的定位就意味着好的创意，好的创意决定了好的品质，使得消费者和用户会接受这款移动 App。好的移动 App 要么实用性很强，是生活的小助手，方便快捷；要么娱乐性很强，可以消遣时光。好的 App 能自发传播，就算没花费多少营销费用也能脱颖而出，所以在开发产品时一定要将 80%的精力聚焦到产品本身。从另一个角度来说，平庸的创意必然出现平庸的品质，也无法靠强营销赢得用户。

（三）移动 App 模式不要遵循利益为主原则

虽然安卓市场为谷歌公司带来了巨大的利益，但谷歌公司却不是以遵循利益的原则在发展，而是主打营销。因此，虽然当今移动互联网市场中 App 商店是一种不可被忽视的获利途径，但是移动 App 模式的目的却不是获利。App 获利模式是建立在营销模式之上的。这是由于移动 App 模式属于企业与用户之间的直接连接，在这种接触上营销效果远远大于盈利效果，只有建立良好的营销才能够获利，而且是持久获利。如果移动 App 模式进行硬性获利，如将 App 商店中大部分软件设定为收费模式，或强制性为用户发送消费链接，则会引起用户的不满，较差的用户体验最后只能导致失去用户，从而走向失败，因此移动 App 模式坚决不能遵循以利益为主的原则。

开发一个移动 App 应用程序已经成为当前所有企业在移动互联网时代发展的必备选择，但并不是开发了移动 App 营销模式的企业都能获得成功。因此，只有研究透彻移动 App 营销模式，在清晰地分析了市场特点之后，才能进行这一动作，也只有这样才能够从高端智能的 App 模式中获得成功。

三、移动 App 营销的准备工作

移动商务蕴含巨大的增长潜力，大多电商企业都已开发自己的 App，并不断加大对自有人力、物力、技术和服务等资源的投入，以期在庞大的 App 大军中脱颖而出。企业开展移动 App 营销需要以下准备工作。

（一）移动 App 市场调查

在传统市场中，任何一种新产品入市之前都需要做一定的市场调查。移动互联网时代也一样，及时收集客户反馈、收集客户体验信息是非常有必要的。这也是为什么很多企业在 App 上市之前都会提前进行内测、试运行的主要原因。

在这一阶段，必须注意的一种情况就是差评原理。近些年业内流行着一个差评原理，任何一款 App 在试运行或内测阶段，如果 3 个以上差评来自同一原因，那么这个原因就会成为企业 App 未来发展的隐患。这一规则是所有企业收集市场反馈的重点，虽然不是每一个差评都要处理，但同一原因导致的 3 个以上的差评是企业必须解决的问题。

（二）移动 App 营销规划

企业 App 上线以前需要先制定一周到一个月的完整运行规划，切不可任其发展。营销可以不成功，甚至可以失败，但是万不可带来损失。移动 App 模式本身就是企业扩展市场的利器，如果移动 App 模式给企业带来不良影响，而且到了无法挽回的地步，那么 App 将是企业最大的败笔。因此，企业在推出移动 App 之前必须紧跟市场一周到一个月的时间，在这段时间内，企业需要在用户发现问题之前解决问题，宁可损失小部分利益，也不能将问题扩大。

（三）企业移动 App 系统的售后服务

任何一款移动 App 终端都需要配备到位的售后系统。尤其是在 App 上线初期，售后系统一定要到位，为的就是确保良好的客户体验，确保 App 的良好发展。可以发现，当企业的 App 终端可以自主正常运行后，售后压力几乎就消失了，因为 App 被大众认知后，很多问题在用户的交流中就可以直接解决，而不需要通过客服系统了。所以说，任何一家企业在移动 App 上线之前，都必须打造强劲的售后客服系统，以保证 App 终端前期的稳步发展。企业构建 App 是必然趋势，但是构建完成并不代表可以直接上线。我们要明白，App 上线对于企业而言非常重要，所以必须有“不鸣则已，一鸣惊人”的决心，并做好各项准备，确保完美登场。

四、移动 App 营销策略

移动 App 是一种连接品牌与消费者的工具，是品牌与用户之间形成消费关系的重要渠道，也是连接线上线下的天然枢纽。企业在进行移动 App 营销的过程中，只有精准地把握用户心理，深入用户的生活与内心，引发用户共鸣，才能最大程度地引导其参与其中，成功地实现营销。同时，企业应把“以用户为主导”的双向甚至多向互动作为移动 App 营销模式的主旋律，更要发挥整合效应，顺应移动 App 营销的多元化发展趋势，整合其他营销手段和多方技术，带给消费者突破性的体验，以延伸移动营销的价值。企业移动 App 营销的最终目的，是让消费者进一步了解品牌或产品，以建立起品牌与消费者的情感关联，因此企业的移动 App 营销还要注重有机地融合品牌元素，最终实现既提升品牌又促进销售的目的，具体来说，需要做到以下几个方面。

（一）产品设计符合自身品牌定位

传递个性化有价值的品牌信息是移动 App 营销成功的关键，产品设计须十分贴合自身品牌定位，这样才能通过用户体验最终实现品牌形象与产品销量的提升。App 设计在贴合自身品牌定位的同时，应注意努力弱化商业元素，巧妙植入品牌信息，同时满足用户好奇心，吸引用户持续关注，以此达到强化企业的品牌地位的目的。

（二）极致的用户体验

苹果思维中有一点是共同认知的，即苹果公司的移动 App 模式中，每一个细节都凸显了高品质的用户体验，这一点也正是令所有企业、所有开发商最佩服的一点。因此，在分析苹果移动 App 模式之前，先要了解这一点的重要性。虽然苹果公司的 App 商店大部分是对内的，但苹果 App 商店中推荐的产品是非常实用、智能的，为的就是保持高品质的用户体验。

（三）功能设计符合目标消费者的需求

移动 App 营销与传统媒体营销的一大区别在于变“被动接受”为“主动吸引”，其传播对象不再称为“诉求对象”，而是“用户”。然而要使用户主动选择 App 下载并持续使用，那么在设计开发中就要始终从用户需求出发，注重用户体验，使 App 创意与品牌诉求相契合，将用户体验与品牌形象相结合，以保持并增强品牌用户的黏性。吸引眼球、激发消费者好奇心的创意只能让消费者发现产品，但忠诚度形成的关键还在于产品功能设计要以人为出发点，满足消费者从功能到精神的需求。只有以消费者需求为设计出发点，从消费者角度进行设计思考，才能设计出人性化、情感化的优秀产品，使消费者主动选择接受品牌信息。

（四）创意要贴心入微

以支付宝 App 推出的“蚂蚁森林”功能为例，其设计创意巧妙地契合了当下环保意识提升和数字化生活融合的趋势。用户通过支付宝里的“蚂蚁森林”功能，可以通过日常低碳行为（如步行、地铁出行、网络购票等）积累能量，这些虚拟能量可以用来在手机里养大一棵棵真树，当用户积累的能量达到一定数量后，支付宝及其合作伙伴就会在现实中为用户种下一棵真树。此功能不仅让用户在参与过程中感受到了环保的乐趣，还通过展示树木种植地点的实景照片和成长记录，增强了用户的参与感和成就感。该功能宣扬了现代人注重环保、参与公益、享受数字生活便捷性的价值观。移动 App 创意都应源于生活并高于生活，进而服务生活。无论是 App 开发者还是 App 运营者，均可将以下两个方面作为切入点，不断强化 App 的创意性，以此赢得消费者长期的信赖与支持：（1）满足消费者的日常生活需求，从细微之处让消费者体验到生活的乐趣与便捷；（2）改善消费者的生活方式，让人们越来越多地在碎片化的时间里得到更多实惠，让生活更加智能、便捷。一款优秀的 App 只要能够满足用户生活中的某一项需求即可，当用户明显感觉到 App 的贴心入微时，产品自然就具有竞争力。

（五）移动 App 模式要注重横向扩展

每一个企业都应具备自己的移动 App 模式，但这一模式无论收获多大、效果多好，都应始终坚持求精不求多的原则。正如苹果公司一样，iPhone、iPad 这些电子产品的软件更新全部包含在一个 App 商店中。这就凸显出了移动 App 模式横向扩展的重要性。

（六）有机融合品牌元素，让品牌 App 成为消费者深化品牌形象的有效助力

让消费者进一步了解品牌或产品，建立起品牌与消费者的情感关联，是企业 App 营销的核心所在。在越来越基于消费者的情感和信任的基础上开展营销活动的时代，利用品牌 App 传递品牌理念，深化品牌形象，树立品牌口碑，帮助消费者提升品牌和产品认知，搭建起品牌与消费者间沟通的桥梁，无疑是企业营销者的明智之举。

企业可以让与众不同、新颖奇特的创意内容与品牌或产品的核心概念相融合，这样能有效地反映产品的主旨或品牌理念，让消费者在使用 App 的过程中自然而然地了解产品和品牌信息，让用户在娱乐的同时对品牌形成一定的黏性，使其在选择此类产品时能更多地考虑自己的品牌。同时，企业还可以通过推出能为消费者提供主动便捷服务的 App 来为消费者创造价值，提升品牌的亲和力，树立品牌的良好口碑。

（七）时刻修正，不抛弃，不放弃

没有任何一款移动 App 是完美且永不过时的，只有不断创新，持续修正并升级应用的功能与服务，创造不可复制的用户体验，才能在同质化时代脱颖而出，真正搭建起用户与品牌间稳定关系的桥梁。短暂的销售成功和社会影响力不是 App 营销的结束，持续创新以维系品牌与消费者的情感关联才是企业实施 App 营销的意义所在。同时，一款失败的 App 开发也并非 App 营销的终点，企业可吸取经验教训对应用进行修正和升级，消除其对品牌的负面影响，重振用户对品牌的信心。如果企业面临一时的失败便放弃该 App 的经营，则很有可能恶化现有使用者对该品牌的印象。

综上所述，在不断深入的移动互联网时代，随着智能手机和平板电脑等移动终端设备普及率的大幅提升，用户的行为习惯逐渐被改变，企业通过 App 开展营销活动成为一种趋势与必然。

单元三 二维码营销

当前二维码的应用已如火如荼，并渗透到了餐饮、购物、超市、汽车、IT、传媒和旅游等多个行业，用户只要用手机对印刷在介质媒体上的二维码扫一下，就能通过手机上网获知相关信息，可以轻松获得电子优惠券、超市打折信息和电子门票等。企业可以通过二维码向自己的特定目标客户群传递商务信息，真正实现精准营销。对于二维码达人而言，匆忙上班的路上拿出手机随手扫一下，到办公室时早餐就已放在桌上；外出旅行无须导游，扫一下便能感受动态的现场讲解；还有 O2O 购物、登机和看电影等。完成这些动作，不再需要保留着厚厚一沓纸质票据，只要晃一晃手机就可以轻松做到。忽如一夜春风来，二维码开始进入人们的视线，腾讯更是喊出了“未来二维码将成为移动互联网的重要入口”这一口号。目前，二维码行业正处于快速增长期，行业需求旺盛，二维码成为移动营销的重要技术手段之一。

一、二维码的商业价值

二维条码（二维码）是按一定规律在平面（二维方向）分布的黑白相间的图形上记录数据符号信息的特定的几何图形。目前，市场二维码的商业价值主要分为以下三种。

（一）传播商业信息

不论是电子凭证，还是图表、媒体或商品信息，其实都是信息传播的概念，用户用手机扫描二维码即可进入它对应的地址，获得完整的数据。商家则通过发送电子凭证和铺设扫码硬件设备到本地商户，来建立一个完整的商业圈模式。

（二）提供互动入口

例如，通过扫描二维码来关注微信好友，或进行优惠券领取、投票报名、参加调研等，向企业回传客户信息，这样企业就能将广告投放效应最大化，获得宝贵的用户互动数据。这样的互动购买模式已经在电影、电视、杂志、宣传册和广告等领域开始使用。

（三）产生线上交易

通过二维码可以直接把消费者带往某个商品的电子商务平台，产生交易。原来需要进实体店或在网上购买的流程，现在可以通过扫描二维码来实现，在手机上完成购物支付流程，这样的方式可以弥补在原来无法涉足的空间进行消费的需求。例如，支付宝与分众传媒的合作就是采用这一模式，消费者只要扫描分众传媒广告上的二维码即可在手机上实现购物并支付。

二维码与O2O模式的结合如今被商家大量运用，即利用对二维码的读取将线上的用户引流给线下的商家。

二、二维码移动运营与营销模式

随着智能手机的普及及大众化，人们愈加重视手机互动和移动信息传播，加之二维码是开源的，参与成本低，使其在中国具备了爆发的背景条件。

跳出二维码的具体应用场景，从运营和移动营销的层面来看，目前中国二维码运营和移动营销模式可以分为网络社交类、服务提供类、电商购物类、教育与学习类和应用工具类。

（一）网络社交类

二维码在移动营销中不仅可以用来提供信息，还可以参与社交网络上的推广营销。目前，网络社交类主要以腾讯微信和新浪微博为代表。

1. 腾讯微信

早期手机二维码面对的最大难题就是用户基数和使用习惯的问题。现在微信的用户已突破10亿，微信目前已成为比微博还火热的营销利器。微信3.5版本在推出的时候，加入了二维码功能，微信二维码是腾讯开发出的配合微信使用的一种新方式，是含有特定内容格式的，只能被微信软件正确解读。微信将二维码融入社交活动中，使其成为承载交友信息的一种方式。微信团队为了避免用户使用二维码太过枯燥，还推出二维码背景装饰功能，用户可以根据自己的喜好挑选各种彩色图形作为自己的二维码背景，如图5-3所示。

微信除借二维码增强社交功能外，在O2O上也已动作频频。腾讯电商控股公司生活服务电商部总经理曾对媒体如此阐释："微信将通过二维码识别，在商家和用户之间建立起联系，形成'熟人'形式的SNS，进而指导O2O业务。"

2. 新浪微博

新浪微博也添加了二维码功能，微博二维码提供多种功能服务，带来了更便捷、更好玩的操作体验，也为用户创造了一个提高关注和营销的机会，如图5-4所示。微博二维码功能上线后，用户可以轻松分享专属二维码并在多种场景推广自己，或利用微博客户端扫描微博二维码，省去了烦琐的输入搜索，从而实现了更快互粉、浏览网页或发布微博。目前，微博二维码主要支持三项功能服务：（1）打开个人资料页快捷互粉；（2）打开指定网页；（3）直接打开已输入特定内容的微博发布框。虽然新浪宣称，二维码的推出开启了它向本地生活服务领域的渗透，但从目前的产品形态来看，它主要还是依托自己庞大的用户群，将二维码作为辅助功能以增加产品活力。

图5-3 带背景装饰的腾讯二维码

图5-4 新浪微博营销二维码

微博二维码可用于线上活动的推广，将活动地址集成于手机二维码上，在微博及更接近目标用户的渠道进行传播。手机二维码面积小、集成信息量大和易于传播的特性能帮助媒体和企业用户更快、更有效地提升活动覆盖面，甚至品牌影响力，为其实现不可估量的商业价值。

（二）服务提供类

服务提供类的二维码范围比较广，如二维码营销、为客户提供从票证检验到物品信息二维码化的一整套运营解决方案皆属此类。服务提供类的二维码运营模式，其盈利能力不容小觑。例如，某知名二维码企业，其业务主要集中于电子凭证体系，即将二维码发送至用户手机，用户凭此再到商家处进行消费。

图 5-5 佛山三水旅游景点的二维码服务

佛山三水旅游景点曾推出了二维码电子凭证验证方式，如图 5-5 所示，提供旅游景点门票订购服务，实现了游客全程无纸化订购服务。游客只要拨打订票电话，即可预订到三水七大主要旅游景点的门票，并通过手机二维码直接进入景区或参与景区的消费。通常情况下，线下商户资源的积累是 O2O 中最难做的一块，而这也意味着三水旅游景点已经建立起了别人短时间内难以赶超的资源优势，将来它从电子凭证被读领域扩展到用户扫描主读领域，也将比别人更具竞争力。

（三）电商购物类

现在的二维码已经在“移动购物”领域发挥出重要作用，很多便利店就抢先把二维码作为新型购物方式，在各大地铁站设立了购物服务区，并在琳琅满目的商品下放置了二维码标签，建立起二维码超市，用户可扫描选购。淘宝网二维码更是用途广泛，如推广店铺、营销活动和电子券买卖等。此外，二维码还有打假防伪功效，用手机扫描商品二维码，自动联网验证商品信息，可以让用户有效辨识是否为假冒伪劣商品。如今，我们可以对着街边的广告用手机扫描一下商品上的二维码，其价格、规格、运费等各种信息很快就显示了出来，只要填上自己的收货地址，东西就算买到手了。

因此，依托于二维码的移动商务平台将成为众多公司未来的核心业务，消费者扫描二维码后登录其移动商务平台实现购买，这种模式必将催生出体量巨大的公司。也就是说，今后的网购不用再坐在计算机前了。只要在地铁、商场、小区和电梯等任何贴有二维码的地方，消费者打开手机扫描，就可以直接购物。例如，大众点评团上海站上线了鞋类品牌团购，消费者既可直接凭团购券到专卖店内体验并领取，也可在店内试穿后通过手机扫描二维码，进入大众点评团页面在线购买。

（四）教育与学习类

二维码在教育与学习领域的应用已经变得日益广泛，为传统教学模式带来了革新。通过二维码技术，教育机构、教师和学生可以更加便捷地获取和分享学习资源，提升教学效果和学习体验。

（1）二维码可以用于课程信息的快速获取。教师可以将课程大纲、教学计划、课件等内容的链接或文件编码成二维码，并放在课件上或印刷在教材上。学生只需扫描二维码，即可轻松获取相关信息，无须烦琐地手动输入网址或搜索关键词。

（2）二维码可以用于作业的提交和批改。教师可以生成一个作业提交二维码，学生扫描后上传自己的作业文件。同时，教师还可以利用二维码对作业进行批改和反馈，将批改结果和评语以二维码的形式发送给学生，方便学生及时查看和了解自己的学习进度。

（3）二维码可以用于在线学习平台的登录和注册。教育机构可以生成一个专属的二维码，学生扫描后即可快速登录或注册在线学习平台，无须记忆复杂的用户名和密码。

（4）二维码可以用于教育活动的宣传和推广。教育机构可以将活动信息、报名链接等编码成二维码，并打印在海报、传单等宣传材料上。感兴趣的学生或家长只需扫描二维码，即可获取更多活动信息并进行报名。

例如，目前的大多数教材可以通过二维码的形式扩充教材学习内容，学生可以扫码看附加资料、观看学习视频、进行在线练习等。如图 5－6 所示。

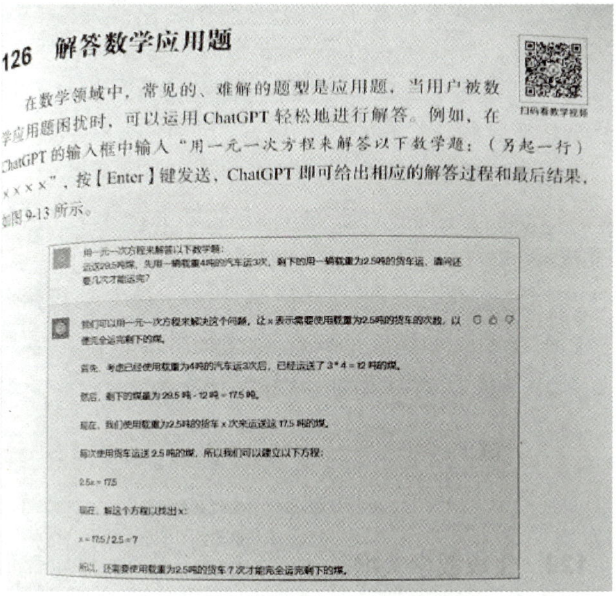
126 解答数学应用题

扫码看教学视频

在数学领域中，常见的、难解的题型是应用题，当用户被数学应用题困扰时，可以运用 ChatGPT 轻松地进行解答。例如，在 ChatGPT 的输入框中输入“用一元一次方程来解答以下数学题：（另起一行）××××”，按【Enter】键发送，ChatGPT 即可给出相应的解答过程和最后结果，如图 9-13 所示。

用一元一次方程来解答以下数学题：
运送29.5吨煤，先用一辆载重4吨的汽车运3次，剩下的用一辆载重为2.5吨的货车运，请问还要几次才能运完？

我们可以用一元一次方程来解决这个问题。让 x 表示需要使用载重为2.5吨的货车的次数，以便完全运完剩下的煤。

首先，考虑已经使用载重为4吨的汽车运3次后，已经运送了 3 * 4 = 12 吨的煤。

然后，剩下的煤量为 29.5 吨 - 12 吨 = 17.5 吨。

现在，我们使用载重为2.5吨的货车 x 次来运送这 17.5 吨的煤。

每次使用货车运送 2.5 吨的煤，所以我们可以建立以下方程：

2.5x = 17.5

现在，解这个方程以找出 x：

x = 17.5 / 2.5 = 7

所以，还需要使用载重为2.5吨的货车 7 次才能完全运完剩下的煤。

图 5－6 教材中扫码观看教学视频

（五）应用工具类

根据业务形态不同，二维码应用可分为被读类业务和主读类业务两大类。

1. 被读类业务

被读类业务指应用方将业务信息加密并编制成二维码图像后，通过短信或彩信的方式将二维码发送至用户的移动终端上，用户使用时通过设在服务网点的专用识读设备，对移动终端上的二维码图像进行识读认证，以此作为交易或身份识别的凭证来支撑各种应用，如电子票务和消费打折等。

2. 主读类业务

主读类业务指用户在手机上安装二维码客户端，使用手机拍摄并识别媒体和报纸等上面印刷的二维码图片，获取二维码所存储的内容并触发相关应用。用户利用手机拍摄包含特定信息的二维码图像，通过手机客户端软件进行解码后触发手机上网、名片识读和拨打电话等多种关联操作，以此为用户提供各类信息服务。这类二维码应用可用于查询信息、防伪溯源、购物付款和执法检查等。

法治护航

规范互联网用户账号信息，打造诚信网络空间

在移动营销活动中，必然会接触用户账号信息。互联网用户注册和使用的账号信息内涵丰富多样，包括名称、头像、封面、简介、签名、认证信息等，体现出网络用户的个性特征。其他网络用户往往基于这些账号信息来评判该网络用户的信用、专业能力、所发布信息内容的真假优劣。可以说，互联网用户的账号信息，就像现实中的人名或市场上的商标一样，是该用户在网络上的“名片”。2022 年 6 月国家互联网信息办公室发布的《互联网用户账号信息管理规定》（以下简称《规定》）对这几类行为明确予以禁止。

《规定》对在中国境内注册、使用、管理互联网用户账号信息的行为进行规范，明确行为人应当遵守法律法规，遵循公序良俗，诚实信用，不得损害国家安全、社会公共利益或者他人的合法权益。《规定》正是通过规范注册、使用、管理互联网用户账号信息的行为，弘扬诚信网络文化，建设诚信网络社会，营造清朗网络空间。

一方面，《规定》要求用户账号信息的注册和使用遵循诚信原则。《规定》明确要求账号信息中不得含有违法和不良信息，不得含有假冒、仿冒、捏造的信息，不得含有误导或欺骗公众的信息。

另一方面，《规定》要求互联网信息服务提供者（网络平台）对账号信息的管理应维护诚信原则。

俗话说“行不更名，坐不改姓”，用以形容为人处世光明磊落。网络空间虽然允许人们适当隐藏现实社会中的某些身份信息，但不能违背诚信原则提供假冒、仿冒、捏造的身份信息，不能误导甚至欺骗公众。今天的网络空间已经与现实空间深度融合，网络社会也是现实社会的组成部分，网络中的不诚信行为，终究会反映到现实中，并影响到行为人自身。古人云，“言而必信，期而必当，天下之高行也”，这同样适用于网络空间。

单元四　LBS 营销

随着 4G/5G 技术的普及和流行，LBS 服务将越来越完善。据了解，博柏利（Burberry）、路易·威登（LV）和菲拉格慕（Ferragamo）等国际知名奢侈品品牌纷纷进行了数字营销的创新尝试。品牌商们不再拘泥于传统的广告投放和时尚服装展示，而是将品牌营销从线下搬到线上，从屏幕后移到消费者面前。奢侈品牌开始挖空心思进行数字营销，而基于位置的服务（LBS），也为品牌与消费者的互动创造了更多的可能。现在，移动用户经常可以收到附近的餐饮与购物消费信息。可以看到，基于位置服务的移动端数字化营销蕴含着巨大商机。

一、LBS 营销概述

基于位置的服务（Location Based Services，LBS），包括两层含义：一是确定移动设备或用户所在的地理位置；二是提供与位置相关的各类信息服务。LBS 是指与定位相关的各类服务系统，简称“定位服务”，另一种叫法为 MPS（Mobile Position Services），也称为移动定位服务系统。LBS 营销就是企业借助互联网或无线网络，在固定用户或移动用户之间，完成定位和服务销售的一种营销方式。通过签到这种方式，可以让目标客户更加深刻地了解企业的产品和服务，最终实现宣传企业品牌和加深市场认知度的目的。

通过 LBS 营销可以实现以下移动营销目标。

（一）利用徽章提升品牌形象

LBS 应用最核心的产品机制是在某个地点签到，有机会赢取一枚特殊的 LBS 徽章。LBS 徽章对于 LBS 用户有非常大的吸引力。这也是品牌与 LBS 合作最简单的一种方式，利用用户赢取徽章的动力，与 LBS 合作发行具有特殊含义的品牌徽章，LBS 徽章一旦获得，将永远保留，对于品牌来说，将是长期的曝光，能够较好地让用户记住品牌。

（二）协助品牌进行产品促销

在移动用户通过移动终端登录 LBS 客户端后，LBS 会自动检索用户当前所在位置，并显示附近正在或即将举行活动的地点，用户可以点击查看活动详情，并选择前往任意一个地点签到、赢取 LBS 徽章、参加活动。这种定位式广告特别适用于有线下门店的品牌，通过签到营销机制能将消费者直接引入相应的线下门店，促进线下人流。

（三）通过同步形成口碑传播

在移动互联网时代，社会化媒体平台上的口碑对于品牌来说是提升形象和驱动销售的最直接动力。目前，几乎所有 LBS 应用都可以绑定各类微博和常用的 SNS 网站，LBS 客户端的地点、签到、LBS 徽章以及商家优惠信息等都可以同步到这些平台。设置巧妙的签到营销机制，可以让消费者成为品牌的传播因子，以用户为核心，并通过好友圈子形成更大范围的口碑传播效应。

二、LBS 的主要特点

LBS 的特点主要包括两个方面：一是能智能地提供与信息需求者及其周围有关事物的信息与服务；二是无论是普通用户还是专业人员，无论是在移动终端还是在台式计算机上，都能在任何时间、任何地点获得有关的空间信息和服务。因此，移动性、分布性、个体感知和大众化是 LBS 最基本的特点。

（一）移动性

由于 LBS 的服务基础是用户的位置信息，而位置信息最大的特点是移动性，因此 LBS 最大的特点就是用户终端的移动性。以往大多数系统应用都是在固定的大型机和台式机上实现的。随着无线网络的快速发展，以及各种移动设备的广泛应用，无线网络运营商同服务提供者联合，为移动用户提供路径查询以及其他服务，使得用户可以在任何时间、任何地点查询所感兴趣的空间信息或属性信息。

（二）分布性

在 LBS 服务中，密集信息处理和存储变得极为困难，集中式的信息存储和处理不可能满足 LBS 服务要求。因此，LBS 系统需要采用分布式技术。LBS 的分布性可以体现在存储的分布性、计算的分布性、设备的分布性以及用户的分布性几方面。对于这类分布式系统，由于移动设备的性能差异，一般都采用瘦客户端的方式，通过无线网络联入互联网，与应用服务器进行交互。

（三）个体感知

对于 LBS 系统而言，一个很突出的特点就是个体感知。个体感知是指系统从用户的角度出发，结合空间、时间信息以及个体用户周围环境的信息，自适应提取当前用户感兴趣的信息，这是 LBS 的一个主要特点。当一个系统实现了场景感知或位置感知的自适应后，则当以用户个体为中心时，LBS 服务就从传统的人机交互模式转变成了人与环境的交互模式。用户不再过多地与自己的移动设备交互，而是与所处的周边环境直接交互，系统则通过推送方式或事件驱动的模式在移动设备上展示用户感兴趣的信息。

（四）大众化

大众化是 LBS 应用的一个显著特点。LBS 作为一种服务和应用发展起来，主要是面向广大的非专业用户。LBS 的未来发展依然与其用户的大众化密切相关。

移动位置服务被认为是继短信之后的“杀手级”业务之一，有着巨大的市场规模和良好的盈利前景，但实际进展比较缓慢。不过，随着产业链的完善，移动位置和位置服务市场有望日益壮大。

三、LBS 移动营销应用

如果说之前的移动广告是帮助品牌提升形象服务，那么定位式的移动广告则是帮助本地企业和社区商家找到了推广的契机。定位式广告的最大优势在于，它能直接推动用户进行消费，于是，LBS 的移动营销价值得以显现，主要有以下几种。

（一）签到服务

整合型地理位置签到服务（Location Check-in Aggregator）是指可以将地理位置信

息同时签到到多个地理位置服务的网站，这类服务是伴随着大量类 Foursquare 的出现而出现的，目前类 Foursquare 服务包括：Google Latitude、Brightkite、Gowalla、Facebook 及 Twitter 的地理位置服务。Brightkite 已经推出了地理位置签到服务，该服务可以支持一次性将地理位置同时签到到 Foursquare、Brightkite、Gowalla、Whrrl、Trioutnc 等网站；还有 FootFeed 也实现了将地理位置信息同时签到到 Foursquare、Brightkite、Gowalla 和 Facebook 等网站，并且可以同时管理这些签到的多个网站上的联系人，实现精准化及本地化营销。

（二）移动搜索服务

移动搜索是指以移动设备为终端，对互联网进行搜索，从而高速、准确地获取信息资源。随着科技的高速发展，信息的迅速膨胀，手机已经成为信息传递的主要设备之一。尤其是近年来手机技术的不断完善和功能的增加，利用手机上网也已成为一种获取信息资源的主流方式。移动搜索服务的典型应用是基于地理位置的周边信息搜索。例如，大众点评已经推出了适用于安卓和 iOS 系统的客户端，用户可以搜索周边的一些饭店餐饮信息。同样的，基于地理位置的其他的周边搜索服务（如休闲娱乐等）也有很大的需求。移动搜索服务的发展趋势是语音图像搜索不断发展，行业发展从搜信息向找服务转变，如对生活服务、教育培训与新闻资讯的移动搜索。

（三）地理围栏营销

地理围栏营销是基于位置通过虚拟边界来定位目标客户，并在他们进入或离开特定区域时触发营销动作的策略。地理围栏营销在现实世界物理位置周围设置虚拟围栏或周界。利用地理位置技术确定目标客户的位置，当客户进入或离开预设的虚拟围栏时，系统会根据预设的规则自动执行相应的营销动作。

万豪酒店集团利用地理位置技术，为其旗下酒店建立了地理围栏数据库。通过这一数据库，万豪能够匹配社交网络上的用户信息，找出那些确实已经入住酒店的用户。基于这些用户的实时位置信息，万豪酒店提供了一系列特别的服务，如当用户在酒店内策划求婚等特别活动时，酒店经理会及时送上祝福和礼物，为用户创造难忘的回忆。通过地理位置技术，万豪能够准确识别出已经入住酒店的用户，从而避免了传统营销方式中的广泛撒网、精准度低的问题。在用户最需要服务的时候（如求婚、庆祝特殊日子等），万豪能够及时提供个性化的服务，这种超出用户预期的服务体验极大地提升了用户的满意度和忠诚度。此外，万豪酒店的地理围栏营销还体现了数字化营销的趋势，即通过技术手段实现营销的创新和升级。这种营销方式不仅提升了用户体验，也为酒店带来了更多的口碑传播和回头客。

（四）即时信息推送

推技术是一种基于客户服务器机制，由服务器主动地将信息发往客户端的技术。基于地理位置向用户实时推送是指通过检测用户位置向用户主动发送“推”信息的方式，如“身边优惠”应用。用户通过安装“身边优惠”提供的客户端，“身边优惠”会根据用户的地理位置，向用户推送附近的优惠券信息。目前“身边优惠”只在中国开展此项业务，用户安装相应的 App 后可以设置推送距离（即推送距离自己多少范围内的优惠信息），可以直接在高德地图上查看这些优惠信息，还可以收藏自己喜欢的店铺，选择只接受自己收藏店铺的优惠券的推送信息。“身边优惠”的优惠券不需要打印，直接给商户看便可以享受打折优惠。

目前，开展 LBS 营销已经有了一定程度的成功。具体而言，基于 LBS 的营销分为三步：(1) 基于地理位置开展大数据挖掘，洞察消费者的不同需求，完成营销前期的用户调研和消费者“画像”等工作；(2) 搭建起完整的线上线下营销通道，将品牌真正 O2O 化，从而将服务、产品与传播结合，最终缩短从品牌到购买的转化路径；(3) 整合全平台资源，以百度为例，围绕百度地图、百度导航、百度团购等商业出口，搭建跨屏的整合营销平台，完成对真实生活信息的全覆盖。总体来说，一个品牌是否成功，就看它能否在最后一公里成功拦截用户需求，并促成用户消费行为。

单元五 微信营销

微信既是一个消息系统，又是一个交互系统，现已成为多种层次人群的必备交流工具之一。从个人群到微信公众平台再到微信支付，腾讯已经赋予了微信商业特征，而这也是微信必然要走的路。微信营销发展态势良好，通过建立各种公众号，与个人用户实现无缝交互，若再配合微信支付，则这种公众平台的优点不言而喻。许多 CEO 和 COO 对微信这种新媒体的关注度很高，这不仅因为他们自己正在使用微信作为沟通工具，还因为在社会行业中也有很多企业利用微信的商业案例，如招商银行信用卡中心、南航的信息平台及自助值机平台等。

扫一扫

微课：微信营销

一、微信简介

微信是腾讯公司于 2011 年初推出的一款快速发送文字、照片、视频并支持多人语音对讲的手机聊天软件。微信提供公众平台、朋友圈、消息推送等功能，用户可以通过搜索号码和扫二维码等方式添加好友和关注公众平台，同时通过微信可以将内容分享给好友或将用户看到的精彩内容分享到微信朋友圈。

微信支持多种语言，支持 Wi-Fi 无线局域网、2G、3G、4G/5G 移动数据网络，支持 iOS 版、安卓版等。2012 年下半年，微信公众平台上线，很多企业转战微信，纷纷建立了自己的微信公众号。截至 2024 年 3 月 31 日，微信及 WeChat 的合并月活跃账户数达到了 13.59 亿，微信营销的重要性不言而喻。

因为微信是私密式的交流，所以微信营销相比其他营销方式在“一对一”的面对面（Face to Face，F2F）营销上更胜一筹，更有利于进行 CRM（客户关系管理）和促进销售。企业只有重视微信，做好 F2F 营销，才能借助微信在移动互联网上制胜。

二、微信营销的优势

阿里巴巴集团对外发布的网络营销报告称："九成以上中小企业存在网络营销瓶颈。绝大多数网站经营者寄希望于搜索营销带来访客流量，却不知如何把自己网站的访客流量转化为自己企业产品的销量。"通过分析国内数万企业网站用户的数据情况不难发现，网络营销一般都是"三部曲"：建站＋推广＋电话。在微信时代来临之前，中小企业学会了门户＋搜索＋论坛等多种网络营销策略的综合运用。网络营销提倡按效果付费，但对中小企业而言，如何使流量转化为销量已成为企业网络营销的瓶颈。企业投资在网络营销方面的钱越来越多，但效果却没有显著提升。

如今企业需要的已经不是单纯的网站推广，而是需要整合性更强的全面网络营销手段。网络营销行业普遍存在"漏斗现象"：企业大把花钱筹建网站和进行市场推广营销，但吸引来的网站访客有80%来一次就流走了，有15%访问多次但不留任何信息，有4%留信息但不主动联系，只有不到1%的访客最终与企业完成了交易。不少企业老板表示："中小企业在如今经济形势下，网络营销不得不做，同时我们对效果和性价比也有更高的要求。"

目前，还有很多企业通过自己的网站开拓网上销售渠道，增加网上销售手段。企业建立网站的目的就是扩大销售，一个功能完善的网站本身就可以完成订单确认和网上支付等电子商务所具有的功能，即企业网站本身就是一个销售渠道。通过各种营销方式进行企业网站推广，就算获取再大的流量，如果不能给企业带来客户订单也是徒劳。而且网站推广的成本是很大的，这种双向的推广造成的整体转换率很低，很多采取这种方式的企业也都遭遇了"投入很大、热情很高、回报很少"的窘境。

当O2O的概念开始火热传播之时，企业家们充满了不解和迷茫。他们对于传统的营销方式尚且没有熟练地应用和掌握，在现在这么多概念的冲击下，更加不知道自己究竟该如何去做，怎样才能实现企业在新形势下的营销模式转型和业绩的提升。

微信很好地解决了上述所有问题，企业应借助微信的庞大流量入口来源，深入研究微信营销和运营，将微信作为所有营销推广方式的收口方式，或许能将其打造成为未来转型的一个突破口。

微信营销的概念出现在网络营销快速发展阶段，在这一时期，网络消费文化逐步形成，面向消费者的电子商务范围不断拓宽，网上消费服务模式日渐丰富和成熟，为企业网络营销的发展奠定了坚实的用户基础，因此，它能够将所有网络营销的方式完美地整合起来，取其精华，去其糟粕，成为各种企业的营销首选。

选择微信营销的目的是更加有效地配置企业的营销资源，提升营销效率，降低企业营销的成本，以较低的营销成本使营销的影响力最大化，以及提升企业市场竞争力。而我们的工作就是让企业合理利用网络营销，帮助中小企业提高网络营销转化率，从而让中小企业通过网络营销来获取实质性的效益，让中国的企业网络营销行业良性发展。

其实，很多人开始使用微信是因为其图文并茂的通信功能，尤其是微信的视频对话功能让每个人可以和朋友实时视频通话。在微信中，可以发送文字、语音、图文及视频信息，也可以群聊。微信的信息传播接收率达到100%，这是其他产品达不到的。

此外，微信是一种更快速的即时通信工具，具有零资费、跨平台沟通、私密性、显示实时输入状态等特点，与传统的短信沟通方式相比，更灵活、更智能，且节省资费。微信用于营销有四大基础优势：

（1）微信实现了真正的对话，沟通都在“手指尖”，是一个非常方便的沟通工具。而营销是需要与用户进行便捷沟通的，微信自然成为商家和用户便携沟通的绝佳工具软件。

（2）微信具有庞大的用户基数，信息曝光率高，可以产生大规模的传播效应。

（3）微信上的信息交流互动性突出，是天然的私密式 CRM 沟通工具。微信公众平台可以对客户进行很好的归类，然后向某一类人群定时发送他们需要的信息，还可以和客户互动。

（4）微信是熟人社区，能够获取更加真实的客户群，且易于病毒式传播和推广，微信营销具备天然的营销属性。

企业在微信上的营销目标主要在于三个方面：（1）品牌，不管通过什么营销方式，品牌是不可或缺的；（2）辅助客户关系管理，包括新客户和老客户关系的维系；（3）客户咨询解答通道。做营销时，应当反复提醒自己，一定要做活动或做推广，并且这三点需要结合。

微信的出现改变了人们的生活，但是真正让微信营销形成体系的是微信公众平台的开放，其不仅成为微信的一大特色，还逐渐成为整个移动互联网甚至物联网的入口所在，也正因为此，我们看到了微信营销的威力所在。

微信公众平台是腾讯公司在微信的基础上新增的功能模块，通过这一平台，个人和企业都可以打造一个微信公众号，并实现与特定群体进行文字、图片、语音等的全方位沟通互动。

企业微信公众号是企业媒体发布平台、销售信息发布平台、危机公关平台、消费者互动平台、促销活动开展平台、新品展示平台、产品在线销售平台、网上支付平台、调研平台、公司企业文化传播平台、人才招聘平台……一切企业关注的，企业需要的，在企业微信公众号都可以实现。

此外，在微信 5.0 上线后，最具特色的一点是，借助于安卓系统的特点，用户可以直接将在微信中关注的公众号的图标添加到桌面。无须先开启微信，就可以直接从桌面进入微信公众号。

这意味着一个微信公众号就形成了一个自主的 App，微信演变成了一个 App Store。可惜的是，由于苹果公司的一大营收来自 App Store，导致 iOS 系统的封闭性，这一功能在 iOS 系统上没有机会上线。但是，这也说明了微信作为移动端入口的明显优势。

三、微信营销的 F2F 模式

在微信出现之前，任何营销都不算真正意义上的 F2F 营销。以前的营销模式，要么不知道多少人看，要么不知道谁在看，要么不知道看的人怎么想的，要么看了不知道怎么去买，要么想买还得去实体店，要么买了用着好却不知道如何对企业表达感谢。而随着微信的出现，这一切都解决了。

微信是真正意义上的 F2F 营销，通过企业微信公众号，用户数据一目了然，而且手机端的特性决定了信息能随时随地到达用户手中，商家可以准确了解用户，也可以直接与用户进行沟通，甚至进行交易。这是完全的 F2F 营销。

（一）微信营销 F2F 模式与企业品牌推广

品牌推广（Brand Promotion）是指企业塑造自身及产品品牌形象，使广大消费者广泛认同的系列活动过程。品牌推广有两个重要任务：一是树立良好的企业和产品形象，提高品牌知名度、美誉度和特色度；二是最终要将有相应品牌名称的产品销售出去。

而品牌推广除了树立良好的品牌形象之外，更重要的是要有媒体品牌推广的渠道。现如今是渠道为王的时代，渠道对于品牌推广费用的消耗和控制力都很大，这样就导致了一种现象的产生：中间渠道商控制或提高媒体推广的成本费用，甚至可能左右推广宣传的时间策略等，这对于直接品牌推广的企业非常不利。品牌推广的企业在整个营销渠道的谈判和力量对比中处于劣势，导致意图传达或传递的品牌价值得不到彰显。

而微信带来的 F2F 营销模式可以跳过媒体渠道，直接进行宣传。品牌推广的企业对终端有直接的控制权和传播权，也在整体的推广中处于优势主导地位，摆脱了中间服务商或渠道推广商的控制，直接将自己的产品和企业品牌形象第一时间展现给终端客户和消费者。

具体应用方面，微信端的 F2F 模式可以较好地借助于品牌展示和营销活动两个工具进行应用。基于微信端口开发的类似于微网站的 Web App 以及大转盘、刮刮卡等趣味活动，就是基于 F2F 理论在品牌营销推广上的典型应用模式。

（二）微信营销 F2F 模式下的消费者沟通

得消费者得天下，在产品同质化严重的今天，对很多企业来说，成功与否的关键不是产品质量和品牌形象，而是能否与消费者建立有效的沟通机制。毕竟，企业所有的产品定位、品牌战略、市场战略等，最终的目的就是占领市场，赢得消费者。只有消费者购买了你的产品，你才能获得利润，才能产生源源不断的动力。

沟通机制不但包括定期不定期的交流和沟通，而且需要有对精准客户的挖掘以及对客户需求的分析和把握。企业的终端表现和服务态度让消费者满意了，无疑会增进企业与消费者之间的感情，消费者在多次购买行为之后，最终会形成对品牌的忠诚度。而对于企业来说，这样的终端表现也是一次绝佳的品牌推广。

而传统的沟通机制、客户调研及意见收集反馈、舆情监测，企业更多依赖于第三方或组织外派专人来负责，往往需要花费很多的精力去设计问卷，或委托第三方进行调查取样。这种方式主要有两个问题：（1）实现的成本高；（2）数据真实可靠性存疑，因为终端消费者收集的方式和手段相对容易受到第三方或执行落实环节的影响。

而微信带来的 F2F 的模式可以帮助企业跳过第三方机构，直接进行沟通，第一时间收集用户的反馈和意见，或对用户的言论等进行舆论监测。

在具体应用方面，微信端的 F2F 模式可以较好地借助于调研系统和投诉管理两个工具进行应用。基于微信端口开发的类似于调研问卷的应用以及留言反馈等应用，就是基于 F2F 理论在消费者沟通上的典型应用模式。

（三）微信营销 F2F 模式与企业产品销售

传统的销售一般都是基于渠道或中间商进行的，渠道相当于水渠和过道，是连接、承载产品和服务的载体。在这个载体的两端可以是企业——经销商、代理商、批发商、大型零售终端，也可以是大区代理商、批发商、经销商——二级或三级甚至更小的分销商。简言之，最终产品和服务的消费用户不是从原制造厂商处得到（经过两个或两个以上的环节转手得到）的都可称为渠道。

例如，一件衣服的售价是 200 元，可能它的成本（出厂价）是 30 元，还有 170 元去哪里了呢？就是各层的代理、零售、中间商、渠道商等逐层去加价，因为他们的进货和推广服务等都需要成本。而消费者在意的是买到便宜、称心如意的商品，至于这个商品从哪里买的他并不太关心。但是对于工厂加工型企业（直接生产或制造商品的公司）来讲，他们希望的是锁定更多的终端客户，而要锁定终端客户，就必须满足便宜和令客户称心如意两点。

所以，在这种形势下，从事产品生产制造的企业就需要建立一种跳过代理商、经销商，以及京东、淘宝等电商的一种方式，直接在线实现对终端客户的销售和服务。

而微信带来的 F2F 的模式可以帮助企业跳过中间商的链条，直接进行销售，第一时间收回现金流，收回企业的生产成本，实现企业的效益。具体应用方面，微信端的 F2F 模式可以较好地借助于微商城和微预订这两个工具进行应用。基于微信端口开发的类似于预约系统和商城购物系统等的应用，就是基于 F2F 理论在企业产品销售上的典型应用模式。

微信手机端的移动性、随时随地接受反馈性、一对一的沟通特性，尤其企业公众号这个极具颠覆性、革命性的产品的出现，将这一切变为可能。微信直接解决了 F2F 营销模式的困境，给企业营销带来了新的生机。

四、微信支付

微信支付是集成在微信客户端的支付功能，用户可以通过手机完成快速的支付流程。微信支付向用户提供安全、快捷和高效的支付服务，以绑定银行卡的快捷支付为基础。

支持支付场景有微信公众平台支付、App（第三方应用商城）支付和二维码扫描支付。

微信支付规则如下：

（1）绑定银行卡时，需要验证持卡人本人的实名信息，即姓名和身份证号等信息。

（2）一个微信号只能绑定一个实名信息，绑定后实名信息不能更改，解卡不删除实名绑定关系。

扫一扫

移动广告的精准投放

（3）同一身份证件号码只能注册最多 10 个微信支付。

（4）一张银行卡（含信用卡）最多可绑定 3 个微信号。

（5）一个微信号最多可绑定 10 张银行卡（含信用卡）。

（6）一个微信账号中的支付密码只能设置一个。

（7）银行卡无须开通网银（中国银行和工商银行除外），只要在银行中预留了手机号码，即可绑定微信支付。

说明：一旦绑定成功，该微信号将无法绑定其他姓名的银行卡和信用卡，因此需要谨慎操作。

实训项目五 抖音营销策划

一、实训目标

（1）根据当下即将到来的节日（如中秋、国庆或者端午等）开展抖音营销活动，进行抖音营销策划。

（2）实训中要求结合移动端特点进行相关的抖音营销规划，并随时监控发布营销视频后的效果。

（3）掌握抖音营销的相关方法和技巧。

二、实训环境

（1）4G/5G 安卓或 iOS 智能手机，开通 4G/5G 网络或 Wi-Fi。

（2）手机上有抖音 App 软件及账号（模块四已经完成注册实训）。

三、实训内容

（一）抖音营销策划

步骤 1：根据自己拟订的节日活动，按照实训的要求进行营销分析，熟悉实训所提供的相关素材，明确实施原因、实施目的及目标受众群体。

步骤 2：根据此次活动的营销目的及受众群体进行抖音营销策划，确定此次营销的相关主题、内容及表现形式，熟悉主流平台的功能，完成下表。

抖音营销策划	策划内容及说明	具体分析
营销目标	实施抖音营销的目的	
实施原因	实施抖音营销的原因	
目标受众群体	营销针对人群	
实施步骤	本次营销活动的具体步骤方案	
内容类型	所发布的内容类型	

（二）抖音内容编辑

步骤 1：根据此次营销的主题确定内容形式，是文本还是图片，或者是视频的形式。为自己的作品拟订一个标题，发布简短的营销性质的作品。

步骤 2：选择与主题内容相关联的热门话题，或者结合新闻时事来编写文案内容或者视频内容，以吸引流量，引起关注与共鸣。

步骤 3：上传自己编辑的作品。内容要宣扬正能量，健康积极向上。编辑过程中还应注意语句精练顺畅，避免语法错误、错别字等。

（三）发布上传

（1）点击“我”进入账号后台，选择“作品”菜单，然后“点击开拍”即可。如图 5－7 所示。

（2）在新界面中，可以看到上传的作品形式有 3 种，分别是“视频”“照片”“文字”，如图 5－8 所示。

图 5－7

图 5－8

（四）效果监控与分析

步骤 1：查看抖音发布视频后的点赞量、转发量和收藏量。

步骤 2：查看抖音视频营销带来的粉丝量、关注量。

步骤 3：分析抖音营销的总体效果。

步骤 4：以小组形式，进行相互查看，并进行抖音营销的效果互评。

职业伦理

自媒体内容定位乱象

近年来，某些自媒体为了获取流量，夺人眼球，追求10万十，使用了各种手段：有的编造内容，有的使用惊悚标题，有的抄袭别人的原创文章，有的甚至发布低俗、色情的内容，无所不用其极。

微信官方、今日头条等平台严格治理损害内容生态、严重影响用户阅读体验的自媒体行为。2018年11月11日微信公众平台公布，针对内容低俗、标题党、传播谣言、抄袭侵权、刷量刷粉、恶意和重复侵权行为等乱象，共封禁各类低俗账号超过18万个，删除相关文章31万篇。

2019年初，某公众号发布的文章《一个出身寒门的状元之死》刷爆朋友圈，但因其编造故事、刻意煽动泪点，再次引发负面舆论风波。2月21日，该公众号及其公司旗下另一个公众号注销后，今日头条、凤凰网随即发布公告，对相关自媒体采取封禁、永久关闭处理，如图5-9、图5-10所示。

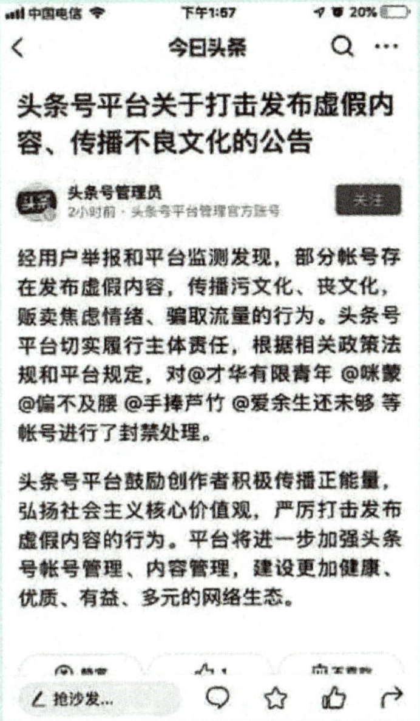
今日头条

头条号平台关于打击发布虚假内容、传播不良文化的公告

头条号管理员
2小时前 · 头条号平台管理官方账号

经用户举报和平台监测发现，部分帐号存在发布虚假内容，传播污文化、丧文化，贩卖焦虑情绪、骗取流量的行为。头条号平台切实履行主体责任，根据相关政策法规和平台规定，对@才华有限青年 @咪蒙 @偏不及腰 @手捧芦竹 @爱余生还未够 等帐号进行了封禁处理。

头条号平台鼓励创作者积极传播正能量，弘扬社会主义核心价值观，严厉打击发布虚假内容的行为。平台将进一步加强头条号帐号管理、内容管理，建设更加健康、优质、有益、多元的网络生态。

图5-9 今日头条发布声明

声明：凤凰网永久关闭"咪蒙""才华有限青年"等账号

大风号
2019/02/21 12:55

凤凰网坚决落实主体责任，坚决落实自媒体相关管理规定，自觉抵制虚假营销的账号，坚决抵制虚假信息，抵制无污不成文的文化、丧文化，抵制毒鸡汤，反对贩卖焦虑，坚决打击骗取流量的行为，要让严重影响社会稳定、人为撕裂社会的行为，付出惨痛的代价。

凤凰网从源头治理，立即关闭"才华有限青年"和"咪蒙"的大风号，停止其在本平台上的一切活动，全部关闭，不得转世。并在内容审查上严格把关，严格审核，牢牢守住秩序红线，严禁任何虚假、低俗内容越线一步，同时还要加强监管，发现一处查处一处，整改一处，杜绝一处，让严查细审成为网络治理的常态。

凤凰网要引导网民树立健康、端正、积极的心态，要做好表率作用。我们需要加强对自身的塑造

图5-10 凤凰网发布声明

作为新媒体人，应积极提高职业素养，从社会责任理论出发，担当应有的社会责任，在发布信息时把握权威的信息来源，不捕风捉影，不添油加醋，不宣泄情绪，不误传各种片面或者不实的内容。同时，自媒体人需要有较高的职业道德，要做到不唯利是图，不投机取巧，主动杜绝标题党、"洗稿"、抄袭侵权、虚假诈骗等违背媒体行业规范和职业道德的行为。

思考与练习

1. 移动营销相比传统营销有哪些独特优势？请至少列举三项并简要说明理由。
2. 二维码在移动营销中的主要应用有哪些？
3. 移动 App 营销和手机网站营销应注意的问题有哪些？
4. 什么是 LBS？基于 LBS 的移动营销有哪些特点？
5. F2F 微信营销对企业产品的销售有何意义？
6. 谈谈你对移动营销发展趋势的看法。
7. 为某一知名蛋糕店策划一个可操作的本地化移动营销方案。

扫一扫

在线练习

模块六

移动商务安全

扫一扫

移动互联网相关法律法规

● 知识目标

熟悉移动商务安全的主要技术。

了解移动商务的安全需求和安全问题。

理解移动商务信任机制及行业自律。

理解移动商务安全相关法律法规。

● 技能目标

能简单分析移动商务的安全问题，并制定初步安全方案。

能够应用完整性保护技术、真实性保护技术、机密性保护技术和抗抵赖技术等解决移动商务中的安全问题。

能够识别和防范移动终端操作系统的安全威胁。

能够识别和遵守与移动商务相关的法律法规要求。

● 素养目标

具备没有网络安全就没有国家安全的意识，不断筑牢网络安全防线，让人民群众安享美好数字生活。

坚持依法治网、依法办网、依法上网，让互联网在法治轨道上健康运行。

担当应有的社会责任，遵从网络行为规范和职业道德。

案例导入与预演

随着移动互联网的快速发展，移动商务以其灵活、简单、方便的特点，逐渐成为人们进行商务活动的新模式。移动商务技术的推广，是对传统电子商务技术的改进和完善，在引入新技术、新环境的同时，也较好地满足了不同用户的个性化需求，增强了用户体验。然而，移动商务技术在得到广大用户青睐的同时，也吸引了黑客的注意力。较传统电子商务而言，无线移动设备自身内存的限制、无线网络的开放性，使得移动商务存在更为突出的安全隐患。上述安全隐患若得不到较好的解决，很有可能成为移动商务业务发展的瓶颈。

一、案例导入

2024 年 2 月 5 日，中国银联发布了《2023 年移动支付安全大调查报告》，这是其连续第十七年联合全国性商业银行进行的全国消费者移动支付安全大调查。报告深入分析了用户的移动支付习惯、风险行为、损失情况及防范措施，旨在为公众提供风险防范建议，保障用户的资金安全。

报告显示，支付安全已成为用户的首要诉求。超过70%的用户在支付时会选择设置支付验证，如密码、短信验证码、生物识别等，以增强账户资金的安全性。同时，近半数愿意使用“小额免密”支付的用户倾向于设置100元及以下的免密限额。在支付方式上，支付App和银行App成为用户高频使用的两大主流方式。每周使用这两种App超过10次的用户占比高达78%。对于小额便民消费场景，如菜场超市、公共缴费、话费充值等，用户更倾向于使用支付App；而在大额转账场景中，银行App则是用户的首选。线上消费场景方面，综合电商平台依然占据主流地位。同时，外卖、生鲜等生活服务平台受到年轻用户的青睐，网络直播购物也成为公众认可的新场景。得益于各平台的适老化建设，大龄群体在电商平台、网络直播、餐饮商超等场景中的移动支付使用也日渐增多。用户的支付安全意识在逐年提升。2023年的支付安全意识指数为81.9分，较2022年提高了2.8分。然而，遭受过电信诈骗损失的用户支付安全意识仅为64.8分，显著低于总体平均水平。这表明，虽然整体支付安全意识有所提升，但仍需进一步加强针对电信诈骗的防范教育。

调查发现，电信诈骗威胁依然严峻，但人均电诈损失有所下降。短信、电话、电子邮件等传统渠道仍是不法分子散布电诈信息的主要方式，同时也在向社交媒体和短视频平台渗透。虚假购物、刷单返利诈骗是造成用户损失的主要电诈手法。不法分子还会根据不同人群特征，针对性实施诈骗，如针对未成年人的免费领取游戏装备诈骗、针对大学生的虚假购物和刷单返利诈骗等。为有效保护用户财产安全，国家反诈中心App、云闪付“一键查卡”等“七大反诈利器”得到了广泛认知和应用。这些工具成为用户反诈防诈的重要途径。然而，电诈受损用户了解的“反诈利器”数量低于全体样本的平均水平，说明认识和掌握这些工具对于预防电诈案件发生、减少财产损失具有重要意义。

由此，移动互联网用户需进一步提升安全支付意识。专家建议：一是养成支付安全行为习惯，保护好个人敏感信息，妥善管理银行卡和账户，了解并善用“七大反诈利器”；二是了解常见诈骗套路，提升电信诈骗防范意识；三是如遇资金损失需冷静应对，及时采取措施止损并寻求帮助；四是关心提醒家中亲友，特别是“一老一少”群体，帮助他们增强防范意识、提升反诈能力。通过这些措施，共同守护老百姓的“钱袋子”。

二、预演

预演任务

通过收集身边人和自身经历、新闻报道及查阅网络资料，总结目前存在的各种网络安全问题及隐患，通过讨论完成下面的表格。

	类型	原因	应对方法
移动商务存在的安全隐患			
典型的移动商务安全事件			

注意：请认真体验，尽量从多个不同的角度填写上面的表格。

单元一 移动商务安全概述

移动通信技术从 1G 发展到 5G 的过程，也是移动网络的安全机制不断完善的过程。第一代移动通信系统几乎没有采取任何安全措施，移动台把其电子序列号（ESN）和网络分配的移动台识别号（MIN）以明文方式传送至网络，若二者相符，即可实现用户的接入，但用户面临的最大威胁是自己的手机有可能被克隆。第二代数字蜂窝移动通信系统（2G）采用了基于私钥密码体制，但这种机制在身份认证及加密算法等方面存在许多安全隐患，同样面临着克隆、数据完整性和拒绝服务攻击等安全威胁。第三代和第四代移动通信系统（3G/4G）在 2G 的基础上进行了改进，继承了 2G 系统安全的优点，同时针对 3G/4G 系统的新特性，定义了更加完善的安全特征与认证服务。尽管如此，随着 4G 的智能终端与用户的密切性逐渐加深，智能终端上仍然隐藏安全威胁，容易出现移动终端操作系统的漏洞，造成病毒攻击、通信接口防护不严密等安全隐患。目前到了 5G 时代，在全球电信行业的密切协作下，通过增加和完善安全特性，5G 网络的安全能力已远高于此前的任何一代网络，这在业界已经形成共识。

一、移动商务面临的安全威胁

随着移动通信的普及以及移动互联网业务的迅猛发展，移动商务所依赖的移动网络逐渐成为黑客关注的目标。网络的开放性以及无线传输的特性，使安全问题成为整个移动通信系统的核心问题之一。窃听、伪装、破坏完整性、拒绝服务、非授权访问服务、否认使用/提供和资源耗尽等形形色色的潜在安全攻击威胁着正常的通信服务。

移动商务的迅速发展得益于移动通信的广泛应用，是因为移动通信网络的建设不像有线网络那样受地理环境限制，移动用户也不受有线通信电缆的限制，而是可以在移动中进行通信。移动通信网络的这些优势都是来自其所采用的无线通信信道，而无线信道是一个开放性信道，它在赋予移动用户通信自由的同时也带来了一些不安全的因素，如通信内容容易被窃听、通信内容可以被更改、通信用户身份可能被假冒等。移动商务同样面临多种安全威胁，主要包括以下几个方面。

（一）无线窃听

在无线通信过程中，所有通信内容，如通话信息、身份信息和数据信息等，都是通过无线信道开放传送的。任何拥有一定频率接收设备的人均可获取无线信道上的传输内容。无线窃听可以导致通信信息和数据的泄露，而移动用户身份和位置信息的泄露可以导致移动用户被无线追踪。这对于无线用户的信息安全、个人安全和个人隐私都构成了潜在的威胁。

（二）漫游安全

在无线网络中，当用户漫游到攻击者所在的一定区域内时，在终端用户不知情的情况下，信息可能被攻击者窃取和篡改，服务也可能被拒绝。中途交易后，由于缺少重新认证的机制，通过刷新使连接重新建立会给系统带来风险。没有再认证机制的交易和连接的重新建立是危险的，连接一旦建立，使用安全套接层（SSL）协议和无线传输层安全（WTLS）协议的多数站点，不再进行重新认证和重新检查证书，因此，攻击者可以利用该漏洞。

（三）假冒攻击

假冒攻击是指由于无线通信信道的开放性，当攻击者掌握了网络信息数据规律或解密了商务信息后，假冒合法用户或发送假冒信息欺骗其他用户的行为。无线通信中，移动通信站需要通信用户的身份信息，以认证其是否为合法用户。攻击者容易截获通信用户包括身份信息在内的所有通信数据，从而假冒该合法用户发送错误信息。另外，攻击者通过冒称网络信息控制中心（如在移动通信网络中假冒网络基站，以欺骗用户）骗取用户身份信息。

（四）完整性侵害

完整性侵害指网络攻击者截取信息，并私自修改、删除、插入、重传合法用户的信息或信息数据的过程。完整性侵害可以通过信息的修改阻止用户双方建立链接，也可以欺骗接收者相信收到的已被修改的信息是由原发送者传出的未经过修改的信息，还可以通过阻止合法用户的身份信息、控制信息或业务数据，从而使合法用户无法享受正常的网络服务。

（五）业务抵赖

业务抵赖是指业务发生后否认业务发生，以逃避付费或逃避责任，这在移动商务中很常见。在移动商务中，这种威胁包括两方面：（1）交易双方中的买方收货后否认交易，企图逃避付费；（2）卖方收款后否认交易，企图逃避交货。

（六）窃取和丢失

由于移动设备功能的不断增加，移动设备可以存储一些用户的个人信息，如通讯录和工作日程表等，在有些移动设备（如便携式计算机）中甚至存储着一些公司的商业信息。但是由于体积的原因，移动设备很容易被偷或丢失。因此，防止移动设备中秘密信息的失窃也是一个很重要的问题。

（七）恶意代码

恶意代码是指经过存储介质和网络进行传播，从一台计算机系统到另一台计算机系统，未经授权认证破坏计算机系统完整性的代码或程序，包括计算机病毒、蠕虫、特洛伊木马、逻辑炸弹、系统后门、Rootkits、恶意脚本等。恶意代码编写者一般利用三类手段来传播恶意代码：软件漏洞、用户本身以及两者的混合。有些恶意代码是自启动的蠕虫和嵌入脚本，本身就是软件，这类恶意代码对人的活动没有要求。一些像特洛伊木马、电子邮件蠕虫等恶意代码，利用受害者的心理操纵他们执行不安全的代码；还有一些是哄骗用户关闭保护措施来安装恶意代码。

此外，移动商务中的移动终端面临的安全威胁包括移动终端设备的物理安全、SIM卡被复制、电子标签（RFID）被解密和感染病毒、拒绝服务等多个方面。

二、移动商务的安全需求

通过分析移动商务系统所面临的安全威胁，可以看出安全性对于移动商务的重要性。一个完整且安全的移动商务系统应该有以下特点。

（一）保密性和身份认证需求

移动终端的 SIM 卡通常需要具有加密和身份认证的能力，SIM 卡号就像无线通信中的物理地址，具有全球唯一性。随着移动用户实名制的实施，一个用户对应一张 SIM 卡，SIM 卡可以识别用户身份。利用可编程的 SIM 卡，还可以存储用户的银行账号和 CA 证书等用于标识用户身份的有效凭证。另外，可编程的 SIM 卡还可以用来实现数字签名、加密算法和身份认证等，识别这些信息是电子商务领域必备的安全手段。

（二）数据信息完整性

保证数据信息在传输、交换、存储和处理过程中保持非修改、非破坏和非丢失的特性，这可以使用消息摘要技术和加密技术（Hash 函数）来实现，而支付信息的完整性可由支付协议来保证。

（三）不可否认性

保证接收方对于自己已接受的信息内容不能否认，发送方对于已经发出的信息不能抵赖和否认；保证交易数据的正当保留，维护双方当事人的合法利益。这可以通过数字签名技术来实现。

（四）匿名性

移动商务的匿名性主要包括以下三个方面：

（1）用户身份隐藏。用户的永久身份不能在无线接入链路上被窃听到。

（2）用户位置的隐藏。用户到达某个位置或某个区域不能通过对无线接入网窃听到。

（3）用户的不可跟踪性。攻击者不能通过在无线接入网上窃听，推断出是不是对某个用户提供了不同的服务。

（五）容错能力

信息在网络中传输，设备和线路经常会发生故障，要保证在故障产生时系统不会长时间处于停滞状态，要有备用解决方案，还要保证更新系统时对于原有软硬件的兼容能力。

另外，移动商务对于系统的经济性也得适当考虑，希望在增强系统安全性的同时，尽量降低所花费用。合理的加密技术是增强安全的最有力措施，目前已有不少加密算法可以实现，要从算法的可实践性上做适当选择。

三、移动商务安全现状

（一）移动商务安全存在的主要问题

囊括超过 90%上网人群的移动互联网，已经成为网络空间中最重要的一个组成部分，而网络空间安全更是与国家安全息息相关、不可或缺的组成部分。现阶段，国家层面的移动互联网信息安全的主要问题有以下几个方面：

（1）核心技术的缺乏。无论是移动通信网络的制式、技术体制和标准，还是终端的核心芯片、操作系统及其生态环境等核心技术均未能实现自主可控，从而为国家网络空间信息安全埋下了巨大隐患。

（2）互联网以美国为中心的架构在短期内无法改变。以根域名服务器为例，虽由 ICANN（Internet Corporation for Assigned Names and Numbers）托管，但根域文件（Root Zone File）却直接受美国商务部（United States Department of Commerce）的监管。而移动互联网几大巨头，如苹果、谷歌、微软等更是在《美国爱国者法案》的管制范围内，该法案以反恐的名义赋予美国执法机关近乎无限制的信息获取权力。

（3）企业信息安全在移动互联网环境下受到极大挑战。智能终端的兴起为移动办公应用打下了坚实的基础，随着移动终端自身处理能力的不断增强、移动互联网信息传输能力的不断提升，企业对于 3A（Anytime，Anywhere，Anything）移动办公的需求能够得到更好的满足。然而，移动办公与传统办公在使用环境、终端类型和通信条件上有天壤之别，传统企业信息安全体系早已无法适应移动互联网环境下的移动办公需求。在效率与安全的天平上，平衡早被打破，鱼与熊掌不可兼得。“手机里有你的一切”，虽然这只是广告宣传用语，但却指出了关键所在。语音通信虽仍是手机的关键功能之一，但融合通信类应用、社交网络类应用、金融支付类应用、地理位置类应用和移动办公类应用已经使手机成为社交网络、金融支付和处理工作信息的关键节点，工作与生活的界限在移动互联网环境中早已模糊。而云概念的兴起与大数据时代的来临，在移动终端这个信息节点上的叠加效应十分明显。移动终端是极为关键的信息节点，但相对而言也是极为脆弱的，生活与工作的混合环境恰恰放大了安全的威胁。

（二）移动商务的安全技术

现有的移动商务的安全技术主要有以下几种：

1. 完整性保护技术

完整性保护技术用于提供消息认证的安全机制。通常情况下，完整性保护技术是通过计算消息认证码来实现的，就是利用一个带密钥的 Hash 函数对消息进行计算，产生消息认证码，并将它和消息捆绑在一起传给接收方。接收方在收到消息后首先计算消息认证码，并将重新计算的消息认证码与接收到的消息认证码进行比较。如果它们相等，则接收方就认为消息没有被篡改；如果它们不相等，则接收方就知道消息在传输过程中被篡改了。

2. 真实性保护技术

真实性保护技术用来确认某一实体所声称的身份，以防假冒攻击。在移动商务中，交易信息通过无线网络转发，在传输过程中可能产生一定的延迟，需要通过鉴别数据源来确认交易信息的真正来源。最简单的方法是让声称者与验证者共享一个对称密钥，声称者使用该密钥加密某一消息（通常包括一个非重复值，如序列号、时间戳或随机数等，以对抗重放攻击），如果验证者能成功地解密消息，那么验证者相信消息来自声称者。

3. 机密性保护技术

机密性保护技术是为了防止敏感数据泄露给那些未经授权的实体。通常，最简单的方案是收发双方共享一个对称密钥，发送方用密钥加密明文消息，而接收方使用密钥解密接收到的密文消息。

4. 抗抵赖技术

抗抵赖技术是为了防止恶意主体事后否认所发生的事实或行为，要解决此问题，必须在每一事件发生时，留下关于该事件的不可否认的证据。当出现纠纷时，可由可信的第三方验证这些留下的证据，这些证据必须具有不可伪造或防篡改的特点。通常，不可否认证据是由发送者使用数字签名技术产生的。

5. 其他安全技术

安全协议是以密码学为基础的消息交换协议，目的是在网络环境中提供各种安全服务，其安全目标是多种多样的。例如，认证协议的目标是认证参加协议的主体的身份，许多认证协议还有一个附加的目标，即在主体之间安全地分配密钥或其他各种秘密。在网络通信中最常用的、最基本的安全协议按照其目的可以分成以下四类：

（1）密钥交换协议。这类协议用于完成会话密钥的建立，一般情况下是在参与协议的两个或多个实体之间建立共享的秘密，如用于一次通信的会话密钥。密钥交换协议有

Blom 协议、Girault 协议、Diffie-Hellman 协议、MIT 协议和 Andrew RPC 协议等。

（2）认证协议。认证协议包括身份认证协议、消息认证协议、数据源认证协议等，用来防止假冒、篡改和否认等攻击。认证协议有 Schnorr 协议、Okamoto 协议、Kerberos 认证协议和 Guillou-Quisquater 协议等。

（3）认证密钥交换协议。这类协议将认证协议和密钥交换协议结合在一起，先对通信实体的身份进行认证，在认证成功的基础上，为下一步安全通信分配所使用的会话密钥。认证密钥交换协议是网络通信中应用最普遍的一种安全协议，有 Needham-Schroeder 公钥认证协议、分布式认证安全服务（DASS）协议、互联网密钥交换（IKE）协议和 X. 509 协议等。

（4）电子商务协议。与上述协议明显不同的是，电子商务协议中的主体是交易双方，其利益目标是矛盾的。电子商务协议最为关注的就是公平性，即协议应保证一个交易方达到自己的目标，当且仅当另一交易方达到自己的目标。当前应用比较广泛的电子商务安全协议主要有 Digicash 协议、Netbill 协议、SET 协议和 SSL 协议等。

一般来说，前三类安全协议是第四类电子商务协议的基础。通常情况下，在移动商务交易中并不只采取上述某一种安全协议来保证交易的安全性，而是采取其中两个或多个协议的组合。

四、我国移动商务安全发展策略

虽然信息安全形势较为严峻，但我国已经将网络空间信息安全建设提高到国家安全层面，通过政府、企业和个人不懈的共同努力，未来必将做到自主、安全、可控。移动互联网信息安全的发展同样应该从国家、企业和个人层面来进行描述。

（1）在国家层面上。通过不断完善相应法律法规，建立信息安全的法律和政策框架；通过加大对信息产业的投入，逐步建立自主的技术路线、标准和体制，实时掌握信息产业发展的话语权；突破以核心芯片为代表的关键技术，推动自主可控移动互联网生态系统的建设。

（2）在企业层面上。积极应对移动办公带来的信息安全挑战，研究移动办公安全体系及架构，以云计算和安全终端等关键技术为突破口，建立健全发展自主可控的，包括终端自身安全、接入安全和传输安全的完整移动办公解决方案。

（3）在个人层面上。依托国家法律法规，在工业界提供移动互联网安全解决方案的基础上，加大信息安全知识的宣传推广，提高个人信息安全保护意识，由点到面、自下而上地提高移动互联网信息安全整体水平。

职业伦理

筑牢网络安全防线

党的十八大以来，以习近平同志为核心的党中央重视互联网、发展互联网、治理互联网，统筹协调涉及政治、经济、文化、社会、军事等领域网络安全和信息化重大问题，作出一系列重大决策，实施一系列重大举措，推动我国网信事业取得历史性成就，走出一条中国特色治网之道。

习近平总书记在2018年4月召开的全国网络安全和信息化工作会议上深刻指出："没有网络安全就没有国家安全，就没有经济社会稳定运行，广大人民群众利益也难以得到保障。"作为全球网民最多、联网区域最广、信息化程度与日俱增的网络大国，要确保网络安全，必须构筑好网络安全屏障，确保网络安全责任落到实处。应对网络和信息安全挑战，关键在人。

网络安全为人民，网络安全靠人民，维护网络安全是全社会的共同责任，需要政府、企业、社会组织、广大网民共同参与，共筑网络安全防线。我们面临的网络安全问题，很多是意识问题，要树立正确的网络安全观。思想是行动的先导，思想上守不住防线，行动上就控不住风险，战场上就打不赢敌人。

我们应深入学习习近平总书记关于网络强国的重要论述，重视网络安全，防止和克服"网络安全问题很遥远"的盲目乐观、"与己无关"等错误认识，避免消极应付等错误行为；旗帜鲜明讲好大道理、弘扬正能量，加大对网络虚假信息、政治谣言、错误观点等的批判揭露，推动形成健康向上的网络文化，做到网上正能量充沛、主旋律高昂。

单元二 移动商务信任机制及行业自律

在4G/5G技术的推动下，我国移动互联网和移动商务发展步入了高速增长期，移动终端用户和网民数量持续新高，手机网站也如雨后春笋，产业发展迎来了关键时刻。然而，面对庞大的市场诱惑，不少手机网站和内容服务商为了短期利益而弃行业健康发展于不顾，低俗不良之风也悄然蔓延，给移动互联网发展带来了恶劣的影响。2009年12月，工业和信息化部电信研究院信息名址服务管理中心发起的《诚信经营、文明自律、绿色健康、和谐发展》倡议得到了众多移动互联网内容服务商的积极响应，百家企业共同签署了行业自律公约，致力于推动整个产业积极、健康、和谐发展。

一、移动商务交易信任机制

移动商务交易中的信任是指网上消费者对在线交易的总体信任，它分为广义和狭义两种。狭义的信任机制局限于网络平台的技术手段的研究，一般分为基于身份的信任模型、基于角色的信任模型、自动信任协商模型和基于名誉的信任模型。广义的信任机制是指电子商务交易系统中构成、影响相互信任关系的各部分及它们之间的作用方式，以及为促进和维持信任关系所发生的相关作用方式和所有手段、方法等。在这一机制中，主要涉及交易主体（网上企业和消费者）及在交易过程中起保护和支持作用的第三方机构（如银行和政府等）。

建立移动商务交易信任机制，需要综合考虑政府、企业和交易伙伴三方面的影响，需要交易涉及的各方主体的共同努力。

（一）从政府的角度

1. 加强法律的威慑力度

加强法律建设是政府介入移动商务信任机制形成的重要途径。当前，国际社会为了确保电子商务交易的顺利进行和发展，都纷纷着手制定相关法规。目前，较为规范和完整的电子商务交易法规当首推联合国国际贸易法委员会（UNCITRAL）提出的《电子商务示范法》蓝本。除此之外，1997 年欧盟发布的《欧盟电子商务行动方案》、美国的《全球电子商务发展纲要》和世界贸易组织达成的《信息技术协议》，都为电子商务交易提供了有力的安全保障。我国已经颁布的《电子签名法》标志着我国电子商务法律建设的开始，但有关移动商务方面的法规几乎没有，而传统的电子商务法规不能完全适应移动商务，国际上许多国家已经采取了法律手段规范短信息服务，以控制有害短信蔓延的势头。在我国，这些法律法规还有待完善。

2. 提升移动商务经营者的自律水平

经营者自律和监管是建立移动商务信任机制的重要手段。电子商务行业自律可由政府牵头，制定行业自律规章制度，规范移动商务经营者的经营行为，提高移动商务经营者的诚信法律知识和素质。企业要经常进行自查自评，对客户跟踪调查，了解消费者反馈，从而提高移动商务经营的诚信服务质量。

（二）从企业的角度

企业应以不断创新为手段，全心全意致力于提供安全诚信服务，以此来满足广大顾客的需求。例如，南航在国内首先推出电子客票，率先提供电子客票网上值机和手机值机等特色服务，在网站电子商务信息化诚信服务方面，加强网站安全建设，不断创新超越，强化网站服务功能，扩展服务领域范围，优化电子商务服务流程。不论是电子商务网站和移动商务网站的运营者，还是会员，都有责任和义务保证上传信息的真实性和有效性，特别是作为电子商务网站和移动商务网站的运营者，更应承担自己网站上传或所发布信息的审核工作，这个环节是重中之重。

（三）从交易伙伴的角度

从交易伙伴角度，首先需要完善第三方认证形式。在移动商务中，通过担保的方式建立消费者信任，建立商务交易主体的信任途径。第三方认证可以降低不确定性和部分利益诱惑，有力保证认证结果的公正性、客观性和真实性，相对而言具有更高的可信度和公正性。银行和第三方支付机构在移动商务中做担保，可以极大地推进交易双方信任机制的建立，如支付宝公司为淘宝网交易者提供的“第三方担保”，就对淘宝网信任机制的建立起到了巨大作用。但由于第三方认证在国内仍处于发展阶段，还不能满足交易伙伴间建立信任的要求，因此需要大力发展和建设。2011 年出台的《第三方电子商务交易平台服务规范》在电子商务服务业发展中具有举足轻重的作用。第三方电子商务交易平台不仅沟通了买卖双方的网上交易渠道，大幅度降低了交易成本，也开辟了电子商务服务业一个新的领域。加强第三方电子商务交易平台的服务规范，对于维护电子商务交易秩序，促进电子商务健康快速发展，具有非常重要的作用。

建立和完善移动商务交易信任机制，需要政府、企业和交易各方共同努力，需要法律、技术和诚信多方面的协调共建。只要政府发挥自身职能，提高对移动商务交易过程的监管力度，企业有意识地采取一些措施提高自己在网络上的信任度，交易者遵守法律、恪守道德、诚实守信，我国移动商务信任机制就会得以快速建立，电子商务行业就会更加健康、快速地发展。

二、移动商务行业自律

随着移动互联网的飞速发展，移动商务已经成为我们日常生活中不可或缺的一部分。从在线购物、移动支付到社交媒体互动，移动商务为我们带来了前所未有的便利。然而，在这个快速发展的领域中，如何确保用户的权益、数据安全和市场公平竞争呢？答案就是——移动商务行业自律。

（一）移动商务行业自律的含义

移动商务行业自律是指行业内企业自愿遵守的一系列规范和准则，旨在保护用户权益、维护市场秩序、促进公平竞争和推动行业健康发展。这些规范和准则通常由行业协会、企业联盟或政府部门制定，并通过自我约束和相互监督来实施。

（二）移动商务行业自律的重要性

（1）保护用户权益：行业自律要求企业遵守相关法律法规，尊重用户隐私，提供安全可靠的产品和服务。这有助于防止用户信息泄露、欺诈行为和不公平交易，保障用户的合法权益。

（2）维护市场秩序：通过制定和执行行业规范，可以有效遏制不正当竞争、价格欺诈和市场垄断等行为，维护市场的公平竞争环境。

（3）促进行业健康发展：行业自律有助于建立良好的企业形象和市场信誉，提高行业的整体竞争力。同时，自律机制还能推动技术创新和服务升级，促进移动商务行业的持续健康发展。

（三）移动商务行业自律的主要内容

（1）数据安全与隐私保护：企业应采取严格的数据安全措施，确保用户信息的安全存储和传输。同时，企业应遵守相关法律法规，明确告知用户数据收集、使用和共享的目的和范围，并获得用户的明确授权。

（2）诚信经营与公平竞争：企业应遵循诚实信用原则，不进行虚假宣传、价格欺诈和不正当竞争行为。同时，企业应尊重竞争对手的合法权益，共同维护市场的公平竞争环境。

（3）产品与服务质量：企业应提供安全可靠、符合标准的产品和服务，保障用户的合法权益。同时，企业应建立完善的售后服务体系，及时解决用户的问题和投诉。

（4）社会责任与可持续发展：企业应积极履行社会责任，关注环境保护、公益事业和社会和谐。同时，企业应推动技术创新和服务升级，促进移动商务行业的可持续发展。

在4G/5G技术的推动下，我国移动互联网发展迎来了春天，手机用户数和手机网民数量都呈现出了大规模增长的趋势，手机网站及其服务内容更是多种多样。巨大的市场前景也使得不少内容提供商铤而走险，一些有关手机网站传播低俗不良信息的消息也被曝光，在移动互联网大踏步发展的关键时刻给手机用户和整个社会带来了极其恶劣的影响。

移动互联网世界出现的低俗之风，亟须我们整合官方机构、行业组织、产业内企业以及公众的力量，共同营造一个纯净的移动互联网世界，引导整个产业的正向和健康发展。

扫一扫

移动信息服务企业自律公约

我国手机用户已经突破10亿，手机已经成为一种强势的信息传播和个性化的生活娱乐方式的工具，越来越多的企业也认识到了移动信息化建设的重要性，为了提升自身竞争力、打破现有困局，企业纷纷加快了进入移动互联网的步伐。手机网站的行业自律，将帮助我国企业更快、更好地找到适合自己的移动互联网应用模式，从而展开移动营销推广，也将引导整个产业积极、健康地发展。

单元三 移动终端安全

当前电子商务信息安全已越来越受到人们的关注，移动终端作为用户使用移动商务的工具，作为存储用户个人信息的载体，在信息安全方面要配合移动网络保证移动业务的安全，要实现移动网络与移动终端之间通信通道的安全可靠，同时还要保证用户个人私密信息的安全。随着移动终端的普及率和使用率越来越高，各种安全问题也日益凸显。

一、移动终端操作系统安全技术

操作系统是移动终端应用软件运行的基础，因此保障移动终端操作系统的安全是保障移动终端信息安全的必要条件。移动终端操作系统作为连接软硬件、承载应用的关键平台，在智能终端中扮演着举足轻重的角色。目前主流的移动终端操作系统有iOS、Android等。

嵌入式操作系统的广泛应用，使移动终端的功能日益强大，可以支持蓝牙、电子邮件和无线上网等服务，同时移动终端上存储的数据、运行的软件也越来越多，而针对移动终端的病毒和木马等也逐渐出现，威胁着移动终端的操作系统安全。目前针对移动终端操作系统的安全威胁主要有以下几个方面。

（一）病毒

病毒可寄生于主机文件中，并通过它复制恶意代码。病毒主要通过移动终端系统的漏洞、程序的下载、蓝牙等进行传播，可能导致终端运行失常、信息破坏，甚至硬件损毁。

（二）蠕虫

蠕虫可以通过红外线、蓝牙或彩信等自动传播，并消耗移动终端的带宽和存储等资源。

（三）木马

木马可以潜伏在目标移动终端上，以窃取用户的有效信息。

（四）拒绝服务攻击

随着移动技术的发展，移动终端与服务器等一样，也存在拒绝服务攻击（DOS）。一旦被攻击，终端资源将被大量占用，无法正常工作。

针对上述攻击的一般对策主要包括：

（1）定时更新操作系统，安装升级补丁，备份系统。

（2）安装杀毒软件和防火墙，不接收未知的信息，不随便开启蓝牙等通信功能。

（3）设置程序行为监控机制，记录分析程序的操作是否安全合法等。

（4）根据移动终端操作系统的组成部分（文件系统、指令系统、系统管理及安全服务等）可以将移动终端操作系统的安全技术进行划分。目前，针对移动终端操作系统的各个主要部分，已经存在相应的基本安全要求及相关测试方法，应当在实际使用时保证各项安全措施的实施。

二、移动终端安全认证

移动终端的安全性越来越重要。伴随着终端数量的增长，软件平台“缺乏控制手段”的开放使得一些恶意开发者“有利可图”，恶意开发者可以利用软件平台的漏洞，轻易地开发出恶意软件，从而给用户带来经济损失。因此，必须从源头开始解决软件安全的管理漏洞，软件的认证是一套有效的管理手段。移动终端安全认证流程如图 6－1 所示。

（一）移动终端安全中间件

移动终端安全中间件包含证书的生命周期管理、传输加密和身份认证等功能，可集

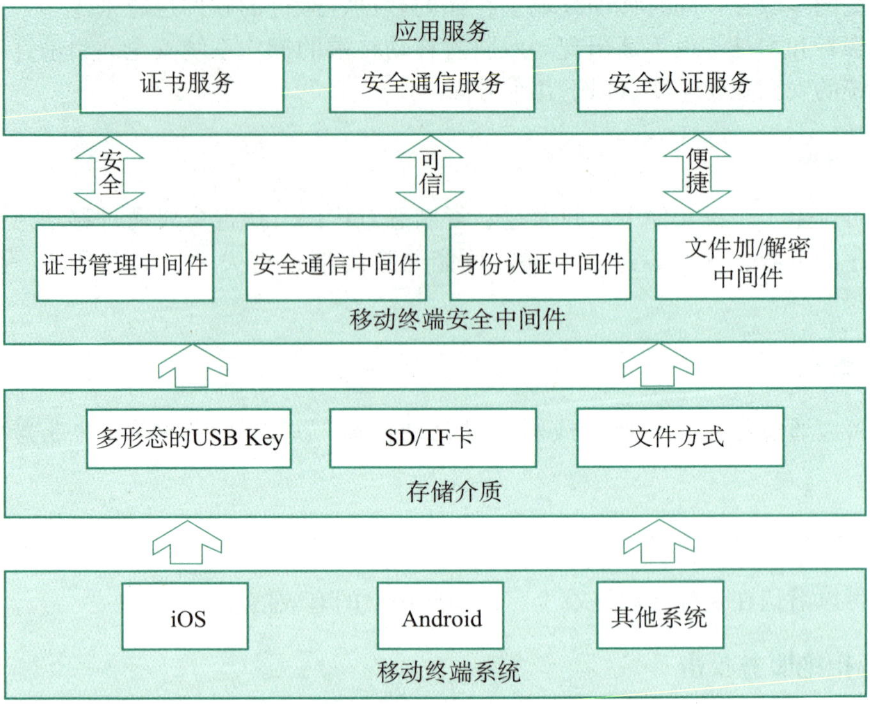

图 6-1　移动终端安全认证流程

成到应用 App 中提供全面的认证用户管理功能；提供认证计费功能，用于商业运营使用；可分为按次认证和包年认证等模式。

（二）存储介质

支持多形态的 Key，包括蓝牙 Key、音频 Key、双接口 Key 等，以及 SD/TF 卡、文件方式存储数字证书，以保证证书的安全性；提供终端软件上传功能，支持病毒扫描、邮件通知、短信通知、认证审核和软件入库等功能。

（三）移动终端系统

在移动终端系统上可以对数字证书进行管理，通过数字证书实现身份认证和数据加密等安全功能；支持对本地文件进行加解密；提供终端软件签名功能，可以支持多种平台；提供软件入库和查询等功能。

三、移动终端存储信息的备份与恢复

（一）信息备份

信息备份是指当移动终端存储的信息由于某种原因遭到破坏时，将保存的数据副本进行恢复，并重新加以利用的过程。由于信息的内容、备份时间及备份方式不同，因此采用的备份策略也不同，通常采用的备份策略有以下三种：

1. 完全备份（Full Backup）

完全备份是指不管原信息是否被修改，都将整个信息进行备份。如果信息没有做任何修改，则所备份数据与原数据是一样的。这种备份策略的好处是：当发生数据丢失的灾难时，只要用灾难发生前的最近一次备份即可恢复丢失的数据。然而它也有不足之处：（1）每次都对整个系统进行完全备份，造成备份的数据大量重复。这些冗余数据占用大量的存储空间，对用户来说就意味着增加成本。（2）由于需要备份的数据量较大，因此备份所需的时间也就较长。对于那些业务繁忙、备份时间有限的系统来说，选择这种备份策略是不明智的。

2. 增量备份（Incremental Backup）

增量备份是指在备份前首先检测当前的数据是否与前一次备份的数据不同，备份引擎只备份变化的数据。该备份策略极大地提高了备份的速度，减少了备份所需的存储空间。它的缺点在于当发生灾难时，恢复数据比较麻烦。另外，这种备份的可靠性也很差。

3. 差分备份（Differential Backup）

差分备份是指备份前首先检测当前备份数据与前一次完全备份的数据差异，备份引擎只备份变化的数据。同增量备份相比，该备份策略在寻找数据差异时所依据的数据基准是近一次的完全备份。差分备份策略在避免了以上两种策略的缺陷的同时，又具有它们的所有优点。差分备份无须每天都做系统完全备份，因此备份所需时间短，且节省磁盘空间。它的灾难恢复也很方便，系统管理员只需两个存储设备，即系统全备份的存储与发生灾难前一天的备份存储，就可以将系统完全恢复。

（二）信息恢复

信息恢复是指对由于操作失误或移动终端系统故障造成数据丢失的那些信息进行恢复。实现信息恢复主要靠软件技术、硬件技术及二者的结合。

软件技术可分为三类：（1）信息存储类软件内置信息恢复功能，其通过备份和存储数据来实现信息恢复功能，因为很难及时备份，所以数据恢复得往往不完整。（2）反病毒软件内置信息恢复功能，其信息恢复能力有限，对非病毒造成的数据丢失往往作用不大。（3）专业的信息恢复软件，其不仅具有数据备份和数据存储功能，还具有较强的数据修补、数据分析处理和数据直接读取技术，与前两类相比，其信息灾难恢复能力更强。

用软件方法恢复的优点是速度较快且费用较低，但它不能解决一些由硬件损坏造成的数据丢失。

扫一扫

移动商务从业人员的职业道德与伦理

信息恢复的硬件技术能在不破坏原有系统的情况下，对各种存储介质、硬件平台、软件平台下的任何原因造成的信息丢失进行信息恢复，但信息恢复的费用较高，且需要高精尖设备的支持，因此很少使用。

法治护航

我国网络安全法治建设

《中华人民共和国网络安全法》是我国国家安全领域的重要法律、网络安全领域的首部基础性法律。自2017年6月1日施行以来，这部法律对于落实总体国家安全观，全面贯彻网络强国战略，维护国家网络空间主权、安全和发展利益发挥了重要作用。习近平在第二届世界互联网大会开幕式上的讲话中强调："要坚持依法治网、依法办网、依法上网，让互联网在法治轨道上健康运行。"《网络安全法》的出台，顺应了网络空间安全化、法治化的发展趋势，开启了依法治网的新阶段。《网络安全法》既设定了网络运行安全、网络信息安全等方面的基本制度，也为建立健全相关方面的具体管理制度提供了基础性法律依据。

近年来，我国加快推进网络安全领域顶层设计，以网络安全法为核心的网络安全法律法规和政策标准体系基本形成。从颁布《数据安全法》《个人信息保护法》《关键信息基础设施安全保护条例》等法律法规，到出台《网络安全审查办法》《云计算服务安全评估办法》《汽车数据安全管理若干规定（试行）》等部门规章和政策文件，再到制定发布300余项国家标准，推动发布多项我国主导和参与的国际标准……网络安全领域相关制度的不断完善，为维护国家网络安全和人民群众的切身利益提供了坚实的法治保障。

维护网络安全是全社会的共同责任。进一步完善立法，严格执法，促进守法，充分发挥管理部门、网络运营者、服务使用者、行业协会和用户的共同作用，不断推进网络空间法治化，才能不断筑牢网络安全防线，让人民群众安享美好数字生活。

资料来源：https://www.xuexi.cn/lgpage/detail/index.html?id=7264977711752434102.

实训项目六　360手机卫士及其安全管理

手机卫士是一款绿色、安全、免费、好用的手机防火墙软件，集防盗反诈、骚扰识别与拦截、防隐私泄露，以及手机自测自检瘦身功能于一体。360手机卫士就是这样一款App，提供杀毒、手机防盗、隐私保护、手机体检、安全扫码、内存管理、设备信息、电池管理、反诈等功能。软件在性能方面表现优异，内存占用率低，功能较完善，能满足我们在使用手机时所面临的诸多方面的问题。

本实训项目的重点是体验360手机卫士及其手机安全管理功能。

一、实训目标

（1）掌握360手机卫士的安装使用方法。

（2）能够使用360手机卫士进行安全管理。

二、实训环境

中文或iOS系统Windows 10/11与浏览器，连接互联网，无线Wi-Fi，基于安卓系统的手机或平板电脑。

三、背景知识——360手机卫士

北京奇虎科技有限公司创立于2005年9月，是中国领先的互联网安全软件与互联网服务公司。随着互联网应用的普及，一些不法个人和机构通过木马盗取网游网银账号、偷窃用户隐私、恶意广告点击等牟取暴利，导致木马泛滥，严重危害互联网的健康发展。奇虎360公司于2006年7月17日推出360安全卫士，以杀木马、防盗号、全免费、保护上网安全为方针，有效地遏制了木马泛滥的趋势，受到网民和互联网服务商的极大欢迎。

360手机卫士的主要功能如下：

（1）手机杀毒：快速扫描手机中已安装的软件，发现病毒木马和恶意软件，一键操作，彻底查杀。联网云查杀确认可疑软件，获得最佳保护。

（2）程序锁：对手机里的App进行加密设置，防止信息泄露。

（3）手机备份：支持联系人和照片的云端备份，实现跨平台恢复，保证数据安全。

（4）手机防盗：当手机被移动时，立即发出警报。

（5）流量监控：监控流量使用情况，防止超额使用，减少经济损失。

（6）骚扰识别与拦截：智能识别和拦截骚扰电话和垃圾短信，提供自定义号码黑名单功能。

（7）360反诈中心：提供多重预警防护保护机制、个人反诈防护、家庭反诈小组功能，以及通过警企合作提高反诈效率。

（8）手机瘦身：对相似照片进行清理、压缩以及视频压缩等，帮助用户快速清理相册，节省空间。

（9）偷拍检测：基于360安全能力，检测Wi-Fi环境中的可疑摄像头产品，标记识别潜在偷拍风险。

四、实训指导

（一）安装360手机卫士

（1）下载360手机卫士。打开手机进入“软件商店”，选择机型，在搜索框内输入360手机卫士，点击右侧“安装”按钮，如图6-2所示。360手机卫士的安装过程与其他软件相同，依次弹出安装确认、安装包详情、软件安装位置选择和软件功能简述等页面。安装完毕后，360 手机卫士会在手机桌面生成程序图标，然后单击“OK”即可运行软件。

（2）体验手机卫士。安装完成后，系统会自动运行 360 手机卫士，进入开启界面，如图 6－3 所示。如果未安装过 360 手机卫士，则首次使用时会依次弹出开机自启动设置提示和归属地数据库更新提示。开机自启动设置成功后，当重新启动手机时，360 手机卫士会自动运行，实时拦截垃圾短信和骚扰来电；归属地数据库更新提示，及时更新数据才能准确识别最新 4G/5G 手机号码的归属地，建议初次使用的用户确认更新。360 手机卫士服务开启时，在首页单击退出，退出软件界面，服务仍然在后台运行，实时拦截垃圾短信和骚扰来电。在手机桌面长按 C 键或删除键可以直接启动 360 手机卫士。

图 6－2　360 手机卫士下载界面

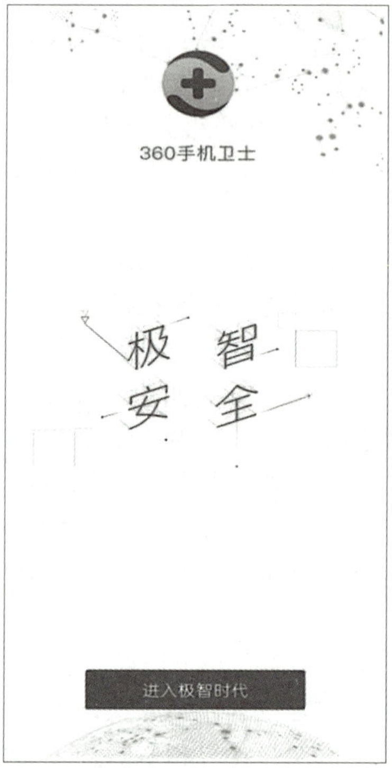

图 6－3　360 手机卫士开启界面

（二）360 手机卫士防盗功能的使用

在手机 360 安全卫士中，“虚拟报警器”功能有效地保护了我们在公共场所（比如图书馆、咖啡厅、公共办公区域等）手机的安全，当我们离开桌子时，手机只能保持静止不动，只要移动，防盗报警器就会拉响，为我们现代繁忙的快节奏生活和工作起到了保驾护航的作用。

（1）选择“守护中心”里的“虚拟报警器”，点击“立即开启”，如图 6－4 所示。

（2）进入手机防移动保护扫描中，如图 6－5 所示。

（3）当有人移动手机时，手机自动拉响报警器，如图 6－6 所示。

图 6-4 开启手机防盗保护功能

图 6-5 手机防盗设置

图 6-6 报警器拉响界面

（三）360 手机卫士隐私保护功能的使用

在日常手机使用中，会产生大量的个人隐私信息，360 手机卫士采用了多种安全措施来保护用户数据。例如，对可识别的个人身份信息进行加密传输和存储，使用 MD5 算法对设备标识符进行匿名化和加密处理，仅收集和上传经过匿名化和加密后的标识符。此外，还采用了自定义的加密方案和 https 双重加密的方式进行数据传输，确保数据传输的安全性。

（1）在守护中心里面选择“隐私防泄露”选项，单击“立即检测”按钮，如图 6－7 所示。

（2）通过检测 360 会测试出目前手机中可能存在的风险项，如图 6－8 所示。可通过点击右侧按钮进行安全设置和清理工作。

图 6－7　隐私防泄露检测

图 6－8　检测结果展示

（四）360 手机卫士程序锁功能的使用

程序锁功能，允许用户为特定的手机应用设置加密保护，以防止他人未经授权访问用户的隐私信息或进行不当操作。360 手机卫士的程序锁功能旨在保护用户的隐私安全，通过加密特定应用，防止他人未经授权访问用户的敏感信息和数据。用户可以根据自己的需求，灵活选择要加锁的应用，并通过设置密码或指纹等方式进行安全验证，确保只有授权用户才能访问这些应用

（1）在“我的工具”中打开“程序锁”，如图 6－9 所示。

（2）进入后，系统会提示要求输入密码，按照系统提示输入密码即可。

（3）密码设置完成后，系统会罗列出手机中的各种应用程序，点击需要加锁的 App 图标即可。不需要加锁就再次点击，App 会跳至下面显示开锁状态。如图 6－10 所示。

图 6-9 “我的工具”界面

图 6-10 设置各项 App 上锁界面

加密过的各类 App 只有机主输入密码才能进入，有效保护了我们的信息隐私。

（五）360 手机卫士反诈中心

360 手机卫士反诈中心提供了多重预警防护保护机制，针对用户接收短信、接听电话、安装风险 App 等多种涉诈场景进行不同等级的预警提醒。这一功能模块特别设立了“家庭反诈小组”，允许用户根据自身需要组建专属“家庭小组”，并设置“守护者”。当家庭成员收到风险电话、短信或试图安装风险 App 时，守护者会收到预警通知，从而降低被骗风险。

此外，360 手机卫士还提供了骚扰拦截服务，通过识别垃圾短信和骚扰来电，协助用户免受骚扰和欺诈。这一服务通过 360 云安全中心已识别出的可疑短信判断规则、已标记号码、骚扰号码信息提供给安卓或 iOS 系统，判断该来电或短信是否属于欺诈短信或诈骗电话，并辅助安卓或 iOS 进行有效拦截。用户也可以通过 360 手机卫士手动添加举报短信、标记手机号码、拦截黑名单，360 手机卫士会将这些信息上报给 360 云安全中心，以提升识别和拦截的准确性。

（1）在“我的工具”中打开“360 反诈中心”，如图 6-11 所示。

（2）进入后，有很多功能可以体验，如图 6-12 所示。

（3）在“360 反诈中心”里面有一个“家庭反诈小组”，点击“邀请家人”即可输入家人的手机号码，当家庭成员收到风险电话、短信或试图安装风险 App 时，我们就会收到预警通知，从而降低被骗风险。如图 6-13 所示。

图 6-11　360 反诈中心

图 6-12　360 反诈中心界面

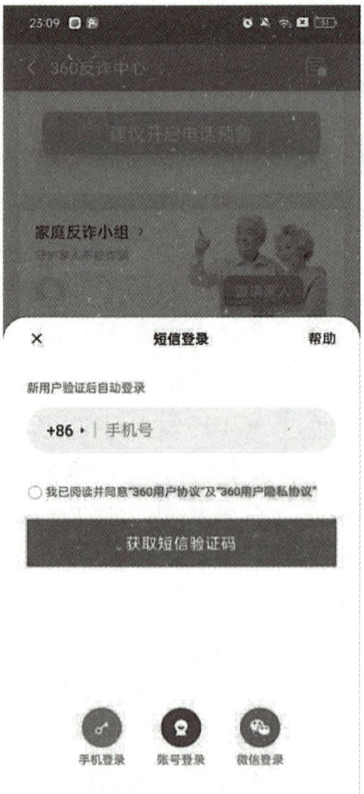

图 6-13　家庭反诈小组设置

思考与练习

1. 移动互联网的安全威胁主要包括哪些方面？

2. 移动商务的安全需求有哪些特点？

3. 现有的移动商务安全技术有哪几种？

4. 简述移动终端安全威胁。

5. 设计一个移动商务交易场景，并分析其中涉及的安全需求和技术保障措施。

6. 除了 360 手机卫士外，还有腾讯手机管家、猎豹安全大师、百度手机卫士等，分别下载安装体验，比较各种手机安全软件的优缺点。

7.《中华人民共和国网络安全法》对移动商务安全有哪些影响？企业和个人应如何遵守该法律以保障移动商务活动的合法性？

扫一扫

在线练习

模块七

短视频与直播电商

扫一扫

短视频与直播电商的发展历程

● 知识目标

理解短视频与直播电商的基本概念。

熟悉短视频与直播电商的主要类型。

知悉短视频与直播电商的技术支撑与内在逻辑。

掌握短视频与直播电商的法律法规。

● 技能目标

能根据实际需要，开通短视频账号，发布短视频。

能够开展短视频电商运营。

能够创建直播预告，利用直播工具提高直播效果，并掌握吸引观众、提高互动及有效推广商品的策略。

能够运用大数据分析工具，对短视频与直播电商的用户行为数据进行分析，并根据分析结果优化内容创作和营销策略。

● 素养目标

培养职业道德意识，遵从职业守则。

培养创新思维与实践能力，敢于尝试新方法、新技术，提高解决问题的能力。

遵守《电子商务法》《网络安全法》《互联网营销师国家职业技能标准》等，培养在电商行业遵纪守法的意识。

案例导入与预演

一、案例导入——视频号

微信视频号是微信于2020年推出的一项短视频功能，它为用户提供了一个全新的创作与分享平台。在这个平台上，用户可以轻松拍摄、编辑并发布自己的短视频，同时也可以浏览其他用户发布的精彩内容。

微信视频号具有丰富的功能。首先，它支持高清画质，让用户能够拍摄出更加细腻、生动的视频。其次，视频号提供了多种编辑功能，如滤镜、剪辑、配乐等，让用户的视频更具创意和个性。此外，视频号还支持一键分享到朋友圈、微信群等社交场景，方便用户与好友分享自己的作品。

微信视频号的内容丰富多样，涵盖了生活、娱乐、教育、科技等各个领域。用户可以在视频号上找到自己感兴趣的内容，观看他人的精彩视频，也可以记录自己的生活点滴，分享给更多人。

除了观看和分享视频外，微信视频号还提供了互动功能。用户可以为喜欢的视频点赞、评论，还可以与其他观众进行实时交流，分享自己的看法和感受。这种互动方式不仅增强了用户之间的联系，也让视频号成为一个充满活力的社区。

二、预演

预演任务

使用 Kimi 智能助手 App 和度加剪辑 App 制作各地美食介绍（以湖北为例）短视频。

预演步骤

（一）手机应用安装

通过手机应用商店安装度加剪辑 App 和 Kimi 智能助手 App，如图 7-1 左图所示。

（二）短视频文案智能生成

（1）打开 Kimi 智能助手 App，在对话栏输入一下提示词，如图 7-1 中图所示，

“请你现在扮演短视频文案专家，帮忙撰写一篇爆款短视频文案，文案内容介绍湖北 5 道著名美食，让读者看后就有到湖北旅游和品尝美食的冲动，字数在 500 字左右。其中一道美食为武汉热干面。请以爆款短视频文案的格式输出。”

注：上面的提示词只要修改一下地名，可以生成任意不同地方的美食短视频文案。

（2）点击“提交”按钮，Kimi 将及时自动生成短视频文案，如图 7-1 右图所示。

（3）在 Kimi 智能助手 App 中选择复制生成的湖北美食短视频文案。

（三）短视频文案智能生成

（1）打开度加剪辑 App，选择“AI 成片”，如图 7-2 左图所示。

（2）将在 Kimi 智能助手生成的湖北美食短视频文案粘贴到文本框，然后选择下方的“AI 改写”，如图 7-2 中图所示。

（3）改写完成后，选择上方的“生成视频”按钮，如图 7-2 右图所示。

（4）短视频生成完成后，可以预览视频，也可以编辑视频，如图 7-3 左图所示。

（5）在右上角选择“导出”导出视频，生成的湖北美食短视频将保存到手机相册，如图 7-3 中图所示。

（6）在手机相册中可以播放生成的湖北美食短视频，也可以分享或发布到不同的新媒体平台，如图 7-3 右图所示。

图 7-1　手机应用安装与短视频文案智能生成

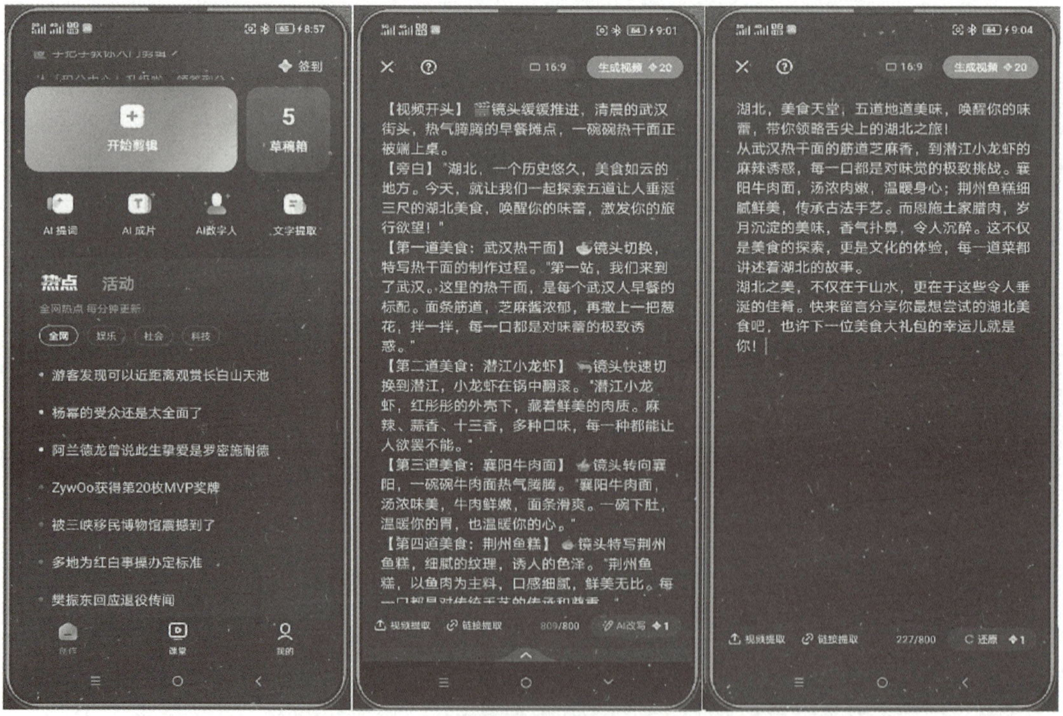

图 7-2　手机短视频文案添加与 AI 改写

图 7-3 短视频预览、编辑、导出与播放

（四）项目预演小结

（1）认真体会上面湖北美食短视频制作流程和工具应用，填写以下表格，并在同学之间交流。

工具名称	功能特点	具体作用	备注
Kimi 智能助手			
度加剪辑			

（2）运用文心一言 App 与度加剪辑 App 制作各地旅游景点介绍短视频。

随着互联网技术的不断进步和普及，人们获取信息和娱乐的方式也在发生深刻变革。近年来，短视频和直播电商作为一种新兴的社交媒体和商业模式，正逐渐改变着人们的生活方式和消费习惯。短视频以其短小精悍、生动有趣的特点，迅速吸引了大量用户的关注。它不仅满足了人们在碎片化时间内的娱乐需求，还为创作者提供了一个展示自我、实现价值的舞台。与此同时，直播电商作为一种将直播与电子商务相结合的新型业态，通过实时互动、直观展示等方式，为消费者提供了更加便捷、高效的购物体验。短视频与直播电商的兴起，得益于移动互联网的普及、5G 技术的商用以及人工智能等技术的支持。这些技术的发展为短视频和直播电商提供了强大的技术支撑，使其得以快速发展并广泛应用。此外，短视频与直播电商的兴起还受到社会经济环境的影响。随着消费者对购物体验的需求不断提升，以及品牌商家对营销渠道的多样化需求，短视频与直播电商成为连接消费者与商家的新桥梁。

职业伦理

移动商务从业人员职业守则

移动商务从业人员典型的职业面向是移动电子商务岗位群和互联网营销岗位群。我国人力资源和社会保障部重新修订了《电子商务师国家职业技能标准》，并发布了新职业《互联网营销师国家职业技能标准》，在这两个标准中明确了相应从业人员的职业守则。

1. 电子商务师职业守则

（1）遵纪守法，爱岗敬业。

（2）诚信为本，热情服务。

（3）保守秘密，注重安全。

（4）勇于开拓，积极创新。

2. 互联网营销师职业守则

（1）遵纪守法，诚实守信。

（2）恪尽职守，勇于创新。

（3）钻研业务，团队协作。

（4）严控质量，服务热情。

单元一 短视频与直播电商概述

随着移动互联网技术的不断进步，短视频与直播电商已逐渐演变成了电子商务的新兴趋势。这两种形态都是基于网络技术发展而来，通过视频这一直观、生动的媒介，为消费者提供了全新的购物体验。

一、认知短视频与直播电商

短视频与直播电商作为电子商务领域的新兴力量，正以其独特的优势和魅力吸引着越来越多的消费者。随着技术的不断进步和市场的不断拓展，这两种电商形态有望在未来继续保持强劲的发展势头，成为电子商务领域的重要分支。

（一）短视频电商

短视频电商，是指通过短视频平台来展示和推广商品的电商模式。在这种模式下，商家可以利用短视频的高效传播和生动展示特性，吸引消费者的注意力，激发他们的购买欲望。短视频以其时间短、内容精练、形式多样的特点，使得商品信息能够迅速触达目标受众，从而实现有效的商品推广和销售。

（二）直播电商

直播电商，是指以实时视频直播的形式，直接与消费者进行互动，展示商品、解答疑问，并完成交易的一种新型电商形态。直播电商具有真实性、互动性和即时性等特点，能够让消费者更加直观地了解商品详情，提高购买的信心和满意度。同时，直播电商也为商家提供了一个与消费者直接沟通的平台，有助于商家更好地理解消费者需求，提升服务质量。

这两种电商形态都充分利用了移动互联网的便捷性和视频媒体的直观性，为消费者带来了前所未有的购物体验。无论是通过短视频的快速传播来吸引消费者，还是通过直播电商的实时互动来提升消费者购物体验，这两种模式都体现了电子商务在移动互联网时代的新发展趋势。

随着技术的不断进步和消费者需求的日益多样化，短视频与直播电商也在不断创新和发展。例如，通过引入虚拟现实（VR）和增强现实（AR）技术，消费者可以在直播过程中更加真实地感受商品；通过大数据分析，商家可以更精准地推送个性化的短视频和直播内容，满足消费者的不同需求。这些创新不仅提升了消费者的购物体验，也进一步推动了短视频与直播电商的繁荣发展。

短视频与直播电商作为电子商务领域的新兴力量，正以其独特的优势和魅力吸引着越来越多的消费者。随着技术的不断进步和市场的不断拓展，这两种电商形态有望在未来继续保持强劲的发展势头，成为电子商务领域的重要分支。

二、短视频与直播电商在电商领域的重要性

短视频与直播电商在电商领域中的崛起，不仅为电商行业带来了新的营销手段，更在商品展示、销售转化以及客户关系管理等多个方面产生了深远影响。这两种新型电商模式的出现，极大地丰富了电商的营销方式，提高了商品展示的直观性和趣味性，从而有效地推动了销售转化。同时，它们也为品牌商和消费者之间搭建了一个直接沟通的桥梁，有助于品牌形象的塑造和客户关系的巩固。

（1）在商品展示方面，短视频和直播电商通过动态、直观的视觉呈现方式，使消费者能够更全面地了解产品的外观、性能和使用效果。相较于传统的静态图片和文字描述，短视频和直播更具真实感和说服力，能够有效提升消费者的购买意愿。例如，在直播过程中，主播可以实时展示产品的使用方法和效果，让消费者更直观地感受到产品的价值，从而增强购买信心。

（2）在销售转化方面，短视频与直播电商同样表现出色。通过精准的营销策略和互动性强的用户体验，这两种模式能够吸引大量潜在消费者，并激发他们的购买欲望。特别是在直播电商中，主播与消费者之间能够进行实时互动，主播不仅能够及时解答消费者的疑问，还能根据消费者的反馈调整推广策略，进一步提高销售转化率。此外，短视

频的病毒式传播特性也使其成为品牌推广的有力工具，有助于扩大品牌知名度和影响力。

除了上述两点外，短视频与直播电商还为品牌商提供了与消费者直接沟通的平台。在这个平台上，品牌商可以实时收集消费者的反馈和意见，及时调整产品策略以满足市场需求。同时，通过与消费者的互动，品牌商还能更深入地了解消费者的需求和偏好，从而更有针对性地进行产品研发和营销活动策划。这种紧密的客户关系管理不仅有助于提升品牌形象，还能为品牌商带来持续的商业机会。

短视频与直播电商在电商领域的重要性不言而喻。它们通过创新的营销方式、直观的商品展示以及紧密的客户关系管理，为电商行业注入了新的活力。随着技术的不断进步和消费者需求的日益多样化，我们有理由相信，短视频与直播电商将在未来电商领域中扮演更加重要的角色。

单元二 短视频电商

2016 年以来，4G 大面积应用，手机网速飞速提升，短视频行业疯狂发展。凭借着“短、快”的内容传播优势，短视频成为无年龄、无地域限制的全民狂欢娱乐活动形式。随着移动互联网技术的飞速发展和智能手机的普及，人们获取信息、娱乐消遣的方式发生了深刻变革。短视频以其短小精悍、内容多样、易于传播的特点，恰好满足了现代人追求高效、碎片化消费的需求。从生活小窍门、美食制作到旅游分享、知识科普，短视频涵盖了生活的方方面面，为用户提供了一个展示自我、分享生活的平台，也为企业和个人开辟了新的营销渠道。然而，短视频的快速发展也伴随着内容质量参差不齐、版权争议、沉迷成瘾等问题。因此，在探讨短视频这一现象级产物的兴起与影响时，我们既需关注其带来的创新机遇与文化多样性，也应深入思考如何解决伴随而来的挑战，促进其健康、可持续发展。

一、短视频平台的兴起与发展历程

短视频平台迅速崛起，以抖音、快手等为代表的平台成为移动互联网时代的重要流量入口。这些平台凭借直观、生动的视频内容和创新的算法推荐机制，吸引了大量用户的关注和参与，从而催生了短视频电商这一新兴业态。

（1）短视频平台的兴起，离不开智能手机和移动互联网技术的普及。随着智能手机的广泛应用和移动互联网技术的飞速发展，人们越来越依赖于手机进行信息获取和娱乐消遣。短视频平台正是抓住了这一机遇，通过提供丰富多彩的视频内容，满足了用户对于碎片化时间利用的需求。

（2）算法推荐和社交分享是短视频平台吸引用户的关键机制。这些平台利用先进的算法技术，根据用户的观看历史和兴趣偏好，智能推荐相关内容。同时，用户还可以将喜欢的视频分享到社交平台，进一步扩大内容传播范围。这种个性化的推荐和分享机制，使得短视频平台能够精准触达目标用户，提高用户黏性和活跃度。

（3）随着用户规模的扩大和平台功能的完善，短视频电商逐渐成为电商领域的新蓝海。越来越多的品牌商和电商卖家开始将短视频作为商品展示和推广的重要渠道，通过在短视频中展示商品特点、使用方法和购买链接等信息，吸引消费者的关注和购买。这种新型的电商形态不仅丰富了电商的营销手段，还提高了商品展示的直观性和趣味性，有效促进了销售转化。

（4）在短视频电商的兴起过程中，平台方也积极推动与电商的融合。抖音、快手等平台纷纷开通了购物车功能，允许用户在观看视频的同时直接购买推荐的商品。这种一站式的购物体验大大提高了用户的购买意愿和转化率。同时，平台方还与品牌商合作，开展各种营销活动，如限时折扣、直播带货等，进一步推动了短视频电商的发展。

短视频平台的兴起与发展历程充分展现了移动互联网时代电商领域的创新与变革。通过抓住智能手机普及和移动互联网技术发展的机遇，短视频平台成功吸引了大量用户关注和参与，进而催生了短视频电商这一新兴业态。随着技术的不断进步和市场的深入发展，短视频电商有望成为未来电商领域的重要力量。

二、短视频的类型

短视频以其丰富多样的类型和独特的魅力，成为当今社会中备受瞩目的新兴媒体形式。不同类型的短视频满足了观众多样化的需求，为他们提供了娱乐、知识、生活记录、美食制作、时尚美妆、旅游探店、运动健身、短片剧情、商业广告和公益宣传等多方面的内容和体验。短视频的魅力在于其精练的形式、丰富的内容、广泛的传播和深刻的共鸣，它不仅能够改变人们的生活方式，还能推动文化的传播和社会的发展。在未来，随着技术的不断进步和观众需求的不断变化，短视频将继续创新和发展，为我们带来更多惊喜和可能。

（一）娱乐搞笑类

娱乐搞笑类短视频是短视频领域中最受欢迎的类型之一。这类视频通常以幽默诙谐的内容吸引观众，通过夸张的表演、巧妙的剪辑和意想不到的剧情转折，引发观众的欢笑。娱乐搞笑类短视频的创作门槛相对较低，因此吸引了大量草根创作者，他们用自己的创意和才华，为观众带来欢乐，同时也为自己赢得了关注和粉丝。

娱乐搞笑类短视频的魅力在于其轻松愉快的氛围和即时的情感共鸣。在快节奏的生活中，人们往往需要在短时间内得到放松和娱乐，这类短视频恰好满足了这一需求。它们不仅能够帮助观众缓解压力，还能在社交平台上引发话题讨论，增强人与人之间的互动和交流。

（二）知识科普类

知识科普类短视频致力于传递科学知识、生活常识、历史文化等内容，以简洁明了的方式向观众普及知识。这类视频通常由专业人士或知识爱好者制作，他们通过生动的讲解、直观的演示和有趣的实验，将复杂的知识变得易于理解。

知识科普类短视频的魅力在于其教育性和启发性。它们能够在短时间内为观众提供有价值的信息，帮助观众拓宽视野、增长见识。同时，这类视频还能激发观众的好奇心和求知欲，引导他们进一步探索和学习。在移动互联网时代，知识科普类短视频成为人们获取知识的重要途径之一。

（三）生活记录类

生活记录类短视频以记录日常生活为主，展现人们的日常生活状态、情感体验和人生感悟。这类视频通常由个人创作者拍摄，他们用自己的手机或相机记录下生活中的点滴，通过剪辑和配乐，将平凡的生活片段变得有趣而感人。

生活记录类短视频的魅力在于其真实性和共鸣性。它们能够让观众感受到创作者的真实情感和生活状态，引发观众的共鸣和思考。这类视频不仅能够记录个人的成长和变化，还能成为社交平台上人们分享生活、交流情感的重要工具。

（四）美食制作类

美食制作类短视频以展示烹饪过程和美食成果为主，吸引了大量对烹饪和美食感兴趣的观众。这类视频通常由厨师、美食博主或烹饪爱好者制作，他们通过详细的步骤讲解、精美的画面呈现和诱人的美食展示，引导观众学习烹饪技巧、了解美食文化。

美食制作类短视频的魅力在于其观赏性和实用性。观众不仅能够通过这类视频欣赏到美味的食物和精湛的烹饪技艺，还能学习到实用的烹饪知识和技巧。这类视频不仅能够满足人们的味蕾需求，还能激发观众的烹饪兴趣和创造力。

（五）时尚美妆类

时尚美妆类短视频以展示时尚穿搭、化妆技巧和美容护肤为主，吸引了大量追求时尚和美丽的观众。这类视频通常由时尚博主、化妆师或美容专家制作，他们通过详细的教程、实用的技巧和时尚的搭配建议，帮助观众提升个人形象和气质。

时尚美妆类短视频的魅力在于其指导性和观赏性。观众能够通过这类视频学习到最新的时尚趋势和美妆技巧，提升自己的穿搭和化妆水平。同时，这类视频还能为观众提供视觉上的享受和审美上的提升，让人们在追求美丽的过程中感受到自信和快乐。

（六）旅游探店类

旅游探店类短视频以展示旅游景点、美食探店和旅行体验为主，吸引了大量热爱旅游和探索的观众。这类视频通常由旅游博主、美食评论家或旅行爱好者制作，他们通过自己的亲身体验和详细解说，带领观众领略不同的风土人情和美食文化。

旅游探店类短视频的魅力在于其探索性和体验性。观众能够通过这类视频了解到不同地区的旅游景点和美食特色，感受到不同文化的魅力和独特之处。这类视频不仅能够满足人们的好奇心和探索欲，还能为观众的旅行计划提供有益的参考和建议。

（七）运动健身类

运动健身类短视频以展示健身技巧、运动训练和健康生活为主，吸引了大量关注健康和身材管理的观众。这类视频通常由健身教练、运动员或健康专家制作，他们通过详细的动作讲解、实用的训练计划和科学的健康建议，帮助观众提升身体素质、塑造完美身材。

运动健身类短视频的魅力在于其激励性和实用性。观众能够通过这类视频学习到正确的健身方法和科学的训练计划，提高自己的运动效果和健康水平。同时，这类视频还能激发观众的运动热情和积极性，鼓励他们在日常生活中坚持锻炼、追求健康生活。

（八）短片剧情类

短片剧情类短视频以讲述完整故事或情节为主，通过精心编排的剧本、精彩的表演和巧妙的剪辑，展现丰富的情感和人生哲理。这类视频通常由专业团队或个人创作者制作，他们通过短片的形式，探索人性的复杂、展现社会的多元，引发观众的思考和共鸣。

短片剧情类短视频的魅力在于其叙事性和艺术性。观众能够通过这类视频欣赏到精彩的故事情节和人物表演，感受到创作者的独特视角和情感表达。这类视频不仅能够满足人们的审美需求，还能引发观众对于人生、社会和情感的深入思考。

（九）商业广告类

商业广告类短视频以推广产品或服务为主，通过创意的策划、精美的画面和吸引人的剧情，向观众展示产品的特点和优势。这类视频通常由品牌方或广告公司制作，他们通过短视频的形式，将传统的广告宣传与新兴的媒体形式相结合，达到更广泛的传播效果和更高的用户参与度。

商业广告类短视频的魅力在于其创新性和传播性。观众能够通过这类视频了解到最新的产品信息和市场趋势，同时被创意的广告内容所吸引。这类视频不仅能够提升品牌的知名度和美誉度，还能激发观众的购买欲望和行动意愿。

（十）公益宣传类

公益宣传类短视频以传递社会公益理念和倡导公益行为为主，通过感人的故事、真实的案例和有力的呼吁，引发观众对于社会问题的关注和思考。这类视频通常由公益组织、社会团体或热心公益的个人制作，他们通过短视频的形式，将公益理念传播到更广泛的人群中，激发社会的正能量。

公益宣传类短视频的魅力在于其社会性和感召性。观众能够通过这类视频了解到社会问题的严重性和紧迫性，被感人的故事和真实的案例所打动。这类视频不仅能够提升公众对于公益事业的认知和支持度，还能激发观众的参与热情和行动意愿，共同为社会的发展和进步贡献力量。

三、短视频电商的主要特点

短视频电商，作为电子商务领域的新兴力量，以其独特的魅力迅速占据了市场的重要地位。其特点主要表现在以下几个方面：

（一）内容丰富、形式多样

短视频电商通过短视频这一载体，能够直观地展示商品的特点、使用方法以及用户评价等信息。这种形式的电商不仅丰富了商品展示的方式，还使消费者能够更全面地了解商品，从而做出更明智的购买决策。例如，在抖音、快手等短视频平台上，商家可以发布关于商品的详细介绍和使用教程，吸引消费者的关注并激发他们的购买兴趣。

（二）传播速度快、范围广

得益于移动互联网的普及和短视频平台的社交属性，短视频电商具有极快的传播速度和广泛的覆盖范围。一旦一个短视频内容受到用户的喜爱，它便可以通过分享、点赞等方式迅速在平台上传播开来，触达更多的潜在消费者。这种病毒式的传播方式使短视频电商在营销方面具有极大的优势。

（三）社交属性强、用户黏性高

短视频平台不仅是一个商品展示和销售的渠道，更是一个社交互动的平台。在这里，商家可以与消费者进行实时的互动和交流，解答消费者的疑问并提供个性化的推荐和服务。这种社交属性不仅增强了消费者的购买体验，还提高了用户的黏性和忠诚度。同时，消费者之间的口碑传播也对商品的销售起到了积极的推动作用。

四、短视频电商的用户群体

短视频电商在用户群体上具有广泛的覆盖范围，主要包括了年轻人、女性消费者以及追求时尚潮流的群体。这些用户群体因其独特的消费特性和需求，使得短视频电商在满足他们多元化、个性化的购物需求上展现出显著的优势。

（一）年轻人是短视频电商的重要用户群体之一

这一群体对新鲜事物充满好奇，接受度高，且具有较强的消费能力。他们熟悉数字技术和社交媒体，对短视频这种新颖、直观的信息传播方式有着天然的亲近感。在年轻人的日常生活中，通过观看短视频获取商品信息、了解潮流趋势已成为一种常态。因此，短视频电商针对年轻人的营销策略往往注重创意和新颖性，以吸引他们的注意力并激发他们的购买欲望。

（二）女性消费者也是短视频电商不可忽视的用户群体

女性在购物过程中往往更注重产品的细节、品质和口碑。短视频电商通过直观的视频展示，能够让女性消费者更清楚地了解产品的特点和使用效果，从而增加她们的购买信心。同时，女性消费者在社交媒体上的活跃度较高，她们乐于分享自己的购物体验和心得，这也为短视频电商提供了口碑传播的机会。

（三）追求时尚潮流的群体同样是短视频电商的重要目标用户

这类用户对时尚和潮流有着敏锐的洞察力，他们追求个性、品味和与众不同。短视频电商通过实时更新潮流资讯、展示最新时尚单品等方式，满足了这类用户对时尚信息的渴求。此外，短视频电商还为这类用户提供了便捷的购买渠道，使他们能够迅速获取心仪的时尚单品。

短视频电商在用户群体上呈现出多元化的特点。通过深入了解不同用户群体的消费特性和需求，短视频电商能够制定更加精准的营销策略，提高销售转化率并增强用户黏性。同时，随着移动互联网技术的不断发展和用户消费习惯的变化，短视频电商在未来有望继续扩大其用户基础并拓展更广阔的市场空间。

单元三 直播电商

直播电商的起源与发展是互联网技术进步和消费者行为模式转变共同作用的结果。随着技术的不断创新和市场的深入拓展，直播电商有望在未来继续保持强劲的发展势头，成为电子商务领域的重要力量。直播电商行业呈现出爆发式增长的态势。越来越多的电商平台将直播功能作为标配，甚至出现了以直播电商为主营业务的新兴平台。同时，众多网红主播也凭借自身的影响力和粉丝基础，纷纷加入直播电商的行列中，推动了该行业的持续繁荣。

一、直播电商的运作模式

直播电商的运作模式是一个精心策划和执行的过程，它涵盖了从商品选择到最终销售转化的多个关键步骤。这一模式的有效运作，不仅依赖于高质量的产品和专业的直播技巧，还需要商家与消费者之间的良好互动。

（一）选品环节

在选品环节，商家会根据市场需求、消费者偏好以及自身品牌定位，精心挑选适合直播销售的商品。选品过程中，商家会综合考虑产品的品质、价格、独特性以及与目标用户群体的匹配度等因素，以确保所选商品能够吸引观众的注意并激发他们的购买欲望。

（二）直播环节

进入直播环节，主播作为连接商家与消费者的桥梁，发挥着至关重要的作用。他们不仅需要具备丰富的产品知识和优秀的表达能力，还要能够准确把握观众心理，通过生动的语言和形象的演示，将商品的特点和优势充分展示给观众。在直播过程中，主播还会根据观众的反馈和提问，及时调整讲解内容和方式，以保持直播的吸引力和互动性。

（三）互动环节

互动环节是直播电商中不可或缺的一部分。通过弹幕、点赞、评论等方式，观众可以实时与主播进行互动交流，分享自己的看法和疑问。这种即时的互动反馈，不仅增强了观众的参与感和归属感，还为主播提供了宝贵的用户数据和市场信息，有助于他们更好地了解消费者需求并优化直播内容。

（四）购买转化环节

购买转化环节是直播电商运作模式的核心目标。在直播过程中，主播会通过各种促销手段和优惠活动，引导观众完成购买行为。同时，商家也会提供便捷的购买渠道和完善的售后服务，以确保消费者能够获得满意的购物体验。这一环节的成功与否，直接关系到直播电商的商业价值和市场影响力。

直播电商的运作模式是一个紧密相连、环环相扣的系统工程。它通过精心策划的选品、专业生动的直播、实时互动的交流以及便捷高效的购买转化，构建了一个全新的电商生态，为消费者带来了更加直观、有趣和便捷的购物体验。

二、直播电商与传统电商比较

直播电商与传统电商在多个维度上存在显著差异，这些差异使得直播电商在某些方面具有独特的优势。

（一）信息传递比较

从信息传递的角度来看，传统电商主要依赖于精心拍摄的商品图片和详细的文字描述来向消费者传递商品信息。然而，这种静态的信息展示方式往往难以全面展现商品的各个方面，也无法满足消费者对商品实际使用效果的好奇心。相比之下，直播电商通过实时视频流，能够将商品以动态、全方位的方式呈现给消费者。在直播过程中，主播可以实时展示商品的各个细节，甚至进行实际使用演示，这种真实且生动的展示方式无疑更能吸引消费者的注意力，增强他们的购买信心。

（二）互动性比较

直播电商在互动性方面也具有显著优势。在传统电商平台上，消费者与卖家之间的互动通常受限于评论区或私信等异步沟通方式，这不仅降低了沟通的效率，也削弱了消费者的购物体验。而在直播电商中，主播与观众之间可以实时互动，观众可以通过弹幕、点赞、送礼物等方式表达自己的观点和喜好，主播也可以根据观众的反馈及时调整直播内容和商品推荐。这种高强度的互动性不仅提升了消费者的购物体验，也使直播电商能够更好地满足消费者的个性化需求。

（三）专业性比较

直播电商通过主播的个人魅力和专业知识，能够有效地激发消费者的购买欲望。在直播过程中，主播不仅会详细介绍商品的特点和优势，还会分享自己的使用心得和搭配建议。这种由专业人士提供的个性化推荐和讲解，往往能够打动消费者的心弦，促使他们做出购买决策。此外，直播电商还常常通过限时抢购、优惠券等营销手段刺激消费者的购买行为，进一步提高销售转化率。

直播电商以其独特的互动性、即时性和专业性在电商领域占据了一席之地。然而，这并不意味着传统电商将被完全取代。相反，二者各有优势，未来很可能会走向融合发展的道路。例如，传统电商平台可以引入直播功能以丰富商品展示方式并提升用户互动性；而直播电商平台也可以借鉴传统电商在商品分类、搜索优化等方面的经验以提升用户体验。

单元四 短视频与直播电商融合

短视频与直播电商之间的融合，已经成为电商行业发展的新趋势。这种结合不仅为商家提供了更多的营销手段，还为消费者带来了更为直观、生动的购物体验。

一、短视频与直播电商的结合方式

（一）短视频预热与直播带货的联动

短视频预热与直播带货的联动，是短视频与直播电商结合的一种典型方式。商家可以事先制作精美的短视频，在各大短视频平台上进行投放，以此来吸引潜在消费者的眼球。这些短视频往往设计得富有创意，能够迅速抓住观众的注意力，并激发他们的购买欲望。在短视频中，商家会巧妙地植入商品信息，或者通过故事情节、达人推荐等方式，让观众对商品产生浓厚的兴趣。

当短视频成功吸引了消费者的关注后，直播带货便成为促成交易的关键环节。在直播过程中，主播会详细介绍商品的特点、用途和价格等信息，同时回答观众的问题，消除他们的购买疑虑。这种实时的互动形式，不仅增强了消费者的信任感，还使购物过程更加透明和便捷。直播带货的优势在于，它能够实时反馈消费者的需求和疑问，让商家及时调整销售策略，从而提高销售转化率。

（二）短视频植入直播链接

除了短视频预热与直播带货的联动外，短视频植入直播链接也是一种有效的结合方式。商家可以在短视频中直接植入直播间的链接，引导观众跳转到直播间进行观看和购买。这种方式缩短了消费者的购买路径，提高了购买的便捷性。同时，通过短视频的引流，直播间的人气也会得到显著提升，从而增加商品的销售机会。

短视频与直播电商的结合方式为商家提供了更多的营销可能性，也使得消费者的购物体验更加丰富多彩。随着技术的不断进步和消费者需求的日益多样化，这种结合方式将会在未来的电商领域发挥更加重要的作用。

二、短视频与直播电商融合的优势与挑战

短视频与直播电商的融合，确实为商家带来了前所未有的机遇，但同时也伴随着一系列的挑战。以下将详细探讨这种融合所带来的优势与挑战。

（一）优势

在优势方面，首先显著的是商品展示效果的极大提升。通过短视频的生动呈现和直播的详细解读，商品能够以更加立体、全面的方式展现在消费者面前。这种直观的展示方式不仅有助于消费者更好地理解商品功能和特点，还能够有效激发其购买欲望。

其次，短视频与直播电商的融合显著增强了用户的购物体验。在直播过程中，消费者可以实时提问、互动，主播则能够即时回应、解答疑惑。这种互动式的购物模式让消费者感受到了前所未有的参与感和被重视感，从而大大提升了购物满意度。

再次，通过短视频与直播电商的融合，商家的品牌影响力也得到了进一步扩大。短视频的广泛传播和直播的实时互动为商家提供了更多与消费者建立情感连接的机会。在长期的良性互动中，消费者对品牌的信任度和忠诚度逐渐增强，进而转化为实际的购买行为。

比如，某国际知名运动品牌深谙短视频与直播电商的互补优势，并巧妙地将二者结合。他们首先在短视频平台上发布了一系列精彩纷呈的运动教程和达人分享视频，展示了其产品的独特功能和时尚魅力。这些短视频凭借高质量的内容和精准的定向推送，迅速吸引了大量运动爱好者和潜在消费者的关注。

该品牌趁热打铁，在短视频平台策划了一场别开生面的直播活动。他们邀请了知名运动员和时尚博主作为嘉宾，通过直播的形式与观众进行实时互动。在直播过程中，嘉宾们不仅详细介绍了产品的特点和优势，还分享了自己的使用心得和运动经验。同时，品牌方也推出了限时折扣和互动抽奖等促销活动，进一步激发了观众的购买热情。

这场直播活动取得了空前的成功，观看人数和销售额均创下了历史新高。更重要的是，通过与观众的实时互动和精准营销，该品牌成功塑造了积极、健康的品牌形象，为未来的发展奠定了坚实基础。

（二）挑战

短视频与直播电商的融合也面临着一系列挑战。首先是内容创作难度大。为了吸引和留住用户，商家需要不断产出高质量、有趣味性且富有创意的短视频和直播内容。这无疑对商家的内容创作能力提出了极高的要求。

运营成本高也是一个不容忽视的问题。短视频和直播的制作、推广以及主播的培育都需要投入大量的时间和资金。对于中小商家而言，如何在有限的资源下实现高效运营成为一大难题。

为了应对这些挑战，商家需要不断提升自身的内容创作能力和运营管理水平。具体来说，可以通过加强与优秀团队的交流与合作，汲取他人的经验和教训来提升自身实力；

同时，也可以积极探索新的运营模式和技术手段，以降低运营成本并提高运营效率。只有这样，商家才能在激烈的市场竞争中脱颖而出，实现可持续发展。

单元五 短视频与直播电商的营销策略

一、内容营销

在短视频与直播电商领域，内容营销的重要性不言而喻。为了有效实施内容营销策略，商家必须深入了解其目标用户群体，包括他们的年龄、性别、兴趣、消费习惯等，从而精准地定位内容创作的方向和风格。

针对年轻人的用户群体，商家可以创作一些轻松、有趣、富有创意的视频内容，结合流行的网络元素和话题，以引起年轻人的共鸣和兴趣。对于追求品质生活的中年用户，商家则可以制作一些专业、有深度的内容，如产品测评、使用技巧等，以满足他们对实用信息的需求。

除了了解用户需求，商家还需关注内容的时效性和话题性。在重要节日、特殊时期或社会热点事件发生时，商家应迅速反应，创作出与这些时事紧密相关的视频内容。这不仅能吸引用户的注意力，还能增强品牌的曝光度和影响力。

在实施内容营销策略时，商家还应注重视频的质量和创新性。高质量的视频内容能提升用户的观看体验，进而增加用户的黏性和忠诚度。同时，创新性的内容形式和表达方式能让视频在众多同类内容中脱颖而出，给用户留下深刻印象。

商家还可以借助短视频与直播平台的互动功能，鼓励用户参与讨论、分享和点赞，以提高内容的传播效果和用户的参与度。通过与用户的互动交流，商家能及时了解用户的反馈和需求，为后续的内容创作提供有力支持。

内容营销是短视频与直播电商中不可或缺的一环。商家应紧密结合目标用户群体的需求和兴趣，创作出高质量、具有时效性和话题性的视频内容，以吸引用户关注、提升品牌形象并促进销售转化。

二、社交媒体营销

在数字化时代，社交媒体已经渗透到人们生活的方方面面，成为信息获取、交流互动的重要场所。对于短视频与直播电商而言，社交媒体不仅是一个传播渠道，更是一个连接消费者、塑造品牌形象、推动销售转化的关键平台。

商家通过精心策划和发布短视频与直播预告，能够在社交媒体上迅速聚集目标用户的注意力。这些预告内容往往结合热点话题、潮流趋势或用户兴趣点，以富有创意和吸引力的形式呈现，从而激发用户的好奇心和观看欲望。例如，在抖音平台上，商家可以运用短视频的剪辑技巧和特效功能，打造出令人眼前一亮的作品，吸引用户点击、观看并分享。

除了发布预告内容外，商家还通过社交媒体平台与用户进行实时互动。这包括回复用户评论、解答用户疑问、参与话题讨论等多种形式。通过这些互动，商家不仅能够及时了解用户的反馈和需求，还能增强用户的参与感和归属感，进而促进品牌忠诚度的提升。

与社交媒体上的网红或 KOL（关键意见领袖）合作，已成为短视频与直播电商营销策略中的重要一环。网红和 KOL 凭借其独特的影响力、专业知识和粉丝基础，能够帮助商家扩大品牌曝光度、传递产品价值并引导消费决策。这种合作模式往往通过定制化的内容创作、直播带货或品牌推广活动等形式展开，实现双方资源的优势互补和共赢。

在实施社交媒体营销策略时，商家还需注重数据的监测和分析。通过对社交媒体平台上的用户行为数据、互动数据以及销售转化数据进行深入挖掘和分析，商家能够更准确地把握目标用户的需求和偏好，优化内容创作和传播策略，提高营销效果和投资回报率。

社交媒体营销在短视频与直播电商领域具有举足轻重的地位。商家通过充分利用社交媒体的传播优势、互动功能以及网红 KOL 资源，能够更有效地触达目标用户、塑造品牌形象并推动销售转化。

三、互动营销

互动营销，作为短视频与直播电商的核心策略，其重要性不言而喻。在这一领域中，有效的互动不仅能够提升用户的参与度和黏性，更能够直接促进销售转化。下面我们探讨互动营销的具体方法及其带来的显著效果。

在直播电商中，弹幕互动已成为一种独特的交流方式。观众可以通过弹幕实时发表自己的观点和疑问，而主播则可以在直播过程中直接回应，这种即时的反馈机制大大增强了观众的参与感和归属感。此外，抽奖活动也是直播中常用的互动手段。通过设置各种吸引人的奖品，如产品优惠券、小礼品或是限量版商品，商家能够有效地激发观众的购买欲望，同时也增强了直播的趣味性和观赏性。

在短视频电商领域，互动营销同样发挥着不可或缺的作用。短视频平台通常配备有评论区功能，这为用户和商家提供了一个直接沟通的桥梁。商家可以在评论区回复用户的疑问和建议，这种一对一的交流方式不仅提升了用户体验，还有助于商家更精准地把握用户需求和市场动态。同时，私信功能也为商家提供了一个更为私密和深入的交流空间，使得商家能够根据用户的个性化需求提供定制化的服务和推荐。

互动营销的效果是显而易见的。首先，通过增强用户与商家之间的互动，用户的忠诚度和黏性得到了显著提升。用户在参与互动的过程中，不仅能够获得更多的信息和优惠，还能够感受到商家的关注和重视，从而建立起更为紧密的联系。其次，互动营销也直接促进了销售转化。在互动过程中，商家可以及时发现并解答用户的疑问，消除用户的购买顾虑，从而推动用户做出购买决策。最后，通过收集和分析用户在互动过程中产生的数据，商家还能够更深入地了解用户需求和偏好，为未来的产品开发和营销策略提供有力的数据支持。

互动营销在短视频与直播电商中扮演着举足轻重的角色。通过充分利用各种互动手段和方法，商家不仅能够提升用户体验和忠诚度，还能够有效促进销售转化和品牌建设。在未来，随着技术的不断进步和市场的日益成熟，我们有理由相信互动营销将在短视频与直播电商领域发挥出更加巨大的潜力。

单元六 短视频与直播电商技术赋能

一、视频编辑与特效技术的运用

在短视频与直播电商领域，视频编辑与特效技术的运用对于提升内容质量和观众体验至关重要。随着技术的不断进步，现代视频编辑软件不仅提供了丰富的剪辑功能，还融入了诸多特效技术，使得视频内容更加生动、有趣。

视频编辑技术能够帮助制作者将拍摄的素材进行精准的剪辑和拼接，去除冗余部分，突出重点和亮点。通过精心的编辑，短视频和直播内容能够更加紧凑、节奏明快，有效吸引观众的注意力。同时，编辑过程中的转场效果、背景音乐的选择等也能为视频增添不少色彩。

特效技术则在提升视频视觉效果方面发挥着重要作用。例如，通过添加滤镜、动画效果、文字特效等，可以让视频画面更加美观，增强观众的观看体验。在直播电商中，主播可以利用特效技术来展示商品特点，如通过放大、缩小、旋转等特效来详细展示商品的各个角度和细节，帮助观众更全面地了解商品。

视频编辑与特效技术还能帮助商家打造独特的品牌形象。通过统一的视觉风格和特效处理，商家的短视频和直播内容能够形成鲜明的品牌特色，从而在激烈的市场竞争中脱颖而出。

过度使用特效技术也可能导致观众产生视觉疲劳或反感。因此，商家在运用视频编辑与特效技术时，需要把握好度，力求在保持内容真实性的基础上进行适当的艺术加工。只有这样，才能充分发挥技术在短视频与直播电商中的积极作用，为商家带来更多的流量和转化。

二、直播技术的特点与优势

直播技术作为支撑直播电商发展的核心技术之一，具有显著的特点与优势。这些特点和优势不仅为直播电商提供了强大的技术支撑，还为消费者带来了全新的购物体验。

（一）直播技术的特点

直播技术的特点主要体现在实时性、互动性和真实性三个方面。

1. 实时性

实时性是直播技术的核心特点，它保证了主播与观众之间的信息传递是即时的，消除了时间和空间的距离感。这种实时性使观众能够实时参与到直播过程中，与主播进行互动交流，从而提高了观众的参与感和黏性。

2. 互动性

通过弹幕、点赞、送礼物等方式，观众可以与主播进行实时互动，表达自己的观点和看法。这种互动性不仅增强了直播的趣味性和吸引力，还为主播提供了了解观众需求和反馈的途径，有助于主播调整直播内容和策略。

3. 真实性

由于直播是实时进行的，主播无法对直播内容进行事先的编辑和修改，这使得直播内容更加真实可信。观众可以通过直播了解到商品的真实情况和使用效果，从而做出更加明智的购买决策。

（二）直播技术的优势

直播技术的优势主要体现在提高销售转化率、增强品牌影响力和优化用户体验三个方面。

1. 提高销售转化率

通过直播展示商品的特点和使用方法，主播可以激发观众的购买欲望，提高销售转化率。与传统的图文展示方式相比，直播展示更加直观和生动，能够更好地吸引观众的注意力并激发他们的购买兴趣。

2. 增强品牌影响力

直播技术可以帮助商家增强品牌影响力。通过直播，商家可以向观众展示自己的品牌形象、产品理念和服务态度等，从而加深观众对品牌的认知和了解。同时，借助主播的影响力进行直播带货，还可以进一步扩大品牌的知名度和影响力。

3. 优化用户体验

直播技术还可以优化用户的购物体验。观众可以在直播过程中实时提问、咨询和反馈问题，得到主播的即时回应和解答。这种即时的互动和反馈机制使得购物过程更加顺畅和愉快，提高了用户的满意度和忠诚度。

直播技术以其特点和优势在直播电商领域发挥着越来越重要的作用。随着技术的不断进步和应用场景的拓展，未来直播技术还将为直播电商带来更多的创新和可能性。

三、大数据与 AI 在用户行为分析与推荐中的应用

在短视频与直播电商领域，大数据与 AI 技术的应用已经变得日益重要。这些技术不仅能够帮助商家更好地理解用户行为，还能够为用户推荐更加精准的内容，从而提升用户体验和促进销售转化。

在用户行为分析方面，大数据技术可以收集并处理海量的用户数据，包括观看时长、点赞数、评论内容等。通过对这些数据进行深入分析，商家可以洞察用户的喜好、消费习惯和潜在需求。例如，通过发现用户在某一类视频上的停留时间明显长于其他视频，

商家可以判断出用户对该类视频内容更感兴趣，从而调整内容创作策略以满足用户需求。

在推荐系统方面，AI 技术则发挥着关键作用。基于深度学习和机器学习的推荐算法能够根据用户的历史行为和兴趣偏好，为用户推荐相关的短视频和直播内容。这种个性化推荐不仅提高了内容的匹配度，还增加了用户的黏性和活跃度。当用户发现推荐的内容恰好符合自己的兴趣时，他们更有可能进行观看、互动甚至购买。

大数据与 AI 技术还可以应用于广告投放和市场预测等领域。通过精准分析用户数据，商家可以将广告投放到更具潜力的用户群体中，提高广告效果和转化率。同时，利用这些技术进行市场趋势预测，也可以帮助商家及时调整商品结构和库存策略，以应对市场变化。

大数据与 AI 技术在短视频与直播电商中的应用为商家提供了有力的数据支持和智能决策手段。通过充分利用这些技术，商家可以更加精准地洞察用户需求、优化内容创作和推荐策略，从而提升用户体验和促进业务增长。

四、技术创新对短视频与直播电商行业的影响

技术创新在短视频与直播电商行业中扮演着至关重要的角色，它不仅改变了内容的生产方式，还优化了用户的购物体验，进一步推动了行业的发展。

随着视频编辑与特效技术的不断进步，商家能够制作出更加精美、吸引人的短视频内容。这些技术使得视频画面更加生动，产品展示更为直观，从而有效提升了用户的观看体验和购买欲望。例如，通过运用特效技术，商家可以在视频中模拟产品的实际使用场景，让用户更清晰地了解产品的功能和效果。

（一）直播技术的持续创新为直播电商带来了显著的优势

高清、流畅的直播画面以及实时互动的功能，使得用户能够更真实地感受到产品的细节和特点。此外，直播技术还支持多种交互方式，如弹幕、点赞、送礼等，这些功能都极大地增强了用户的参与感和黏性。

（二）大数据与 AI 技术的应用在用户行为分析与推荐中发挥了重要作用

通过对用户观看历史、购买记录等数据的深入分析，商家可以更精准地了解用户的喜好和需求，从而为用户提供更加个性化的推荐和服务。这不仅提高了用户的满意度，还大大提升了销售转化率。

（三）技术创新将继续引领短视频与直播电商行业的发展

随着 5G、VR/AR 等新技术的普及，我们可以预见，未来的短视频与直播电商将更加沉浸式、交互式和智能化。这将为用户带来更加丰富、便捷的购物体验，同时也为商家提供了更多的营销机会和增长空间。因此，持续关注和投入技术创新，对于短视频与直播电商行业的长远发展至关重要。

扫一扫

虚拟主播直播带货

法治护航

直播电商规定出台，九大亮点须关注

2020 年 4 月，《网络直播营销管理办法（试行）》（以下简称《办法》）公布。《办法》由国家网信办、公安部、商务部、文化和旅游部、国家税务总局、国家市场监督管理总局、国家广播电视总局等七部门联合发布，于 2020 年 5 月 25 日起施行。《办法》根据《网络安全法》《电子商务法》《广告法》《反不正当竞争法》《网络信息内容生态治理规定》等法律、行政法规制定，划定了网络直播营销领域的八条红线，五个重点管理环节；囊括了网络直播的“人、货、场”，并进一步明确了台前幕后各类主体的权责边界。《办法》有以下九大核心亮点。

亮点一：明确主体界定及责任划分。

亮点二：建立商品负面清单。

亮点三：明确主播年龄限制。

亮点四：设立未成年人保护机制。

亮点五：加强对肖像权、声音权的保护力度。

亮点六：明确直播行为“红线”。

亮点七：分级管理，建立黑名单制度。

亮点八：跨平台交易，直播平台有协助维权的责任。

亮点九：直播间不得屏蔽消费者互动。

直播带货作为新的经济业态，对经济带来重大推动作用的同时也存在各种乱象，亟待监管。如何促进直播营销行业的健康发展是一个大课题，作为直播电商从业者，我们应该积极响应，认真执行。

实训项目七　抖音直播

一、实训目标

（1）学习如何进入并设置抖音直播间，包括直播间的准备工作和开始直播的操作。

（2）熟悉抖音直播间的各项设置，包括手机翻转、美颜、特效和分享直播间等功能的使用。

（3）了解并应用直播工具，例如创建直播预告，以提高直播的宣传效果。

（4）学习直播电商的运营策略，包括如何吸引观众、提高互动以及如何结合短视频和直播电商进行有效的商品推广。

二、实训环境

（1）连接 Internet 的个人计算机，安装 Windows10 或 Windows11 操作系统。

（2）4G/5G Android 或 iOS 智能手机，开通 4G/5G 网络或在 Wi-Fi 环境下。

三、实训背景知识

抖音直播是抖音平台上的一种实时互动功能，它允许用户通过视频的形式向观众展示各种内容，并与观众进行即时交流。自推出以来，抖音直播迅速发展，成为一个具有广泛影响力的直播平台。

商家或带货主播在直播间里展示商品，介绍商品的特点、功能和使用方法，并提供购买链接。观众可以在观看直播的同时直接下单购买商品。比如美妆产品直播，主播会亲自试用化妆品，展示使用效果，帮助观众更好地了解产品。

同时，商家可以开展多种促销活动，包括限时折扣、赠品、优惠券发放等。这些促销手段吸引了众多消费者在直播间购物，提高了商品的销售量。

抖音拥有海量的用户，这为直播带来了巨大的潜在观众群体。无论是什么类型的直播内容，都更容易找到感兴趣的观众。抖音还具备互动性强和便捷性的优势。

四、实训指导

（一）手机上安装抖音 App

在手机的应用商店下载并安装抖音 App，这部分的操作在模块四的实训中已详细说明。

（二）如何进入抖音直播间

（1）进入抖音后，点击右下角的“我”，如图 7-4 所示。

（2）进入个人账号后台界面。然后点击“查看更多”，如图 7-5 所示。

（3）这时会出现“更多功能”的菜单列表，选择“抖音创作者中心”，如图 7-6 所示。

（4）在出现的新界面中，我们能看到“开始直播”菜单项，如图 7-7 所示，点击进入。

（5）这时就进入直播间准备状态，如图 7-8 所示，如已准备就绪，点击“开始视频直播”即可。

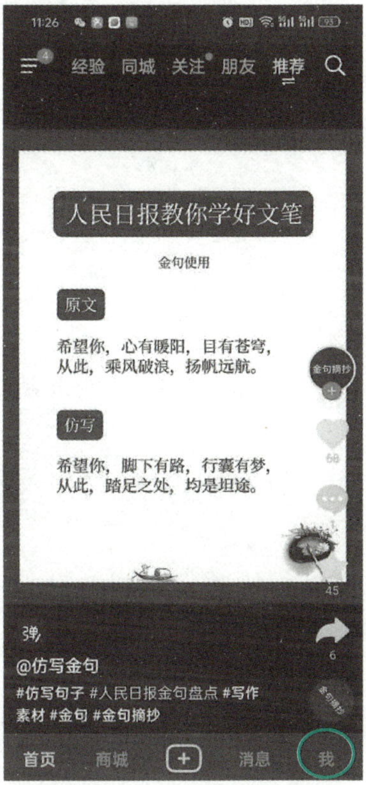

图 7-4 抖音 App 界面

图 7-5　个人账号界面

图 7-6　更多功能界面

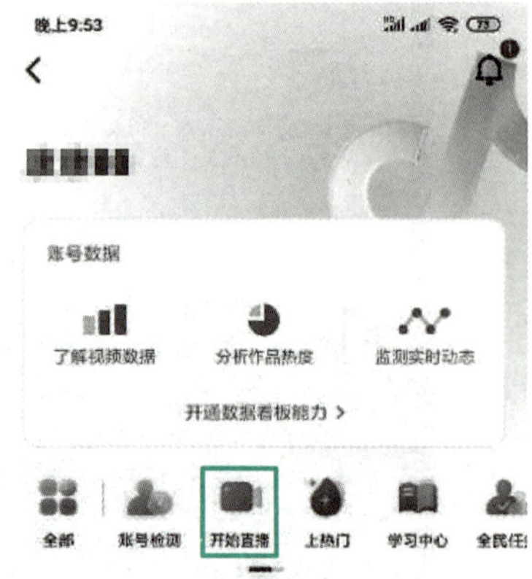

图 7-7　“开始直播”按钮

图 7-8　开始视频直播

（三）抖音直播间各项设置的使用

（1）在点击开始直播前，我们可以做如下的准备工作，比如，下面的四个菜单选项，分别可以进行手机翻转、美化、特效、分享直播间的操作。如图 7－9 所示。

图 7－9 直播间的操作

（2）在最右侧的“更多功能”中，有直播工具、平台服务、直播设置三大功能。如图 7－10 所示。

（3）在“直播工具”中，有很多功能可以体验，比如这里我们选择“直播预告”，如图 7－11 所示。可以创建一条直播预告，提前进行通知宣传。

图 7－10 直播间的功能设置

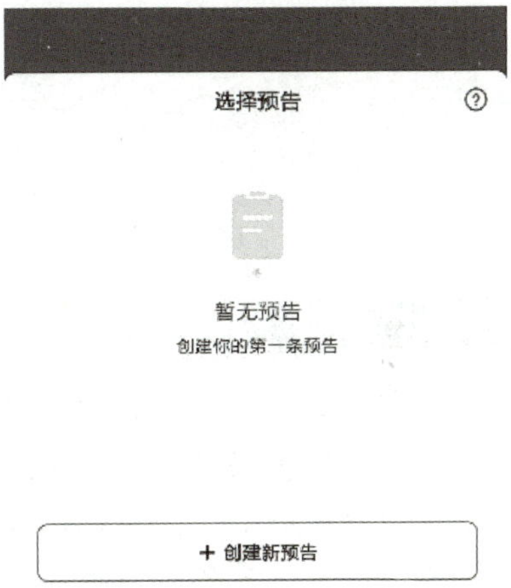

图 7－11 直播间预告的设置

（四）直播指导

前面我们从技术角度介绍了开直播的方法，直播工作需要学习的方面有很多，如果同学们在直播时有困惑或者是没有灵感时，可尝试如下方法。

（1）可以好好运用“学创作”，在这个功能服务中，有很多能帮助我们进行直播的，比如系统性地进行课程学习，可以选择“学课程”菜单。如图 7－12 所示。

（2）吸粉和引流往往需要结合时事，这一点可以试试“找热点”。

（3）创作瓶颈期，可以通过“找灵感”从灵感宝库中寻找一点激发创作灵感的素材。

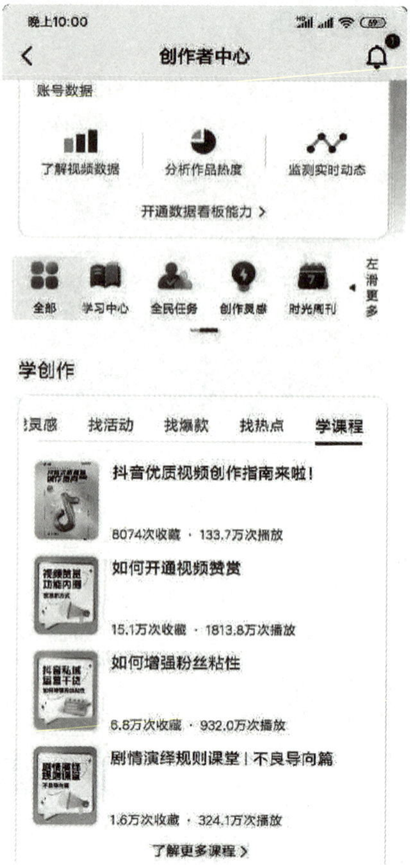

图 7－12　创作者中心

思考与练习

1. 简述短视频与直播电商的定义及在互联网营销中的地位。
2. 如何进行短视频定位？主流的短视频平台有哪些？
3. 简述直播电商的运作模式，以及直播电商相较于传统电商的优势。
4. 直播电商与短视频电商有什么区别和联系？如何进行短视频与直播电商融合？
5. 在短视频与直播电商中，如何利用大数据与 AI 技术提升用户体验和销售转化率？

扫一扫

在线练习

模块八

移动商务典型案例

扫一扫

移动商务案例分析思路与策略

● 知识目标

理解移动商务的基本概念与发展趋势。

深入理解典型移动商务案例，了解美团网、拼多多、希音等企业在移动商务领域的成功实践。

掌握移动商务的法律与合规要求。

认识新媒体与人工智能在移动商务中的应用，理解社交媒体、短视频、直播带货等新媒体工具在移动商务中的推广作用。

● 技能目标

能够运用 SWOT 分析等方法，对移动商务市场进行深入分析，制定针对性的竞争策略，提升企业的市场竞争力。

具备实施移动商务项目的能力，包括移动端应用开发、营销推广、客户服务等环节。

能够创建直播预告，利用直播工具提高直播效果，并掌握吸引观众、提高互动及有效推广商品的策略。

能够运用社交媒体、短视频、直播带货等新媒体工具进行产品推广和品牌宣传。

● 素养目标

强化法律意识，确保他们在从事移动商务活动时始终遵守相关法律法规。

具备社会责任感，关注移动商务活动对社会、环境等方面的影响。

具备创新意识与创业精神，勇于尝试、敢于创新。

案例一　美团网

美团网成立于 2010 年，是国内首家精品团购形式的类 Groupon 电子商务网站。美团网自诞生之日起，便秉承“消费者第一、商家第二、美团第三”的理念，致力于为消费者提供超低折扣的本地化精品消费服务，同时帮助商家精准营销，实现共赢。经过十多年的发展，美团网已成为国内最大的本地生活服务平台之一，覆盖餐饮、酒店、旅游、休闲娱乐等多个领域。

一、美团网移动电子商务战略

（一）移动端布局

随着智能手机的普及和移动互联网的飞速发展，美团网迅速调整战略，将重心向移动端倾斜。美团 App 成为连接消费者与商家的核心桥梁，通过简洁明了的界面设计和流畅的用户体验，吸引了大量用户。美团 App 不仅提供了团购、外卖、酒店预订、旅游预订等功能，还通过个性化推荐算法，为用户推送感兴趣的商品和服务，极大地提升了用户黏性和活跃度。

（二）移动支付与金融服务

美团网在移动支付领域也取得了显著成就。用户可以通过美团 App 直接完成支付，支持支付宝、微信支付等多种支付方式，极大地简化了支付流程。此外，美团还推出了自己的金融服务，如美团月付、美团借钱等，为用户提供更多元的金融解决方案，进一步提高了用户黏性。

二、新媒体应用创新

（一）社交媒体与内容营销

美团网充分利用社交媒体平台，如微博、微信公众号、抖音等，进行内容营销。通过发布优惠信息、美食探店视频、用户评价等内容，吸引用户关注并转化为实际消费。特别是在短视频领域，美团利用短视频直观、生动的特点，展示了商品和服务的细节，增强了用户的购买欲望。

（二）KOL 与明星合作

美团网积极与知名 KOL（关键意见领袖）和明星合作，通过他们的影响力推广商品和服务。例如，邀请明星拍摄广告片，参与直播带货等活动，不仅提升了品牌的知名度，也带动了销量的增长。此外，美团还通过微电影广告、植入综艺等多种形式，将品牌信息融入娱乐内容中，实现了娱乐与营销的无缝对接。

（三）个性化推荐与智能算法

美团网利用大数据和人工智能技术，对用户行为进行深度分析，实现个性化推荐。通过分析用户的浏览记录、购买历史、地理位置等信息，美团 App 能够精准推送用户可能感兴趣的商品和服务。这种个性化推荐不仅提高了用户的满意度，也提升了商家的转化率。

三、社区团购模式探索

美团网在移动电子商务领域的另一大创新是社区团购模式。社区团购以微信为平台，通过社区社交群建立新型电商渠道。美团优选作为美团旗下的社区团购品牌，采用“预购＋自提”的模式，为消费者提供高性价比的蔬果、肉禽蛋、乳制品等商品。通过社区团长的组织和管理，美团优选实现了裂变式的用户增长和高效的物流配送。这种模式不仅降低了物流成本，也提升了用户的购物体验。

四、移动商务与新媒体应用成效

通过移动商务和新媒体应用的深度融合，美团网取得了显著的成效。用户规模不断扩大，交易额持续增长。同时，美团网在本地生活服务市场的份额不断提升，成为行业内的领军企业。

美团网作为移动电子商务领域的佼佼者，通过移动端布局、新媒体应用创新、社区团购模式探索等多方面的努力，不仅提升了自身的竞争力，也推动了整个行业的发展。未来，随着移动互联网技术的不断进步和消费者需求的不断变化，美团网将继续深耕移动商务领域，为消费者提供更多元、更便捷、更优质的本地化生活服务。

案例思考

（1）美团网如何通过移动商务和新媒体应用实现用户规模的快速增长？请具体分析其策略的有效性。

（2）美团网在移动电子商务领域的创新主要体现在哪些方面？这些创新如何帮助美团网在竞争激烈的市场中脱颖而出？

（3）请结合美团网的社区团购模式，探讨其在本地生活服务市场中的竞争优势以及可能面临的挑战，并提出相应的建议。

案例分析

一、美团网通过移动商务和新媒体应用实现用户规模的快速增长策略

美团网通过一系列移动商务和新媒体应用的策略，成功实现了用户规模的快速增长。这些策略主要包括以下几个方面。

（一）移动端优先策略

随着智能手机的普及和移动互联网的快速发展，美团网敏锐地意识到移动端的重要性，并迅速将业务重心向移动端转移。美团 App 成为连接用户与商家的核心平台，通过简洁直观的界面设计、流畅的用户体验以及丰富的功能模块，吸引了大量用户下载并使用。移动端优先的策略不仅提升了用户的使用便利性，还通过位置服务、个性化推荐等功能增强了用户黏性。

（二）社交媒体与内容营销

美团网充分利用社交媒体平台（如微博、微信公众号、抖音等）进行内容营销。通过发布优惠信息、美食探店视频、用户评价等内容，美团网不仅吸引了用户的关注，还激发了用户的购买欲望。特别是短视频的兴起，为美团网提供了更直观、生动的展示方式，进一步提升了用户的参与度和转化率。此外，美团网还积极与KOL（关键意见领袖）和明星合作，通过他们的影响力推广商品和服务，进一步扩大品牌知名度和用户基础。

（三）个性化推荐与智能算法

美团网利用大数据和人工智能技术，对用户行为进行深度分析，实现个性化推荐。通过分析用户的浏览记录、购买历史、地理位置等信息，美团App能够精准推送用户可能感兴趣的商品和服务。这种个性化推荐不仅提高了用户的满意度和购物体验，还促进了商家的转化率。智能算法的应用使得美团网能够更精准地把握用户需求，从而不断优化产品和服务。

（四）便捷的移动支付与金融服务

美团网在移动支付领域也取得了显著成就。用户可以通过美团App直接完成支付，支持支付宝、微信支付等多种支付方式，极大地简化了支付流程。此外，美团还推出了自己的金融服务（如美团月付、美团借钱等），为用户提供更多元的金融解决方案。便捷的支付方式和金融服务不仅提升了用户的购物体验，还增强了用户对美团网的信任和依赖。

上述策略的有效性主要体现在以下几个方面：

（1）用户规模快速增长：通过移动端优先策略和内容营销的推动，美团网的用户规模实现了快速增长。大量用户被吸引到美团App上，并通过便捷的支付方式和丰富的商品服务满足自身需求。

（2）用户黏性提升：个性化推荐和智能算法的应用使得美团网能够更精准地把握用户需求，提供符合用户口味的商品和服务。这不仅提高了用户的满意度和购物体验，还增强了用户对美团网的黏性。

（3）品牌知名度提升：通过与KOL和明星的合作以及社交媒体平台的广泛传播，美团网的品牌知名度得到了显著提升。更多用户开始了解并信任美团网，愿意在平台上进行消费。

二、美团网在移动电子商务领域的创新

（一）社区团购模式

美团网推出的社区团购模式是其在移动电子商务领域的一大创新。通过"预购＋自提"的方式，美团优选为消费者提供了高性价比的蔬果、肉禽蛋等商品。社区团购模式不仅降低了物流成本，还提升了用户的购物体验。此外，社区团长的引入使得美团网能够更深入地渗透到社区内部，建立稳定的用户群体。

（二）短视频营销

短视频的兴起为美团网提供了更直观、生动的展示方式。美团网充分利用短视频技术，在大众点评App中推出首页Feed流视频卡片、沉浸态视频、视频笔记等功能模块。这些视频内容不仅丰富了用户的浏览体验，还提升了商品的展示效果和销售转

化率。

（三）个性化推荐系统

美团网利用大数据和人工智能技术构建的个性化推荐系统是其另一大创新点。通过深度分析用户行为数据，美团网能够精准推送用户可能感兴趣的商品和服务。这种个性化推荐不仅提高了用户的满意度和购物体验，还促进了商家的转化率。

（四）智能支付与金融服务

美团网在移动支付和金融服务方面的创新也值得称道。通过支持多种支付方式并提供便捷的金融服务（如美团月付、美团借钱等），美团网为用户提供了更多元的支付和融资选择。这不仅提升了用户的购物体验，还增强了用户对美团网的信任和依赖。

三、美团网的社区团购模式在本地生活服务市场中的竞争优势及挑战

（一）竞争优势

1. 低成本高效率

社区团购模式通过集中采购和统一配送降低了物流成本，提高了配送效率。这使美团优选能够提供更具性价比的商品给消费者，从而在市场竞争中占据优势。

2. 深入社区

社区团长的引入使得美团优选能够更深入地渗透到社区内部，建立稳定的用户群体。社区团长通过组织团购活动、提供售后服务等方式增强了用户的黏性和忠诚度。

3. 丰富的商品种类

美团优选提供的商品种类丰富多样，从蔬果、肉禽蛋到日用品应有尽有。这满足了消费者多样化的购物需求，提高了平台的吸引力。

（二）面临的挑战

1. 供应链管理

社区团购模式对供应链管理提出了更高要求。美团优选需要确保商品的质量和供应稳定性，以满足消费者的需求。这需要投入大量的人力物力进行供应链的优化和管理。

2. 市场竞争激烈

随着社区团购市场的快速发展，越来越多的企业加入到这一领域中来。美团优选面临着来自盒马鲜生、京东到家等竞争对手的激烈竞争，如何在竞争中保持领先地位是美团优选需要思考的问题。

3. 用户体验提升

虽然美团优选在用户体验方面做出了不少努力，但仍存在提升空间。部分用户反映在商品质量、售后服务等方面存在不满意的情况。为了提升用户体验和忠诚度，美团优选需要进一步加强商品品质管控和售后服务保障。

（三）可以采取的措施

1. 加强供应链管理

通过优化采购渠道、建立稳定的供应商关系、提高仓储和配送效率等方式加强供应链管理，确保商品的质量和供应稳定性。

2. 持续创新

不断探索新的营销方式和技术手段，提升用户体验和平台吸引力。例如可以引入直播带货、虚拟现实等技术手段为用户提供更丰富的购物体验。

3. 提升服务质量

加强售后服务保障和投诉处理机制建设，及时响应用户反馈并解决问题。通过提升服务质量增强用户对平台的信任和忠诚度。

案例二 拼多多移动电商人工智能赋能

在快速迭代的电子商务领域，拼多多凭借其独特的 C2B 拼团模式与强大的人工智能技术，成功在竞争激烈的市场中脱颖而出，在移动电商领域处于领先地位。

拼多多成立于 2015 年，作为上海寻梦信息技术有限公司旗下的第三方社交电商平台，自诞生之初便秉持着“以人为先”的理念，将娱乐与分享融入电商运营中。通过创新的拼团模式，拼多多迅速吸引了大量用户，实现了用户与订单的快速增长。然而，随着业务规模的扩大，如何高效处理海量数据、精准匹配用户需求成为拼多多面临的重大挑战。

在此背景下，拼多多开始大规模引入人工智能技术，依托大数据、机器学习算法和深度学习技术，对其移动电商平台进行全面升级。这一战略决策不仅提升了拼多多的运营效率，还极大地改善了用户体验，为平台的持续发展奠定了坚实基础。

一、个性化推荐系统：AI 赋能用户购物体验

拼多多利用 AI 算法对用户行为进行深入分析，根据用户的购物历史、浏览记录、购买偏好等数据，为每个用户定制个性化的商品推荐清单。这一功能不仅提高了商品曝光率，还显著提升了用户购买转化率。例如，当用户浏览某款商品时，系统会根据用户的兴趣偏好推荐相似或相关商品，从而激发用户的购买欲望。

此外，拼多多还通过 AI 技术实现了场景化推荐。当用户处于特定场景（如家庭聚会、节日庆典等）时，系统会根据历史数据和当前情境推荐适合该场景的商品组合，进一步提升用户购物体验。

二、智能供应链管理：AI 优化库存与物流

在供应链管理方面，拼多多同样发挥了 AI 技术的巨大潜力。通过大数据分析和机器学习算法，拼多多能够实时预测市场需求变化，动态调整库存水平，减少库存积压和缺货风险。同时，AI 技术还应用于物流优化领域，通过智能调度和路径规划，提高配送效率和准确性，降低物流成本。

尤为值得一提的是，拼多多推出的“农地云拼”模式，将 AI 技术应用于农产品上行领域。通过收集和分析分散的消费需求数据，拼多多能够将极度分散的订单汇聚成确定的采购计划，推动农产品标准化、规模化生产，提升农业生产效率和产品品质。这一模式不仅解决了农产品销售难的问题，还促进了农业现代化的进程。

三、人机大赛与农业数字化：AI 探索新领域

为了进一步推动人工智能技术在农业领域的应用，拼多多与中国农业大学共同发起了“多多农研科技大赛”。这一赛事吸引了来自全球的顶尖农人和人工智能团队参与，通过为期数月的草莓种植竞赛，探索 AI 技术在农业种植中的潜力。通过这一赛事，拼多多不仅展示了其在农业数字化方面的努力，还激发了更多青年学者和科研人员对 AI 农业的兴趣和关注。

案例思考

（1）拼多多如何利用 AI 技术实现个性化推荐？这种推荐系统对用户体验和平台收益有何具体影响？

（2）拼多多在智能供应链管理方面的实践有哪些创新之处？这些创新如何助力平台应对市场波动和提升运营效率？

（3）“农地云拼”模式体现了拼多多在农业数字化方面的哪些战略思考？这一模式对农业现代化进程有何潜在影响？

案例分析

在移动电子商务蓬勃发展的今天，拼多多凭借其独特的 C2B 拼团模式与深度融入的人工智能技术，成功在竞争激烈的市场中占据了重要位置。

一、个性化推荐系统：精准触达用户需求

拼多多通过构建强大的个性化推荐系统，实现了对海量用户数据的深度挖掘与分析。该系统利用协同过滤、内容推荐等先进算法，结合用户的历史行为、浏览记录、购买偏好等多维度数据，为每位用户生成个性化的商品推荐列表。这种精准推荐不仅提高了商品曝光率，还极大地提升了用户购物体验和购买转化率。

具体而言，拼多多的个性化推荐系统分为以下几个步骤：首先，通过数据收集模块获取用户的基础信息和行为数据；其次，利用 AI 算法对用户数据进行处理和分析，提取出用户的兴趣偏好和潜在需求；最后，根据分析结果向用户推送符合其个性化需求的商品信息。这一过程中，AI 技术不仅实现了对用户需求的精准捕捉，还通过持续优化算法模型提高了推荐的准确性和相关性。

拼多多利用 AI 技术实现个性化推荐的过程主要包括数据收集、算法处理与推荐生成三个环节。通过收集用户的基础信息和行为数据（如浏览记录、购买历史、搜索关键词等），系统能够构建出用户的兴趣偏好模型。然后，利用协同过滤、内容推荐等先进算法对模型进行处理和分析，提取出用户的潜在需求和兴趣点。最后，根据分析结果向用户推送符合其个性化需求的商品信息。

这种个性化推荐系统对用户体验和平台收益产生了显著影响。从用户体验角度来看，个性化推荐能够精准触达用户需求，提高商品匹配度和购买转化率；同时减少用户搜索

和筛选商品的时间成本，提升购物效率和满意度。从平台收益角度来看，个性化推荐能够增加商品曝光率和销售量，提高平台营收和市场份额；同时增强用户对平台的黏性和忠诚度，促进长期稳定发展。

二、智能供应链管理：提升运营效率与响应速度

拼多多在供应链管理方面同样发挥了 AI 技术的巨大潜力。通过大数据分析和机器学习算法，拼多多能够实时预测市场需求变化，动态调整库存水平，减少库存积压和缺货风险。同时，AI 技术还应用于物流优化领域，通过智能调度和路径规划提高配送效率和准确性。

在“农地云拼”模式中，拼多多更是将 AI 技术深入应用于农业领域。通过收集和分析分散的消费需求数据，拼多多能够将极度分散的订单汇聚成确定的采购计划，推动农产品标准化、规模化生产。这一模式不仅解决了农产品销售难的问题，还促进了农业现代化的进程。AI 技术在供应链管理中的应用使拼多多能够更快速、更准确地响应市场变化，提升整体运营效率。

拼多多在智能供应链管理方面的实践具有多个创新之处。首先，通过建立长期稳定的合作伙伴关系，与供应商、生产商以及农户建立紧密联系，确保商品的稳定供应和优质品质；其次，利用大数据分析和机器学习算法对供应链数据进行深入挖掘和分析，预测市场需求变化，动态调整库存水平和采购计划；再次，通过优化物流配送网络提高商品的运输速度和效率，确保快速准确地将商品送达用户手中；最后，引入供应链金融服务，为供应链上的合作伙伴提供融资支持，促进供应链的健康发展。

这些创新实践极大地助力拼多多应对市场波动和提升运营效率。通过建立合作伙伴关系和优化物流配送网络，拼多多能够确保商品的稳定供应和快速送达，提高用户满意度和忠诚度；通过大数据分析和机器学习算法，预测市场需求变化动态，调整库存水平和采购计划，减少库存积压和缺货风险，降低运营成本；通过引入供应链金融服务，为合作伙伴提供融资支持，促进供应链的协同发展，增强整体竞争力。

三、人机互动与场景化营销：增强用户体验与黏性

拼多多注重人机互动与场景化营销的结合，通过 AI 技术实现了更加智能化的用户体验。例如，在用户浏览商品时，系统会根据用户的浏览历史和兴趣偏好实时推荐相关商品或搭配建议；在用户参与拼团活动时，系统会智能匹配有相同需求的用户形成拼团；在用户遇到问题时，智能客服机器人能够迅速响应用户咨询并提供解决方案。

此外，拼多多还通过 AI 技术实现场景化营销。通过分析用户的地理位置、天气情况、节假日等外部因素以及用户的购物历史和兴趣偏好等内部因素，系统能够为用户推送符合当前场景需求的商品信息或优惠活动。这种场景化营销不仅提高了商品的曝光率和购买转化率，还增强了用户对平台的黏性和忠诚度。

四、“农地云拼”模式对农业现代化进程的潜在影响

“农地云拼”模式体现了拼多多在农业数字化方面的深远战略思考。首先，拼多多认识到农业数字化水平滞后是导致农产品销售难的主要原因之一，因此致力于通过 AI 技术推动农业数字化进程；其次，拼多多意识到小农户难以直接对接大市场的问题，因此通过“农地云拼”模式将分散的农业产能和农产品需求在云端汇聚，推动农产品标准化、规模化生产；最后，拼多多关注农业可持续发展的长远目标，通过引入供应链金融服务和技术支持，促进农业产业链的整合和升级。

“农地云拼”模式对农业现代化进程具有潜在的深远影响。首先，通过推动农产品标准化、规模化生产，提高农业生产效率和产品品质；其次，通过减少中间环节，降低农产品流通成本，提高农民收入水平；再次，通过引入供应链金融服务和技术支持，促进农业产业链的整合和升级，增强农业整体竞争力；最后，通过推动农业数字化进程，为农业现代化注入新的动力，促进农业可持续发展。

案例三 跨境移动电商典范：希音

希音（SHEIN），一家成立于2008年的中国跨境电商企业，凭借其独特的业务模式、高效的供应链管理和创新的营销策略，在跨境移动电商领域迅速崛起，成为全球快时尚电商的佼佼者。本案例将详细描述希音如何在竞争激烈的国际市场中，通过跨境移动电商模式，特别是其手机 App，实现业务的高速增长与全球影响力的扩大。

一、企业背景与跨境移动电商之路

希音最初以婚纱、礼服等商品起家，通过第三方电商平台销往欧美市场。后来，希音洞察到快时尚领域的巨大潜力，以及跨境移动电商的广阔前景，于2012年决定转型，专注于时尚女装的自主设计、加工和出口业务，并启动独立站模式。同时，希音也注重手机 App 的开发和推广，将其作为跨境移动电商战略的重要组成部分。这一战略转型为希音在跨境移动电商领域的发展奠定了坚实基础。

二、手机 App 与跨境品牌建设

希音的手机 App 是其跨境品牌建设的重要载体。通过 App，希音能够直接触达全球消费者，提供个性化的购物体验，并实时推送最新的时尚资讯和促销活动。在跨境品牌建设方面，希音积极在海外主流社交媒体平台上注册官方账号，大规模投放广告，并创新性地采用网红营销策略，将服装寄送给海外网红进行试穿和推广。这一策略与手机 App 的推广相结合，不仅极大地提升了品牌曝光率，还通过口碑传播迅速积累了大量忠实用户，特别是在移动端的用户群体。

三、高效的供应链管理与“小单快返”模式

面对快时尚行业对上新速度的高要求，以及跨境移动电商的特殊性，希音通过信息化手段对供应链进行全面升级，建立了覆盖设计、生产、物流等全链条的数字化系统。这一系统能够实时跟踪全球时尚趋势，快速响应市场需求，确保商品从设计到上市的高效流转。同时，“小单快返”模式使得希音能够保持每天数千款新品的上新规模，满足跨

境移动电商用户对时尚和新鲜感的追求。这种灵活的生产模式降低了库存风险，加快了商品上新速度，并通过手机 App 实时展示给全球消费者。

四、技术创新与数据驱动

作为一家科技驱动的电商企业，希音在技术创新方面同样不遗余力。公司拥有一支强大的技术团队，致力于通过大数据、人工智能等技术手段提升运营效率和用户体验。在商品推荐、库存管理、物流配送等关键环节，希音均实现了高度的数据化、智能化管理。这种以数据为驱动的业务模式，使得希音能够在激烈的市场竞争中保持领先地位，特别是在跨境移动电商领域。通过手机 App，希音能够收集并分析大量用户数据，以更精准地满足消费者需求。

五、全球化布局与平台化战略

随着业务的不断扩展，希音开始实施全球化布局和平台化战略。公司在全球范围内设立分支机构，与当地供应商和物流服务商建立紧密合作关系，确保商品能够快速、准确地送达全球消费者手中。同时，希音还通过招商大会等方式吸引国内外知名品牌和卖家入驻平台，共同打造时尚生态圈。在平台化战略方面，希音提供了代运营和自主运营两种模式供卖家选择。这种灵活多样的合作方式吸引了大量卖家入驻平台，进一步丰富了商品种类和提升了平台竞争力。手机 App 作为希音平台化战略的重要组成部分，为卖家提供了一个直接触达全球消费者的渠道。

六、成就与展望

经过十几年的快速发展，希音已成为全球快时尚电商领域的领军企业。其手机 App 在多个国家的购物类应用中排名靠前，成为全球安装量最大的购物应用之一。公司在全球范围内拥有数亿用户，年销售额突破千亿元人民币大关。展望未来，希音将继续深化平台化战略和全球化布局，致力于将成功经验复制推广至更多产业集群。同时，公司还将加大技术创新投入，提升运营效率和用户体验，进一步巩固其在全球跨境移动电商领域的领先地位，特别是通过手机 App 这一重要渠道。

案例思考

(1) 希音在跨境移动电商领域的成功因素有哪些？请从手机 App 的功能、品牌建设、供应链管理、技术创新等方面进行分析。

(2) “小单快返”模式对希音在跨境移动电商领域的发展有何重要意义？这种模式对其他跨境电商企业有何启示，特别是在适应手机 App 这一渠道方面？

(3) “在全球化背景下，希音的平台化战略和手机 App 对其在跨境移动电商领域的未来发展有何影响？企业应如何平衡自营品牌与平台业务的发展，特别是在手机 App 这一渠道上？

案例分析

希音作为一家成立于 2008 年的中国跨境电商企业，通过其独特的业务模式、高效的供应链管理和创新的营销策略，在跨境移动电商领域取得了显著的成功。

一、手机 App 与跨境品牌建设

希音的手机 App 是其跨境品牌建设的重要载体。在移动电商时代，手机 App 成为消费者与品牌之间互动的主要渠道。希音通过 App 提供了个性化的购物体验，包括实时推送最新的时尚资讯、促销活动和个性化推荐。这些功能不仅增强了用户的购物体验，还提高了品牌的忠诚度和用户黏性。

在跨境品牌建设方面，希音积极在海外主流社交媒体平台上进行品牌推广，并通过网红营销策略将服装寄送给海外网红进行试穿和推广。这一策略与手机 App 的推广相结合，形成了线上线下联动的品牌传播效应。手机 App 作为品牌与消费者之间的桥梁，不仅提升了品牌曝光率，还通过用户口碑传播迅速积累了大量忠实用户。

希音在跨境移动电商领域的成功得益于多个因素。首先，其手机 App 提供了丰富的功能和良好的用户体验，包括个性化推荐、实时时尚资讯推送、便捷的购物流程等。这些功能增强了用户的购物体验，提高了品牌忠诚度和用户黏性。其次，希音在品牌建设方面积极利用社交媒体和网红营销策略进行品牌推广，并与手机 App 的推广相结合，形成了线上线下联动的品牌传播效应。再次，希音通过高效的供应链管理和“小单快返”模式确保了商品的快速上新和高效流转。最后，希音在技术创新方面也取得了显著成果，通过大数据和人工智能等技术手段提升了运营效率和用户体验。

二、高效的供应链管理与“小单快返”模式

面对快时尚行业对上新速度的高要求，以及跨境移动电商的特殊性，希音通过信息化手段对供应链进行了全面升级。建立了覆盖设计、生产、物流等全链条的数字化系统，实现了对全球时尚趋势的实时跟踪和快速响应。这种高效的供应链管理确保了商品从设计到上市的高效流转。

“小单快返”模式是希音供应链管理的一大亮点。与传统的大规模生产模式不同，希音采用小批量、多批次的生产方式，降低了库存风险，加快了商品上新速度。这种模式使得希音能够保持每天数千款新品的上新规模，满足跨境移动电商用户对时尚和新鲜感的追求。通过手机 App，消费者可以实时浏览和购买到最新款式的服装，进一步提升了购物体验和用户满意度。

“小单快返”模式对希音在跨境移动电商领域的发展具有重要意义。该模式使得希音能够保持每天数千款新品的上新规模，满足跨境移动电商用户对时尚和新鲜感的追求。通过手机 App 这一渠道，“小单快返”模式得以更好地实现与消费者的实时互动和快速响应。这种模式对其他跨境电商企业的启示在于，要关注消费者需求和市场趋势的变化，灵活调整生产策略和供应链管理方式。特别是在适应手机 App 这一渠道方面，跨境电商企业应注重提升用户体验和个性化推荐精度，以实现更高效的商品销售和用户留存。

三、技术创新与数据驱动

作为一家科技驱动的电商企业，希音在技术创新方面同样不遗余力。公司拥有一支强大的技术团队，致力于通过大数据、人工智能等技术手段提升运营效率和用户体验。在商品推荐、库存管理、物流配送等关键环节，希音均实现了高度的数据化、智能化管理。

手机 App 作为希音数据收集和分析的重要工具，通过用户行为数据、购买历史等数据，为希音提供了精准的消费者洞察。这使希音能够更准确地了解消费者需求和市场趋势，从而制定更精准的营销策略和产品设计。这种以数据为驱动的业务模式，使希音能够在激烈的市场竞争中保持领先地位。

四、全球化布局与平台化战略

随着业务的不断扩展，希音开始实施全球化布局和平台化战略。公司在全球范围内设立分支机构，与当地供应商和物流服务商建立紧密合作关系，确保商品能够快速、准确地送达全球消费者手中。这一全球化布局不仅扩大了希音的市场覆盖面，还提高了其在全球供应链中的话语权。

在平台化战略方面，希音提供了代运营和自主运营两种模式供卖家选择。这种灵活多样的合作方式吸引了大量卖家入驻平台，进一步丰富了商品种类，提升了平台竞争力。手机 App 作为希音平台化战略的重要组成部分，为卖家提供了一个直接触达全球消费者的渠道。通过 App，卖家可以展示商品、进行促销活动，并与消费者进行实时互动，从而提高了销售效率和用户满意度。

在全球化背景下，希音的平台化战略和手机 App 对其在跨境移动电商领域的未来发展具有重要影响。平台化战略使希音能够吸引更多卖家入驻平台，丰富商品种类并提升竞争力。而手机 App 作为平台的重要渠道，为卖家提供了直接触达全球消费者的机会。为了平衡自营品牌与平台业务的发展，特别是在手机 App 这一渠道上，企业应注重以下几点：首先，要明确自营品牌和平台业务的定位和发展目标；其次，要优化用户体验和个性化推荐算法，以同时满足自营品牌和平台卖家的需求；最后，要加强与平台卖家的合作与沟通，共同提升商品质量和服务水平，以实现长期的可持续发展。

经过十几年的快速发展，希音已成为全球快时尚电商领域的领军企业。其手机 App 在多个国家的购物类应用中排名靠前，成为全球安装量最大的购物应用之一。公司在全球范围内拥有数亿用户，年销售额突破千亿元人民币大关。展望未来，希音将继续深化平台化战略和全球化布局，致力于将成功经验复制推广至更多产业集群。同时，公司还将加大技术创新投入，提升运营效率和用户体验。在手机 App 这一重要渠道上，希音将进一步优化用户体验、丰富商品种类、提高个性化推荐精度，并加强社交功能的建设，以吸引更多用户并保持其在全球跨境移动电商领域的领先地位。

案例四 微信公众平台“某吃货邦”许可证问题

2021 年 4 月 6 日，在排查微信公众平台“某吃货邦”上的入网食品经营户过程中，执法人员发现：“A 九佰碗”店铺餐饮服务许可证已过期；“B 小炒”店铺未办理营业执照和食品经营许可证；“C 比萨小屋”店铺同样未取得食品经营许可证；“D 十骨头”店铺餐饮服务许可证已过期，且字号名称与核准登记的字号名称不符；“E 阿布家族”店铺亦未办理食品经营许可证。据此，执法部门于 4 月 7 日对“某吃货邦”展开立案调查。

4 月 11 日，执法人员向“某吃货邦”送达《责令改正通知书》，指出其存在未对入网食品经营者进行实名登记、审查许可证，以及公司经营地址变更后未办理变更登记的行为，并要求“某吃货邦”在规定期限内改正如下问题：（1）立即下架证照不全的入网经营户；（2）于 2021 年 4 月 15 日前提供相关证照；（3）办理营业执照变更登记。

“某吃货邦”在 4 月 15 日对不符合经营资质的 5 家店铺进行下架处理，并于 7 月 19 日完成了营业执照变更登记。7 月 22 日，执法人员向“某吃货邦”送达仙市监听告字〔2021〕14 号《行政处罚听证告知书》，但“某吃货邦”未申请听证。7 月 29 日，执法人员作出仙市监处字〔2021〕××号行政处罚决定，认定“某吃货邦”违反《食品安全法》第 62 条第 1 款和《电子商务法》第 28 条之规定，依据《食品安全法》第 131 条第 1 款和《电子商务法》第 80 条之规定，对“某吃货邦”作出如下处罚：（1）警告；（2）没收违法所得 314.36 元；（3）罚款 50 000 元。

2021 年 8 月 4 日，“某吃货邦”将执法部门起诉至法院，请求撤销对其作出的行政处罚决定。

案例思考

（1）在本案中，执法部门对“某吃货邦”的处罚是否合法？为什么？

（2）法院对“某吃货邦”的处罚决定持怎样的看法？“某吃货帮”的请求成立吗？

案例分析

本案例中执法部门在处罚决定中，根据“某吃货邦”的违法事实，从轻对“某吃货邦”处罚款 50 000 元。对此，平台的 4 家经营者称自己违法行为轻微，没有造成危害后果，积极配合，所受处罚过重。法院认为，对“某吃货邦”积极配合的态度，执法部门已在处罚决定中表明予以认可，作从轻处罚，对其处以法律规定的处罚幅度的最低数额。因“某吃货邦”不存在法定减轻和不予处罚的情节，故执法部门对原告所作的处罚，不存在畸重。

在本案中，执法人员对“某吃货邦”实施的行政处罚，经过了立案、调查、告知、听证、集体讨论、作出决定等法定程序，其合法性符合《行政处罚法》的相关规定。“某吃货邦”在庭审中主张，执法部门在作出处罚决定前未进行“约谈”，故处罚程序不合法。然而，法院经审理认为，《行政处罚法》并未规定行政机关在作出处罚决定前须与相对人“约谈”。在本案中，执法部门在作出处罚决定前已履行了告知义务，“某吃货邦”也申请了听证，并在听证过程中进行了陈述和申辩。因此，原告关于未经“约谈”作出的行政处罚程序违法的主张未能成立。

根据《电子商务法》第 10 条、《食品安全法》第 62 条第 1 款、《公司法》第 7 条第 3 款的规定，电子商务经营者、网络食品交易第三方平台提供者及公司营业执照记载的事项发生变更的，均应依法办理相关登记和审查。在本案中，被告认定原告对进入其提供的“某吃货邦”网络平台的5家食品经营者，未进行实名登记食品经营许可证的审查，并在这些店铺下架前共收取服务费314.36元，以及超出营业执照核准登记的经营范围与入网食品经营户签订外卖配送服务合同，收取配送费。这些行为违反了上述法律规定，事实清楚，证据充分，原告对上述违法事实亦无异议。

根据《食品安全法》第131条第1款的规定，网络食品交易第三方平台提供者若未对入网食品经营者进行实名登记、审查许可证，或未履行报告、停止提供网络交易平台服务等义务，将面临责令改正、没收违法所得、罚款等处罚。在本案中，执法部门根据“某吃货邦”的违法事实，从轻对其处罚款50 000元。对于平台的4家经营者主张自身违法行为轻微，没有造成危害后果，且积极配合，所受处罚过重的问题，法院认为，执法部门在处罚决定中已对“某吃货邦”积极配合的态度予以认可，并作出从轻处罚，处以法律规定的最低罚款数额。由于“某吃货邦”不存在法定减轻和不予处罚的情节，因此执法部门对其所作处罚并无畸重之嫌。

判决结果：“某吃货邦”请求撤销被告对其作出的行政处罚决定，理由不能成立，依法应予驳回。

课程综合实操案例

抖音电商“山货上头条”项目

一、项目背景

随着移动互联网的普及和电子商务的快速发展，农产品的销售渠道正在经历一场深刻的变革。抖音电商作为新兴的电商平台，以其独特的短视频和直播形式，为农产品开辟了新的销售途径。“山货上头条”项目正是抖音电商响应国家乡村振兴战略，利用自身平台优势，助力农产品上行的一项重要举措。

二、项目概述

“山货上头条”项目于2023年正式启动，旨在通过抖音平台的流量和技术支持，帮助农村地区的特色产品走向更广阔的市场。项目覆盖全国13个省市，扶持了49个乡村产业，涵盖了从菌菇到土鸡、从燕麦到果蔬等多种农产品。

三、项目实施

（1）选品策略：项目团队深入农村地区，精选具有地方特色的优质农产品，确保产品的品质和特色性，满足消费者对健康、绿色食品的需求。

（2）内容创作：依托抖音平台的内容创作优势，项目团队和合作农户共同制作了一系列展示农产品种植、收获、加工等环节的短视频和直播内容，增强了消费者对产品的认知和信任。

（3）流量扶持：抖音平台为参与项目的农产品提供了流量扶持，通过推荐算法将这些特色产品推送给更多潜在消费者，有效提升了产品的曝光率和销售量。

（4）品牌建设：项目鼓励和支持农户建立自己的品牌，通过统一的包装设计、品牌故事等方式，提升产品的品牌价值和市场竞争力。

（5）物流配送：为了解决农产品物流配送的难题，项目与多家物流公司合作，建立了高效的物流配送体系，确保产品能够快速、安全地送达消费者手中。

（6）培训支持：项目还为农户提供了电商知识和技能培训，帮助他们更好地利用抖音平台进行产品推广和销售。

四、项目成效

（1）销量提升：通过“山货上头条”项目的推广，参与的农产品销量普遍实现了显著增长，部分产品的销量增长甚至达到了数倍。

（2）品牌影响力增强：项目的实施帮助许多原本不为人知的地方特色产品建立了品牌，提升了品牌影响力。

（3）农户增收：随着产品销量的提升，参与项目的农户实现了增收，有效改善了他们的生活水平。

（4）乡村振兴：项目的实施带动了农村地区的产业发展，为乡村振兴注入了新的活力。

五、典型案例

（1）“小田姑娘”食用菌品牌：福建屏南的田小宇通过抖音平台，将家乡的食用菌卖向全国，她的账号“小田姑娘”拥有超400万粉丝，通过直播带货，创造了单场销售60万包菌菇的佳绩。

（2）“杨博士皖南土鸡”品牌：皖南大山里的建筑学博士杨木旺回乡创业，创建了“杨博士皖南土鸡”品牌，通过抖音电商直播，每天有数以千计的土鸡销往全国各地。

（3）内蒙古乌兰察布的阴山优麦：传统农企阴山优麦通过全域兴趣电商，打造了国产有机裸燕麦品牌，建立了规模化产销通路，带动了当地农民致富增收。

六、项目展望

“山货上头条”项目的成功实施，不仅为农产品销售提供了新的思路和方法，也为农村电商的发展探索了可行的路径。未来，项目将继续扩大覆盖范围，深化与农户的合作，提升服务质量，进一步推动农产品上行，助力乡村振兴。通过“山货上头条”项目，抖音电商展现了其在推动农产品销售和乡村振兴中的积极作用，为农村电商的发展提供了新的动力和方向。

工作任务

1. 通过课程内容学习，分析抖音电商“山货上头条”项目运行是在哪些技术支持条件下成功实现的，完成下表。

序号	所运用的技术	举例
1	移动终端与移动操作系统	手机、iOS、Android
2		
3		
4		
5		
⋮		

2. 模拟直播带货

目标：通过模拟直播带货，体验电商销售的过程，了解直播带货的技巧和策略。

步骤：

（1）角色分配：每组成员分配不同的角色，如主播、助理、物流协调员等。

（2）准备：小组成员根据之前创作品牌故事的农产品，准备直播脚本和展示材料。

（3）模拟直播：每组进行一次模拟直播，其他小组成员和教师作为观众参与互动。

（4）反馈：直播结束后，其他小组和教师提供反馈意见，评价直播效果。

3. 市场分析与营销策略制定

目标：培养学生的市场分析能力和营销策略制定能力。

步骤：

（1）市场调研：每组选择一种农产品，收集相关的市场数据和消费者反馈。

（2）SWOT 分析：基于收集的信息，进行 SWOT 分析，找出产品的优势、劣势、机会和威胁。

（3）营销策略：根据 SWOT 分析结果，制定一套营销策略，包括定价、推广、渠道选择等。

（4）策略展示：每组向全班展示他们的市场分析和营销策略，并接受其他小组的提问和建议。

4. 品牌故事创作与展示

目标：让学生们理解品牌故事在产品营销中的重要性，并学会如何创作吸引人的品牌故事。

步骤：

分组：将学生分成若干小组，每组 4～5 人。

（1）选品：每组从“山货上头条”项目中选择一种农产品作为研究对象。

（2）研究：小组成员共同研究该产品的特点、产地背景、文化意义等。

（3）创作：基于研究结果，创作一个品牌故事，可以是文字、PPT 或者短视频形式。
（4）展示：每组向全班展示他们的品牌故事，并解释其创作理念和营销策略。

实操案例考核评价

知识（0.3）			技能（0.4）			态度（0.3）		
个人评价（0.3）	小组评价（0.3）	教师评价（0.4）	个人评价（0.3）	小组评价（0.3）	教师评价（0.4）	个人评价（0.3）	小组评价（0.3）	教师评价（0.4）

总分＝知识＋技能＋态度

参考文献

[1] 王忠元．移动电子商务［M］．2 版．北京：机械工业出版社，2021.

[2] 段建．移动互联网营销［M］．北京：中国铁道出版社，2016.

[3] 王忠元．电子商务法规［M］．2 版．北京：中国人民大学出版社，2016.

[4] 秦成德．移动电子商务［M］．重庆：重庆大学出版社，2013.

[5] 陈月波．移动电子商务实务［M］．北京：机械工业出版社，2016.

[6] 雷玲．电子商务案例分析［M］．5 版．大连：大连理工大学出版社，2015.

[7] 苏静，翟旭君．传统企业电子商务之道［M］．北京：电子工业出版社，2013.

[8] Kristofer Layon. 移动 Web 实现指南［M］．张晶珏，译．北京：人民邮电出版社，2012.

[9] 刘宏，石声波．电子商务概论［M］．3 版．北京：清华大学出版社，2018.

[10] 文丹枫．移动营销新解密［M］．北京：中国经济出版社，2014.

[11] 危光辉，罗文．移动互联网概论［M］．北京：机械工业出版社，2014.

[12] 周建良．移动商务［M］．北京：电子工业出版社，2014.

[13] 沈拓．移动互联网时代的商业模式创新［M］．北京：人民邮电出版社，2012.

[14] 项建标，蔡华，柳荣军．互联网思维到底是什么［M］．北京：电子工业出版社，2014.

[15] 胡世良．移动互联网商业模式创新与变革［M］．北京：人民邮电出版社，2013.

[16] 林军．中国互联网 1995—2009 沸腾十五年［M］．北京：中信出版社，2009.

[17] 王忠元．电子商务概论与实训教程［M］．2 版．北京：机械工业出版社，2014.

[18] 谭贤．玩转 O2O 营销实战手册［M］．北京：中国铁道出版社，2014.

[19] 苗成栋，于帅．电子商务概论［M］．北京：北京大学出版社，2009.

[20] Adam Feeman. HTML5 权威指南［M］．谢廷晟，牛化成，刘美英，译．北京：人民邮电出版社，2014.

[21] 侯青林．互联网三国杀［M］．成都：四川人民出版社，2013.

[22] 胡世良．移动互联网商业模式创新与变革［M］．北京：人民邮电出版社，2013.

[23] 吴凌娇．微信终极秘籍［M］．北京：电子工业出版社，2014.

[24] 苏高．二维码的秘密［M］．北京：清华大学出版社，2014.

[25] 李勇，徐小涛，杨志红，等．位置信息服务（LBS）关键技术及应用［M］．北京：人民邮电出版社，2013.

[26] Richard Ferraro，Murat Aktihanoglu. LBS应用开发［M］．李丽，译．北京：人民邮电出版社，2012.

[27] 钟元生．移动电子商务［M］．上海：复旦大学出版社，2012.

[28] 戴建中．电子商务100问［M］．北京：清华大学出版社，2013.

[29] 柯林．移动商务理论与实践［M］．北京：北京大学出版社，2013.

[30] 中华人民共和国商务部．中国电子商务报告（2012）［M］．北京：清华大学出版社，2013.

[31] 赵大伟．互联网思维［M］．北京：机械工业出版社，2014.

[32] 周江，钟林．移动商务实践教程［M］．北京：电子工业出版社，2019.

[33] 杨泳波．移动商务［M］．北京：电子工业出版社，2018.

[34] 周建良．移动商务［M］．北京：电子工业出版社，2020.

[35] 林海．新媒体营销［M］．北京：高等教育出版社，2019.

[36] 刘望海．新媒体营销与运营［M］．北京：人民邮电出版社，2018.

[37] 黄轲，谢超，易俗．移动电子商务基础与实务［M］．北京：人民邮电出版社，2021.

[38] 李小斌．移动电子商务［M］．北京：中国人民大学出版社，2022.

[39] 王红蕾．移动电子商务［M］．北京：机械工业出版社，2022.

[40] 黄芳，姜宇．移动商务项目教程［M］．北京：中国铁道出版社，2024.

[41] 李志刚．移动电子商务运营［M］．北京：机械工业出版社，2023.

图书在版编目（CIP）数据

移动商务基础 / 王忠元，郭明主编 . -- 3 版 .
北京 ：中国人民大学出版社，2024. 11. --（新编 21 世纪职业教育精品教材）. -- ISBN 978-7-300-33367-0

Ⅰ. F713. 36

中国国家版本馆 CIP 数据核字第 2024RD4191 号

“十四五”职业教育国家规划教材

“十三五”职业教育国家规划教材

新编 21 世纪职业教育精品教材 · 电子商务类

移动商务基础（第三版）

主　编　王忠元　郭　明

副主编　沈稷婵　张明勇

主　审　雷　玲

Yidong Shangwu Jichu

出版发行	中国人民大学出版社		
社　址	北京中关村大街 31 号	**邮政编码**	100080
电　话	010－62511242（总编室）		010－62511770（质管部）
	010－82501766（邮购部）		010－62514148（门市部）
	010－62515195（发行公司）		010－62515275（盗版举报）
网　址	http://www.crup.com.cn		
经　销	新华书店		
印　刷	天津鑫丰华印务有限公司	**版　次**	2018 年 1 月第 1 版
开　本	787 mm×1092 mm　1/16		2024 年 11 月第 3 版
印　张	15	**印　次**	2025 年 5 月第 2 次印刷
字　数	346 000	**定　价**	48.00 元

版权所有　侵权必究　印装差错　负责调换

U1020394

国家出版基金项目
NATIONAL PUBLICATION FOUNDATION

陈兴良刑法学
CHEN XINGLIANG CRIMINAL LAW

陈兴良/著

刑法研究（第四卷）

刑法理论 I

Research on Criminal Law

中国人民大学出版社
·北京·

总 目 录

第一卷 刑法绪论Ⅰ

第一编 刑法绪论

一、刑法理念

二、刑事法治

第二卷 刑法绪论Ⅱ

二、刑事法治（续）

三、刑事政策

四、刑法立法

第三卷 刑法绪论Ⅲ

四、刑法立法（续）

五、刑法原则

六、刑法人物

七、刑法随笔

第四卷　刑法理论Ⅰ

第二编　刑法理论
一、刑法哲学
二、刑法教义学
三、刑法知识论

第五卷　刑法理论Ⅱ

三、刑法知识论（续）
四、判例刑法学

第六卷　刑法总论Ⅰ

第三编　刑法总论
一、犯罪概论
二、犯罪论体系
三、构成要件

第七卷　刑法总论Ⅱ

三、构成要件（续）
四、违法性

第八卷　刑法总论Ⅲ

四、违法性（续）
五、有责性
六、未完成罪

第九卷 刑法总论Ⅳ

七、共同犯罪
八、单位犯罪
九、竞合论

第十卷 刑法总论Ⅴ

十、刑罚概论
十一、刑罚体系
十二、刑罚适用

第十一卷 刑法各论Ⅰ

第四编 刑法各论
一、概述
二、公共安全犯罪
三、经济秩序犯罪

第十二卷 刑法各论Ⅱ

四、侵犯人身犯罪
五、侵犯财产犯罪
六、社会秩序犯罪

第十三卷 刑法各论Ⅲ

六、社会秩序犯罪（续）
七、贪污贿赂犯罪

本卷目录

第二编　刑法理论

一、刑法哲学 …… 2
论刑法哲学的价值内容和范畴体系 …… 3
刑法哲学研究论纲 …… 15
罪刑关系论 …… 26
部门法理学之提倡 …… 45
部门法学哲理化及其刑法思考 …… 48
刑法法理的三重境界 …… 54
法治国的刑法文化 …… 77
超越报应主义与功利主义——对刑法正当性的追问 …… 91
论意志自由及其刑法意义 …… 105
论人身危险性及其刑法意义 …… 119
论生产力标准及其刑法意义 …… 132
二、刑法教义学 …… 142
刑法教义学方法论 …… 143

刑法教义学的发展脉络——纪念1997年刑法颁布二十周年 …………… 191
注释刑法学经由刑法哲学抵达教义刑法学 ……………………………… 218
刑法知识的教义学化 ………………………………………………………… 245
刑法教义学的逻辑方法：形式逻辑与实体逻辑 ………………………… 252
刑法教义学与刑事政策的关系：从李斯特鸿沟到罗克辛贯通
——中国语境下的展开 ………………………………………………… 267
立法论的思考与司法论的思考——刑法方法论之一 …………………… 314
体系性思考与问题性思考——刑法方法论之二 ………………………… 324
类型性的思考与个别性的思考——刑法方法论之三 …………………… 330
三、刑法知识论 ……………………………………………………………… 338
刑法学体系的反思与重构 …………………………………………………… 339
20世纪90年代刑法学的理论走向 ………………………………………… 351
挑战与机遇：面对市场经济的刑法学研究 ……………………………… 363
中国刑法学研究40年（1978—2018年） ………………………………… 380
刑法理论的前景展望 ………………………………………………………… 402
刑法理论的世纪展望 ………………………………………………………… 407
法学：作为一种知识形态的考察——尤其以刑法学为视角 …………… 411
转型与变革：刑法学的一种知识论的考察 ……………………………… 440

第二编

刑法理论

一、刑法哲学

论刑法哲学的价值内容和范畴体系

刑法哲学，是对刑法所蕴含的法理提升到哲学高度进行研究的一门学科。刑法哲学作为刑法学的基础理论，对于刑法学的深入发展具有重要意义。在我国刑法学领域，刑法哲学尚是一块有待开垦的处女地。为推动刑法哲学研究，本文拟对刑法哲学的价值内容和范畴体系这两个基本问题略作探讨，就正于我国刑法学界。

一、刑法哲学的价值内容

在现代哲学中，价值问题越来越受到人们的关注，成为哲学研究中的一个最具诱惑力的问题，以至于形成所谓价值哲学。价值问题同样引起法学界的重视，英国法学家彼得·斯坦和约翰·香德认为，一切法学家都只不过是用各种各样的方式，描述法律能够在什么程度上实现社会秩序、公平、个人自由这些基本的价值而已。① 显然，法律价值也应该是法学充分关注的问题之一。

---

① 参见［英］彼得·斯坦、约翰·香德：《西方社会的法律价值》，王献平译，35页，北京，中国人民公安大学出版社，1990。

那么，刑法的基本价值何在呢？

法是以调整个人与社会的冲突为己任的。这种个人与社会的冲突，在某种意义上可以说是个人与国家之间的冲突。从刑法的意义上说，犯罪是个人对社会的一种侵害，而刑罚是社会为防卫自身的生存条件而对犯罪人的一种制裁。因此，个人与社会的这样一种冲突关系，表现在刑法中，就是犯罪与刑罚之间的关系。罪刑关系作为刑法的调整对象，表现出双重的属性：立足于已然之罪，刑罚应该是一种报应；而立足于未然之罪，刑罚应该是一种预防。报应与预防的关系及其解决，成为刑法哲学的基本问题。刑法哲学的一切命题都由此展开，并且为此服务。可以说，它是刑法哲学的逻辑起点，也是刑法哲学的逻辑归宿，刑法的价值就蕴含在这一问题之中。

（一）公正

公正，也称公平、正义，源出于拉丁语 Justitia，系由 Jus 一词演变而来。公正是法的本性，法是公正的象征。尽管在古希腊时期就有恶法（不公正的法）是不是法的争论，并不乏对此持肯定态度的人，但一般的人论及法的时候，总有一种神圣感，这种神圣感盖源自法的公正性。刑法涉及对公民的生杀予夺，因而公正性更是它的生命，更值得我们重视。公正作为刑法的首要价值，就是说，刑法中的一切问题都应当让位于公正性，刑法哲学的一切原理都应当立足于公正性。刑法，应当成为具有公正性的刑法；刑法哲学，应当成为思考刑法的公正性的理论。离开这一根本命题，刑法哲学就丧失了它的生命力。当然，刑法的公正性问题并不是一个经验哲学的命题，公正性的标准及判断是一个与社会密切相关的问题。并且，刑法的公正性本身也不是绝对的、抽象的，而是相对的、具体的，受制于一定的社会物质生活条件。

古希腊哲学家亚里士多德把正义划分为“普遍的正义”和“特殊的正义”，亚氏又把“特殊的正义”分为“分配正义”和“平均正义”两种。“分配正义”为数量相等，“平均正义”为比值相等。亚氏所说的分配之公平，相当于按需分配：形式上不平等，实质上平等；而平均之公平则相当于按劳分配：形式上平等，实质上不平等。在刑法中，也有这两种公平：按照已然之罪确定刑罚，即报应，相当于按劳分配，是一种平均之公平；按照未然之罪确定刑罚，即预防，相当于按需分配，是一种分配之公平。报应是刑罚一般化，根据社会危害性分配刑罚：社会危害性大则重判，社会危害性小则轻判。预防是刑罚个别化，根据人身危险性分配刑罚：人身危险性大则重判，人身危险性小则轻判。这两种刑法公正的标准显然存在冲突。那么，我们究竟按照什么标准来衡量刑法的公正性呢？亚里士多德指出："公正平等为二极端之中道，则公平为之中道亦宜。"① 公正不仅为二极端之中道，而且也是两种公正标准之中道。因此，我认为，报应与预防都体现了某种公正性：报应是个人的公正性，预防是社会的公正性，两者应该统一而不是相互排斥，这也正是我们所主张的罪刑关系二元论的基本原理。②

刑法的公正性有立法公正、审判公正与行刑公正之分。在这三者中，立法公正是基础，没有立法公正就根本谈不上刑法的其他公正性。正如马克思指出："如果认为在立法者偏私的情况下可以有公正的法官，那简直是愚蠢而不切实际的幻想！既然法律是自私自利的，那末大公无私的判决还能有什么意义呢？法官只能够丝毫不苟地表达法律的自私自利，只能够无条件地执行它。在这种情形下，公正是判决的形式，但不是它的内容。内容早被法律所规定。"③ 立法的公正性主要表现在刑事禁止性规范的合理性上。也就是说，只有对那些确有必要禁止的行为，才能在刑法上规定为犯罪，并予以刑罚处罚。由于社会经济、政治和社会生活的变化，某一行为过去认为是犯罪的，现在其社会危害性已经消灭，甚至有利于社会；或者过去不认为是犯罪的，现在却对社会具有较大的危害性。在这种情况下，刑事立法应当及时进行废、改、立，以便跟上社会发展的步伐，保持立法的公正性。审判公正，首先需要有公正的法官。根据马克思的观点，在法的适用领域，存在着普遍与个别之间的矛盾，而解决这一矛盾，使个别案件的审理符合立法普遍精神的契机或中介，便是运用法律进行具体判断的结合。因此，要把法律所体现的自由理性精神具体融解和贯彻到个别案件的公正审理之中，就

① ［古希腊］亚里士多德：《伦理学》，向达译，101页，北京，商务印书馆，1933。

② 参见陈兴良、邱兴隆：《罪刑关系论》，载《中国社会科学》，1987（4）。

③ 《马克思恩格斯全集》，第1卷，178页，北京，人民出版社，1956。

需要公正不阿、精通法律、维护法治尊严的法官。[①] 审判公正，更为重要的还在于统一法度，保障公正处刑。至于行刑公正，则主要表现在犯罪人的行刑处遇上，例如行刑的个别化、开放化与社会化等。当然，最为重要的是将犯人当作人，尊重犯人的人格，维护犯人合法正当的权利。

（二）谦抑

谦抑，是指缩减或者压缩。[②] 刑法的谦抑性，又称为刑法的经济性或者节俭性，是指立法者应当力求以最小的支出——少用甚至不用刑罚（而用其他替代措施），获取最大的社会效益——有效地预防和抗制犯罪。

犯罪作为一种社会现象，其产生原因是十分复杂的。对于犯罪这种社会疾患，应当寻找社会的救治办法。而且，犯罪不可能通过刑罚予以消灭，而只能尽可能地将其控制在不危及社会的根本生存条件这一社会可以容忍的限度之内。刑罚作为抗制犯罪的主要法律手段，兼具积极与消极的两重性。正如德国著名刑法学家耶林指出："刑罚如两刃之剑，用之不得其当，则国家与个人两受其害。"[③] 因此，那种迷信刑罚的威慑力，尤其是迷信重刑对未然之犯罪的遏制效果以及对已然之犯罪人的矫正功能的观点，是不足取的。

刑法的谦抑性表现在：对于某种危害社会的行为，国家只有在运用民事的、行政的法律手段和措施仍不足以抗制时，才能运用刑法的方法，亦即通过刑事立法将其规定为犯罪，处以一定的刑罚，进而通过相应的刑事司法活动加以解决。犯罪与刑罚是紧密相连的一对范畴，犯罪是刑罚的导因，而刑罚则是犯罪的后果。因此，动用刑法手段解决社会冲突，应当具备以下两个条件：其一，危害行为必须具有相当严重程度的社会危害性；其二，作为对危害行为的反应，刑罚应当具有无可避免性。相当程度的社会危害性主要是根据社会价值标准作出判断。而所谓刑罚之无可避免性，则是指立法者对于一定的危害行为，如果不以国家最严厉的反应手段——刑罚予以制裁，就不足以有效地维持社会秩序。一般来说，

① 参见李光灿、吕世伦主编：《马克思恩格斯法律思想史》，66页，北京，法律出版社，1991。

② 参见甘雨沛、何鹏：《外国刑法学》，上册，175页，北京，北京大学出版社，1984。

③ 林山田：《刑罚学》，127页，台北，"商务印书馆"，1985。

具有下列三种情况之一的，就说明不具备刑罚之无可避免性：(1) 无效果。所谓无效果，就是指对某一危害行为来说，即使规定为犯罪，并且处以刑罚，也不能达到预防与抗制之效果。(2) 可替代。所谓可替代，就是指对于某一危害行为来说，即使不运用刑罚手段，而运用其他社会的或者法律的手段，例如道德教育，民事或者行政制裁，也足以预防和抗制这一危害行为。(3) 太昂贵。所谓太昂贵，是指通过刑罚所得到的效益要小于其所产生的消极作用。在以上三种情况下动用刑法，就是刑罚不具有无可避免性，因而，刑法应当谦抑。

在西方发达国家，当今实现刑法谦抑的主要途径在于：非犯罪化与非刑罚化。非犯罪化与非刑罚化作为一种国际思潮应当引起我们重视，但不可照搬到中国来。非刑罚化并非中国当前面临的根本问题。由于中国传统的重刑观念的影响，认为只有生命刑、自由刑才是刑罚，而在思想上把其他财产刑、资格刑排斥于刑罚概念之外的现象还十分严重。因此，中国的当务之急是削减死刑，逐渐实现轻刑化，即大幅度地降低刑罚量，这才是当前中国实现刑法谦抑的主要途径。当然，非犯罪化和非刑罚化思潮所强调的犯罪的相对性观念、刑法的不完整性观念、刑罚的经济性观念和刑法手段的最后性观念，仍然值得我们借鉴。①

（三）人道

人道，与人性是同义词。刑法的人道性是指刑法的制定与适用都应当与人的本性相符合。应当指出，人道本身也是一个历史的范畴，每一个历史时期，都有与之相适应的人道标准。从我们今天的眼光看，古代与中世纪的刑法是极为残酷的。对此，贝卡里亚作了猛烈的抨击。随着时代的发展，刑法的人道化已经成为历史发展的必然趋势，并且成为国际社会的共识，基于此，国际社会还先后通过了一些旨在保护人权的国际公约。

刑法的人道性，立足于人性。而人性的基本要求乃指人类出于良知而在其行为中表现出的善良与仁爱的态度与做法，即把任何一个人都作为人来看待。因此，刑法的人道性的最基本，也是最根本的要求可以归结为如下命题：犯罪人也

① 参见黎宏、王龙：《论非犯罪化》，载《中南政法学院学报》，1991 (4)。

是人。作为人，犯罪人也有其人格的尊严，对犯罪人的任何非人对待都是不人道或者反人道的。应该说，我国刑法是人道的，没有规定任何残酷的与侮辱人格的刑罚。随着社会的进步、经济的发展，我国刑法应将进一步人道化，这主要表现在削减死刑、限制无期徒刑，大量地运用自由刑的替代措施等。

刑法的人道性，在更广泛的意义，也是更重要的意义上还表现在对公民个人自由的尊重，使无辜者不受刑事追究。彼得·斯坦、约翰·香德指出："在刑事法庭上，只要对刑法的干涉范围究竟如何存在一丝疑问，人们就会要求法庭将个人自由价值观放在第一位。任何行为，只要对社会构成危害，刑法就可以予以禁止。但是，刑法必须对此事先加以精确的规定，这一点是至关重要的。"① 因此，在刑法中实行严格的"法无明文规定不为罪、法无明文规定不处罚"的罪刑法定主义原则，也应当是刑法的人道性的必然要求。在这方面，我国现行刑法还存在不足之处。类推制度的存在，使我国刑法中的罪刑法定原则的实际价值大打折扣。个别单行刑事法律实行刑法时间效力的"从新兼从重原则"，是对国际上公认的"从旧兼从轻原则"的明显违背。所有这些，都在一定程度上有悖于刑法的人道性，亟待改善。

公正、谦抑、人道，现代刑法的三大价值目标，构成刑法的三个支点，也是刑法哲学应当贯穿的三条红线。

二、刑法哲学的范畴体系

如果说，价值内容是刑法哲学的血肉，那么，范畴体系就是刑法哲学的骨架。因此，没有范畴体系，刑法的价值内容就无从依附。范畴体系相对于价值内容来说，虽然属于形式的东西，但这丝毫也不能否认范畴体系的重要性。

（一）范畴

在哲学中，范畴是主体的思维掌握客观世界普遍的或本质的联系的关节点或

① ［英］彼得·斯坦、约翰·香德：《西方社会的法律价值》，王献平译，177页，北京，中国人民公安大学出版社，1990。

支撑点。任何一门科学，都是由一系列特有的范畴而形成的一张认识之网。在这个意义上，我们同意以下观点：范畴及其体系是人类在一定历史阶段思维发展水平的指示器，也是各门科学成熟程度的标志。我国刑法学界有人对刑法学的一些基本范畴作了初步探讨，这些基本范畴是：刑事责任、犯罪、犯罪人、刑罚、量刑、行刑等，它们是刑法学这一科学之网的纽结。刑法学正是通过这些纽结才成为一个系统的理论体系。① 毫无疑问，这种探讨为我们深入界定刑法哲学的范畴奠定了基础。

刑法是以犯罪与刑罚为内容的，因此，犯罪与刑罚是刑法哲学的最基本的范畴。犯罪与刑罚是由法律规定的，那么，如何看待刑法的理论范畴与法律范畴之间的关系呢？我认为，两者不可等同。刑法的理论范畴是应然，而刑法的法律范畴是实然。刑法哲学不应满足于对实然的东西的注释，而应当立足于应然，对实然作出理性的评价。基于这种思想，我认为刑法哲学的基本范畴包括：已然之罪（社会危害性）、未然之罪（人身危险性）、主观恶性、客观危害、再犯可能、初犯可能、报应之刑、预防之刑、道义报应、法律报应、个别预防、一般预防。刑法哲学的范畴具有以下意义：第一，奠基功能。刑法哲学的理论大厦并非沙上之塔，而是建筑在坚实的理论基础之上的。而这些基本范畴就是这一理论大厦的基石，起着奠基的作用，是刑法哲学须臾不可离开的。第二，凝聚功能。刑法哲学面向整个刑事立法与刑事司法，从中进行抽象与提炼，形成自身的理论体系。通过范畴的这种凝聚功能，就能透过纷繁复杂的现象观察到刑法的联系和本质。

（二）关系

在哲学中，关系是一个十分重要的概念。根据辩证唯物主义，客观事物是普遍联系着的。范畴作为对客观事物的反映，必然反映事物的这种联系性，因而在刑法哲学中，各种基本范畴也都处于互相作用之中，刑法哲学的基本原理也正是蕴含在各个范畴的关系之中。

最基本的关系是因果性关系，因果关系是现象的联系形式之一。刑法哲学

① 参见曲新久：《试论刑法学的基本范畴》，载《法学研究》，1991（1）。

中，两大基本范畴——犯罪与刑罚之间就存在这样一种因果关系。因果性，可以说是刑法中的报应观念赖以存在的哲学根据。例如，著名的报应论者黑格尔在论述犯罪和刑罚的必然联系时指出："犯罪，作为自在的虚无的意志，当然包含着自我否定在其自身中，而这种否定就表现为刑罚。"[①] 显然，在黑格尔看来，犯罪是原因，在原因之中包含着自我否定的因素，刑罚就是这种自我否定的外部表现，它是结果。报应主义借助于这种因果律，对于犯罪人来说，恶有恶报，从而以此作为归责的哲学根据。即使是预防主义，也并不否定犯罪与刑罚之间的这种因果关系，当然他们关注的是利用这种因果律来实现预防犯罪的刑罚目的。例如贝卡里亚在论及刑罚的即时性时指出："刑罚跟随着犯罪来得愈快，刑罚就愈有益处，这是因为刑罚同犯罪之间的间隔愈小，犯罪和刑罚这两种观念在人们的头脑中的联系就愈紧密和持久，而它们将很自然地表现为一个是原因，另一个是必要的和必然的结果。"[②] 由于刑法哲学的两个基本范畴——犯罪和刑罚之间存在这种因果关系，因此，犯罪与刑罚两大部类的范畴之间也往往存在这种因果关系：已然之罪与报应之刑、未然之罪与预防之刑、主观恶性与道义报应、客观危害与法律报应、再犯可能与个别预防、初犯可能与一般预防，如此等等。

在因果关系中，原因与结果的相互作用是范畴之间的一种更为复杂，也是更为高级的双向关系。在刑法哲学中，犯罪和刑罚也存在这样一种相互作用的关系：一方面是已然之罪决定着刑罚，这是罪刑之间的报应关系；他方面是刑罚遏制着未然之罪，这是罪刑之间的预防关系。这两种关系相互作用，就形成罪刑关系辩证运动的过程，这种相互作用的运动机制是：犯罪情况制约着刑事立法，刑事立法制约着刑事司法，刑事司法制约着行刑效果，行刑效果又反作用于犯罪情况，如此循环往复，以至无穷。当然，这种运行过程本身是十分复杂的，以上只是图解式地加以描述，但这也充分说明犯罪和刑罚相互作用的关系的客观性。

范畴之间的关系，往往表现为关系命题，关系命题本身又形成一个上位的范

---

① ［德］黑格尔：《法哲学原理》，范扬、张企泰译，105 页，北京，商务印书馆，1961。

② ［意］贝卡里亚：《论犯罪和刑罚》，43～44 页，重庆，西南政法学院，1980。

畴。例如主观恶性与客观危害是已然之罪的两个基本范畴，这两个范畴相互作用构成的上位范畴是社会危害性，其关系命题是：社会危害性是主观恶性与客观危害的统一。关系命题是刑法哲学的主体内容，关系命题的正确与否，在很大程度上决定着刑法哲学的科学性。关系命题与基本范畴既有联系又有区别。如果把范畴比喻为网上纽结，那么关系命题就是连接这些纽结的网绳；如果把范畴比喻为房屋的基础，那么关系命题就是房屋的建筑；如果把范畴比喻为血肉，那么关系命题就是贯穿血肉的神经。因此，关系命题具有以下功能：第一，联结功能。刑法哲学的范畴是对某一特定刑法现象的孤立认识，而刑法现象本身是处于广泛联系和无限运动之中的，因而刑法哲学范畴之间具有紧密的联系。而关系命题就具有揭示刑法哲学范畴之间的相互联系的功能，使各范畴相互联结起来，从而更为科学地认识刑法的本质属性，揭示犯罪和刑罚辩证运动的规律。第二，组合功能。刑法哲学中的关系命题对两个基本范畴进行逻辑上的组合，从而形成上位范畴。上位范畴的出现，是人们对刑法现象认识进一步深化的结果，也为刑法哲学体系的最终建构提供了逻辑的组合件，因此具有十分重要的意义。

（三）体系

从范畴到关系命题，再从关系命题到刑法哲学体系，这是必然的逻辑进程。体系是这一逻辑进程的归宿，无疑，归宿具有终极的意义，因而是价值追求的结果。

在哲学上，体系的建构被称为范畴系统化。对于范畴的系统化应当有辩证的观点：构造这样的体系是一个研究范畴和揭示它们的相互联系的引人入胜并且卓有成效的方法，但要防止满足于体系的形式上的对称性与完美性，而忽略了内容上的客观性与科学性。总之，任何体系都是为一定的内容服务的，刑法哲学的范畴体系也应当服从于刑法哲学的价值内容的恰当表达。

刑法哲学体系建构的基本步骤如下。

第一，范畴的遴选。刑法哲学范畴系统化的第一步，是要对刑法哲学的范畴进行遴选。也就是说，要根据一定的标准将某些刑法概念选拔并列入刑法哲学的范畴体系，由此形成一份刑法哲学范畴的名目录。目前刑法理论中运用的刑法概念十分广泛与庞杂，选择哪些概念列入刑法哲学的范畴体系是一个复杂的问题。在哲学上，遴选哲学范畴的标准存在主观式标准与客观式标准之分。哲学上遴选范畴的这两种标准对于我们都具有一定的参考价值，但刑法哲学中范畴的选择又有特殊性，对此应当充分予以关注。对于历史上存在的那些刑法范畴，例如犯罪人、人身危险性、刑罚个别化等应当批判地继承。同时，对于当前流行的刑法范畴，也要根据建立刑法哲学体系的逻辑内容进行甄别。

第二，范畴的分类。范畴的遴选仅是建构刑法哲学体系的第一步，接下来便是范畴的分类问题。在哲学中，分类是知识或活动的某一领域的各种并列从属概念（对象种类）的体系，它经常表现为形式不同的示意图（表格），并用来作为确定这些概念或对象种类之间的联系以及帮助理解各种概念或相应对象的多样性的手段。因此，范畴的分类，对于刑法哲学体系的建立具有十分重要的意义。关于刑法哲学范畴，我认为可以分为以下三类：一是犯罪本体论的范畴；二是刑罚本位论的范畴；三是罪刑关系论的范畴。这三大类范畴既互相之间存在密切关系，又有着各自不同的特性。

第三，范畴的组建。刑法哲学体系的最终建造，有赖于一定的范式，这在哲学上也称为模型。由一套概念、结构、类型、依序整理（次第排列）的标准、各个等级和分类组构成的模型，称为概念的分类模型。[①] 黑格尔的正题、反题、合题是一种三段式的范式或曰模型。例如，黑格尔《逻辑学》的存在论就是由质、量、度三部分构成，而质又由存在、现有的存在和自为的存在三部分构成，形成一种正、反、合的范式，这种范式对于我们建立刑法哲学体系具有一定参考价值。中国的《易经》为我们提供了另一种范式。《易经》谈八卦的产生时指出："易有太极，是生两仪，两仪生四象，四象生八卦"。这里从太极到两仪，从两仪到四象，从四象到八卦，就是一个事物生成的范式。参考以上两种范式，刑法哲学中的范畴按表 1、表 2 所示组建。

---

① 参见［苏］E. Д. 格拉日丹尼科夫：《哲学范畴系统化的方法》，曹一建译，42 页，北京，中国人民大学出版社，1988。

表 1　三段论范式

正　题	反　题	合　题
主观恶性	客观危害	已然之罪
再犯可能	初犯可能	未然之罪
已然之罪	未然之罪	犯罪
道义报应	法律报应	报应之刑
个别预防	一般预防	预防之刑
报应之刑	预防之刑	刑罚
犯罪	刑罚	刑法

表 2　易经范式

<table>
<tr><th>太　极</th><th>两　仪</th><th>四　象</th><th>八　卦</th></tr>
<tr><td rowspan="8">刑　法</td><td rowspan="4">犯　罪</td><td rowspan="2">已然之罪</td><td>主观恶性</td></tr>
<tr><td>客观危害</td></tr>
<tr><td rowspan="2">未然之罪</td><td>再犯可能</td></tr>
<tr><td>初犯可能</td></tr>
<tr><td rowspan="4">刑　罚</td><td rowspan="2">报应之刑</td><td>道义报应</td></tr>
<tr><td>法律报应</td></tr>
<tr><td rowspan="2">预防之刑</td><td>个别预防</td></tr>
<tr><td>一般预防</td></tr>
</table>

第四，范畴的系统化。刑法哲学范畴经过遴选、分类、组建，然后系统化，从而形成刑法哲学体系。关于刑法哲学体系，在我国刑法学界已有学者论及，大体上都是以刑事责任为中心的体系。[①] 我认为，以上这些刑法哲学体系是有一定的独创性的，反映了作者对刑法哲学的独到见解。由于我所遴选的刑法哲学范畴

① 参见储槐植：《刑法例外规律及其他》，载《中外法学》，1990（1）；曲新久：《试论刑法学的基本范畴》，载《法学研究》，1991（1）。

不同于上述学者，并且对刑法哲学的基本观点也有别于上述学者。因此，我所建构的刑法哲学体系也迥异于上述学者的体系，可以称为罪刑关系中心论的体系。[①] 刑法哲学作为一种理论，不像刑法教科书那样有一个权威的独一无二的体系，每一种刑法哲学都可以具有自己的体系。只有这样，才能推动与深化刑法哲学的发展。

（本文原载《法学研究》，1992（2））

① 关于这一体系的基本命题，参见陈兴良：《刑法哲学研究论纲》，载《中外法学》，1992（3）。关于这一体系的全部内容，参见陈兴良：《刑法哲学》，北京，中国政法大学出版社，1992。

刑法哲学研究论纲

一

经过了将近二十年的寂静之后，随着我国第一部刑法的颁行，刑法学在各部门法学中一马当先，首先跨越了历史的断裂层，恢复了大刑法昔日的自信，俨然以老大自居。可是突然有一天，随着社会主义商品经济的发展和对外开放的客观需要，民法、经济法、国际私法等部门法学雨后春笋般地蓬勃发展起来，被人喻为朝阳学科。相形之下，刑法学黯然失色，似乎刑法学的黄金季节已经过去，于是将刑法学喻为夕阳学科的哀叹问世了。面对着其他部门法学的竞争与挑战，刑法学意欲何为，出路何在？每一个有志于刑法学研究的人该扪心自问，并进行深刻的反思。从体系到内容突破既存的刑法理论，完成从注释刑法学到理论刑法学的转变，这就是我们的结论。

刑法学虽然是我国法学中的一门显学，但又仍然是幼稚的，这种幼稚性的突出表现是没有建立起严谨科学的刑法理论的“专业槽”。文学艺术界的有识之士指出：以往文艺理论界的一个深刻的教训就在于批评的“食槽”太浅露而又宽泛，谁都可以伸进头来吃上一嘴。① 这一评价也适合于刑法学，以至于整个法学。文学艺术界的批评家们正在合力加速构建“专业槽”，而我们法学界又有多少人已经意识到这个问题呢？诚然，刑法学是一门实用性极强的应用学科，与司法实践有着直接的关联。然而，学科的实用性不应当成为理论浅露性的遁词。作为一门严谨的学科，刑法学应当具有自己的“专业槽”。非经严格的专业训练，不能随便伸进头来吃上一嘴。这既是维护刑法学的学术性的需要，更是维护刑法学的科学性的需要。我们的时代是一个反思的时代，崇尚思辨应该成为这个时代的特征。刑法学如欲无愧于这个时代的重托与厚望，必须提高自身的理论层次，引入哲学思维，使刑法的理论思维成为对时代本质的思维，与时代变革的脉搏跳动合拍。这也是我所著《刑法哲学》一书的最原始的信念之一。

二

刑法哲学，又可以称之为刑法法理学或理论刑法学，是对刑法所蕴含的法理提升到哲学高度进行研究的一门科学。刑法哲学作为刑法学的理论基础，对于刑法学的深入发展具有重大意义。一门学科的建立，必须要有一系列全新的命题。在《刑法哲学》一书中，我提出了以下三个基本命题。

（一）犯罪本质二元论

根据我国刑法学界的通说，犯罪具有三个特征，这就是社会危害性、刑事违法性与应受惩罚性。在这三个特征中，社会危害性是犯罪的本质特征。这实际上是犯罪本质的一元论，其偏颇之处越来越为人们所认识。为消除这种偏颇，我主张犯罪本质二元论：社会危害性与人身危险性的统一。犯罪本质二元论的立论关键是如何正确评价人身危险性及其在刑法学中的地位。我认为，人身危险性是指犯罪可能性，属于未然之罪。这里的犯罪可能性，既包括再犯可能性即犯罪人本

① 参见宋耀良：《十年文学主潮》，19～20页，上海，上海文艺出版社，1988。

人再次实施犯罪的可能性，又包括初犯可能性即犯罪人以外的其他人主要是指潜在的犯罪人的犯罪可能性。人身危险性这一概念，目前在我国虽然已经恢复名誉，开始在各种刑法学论著中使用，但人身危险性在刑法学中到底居于什么地位的问题并没有解决。大致有以下三种认识：一是从犯罪概念的意义上界定人身危险性，二是从定罪根据的意义上界定人身危险性，三是从量刑根据的意义上界定人身危险性。对这个问题的论述，应当从我国关于刑事责任的根据问题的争论说起。关于刑事责任的根据，传统的观点是犯罪构成唯一根据论。由于犯罪构成的内容过于狭窄，且在犯罪构成本身的理论上存在分歧，因而对刑事责任的根据提出了以下修正的观点①：一是犯罪行为论，认为犯罪构成只是一种法律形式，而犯罪人实施的危害社会的行为才是犯罪的本质，是犯罪的客观内容，因而是刑事责任的根据。二是社会危害性论，认为犯罪的社会危害性是犯罪的最本质特征，是衡量刑事责任的法律标准，因此社会危害性是刑事责任的根据。三是事实总和说，认为一切能够从一个侧面反映和影响着刑事责任的存在、性质、范围和程度等的事实和情况，都是刑事责任的根据。四是罪过论，认为主观罪过支配着行为人实施犯罪行为，因而只有罪过才是犯罪人负刑事责任的根据，而犯罪行为只是追究犯罪人刑事责任的条件。之所以产生上述观点分歧，盖因为对刑事责任及其根据的不同理解。罪过论的观点，显然是在主观的意义上理解刑事责任，因而将罪过视为刑事责任的根据，这种观点对刑事责任的理解比较符合刑事责任一词的原意。而犯罪行为论，则与犯罪构成论并无本质区别，只是因为犯罪构成仅仅是抽象的法律规定，是刑事法律规范本身，而不能成为刑事责任的根据。但实际上，犯罪行为只有符合犯罪构成（类推除外）才能成为刑事责任的根据，因而犯罪行为作为刑事责任根据与犯罪构成作为刑事责任根据词异义同。社会危害性论与事实总和论也是同一个意思，它们与前述犯罪构成论和犯罪行为论则有明显区别，主要是在刑事责任的根据中引入了实际上是表明犯罪人的人身危险性的内容，而这一切在以往的刑事责任根据论中却是不包括的。这种综合事实根据论的

① 参见杨春洗、苗生明：《论刑事责任的概念和根据》，载《中外法学》，1991（1）。

提出，对于原先的单一根据论是一大突破。但是，在综合事实根据论的意义上理解刑事责任这一概念，已经与刑罚这一概念没有任何区别了。刑事责任的根据，实际上就是刑罚的根据。由此可见，综合事实根据论并没有贯通犯罪与刑罚的关系。而单一根据论则把刑事责任理解为一种客观存在的现实可能性，只要有犯罪事实，就必然引起刑事责任的产生，正是在这个意义上，认为刑事责任的根据是犯罪行为。而刑事责任如何承担又是另一个问题，在解决刑事责任如何承担的时候，才考虑人身危险性。因此，根据这种观点，人身危险性只是量刑根据，而非定罪根据，更非刑事责任的根据。我认为，这种观点将定罪与量刑割裂开来，在逻辑上难以成立。从罪刑关系的角度来说，所谓定罪是罪刑关系的质的个别化，而所谓量刑是罪刑关系的量的个别化。如果人身危险性不是犯罪这一概念中所有的东西，裁量刑罚的时候怎么又能以它为根据呢？正如我所说，这是由于对犯罪的理解限定于已然之罪，对刑罚的理解则多考虑预防的意义，因而罪刑之间发生脱节，为此而引入刑事责任的概念加以弥补。但在我看来，这种努力是无济于事的。因此，从量刑根据意义上理解人身危险性，并没有科学地界定人身危险性在刑法中的地位与作用。显然，从定罪根据的意义上理解人身危险性较之从量刑根据上理解人身危险性有所进步；但仍然不够彻底，并在犯罪与犯罪构成之间的关系上未能予以贯彻。目前这种观点是建立在人身危险性是社会危害性的一个方面这样一个命题的基础之上的。同时，主张这种观点的学者把定罪根据理解为就是刑事责任的根据（实际上，这是两个有所区别的问题），因而主张犯罪构成是其根据，但又不是唯一的根据，而应当辅之以从社会危害性和人身危险性的相互联系之中寻找定罪的根据。[①] 这样，就使人产生一种疑惑：犯罪构成与社会危害性和人身危险性之间到底存在什么关系？更为重要的问题是：这种观点未能从犯罪构成与犯罪之间的关系上进一步深化，正确地界定人身危险性在刑法中的地位。我认为，人身危险性与社会危害性是两个不同的范畴，在犯罪的概念中应当有人身危险性的一席之地。正是在这个意义上，我同意人身危险性是犯罪的特征的观

① 参见王勇：《定罪根据论》，载《法学研究》，1989（4）。

点，并且它与社会危害性相并列，是犯罪的本质特征，这就是犯罪本质的二元论。以往的刑法学理论之所以破绽百出，在很大程度上就是基于犯罪本质一元论，没有理顺社会危害性与人身危险性的关系。在两者的关系上，我认为首先应当强调的是：两者都属于犯罪的范畴。社会危害性属于犯罪的范畴，没有疑问。但对于人身危险性是否属于犯罪的范畴，则大部分人不以为然。这主要是对犯罪的理解上，刑事古典学派将犯罪理解为已然之罪这样一种思维定式在起作用。如果把犯罪理解为已然之罪，那么刑罚必然是报应之刑。但在刑罚论中，我们又引入刑事实证学派的观点，以预防作为解释刑罚的钥匙，因而在刑罚论中大谈人身危险性，并引入刑事责任的概念作为掩饰。这样，在犯罪论与刑罚论之间必然产生矛盾。我国刑法学界有人敏锐地感到了这一点，称之为刑法理论中的脱节点，并指出：为消除刑法理论中的脱节点，有必要确认犯罪行为人方面的特点（即人身危险性），并把有关特点也看作是犯罪的基本特征。[①] 我认为，这种观点是完全正确的，尽管它仅在犯罪论体系的意义上讨论这个问题，实则从罪刑关系的意义上亦有重大价值。因此，我认为人身危险性是与社会危害性既相联系又相区别的，并与之并列的犯罪本质特征，只有在这个意义上，才能科学地阐述刑罚根据（包括定罪根据与量刑根据）问题。当然，在犯罪概念中的社会危害性与人身危险性这两个因素的关系不是固定的，而是随着罪刑关系的辩证运动而逐渐展开与变化的。正确地处理这两者之间的关系，就成为整个刑事法律活动的基础。

（二）刑罚目的二元论

我国目前流行的观点是将刑罚目的表述为预防犯罪，然后又将预防分为特殊预防与一般预防。我认为，刑罚的目的不应是一元的，而应该是二元的，这就是报应与预防的辩证统一。如果我们把统治者（立法者与司法者）视为主体，把犯罪视为客体，那么，统治者通过刑罚惩治犯罪就是一种实践活动。在这一实践活动中，刑罚乃是手段，而统治者运用刑罚这一手段所要达到的客观效果，就是所

---

① 参见刘勇：《犯罪基本特征新论》，载北京大学法律学系编：《改革与法制建设》，540 页，北京，光明日报出版社，1989。

谓刑罚的目的。刑罚的目的并不是统治者的主观臆想，不能离开客观世界而存在。在某种意义上说，它决定于犯罪，是对犯罪现象深刻认识的结果。因此，刑罚目的的确立，不能离开犯罪这一客体。犯罪具有双重的属性：作为已然之罪，它主要表现为主观恶性与客观危害相统一的社会危害性；作为未然之罪，它主要表现为再犯可能与初犯可能相统一的人身危险性。从这个意义上说，犯罪是社会危害性与人身危险性的统一，这就是犯罪本质的二元论。立足于此，刑罚作为犯罪的扬弃，其功能应当具有相应的二元性：刑罚之于已然之罪，表现为惩罚；刑罚之于未然之罪，表现为教育。从刑罚功能再推论出刑罚目的，当然也具有二元性：惩罚之功能表现为报应，教育之功能表现为预防。刑罚目的的二元论，是运用刑罚惩治犯罪这一人类实践活动的复杂性所决定的。美国著名科学家 N. 维纳从控制论出发，把法律定义为对于通讯和通讯形式之一即语言的道德控制。在此基础上，维纳指出："目前西方各国的法律中最难令人满意的地方就在于刑事方面。法律似乎把刑罚时而看作对其他可能的犯罪者的恐吓手段，使他们不敢犯罪；时而看作罪人的赎罪仪式；时而看作把罪犯和社会隔离起来的方法，以免罪犯有重复犯罪的危险；又时而看作对个人进行社会改造和道德改造的手段。这是四种不同的任务，可用四种不同方法来完成；因此，除非我们知道正确调节它们的方法，我们对待犯人的整个态度就是自相矛盾的。在现在，刑法时而讲这种语言，时而讲另一种语言。除非我们下定决心，认为我们社会真正需要的是赎罪，抑是隔离，抑是改造，抑是威胁潜在的罪犯，这些办法是起不了作用的，而只会把事情弄得乱七八糟，以致一件罪行引起了更多的罪行。"① 维纳认为法律应当具有语义上的一致性，以避免噪音的干扰。而刑法对于刑罚目的的表述的多重性，导致刑法的无效性。作为一名科学家，维纳从技术的角度对刑罚目的多元性的抨击似乎不无道理。但是，现在的问题不是恐吓、赎罪、隔离、改造这四种不同的任务，由四种不同方法来完成；而是刑罚同时面临着这四种任务。在这种情况下，当然不能只从四种不同的任务中选择其中之一完成，而是应当尽可能地同

① ［美］N. 维纳：《人有人的用处——控制论和社会》，陈步译，87 页，北京，商务印书馆，1978。

时完成这四种任务。好在维纳也并没有完全否认这四种任务同时完成的可能性，关键在于“我们知道正确调节它们的方法”。在这个意义上，我同意英国著名刑法学家哈特以下这段十分精辟的论述：“在我们谈论或思考刑罚的传统方式中，存在某种由来已久的倾向，即将需要分别考虑的多重性问题过分简单化，要反对这一倾向，最需要的不是简单地承认，而是应该将作为对与刑罚的正当根据有关的某一单个问题的相关的解答提出来；不是单一单个的价值或目的（遏制、报应、改造或任一其他价值），而是多种不同的价值或目的……我们应该牢记，正如在其他绝大部分社会制度中一样，在刑罚制度中，对一个目的追求可能受到不应错过的追求其他目的的机会的限制或可能提供这种机会。”① 正因为如此，我们在确定刑罚目的的时候，不应把报应与预防对立起来，而是应当将两者统一起来。不可否认，在人类历史上，刑罚目的观有一个从报应到预防的转变过程。但这丝毫也不能否定报应与预防之间具有内在联系，两者都应当作为刑罚目的加以确立，关键在于如何协调两者之间的关系。不可否认，报应与预防具有对立的一面。因为报应要求刑罚以已然之罪为根据，而预防要求刑罚以未然之罪为基础。但恰恰在罪刑关系上，报应与预防又展示出其内在的同一性。这里所谓同一性，是指在创制、适用、执行刑罚的时候，应当同时兼顾报应和预防这两个目的。当然，这并不能否认两者在刑事法律活动的不同阶段具有主次关系。

（三）罪刑关系的二元论

罪，可以分为已然之罪与未然之罪。刑，可以分为报应之刑与预防之刑。罪刑关系，可以分为已然之罪与报应之刑的因果关系和未然之罪与预防之刑的功利关系。罪刑关系的二元论，就是罪刑之间的因果关系与功利关系的统一。已然之罪与报应之刑具有一种因果关系：犯罪是刑罚赖以存在的先因，刑罚则是犯罪的法律后果。如果说，已然之罪与报应之刑是一种现实的联结，那么，未然之罪与预防之刑就是一种可能的联结。未然之罪与预防之刑的关系不是一种因果关系，而是一种功利关系。作为罪刑关系的两个组成部分，已然之罪与报应之刑的因果

① ［英］哈特：《惩罚与责任》，王勇等译，3页，北京，华夏出版社，1989。

关系和未然之罪与预防之刑的功利关系，既从属于同一问题，又是同一问题的两个不同方面。因此，两者既有其对立性，又有其同一性。罪刑关系的两个命题之间的对立性表现在：其一，着眼于因果关系，刑罚应该为惩罚已然的犯罪而存在；而立足于功利关系，刑罚则只能为预防未然的犯罪而存在。那么，刑罚究竟应以已然的犯罪还是应以未然的犯罪为其赖以存在的根据？这是双重罪刑关系在质的规定性上的冲突所在。其二，根据因果关系，刑罚的分量应该取决于已然的犯罪的轻重，而基于功利关系，刑罚的分量却应受制于未然的犯罪的可能性的大小。这样又引出了刑罚的分量究竟应与已然的犯罪的轻重还是应与未然的犯罪的可能性的大小相适应的问题，这是双重罪刑关系在量的规定性上的对立。双重罪刑关系虽有对立性，又有其不可分割的内在同一性。这种同一性表现在：两者的根据是共存的。作为因果关系之根据的社会报应观念，代表着社会的公正要求。在我国当前的社会条件下，报应仍有其存在的客观基础。因此，在确立罪刑关系时，当然不能自外于社会报应观念。而作为功利关系之根据的社会功利观念，又体现了社会的价值尺度。毫无疑问，我们不能无视社会功利观念而确立毫无价值的罪刑关系。因此，我国刑法既不能只讲报应而不求功利，也不能只求功利而不讲报应。古希腊哲学家亚里士多德把正义分为两种：分配正义与平均正义。[①] 亚氏所说的分配之公平，相当于按需分配：形式上不平等，实质上平等。而平均之公平则相当于按劳分配：形式上平等，实质上不平等。在刑法中，也有这两种公平：按照已然之罪确定刑罚，即报应，相当于按劳分配，是一种平均之公平。按照未然之罪确定刑罚，即预防，相当于按需分配，是一种分配之公平。报应是刑罚一般化，根据社会危害性分配刑罚：社会危害性大则重判，社会危害性小则轻判。预防是刑罚个别化，根据人身危险性分配刑罚：人身危险性大则重判，人身危险性小则轻判。这两种刑法公正的标准显然存在冲突，那么，我们究竟按照什么标准来衡量刑法的公正性呢？亚里士多德指出："公正平等为二极端之中道，

① 参见［古希腊］亚里士多德：《政治学》，吴寿彭译，234页，北京，商务印书馆，1981。

则公平为之中道亦宜。”① 公平不仅为二极端之中道，而且也是两种公正标准之中道。因此，我认为，报应与预防都体现了某种公正性：报应是个人的公正性，预防是社会的公正性，两者应该统一而不是相互排斥。双重罪刑关系的同一性还表现为两者固有的手段与目的的关系。已然之罪与报应之刑固然是一种决定与被决定的关系，但这又并非一种纯自然的引起与被引起的关系，而是一种法律上的联系，带有国家这一主观因素。换言之，国家把刑罚作为犯罪的法律后果，并不是将其作为对犯罪的机械的反动，而是有着一定的追求。这种追求当然不能解释为惩罚本身，因为它自身并无价值，而在于惩罚犯罪所可能带来的社会功利——预防犯罪。反过来说，刑罚之功利目的的实现又必须以报应作为手段。因为脱离了报应的刑罚潜藏着有罪不罚、无罪施罚或者重罪轻罚、轻罪重罚的危险，难于保持应有的公正性，而不公正的刑罚既难以真正充分发挥其一般预防作用，也难于实际地收到最佳个别预防效果。据此，如果说双重罪刑关系的根据的共存性决定了对两者进行调和的必要性，那么，两者之间固有的手段与目的关系则赋予了对其进行调和的可行性。正因为如此，我们既应坚持报应，但反对无视功利的绝对报应主义；又应追求功利，但反对否定报应的单纯的功利主义。这就要求我们把报应与功利有机地结合起来，为此，在确立与调整罪刑关系时，国家的刑事法律活动应该兼顾双重罪刑关系各自的质、量规定性。易言之，便是应该遵循“刑从罪生与刑须制罪相结合”及“刑当其罪与刑足制罪相结合”这两条基本原理。前一原理是对双重罪刑关系的质的规定性的兼顾，后一原理则是对量的规定性的调和。应该指出，国家刑事法律活动可以分为四个阶段：刑事立法、定罪、量刑、行刑。刑事立法是罪刑关系的法定化，定罪是罪刑关系的质的个别化，量刑是罪刑关系的量的个别化，而行刑则是罪刑关系的现实化。刑事法律活动的这些阶段，有着各自不同的任务与特点。与此相适应，双重罪刑关系的主次性也有不同的体现。正是在刑事法律活动过程中，罪刑关系的内容得到充分展开。

基本命题对于一门学科来说，固然是不可或缺的，但这些基本命题还必须建

① ［古希腊］亚里士多德：《伦理学》，向达译，101页，北京，商务印书馆，1933。

立在一定的范畴之上，由此构成具有内在逻辑关系的范畴体系，这就是一个学科的体系。刑法哲学作为一门科学，可以说是由一系列特有的范畴而形成的一张对刑法的认识之网。因此，首先面临刑法哲学范畴的选择。对于历史上存在的那些刑法范畴，例如犯罪人、人身危险性、刑罚个别化等应当批判地继承。同时，对于当前流行的刑法范畴，也要根据建立刑法哲学体系的逻辑内容进行甄别。例如刑事责任这一概念，在我国刑法理论中是一个魅力无穷而又争议很大的范畴，我国刑法学界有人主张以刑事责任为主线建立刑法哲学体系。① 我的观点不同于此。这里关键是如何理解刑事责任这个概念。刑事责任这个概念是从大陆法系刑法理论中的有责性（Culpability）演变而来的，而有责性是以对犯罪者意思形成之非难或非难可能性为其本体。② 在这个意义上说，刑事责任属于犯罪论的范畴，相当于我们现在所说的罪过。在英美法系刑法理论中，刑事责任也只是限制在犯罪论中使用，尤其与主观因素有关，用它难以概括刑法内容之全部。在苏俄刑法学界，刑事责任被改造为一个与刑罚密切相连的概念。我国刑法学界从苏联引入刑事责任概念，将回顾责任与展望责任以及谴责与对这种谴责的承担统一起来，在一定程度上突破了传统的刑事责任概念。但就其在刑法理论中出现的意义而言，主要是作为对犯罪与刑罚起调节作用的中介，改变犯罪与刑罚的直接的对比关系。这实际上是出于一种理论上的变通的需要。因为根据刑事古典学派的观点，犯罪只是已然之罪，刑罚或者是对已然之罪的报应（报应主义），或者是借助于对已然之罪的惩罚预防其他人犯罪（一般预防主义）。而根据刑事实证学派的观点，刑罚应当具有对犯罪人进行矫正的功能，是为防止犯罪人本人再犯（个别预防主义）。随着两派的渗透和融合，当今的刑法学理论都汲取两派之所长，建立新的理论体系。但是在建立这种理论体系的时候，一方面把犯罪限定为已然之罪，而刑罚又不能完全以已然之罪为转移，须照顾到预防犯罪的目的，因此，又应当考虑人身危险性的因素。那么，人身危险性到底属于犯罪的范畴呢，还是

① 参见储槐植：《刑法例外规律及其他》，载《中外法学》，1990（1）。

② 参见洪福增：《刑事责任之理论》，修正版，1页，台北，三民书局，1988。

属于刑罚的范畴？囿于刑事古典学派对犯罪的界定，显然难以归入犯罪的范畴，而它也不能被视为刑罚的内容。为此，只能用刑事责任这个范畴容纳人身危险性的内容，从而改变犯罪论与刑罚论互相割裂的理论格局。但是，即使是刑事责任这个范畴也难以改变这种理论上的跛足状态。因此，我主张还刑事责任以本来面目——作为罪过问题进行考察。当然，建立以刑事责任为中心的刑法哲学体系的尝试也并非毫无意义。因为刑法哲学作为一种理论，不像刑法教科书那样有一个权威的独一无二的体系，每一种刑法哲学都可以具有自己的体系。只有这样，才能推动与深化刑法哲学的发展。只是，基于我对刑事责任的理解，没有把它作为一个刑法哲学的范畴遴选上来。

以上 15 个范畴及其相互之间的辩证关系，涵括了刑法的基本问题，由此形成刑法哲学体系，也就是《刑法哲学》一书的逻辑体系。①

（本文原载《中外法学》，1992（3））

① 参见陈兴良：《刑法哲学》，24 页，北京，中国政法大学出版社，2000。

罪刑关系论

刑法是关于犯罪与刑罚的法律，犯罪与刑罚的辩证关系是刑法中一个至关重要的问题。本文拟对这一问题进行初步探讨。

一

如果把刑罚作为考察罪刑关系的立足点，那么，逆向可以回顾已然的犯罪，提示罪与刑的关系；顺向可以前瞻未然的犯罪，展现刑与罪的关系。罪与刑的关系和刑与罪的关系以及两者之间的内在联结，便是罪刑关系的全部内容所在，而其中的罪与刑的关系则是我们考察罪刑关系的逻辑起点。

常识告诉我们，罪与刑是一种因果关系。犯罪是刑罚赖以存在的先因，刑罚则是犯罪的法律后果。然而，如果要深究犯罪为什么要以刑罚作为其法律后果，刑罚又为什么要以犯罪为其先因，还要涉及社会报应观念。

报应一词原系佛教用语，其义为种恶因得恶果，种善因得善果。而作为一种社会观念，它具有比宗教教义更为悠久的历史，最早可以追溯到原始社会的复仇观念。在原始社会，复仇的习惯极为盛行。恩格斯在《家庭、私有制和国家的起源》中曾经指出："个人依靠氏族来保护自己的安全，而且也能做到这一点；凡伤害个人的，便是伤害了整个氏族。因而，从氏族的血族关系中便产生了那为易洛魁人所绝对承认的血族复仇的义务。假使一个氏族成员被外族人杀害了，那么被害者的全氏族就有义务实行血族复仇。"① 复仇观念正是基于这种复仇习惯而产生。到原始社会末期，随着氏族制度的崩溃，基于地缘关系的国家组织代替基于血缘联系的氏族部落，血族复仇的习惯也就不再盛行，刑罚终于取代了复仇的习惯。② 恩格斯指出，"我们今日的死刑，只是这种复仇的文明形式"③。可以看出，刑罚与复仇习惯有着直接的渊源关系，而报应观念则与复仇观念有着不解之缘。然而，在私有制社会，法律不可能真正做到惩恶扬善、安良除暴，于是，劳动人民的善恶各得其报的美好愿望只能在宗教的报应说教中得到慰藉。报应说教把恶恶相报视为由神意主宰的一条因果律，这无疑带有浓厚的唯心主义色彩。但是，宗教教义的虚无缥缈并不意味着报应观念的荒诞不经。报应观念在私有制社会中成为受压迫生灵的叹息，它因宗教教义的阐发与传播而得到强化，逐渐演变成一条评价是非曲直的道德准则。作为一种社会观念，报应代表着这样一种社会要求，即对于恶行应该作出否定评价，而对于善行则应予褒扬。因此，报应观念的实质是公正要求。

在社会生活中，报应观念深得人心，"杀人偿命""罪有应得"之类的成语辗转于口而历久不衰，便是明证。恩格斯指出："一切以往的道德论归根到底都是当时的社会经济状况的产物。"④ 报应观念之所以具有如此魅力，有其深刻的社会经济根源。如果说，朴素的复仇观念植根于原始共产主义的经济土壤之上；那么，善良的报应观念就是在商品出现以后，等价交换原则的折光反射。按照等价原则，人们对任何利益的取得，都必须付出一定的代价，并且两者之间存在一种

① 《马克思恩格斯选集》，2 版，第 4 卷，85 页，北京，人民出版社，1995。

② 应当指出，在奴隶社会初期，复仇的习惯并没有完全消失，例如在古巴比伦的《汉穆拉比法典》中就保留着血族复仇和同态复仇的习俗。中国西周时期盛行的报仇，也是原始社会复仇习惯的残迹。

③ 《马克思恩格斯选集》，2 版，第 4 卷，95 页，北京，人民出版社，1995。

④ 《马克思恩格斯选集》，2 版，第 3 卷，435 页，北京，人民出版社，1995。

等值关系；对他人利益的任何损害，也都应予以相均衡的补偿。而以“恶有恶报、善有善报”为核心的报应观念，便正是基于等价原则而产生的道德意识之一。在商品经济仍然占主导地位的社会主义社会，等价交换是人们进行经济交往的一条重要准则，因此，在社会主义社会，报应观念的存在有其深刻的客观必然性。当然，社会主义社会的报应观念是建立在人民正义要求的基础之上的，因此，它完全摆脱了以往一切报应观念的狭隘性和自私性。

无论在哪一社会，犯罪都是作为社会的评价对象而存在的，并且，都是违背了那一社会的统治阶级的意志，在统治阶级看来是侵犯其法律所保护的一定社会关系的行为，具有客观上的危害性。同时，在主观上，犯罪人具有正常的辨别善恶的能力，又有避恶从善的自由意志，而他却不趋善反从恶，选择了反抗现行统治关系的行为。因此，犯罪不但是危害社会之最，而且也是邪恶之至。从“恶有恶报”的社会道德观念出发，犯罪理所当然地应当受到最严厉的否定评价。所谓最严厉的否定评价，自然非刑罚莫属。既然刑罚是作为对犯罪的否定评价的体现而存在，它也就因之而与犯罪有着不解之缘。于是，我们可以由此就罪与刑之间的关系得出第一个结论，这便是刑从罪生。

所谓刑从罪生，其义有二，即“有罪当罚”与“无罪不罚”。有罪当罚指的是只要有犯罪存在，便应该有与之相伴随的刑罚。它从正面强调一切犯罪都应受刑罚惩罚，表明了犯罪对于刑罚的决定性意义，展示了罪与刑相联系的质的规定性，也展示了犯罪与刑罚之间的联系具有必然性。按照这一原则，无论是谁，只要构成了犯罪，便不可避免地应受刑罚惩罚而不能逍遥法外。无罪不罚，亦称刑不及无辜，指的是只要没有犯罪，便不能动用刑罚。它从反面强调刑罚只能以犯罪为对象，表明了刑罚对于犯罪的依附性，同样揭示了罪与刑相联系的质的规定性。由此基点出发，犯罪与刑罚之间的联系又具有排他性，不管是谁，只要他未实施犯罪，便不能受刑罚惩罚。总之，有罪当罚与无罪不罚虽然角度有所不同，但其基本精神并无二致，两者都要求刑罚的发动以行为人构成犯罪为前提。

如果说刑从罪生是报应观念赋予罪与刑关系的质的规定性之所在，那么，立足于报应观念，罪与刑的关系还应有某种量的规定性。这是因为，一方面，各种犯罪的社会危害性程度存在着差异，与此相适应，它们应受惩罚的分量亦应有轻重之别；另一方面，不同刑罚的严厉性程度也不尽相同。因此，按照报应观念的要求，犯罪的社会危害性程度应该成为刑罚的严厉性程度的决定因素，刑罚的轻重应与犯罪的社会危害性程度之间构成等比对称关系，罪重刑重，罪轻刑亦轻。轻罪重刑或重罪轻刑，有悖“大恶大报、小恶小报”的报应原则。罪与刑关系的这种量的规定性，按照通常的说法，便是刑当其罪或罪刑相应。

既然犯罪的社会危害性程度是刑罚严厉性程度的决定因素，那么，如何衡量犯罪的社会危害性程度便是关于罪与刑关系的量的规定性讨论中的关键问题。犯罪的社会危害性程度是对于犯罪的客观危害程度和罪犯的主观恶性程度的综合评价。因此，有必要对于这两方面的评价问题加以考察。犯罪的客观危害，以其最直观的形态反映着犯罪的社会危害性的大小，它可以通过如下四方面的因素得到衡量：第一，犯罪所侵害的社会关系的性质。犯罪总是以一定的社会关系为其侵害的客体，而不同性质的社会关系对于社会生活又有着不同的意义，这就决定了侵害不同社会关系的犯罪，其客观危害程度也不同。例如，反革命罪以国家安全为其侵害的客体，矛头直接指向无产阶级专政的政权与社会主义制度，而侵害人身权利罪则只侵害公民个人的人身权利，因此，前者的客观危害程度远非后者所能比。第二，犯罪的实际损害的大小。对于同一性质的不同犯罪行为来说，其客观危害的差异主要表现在实际损害的区别上。损害结果严重，犯罪的客观危害就大，反之亦然。例如，同是杀人罪，杀死二人的客观危害总是大于只杀死一人的客观危害。第三，造成损害结果的可能性的大小。在某些特定的场合，犯罪并未造成实际的损害结果，例如犯罪预备、未遂等。在这类情况下，犯罪的客观危害的大小只有从造成损害结果的可能性来衡量。例如，犯罪预备与未遂，虽然均未造成法律规定的实际损害结果，但前者尚未进入犯罪的着手实施阶段，而后者则已实施直接的犯罪行为，因此，前者引起损害结果的可能性小于后者，其客观危害自然也比后者轻。第四，犯罪的手段、时间、地点等具体情况往往也可以作为衡量犯罪的客观危害程度的参考因素。例如，用爆炸物杀人的危害通常大于用石击方式杀人的危害，战时泄露国家军事机密比平时泄露更为严重，在公共场所实施的流氓行为重于在其他地方所实施的流氓行为，等等。

与犯罪的客观危害程度不同，罪犯的主观恶性反映的是犯罪人应受的法律责难的程度，它主要通过犯罪的主观要件及与其相关的某些因素来衡量。首先，罪过形式是衡量犯罪人的主观恶性程度的主要标志。罪过形式有故意与过失之分。故意罪过的本质是明知故犯，过失罪过则只是不意误犯。因此，前者应受的法律责难大于后者。其次，在故意犯罪的范围内，犯罪的动机、目的构成衡量主观恶性程度的重要因素。犯罪动机是否恶劣，犯罪目的是否卑鄙，直接影响着犯罪所应受的法律责难的轻重。例如，为生活所迫而实施的盗窃所应受的法律责难便显然轻于出于贪图享乐的动机而实施的盗窃。最后，犯罪人的一贯表现也是评价其主观恶性的必要的参考因素。很难想象，法律对一贯为非作歹者的责难与对偶尔失足者的责难是等量的。当然，上述诸因素在衡量犯罪分子的主观恶性中的意义是有大小之别的：罪过形式居于最重要的地位，法律对故意与过失两类不同的犯罪明确规定了轻重不同的处罚；其他因素虽然不如罪过形式那么明显地体现主观恶性程度，但它们仍然是确定对犯罪的法律责难程度的不可或缺的参考指数。

总之，犯罪的社会危害性程度是犯罪的客观危害程度与罪犯的主观恶性程度的有机统一。在对主观与客观诸因素进行全面分析的基础上，综合评价犯罪的社会危害性程度，并据此判处相应的刑罚，是刑当其罪的全部内涵所在。

二

如果说，罪与刑是一种现实的联结，那么，刑与罪就只是一种可能的联结。前者以既已发生的犯罪与刑罚的联系为内容，后者则以刑罚与尚未发生但有可能发生的犯罪为对象。考察罪刑关系，不仅要阐明罪与刑的关系，而且要揭示刑与罪的关系。

刑与罪的关系既然是一种可能的而非现实的联结，自然不能解释为一种因果关系，更不可能从社会报应观念中寻找答案。要就此得出结论，还需借助社会功利观念。

功利一词，系英文“utility”的汉译，其含义相当广泛。在普通场合，它指的是有用、有益、用途，因而一译为功用。而上升到哲学的高度，它还可以指人类幸福。作为一种社会观念，功利与价值、效益等并无殊异，属于同类范畴。就其基本内涵而言，功利观念是对客观事物的价值的看法，它是作为评价事物的作用的一项总的价值标准而存在的。它要求人们在规划自己的行动时，首先考虑该行动的边际效益，即其可能有的价值，进而根据价值的有无及大小来决定这一行动的取舍。因此，功利观念的哲学意义就在于它赋予人的行动以一定的目的性。在现实生活中，它促使人们在行动前通盘考虑行为之可能的得失，从而作出求利避害、以小失换大得的选择，因而具有重要意义。

应该肯定，国家设置刑罚的最终根据是客观需要。从这点出发，在设置刑罚时，国家会不可避免地考虑到刑罚的社会功利，从而使刑罚具有其功利根据。刑罚的本质属性是给人以痛苦。国家之所以设置这样一种惩罚人的措施，正是在对刑罚之可能的得失进行功利的权衡后所作出的选择。这是因为，社会主义社会仍然存在犯罪，这是有目共睹的客观事实。而且，多种犯罪原因在社会主义社会的存在又决定了犯罪有其再生的必然性。因此，为了保护社会不受犯罪的侵害，国家有必要采取一系列措施来遏制犯罪的发生，而刑罚便是必不可少的措施之一。作为犯罪的对立面，刑罚虽然不可能使既已发生的犯罪及其所造成的损害化为乌有，但是，它所蕴含的剥夺权益之苦则可以使其存在成为犯罪的阻力，起到遏制犯罪发生的作用。刑罚的这一价值是国家设置这种严厉制裁措施的重要原因。换言之，在要么是让社会遭受犯罪的侵害，要么是以剥夺犯罪人的权益相威吓，阻止犯罪的发生这两种选择中，国家按照两害相权取其轻的功利原则，作出了后一选择。因此，总的说来，刑罚与未然的犯罪之间构成遏制与被遏制关系，而这一关系的根据是功利原则。

明确了刑罚的功利根据，我们就具备了揭示刑与罪的遏制与被遏制关系的质、量规定性的前提条件。按照以害换利的功利原则，刑罚只有在能收到遏制犯罪的效果时，才具有正当性，据此，刑须制罪应该是刑和罪的遏制与被遏制关系的质的规定性之所在，它具体包括如下三方面的含义。首先，刑罚的遏制对象不能是正当行为。从社会功利的角度来划分，人的行为大致可以归为正当行为与有害行为两类。正当行为，一般地说，是有益于社会的行为，至少是无害于社会的行为。对于此类行为，动用刑罚遏制没有功利根据。其次，只有足以构成犯罪的危害行为才有必要动用刑罚遏制。在现实生活中，有害行为的表现形式纷繁复杂，其对社会的损害各不相同。因此，不同危害程度的有害行为应该有与之相适应的不同的遏制手段。在所有遏制有害行为的措施中，刑罚是最严厉的措施，其遏制对象只能是这样一种严重危害社会的行为，这种行为足以构成犯罪，而其他普通遏制手段又不足以遏制其发生。一般的危害行为如道德过错、行政错误、民事或一般经济违法行为，只需借助道德谴责、行政处分、民事或经济制裁手段便足以遏制，没有必要用刑罚这一最严厉的措施。最后，不可能受到遏制的行为，不能成为刑罚的遏制对象。刑罚的遏制作用有一般遏制与个别遏制之分。前者是指刑罚对犯罪人以外的一般人的遏制作用，后者则指的是刑罚对犯罪者本人的遏制作用。一般地说，这两方面的作用能否发挥，是与一般人和犯罪人具有犯罪或再犯罪的可能性相适应的。然而，在某些特殊场合，这一原则可能出现异例。如：精神病人在“犯罪”后可能继续“犯罪”，刑罚对他的适用无法阻止他再行“犯罪”。同样，貌似犯罪的意外事件，是任何人也无法避免的，对意外事件的行为人适用刑罚，也不可能收到阻止类似事件再生之效。因此，将诸如此类的异例作为刑罚的遏制对象，缺乏功利根据，不具有正当性。

刑与罪的遏制与被遏制关系的量的规定性，源于功利观念的另一项要求，即以尽可能小的牺牲换取尽可能大的利益。按照这一要求，刑罚的分量以足以遏制犯罪为必要，也以足以遏制犯罪为限度。这便是刑与罪关系的量的规定性，我们将其简称为刑足制罪。与刑罚的遏制作用的分类相对应，刑足制罪包括刑罚的严厉程度与一般遏制的需要相适应以及与个别遏制的需要相适应两方面的内容。

一般遏制的需要，受制于一般人犯罪的可能性的大小，而一般人犯罪的可能性的大小又主要与社会治安形势的好坏相关联。对于一般人中的不稳定分子来说，治安形势混乱，他会感到犯罪的阻力小，有利因素多，犯罪后侥幸逃避惩罚的可能性大，因而会认为犯罪时机已经成熟，从而贸然犯罪。与此相反，稳定的治安形势给不稳定分子所造成的心理压力大，他会认为犯罪的社会环境尚不具备，冒险犯罪后易于被捕并受刑罚惩罚，这样，他便不敢轻易犯罪。对于一般人中的守法者来说，良好的社会治安形势能给守法者以安全感，可稳固其守法意识，促成其习惯性守法行为。而社会治安混乱，则会使守法者失去稳固其守法意识的社会基础与环境条件，他们很可能因看不到守法的价值而动摇守法意识，蜕变成为不稳定分子，进而走上犯罪道路。

个别遏制的需要，取决于犯罪人再犯罪的可能性的大小，而再犯可能性的大小应该根据犯罪人的有关情节来衡量。这里所谓的情节，包括犯前情节、犯中情节与犯后情节三类。犯前情节，首先是指犯罪原因。犯罪原因是多种多样的。例如，有人是由于人生屡遭挫折，不适应复杂的社会生活而犯罪；有人是因为敌视社会、人为地使个人生活与社会生活相对立而犯罪。犯罪原因之于衡量再犯可能性的意义在于，从中可以看出犯罪人犯罪意识的强弱，由此推测其再犯可能性的大小。除此而外，犯罪人的一贯表现也属值得考虑的犯前情节。犯罪人一贯违法犯罪，表明其犯罪意识根深蒂固，甚至犯罪成癖，其再犯可能性自然大于其他一贯遵纪守法、只不过偶尔犯罪的人。犯中情节集中反映了犯罪人在犯罪过程中的心理活动。犯罪人自觉放弃犯罪，表明他有弃恶从善的心理，其再犯可能性较小；相反，犯罪人在犯罪过程中伪造现场、杀人灭口乃至栽赃陷害，则说明他有着强烈的对抗社会的心理，其再犯可能性较大。犯后情节，包括犯罪人在犯罪后及行刑过程中的表现。这里，需要考察的是犯罪人是投案自首、坦白认罪，积极改造还是规避追诉、拒不认罪、抗拒改造。前三种表现都不同程度地表明犯罪人有认罪乃至悔过自新的心理，其再犯可能性不大。与此相反，后三种表现则表明犯罪人留恋犯罪，毫无悔改之意，其再犯可能性较大。

总之，刑与罪的遏制与被遏制关系的量的规定性要求我们在对影响一般人或犯罪人犯罪的诸相关因素进行全面分析的基础上，就犯罪的可能性的大小作出综合判断，并以此为基准来确定刑罚的分量，从而使刑罚的严厉性程度恰如其分地反映遏制犯罪的需要。

三

作为罪刑关系的两个组成部分，罪与刑的报应关系及刑与罪的功利关系，既从属于同一问题，又是该问题的两个不同方面。因此，二者既有对立性，又有同一性。系统地考察罪刑关系，不仅应该揭示这两个命题的具体内涵，还需在此前提下进一步弄清它们之间既对立又同一的联结，以真正解开罪刑关系之谜。

显而易见，罪刑关系的两个命题之间具有鲜明的对立性。这主要表现在如下两个方面。

第一，着眼于报应关系，刑罚应该为惩罚已然的犯罪而存在；而立足于功利关系，刑罚则只能为遏制未然的犯罪而存在。那么，刑罚究竟应以已然的犯罪还是应以未然的犯罪为其赖以存在的根据？这是罪刑关系的两个命题在质的规定性上的冲突所在。

第二，根据报应关系，刑罚的分量应该取决于已然的犯罪的轻重；而基于功利关系，刑罚的分量却应受制于未然的犯罪的可能性的大小。这样，又引出了刑罚的分量究竟应与已然犯罪的轻重还是应与未然犯罪的可能性的大小相适应的问题。这是罪刑关系的两个命题在量的规定性上的对立点。

罪刑关系的两个命题还具有不可分割的同一性。这表现在如下两个方面：首先，两者的根据是共存的。作为报应关系之根据的报应观念与作为功利关系之根据的功利观念，分别代表着特定社会的公正要求与价值尺度，两者统一于统治阶级的利益与意志之中。在社会主义社会，作为执政者的无产阶级是人类历史上最公正的阶级，它不能摒弃社会报应观念而确立不公正的罪刑关系。另一方面，无产阶级又是为大多数人利益服务的阶级，自然更不能无视社会功利观念而确立离开社会价值尺度的罪刑关系。因此，社会主义的刑法既不能只讲报应而不求功利，也不能只求功利而不讲报应。这就决定了在报应与功利之间不容舍此求彼，更不容两者皆抛。其次，罪刑关系的两个命题还具有着手段与目的的关系。罪与刑固然是一种决定与被决定的关系，但这又并非一种纯自然的引起与被引起的关系，而是一种法律上的联系，带有国家意志这一因素。换言之，国家把刑罚作为犯罪的法律后果，并不是将其作为对犯罪的机械的反动，而是有着一定的追求。这种追求旨在惩罚犯罪所可能带来的社会功利——预防犯罪。由此可见，刑罚中的报应对于实现刑罚的功利目的而言，又具有手段的意义。因为脱离了报应关系的刑罚有着有罪不罚、无罪施罚或重罪轻罚、轻罪重罚的潜在危险，难于保持应有的公正性，而不公正的刑罚既难以真正充分发挥其一般遏制作用，也难于实际地收到最佳个别遏制效果。据此，如果说罪刑关系的两个命题的根据的共存性决定了对两者进行调和的必要性，那么，这两个命题间固有的手段与目的的关系则赋予了对两者进行调和的可行性。正因为如此，我们既应坚持报应，但反对无视功利的绝对报应主义，又应追求功利，但反对否定报应的单纯的功利主义。这就要求我们把报应与功利有机地结合起来。为此，在确立与调整罪刑关系时，国家的刑事活动应该兼顾罪刑关系的两个命题各自的质、量规定性，将其统一于刑法原则之中。易言之，便是应该遵循“刑从罪生与刑须制罪相结合”及“刑当其罪与刑足制罪相结合”这两条原则。前一原则是对罪刑关系的两个命题的质的规定性的兼顾，后一原则则是对这两个命题的量的规定性的调和。应该指出，这里的兼顾并不等于简单的相加，这里的调和也不仅仅是一种代数和，它们均有其内在的有机性。这种有机性就在于，被统一的双方在得到兼顾的前提下，还应该有轻重主次之分。而主次关系的确定，应该以国家的不同刑事活动为根据。

国家的刑事活动分为立法、审判与行刑三个阶段，它们有着各自不同的任务与特点。与此相适应，罪刑关系的两个命题的主次性也应有不同的体现。刑事立法的任务是就可能的犯罪确定刑罚，即主要是对事不对人地用法律的形式确立一种假定的罪刑关系，告诫人们什么样的行为应受社会最严厉的谴责，给全体社会成员提供一条大是大非的总标准。由于立法者所面临的是可能的而非现实的犯罪，他所考虑的是哪些行为应用刑罚遏制以及应用多重的刑罚来遏制，这就决定了功利关系中的一般遏制应该成为立法上假定的罪刑关系的主要根据。那么，这会不会给刑事立法带来片面性呢？不会的。把一般遏制作为确定法定罪刑关系的主要根据，既不违背报应要求，也未无视个别遏制。因为刑法的颁行本身并不以特定的个人为对象，刑法规定的罪刑关系只是一种可能性，并未落实到具体的个人，自然不存在刑及无辜、刑不当罪之问题。同时，任何法定罪刑关系都未绝对化，而是采取相对确定的形式。这样，立法者给司法者参照犯罪人再犯可能性的有无、大小定罪量刑就留下了余地，从而使功利关系中的个别遏制有可能得到兼顾。可见，在刑事立法中以一般遏制作为法定罪刑关系的主要根据，使报应关系与功利关系以及功利关系中的一般遏制与个别遏制都得到了有机的统一。

刑事审判的任务是定罪量刑，即根据已然的犯罪事实将立法上的假定的罪刑关系转化为现实的罪刑关系，使法定的对事不对人的罪刑关系落实到特定的个人，变为既对事也对人的具体的罪刑关系。在这一阶段，由于犯罪人已作为刑罚的直接对象而存在，定罪量刑的主要根据只能是报应关系，而不能是功利关系。因为如果这时以遏制犯罪的需要作为定罪量刑的主要根据，势必导致过分超出既已发生的犯罪事实定罪量刑，造成刑及无辜、有罪不罚或刑不当罪的结果，从而与报应关系的基本要求相背离。当然，这并不是完全否定功利关系对于定罪量刑的意义。因为，定罪量刑时对于已然的犯罪事实的审理、裁决是依法进行的。而只要是依法定罪量刑，作为立法上假定的罪刑关系之主要根据的一般遏制的指导意义便可自然而然地在审判中得到体现。而且，在量刑中，由社会治安形势的好坏所反映的一般人犯罪的可能性的大小以及由犯罪人的个性特点所决定的再犯可能性的大小也有一定的参考价值，这就兼顾了功利关系。

刑罚的执行过程，是对犯罪人进行个别遏制的过程，只有在这一过程中，刑罚的个别遏制功能才能得到发挥。因此，应否对犯罪人实际地执行刑罚，尤其是应实际执行的刑罚的分量，应该以功利关系中的个别遏制作为主要根据。也就是说，对不具有再犯可能性的人，在一定条件下可不实际地执行刑罚，而对具有再犯可能性的人则应无条件地行刑；对在行刑期间再犯可能性消失或减小的犯罪人可予以减刑或提前释放，而对行刑期间再犯可能性有增无减的犯罪人则应采取一定的加刑措施。但是，刑罚的执行也不能不考虑报应及一般遏制的要求。例如，就是否实际执行刑罚而言，对于罪行严重的人，即使其再犯可能性不大，也应该执行原判刑罚，这是使罪犯罪有应得以及保持刑法的威信，以便充分发挥一般遏制作用的必然要求。即便是在行刑过程中，因犯罪人的再犯可能性的增减而对原判刑罚的分量所作的调整，也应该与原判刑保持一定的比例，使原判刑重者减刑后的实行刑相对来说仍然较重，原判刑轻者，减刑后的实行刑也比较轻，从而不致过分背离刑当其罪的报应要求。

四

研究罪刑关系的基本原理，揭示罪与刑的报应关系和刑与罪的功利关系间的辩证统一的关系，既有重大的理论价值，也有直接的实践意义。

第一，立足于罪刑关系的这一基本原理，可以正确地剖析历史上莫衷一是的诸种刑法理论，得出我们应该得出的结论。自刑法学作为一门独立的科学在近代西方问世以来，西方刑法学界报应主义与功利主义两大阵营便开始分庭抗礼。以德国古典哲学家康德、黑格尔为巨擘的报应主义认为，犯罪是犯罪人基于自由意志而选择的危害社会的行为，因而是一种害恶。而善有善报、恶有恶报是社会常理，从这一社会报应观念出发，作为害恶的犯罪理所当然地应受恶的惩罚，刑罚则只不过是这种恶的惩罚之有形的体现。因此，犯罪与刑罚只能是一种因果报应关系。例如，黑格尔提出，“刑罚毕竟只是犯罪的显示，这就是说，它是以前一半为前提的后一半”①。显然，在这里，黑格尔从总体上肯定了罪与刑的因果报应关系。在此基础上，他还进一步指出，“犯罪具有质和量上的一定范围，从而犯罪的否定，作为定在，也是同样具有质和量上的一定范围”②，从而揭示了罪刑因果报应的质、量规定性。值得注意的是，报应主义在从正面肯定罪与刑的因果关系的同时，还贬低乃至否定预防犯罪作为刑罚的功利根据的价值，如康德认为，“法院的惩罚绝对不能仅仅作为促进另一种善的手段，不论这是对犯罪者本

① ［德］黑格尔：《法哲学原理》，范扬、张企泰译，102页，北京，商务印书馆，1982。
② ［德］黑格尔：《法哲学原理》，范扬、张企泰译，104页，北京，商务印书馆，1982。

人或者公民社会都是如此”[1]，黑格尔则把通过立法而遏制一般人犯罪的刑罚理论斥之为“就好像对着狗举起杖来，不是对人的尊严和自由予以应有的重视，而是像狗一样对待他”[2]。

功利主义，即预防主义，可分为规范功利主义与行为功利主义两支。规范功利主义以贝卡里亚、边沁为代表，注重刑法规范中刑罚的存在对犯罪的一般遏制作用，主张刑罚以预防犯罪为其赖以存在的根据，刑与罪构成遏制与被遏制的关系。如贝卡里亚认为，刑罚的目的是“阻止罪犯再重新侵害公民，并规诫其他人不重蹈覆辙”[3]，力主定罪量刑服从遏制未然的犯罪的需要。行为功利主义为龙勃罗梭、菲利和李斯特等所首倡。此说否定犯罪是犯罪人自由意志的结果，认为犯罪是特定社会环境的产物，国家没有把犯罪视为恶而对犯罪人施加恶的报应的权力，有的只是教育、改善犯罪人的义务。如菲利在他的《实证派犯罪学》中主张，“使刑罚正义变成为保护社会以免遭传染病症的一种手段，铲除所有尚存于今日的未开化的遗迹如复仇、憎恶及惩罚等等”[4]。尽管规范功利主义与行为功利主义在对一般遏制的态度上旨趣殊异，但在否定罪与刑的报应关系这一点上，二者却是共同的。对报应关系的否定，从贝卡里亚的如下表述中粲然可见：“刑罚的目的既不是要摧残折磨一个感知者，也不是要消除业已犯下的罪行。”[5] 这就是说，刑罚不应是对已然的犯罪的报应，罪与刑不应该是一种先因后果的决定与被决定的关系。

由上可见，刑罚上的报应主义与功利主义之争，实质上是罪刑关系的两个命题之争。报应主义主张罪与刑的报应关系，忽视乃至排斥刑与罪的遏制与被遏制关系，可谓得之公正而易失之功利。尽管它在强调刑法的公正性方面具有一定的积极意义，但它把公正与功利人为地对立起来，看不到两者的同一性，使刑罚的

---

① 法学教材编辑部西方法律思想史编写组编：《西方法律思想史资料选编》，424页，北京，北京大学出版社，1983。

② ［德］黑格尔：《法哲学原理》，范扬、张企泰译，106页，北京，商务印书馆，1982。

③ ［意］贝卡里亚：《论犯罪与刑罚》，黄风，42页，北京，中国大百科全书出版社，1993。

④ ［意］菲利：《实证派犯罪学》，郭建安译，21页，北京，中国政法大学出版社，1987。

⑤ ［意］贝卡里亚：《论犯罪与刑罚》，黄风，42页，北京，中国大百科全书出版社，1993。

公正性失去了应有的社会价值，变成了一种毫无价值可求的抽象的理念，这是其致命弱点之所在。功利主义强调刑与罪的遏制与被遏制关系，否定罪与刑的报应关系，虽得之功利，却易失之公正。尽管它紧密联系社会生活的需要，注重刑罚的社会效益，不失其一定的合理性，但因无视社会报应观念的存在，对刑罚的公正性重视不够而很可能走向极端，导致重刑威吓（规范功利主义①）与刑及无辜（行为功利主义②）。总之，报应主义与功利主义都只看到报应与功利的对立性，而未能认识到两者的不可分割的联系，因而均有失偏颇。而只有从罪刑关系的基本原理出发，才能对报应主义与功利主义的得失作出客观的评价，为我们批判地继承有益的法律文化遗产廓清道路。

第二，揭示罪刑关系的基本原理，可以为正确地理解立法精神、完善刑事立法指明方向。刑法是关于犯罪与刑罚的法律，当然也是确定与调整罪刑关系的法律。因此，以罪刑关系的基本原理为主线，我们可以透过刑法规范的表象，把握其精神实质。首先，罪刑关系的基本原理，有助于完整地理解刑法关于犯罪与刑事责任的一般规定。我国刑法第 10 条至第 12 条规定，一切依法构成犯罪的行为都应承担刑事责任。对于这些规定，人们从前通常只从报应的角度来解释，即只将其解释为是有罪当罚的要求，却很少注意其功利根据。其实，上述条文所列行为，都是有可能给社会造成严重损害的行为，只有动用刑罚才能遏制其发生。因此，上述有关规定也是刑须制罪的必然产物。同样，刑法第 13 条、第 14 条③、第 15 条、第 17 条、第 18 条所规定的一些不负刑事责任的特殊情况，也不像人们通常所理解的那样，只建立在刑不及无辜的报应原则之上。事实上，刑须制罪的功利要求也是其重要的立法依据。这是因为，意外事件与精神病人的行为是无法以刑罚遏制的，追究其刑事责任，无论是在立法上还是在司法上均不可能收到遏制犯罪之效；而未满 14 岁的人年幼无知，其思想意识尚未定型，可塑性大，

① 边沁主张，在确定刑罚的分量时，对犯罪可能性的大小愈是没有把握，便愈应施加重刑。

② 行为功利主义者均认为，凡具有人身危险性的人，即使未犯罪，也应予以保安处分。

③ 刑法第 14 条规定，已满 16 岁的人犯罪应负刑事责任，实际上也就是说，未满 16 岁的人不负刑事责任。

只需求助于社会教育措施便足以根除其再犯可能性，没有必要对之动用刑罚；至于正当防卫与紧急避险行为，都是正当行为，它们不但无害而且有益于社会，追究其刑事责任，不具有正当性。总之，刑法关于不负刑事责任的规定，只有用罪刑关系两个命题的辩证关系才能得到完整的解释。其次，罪刑关系的基本原理，也有助于我们全面地理解刑法关于刑罚的一般规定。下面，我们以死刑制度与量刑原则为例来对此加以说明。近来，有不少人对我国刑法关于死刑的规定的逻辑结构产生了怀疑，认为既然死刑只能适用于罪大恶极的犯罪分子，而对判处死刑但不需要立即执行的又可暂不执行，这至少在逻辑上是进退两难。因为既然已适用了死刑，便是罪大恶极，而对罪大恶极者不存在不需要立即执行之余地。我们认为，这种责难的出现，正是因未能认识到刑与罪的功利关系所致。的确，仅从报应的角度来看，一切因罪大恶极而被判死刑者，都应毫无例外地被处死。但是，罪大恶极毕竟不是再犯可能性大的代名词。罪大恶极是针对已然的犯罪而言的，在罪大恶极的罪犯中，也有一些人存在着改恶从善的可能性。即是说，对罪大恶极者不处死刑，也有可能消除其再犯可能性。刑法所规定的不需要立即执行，便正是指这种情况。因此，适用死刑的条件与死刑缓期 2 年执行的条件并不矛盾，前者源于报应的量的规定性——刑当其罪，后者则出自功利的量的规定性——刑足制罪。正因为如此，我们可以断言，我国的死刑制度是报应与功利相统一的产物。此外，从量刑原则来看，对它的理解是否全面，也取决于对罪刑关系的基本原理的认识程度。我国刑法中量刑原则所确定的量刑的事实根据包括犯罪的事实、性质、情节和对社会的危害程度，而这四方面都主要是针对已然的犯罪的社会危害性而言的，因此，量刑原则无疑是以刑当其罪的报应要求为主要根据。但是，我们能否说量刑原则丝毫未考虑一般人犯罪的可能性及犯罪人再犯的可能性呢？如果只认识到罪与刑的报应关系，必然得出否定结论，因为刑法未就此作出明文列举。然而，只要把握了刑与罪的功利关系，就可以得出截然相反的结论。因为在我国刑法中，“情节”一词含义相当广泛，它不但包括反映犯罪的社会危害性程度的情节，也还包括反映一般人犯罪可能性与犯罪人再犯可能性之大小的情节（如：犯罪时的形势，累犯、惯犯、偶犯、自首犯）。由此可见，只有把握了罪刑关系原理，才能全面理解我国刑法中的量刑原则。最后，也是最为重要的是，罪刑关系的基本原理，是完善刑事立法的指南。刑法理论研究的重要任务是为完善刑事立法提供科学的理论依据。从罪刑关系的基本原理出发，不但可以完整地把握立法精神，而且还可以发现刑事立法的不足，有助于刑法规范的进一步完善。如 1979 年刑法对某些经济犯罪、严重刑事犯罪所确定的法定刑偏低，不足以遏制这些犯罪，立法机关便采取修改刑法的方式，加重了这些犯罪的法定刑。这实际上是以刑与罪的功利关系为依据的。而从现行刑法（1979 年刑法）规范来看，仍有不少条文不符合罪刑关系的一般原理。如：刑法总则只规定了减刑制度，却未规定与之相对应的加刑制度，也未在刑法分则中设立抗拒劳改罪，这显然有悖于功利关系中个别遏制的要求，不利于充分发挥刑罚的个别遏制功能。又如：刑法分则对通常致一人于死的过失杀人罪规定的最高刑为 15 年有期徒刑，而对可能致数十人死亡的交通肇事罪规定的最高刑为 7 年有期徒刑，相比之下，后者显然偏轻。这也未充分反映一般遏制的需要，不利于阻止目前日益上升的交通事故的发生。这些缺陷，值得立法机关重视。

第三，罪刑关系的基本原理，对于刑事司法实践有着直接的指导意义。刑事司法包括审判与行刑两个阶段，其中，审判又包括定罪与量刑两个逻辑环节。就定罪而言，其核心是根据行为人已然行为的性质、情节等反映出的社会危害程度，决定该行为是否构成应受刑罚惩罚的犯罪，从而确定实在的罪刑关系能否成立。按照前述在这一阶段中报应与功利的主次关系，审判人员首先应该考虑报应关系的质的规定性，即刑从罪生。无视报应关系的这一要求，必然导致有罪不罚或刑及无辜。如前些时候，在审判实践中存在这样的做法：为了促使犯罪人投案自首，对犯有较大罪行但能坦白的人犯予以无罪释放。这种背离报应要求、有罪不罚的做法，实际上是“文化大革命”期间流行的“罪行不在大小，关键在于态度”的罪刑擅断的恶劣遗风，严重损害了刑法的威信。另一方面，刑与罪的功利关系的质的规定性即刑须制罪在决定对行为人应否定罪时也有一定的参考意义。这种意义体现在，当按照有罪当罚的要求，行为人的行为处于罪与非罪的临界线上时，表明行为人有无再犯可能性的情节便是作出有罪或无罪决定的重要参考因素。在这方面，最高人民法院与最高人民检察院近年来联合作出的几个司法解释很有说服力。如在有关认定某些经济犯罪的罪与非罪的界限的解释中，通常把一定的数额作为定罪的基准线。同时解释又规定，如行为人一贯表现好、无前科、事后有悔改表现，即使达到了一定数额，也可以不以犯罪论处；相反，如行为人一贯表现恶劣、有前科、事后无悔改表现，则即便未达到一定数额，亦可定罪。可见，罪刑关系的基本原理，尤其是双重罪刑关系的主次关系，已成为审判实践中的指导原则。就量刑而言，其任务是决定对已定罪的人是否量刑、处以多重的刑及所判刑罚是否实际执行。这里，罪刑关系的量的规定性的指导意义也是不言而喻的。对于罪行较轻、再犯可能性不大的犯罪人，法院可免除刑罚；对于罪行严重、再犯可能性大的人，法院可按刑当其罪与刑须制罪的共同要求科以重刑；对于所犯罪行轻微、再犯可能性小的人，亦可按此共同要求处以轻刑，或判处轻刑但不实际执行，即宣告缓刑。不仅如此，立足于双重罪刑关系的量的规定性，我们还可以发现既存量刑实践中的错误，为量刑合理化创造条件。如，为了加强刑罚的一般遏制效果，有的法院对本不应从重的犯罪人也科处重刑；有的法院明知判决过重，也不愿纠正。这种重刑威吓的做法，便是颠倒了报应与功利的主次关系所致。最后，罪刑关系原理对施刑活动也具有指导意义。这是由于，施刑活动直接受制于双重罪刑关系的量的规定性以及其主次关系。例如，对于被判死刑缓期 2 年执行与缓刑的犯罪人，应该根据其在考察期内的表现决定是否执行原判刑罚；对于被判处自由刑的犯罪人，应该根据其再犯可能性的消减程度决定是否予以减刑与假释，这都是刑足制罪的必然要求。与此同时，对于被减刑或假释的犯罪人，其实际执行的刑期又必须在原判刑期的 1/2 以上（被判无期徒刑者，必须实际执行 10 年以上），这又是刑当其罪的制约性所在。因此，罪刑关系的基本原理，同样构成行刑期间对原判刑之调整的决定性因素。

第四，罪刑关系的基本原理，应该成为建立具有中国特色的社会主义刑法学体系的中心。刑法学是关于刑法的学问，罪刑关系在刑法中的核心地位决定了罪刑关系论在刑法学理论体系中的核心地位。借助罪刑关系的基本原理，既可以对既存刑法学体系进行深刻的反思，发现其不足，也可以找到新课题，拓宽刑法学的视野。

首先，从罪刑关系的基本原理出发，可以发现现存刑法学体系的缺陷。由于历史的原因，我国现存刑法学体系基本上是 20 世纪 50 年代苏俄刑法学的翻版。近年来，不少中国学者已深切地感到刑法学的苏联模式已不合中国之国情，因而发出了“建立具有中国特色的社会主义刑法学体系”的呐喊。然而，从至今所能见到的有关论著来看，传统的社会危害性中心论仍然占主导地位。按照这种学说，犯罪的社会危害性不只是犯罪论而且是整个刑法学体系的核心，有关犯罪与刑罚的一切问题都应以犯罪的社会危害性来解释。① 如果仅从罪与刑的报应关系来看，“社会危害性中心说”的合理之处是不言而喻的。但是，一旦联系刑与罪的功利关系，此说的片面性就显而易见了。因为它忽视了双重罪刑关系的对立统一性。以社会危害性为中心的刑法学体系，或者是贬低刑与罪的功利关系，或者是使刑法学成为犯罪论与刑罚论彼此孤立的两大块的堆积，甚至可能两者兼而有之。我国既存刑法学所固有的矛盾——在犯罪论中称犯罪的社会危害性是定罪量刑的根据，在刑罚论中又称预防犯罪是用刑施罚的指南，以及重犯罪论轻刑罚论的不合理现象，实际上便是社会危害性中心论所造成的结果。而只有从双重罪刑关系的对立统一性出发，才能消除这些不合理现象。

其次，罪刑关系的基本原理有助于改造既存刑法学中的刑法原则论体系。在现行刑法学体系中，刑法原则是一个莫衷一是的课题。究其原委，分歧的症结就在于缺乏共许前提，即应该根据什么前提来确定刑法原则。我们认为，这一共许前提应该是贯穿于所有刑法规范之中，指导着立法、审判与行刑之刑事活动全过程的准则。根据这一理解，除“罪刑法定原则”以外，既存刑法学中所提出的其他刑法原则都或多或少地存在不足之处。如：人们一般都把“刑不及无辜”与“罪刑相应”作为刑法的两条原则。而事实上，刑不及无辜只反映了罪与刑的报应关系的质的规定性的一个方面即无罪不罚，将其单独作为刑法中罪刑关系质的

① 参见曾宪信：《建立具有中国特色的刑法学科学体系的设想》，载《中南政法学院学报》，1986（1）。

规定性的原则，不但忽视了报应关系的质的规定性的另一方面即有罪当罚，更重要的是忽视了刑与罪的功利关系的质的规定性即刑须制罪。同样，虽然罪刑相应完整地反映了罪与刑的报应关系的量的规定性，但将其单独作为刑法中罪刑关系量的规定性原则就忽视了刑与罪的功利关系的量的规定性即刑足制罪，因而无法解释刑法中的一些重要规范。如：既然要罚当其罪，为什么对罪大恶极者可以不立即执行死刑，对犯罪人可以缓刑，对表现好的犯罪人可以减刑、假释呢？显然，这种矛盾状态的存在，足以说明单把罪刑相应作为一条刑法中罪刑关系量的规定性原则是不全面的。总之，立足于罪刑关系的基本原理，我们不难发现，刑法原则应该且只能包括三条，对它们的完整表述应该是：罪刑法定（制约罪刑关系的法定化）、刑从罪生与刑须制罪相结合（统一双重罪刑关系的质的规定性）以及刑当其罪与刑足制罪相结合（统一双重罪刑关系的量的规定性）。

最后，罪刑关系的基本原理可以给刑法学提出新课题，拓宽其视野。罪刑关系论的建立，不但丰富了刑法学理论，而且还有助于我们发现刑法学中的空白。如在既存刑法学体系中，犯罪论中无“定罪”的内容，刑罚论中也未给“刑罚的功能”以一席之地。而立足于罪刑关系的基本原理，这两个问题在刑法学中应有其举足轻重的地位。这是因为，定罪即确定行为人是否构成犯罪，是罪与刑的报应关系的质的规定性即刑从罪生的必然要求，定罪的原则与方法自然应该受到刑法学的关注。同样，刑罚的功能是维系刑与罪的功利关系的纽带，刑法学也应该将刑罚的功能的表现形式、内在结构以及如何发挥刑罚的功能等纳入其视野。

（本文与邱兴隆合著，原载《中国社会科学》，1987（4））

部门法理学之提倡

法学虽然是以法为研究对象的，但法学与法在以下这一点上是有区别的：法是由部门法构成的，法本身只是部门法的总和，部门法才是法的实体存在。离开了部门法，法只是一种观念而已。而法学则与之不同，除部门法学以外，还有以法的观念为研究对象的法学形态，这就是一般法理学或者简称为法理学。

长期以来，我国法学研究中存在着法理学与部门法学之间严重脱节的现象。就法理学而言，在我国是从 20 世纪 90 年代初的法学基础理论演变而来的，大体上还停留在教科书的水平上，不能满足部门法学对法理学的学理需求，未能形成法理学与部门法学之间的良性互动关系。当然，部门法学同样存在着就法论法、理论肤浅的倾向，使部门法学长期以来尾随立法和司法，未能充分发挥部门法理论对于法实践活动的指导作用。因此，我国法学理论的进一步发展，应当期待法理学与部门法学的同步学术提升并相互促进。作为一名部门法学者，我尤其期望为法学理论的繁荣作出自己的独特学术贡献。

我国法理学者谢晖教授提出了部门法学的学理化之命题，从法理学的视角阐述了部门法学中的以下法理学问题，即逻辑连贯性、解释合理性、对象整合性和意义关切性等，我深以为然。我认为，这里存在一个部门法理学的问题。对于部门法学，以往我们都强调其应用性与实践性，这是没有疑问的。部门法学在更大程度上是一种实践理性，它与立法和司法有着更为直接和密切的联系。然而，部门法学的应用性不应成为理论浅显性的遁词，实践性也不应成为理论零碎性的借口。因此，部门法学应当注重基础理论的研究，努力将部门法学提升为部门法理学。

部门法理学并非法理学在部门法中的简单套用，而是部门法基本原理的体系化。部门法理学是一个部门法学理论成熟的重要标志。我们可以看到，凡是法理学程度较高的部门法学，都是那些具有传统学术优势的部门法学。可以说，部门法理学命题的提出使我们明确了部门法学的努力方向。

部门法理学对于法理学研究具有重要意义。相对于部门法理学而言，法理学是更为抽象的，它是以法的理念为研究对象的，涉及法的规范形式与价值内容。因此，如果不以部门法理学为其重要的知识来源，法理学就会成为无源之水。事实上，并不存在一般意义上的法，法总是具体的，例如民法、刑法、行政法与诉讼法等。法理学对法的原理的揭示，是建立在对部门法的性质的正确理解之上的。所谓法的价值，是各个部门法价值的理论概括，它必然浸淫着部门法的价值精神。更为重要的是，各个部门法之间既有其法理念上的共性，更有其法理念上的个性。在分别研究各个部门法的时候，这个问题不突出，但在法理学中，由于它是对部门法的法理念的抽象，因此必须超越部门法在法理念上的这种价值冲突而达至更高的理论层次。例如规则与裁量是贯穿整个法律适用活动始终的一对矛盾，对这一矛盾的不同态度决定了法理学的不同立场与学派。然而，在民法与刑法之中，对这一矛盾的解决方案在不同的时代与社会是有所不同的。在现代法治社会，刑法坚持的是罪刑法定主义，更注重规则对法官裁量权的限制，这是实现人权保障的刑法价值的必然要求。而民法的基本原则是诚实信用，基于此而对法无明文规定的民事案件进行广泛的类推适用，因而法官具有巨大的自由裁量的空间。显然，规则与裁量这对矛盾在刑法与民法之间的不同选择，是由这两个部门法的性质所决定的。如果仅囿于民法或刑法的视角，其立场可能是偏颇的，因而需要从法理学上对此作出更为客观与科学的理论阐释。而法理学如果不能了然民法与刑法在规则与裁量这一问题上的不同选择，必然难以从法理学上对此作出正确的说明。此外，法治这一概念已经成为我国当前法学理论中的时尚话语。然而法治也并不能满足于抽象的概念性之宏大叙事，而应当落实到各个具体的部门法领域。从法治这个概念中可以合乎逻辑地引申出刑事法治、行政法治与民事法治的概念，其中刑事法治就是刑事法领域的法治状态。可以说，刑事法治是法治的最低限度标准。显然，没有对刑事法治、行政法治与民事法治的深入研究，法治的一般性论述难免是空泛的。以上种种都说明，法理学的发展是以部门法学为前提与基础的，我国当前法理学的现状之不能尽如人意，与部门法理学的不发达有着直接的联系。就此而言，法理学不仅是法理学的法理学，也是部门法的法理学。

部门法理学对于法学的深入研究更是具有直接的推动作用。部门法学是以某一部门法为研究对象的，而部门法是以规范形式存在着的，因而部门法学更容易陷于就法论法的逻辑境地难以自拔。在这种情况下，部门法理学能够使部门法学由简单的法条解释与案例分析向体系性的理论构造转变，提升部门法学的学理层次。部门法理学的构造，我认为，不能离开对本部门法的基本矛盾的揭示，从而形成对本部门法学的基本问题的把握。我们都知道，马克思经典作家提出了近代哲学的基本问题，这就是精神与物质的关系，是精神决定物质还是物质决定精神的问题。对这个问题的不同回答就形成了哲学上的不同派别，即唯物主义和唯心主义，由此展开哲学理论。在刑法学中也存在刑法基本问题，这就是报应与预防的关系问题，由此形成报应主义与预防主义。只有以此为逻辑起点，才能构建刑法的法理学体系。在其他部门法学中，也存在类似的基本问题，关键是如何去发现与揭示它。部门法理学使我们能够站在一个制高点上，高屋建瓴地引导部门法的研究。实际上，部门法学对法规范的解释并不是简单地阐释法规范的文字蕴涵，而是要揭示规范的法理精神。唯有如此，才能使对部门法的解释成为一种学理叙述，对立法和司法发挥应有的理论指导意义。这也正是部门法学发展的必由之路。

（本文原载《法律科学》，2003（5））

部门法学哲理化及其刑法思考

2004 年 12 月 19 日，在海南博鳌举办了“部门法学哲理化研讨会”。我作为一名部门法（刑法）学者参加了这次会议。这一研讨会在我国法学发展的历史上是具有标志性的。它的召开意味着我国法学研究主体的自主意识与自觉意识的形成。长期以来，我国的法理学与部门法学处于脱节的状态，法理学不能满足部门法的学理要求，而部门法学则不能为法理学提供理论素材，未能形成法理学与部门法学之间的良性互动关系。部门法学哲理化命题的提出，表明法学研究者共同话语与共同问题的出现。

一、法学知识形态的考察

法学知识形态存在一个从单一性到多元性的演变过程，这是一个法学知识分化的逻辑过程，也是一个各种法学流派竞相争夺法学的学术话语的历史过程。在西方法学史上曾经存在自然法学、实在法学与法社会学之间的分离，尤其是自然法学派与实在法学派之间的长期对峙，极大地推动了法学知识形态的形成。自然法学派与实在法学派以及法社会学派都想垄断法学的话语权，尤其是以凯尔逊为代表的纯粹法学，完全把法学当作一种规则之学，主张将价值考量排除在法理学科学研究的范围之外，显然这是不可能的。

法学知识具有多元性，这种法学知识的多元性是由法的多义性决定的。具体而言，法首先是一种规范的存在，这就是规范意义上的法。对这种规范法的研究就形成规范法学。在一定意义上的规范法学是一种法理学。其次，法除了是一种规范，本身还包含了一定价值内容。因而对法的价值的考察就形成了价值法学。在一定意义上说，价值法学是一种法哲学。最后，法又是一种事实的存在，对法事实的研究就形成了法社会学。

法学知识形态是由法社会学—法理学—法哲学构成的，三者之间形成一定的层次性。因此，对于西方法学史的考察，我们应当透过自然法学派与实在法学派以及法社会学派之间的学派之争，看到各法学派对法学知识的贡献。自然法学、实在法学和法社会学并非截然对立的，而是从不同视角、采取不同方法对法进行研究而形成的法学的各种知识形态。因此，我赞同美国法理学家博登海默的综合法理学的观点。博登海默指出："法律是一个带有许多大厅、房间、凹角、拐角的大厦。在同一时间里享用一盏探照灯，照亮每一间房间、凹角、拐角是极为困难的，尤其当技术知识和经验受到局限的情况下，照明系统不适当或至少不完备时，情形就更加是如此了。我们似乎可以更为恰当地指出，这些学说最为重要的意义乃在于它们组成了整个法理学大厦的极为珍贵的建筑之石，尽管这些理论中的每一种理论具有部分和有限的真理。随着我们知识范围的扩大，我们必须建构一种能够充分利用人们过去的一切知识、贡献的综合法理学。"综合法理学并不否认从各个视角对法的研究，但又将其纳入法学的理论体系，使之在法学大厦中找到自身的位置。因此，各种法学知识形态都充实与丰富了法学知识，拓展了法学研究的领域，各有其对法学的贡献。综合法理学的提出，消解了法学学派之争，促使我们对法学学派进行重新界定。因为只有在同一种知识形态内，才有学派之争。而在不同的法学知识形态之间，并非学派之争而是学科之争。

一个国家的法学应该容纳各种不同的法学知识，法哲学作为高层次的法学知识，标志着一个民族对法学的感悟和认知的最高水平。而法理学，即对法规范的研究，是法学的主体内容，它在法学知识中占据着主导地位。法社会学，则是法哲学与法理学的补充。上述各种法学知识各有其存在的正当性，但又具有难以排除的自身局限性。没有法哲学的引导，法学就会堕落为一种纯技术的分析，成为一种工具主义法学，就会丧失法学的人文关怀。没有法理学对法规范的研究，法学就会沦落为哲学或者其他学科的附庸。而没有法社会学的知识的补充，法学就会变成虚妄的学问，难以有其强大的生命力。

通过以上对法学知识形态的考察，可以得出以下结论：部门法学的哲理化是部门法学成熟的标志；哲理化的部门法哲学和部门法理学是部门法学知识的不可分割的组成部分。因此，部门法哲学和部门法理学具有其存在的正当性和自然性。

二、法学方法论的分析

从法学知识形态中可以引申出一个法学方法论的问题，因为各种不同的法学知识在一定程度上是由法学方法论界定的。法学知识形态的演进，实际上是法学方法论嬗变的必然结果。

关于法学方法论的问题，德国学者拉德布鲁赫曾经发表过以下这样一段精辟的议论："就像因自我观察而受折磨的人多数是病人一样，有理由去为本身的方法论费心忙碌的科学，也常常成为病态的科学，健康的人和健康的科学并不如此特意去知晓自身。"从这段话中，我们可以引申出以下三层含义：其一，一门学科的科学性问题主要取决于方法论，因而对该学科的科学性拷问就成为对方法论的探究。其二，病态的学科，也就是幼稚的学科，越为该学科的方法论所困扰。其三，在拉德布鲁赫看来，法学就是这样一门病态的学科、幼稚的学科，因而法学方法论是一个未解的问题。部门法学的哲理化，是以法学方法论的科学界定为前提的，因而应当高度重视法学方法论问题。

法哲学是对法的价值内容的考察，因而法哲学的方法论主要是一种价值分析方法。这种价值分析方法具有批判性与反思性。在这个意义上说，法哲学是对法的形而上的研究，它超越实在法，成为一种对实在法的批判力量。

法理学是对法的规范内容的考察，因而法理学的方法主要是一种规范分析方法。这种规范分析方法具有规范性与思辨性。在某种意义上说，规范分析方法是法学和伦理学等规范学科所共用的方法。

法社会学是对法的事实内容的考察，因而法社会学的方法主要是一种实证分析方法。这种实证分析方法具有价值上的中立性与内容上的描述性。

以上三种法学知识形态都具有相应的方法论。这些方法论体现的是法学研究主体的立场，正是这些方法论构成对各种法学知识形态的不可逾越的边界，由此形成各种法学知识形态的特定的语境。我认为，应当保持各种法学知识形态的内容上的纯粹性。尽管各种法学知识形态是相互影响、互相制约的关系，但我们绝不能将各种法学知识糅杂在一起，发生研究语境上的错位。

法学学科的演进和提升过程是一个法学知识形态的分化过程，也是一个法学方法论的发展过程。法学的科学性问题，在很大程度上是以法学方法的科学性为前提的。在法学知识分化以后，关键是在形成各种法学知识形态的良性互动的同时，应当明确各自的界限。目前在法学研究中，存在着语境混乱的现象。同一篇论文，前面的法律规定论证其观点的正确性，后面又以其观点批评法律规定，作者的观点无论与法律规定相符还是相悖，都是正确的。但这样两者论证出现在同一篇论文中在方法论上就一定是错误的。我们应当明确自己是在做法哲学研究，还是在做规范法学研究或者法社会学研究。在这些不同法学知识形态中，研究方法不同，得出的结论也就不同。可悲的是，我们很多学者没有意识到这一点。由此可见，方法论的问题何等重要。部门法学哲理化之倡导，意味着目前糅杂各种知识形态的部门法学的分化。在各种分化中，我们应当形成在各种法学方法论制约下的法学知识语境。

三、刑法学哲理化的提倡

刑法学在各个部门法学中是较为成熟的，也是最早出现哲理化要求与趋势的一个学科。我国学者储槐植教授曾经指出："应当在刑法之中研究刑法，刑法之外研究刑法，刑法之上研究刑法。"这是一种对刑法的全方位的研究，由此形成各种刑法知识形态。在刑法之中研究刑法是指规范刑法学；在刑法之外研究刑法是指刑法社会学，包括犯罪学等学科；在刑法之上研究刑法是指刑法哲学。在上述三种刑法知识形态中，尤其是刑法哲学与规范刑法学之间，方法论上存在重大差别：在刑法哲学视域中，可以对刑法进行反思或者批判，它所考虑的是刑法具体内容上的正当性；在规范刑法视域中，刑法不是被嘲笑的对象，而是被尊崇、信仰的对象，它以假定刑法规范是正确的作为其逻辑演绎的起点，它所关注的是刑法规范形式上的合理性。

在理论法学中，关于法哲学与法理学是否有所区分是存在争议的。我赞同法哲学与法理学之区分的观点。同样，在刑法学中也存在刑法哲学与刑法法理学之区分。刑法哲学，是对刑法价值内容的探寻，是对刑法本源与根基的探究，因而具有对刑法规范的批判性。刑法法理学则是一种部门法理学，它以揭示刑法法理为使命。我国学者谢晖对部门法理学作了专门论述，认为它从法理学的视角阐述了部门法学中的以下法理学问题，即逻辑连贯性、揭示合理性、对象整合性和意义关切性等。部门法理学并非法理学原理在部门法理学中的简单套用，而是部门法基本原理的体系化。同上，刑法法理学就是这样一种部门法理学。刑法法理学不同于刑法哲学之处，就在于它不是像刑法哲学那样揭示刑法的价值内容，对刑法进行价值考量，而是探究刑法法理，是对刑法规范的法理分析。刑法法理学不同于规范刑法学之处，就在于它不是像规范刑法学那样囿于对刑法规范内容的诠释，而是不以刑法规范为本位，对隐含在刑法规范背后的刑法法理的洞察。

刑法法理学在刑法哲学与规范刑法学之间架起了一座桥梁，从规范刑法学到刑法法理学，再到刑法哲学的递进，形成了刑法知识的层次性。只有在刑法知识的层次性的境域中提倡刑法学哲理化，才能使这种哲理化获得规范刑法学的支持与认同，并使其成为规范刑法研究的学理资源，从而形成规范化的刑法知识与哲理化的刑法知识的良性互动。

四、结语：知识的融合

日本学者沟口雄三指出："随着学术研究的发展，封闭的专业限制在被突破，只是正在从狭窄的专业框架中解放出来，形成一些公共的研究领域，通过知识交流达到知识共有。"知识共有使各学科能够共享作为一种文化思想资源的知识，建立各学科的共同话语。在此，存在一个由小及大、由此及彼的共同知识的形成问题。各部门法学都应当通过努力形成某种共同知识，使部门法的研究提升为一种法理学与法哲学的研究，从而为法学研究作出部门法学应有的贡献。

其实，法只是社会生活的一个点，是人类精神状态的一个侧面。对法的研究必然且应当反映出社会与人性的普遍性，从而使法学知识融入整个社会科学的知识体系。在此，我认为，应当强调法学研究在人文社会科学统属之下进行，使法学研究真正成为人文社会科学的研究，而不是纯粹的法的逻辑演绎，使法学知识内含一种人文精神。由此，需要提升法学知识在人文社会科学知识体系中的地位。法学知识在整个人文社会科学的知识链中处于下游，而哲学、经济学、社会学、伦理学等学科则处于知识链的上游。由此决定了法学知识的宿命。法学的被殖民化是不可避免的。然而，法学不正是在被殖民化的过程中不断地扩展了其研究疆域吗？法学之受处于知识链上游的人文社会科学知识的哺育和恩泽，是法学之幸而非法学之悲。但是，法学是否具有反哺与回馈的义务与能力呢？这是作为一个法学家应当向自己提出的使命。我认为，法学不仅要分享哲学、经济学、社会学、伦理学等其他人文社会科学的研究成果，而且也应当让这些人文社会科学分享法学研究成果。只有这样，法学才能说对人文社会科学作出了某种贡献，法学知识才能真正融入人文社会科学的知识体系。

（本文原载《人民法院报》，2004－12－29，6版）

刑法法理的三重境界

在刑法的法理这个命题中，存在刑法和法理这两个概念。显然，刑法不能等同于法理，反之亦然。这里的刑法是指刑法规定，包括刑法总则的规定和刑法分则的规定，对此并不难理解。这里的关键问题是：如何理解这里的法理？我们可以把刑法规定与刑法法理相区隔。例如，刑法规定了正当防卫制度，根据刑法关于正当防卫的规定，归纳出正当防卫成立的各个条件。这些内容都是刑法条文的应有之义，因而不能将其归入法理的范畴。那么，正当防卫的法理是什么呢？正当防卫的正当性根据的论证，例如是采用保护原则还是法确证原则，这才是刑法的法理。由此可见，刑法的法理不是法律规定本身的内容，而是隐藏在刑法规定背后，能够为刑法规定的正确理解提供学术支撑的知识形态。在刑法知识形态中，刑法法理具有一定的层次区分。其中，第一层次的刑法法理是刑法观。刑法观是最高层次的刑法法理，它是刑法理论和政治哲学、社会科学密切相连的知识领域。第二层次的刑法法理是罪刑法定。罪刑法定是刑法基本原则，它虽然是刑法规定的，而在罪刑法定原则中所包含的价值内容和思维方法却是超越法条的，它对于刑法理论的建构和刑法方法的确立都具有指导意义。第三层次的刑法法理是刑法的教义学知识。刑法教义学是刑法法理的本体内容，它是在解释刑法过程中形成的，但又在一定程度上脱离刑法法条，具有独立于刑法规范的理论价值。上述三种刑法的法理形态是刑法的部门法理学的基本内容，对于正确把握刑法具有方法论的意义。

一、刑法观：刑法法理的本原论

在刑法理论中，存在刑法观的概念。除了刑法观，还存在犯罪观和刑罚观的概念。刑法观、犯罪观和刑罚观这三个概念，可以成为我们讨论刑法法理的逻辑起点。日本学者佐伯仁志曾经指出："刑法学习的魅力之一在于，刑法学不仅是法解释的问题，也是追问为什么能够处罚人的哲学问题，追问人为什么会犯罪、刑法对防止犯罪会起到什么作用的实证问题，追问对什么样的行为应该采用什么样的制裁的政策问题，所涉及的领域非常广泛。"① 佐伯仁志在这里提及的刑法为什么能够处罚人是刑法观问题，而人为什么会犯罪则是犯罪观问题，刑法对犯罪的预防作用是刑罚观问题。这些问题涉及刑法、犯罪和刑罚存在的本原，因而是刑法法理的首要内容。

这里应当指出，犯罪和刑罚是刑法的两个基本范畴，属于刑法的下位概念。因此，犯罪观和刑罚观本来应当是刑法观的应有之义，即刑法观可以进一步分解为犯罪观和刑罚观。就此而论，则没有超越犯罪观和刑罚观的刑法观。实则不然，在刑法学中，刑法观具有其独特的内容，并不被犯罪观和刑罚观的概念所覆盖。因此，我们需要分别对刑法观、犯罪观和刑罚观进行论述。

（一）刑法观

刑法观在部门法学中是一个十分独特的概念，因为我们只是在法理学中论及法律观，但从来没有见到民法学者讨论民法观，也没有见到行政法学者讨论行政法观，而只有刑法学者讨论刑法观。那么，什么是刑法观？刑法观是指对刑法基

① ［日］佐伯仁志：《刑法总论的思之道・乐之道》，于佳佳译，12 页，北京，中国政法大学出版社，2017。

本立场的思考所形成的理论知识形态。对于刑法观的理解，可以借鉴世界观的概念。世界观是指对整个世界以及人与世界关系的基本认识，一个人的世界观决定了其对价值观念的判断和人生道路的选择。同样，刑法观也是对刑法认识的基础，它决定了对刑法具体原则和制度的理解。目前在刑法理论中，刑法观是广为运用的概念。例如，预防性刑法观、实质刑法观、理性刑法观和宪政刑法观等，刑法观成为被各种概念修饰的标识性主语。由此可见，刑法观对于刑法理论来说，是本源性的概念。

那么，在刑法观的概念中，我们到底要讨论什么内容呢？我认为，这里的刑法观主要讨论的是刑法存在的正当性根据问题，而这个问题又与刑法机能问题之间存在密切关联性。对于民法、行政法或者其他部门法，一般不会专门讨论该部门法存在的根据问题。这是因为一般来说，不会对这些部门法存在的正当性产生疑问。至于法律存在的一般根据，属于法律观所讨论的问题，也没有必要在民法学、行政法学等部门法学中专门进行讨论。而只有刑法关涉对公民的生杀予夺，因此需要对刑法存在的正当性根据进行专门考察。例如，国家是否有权剥夺一个公民的人身自由、财产，甚至生命？这就是一个被反复诘问的问题。对刑法正当性的理论反思就形成所谓刑法观，对刑法存在正当性根据的不同回答就形成了不同的刑法观。

在刑法理论中，存在国权主义刑法观与民权主义刑法观之分，这是对刑法性质的一种基本界分，因而具有重要的法理意义。所谓国权主义刑法观是指将刑法视为维护国家权力的工具或者手段，民权主义刑法观是指将刑法视为维护公民权利的工具或者手段：前者是国家本位的刑法观，而后者是人权本位的刑法观。我国学者对国权主义刑法和民权主义刑法作了以下界定：对于以国家为出发点，而以国民为对象的刑法，称为国权主义刑法。国权主义刑法的基本特点是：刑法所要限制的是国民的行为，而保护国家的利益。对于以保护国民的利益为出发点，而限制国家行为的刑法，称为民权主义刑法。① 因此，国权主义刑法观和民权主

① 参见李海东：《刑法总论原理》，4～5 页，北京，法律出版社，1998。

义刑法观，是以国家与国民对立这种极端状态的假设为前提所进行的逻辑分析。基于这种设定，国权主义刑法观和民权主义刑法观处在截然对立的地位，由此引申出对刑法各种制度和观念的不同理解。例如，关于刑法的机能问题，就存在社会保护机能和人权保障机能之间的对立。客观地说，在任何一个社会，国家和国民并不是处于完全对立的状态。因此，某个社会的刑法在保护国家利益的同时，也会在一定程度上保护国民的利益。例如，即使在极端专制主义的社会，刑法虽然主要保护国家利益，但在这种社会，杀人、放火、强奸、抢劫等侵犯国民个人利益的行为也必然受到刑罚惩治，因而具有对国民权利保护的内容。反之，只要国家没有消亡，国家利益在一定程度上是国民利益的聚合体，因而即使是民主主义社会的刑法也会保护国家利益不受侵犯。那么，能不能由此得出结论：国权主义刑法和民权主义刑法的区分是没有意义的呢？我的回答是否定的。事实上，国权主义刑法和民权主义刑法作为一种理论分析框架，仍然具有其合理性和必要性。日本学者在论及国权主义刑法时指出：具有这种本质机能的刑法（国权主义刑法），适用刑法的国家一方与被适用的国民一方，都期望其各自不同的功能。为了国家而有的刑法机能是制止犯罪的机能和维护秩序的机能。① 在专制社会，国家利益和国民利益处在对立的位置，因而其对刑法的期待是不同的，而刑法总是根据统治阶级意志制定的，是以保护国家利益为依归的。因而，日本学者指出：这种国权主义刑法是基于国家维护其所建立的社会秩序的意志而制定的国家的意志，专门选择了那些有必要用刑罚制裁加以保护的法益。侵害或者威胁这种法益的行为就是犯罪，是科处刑罚的根据，刑罚具有保护国家所关切的重大法益的机能。② 相对于国权主义刑法，民权主义刑法注重对国民权益的刑法保护，这就是所谓刑法的人权保障机能。基于此，刑法就不再是国家单方面惩治犯罪的根据，而成为限制国家刑罚权的手段。对于限制国家的刑罚发动而言，刑事程序法当然是极为重要的，它对国家的刑事追诉活动起到规范作用，由此而从程序上保

---

① 参见［日］西原春夫：《刑法的根基与哲学》（增补版），顾肖荣等译，63 页，北京，中国法制出版社，2017。

② 参见［日］木村龟二主编：《刑法学词典》，顾肖荣等译，9～10 页，上海，上海翻译出版公司，1993。

障国民的合法权利。然而，作为刑事实体法的刑法对于国民权利的保障同样重要。尤其是通过罪刑法定主义而使犯罪范围得到确定，对防止国家司法机关滥用刑罚权具有重要意义。对此，日本学者庄子邦雄指出，“刑法的人权保障机能出于保障的个人不同而使实际机能有异，即具有作为善良公民的大宪章和犯罪人的大宪章两种机能。只要公民没有实施刑法所规定的犯罪行为，就不能对该公民处以刑罚。在此意义上，刑法是善良公民的大宪章。刑法作为犯罪人的大宪章，是指在行为人实施犯罪的情况下，保障罪犯免受刑法规定以外的不正当刑罚”①。因此，国权主义刑法观和民权主义刑法观之间的对立还是十分明显的。

国权主义刑法观和民权主义刑法观不仅是逻辑分析的根据，同时也是历史叙事的线索。以人类历史演变的过程观之，在前近代社会时代，专制主义国家是基本形态。在这种专制社会，刑法的主要机能是维护国家利益，而国民则成为刑法惩治的主要对象。基于此，刑法存在的正当性根据就是国家单方面地惩治犯罪。从近代伊始，西方社会逐渐摆脱专制制度而演进为民主国家。就刑法而言，表现为以民权主义刑法取代国权主义刑法。尤其是近代启蒙学家倡导的罪刑法定主义，从根本上改变了刑法的性质。这当然是一种进化论观念在刑法中的适用而已，具有其政治正确性。我们可以看到，孟德斯鸠、贝卡里亚等启蒙学家在批判和抨击西方中世纪的司法制度的基础上，为近代社会的刑法指明道路，奠定基础。这里涉及刑法发展和社会进步之间的关系，刑法观的演变和社会形态的变迁之间具有紧密联系。这里涉及刑法的法理中最具有政治意蕴的这部分内容，在这个意义上说，刑法观是政治哲学的一种理论呈现。

刑法观具有逻辑的与历史的双重属性，它具有超越刑法的价值属性，因而是刑法中最高层次的法理。作为一种分析框架，国权主义刑法观和民权主义刑法观同样可以适用于对我国刑法的考察。我曾经采用政治刑法和市民刑法的分析框架

① 转引自［日］木村龟二主编：《刑法学词典》，顾肖荣等译，10页，上海，上海翻译出版公司，1993。

用来阐述社会转型时期中国刑法的走向。[①] 这里的政治刑法和市民刑法具有刑法观的意蕴，可以视为是国权主义刑法观和民权主义刑法观的特殊表现形态。政治刑法和市民刑法是以政治国家和市民社会的二元分立为前提的，在20世纪80年代之前，我国社会呈现出一元社会结构，在这种社会中，刑法[②]成为国家推行其意志的暴力根据。因此，工具性就成为刑法的根本特征。从20世纪80年代开始我国实行经济体制改革，这场改革的主要内容是从计划经济体制向市场经济体制的转轨。经济体制的改革引发了我国社会结构的整体变革，并逐步形成政治国家和市民社会二元分立的社会，由此决定着刑法的性质、机能与观念。在二元社会结构中，刑法正在完成从政治刑法到市民刑法的转换。其中，重要变化之一就是从追求刑法的社会保护机能到追求刑法的人权保障机能，国权主义刑法也就逐渐演变为民权主义刑法。这是一场刑法观的重大变革，将会给刑法带来深刻的影响。

（二）犯罪观

犯罪观是指关于犯罪存在的基础和本源的基本观念。犯罪本身是一个规范的概念，是刑法明文规定的行为，这个意义上的犯罪，属于法律的范畴。然而，对于犯罪不能仅仅从法律规范上加以把握，而且还应当从社会事实上进行理解。规范意义上的犯罪是根据刑法规定确认的，而社会事实意义上的犯罪则超越了刑法规范，具有社会存在的属性。犯罪观并不是对犯罪规范意义上的犯罪概念的认知，而是对社会存在意义上的犯罪现象的理解。因此，犯罪观应当揭示犯罪存在的基础和根源。

我国传统刑法学采用社会危害性理论对犯罪的社会内容进行分析，由此形成犯罪概念论，并将犯罪概念论与犯罪构成论相提并论，纳入刑法学体系。因此，我国传统刑法学形成了犯罪的形式概念和犯罪的实质概念的争议。德日刑法学虽

① 参见陈兴良：《从政治刑法到市民刑法——二元社会建构中的刑法修改》，载陈兴良主编：《刑事法评论》，第1卷，北京，中国政法大学出版社，1997。

② 在1979年前我国没有制定刑法，因而没有规范意义上的刑法，但作为替代的散在性的单行刑法和刑事政策等，实际上发挥着刑法的功能。

然也只言片语地论及犯罪的形式概念和实质概念，但一般都把犯罪概念描述为构成要件该当、违法、有责的行为。这样，德日刑法学的犯罪概念就直接导向犯罪论体系，为构成要件该当性、违法性和有责性三阶层的犯罪论体系提供逻辑前提。我认为，在刑法教义学中当然没有必要讨论犯罪的实质概念。犯罪的实质概念是要解决犯罪应当受到刑罚处罚的实体根据问题，因此，这是一个立法论的问题，即刑法对某一行为作为犯罪处罚的实质根据是什么？这个问题的研究对于刑法立法的合理性和正当性具有重要意义。然而，犯罪的实质根据问题尚不属于犯罪观的范畴，因为犯罪观所要解决的是犯罪存在的基础和本源问题。

在犯罪存在的基础和本源问题上，历来存在意志自由论和行为决定论之争，由此形成犯罪观的基本内容。意志自由论认为，犯罪是个人意志自由的产物，因此只有从意志自由出发，才能正确地解释犯罪现象。例如刑事古典学派，无论是康德、黑格尔，还是贝卡里亚，都把犯罪归结为意志自由的结果。例如黑格尔认为，人是理性的动物，犯人是意志自由而实施犯罪行为的，由此得出结论：刑罚既包含着犯人自己的法，所以处罚他，正是尊敬他是理性的存在。[1] 由此可见，黑格尔的刑法思想是建立在对人的理性假设基础上的，在黑格尔看来，没有意志自由就不存在犯罪。如果说，黑格尔等是从唯心主义先验论出发，得出意志自由的结论，以此作为其犯罪观的基础，那么，贝卡里亚是从唯物主义的感觉论出发，其所主张的是感性的意志自由论，以此作为其犯罪观的基础。例如，贝卡里亚认为，人具有趋利避害的本能，刑法不可能改变这种本能，而只能利用这种本能，因势利导，阻止犯罪发生。意志自由论以人的理性选择解释犯罪原因，为对犯罪人的处罚提供了正当性根据，相对于将犯罪归结为对上帝的冒犯等虚幻神学观念的犯罪观，具有历史进步意义。当然，意志自由是否存在以及如何判断人的意志自由，在哲学上本身就是一个长期存在争议且没有得到最终解决的问题。以意志自由解释犯罪存在的原因并不能为犯罪的本源提供合理的论证。因此，刑事实证学派提出了行为决定论，根据犯罪存在决定因素的不同可以分为刑事人类学

① 参见［德］黑格尔：《法哲学原理》，范扬、张企泰译，103页，北京，商务印书馆，1961。

派和刑事社会学派。其中，以龙勃罗梭为代表的刑事人类学派认为，犯罪是生物遗传现象，是人的基因所决定的。而以菲利为代表的刑事社会学派则认为，犯罪是社会存在现象，是社会结构所决定的。刑事实证学派否定人的意志自由而主张行为决定论。菲利指出，实证派依赖人类学以及对环境的研究取得的证据，得出如下结论：我们不能承认意志自由。因为如果意志自由仅为我们内心存在的幻想，则并非人类心理上存在的实际功能。自由意志应该是指：人类意志在需要作出某种决定时，在促使他作出或者不作出这种决定的环境压力下，拥有最后取舍的力量；而且也意味着，按因果关系的规律，在对抉择有影响的内部和外部的因素中，人类意志可以独立地作出或者不作出某种抉择，但菲利认为这是不可能的，因为意志自由的幻想来自我们内心意识，它的产生完全是由于我们不认识在作出决定时反映在我们心理上的各种动机以及各种内部和外部条件。[①] 在此基础上，菲利得出结论：犯罪并不是意志自由的产物，而是由各种因素，包括人类学因素、自然因素和社会因素相互作用而形成的一种社会现象。在这些决定犯罪的因素中，社会因素起着决定性的作用。因此，菲利的犯罪观可以称之为犯罪社会决定论。

显然，从犯罪原因角度分析，犯罪确实是一定的社会生活条件所决定的，只有从社会现实出发才能真正揭示犯罪存在的客观基础，而不是简单地将犯罪原因归结为个人的意志自由。当然，也不是说从意志自由的意义上对犯罪进行分析就毫无意义。因为犯罪行为毕竟是个人所实施的，在对行为人追究刑事责任的时候，是否具有意志自由就显得十分重要。应当指出，犯罪的责任追究属于刑法教义学所要解决的问题，因此，只有犯罪存在的社会基础才是犯罪观的应有之义。

（三）刑罚观

刑罚观是指刑罚根据和目的的基本观念。刑罚是犯罪的法律后果，没有犯罪也就没有刑罚。然而，刑罚处罚的根据和目的是什么，这是一个关系到刑罚存在

① 参见［意］菲利：《实证派犯罪学》，郭建安译，15、16页，北京，中国政法大学出版社，1987。

的根本问题。对于这个问题，在刑法理论上存在报应主义和功利主义之争，由此区分为报应主义刑罚观和功利主义刑罚观。

报应主义刑罚观认为，刑罚是对犯罪的一种报应，即报应刑。流传于民间的恶有恶报的观念，就形象地彰显了报应主义刑罚观的要义。在刑事古典学派中，康德、黑格尔主张报应主义刑罚观。其中，康德的观点可以归纳为道义报应论，而黑格尔的观点可以归结为法律报应论。报应主义刑罚观的共同特点是将刑罚视为是对犯罪的一种恶报，基于此，可以引申出以下两个结论：第一，报应主义确立了犯罪和刑罚之间的因果关系，因此，没有犯罪就没有刑罚。第二，报应主义确立了犯罪和刑罚之间的比例关系，因此，刑罚报应的大小和犯罪的轻重之间成正比，即重罪重刑，轻罪轻刑。报应主义，英文表达是：Retributive justice，直译是指补偿性正义。因此，报应主义的概念本身就存在正义的意蕴。

康德的道义报应论具有两个特点：第一，以违反道德义务作为报应的根据。康德认为人必须遵从绝对命令，违反绝对命令就会引起责任，这种责任是建立在人的意志自由的基础之上的，由此产生的惩罚具有道义根据，从而赋予刑罚道德上的正当性。第二，主张绝对报应，即犯罪与刑罚之间量的对等性，例如坚持杀人者必须处以死刑，即使公民社会解散，也应当在处死杀人者以后才付诸实施。因此，康德的报应论又称为等量说，具有同态复仇的性质。如果说，从伦理道德中寻找刑罚的根据难免会被指责为混淆道德与法律的关系；那么，同态复仇则是难以实现的虚幻对等。康德在阐述等量报应时指出："任何一个人对别人所作的恶行，可以看做是他对自己作恶。因此，也可以说这样说：'如果你诽谤了别人，你就是诽谤了你自己；如果你偷了别人的东西，你就是偷了你自己的东西；如果你打了别人，你就是打了你自己；如果你杀了别人，你就是杀了你自己。'这就是报复的权利。"[①] 如果说，杀人者死是对同态且等量报应的完美体现，那么，对诽谤者不可能还之以诽谤，对盗窃者不能还之以盗窃，对伤害者不能还之以伤害。因此，对所有犯罪进行同态且等量的报应，在现代刑法是完全不可能的。

① ［德］康德：《法的形而上学原理：权利的科学》，沈叔平译，165页，北京，商务印书馆，1991。

黑格尔的法律报应论是在扬弃康德道义报应论的基础上发展起来的，因而具有对立于道义报应论的以下两个特点：第一，主张道德与法律的分离，反对从道德伦理中寻找刑罚的正当性根据，而是从法律的本性中寻找刑罚的正当性根据。黑格尔认为，犯罪是一种不法，是对法的否定。从法到不法，从犯罪到刑罚，从而又回到了法，这是法的辩证运动规律。所以，刑罚表现了法律同自身的调和：由于犯罪的扬弃，法律本身恢复了原状。① 因此，黑格尔的法律报应是从法律角度论证刑罚根据，刑罚的正义不是道德正义而是法律正义。第二，相对于康德的等量报应，黑格尔的是等价报应。黑格尔指出："犯罪与刑罚之间的种的等同是不可能的。因为犯罪的基本规定在于行为的无限性，所以单纯外在的种的性状消失得更为明显，而等同性则仍然是唯一的根本规则，以调整本质的东西，即罪犯应该受到什么刑罚，但并不规定这种刑罚的外在的种的形态。单从这种外在的种的形态看来，一方面盗窃和强盗；他方面罚金和徒刑之间存在着显著的不等同，可是从它们的价值即侵害这种它们普遍的性质看来，彼此之间是可以比较的。寻求刑罚和犯罪接近于这种价值的性质等同，是属于理智范围内的事情。"② 因此，等价报应具有可操作性，它只是追求犯罪和刑罚之间的一定比例，但并不要求犯罪和刑罚之间外在性状上的等同。

报应主义的刑罚观以报应为基础论证刑罚的正当性，使刑罚在性质和数量上都受到一定的限制和约束，它为刑罚理性提供了理论根据。在中世纪滥用刑罚的背景下，报应主义刑法观具有历史进步意义。当然，报应主义刑罚观具有绝对主义的性质，无罪不罚当然是合理的，但有罪必罚未必正义。而且，报应主义刑罚观具有消极的刑罚机能，即只是强调对犯罪的报应，消除犯罪的不利后果，而没有为刑罚机能设定积极的目标。

功利主义刑罚观认为，刑罚存在的正当性根据在于实现一定的功利目的，这就是预防犯罪，维护社会秩序。因此，功利主义刑罚观中的刑罚可以称为目的

① 参见［德］黑格尔：《法哲学原理》，范杨、张企泰译，81页，北京，商务印书馆，1961。

② ［德］黑格尔：《法哲学原理》，范杨、张企泰译，106页，北京，商务印书馆，1961。

刑。这里的目的，就是预防犯罪，又可以分为一般预防和个别预防。在刑法理论上，存在着主张一般预防而否定个别预防的观点或者主张个别预防而否定一般预防的观点，这种观点称为单面预防主义。而大多数理论既肯定一般预防又肯定个别预防，这种观点称为双面预防主义。

一般预防论认为，刑罚的目的是防止社会上的一般人犯罪。一般人的犯罪是指初犯，因而一般预防也可以称为初犯预防。初犯预防主要是通过刑罚威慑实现的，因而一般预防论又被称为刑罚威慑论。例如意大利刑法学家贝卡里亚指出：刑罚的目的既不是要摧残折磨一个感知者，也不是要消除业已犯下的罪行。刑罚的目的仅仅在于：阻止犯罪再重新侵害公民，并规诫其他人不要重蹈覆辙。① 贝卡里亚在这里所说的“阻止犯罪再重新侵害公民”，就是指个别预防；“规诫其他人不要重蹈覆辙”，则是指一般预防。因此，贝卡里亚是双面预防主义者；当然，贝卡里亚更侧重于一般预防。继贝卡里亚之后，英国著名学者边沁从其功利主义哲学出发，明确提出刑罚的目的是预防犯罪。边沁指出：“任何惩罚都是伤害，所有的惩罚都是罪恶。根据功利原理，如果惩罚被认为是确属必要，那仅仅是认为它可以起到保证排除更大的罪恶。”② 边沁也是双面预防主义者，同时也更强调一般预防。

个别预防论认为，刑法的目的是预防犯罪人再次犯罪。犯罪人的再次犯罪是指再犯，因而个别预防也可以称为再犯预防。再犯预防主要是通过刑罚矫正实现的，因而个别预防又称为刑罚矫正论。如果说，一般预防论者往往同时主张个别预防，因而属于双面预防主义者，那么，个别预防论者一般都否定一般预防，而坚持个别预防。这是因为一般预防论和刑罚报应论都将犯罪人假设为理性人，由此出发演绎出刑罚威慑论和刑罚报应论。而个别预防论者则完全否定犯罪人是理性人的逻辑前提，而认为犯罪人是经验人，不受理性支配。因此，犯罪并不是犯罪人理性选择的结果，而是遗传基因所决定的，或者社会、自然和生物等原因所

① 参见［意］贝卡里亚：《论犯罪与刑罚》，黄风译，42页，北京，中国大百科全书出版社，1993。

② 转引自《西方法律思想史资料选编》，493～494页，北京，北京大学出版社，1983。

决定的，刑罚的威慑是无效的，因而否定一般预防。只能对犯罪人进行矫正，包括生理矫正和心理矫正。因此，意大利著名学者龙勃罗梭基于天生犯罪人的认知，提出了对犯罪人的刑罚救治方案。而意大利著名学者菲利基于犯罪社会学的理念，提出了社会防卫论，其内容包括对犯罪人采取不定期刑，将天生的或由于疾病引起犯罪的罪犯，不能随便把他们关上一个时期，而应当关到他们适应正常的社会生活为止。① 个别预防论将刑罚关注的重点从社会一般人转移到犯罪人，从刑罚对社会一般人的威慑转移到对犯罪人的矫正。

功利主义刑罚观从刑罚的功利效果出发论证刑罚的正当性，摒弃对犯罪人的理性假设，根据犯罪的实证状态，考察刑罚的实施效果，这是一种更具实效性的分析方法。刑事实证学派通过努力，发展出了犯罪学、刑事政策等经验学科，并且提出了刑罚制度的改革方案，对刑法的进步带来了重大影响。

二、罪刑法定主义：刑法法理的价值论

罪刑法定是我国刑法规定的三个原则之一，除了罪刑法定原则，我国刑法还规定了罪刑均衡原则和罪刑平等原则。但罪刑均衡原则是法律中的公正原则在刑法中的体现，而罪刑平等原则是法律中的平等原则在刑法中的体现，唯有罪刑法定是刑法所特有的原则，并且是近代法治社会刑法的基本准则。更为重要的是，罪刑法定不仅是一个原则，即所谓罪刑法定原则；而且是一种主义，即所谓罪刑法定主义。这里的主义就不是指法律规定，而是指理论形态。因此，这个意义上的罪刑法定是法治社会刑法法理的根基之所在。罪刑法定的法理可以从人权保障的价值内容和形式理性的思维形式这两个方面展开，由此形成罪刑法定的完整法理体系。

（一）人权保障

人权保障是指对被告人权利的保障，因此，刑法的人权保障机能也被称为大

① 参见［意］菲利：《实证派犯罪学》，郭建安译，51页，北京，中国政法大学出版社，1987。

宪章机能。人权保障是法治社会刑法所追求的首要价值，也是专制社会刑法和法治社会刑法的性质区分之所在。然而，如果仅仅从罪刑法定的字面上是看不出人权保障内容的。为此，需要穿透罪刑法定的法条文字，深入到刑法的历史和逻辑的本源，才能揭示罪刑法定主义背后所蕴含的人权保障价值。

罪刑法定的字面含义是“法无明文规定不为罪，法无明文规定不处罚”，这句法理格言的含义可谓一目了然，无须赘述。然而，罪刑法定的蕴意则是深远而悠长的。罪刑法定这个用语中，需要解释的不是罪刑而是法定。顾名思义，凡是法律所规定的，即为法定。因此，法定是法律规定的简略语。法定是相对于非法定而言的，非法定是指法律没有规定。因为法律规定的有限性，非法定的范围远远大于法定的范围。法定则具有法律效力，因此，“有法者以法行”就成为逻辑之必然。然而，检验一个社会的法治程度，不在于法定事项能否依法而行，而恰恰在于非法定的事项如何处理。非法定也可以说是无法定，因为法律没有规定，因而无法可依。在这种情况下，法律无法实现其功能，而伦理道德等其他社会规范得以发生功效。非法定其实又可以分为两种情形：第一种是本不该法定而非法定，这是正面的非法定。法律的调整止于其应止之处，这才能为其他社会规范留下发挥作用的空间。而且，法定的范围是极为有限的，非法定的空间是更为宽阔的，法律只有和其他社会规范协调一致，才能取得更佳的社会效果。第二种是本该法定而非法定，这是负面的非法定。这种非法定虽然非人所愿，然而却是立法能力所限而造成的难以完全法定的状态。因为社会生活是纷繁复杂的，法律难以完全触及，因而必然会留下法律的空白。为了补救这种负面的非法定，在民法中设计了框架式调整方式，这就是所谓法律行为制度。对于那些不能列举式规定的社会关系，将其纳入事先规定权利义务以及法律后果的法律行为之中，例如合同制度等，立法者不可能对每一种交易行为的当事人的权利和义务都做具体规定，但规定了合同这种交易的法律形式，当双方发生纠纷的时候，就可以按照合同中约定的权利义务关系进行解决。此外，在民法等私法领域存在类推等具有漏洞填补性质的法律适用方式，将法律规范扩张适用于非法定的领域。

刑法中的法定和民法中的法定是不同的，刑法采用法定主义，这就表明对非法定的排拒。而民法则并不采用法定主义，对非法定采取特殊处理方式。那么，为什么刑法实行法定主义而民法却并不实行法定主义呢？对此，我国民法学者认为，这是由于刑法和民法调整社会关系的范围不同而决定的。刑法只是调整犯罪和刑罚的关系，其所调整的范围较为狭隘，因而能够实行法定主义。而民法调整同等主体之间的人身关系和财产关系，其所调整的范围较为宽阔，因而难以实行法定主义。[①] 这种理由是从立法能力角度考虑的，是一种技术性的理由。我认为，刑法和民法在是否实行法定主义上的不同选择并非出自立法能力的原因，而是基于这两种法律性质上的差别。事实上，在近代以前，刑法不知罪刑法定为何物，刑法和民法一样，调整范围都不受到法定主义的限制。例如我国《唐律》规定了不应得为罪，其构成要件行为被描述为“诸不应得为而为之者”，这就是一种典型的框架式立法，将所有法律没有规定而司法者认为应当受到刑罚处罚的行为都纳入其中。此外，《唐律》还规定了“入罪，举轻以明重”原则，实际上就是有罪类推。由此可见，《唐律》在刑法适用上和民法是没有任何区分的，都不受法定主义的限制。及至近代，在启蒙思想的影响下，罪刑法定主义开始流行，其从思想到制度差不多经历了一百多年的历史演变才实现，此后又不断完善，现在已经成为法治国家刑法的铁律，由此刑法和民法在是否采用法定主义上才分道扬镳。因此，刑法之所以采用法定主义并不是因为其调整范围较为狭窄，而是因为刑法关涉公民的生杀予夺，如果不加以限制，刑罚权就会被滥用，公民权利就会受到侵害。因此，罪刑法定主义的深刻蕴含远远超越法律文字的含义。在某种意义上说，罪刑法定主义是法治社会刑法的核心价值之所在。

人权保障与社会保护是刑法的两个机能，人权保障意味着对被告人权利的保护，而社会保护则是对被害人权利的保护。被告人和被害人是相对的概念，被告人作为实施犯罪行为的人，是刑法惩治的对象，在这个意义上说，刑法是犯罪惩治法。因而，惩治犯罪是刑法的重要机能。刑法通过惩治犯罪，体现了对被害人

① 参见徐国栋：《民法基本原则——成文法局限性之克服》（增订版），361页，北京，中国政法大学出版社，2001。

权利的保护。这里的被害人存在广义和狭义之分：狭义上的被害人是指受到犯罪侵害的自然人；而广义上的被害人，除了自然人，还包括社会和国家。因为犯罪除了侵犯公民个人的人身权利和财产权利，还侵害社会秩序和国家利益。因此，社会和国家也会成为犯罪的被害人。在历史上，刑法是以保护被害人为使命的，被称为是被害人的大宪章。然而，惩罚犯罪并不需要刑法规定，刑法规定是对惩罚犯罪活动的一种规范和制约。罪刑法定原则的出现，意味着犯罪惩罚范围的严格限制，从而使刑法成为被告人的大宪章。随着刑法实行罪刑法定原则，国家刑罚权受到刑法的严格限制，只能对法律明文规定的犯罪进行处罚，对法律没有明文规定的行为不能认定为犯罪。如此，则在国家刑罚权和公民的自由与权利之间划出了一条明确的界限，刑法由此而获得了一定的契约性，近代法治国家的刑法由此而诞生。罪刑法定主义重视刑法的人权保障机能，并不意味着忽视社会保护机能，而是当人权保障机能和社会保护机能发生冲突的时候，应当把人权保障放在更为优先的地位，不能通过牺牲人权保障机能而实现社会保护机能。

（二）形式理性

形式理性是从罪刑法定主义引申出来的一种思维方法，对于刑法解释具有重大意义。形式理性是与实质理性相对应的概念，是指以一定的规范形式作为理性判断的根据。与之相反，实质理性则是指不以一定的规范形式而以一定的实质标准作为理性判断的根据。在没有法律的情况下，理性更倚重于实质根据。而在法治社会，理性判断区分为立法与司法两个环节。在立法阶段，根据实质标准进行理性判断，由此形成法律规范，因此法律规范具有一定的实质价值内容。在司法阶段，则根据法律规范进行形式判断，由此将法律规范的实质价值内容付诸实施。在罪刑法定原则的司法化过程中，要求司法者严格按照刑法的明文规定认定犯罪和处罚犯罪，司法者不能在刑法规定之外进行实质的价值判断。因此，罪刑法定主义对司法者的理性判断作了规范限制。这就是罪刑法定主义所具有的形式理性思维方法，它在刑法的司法适用中具有对司法者的限制机能。

在罪刑法定主义制约之下的司法者，面对的是具有局限性的成文法。因此，严格依照罪刑法定原则认定犯罪和处罚犯罪，在获得形式合理性的同时，必然会导致实质合理性的丧失。这里就存在形式理性和实质理性之间的矛盾和冲突，在司法者面对这种矛盾和冲突的时候，存在一个立场站位问题：究竟是选择形式理性还是选择实质理性？显然，根据罪刑法定原则，应当选择形式理性，只有对刑法有明文规定的法益侵害行为才能认定为犯罪并处之以刑罚。对于那些刑法没有明文规定的法益侵害行为则不能认定为犯罪并处之以刑罚。也就是说，一个行为是否构成犯罪，首先应当根据刑法是否具有明文规定进行构成要件该当性的考察，如果没有构成要件的该当性，则无论该行为是否具有法益侵害性，都不能认定为犯罪。通过这种方式，将那些虽然具有法益侵害性但刑法没有明文规定的行为排除在犯罪之外。

形式理性的思维方法是罪刑法定主义的应有之义。当然，形式理性并不意味着在刑法适用中可以完全弃用实质理性。而是在入罪的时候，应当首先通过形式理性的检验，否则就不能入罪。但这并不表示，只要具备构成要件该当性，就必然构成犯罪。在具备构成要件该当性的基础上，还要进行违法性的判断，而这里的违法性是指实质违法性，这是一种实质理性的审查。当然，随着构成要件理论的发展，从构成要件只作形式判断演变为在构成要件阶层，在形式判断的基础上同时也作实质判断，这就是所谓构成要件的实质化。尽管在构成要件阶层包含了形式理性和实质理性这双重审查，但两者的功能并不相同：形式理性代表着罪刑法定主义的限制机能，将刑法没有明文规定的行为排除在犯罪之外。而实质理性则代表着法益理论，对符合构成要件的行为进行实质检验，将那些虽然符合构成要件但却没有法益侵害性的行为排除在犯罪之外。因此，在犯罪认定过程中，形式理性和实质理性具有各自不同的功能，而且两种判断之间存在逻辑上的位阶关系。

罪刑法定主义所具有的限制机能，对于刑法适用和刑法解释同样形成某种限制。例如类推适用方法，在民法适用中是极为正常的一种法律适用方法，在前罪刑法定时代的刑法适用中，也是广泛采用的。例如我国古代刑法中的比附援引，无不以类推为基础。然而，罪刑法定主义从根本上否定类推以及类推解释。因为罪刑法定主义要求将犯罪限制在刑法规定的范围之内，而类推则以最相类似为根据，使犯罪扩张到刑法明文规定的范围之外。因此，罪刑法定和刑事类推之间存在逻辑上的对立，罪刑法定主义的立法化必然导致类推的废除。例如我国 1979 年刑法规定了类推制度，而 1997 年刑法规定罪刑法定原则以后，废除了类推制度。此外，在刑法解释方法的使用上，也受到罪刑法定主义的制约。例如，刑法解释中的目的解释方法，可以分为目的性限缩和目的性扩张。目的性限缩和目的性扩张不同于缩小解释和扩大解释，因为缩小解释和扩大解释属于语义解释，并没有超出语义范围。而目的性限缩和目的性扩张则已经超出了语义范围，其中，目的性限缩增添了刑法条文字面的内容，从而使刑法语义范围缩小。例如我国刑法第 205 条规定的虚开增值税专用发票罪并没有规定以骗取国家税款为目的，如果将骗取国家税款目的解释为本罪的主观违法要素，这就缩小了本罪构成犯罪的范围，因而属于目的性限缩。而目的性扩张则缩减了刑法条文字面的内容，从而使刑法语义范围扩大。例如我国刑法第 276 条规定，破坏生产经营罪是指由于泄愤报复或者其他个人目的，毁坏机器设备、残害耕畜或者以其他方法破坏生产经营的行为。这里的泄愤报复或者其他个人目的，属于主观违法要素。如果在该罪的解释中，将这一目的内容虚无化处理，则实际上取消了该目的要素，并在一定程度上扩张了该罪的构成范围，因而属于目的性扩张。目的性限缩解释因为是对被告人有利的解释，因而并不违反罪刑法定原则，可以在刑法解释中采用。而目的性扩张解释则是对被告人不利的解释，因而违反罪刑法定原则，不能在刑法解释中采用。

三、刑法教义学：刑法法理的知识论

在刑法的法理中，占据着本体地位的是刑法教义学知识。因此，刑法法理的本体就是刑法教义学。刑法教义学既是一种刑法的分析方法，同时又是一种刑法的分析工具。

（一）分析方法

刑法教义学是刑法学的教义学，因此它是指一种适用于刑法学的教义学方法。在这个意义上，刑法教义学不同于教义刑法学，教义刑法学是指根据教义学方法对刑法进行解释所形成的刑法学知识体系。刑法教义学中具有方法特征的是三阶层的犯罪论体系，这里的三阶层是指构成要件该当性、违法性和有责性。构成要件、违法和责任本来是犯罪成立的三个条件，这个意义上的三阶层属于犯罪的实体性要素。在德日刑法学中，犯罪是构成要件该当、违法、有责的行为。因而，构成要件、违法和责任就成为犯罪的三个特征。犯罪特征是从刑法关于犯罪成立条件中归纳和提炼出来的，具有法定性。那么，构成要件、违法、责任又如何从犯罪成立条件转化为刑法学的分析方法呢？这里的关键在于三个犯罪成立条件之间逻辑关系的设定，即所谓位阶性。构成要件、违法和责任者三个犯罪成立条件并不是任意的排列组合，而是根据一定的逻辑关系形成的犯罪论体系。其中，包含了以下三种关系，这就是客观与主观之间的关系、事实与价值之间的关系、形式与实质之间的关系。这些具有对应关系的要素之间的位阶性，就是在犯罪认定过程中必须遵循的规则。

1. 客观判断先于主观判断

任何犯罪都是由客观要素和主观要素构成的，客观因素是指行为、结果以及两者之间的因果关系；主观要素是指故意或者过失。在犯罪成立的情况下，客观要素和主观要素是一个整体，两者互相依存。例如在故意杀人罪中，客观上的杀人行为和主观上的杀人故意具有对合关系。然而，在犯罪认定过程中，司法者是根据案件所呈现出来的事实和证据进行判断的。在这种情况下，是否构成故意杀人罪并不是一个已知的结论而是一个待证的命题。因此，就应当按照一定规则对行为是否构成犯罪以及构成何种犯罪进行判断，这种判断规则就是客观判断先于主观判断，即：先判断行为的性质是否杀人，然后再判断该杀人行为是否主观上的故意所支配。在此之所以一定遵循客观判断先于主观判断的规则，是因为客观要素具有物理的属性，它独立于主观要素而存在，而主观要素具有心理的属性，它具有对于客观因素的依从性。以故意杀人罪而论，杀人行为是否存在这是首先需要确定的，如果没有杀人行为当然不可能具有杀人故意。杀人行为确定以后，再对是否具有杀人故意进行判断。因为具有杀人行为未必一定具有杀人故意，因为还可能是过失心理支配下的杀人，构成过失致人伤亡罪。因此，客观要素和主观要素之间存在着：客观要素不以主观要素为前提，反之则不然，即主观要素则以客观要素为前提。

2. 事实判断先于价值判断

犯罪成立条件，无论是客观要素还是主观要素，又可以进一步分解为事实要素和评价要素。其中，事实要素是指客观因素中的行为事实、结果事实以及行为和结果之间的事实因果关系，以及主观因素中的心理事实。事实要素的特点是具有客观存在的性质，不以人的主观评价为转移。即使是主观要素，例如心理事实，也同样具有不以评价者的意志为转移的客观性。评价要素是指对犯罪构成的事实进行价值判断的要素，因而属于评价的范畴。在认定犯罪的时候，应当坚持事实判断先于价值判断的规则，即先进行事实判断，然后再进行价值判断。在事实判断和价值判断之间存在逻辑上的位阶关系，事实要素独立于价值要素，它的存在不以价值判断为前提；但价值要素却依从于事实要素，它以事实要素为前提，因为事实要素是价值判断的前提。在三阶层的犯罪论体系中，构成要件中的客观行为事实，以及有责性中的主观心理事实，都属于事实要素。而违法性是对客观行为事实的规范评价，属于价值要素；责任是对主观心理事实的规范评价，属于价值要素。例如，是否存在构成要件行为的判断是事实判断，而构成要件行为是否具有法益侵害性的判断则是价值判断。在司法活动中，不能把事实要素和价值要素相混淆，更不能以价值判断代替事实判断。

3. 形式判断先于实质判断

构成要件是犯罪成立的首要条件，而构成要件要素又可以分为形式要素和实质要素，因而在构成要件的认定过程中，既要进行形式判断，又要进行实质判断。如何处理形式判断和实质判断之间的关系，是需要解决的一个重要问题。值得注意的是，构成要件理论的缔造者贝林，曾经将构成要件设定为形式性要件，认为构成要件该当性的判断就是一种形式判断，而实质判断则由违法性担当。贝林认为，构成要件具有形式性，通过构成要件该当性而将那些刑法没有明文规定的行为排除在犯罪之外。因此，构成要件具有罪刑法定主义的实现机能。至于实质判断则交由违法性要件完成，在违法性要件中进行实质判断。根据贝林的这一构想，在犯罪认定中，应当坚持形式判断先于实质判断的规则。这也是构成要件该当性和违法性之间的位阶关系所决定的。在贝林之后，随着目的行为论的犯罪论体系的兴起，德国出现了构成要件实质化思潮。这种实质化思潮对构成要件不仅进行形式判断，而且进行实质判断，因而构成要件就成为形式与实质相统一的构成要件，它具有违法性推定机能，构成要件之后的违法性只对违法阻却事由进行认定。在这种情况下，对构成要件和违法性这两个要件的内容和机能进行了重新配置。即使如此，在构成要件的认定中，还是要坚持形式判断先于实质判断的规则。形式判断之所以应当先于实质判断，是因为在构成要件的构造中，形式要素是前置性的要素，如果不具备构成要件的形式要素，就不可能构成犯罪。而构成要件的实质要素是以形式要素为前提的，只有在具备构成要件的形式要素的情况下，才能进一步进行实质判断。如果只有形式要素而缺乏实质要素，同样不能成立犯罪。例如，医生根据医疗的需要摘取患者器官的行为，在形式上符合故意伤害罪的构成要件，但这是一种治疗行为，缺乏对患者的法益侵害性，因此不具备故意伤害罪的构成要件。在这一对故意伤害罪的认定过程中，摘取患者器官符合故意伤害罪的构成要素，这是一种形式判断。如果行为人根本不符合故意伤害罪的形式要素，就直接从犯罪中排除了，没有必要继续进行实质判断。只有在具备了故意伤害罪的形式要素的基础上，才能进行实质判断。如果经过实质判断，不具备构成要件的实质要素，同样也不构成犯罪，因此，形式判断和实质判断是构成要件考察的两个环节。从逻辑上说，形式判断应当先于实质判断。

（二）分析工具

刑法教义学作为一种超越刑法法条的知识形态，具有对刑法法条的解释功能、塑造功能和统合功能。在三阶层犯罪论体系中，构成要件理论、违法性理论和责任理论，以及在这些高阶理论下位的行为理论、因果关系理论、客观归责理论、法益理论、违法性认识理论和期待可能性理论等低阶理论，完整地形成了独立于刑法法条的法理知识体系。

1. 解释功能

刑法教义学知识虽然不同于法条的规范内容，但它又是与法条紧密联系的，是法条规定的抽象化和理论化，因而具有对法条的解释功能。例如刑法中的罪数理论或者竞合理论，其中的罪数理论主要流传于日本刑法学界，而竞合理论则主要流行于德国刑法学界。罪数理论和竞合理论主要处理一罪和数罪的区分，因为各国刑法都规定了数罪并罚制度，只有数罪才并罚，一罪则不并罚。因此，正确区分数罪与一罪对于数罪并罚制度的适用具有重要意义。在各国刑法中，一般都没有对一罪与数罪的概念和特征的具体规定，而只是规定了若干处理一罪与数罪的原则。例如，德国刑法典第52条和第53条规定了一行为触犯数个刑法法规、数行为触犯一个刑法法规和数行为触犯数个刑法法规这三种情形，刑法教义学分别概括为想象竞合、法条竞合和实质竞合这三种情形，由此展开竞合理论。竞合理论的特征是以行为单数与行为复数为出发点，对行为触犯刑法规范的不同情形进行描述。在此基础上，解决其法律适用问题。由此可见，德国刑法学者从德国刑法典的规定中概括形成的竞合理论具有对刑法规定的解释功能。日本刑法典第54条规定了一行为触犯二个以上罪名和犯罪的手段或者结果行为触犯其他罪名这两种情形，在教义刑法学中被概括为想象竞合犯和牵连犯。在此基础上，日本刑法学者进一步演变出罪数理论，并发展出想象竞合犯、牵连犯、连续犯、继续犯、结合犯、结果加重犯、吸收犯、惯犯等概念。从德国的竞合理论和日本的罪数理论对比来看，日本的罪数理论相对复杂，而德国的竞合理论相对简单。尽管上述想象竞合、法条竞合等概念都是德日学者在德日刑法规定的基础上形成的，但这些概念对我国刑法规定同样具有解释功能。例如，我国刑法分则第233条关于过失致人死亡罪的规定中，就有“本法另有规定的，依照规定”这一提示性规定。对于该规定，从字面上理解是指，在我国刑法中，并非所有过失致人死亡的行为都应当认定为过失致人死亡罪，如果在其他犯罪中包含过失致人死亡内容的，应当优先以其他犯罪论处。这一理解当然是正确的，也能解决我国刑法中过失致人死亡罪和其他犯罪之间的关系。然而，这只是一种肤浅的解释，并没有上升到法理的层次。其实，我国刑法中“本法另有规定的，依照规定”这一提示性规定背后隐藏着的是法条竞合原理。如果采用法条竞合理论，将过失致人死亡罪和其他包含着过失致人死亡行为的犯罪之间的关系解释为部分法和整体法的法条竞合关系，并根据整体法优于部分法的法律适用原则，以其他犯罪论处，这就从法理上解释了我国刑法中“本法另有规定的，依照规定”这一提示性规定。由此可见，法条竞合理论可以用来解释我国刑法分则个罪之间的竞合关系，以此解决我国刑法分则的此罪与彼罪在构成要件上的区分。因此，刑法教义学的概念可以超越刑法规范而成为解释工具。

2. 塑造功能

刑法规定是简约的，而犯罪现象是极为复杂的，为了正确适用刑法就需要对简约的刑法规定进行理论塑造，为犯罪认定提供观念指导，例如我国刑法规定的诈骗罪，并没有对诈骗的概念进行详尽的描述。因此，如何理解这里的诈骗罪的构成要件，就成为认定诈骗罪，包括正确区分诈骗罪和民事欺诈的界限，区分诈骗罪和盗窃罪等其他财产犯罪的界限的时候，需要解决的一个问题。关于诈骗罪的构成要件，在德日刑法教义学中，都已经形成较为完整的知识体系。例如，日本学者将诈骗罪的构成要件设定为：欺骗行为、致使被害人产生认识错误、被害人基于认识错误而处分财物，行为人由此取得财物。根据上述具有分解性质的构成要件要素，就可以正确认定诈骗罪。这些关于诈骗罪的教义学原理并不是我国刑法规定的，而是直接采用德日刑法理论对我国刑法关于诈骗罪规定进行理论塑造的结果，对于司法实践具有指导意义。此外，涉及诈骗罪和盗窃罪的区分，还涉及机器能否被骗的问题。根据德日刑法教义学，机器不能被骗，唯此才能将诈骗罪和盗窃罪加以区分。当然，随着人工智能在社会生活中的广泛运用，对于机器能否被骗的问题存在争议。虽然诈骗罪的刑法教义学原理对于理解我国刑法中的诈骗罪的构成要件具有积极意义，然而还要考虑到我国存在民事欺诈以及行政欺诈等其他欺诈行为，对此并不按照刑法的诈骗罪处理，在这种情况下，我国刑法中的诈骗罪成立范围比德日刑法中诈骗罪的范围要窄，因此，非法占有目的作为一种主观违法要素，是我国刑法诈骗罪的构成要件要素，对诈骗罪构成要件的界定起到限缩作用。

3. 统合功能

刑法教义学在对刑法进行解释的时候，并不是孤立的，而是互相联系，并且具有内在逻辑关系的。因此，将各种知识概念统合成一个理论体系，形成体系化的刑法法理知识，具有重要意义。例如德国学者罗克辛教授建立的客观归责理论，就具有对客观构成要件要素的统合作用，对于理解构成要件中的行为、结果和因果关系等要素具有指导意义。在传统刑法理论中，对行为、结果和因果关系是分别进行考察的，因此互相之间具有一定的分离性。而罗克辛教授以客观归责为基点，提出了对行为要素进行实质考察的制造法所不允许的风险，对结果要素进行实质考察的实现法所不允许的风险，对因果关系进行实质考察的构成要件的效力范围等判断规则，将客观构成要件的认定统合成一个体系。值得注意的是，在日本刑法教义学中，客观构成要件理论是由实行行为论和相当因果关系论构成的，其中，实行行为论主要讨论符合构成要件的行为，并对构成要件行为进行实质判断，为犯罪提供行为基础。而因果关系论则是在分别认定实行行为和结果的基础上，进行行为和结果之间的因果关系的判断。刑法的因果关系分为事实因果关系和法律因果关系两个层次，其中，事实因果关系以条件说为解决方案，行为和结果之间只要具有“若无前者，即无后者”的条件关系，就认定存在事实因果关系。而法律因果关系则根据相当理论解决，即对事实因果关系进行相当性的判断，只要具有相当性就认定存在法律因果关系。因此，日本刑法中的因果关系理论也称为相当因果关系论。通过对日本刑法教义学的构成要件理论和德国刑法教义学的构成要件理论的比较，我们可以看出：日本学者是将构成要件理论分解为实行行为论和相当因果关系论这两部分内容，虽然实行行为论在逻辑上先于相当因果关系论，但这两种理论并未联结为一体。而德国学者则将行为理论、结果理论和因果关系理论统合成一个整体，因而形成具有抽象性和逻辑性的刑法教义学体系。

（本文原载《中国法律评论》，2019（3））

法治国的刑法文化

世纪之交，我国的刑法学研究面临着一个重大课题，这就是如何建构法治国的刑法文化。这个课题的提出，是与我国刑法正在发生的价值上的转换，也是与我国社会正在发生的结构上的转型密切相关的。建构一种奠基于刑事法治之上的法治国的刑法文化，是走向21世纪的我国刑法学研究的发展方向。

一

刑法是一种社会控制的手段、一种社会治理的方法，因而是随着犯罪现象的出现而产生的，具有悠久的历史。在人类历史的长河中，刑法曾经发挥过重要作用。这种作用在各种社会形态中是有所不同的，归根到底是由一定的社会性质和社会结构所决定的。我国法学者李海东根据国家与公民在刑法中的地位把历史上的刑法划分为两种类型：国权主义刑法与民权主义刑法。以国家为出发点，而以国民为对象的刑法，称之为国权主义刑法，国权主义刑法的基本特点是，刑法所要限制的是国民的行为，而保护国家的利益；以保护国民的利益为出发点，而限制国家行为的刑法，被称为民权主义的刑法。[1] 国权主义的刑法与民权主义的刑法的分野，对于我们正确地认识刑法的性质与机能具有十分重要的意义。我曾经提出从政治刑法到市民刑法的命题[2]，这里的政治刑法与市民刑法在一定程度上可以与国权主义刑法与民权主义刑法相对应。民权主义刑法与市民刑法，从本质上来说，就是法治国的刑法，由此区别于人治国或者专制国的刑法。

随着建设法治国家的治国方略的确立，法治国越来越成为我们所追求并希望实现的理想国。那么，法治国的基本精神是什么呢？我认为，法治国的基本精神在于：一个受法约束的国家。换言之，国家在法律框架内生存，以此区别于不受法律约束的、具有无限权力的国家。法国学者狄骥在论述国家的法律框架时指出：执掌国家权力的人应服从于“法”并受“法”的束缚。国家是服从于“法”的；像德语中所说的，它是一种“法治国家”、一个 Rechtsstaat（法治国）。[3] 在法治国中，国家的权力应当受到限制。其中，国家的刑罚权尤其应当受到严格的限制。因此，从法治这个概念中，我们可以合乎逻辑地引申出刑事法治的概念。我认为，刑事法治是法治的根本标志之一。因为国家刑罚权的行使，关系到对公民的生杀予夺。如果对国家刑罚权不加限制，法治国的实现是不可想象的。因此，刑事法治意味着以刑法限制国家刑罚权，包括对立法权与司法权的限制，保障公民的自由与权利。从这个意义上来说，罪刑法定原则是刑事法治的题中应有之义。

刑法的存在是一个基本事实。然而，在不同社会里，刑法存在的理由与根据又是各不相同的。人类为什么要有刑法？李海东指出：一个国家对付犯罪并不需要刑事法律，没有刑法也并不妨碍国家对犯罪的有效镇压与打击，而且，没有立法的犯罪打击可能是更加及时、有效、灵活与便利的。如果从这个角度讲，刑法本身是多余和伪善的，它除了在宣传与标榜上有美化国家权力的作用外，起的主

① 参见李海东：《刑法原理入门（犯罪论基础）》，4～5页，北京，法律出版社，1998。

② 参见陈兴良：《从政治刑法到市民刑法——二元社会建构中的刑法修改》，载陈兴良主编：《刑事法评论》，第1卷，1页以下，北京，中国政法大学出版社，1997。

③ 参见［法］莱昂·狄骥：《宪法学教程》，王文利等译，24页，沈阳，辽海出版社、春风文艺出版社，1999。

要是束缚国家机器面对犯罪的反应速度与灵敏度。[①] 如果把李海东在这里所说的刑法理解为成文的刑法典，那么，这是完全正确的。实际上，刑法存在一个从不成文法（习惯法）到成文法（法典法）的演变过程。不成文刑法与成文刑法相比，前者更加有利于惩治犯罪。中国古代春秋时期就曾经对这个问题展开过讨论。为不成文刑法辩护的主要理由是："刑不可知则威不可测"。而批评成文刑法的主要理由是：铸刑鼎，民在鼎矣，何以尊贵？换言之，不成文法使民处于极端的恐怖之中，从而有利于国家独断专行。而成文法使民知其罪刑，有损于国家权威。尽管如此，刑法从不成文到成文的发展是人类社会发展的必然趋势。成文刑法的出现，虽然在一定程度上限制了国家刑罚权，但还远远谈不上刑事法治。因为成文刑法的出现，只是刑事法治的必要前提，而不是刑事法治的充分条件。在一个社会里，刑事法治是否真正实现，关键在于是把刑法当作镇压犯罪的工具还是当作保障人权的手段。

在专制社会里，刑法受到统治者的高度重视，他们往往将刑法作为镇压犯罪、维护统治的有效手段。在这种情况下，对刑法的推崇也绝不能成为刑事法治的表征。例如，中国古代的法家主张法治，这里的法主要是指刑法，要求一断于法。但这种法治是与封建专制相联系的，因而具有明显的刑法工具主义色彩。在这个意义上说，刑事法治的思想是近代西方启蒙运动的产物。启蒙学家猛烈地抨击了专制主义，为刑事法治的确立奠定了基础。孟德斯鸠指出：在专制的国家，绝无所谓调节、限制、和解、条件、等值、商谈、谏诤这些东西；完全没有相等的或更好的东西可以向人建议；人就是一个生物服从另一个发生意志的生物罢了。[②] 因此，专制的特征就是使人不成其为人。而专制制度下的刑法就是使人服从、屈从的工具，是刀把子、赤裸裸的暴力。随着启蒙思想的传播，以罪刑法定、限制国家刑罚权为内容的刑事法治观念得到确立。只有在这种情况下，刑事法治的实现才有可能。

---

① 参见李海东：《刑法原理入门（犯罪论基础）》，3～4 页，北京，法律出版社，1998。

② 参见［法］孟德斯鸠：《论法的精神》，上册，张雁深译，27 页，北京，商务印书馆，1959。

我国是一个具有漫长的封建专制传统的国家，刑法工具主义思想根深蒂固。这种将刑法视为以镇压犯罪为内容的刑法工具主义思想之所以流行，主要还是与我国一元的社会结构相关。在这种一元的社会结构中，政治国家占据着垄断地位，对社会进行全面的控制，公民个人自由与权利长期受到压抑与压制。1949年新中国成立以后，虽然我国的社会制度发生了根本性的变化，但在计划经济的体制下，仍然保持着一元的社会结构。在这种情况下，刑法与政治进一步结缘，成为阶级斗争的专政工具，强化了它的社会保护机能；刑法的人权保障机能则被忽视甚至漠视。随着经济体制改革的开展，市场机制的引入，我国的社会面貌发生了重大变化。在这种情况下，出现了从一元社会向政治国家与市民社会二元分立的社会的转型。因此，刑法不再仅仅是国家镇压犯罪的法律工具，同时也是保障人权的法律武器。只有在这种二元的社会结构中，单纯的刑事镇压才有可能向刑事法治转变。从我国 1979 年刑法到 1997 年修订后的刑法，已经显现出这种变化的趋势。我相信，在 21 世纪，刑事法治建设的呼声将越来越高。

二

刑事法治向我们提出了建设法治国的刑法文化这样一个重大的历史使命。刑法学是以一定的刑法为研究对象的，刑法在价值上的这种转变首先应当反映在刑法理论上。作为一个刑法学人，我们应当敏锐地感受这种刑法价值上的变化，并作出理论上的呼应。唯有如此，才能够担当得起刑法学家的使命。

在法制史上，存在这样一个参照系：警察国、法治国、文化国。一般认为，前启蒙时代是警察国，以专制与人治为特征；启蒙时代是法治国，以民主与法制为特征；后启蒙时代是文化国，以科学与实证为特征。那么，中国处于上述什么阶段，又需要一种什么样的刑法文化呢？是一种警察国的刑法文化还是一种法治国的刑法文化，抑或是一种文化国的刑法文化？我认为，我们目前需要的是一种法治国的刑法文化，警察国的刑法文化是应当摒弃与否定的，而文化国的刑法文化则是遥不可及的。只有法治国的刑法文化，才是我们需要建构的。

在中国传统刑法文化中，国家主义的色彩极为浓厚，这是中国传统社会国家权力观念发达的必然产物，由此使传统的刑法文化以国家利益和社会秩序的稳定为最高价值，并且形成重刑主义的刑法思想。例如，韩非曾经指出："殷之法刑弃灰于街者，子贡以为重，问之仲尼。仲尼曰：'知治之道也。夫弃灰于街必掩人，掩人人必怒，怒则斗，斗必三族相残也。此残三族之道也，虽刑之可也。且夫重罚者，人之所恶也；而无弃灰，人之所易也。使人行之所易，而无离所恶，此治之道。'……重罪者人之所难犯也，而小过者人之所易去也。使人去其所易无离其所难，此治之道。夫小过不生，大罪不至，是人无罪而乱不生也。"[①] 在此，韩非讨论的是所谓治之道，即统治社会的方法。在韩非看来，刑法，尤其是重刑，才是治之道。虽然文中引用了孔子的言论，但似乎更是在表达韩非本人的思想。从对殷之法刑弃灰于街者是刑重还是刑轻这个问题展开，根据韩非所引述仲尼言，从弃灰于街，引申出三族相残这样一个严重的后果。在我看来，这颇有些从一个鸡蛋联想到蛋生鸡、鸡生蛋的痴迷，其逻辑是荒谬的。从刑弃灰于街的殷法中，我们可以看到，在这种法律制度下，一个人不仅要对本人行为的直接后果负责，还要把这种行为与社会的稳定和国家的安危联系在一起，一并对之负责，因而承受一切法律制裁，尤其是刑法的制裁。在这种生存状态下的个人，是何等的沉重，又是何等的渺小。在这种情况下，泛刑主义的存在也就具有了合理性：弃灰于街虽然事小，但引发的三族相残则事大，刑弃灰于街的理由就显得十分充足。不仅如此，韩非还从中演绎出重刑主义的结论，在韩非看来，小过易犯亦易改，大罪难犯亦难改。因此，对小过处以重刑，使人不敢犯，则大罪也就不会去犯。韩非指出："夫以重止者，未必以轻止也。以轻止者，必以重止矣。"这就是韩非之所谓用刑之道，其重刑思想昭然若揭。在某种意义上可以说，泛刑主义与重刑主义是中国传统刑法文化的核心。不可否认，这种刑法文化在当前还有市场，因而对中国封建专制的刑法文化的批判，仍然是我们的重要任务。

法治国的刑法文化与封建专制的刑法文化是截然不同的。在价值取向上，法

① 《韩非子·内储说上七术》。

治国的刑法文化是以个人的自由与权利为基础的，并且以限制国家的刑罚权为使命。在这种情况下，对于犯罪与刑罚具有完全不同于封建专制的刑法文化的观照。也就是说，犯罪观与刑罚观面临着重大的转变。犯罪在任何社会都是存在的，对于犯罪的不同理解反映了一个社会的法治程度与文明程度。黑格尔指出："由于文化的进步，对犯罪的看法已比较缓和了，今天刑罚早已不像百年以前那样严峻。犯罪或刑罚并没有变化，而是两者的关系发生了变化。"[①] 显然，罪刑关系的这种变化，是由于对犯罪与刑罚的理解上的变化所决定的。在封建专制社会里，犯罪被认为是一种敌对性行为，是对统治关系的破坏，这是完全站在国家立场上来界定犯罪，因而对犯罪的处罚也是极为严厉的。随着社会文明的发展，在法治社会里，犯罪被认为是国家与个人之间的一种纠纷与冲突，犯罪人本身也是一个社会成员，因而，对犯罪人的合法权益应当加以保护。同样，对犯罪的惩罚也是有限度的，这种限度就是为制止犯罪、保护社会秩序所必要的，除此以外就是专制的。在这种情况下，刑法文化更应当具备理性的特征，这也正是刑事法治的重要标志。

法治国的刑法文化还受到来自以后现代为特征的文化国的刑法文化的冲击。法治国的刑法文化以罪刑法定为基石，反对专制主义的刑法，不允许任何专横擅断。文化国则是最高形态的国家，对包括制服犯罪在内的一切措施采取积极的态度，旨在创造文化，从根源上解决犯罪问题。应该说，文化国是在法治国基础上发展起来的，又具有不同于法治国的特征。其中特征之一是从形式合理性走向实质合理性，表现为罪刑法定主义的形式理性弱化，实质价值强化。以至有些学者指出：在所谓文化国，法治国的宠儿罪刑法定主义所坚持的阵地一步一步地退让出来。例如，根据罪刑法定主义的原则，排斥刑法的类推适用。但在许多国家的刑法中容许类推适用或容许有条件的类推适用；罪刑法定主义反对保安处分制，但现在各国不仅容许适用保安处分，而且将保安处分法典化、一元化；罪刑法定主义反对绝对不定期刑，但现在不少国家适用绝对不定期刑。如此等等，充分说

---

① ［德］黑格尔：《法哲学原理》，范扬、张企泰译，99页，北京，商务印书馆，1961。

明罪刑法定主义所坚持的阵地均已逐渐地一一让给了所谓文化国的教育刑论。[①]我国也有学者以此为理由，否定我国刑法应当实行罪刑法定，认为从 19 世纪末 20 世纪初起，罪刑法定已度过它的隆盛期而开始走向衰亡。所谓“法无明文规定不为罪”已不复存在，罪刑法定在事实上正在走向衰亡。[②] 我认为，在西方法治发达国家，确实存在一个从法治国向文化国的演进问题，因而法治国以形式合理性为特征的一些原则在文化国根据实质合理性进行了某种程度的修正。例如，对罪刑法定原则进行某些软化处理，允许有利于被告的类推存在，使之更有利于保障被告人的合法权益。这种软化处理与罪刑法定原则的人权保障的基本精神是一致的，因而并不是对罪刑法定原则的彻底否定，而是罪刑法定原则的进一步发展。而我国在当前的情况下，处于向法治国迈进的过程中，需要的是法治的启蒙精神，需要的是法治国的刑法文化，因而应当实行严格的罪刑法定，这是由我国法治发展的历史进程和我国社会现实所决定的。如果以文化国的刑法文化否定法治国的刑法文化，对于我国的法治建设只能是一场灾难。当然，我们也不能简单地照搬或照抄西方法治国的刑法文化，对于那些不符合我国国情的东西完全应当排斥，但法治国的刑法文化的基本价值取向是应当肯定并且借鉴的。

值得注意的是，应当防止西方文化国的法文化与中国封建专制的法文化的合流，即以文化国法观念论证中国传统法文化的真理性，以此成为抵制法治国的文化壁垒。我国古代法文化，包括刑法文化，存在可继承与可借鉴的内容，但由于这是一种封建专制的法文化，从其基本价值取向上是应予否定的。在我国封建专制的刑法文化与以罪刑法定为核心的法治国的刑法文化之间具有天然的对立性，因而与文化国的刑法文化之间存在某种暗合，实际上是神异而形同。正因为这种形同，往往给人以误解，甚至造成对中国封建专制刑法文化的误读。例如，对中国古代刑法中长期存在的类推制度的赞美，并以此抵制罪刑法定主义。更有论者认为，中国古代法家的重刑思想有其明显的合理性。韩非云：“所谓重刑者，奸

① 参见甘雨沛、何鹏：《外国刑法学》，上册，233 页，北京，北京大学出版社，1984。

② 参见侯国云：《市场经济下罪刑法定与刑事类推的价值走向》，载《法学研究》，1995（3）。

之所利者细，而上之所加焉者大也……所谓轻刑者，奸之所利者大，上之所加焉者小也。”据此，法家的所谓重刑其实并不重，反而是与罪相适应的，因而具有科学性。[①] 从以上所引韩非关于重刑与轻刑的界定来看，重刑并不重。但我们再引一句韩非的话：“刑盗，非治所刑也。治所刑也者，是治胥靡也。故曰重一奸之罪而止境内之邪，此所以为治也。重罚者，盗贼也；而悼惧者，良民也；欲治者奚疑于重刑！”这里的重刑似乎再不能解释为与其所犯之罪相称之刑，而是一种使良民悼惧的威吓之刑。这种重刑并非为罪人所设，而是为止境内之邪而设。因此，轻重标准就不可能是所犯罪行轻重，而是威吓之所需。为达到威吓的效果，实现所谓“以刑去刑”，商鞅甚至公然宣称“行刑重其轻者，轻者不生，则重者无从至矣”，反对“轻轻而重重”，即“轻罪轻刑，重罪重刑”。对此，韩非也作了进一步说明：“夫以重止者，未必以轻止也；以轻止者，必以重止矣。”这里的重刑，当然不再可能是与其所犯罪行相称的刑罚。由此可见，对于中国封建专制刑法文化的复活，甚至是在引入文化国刑法文化的名义下的复活，我们应当保持足够的警惕。

我国当前的刑法理论，虽然存在着中国传统刑法文化的影响，但主要还是从西方引入的，从原则到概念，从内容到体系，都是如此。但在这种中国传统的刑法文化与西方引入的刑法文化的交汇中，我们始终应当立足于我国法治建设的现实。唯有如此，才能使刑法理论在我国刑事法治的建设中发挥应有的作用。我国正处于一个向法治国演进的关键时刻，因而应当大力弘扬法治国的刑法文化，进行刑事法治的启蒙，这是刑法学者不可推卸的历史使命。

三

法治国的刑法文化并非理论上的杜撰，而是现实社会的必然要求。那么，法治国的刑法文化的品格是什么呢？我认为，法治国的刑法文化具有以下品格。

① 参见艾永明：《法家的重刑思想值得借鉴》，载《法学》，1996（11），10页。

（一）人文关怀

法是调整社会关系的，而社会关系的主体是人。因此，法必须以人为本，注重人权保障，这是法的人文关怀的实质蕴涵。刑法虽然是以惩治犯罪为内容的，但犯罪是一种人的行为。可以说，刑法是以特定的人——犯罪人为调整对象的，更何况刑法涉及一个人的生杀予夺，因而对其人文关怀尤为重要。刑法是一种公法，公法主要涉及国家与私人之间的关系，实际上就是国家权力与个人权力之间的关系。在刑法构造中，如何处理国家与个人的关系始终是决定刑法性质的一个重要问题。在专制国的刑法文化中，国家本位与社会本位是一再受到强化的，因而刑法及刑法文化是以此为基础的，而个人权利则被放在一个微不足道的位置上，缺乏应有的人文关怀。而在法治国的刑法文化中，应当是以个人为本位的，注重与强调个人的权利与自由。因此，刑法在更大程度上是限制国家权力的公法。在国家面前，作为个体的公民具有独立的人格，它与国家在法律上是完全平等的，刑法以保障人权为归宿。在法治建构中的国家，绝不是一种无所不在的利维坦，而是被严格限制在一定范围内活动的政治实体，国家存在的根本目的就在于使公民享有最大限度的个人自由与权利。因此，人权是法治国的内在精神，法治永远都是人权实现的不可或缺的支点。[①] 在刑事法治中，人权同样具有重要意义。可以说，人权保障是刑法最基本的价值之一。法治国的刑法文化，就是要以人为本，具有人文关怀。封建专制的刑法文化，是以折磨人、侮辱人、不把人当作人为特征的，犯罪人完全成为消极的司法客体，不具有任何权利。而法治国的刑法文化，将人的理性与尊严置于重要的地位，刑罚人道性是其重要特征。尽管在近代刑法史上，存在着功利主义与报应主义的学派之争，但刑事古典学派都强调人的价值，并以此为刑法理论的归宿。例如，贝卡里亚猛烈地抨击了封建专制刑法的残酷性，认为刑罚的恶果大于犯罪所带来的好处，刑罚就可以收到它的效果。除此之外的一切都是多余的，因而也就是蛮横的。[②] 在贝卡里亚的这种功利

① 参见程燎原：《从法制到法治》，202页，北京，法律出版社，1999。

② 参见［意］贝卡里亚：《论犯罪与刑罚》，黄风译，42～43页，北京，中国大百科全书出版社，1993。

主义刑法思想中，虽然主张追求刑罚的威慑性，但这种威慑性是受人道性制约的，并且为刑罚设立了理性的限度，因而根本不同于中国古代法家为达到以刑去刑的目的不惜动用重刑的功利主义。同样，康德的道义报应主义也是建立在人性基础之上的。康德认为人是现实上创造的最终目的。从以尊重人作为目的的价值出发，对人的行为的反应便只能以其行为的性质为根据，而不能另立根据或另有所求，否则便是否定了人作为目的的价值。因而康德指出：惩罚在任何情况下，必须只是由于一个人已经犯了一种罪行才加刑于他。因为一个人绝对不应该仅仅作为一种手段去达到他人的目的，也不能与物权的对象混淆。一个人生来就有人格权，它保护自己反对这种对待，哪怕他可能被判决失去他的公民的人格。[①] 贝卡里亚和康德之间虽然在刑罚目的上观点是对应的，但在使刑法人道化与理性化这一点上，却是殊途同归。在这个意义上，我们可以说，人文关怀是法治国刑法文化的基本蕴涵。

（二）形式理性

人治与法治的区别并不在于是否有法律，在人治社会里也可能存在十分完备的法律。例如，中国古代社会，法律不可谓不完备，但并不能由此得出结论认为中国古代存在法治。我认为，人治与法治的区分仅仅在于：在实质合理性与形式合理性发生冲突的情况下，是选择实质合理性还是形式合理性。法治是以形式理性为载体的，刑事法治必然要求罪刑法定，而罪刑法定不能离开一个相对封闭的规范体系。法治意味着法的统治，因此，法的至上性是其应有之义。在封建专制社会，虽然存在刑法，但由于君权至上，因而刑法的权威性往往让位于君主的权威，刑法在实际上不能得到严格的遵守。君主可以任意地践踏刑法，使之成为一纸空文。中国古代社会，在儒家法的主导下，以礼入法，出礼入刑，在礼和法之间存在表里关系。因此，法官的使命不是实现法的价值，或者说，法没有自身的独立价值。只有礼所内含着的伦理内容才是法官所追求的价值，为实现这种伦理

① 参见［德］康德：《法的形而上学原理：权利的科学》，沈叔平译，164页，北京，商务印书馆，1991。

价值，法官往往牺牲法律的形式。德国著名学者韦伯在论述中国古代的法律制度时，将中国古代法律描述为一种世袭结构，这是与世袭制的国家形态相联系的。在这种世袭制的国家中，缺乏理性的立法与理性的审判，因而存在这样一个命题："专横破坏着国法。"法官对任何大逆不道的生活变迁都严惩不贷，不管有无明文规定。最重要的则是法律适用的内在性质：有伦理倾向的世袭制追求的并非形式的法律，而是实质的公正。[①] 因此，这是一种韦伯所说的卡迪司法（Kadi-Justiz，kadi 系伊斯兰教国家的审判官）。在这种卡迪司法中，法官承担的不是护法使命，而是沉重的伦理使命。因此，法官往往无视法律教义，径直根据伦理道德观念，尤其是儒家教义，对案件作出判决。在这种法律制度中，法的形式理性是得不到遵守的，更强调的是伦理意义上的实质合理性。可以说，我国古代从来就不曾存在过法的形式理性。

刑事法治是建立在形式理性基础之上的，通过形式合理性而追求与实现实质合理性，由此而保障公民个人的权利与自由，限制法官的恣行擅断。可以说，罪刑法定主义就是建立在形式理性之上的，以承认形式合理性为前提。这种形式合理性是一种相对的合理性、可期待的合理性。在形式合理性与实质合理性发生冲突的情况下，选择形式合理性而非实质合理性，就意味着在坚守形式合理性的同时，必须承受一定程度的实质合理性的丧失。例如，贝卡里亚为防止法官擅断，甚至主张取消法官的法律解释权，认为严格遵守刑法文字所遏制的麻烦，不能与解释法律所造成的混乱相提并论。这种暂时的麻烦促使立法者对引起疑惑的词句作必要的修改，力求准确，并且阻止人们进行致命的自由解释，而这正是擅断和徇私的源泉。[②] 尽管贝卡里亚的这一观点不无偏颇，但其对法的严格遵守的形式理性精神还是给我们留下了深刻的印象。我国古代是允许法官根据其对儒家教义的理解适用法律的，其中一个理由就是"法有限，情无穷"。因此，法官追求的是对一切情（即犯罪情形）的规范，当法不敷适用时，"入罪，举轻以明重；出

① 参见［德］马克斯·韦伯：《儒教与道教》，王容芬译，154～155 页，北京，商务印书馆，1995。

② 参见［意］贝卡里亚：《论犯罪与刑罚》，黄风译，13 页，北京，中国大百科全书出版社，1993。

罪，举重以明轻”的法律解释方法，以至于比附援引的类推适用方法就开始大行其道。在这种情况下，法的权威失落了，法官的擅断恣行了。可以说，我国古代轻形式理性重实质理性的刑法文化传统至今还深深地影响着我们，只不过实质理性的内容发生了置换，不再是儒家的伦理价值，而是所谓社会危害性。

社会危害性具有浓厚的实质理性的痕迹，从而与刑事法治的形式理性形成一种对立关系，成为破坏刑事法治的理论根据。我国学者李海东指出：对于犯罪本质做社会危害性说的认识，无论它受到怎样言辞至极的赞扬与称颂，社会危害性并不具有基本的规范质量，更不具有规范性。它只是对于犯罪的政治的或者社会道义的否定评价。这一评价当然不能说是错误的，问题在于它不具有实体的刑法意义。当然没有人会宣称所有危害社会的行为都是犯罪和都应处罚。但是，如果要处罚一个行为，社会危害性说可以在任何时候为此提供超越法律规范的根据，因为它是犯罪的本质，在需要的情况下是可以决定规范形式的。社会危害性说不仅通过其“犯罪本质”的外衣为突破罪刑法定原则的刑罚处罚提供一种貌似具有刑法色彩的理论根据，而且也在实践中对于国家法治起着反作用。[①] 我认为，对于社会危害性理论的这一否定性评价是极为精辟的。在我国刑法确立了罪刑法定原则以后，罪刑法定原则所倡导的形式的价值观念与社会危害性理论所显现的实质的价值理念之间，存在着的基本立场上的冲突凸显，在这种情况下，我们需要理性地审视社会危害性理论，进行反思性检讨。刑事法治应当坚守形式理性，这也是法治国刑法文化的应有之义。

（三）实体正义

法是以维持一种正义的秩序为使命的，这种正义的秩序可以视为法所追求的实体正义。刑法在维护社会秩序中发挥着重要的作用，因而实体正义更是法治国刑法文化的皈依。在刑法中，实体正义表现在立法与司法两个方面。立法上的实体正义是指犯罪与刑罚设置的正当性。立法机关具有创制罪名与设立刑种的权力，但这种权力的行使必须是受到限制的，即不得超越维护正常的社会秩序的限

① 参见李海东：《刑法原理入门（犯罪论基础）》，8页，北京，法律出版社，1998。

度，并且应当以保障公民个人的权利与自由为宗旨。在专制社会里，刑事立法具有恣意性，所谓“言出法随”就表明了这种立法是不确定的，由统治者的个人好恶所决定。在这种情况下，公民个人缺乏应有的安全感，因而恐怖总是笼罩着人们的心灵。而在法治社会里，基于罪刑法定的原则，刑事立法不是任意恣行的冲动，而是处于限制与被限制的复杂关系中。法治国家为何受到限制，即遵守其自身制定的法律，根据法国学者狄骥的论述，存在两种逻辑推论。天赋个人权利理论认为，法律之所以为法律，并不是因为它是由国家制定的，而是因为，作为国家制定的法律，它的目的是保障个人权利，个人与国家都要尊重这些个人权利。国家之所以要遵守法律是因为国家应该尊重个人权利。所有对法律的侵犯都应被看作是对个人权利的侵犯，应当明确禁止这些侵犯行为。立法者有义务组建国家机关，以使违法的危险减小到最低限度，并严格禁止当局的任何违法行为。只要该法律存在，国家的任何机关都不能违反法律，即使是立法机关也不例外。社会相互依存性理论认为，法律的强制力量并不来源于统治者的意志，而是来源于法律与社会相互依存性的一致性。由此，法律对统治者的约束同其对庶民的约束一样严格，因为统治者与庶民一样，也受建立在社会相互关联性基础上的法律规则的约束。当某一个国家机构，或更确切地说，当一个持有某种政治权力的个人——统治者或为统治者工作的人——违法时，他就被认为是违反了建立在社会相互依存性基础上的客观法，因为他所违反的法律只有作为客观法精神的表述才具有约束力。[①] 尽管天赋个人权利理论与社会相互依存性理论的逻辑推演方式存在差别，但在立法者应当受到限制，包括受到其自身制定的法律的限制这一点上，是共同的，这也正是法治的基础。因此，罪刑法定主义所蕴含的实体正义，包括对刑事立法权的限制。

司法上的实体正义是指司法机关通过刑事司法活动所实现的正义，表现为犯罪认定与刑罚适用的正当性。这里主要涉及一个司法裁量权问题。在专制社会

① 参见［法］莱昂·狄骥：《宪法学教程》，王文利等译，29～30页，沈阳，辽海出版社、春风文艺出版社，1999。

里，不仅立法权不受限制，司法权更加不受限制，因而罪刑擅断便不可避免。而在法治社会，由于实行罪刑法定主义，司法权受到严格限制，定罪量刑都不得超越法律规定。罪刑法定意味着在国家刑罚权与公民个人的权利之间划出了一条明确的界限，从而有利于限制司法权；保障公民个人的权利与自由不受侵犯，从而实现实体正义。实体正义是法治国刑法文化的重要内容，它使刑法不仅具有工具价值，而且具有目的价值。当然，实体正义只有通过程序正义才能得到实现。因为法律运作本身也同样要求具有某种程序，这就是表现为法律程序的程序。在这种程序中，国家的司法权力与公民个人的诉讼权利得到协调、妥善的安排，并在两者的互动过程中使实体正义得到实现。因此，程序正义是实现实体正义的前提。如果没有程序正义，实体正义终不可得。尽管如此，实体正义作为法治国刑法文化的独立品格是不可否认的，应当从理论上加以论证。

（本文原载《人民检察》，1999（8））

超越报应主义与功利主义

——对刑法正当性的追问

刑法的正当性或正当根据，是对我们为什么需要刑法和刑法在多大程度上合乎理性这一问题的回答，所以刑法的正当根据实际上是指刑法存在的合理性，即刑罚机制启动运作的正当性。关于刑法的正当根据的论证，以往的刑法理论提供了两种方案，即报应论和功利论。学者们往往在报应与功利之间争论不休。本文试图提出一种忠诚理论来超越报应主义和功利主义。

一、报应、功利与刑法的正当根据

报应论（The Retributive Theory of Punishment）以通过刑法所追求的公正价值来论证刑法的正当性。报应论者认为，刑法的正当性在于对犯罪的一种回报，即罪犯对社会有一种“应偿付之债”，社会则因犯罪的恶行而向其“回索”。刑法报应有强式（最大限度）说和弱式（最低限度）说之分。强式报应说源于康德，他认为，不仅罪行本身应受到惩罚，而且社会还有着对那些有罪和有过失的人施加惩罚的责任。这意味着，个人在一定条件下违反了法律，这种条件决定了他的违法行为或过失是应受谴责的——他不具有正当性或免除惩罚的理由，这样，一个人就是应受到刑罚制裁的，而且社会有责任谴责他，不应让一个罪犯逍遥法外。因此强式报应论者坚持说，罪犯应当受到惩罚，不管犯罪是否因此而减少——即使推测说犯罪会由此增加也罢。[①] 康德甚至极端地强调：即使在行将解散的孤岛，最后一个杀人犯也必须被处死，以使每个人都将充分获得他的行动所赋予的价值。[②] 强式报应说的实质就是，刑罚是罪恶行为的回应。正义要求相同的规则适用于每一个人。如果有人违反了刑法规则，则该人从他人处获得了不正当的利益。正义要求通过刑罚报应或赎救这种罪恶，谁也不应当被单纯地用作实现他人幸福的手段，例如为了威慑他人而滥罚无辜。强式报应说认为报应与正义是同义词，而“正义要求刑罚应与罪恶均等。假如刑罚重于罪恶，则该人受到了过于严重的惩罚，并被用作实现他人幸福的手段；假如刑罚轻于罪恶，则罪恶并未受到应有的报复，该人仍取得了某种不正当的利益”[③]。

弱式报应说为当代绝大多数报应论者所坚持。他们认为，除非一个人有某种罪行和过失，否则就不应受到惩罚。应受处罚的罪行是刑罚的道德上的一个必要条件；一个人只有当他应受惩罚时才应受到惩罚。然而应受惩罚的事实并不必然意味着他必得受惩罚。弱式报应说的主张者允许一个法官在特定条件下部分或全部地免使一个罪犯受惩罚。[④] 弱式的报应主义有两个基本原则：只有已经实施犯罪行为的人才可以受惩罚；只有与犯罪相称的刑罚才是允许的。[⑤] 对此，英美学者有极为深入的探讨，如约翰·罗尔斯就认为，刑罚的合理证明仅仅以犯罪行为值得处罚为根据。实施了犯罪行为的人应受到与其行为相适应的刑罚之苦，在道义上是合适的。犯罪人因为他的罪过而应当受到处罚，并且，适当处罚的严厉性

① 参见［美］戈尔丁：《法律哲学》，齐海滨译，165页，北京，三联书店，1987。

② 参见［日］福田平、大塚仁编：《日本刑法总论讲义》，李乔等译，10页，沈阳，辽宁人民出版社，1986。

③ ［美］迈克尔·D. 贝勒斯：《法律的原则——一个规范的分析》，张文显等译，339页，北京，中国大百科全书出版社，1996。

④ 参见［美］戈尔丁：《法律哲学》，齐海滨译，166页，北京，三联书店，1987。

⑤ 参见［美］迈克尔·D. 贝勒斯：《法律的原则——一个规范的分析》，张文显等译，340页，北京，中国大百科全书出版社，1996。

依赖于其行为的恶性。[①] 这些观点与众多报应论者的观点有着惊人的相似。

功利论（The Utilitarian Theory of Punishment）是一种基于苦乐算计的推理。功利论基本上可以同预防论合二为一。

预防论试图通过刑法在惩罚犯罪时所获取的功利价值来确证刑法的正当性。预防理论包括威慑论和矫正论。贝卡里亚极力强调威慑，他指出：什么是刑罚的政治目的呢？是对其他人的威慑。当恶果已成为无可挽回的事实之后，只是为了不使他人产生犯罪不受惩罚的幻想，才能有政治社会对之科处刑罚。[②] 而菲利则强调矫正，认为刑法的正当性在于它可以对罪犯进行改造和矫正。[③] 至于威慑论又包括普遍威慑和特殊威慑，前者是指通过刑罚使罪犯以外的社会一般人，因害怕受到惩罚而不至于实施犯罪行为；后者是指通过刑罚使那些受过惩罚的人，因害怕再受到同样的惩罚而不敢实施犯罪。威慑论具有目的论的特征。因为惩罚本身并不是一件好事；它是根据有可能带来的好结果（减少犯罪）而具有正当性的。这也就构成了正当性目标或目的，而惩罚则成了手段。所以，威慑论是向前看的，它以目的的正当性来论证手段的正当性。

按照威慑论，刑法的正当性显然取决于"刑足压罪"的经验性前提。[④] 有的学者从两个方面证明了前提的成立：一是有证据表明，刑法的改变会减少（或增加）某些（类）行为。一个简单的例子是法定的公路车速限制的改变（尽管其制裁不包括我们在刑法中所强调的监禁，它仍能说明这一点）。当美国法律把最高车速从每小时 70 公里改为每小时 55 公里时，人们确实减慢了车速。就算公路行车的平均车速可能会超过每小时 55 公里，就算近年来车速一直在提高，但较过去而言，车速仍然减慢了。二是有一些犯罪是因激情而实施的，而另一些犯罪却经过了较为理性的策划，例如所得税申报或医疗补助款项偿付上的欺诈行为。刑法即使不能威慑前一种犯罪，也能够威慑后一类犯罪。刑法甚至可以预防某些因

---

① See John Rawls，"Concept of Rules"，*The Philosophical Review*，LXIV（1995），p. 4.

② 参见［意］贝卡里亚：《论犯罪与刑罚》，黄风译，131 页，北京，中国大百科全书出版社，1993。

③ 参见［意］菲利：《实证派犯罪学》，郭建安译，55 页，北京，中国人民公安大学出版社，1987。

④ 参见［美］戈尔丁：《法律哲学》，齐海滨译，142 页，北京，三联书店，1987。

激情而实施的犯罪。[①]

威慑论的一般兴趣就是普遍威慑，也就是说，惩罚犯罪者以制止人们从事同类行为，从而减少犯罪。正如边沁所指出的，普遍威慑是法律惩罚的“主要目的”和“真正的正当性”[②]。威慑论者强调，包括一般威慑在内的刑罚威慑都并不是无限度的，美国学者强调指出：（1）威慑并不意味着刑事禁律的存在是人们不敢犯罪的唯一原因。实际上，没有刑事禁律，许多人也不会犯罪。但是人们不犯罪的理由和原因复杂多样，这并不意味着刑事禁律的普遍存在就不是其中的一个原因或无足轻重。（2）普遍威慑作用不是来源于个别的刑事制裁。也就是说，某个特定的罪犯是否受到刑事制裁对犯罪率没有影响或只有微不足道的影响。普遍威慑作用更可能来源于执法模式。惩罚的概率是一个影响威慑的重要心理因素，但它依赖于可知的惩罚的统计数率，而不依赖于个别实例。（3）在某些限度内，即使是治罪和惩罚的统计数率对于普遍威慑作用也是无关紧要的。威慑作用有一定的限度，只要超过一定比率的犯罪受到惩罚，犯罪率就会保持十分稳定。因此，真正威慑犯罪的也许是实施刑法的基本制度。[③] 这种在肯定普遍威慑价值的基础上又限定其功能的态度，是预防论者意欲独善其身的表现，也是对其他实证批评的反击。

二、对报应主义与功利主义之正当性的诘难

必须看到，尽管报应论从康德、黑格尔深邃的哲学思想中吸取了营养，预防论也取得了目的法学和功利主义的支撑，但它们似乎都陷入了困境。

报应论无法解决三个难题：（1）报应论是以一种对道德恶劣性的估价为前提

① 参见［美］迈克尔·D. 贝勒斯：《法律的原则——一个规范的分析》，张文显等译，337页，北京，中国大百科全书出版社，1996。

② ［美］戈尔丁：《法律哲学》，齐海滨译，144页，北京，三联书店，1987。

③ 参见［美］迈克尔·D. 贝勒斯：《法律的原则——一个规范的分析》，张文显等译，338页，北京，中国大百科全书出版社，1996。

的，这就超出了法律行使的权能，从而有仅仅沦为报复的危险。而这样的刑罚能够改造人也始终值得怀疑，它在很大程度上只是把罪犯强化为社会的敌人。[①]（2）报应论未考虑运用刑法所能收到的任何社会效果，其科学性大可质疑。所以，很多人认为这无异于是说两种罪恶相加等于正义，或刑罚与罪恶相加等于正义。报应刑唯一的一个可得利益是满足了受害人报仇或泄恨的愿望（报复心理）。然而，学者指出："报复心理并非一种理性的感情，因为它只是一种要使那些危害他人的人遭受损害的欲望。它的实际作用仅仅是增加了社会中损害的总量……人们无疑不会制定一个鼓励报复的法律制度……刑法的发展史就是一种合理的公共刑罚制度逐步替代私人报复的历史。因此，人们不可能理性地接受强加刑罚仅仅是为了满足非理性的报复欲望的刑法。"[②] 也正是在这个意义上，美国学者泰勒才指出，报应既未改变犯罪人，也未阻止犯罪人或任何其他犯罪人将来可能进行的伤害，没有什么社会效益可言。[③] 也正是因为报应论中挥之不去的报复蕴涵决定了法律中的功利论的出现绝非偶然。[④]（3）报应论强调根据既存的犯罪决定刑罚，但在多大程度上施用刑罚才能符合正义的要求和实现报应的需要，他们从来没有给出令人满意的答复。康德认为公正的量刑就是由于侵害行为的性质而应当的、值得的量，在他看来公正的刑罚手段是相等：刑罚的严重性应当相等于侵害行为的道德严重性（表面上它是非法行为和侵害人当罚性程度两者的作用）。这符合 Lex tationis（"以牙还牙"）的"精神"[⑤]。由此，他认为死刑与谋杀相当，宫刑与强奸相当。这种观点显然是人们所不能接受的。学者指出，如果刑罚的轻重仅仅与犯罪相当，再加上犯罪并不会百分之百受到惩罚，盗窃便成

① 参见［美］戈尔丁：《法律哲学》，齐海滨译，140 页，北京，三联书店，1987。

② ［美］迈克尔·D. 贝勒斯：《法律的原则——一个规范的分析》，张文显等译，339 页，北京，中国大百科全书出版社，1996。

③ 参见［美］劳伦斯·泰勒：《遗传与犯罪》，孙力等译，8 页，北京，群众出版社，1986。

④ 对此，霍姆斯在著名的《普通法》（1881 年）中指出，当法律仅仅是一种复仇的替代时，法律原则就是为了给予因受伤害而急于复仇的被害人一种救济（remedy），这种救济被认为是大致相当于为平息这种复仇渴望所必需的。当复仇不再受欢迎时，法律的其他目的诸如威慑就变得突出了。参见［美］波斯纳：《法理学问题》，苏力译，22 页，北京，中国政法大学出版社，1994。

⑤ ［美］戈尔丁：《法律哲学》，齐海滨译，189 页，北京，三联书店，1987。

了一种有利可图的事业。而实际上，只要预防犯罪所避免的损害总量大于刑罚的损害总量，人们就会在一定程度上接受该制度。[1] 康德基于事实报应所提出的绝对的罪刑均衡殊不足取，相对的罪刑均衡[2]是当代刑法学者所普遍坚持的。但是，它的内容仍然有些含糊，即纯粹以报应为基础建构罪刑均衡关系总有不太完美的地方。

预防论的缺陷一点也不比报应论少，其致命的弱点是允许惩罚无辜。预防论承认刑罚本身是不愉快的，因而本质上是坏事，但只要它通过遏阻有害的行为而维持或增加了快乐对痛苦的有利平衡，它就可以是正当的。所以预防论者认为个人受惩罚是为了社会的利益（普遍幸福）。由此，从功利主义理论中获取力量的预防论就和惩罚无辜这一司法事实建立了逻辑联系，因为惩罚无辜可以获取最大的社会效益。而这种结果的出现，一方面显然不符合人类理性的基本要求。正如黑格尔所言，是把对正义的客观考察搁置一边，然而这种考察正是确立和惩罚犯罪时首要的和实体的观点。[3] 另一方面，它也是很危险的。因为人们理所当然地不会赞同一个故意惩罚无辜者的刑法制度。虽然为了消除危害，维护安全，人们努力预防犯罪，但如果故意惩罚无辜者，那么谁也不能因避免犯罪就能躲避刑罚的损害。我们将总是面临被惩罚的危险，因此，损害和不安全因素发生的威胁始终存在，使目的在于维护安全的制度反而增加了不安全因素。所以，预防论虽然着力于对未来犯罪行为发生可能的防止，被称为“向前看的理论”，但是，这种理论却在前行的路上自挖了许多陷阱，虽然它们都可能是无意而为而不是精心构筑的。正是这些危险的存在，使预防论招致了来自各方面的激烈

① 参见［美］迈克尔·D. 贝勒斯：《法律的原则——一个规范的分析》，张文显等译，341页，北京，中国大百科全书出版社，1996。

② 相对的罪刑均衡原则在戈尔丁看来是一种相关性的观点。他指出，对一个罪犯的处刑应当与其犯罪的道德严重性相联系；应当在某种程度上保留关于刑罚与侵害行为之间有一种“道德适量”的报应论的观点。他认为，这种相关性的观点提供了一种更有效用的、大致的公正刑罚标准，具有某种真理性。（参见［美］戈尔丁：《法律哲学》，齐海滨译，192页，北京，三联书店，1987。）其实，仔细分析不难发现，戈尔丁在报应论的实现方式上的相关性观点以及当代形形色色的罪刑均衡学说仍然有诸多不太明晰之处，这可能是人类自身无法克服的思维障碍和语言表述障碍。

③ 参见［德］黑格尔：《法哲学原理》，范扬、张企泰译，101页，北京，商务印书馆，1961。

批评。

鉴于报应论和预防论都因其自身缺陷而销蚀着公众对刑法的认同，它们都不能对与现代刑法观念相符合的刑法正当根据问题作出令人满意的答复，那么，建构一种现代刑法正当根据解释模式的努力就是值得肯定的。在这方面，学者们已经作出了一些可贵的探索，但实质上都是一种混合说或折中观点。折中观点的实质是认为：威慑论的目的论证实了有法律惩罚的制度，它回答了“为什么需要一套刑罚机制”的问题；而向后看的报应论则论证了受惩罚的个人，回答了“应当对谁施以刑罚”的问题。只有把这两者结合起来，才能解释刑法的正当根据。

混合理论中又有一体论和二元论之分。一体论的特点是将报应论与预防论合为一体，它分为四个派系：(1) 美国学者帕克等人认为，对传统犯罪的惩罚是出于道义报应的考虑；而对严格责任、非法停车等的处罚则只能从功利角度寻找根据。(2) 美国学者赫希等人认为，刑罚的痛苦性以功利为根据，其谴责性以报应为根据。(3) 英国学者哈特等人认为，刑罚的根据应视刑事活动的阶段性而定，在立法阶段是一般预防，在审判阶段是报应，在行刑阶段是特殊预防。(4) 日本学者福田平等认为，刑罚之于刑法中的存在是出于报应需要，对犯罪人执行刑罚是为了个别预防，而审判中适用刑罚则是奠基于对报应与预防的共同需要。[①] 应当说，一体论有其合理性，但流于肤浅。虽然从表面上看，一体论似乎在于以特别的方式审视刑法，是一种迎合大多数人口味的理论，但是它在很大程度上远没有先前提出的报应论或功利论深刻或高明。这一方面是因为报应和功利都是有着内在规定性的冲突着的理论，把它们硬糅在一起只是理论想象的结果；另一方面，更是因为前一理由直接决定了一体论独立渊源权威性的先天缺失。

二元论为我国学者所主张，认为，刑法的正当根据是报应（公正）与功利的统一，并且这是从一定社会结构出发，根据社会主义所得出的必然结论。因为为了实现有罪必罚、罚当其罪，刑法报应就势在难免；而运用刑罚为了获得一定的

① 详细的分析参见邱兴隆、许章润：《刑罚学》，49页，北京，群众出版社，1988。

社会价值，就必须坚持以功利主义为基础的预防论，但功利主义又必须受到刑法公正的制约。[①] 二元论强调预防论的积极价值，同时肯定报应论在维护社会正义方面的功效，显示出了思维的缜密性。

但是，我们认为，上述混合理论的所有解释都是不能令人满意的。戈尔丁也曾指出："我们需要某种多元化的刑罚理论，但是我并不是指这样一种理论，例如说，折中理论只是认为：（1）功利主义—威慑论是对'为什么完全需要刑罚'的回答；（2）报应论仅仅是对'我们应当对谁施用刑罚'的某些回答；（3）对'在多大程度上施用刑罚'中某种报应论进行（或功利主义—威慑论的）回答的。我们需要一种更复杂的多元论。因为我认为，两种报应论的和威慑论的考虑都与所有这些论点有关。"[②] 戈尔丁的见解的确是建设性的。

三、确立忠诚：刑法正当根据的崭新说明

在我们看来，要建构一种可以为刑法现代化提供滋养的多元化刑法正当根据理论，注定是很艰难的，但是，我们不应当放弃这种理论努力。以往关于刑法正当根据的报应论和预防论解说，都在一定层面上与问题的实质有关，但并未完全触及问题的中心。我们认为，在更为终极、形而上的意义上来说，合理的刑法正当根据应当是确立公民对刑法的忠诚。[③] 也即刑法的正当性既不仅在于满足报应，也不仅在于实现功利，在更为根本与重要的意义上说，在于"确立忠诚"。能够确立公民的忠诚信念的刑法是正当的刑法；一部足以动摇公民对刑法的忠诚信念而只会导致恐惧心理和厌恶情绪的刑法则是不正当、不合理的。我们将这种解说刑法正当根据的理论称为忠诚论。对此，有必要作进一步的说明。

---

① 参见储槐植：《刑事一体化与关系刑法论》，258页，北京，北京大学出版社，1997。

② ［美］戈尔丁：《法律哲学》，齐海滨译，201页，北京，三联书店，1987。

③ 德国当代有影响的机能主义刑法学派代表人物雅科布斯就曾指出，刑罚的运用应当有助于确立公民对法律的忠诚。（参见［德］雅科布斯：《行为责任刑法——机能性描述》，冯军译，北京，中国政法大学出版社，1998，尤其是其中的第二篇论文。）这一见解是极富启发性的，可以说为我们所提出的忠诚论提供了很好的注脚。

（一）忠诚论与一种共识话语有关

在现代自由主义社会里，普遍性、利益联盟及理想和现实的间离，对于共识来说，至少有两种破坏性影响：首先，它们破坏了存在一种共识的可能性。这是一种关于社会安排的正当与善的广泛的、严密的、具体的和强有力的共识。更重要的是，它们破坏了人们把这种共识事实看作是发现了正当与善的迹象而加以接受。但是，在自由主义社会中，也有一些加强伦理一致意见的力量起作用，它也为一种普遍的愿望和预想的统一体创造了条件；而且，权力和信念的基本结构可以保持着惊人的稳定性。① 所以在现代社会里，共识一方面遭到破坏，另一方面又不断生成，出现了“共识的破坏性重构”现象。把这种社会理论领域的共识理论借用到法治领域，可以发现事情具有共通性。人们一方面破坏着由于现实等级秩序的不合理以及由于不公正的起源而导致的共同伦理与传统；另一方面为达到相互关联的中立性、统一性及可预见性的法治观念而努力。② 人们创造着这些共同的价值观，也尊重这些共同的价值观。

在我们看来，前述的法治“共识”话语为忠诚论提供了最好理论的支撑。在现代法治国家，人们尊重并忠诚于他们所达成的法治共识，那么忠诚于刑法就是忠诚于刑法共识和法治共识的题中之意。刑法的正当性也可以从促进忠诚和确立忠诚中得到论证。

如同刑法报应基于道德要求，刑法预防出于利益计较，刑法忠诚来源于刑法共识。而刑法共识可能来自两方面：(1) 社会冲突主要是利益冲突。说共识来源于冲突，丝毫不会产生逻辑矛盾。因为在国家的刑法选择中，必然会为了某些人的利益而牺牲另一些人的利益。如果仅仅依赖于个别团体或个人对效益所作出的最佳统计，那么，服从法律就难以存在。因为总是存在着任何既定的一方通过违反法律而获利的机会，存在着破坏法律秩序的益处远大于所承担的风险的机会。因此，刑法的制定必然仰赖于一种共识，必须有助于增进一种超越任何成本收益

① 参见［美］昂格尔：《现代社会中的法律》，吴玉章等译，157页，北京，中国政法大学出版社，1994。

② 参见［美］昂格尔：《现代社会中的法律》，吴玉章等译，165页，北京，中国政法大学出版社，1994。

统计的相应的社会责任感。在这个意义上，我们可以说，刑法是冲突的创造物，但又是冲突的解毒剂。刑法因为表达了一种共同价值而被人们所信奉。所以，昂格尔正确地指出：法律被遵守的主要原因在于集团的成员从信念上接受并在行为中体现法律表达的价值。人们效忠规则是因为规则能够表达人们参与其中的共同目的，而不是靠强制实施规则所必然伴随的威胁。① 这种以共识为基础的刑法观是与一种我们所理解的社会理论相一致的。这种理论强调：应当把社会现象作为具有一定含意的整体来把握，以意识和行为的对应关系作为研究的焦点，强调公众信念文化（包括法律认同感）与组织制度密不可分的属性。（2）刑法天然地具有的强制性。谁也无法否认刑法的强制性，因为这是刑法这一部门法的特质，但是在现代法治国家，刑法应当将其超强制性转化为诱导性强制。而刑法强制也在一定程度上决定了刑法共识的达成。共识何以从强制中产生？在这方面，福柯的见解是相当精辟的：17 世纪、18 世纪的自然法学家认为自然状态下的个人，部分地或全部地放弃个人的自然权利，达成共识，建立一种社会契约并服从由此建立的公共秩序。但是共识是如何建立的呢？早期的社会契约论者无法回答，后来的社会契约论者如康德和罗尔斯，也不得不首先明确社会契约是一种假设或提出许多先决条件。福柯的历史分析则为这种共识的形成提出了一个新的可能的基础——对每个个人的自然性的征服，这种征服不仅是肉体的，而且是灵魂的。②这是刑法共识可能来自刑法强制性的最好注解。

（二）忠诚论以报应论为立论的基础

忠诚论不能彻底地抛弃报应论，否则就成了无源之水。由于报应论强调“刑罚的程度应同犯罪本身的程度，尤其是应同客观的犯罪后果之大小相适应”③，所以一方面，报应论是符合人道性要求的，“报应作为刑罚目的，必然将刑罚的

① 参见［美］昂格尔：《现代社会中的法律》，吴玉章等译，27 页，北京，中国政法大学出版社，1994。

② 参见［法］福柯等：《权力的眼睛——福柯访谈录》，来锋译，232 页，上海，上海人民出版社，1997；苏力：《福柯的刑罚史研究及对法学的贡献》，载《比较法研究》，1993（6），注释 19。

③ ［日］曾根威彦：《量刑基准》，载苏惠渔等：《中日刑事法若干问题》，56 页，上海，上海人民出版社，1992。

分量限制在与犯罪相适应的范围之内，使刑罚有节制而又有差别”[①]。另一方面，报应论是有其正当性的，对此，日本学者大谷实指出：（相对的）报应论能够满足社会的报应感情，有利于增进国民对法秩序的信赖感，可以说它既是适当的，又是正义的。[②] 由此看来，报应论由于满足了基本的道德正义感而蕴含了促进人们对刑法的忠诚的基因。刑法如果不能首先满足这种社会正义感，那么，“官方法律与老百姓的正义感之间的差距也就愈大。从而，在老百姓的眼中，法律就会渐渐地失去自身的可理解性和合法性。他们认为，法律或是权贵们运用魔术箱，或是随意地落在正人君子和邪恶小人身上的一系列霹雷而已”[③]。也正是在这个意义上，戈尔丁才敏锐地指出：我们并不能从整体上放弃报应论。[④] 由此一来，那种认为由于“新派的教育刑理论占了支配的地位，而旧派（古典派）的报应刑理论已出现没落形势，终于陷入了一蹶不振状态”[⑤] 的观点，显然是值得商榷的。一方面，刑法学中新派（主观主义）、旧派（客观主义）的区分只具有相对意义，它们如同两个盲人分别摸到了刑法这头“大象”的不同部分，切中了刑法中不同侧面的问题，所以，很难说谁比谁科学，谁取代谁，事实上谁都离不开谁。另一方面，正如美国学者所言，近年来，随着人们对功利主义刑罚的无法控制的特征的一定认识，人们重新又转到了报应主义的立场，美国的一些州开始放弃功利主义而采用报应主义的公正模式。[⑥] 这再一次证明，忠诚论作为对刑法正当根据的解说，无论如何都应当以报应论为立足点。

（三）忠诚论应当汲取预防（功利）论中的合理因素

预防论认为刑法的正当性不在于满足抽象的社会报应观念，而在于惩罚犯罪人可能给社会带来一定的实际利益，其中的最大利益是预防犯罪。预防论对报应

---

① 陈兴良：《刑法哲学》，357页，北京，中国政法大学出版社，1992。

② 参见冯军：《刑事责任论》，262页，北京，法律出版社，1996。

③ ［美］昂格尔：《现代社会中的法律》，吴玉章等译，191页，北京，中国政法大学出版社，1994。

④ 参见［美］戈尔丁：《法律哲学》，齐海滨译，200页，北京，三联书店，1987。

⑤ 甘雨沛等主编：《犯罪与刑罚新论》，696页，北京，北京大学出版社，1991。

⑥ 参见［美］霍金斯等：《美国监狱制度——刑罚与正义》，孙晓雳等译，96页，北京，中国人民公安大学出版社，1991。

论的批评是有一定道理的，它也的确在一定程度上收到了预防犯罪之功。所以，从20世纪70年代中期开始，美国的刑事政策以功利思想为指导，将刑事政策调整为“轻轻重重，以重为主”[1]。美国的这一刑法变革趋势一直对西方世界保持强劲的影响力。[2] 所以，预防论也有其合理成分，它应当被吸收到忠诚论中来；并且，由于预防论中的功利意蕴决定了国家权力的自觉扩张性，要制定一部不反映任何功利要求的刑法，事实上也是不可能的。不过，必须指出，正如人们早已认识到的那样，如果放弃刑法公正的价值目标，一部刑法无论经过统治者如何精心设计，都是在把人们当作强制和表演的对象，这实质上是在贬低人们的道德观。这注定了纯粹的预防论无法被贯彻到底，它被忠诚论吸收也是顺理成章的事情。

（四）忠诚论是合理的、动态的刑法正当根据理论

忠诚论不是刑法公正与功利的简单相加，也有别于以往的折中理论。一体化论和二元论实际上是报应与功利的相加模式，只是在这一加法当中，哪一加数的分量更重，它们各自的选择有所不同而已。但如何在司法实践中准确把握折中论的精神，一体化论和二元论都语焉不详，而且，更重要的是它们都缺乏一个统摄报应和功利的更高范畴，这就极大地限制了其理论的一般性意义和穿透力。忠诚论的许多内容虽然来源于报应论和预防论，但又不是全部接纳，而是报应论和预防论的“蒸馏”或升华。它指出，刑法的正当根据首先蕴含于报应与功利之中，但它又有比报应与功利更为丰富的内涵。所以，“忠诚”在刑法这一领域是高于“报应”与“预防”的范畴。刑法忠诚的理想暗示但并不仅仅意味着：（1）个人由于通过刑法认识到行为的无价值而放弃实施犯罪的意思决定；（2）一个人从来不能在不考虑其行为可能对他人或社会造成影响的前提下，追求个人自己的目的，因此，他受到约束。刑法忠诚事实上与刑法有效有关，更与刑法认同密不可

① “轻轻”是指对轻微犯罪的处理比以往更轻，表现为：（1）扩大缓刑和罚金的适用范围；（2）非犯罪化。“重重”是指对严重犯罪的处理比以往更重，表现为：（1）提高对累犯的刑期；（2）限制假释适用；（3）加重对少年犯的处罚；（4）对精神病辩护采取从严政策；（5）恢复执行死刑。参见杨春洗主编：《刑事政策论》，443页，北京，北京大学出版社，1994。

② 参见储槐植：《刑事一体化与关系刑法论》，258页，北京，北京大学出版社，1997。

分，但它是比刑法认同更进一步的概念。刑法忠诚一方面表明个人对刑法的服从、尊重与对刑法能实现和保障自己权利的确信，另一方面意味着由个体所组成的集团和社会要及时地对犯罪表示出共同的道德义愤，习惯于利用刑法的整体自卫。而这些，都是建筑在对国家刑法的深刻认识和理性把握基础上的。这就要求我们拓展刑法学的领域，对刑法视野中的"国家""犯罪""权力"等重大范畴提出完全不同于过去知识眼光的创造性主张。

对刑法忠诚的确立，我们认为认识到以下几点是重要的：(1) 从社会形态角度看，忠诚论与现代社会的法治观念是契合的。法治国家为人们确立了基本的法治理想，而"在坚信法治理想的社会中，人们通常依据法律确定具有相对普遍性和自治性这一信念行事……充分地理解法律制度则必须解释，法治理想在特定的社会扎根的具体方式，它必须说明这种社会的本质如何既推动人们去追求这一理想又限制人们充分实现这一理想。只有通过这种方式，才有希望避免理想主义和行为主义认识法律秩序的错误"①。而刑法正当根据的忠诚理论既有助于促成一种法治理想，又可以克服刑法中的理想主义（预防论）的、行为主义（报应论）的流弊。(2) 从国家角度着眼，制定一部合理的刑法是确立忠诚的重要前提：首先，这部刑法不能是突出压制的。福柯指出，压制型立法的重要用途之一是能够被法律系统用来作为临时填补缺口的策略②，它既是一种权宜之计，又是确立刑法忠诚的首要障碍。最恰当的例证是，中国历朝都极为重视利用刑法进行压制，信奉"刑重者，民不敢犯，故无刑也"③。但事实上，刑并不压罪，人们对刑法只有本能的恐惧和躲避，至于认同与亲近就无从谈起。其次，这部刑法应当尽量协调报应与功利的关系，"它侧重于规范外在的、可观察到的行为，并且强调运用世俗的禁令来惩罚或矫正异常的行为"④。再次，这部刑法应当重点对准自然

① [美] 昂格尔：《现代社会中的法律》，吴玉章等译，50 页，北京，中国政法大学出版社，1994。

② 参见 [法] 福柯等：《权力的眼睛——福柯访谈录》，来锋译，262 页，上海，上海人民出版社，1997。

③ 《商君书》第十八章。

④ [美] 昂格尔：《现代社会中的法律》，吴玉章等译，51 页，北京，中国政法大学出版社，1994。

犯罪而不是划定过大的关于法定犯的犯罪圈。正如加罗法洛早就指出的那样，自然犯罪绝对地表现为对怜悯和正直这两种基本利他情感的伤害。而且这种伤害不是在较高级和较优良的层次上，而是在全社会都具有的平常程度上，而这种程度对于个人适应社会来说是必不可少的。① 所以，比较而言，惩罚自然犯罪远比惩罚法定犯罪容易为公众所认同，更有助于确立忠诚感。（3）从社会集团角度分析，只有多元集团的形成才能有刑法忠诚的生成。共识源自冲突，人类共同的法律价值观念（如对法秩序的忠诚）又从共识的缝隙中形成。在利益集团和社会集团单一的情况下，只有强制与服从，不会产生忠诚与信仰。尤其是如同昂格尔指出的："如果一个国家的统治者只是一小撮人，如君主以及他的家族或顾问们，他们致力于发展规则性的法律。借助于强制实施的公共的和实在的规则，他们可以希望相当长期地控制遍及其广大的领土范围内的各种人的生活。更重要的是，这种法律会成为官僚组织的工具，确定那些保证执行君主政策的原则，以及为其助手们提供内部的秩序。"② 事实上，只有到了多元集团产生并长期处于对峙状态、刑法被当作不同集团信念和利益的平衡器，而不是某个集团或某个人强加于他人的政策的时候，刑法忠诚才能最终确立。由此，民众生活就不会本能地拒绝服从刑法，国家就可以在刑事领域如波斯纳所言的那样，在法治美德和对具体案件的衡平与裁量性思考之间保持一种平衡。③ 在这种情形下的刑法，可能与今天我们所面对的刑法有不小的差别。

（本文与周光权合著，原载《北大法律评论》，第1卷第1辑，北京，法律出版社，1998）

---

① 参见［意］加罗法洛：《犯罪学》，耿伟等译，44页，北京，中国大百科全书出版社，1996。
② ［美］昂格尔：《现代社会中的法律》，吴玉章等译，63页，北京，中国政法大学出版社，1994。
③ 参见［美］波斯纳：《法理学问题》，苏力译，35页，北京，中国政法大学出版社，1994。

论意志自由及其刑法意义

意志自由首先是一个哲学问题，其次才是一个法学（包括刑法学）问题。在刑法学上，意志自由问题对于刑事责任的确认与承担具有重要意义，因而是刑法哲学的重要内容之一，并且也是刑法学流派之争的焦点。恩格斯指出："如果不谈所谓自由意志、人的责任能力、必然和自由的关系等问题，就不能很好地议论道德和法的问题。"① 为了深化我国刑法理论研究，本文拟在哲学意义上对意志自由进行一般性论述的基础上，对意志自由在定罪量刑中的意义加以探讨。

一

意志自由，又称为自由意志（Free Will），是一个哲学命题，指人们在自己推理的基础上，在不完全受各种限制的支配的基础上，对各种事物进行选择以及在特定情况中从事活动的力量或能力。② 在西方哲学史上，关于人是否存在意志

① 《马克思恩格斯选集》，2版，第3卷，454页，北京，人民出版社，1995。

② 参见［英］沃克编：《牛津法律大辞典》，北京社会与科技发展研究所译，351页，北京，光明日报出版社，1988。

自由，历来存在意志自由论与行为决定论之争。

意志自由的争论，最初可以追溯到古希腊哲学。古希腊唯物主义哲学家德谟克利特认为，凡是受因果关系制约的一切都是必然的。因此，一切都是有原因的，一切都是必然的，都是被决定的。在这种情况下，自然没有意志自由可言。对此，亚里士多德评论道："德谟克利特忽略了目的因，把自然界一切作用都归之于必然性。"① 此后，斯多葛学派进一步发挥了行为决定论，并坚决否认人的意志自由。在斯多葛学派的哲学中，神、灵魂、命运、宇宙都是同一的东西，它们所具有的无所不在、无所不能的力量和必然性规律，都是理性。这种理性是普遍存在的，它所表现出来的事物的秩序，就是受绝对规律和必然性所支配而趋向于一定目的的结果。因此，他们否认人有意志自由。对个人来说，没有什么机遇的偶然性和意志的自由。个人的生命与自然的必然性相一致的时候，就是好的；反之，就是不好的。② 与此相反，古希腊唯心主义哲学家柏拉图则认为，自由就其最高形式而言是天赋的，因而人们追求自由并服从个人的选择。同时，人在自己的行为中，自始至终又都是自由的，因为他是自己行为的主人。亚里士多德同样并不否认人具有意志自由，因而应对其行为承担责任。亚氏指出，一个人应该对自己自愿的行为负责，并因此被称赞或被指责。作恶者的性格是由于他们的懈弛、放荡的生活养成的。他们由于一犯再犯，重复地做某一行为，因而养成一种特殊的习惯和性格，使他们成为不公正的或放荡的人。这种人对于他的习性应该自己负责，并且应当受到谴责。即使由于无知而作恶有时可以不负道德责任，但有些无知正是犯罪的根源，如酗酒而犯罪，喝酒是他无知的原因，但他本来可以不喝酒，再说，人人应当知道的社会规范，你不知道或疏忽，如若作恶犯罪，也应负道德的和法律的责任，也应当受谴责。因此，亚里士多德明确指出："我们力所能及的恶，都要受到责备。"③ 这里所谓力所能及的恶，就是指基于个人意

① 北京大学哲学系外国哲学史教研室编译：《古希腊罗马哲学》，99页，北京，三联书店，1957。

② 参见罗国杰、宋希仁：《西方伦理思想史》，上卷，271页，北京，中国人民大学出版社，1985。

③ ［古希腊］亚里士多德：《尼各马科伦理学》，苗力田译，51页，北京，中国社会科学出版社，1990。

志自由而选择并实施的恶，因而应受谴责。

进入中世纪以后，意志自由成为一个神学教义的基本命题。古罗马著名哲学家奥古斯丁认为，亚当和夏娃在堕落以前，曾经是有过自由意志的。因为上帝在创造万物并创造亚当和夏娃的同时，就赋予了他们自由意志。正因为有这种自由意志，所以才使他们避免了犯罪。但是，也正是由于有了自由意志，所以在他们被蛇引诱，偷了辨别善恶之树的智慧之果后，他们的道德便堕落了，并且这种堕落的道德还不断地传给后代子孙。人类之所以不断地犯罪，就是因为在他们的祖先那里失去了上帝所赋予的自由意志。由此可见，奥古斯丁认为人是没有意志自由的，只有上帝才能给人以自由选择的意志能力。中世纪的托马斯·阿奎那认为，人具有理智的灵魂和自由的意志。因此，人们能够自己选择自己的行为并对自己的行为负责。人们能够得出有关善与恶的正确观念，能够自觉地进行选择并做到操行善良。阿奎那承认人的自由和人选择行为的自由，这是非常重要的，这样才能解释人为什么要对自己的行为负责，为什么要对犯罪行为实行惩罚。当然，阿奎那关于意志自由的学说仍然具有宗教色彩。例如阿奎那宣称：人能够自己进行选择，但意志的完全自由，只有得到上帝支持时才会存在，是上帝促使人进行活动。所以，在阿奎那那里，自由的实际主体是上帝，而不是人。①

及至近代，关于意志自由的争论更加激烈。17 世纪荷兰哲学家斯宾诺莎驳斥了阿奎那的观点，认为人的一切意图和愿望必然出自他的自然本性，超出了这范围就不可能有任何意志自由。在人们的心灵中没有无原因的愿望，一切都是受因果关系制约的，并且是按必然性实现的，人的意志也不例外。例如斯宾诺莎指出："无论怎样理解意志，有限的也好，无限的也好，都有原因以决定它的存在与动作；所以意志不能说是自由的，只能说是必然的或被强迫的。"② 18 世纪法国哲学家霍尔巴赫则更为彻底地主张行为决定论，认为人的行为从来不是自由的，行为是人的气质、先入的思想、真的或假的关于幸福的概念，在教育、实

① 参见［苏］В.Л. 戈卢宾科：《必然和自由》，9 页，北京，北京大学出版社，1984。
② ［荷］斯宾诺莎：《伦理学》，31 页，北京，商务印书馆，1991。

例、日常影响下所形成的观念等之必然结果。因此，意志自由不过是一种幻想，产生这样一种幻想是由于人们不知道自己行为动机的真正原因。与此同时，德国著名哲学家康德则主张意志自由论，指出："意志是有生命东西的一切因果性，如若这些东西是有理性的，那么，自由就是这种因果性所固有的性质，它不受外来原因的限制，而独立地起作用；正如自然必然性是一切无理性东西的因果性所固有的性质，它们的活动在外来原因影响下被规定。"① 对于意志自由，德国著名哲学家黑格尔更是直截了当地予以肯定："可以说，自由是意志的根本规定，正如重量是物体的根本规定一样……自由的东西就是意志。意志而没有自由，只是一句空话；同时，自由只有作为意志，作为主体，才是现实的。"②

以上意志自由论与行为决定论互相对立，各执一词，争论绵延达千年之久。应该说，这两种观点都有一定的道理，但又都不无片面之处。马克思主义哲学不仅对于绝对的意志自由论持否定态度，而且对于行为决定论也同样予以断然否定。根据马克思主义的观点："自由不在于幻想中摆脱自然规律而独立，而在于认识这些规律，从而能够有计划地使自然规律为一定的目的服务。"③ 因此，人的活动是具有自觉能动性的，但这并不等于意志的绝对自由，人的认识和活动并不是随心所欲的，而是受客观存在和客观规律制约的。人们只有在正确地认识和利用客观规律时才能获得意志自由。因此，人的意志既是自由的又是不自由的，不自由是就意志决定于客观必然性而言的，自由则指人的意志具有主观能动性。同样，行为是被决定的又是不被决定的，被决定是指人的行为受客观必然性的支配，不被决定是指人的行为具有一定的自主性。在这个意义上说，意志自由只是借助于对事物的认识来作出决定的那种能力。④ 这就是马克思主义的意志自由论，又被称为相对的意志自由论。

① ［德］康德：《道德形而上学原理》，苗力田译，100 页，上海，上海人民出版社，1986。
② ［德］黑格尔：《法哲学原理》，范扬、张企泰译，11～12 页，北京，商务印书馆，1961。
③ 《马克思恩格斯全集》，第 20 卷，125 页，北京，人民出版社，1971。
④ 参见《马克思恩格斯全集》，第 20 卷，125 页，北京，人民出版社，1971。

二

哲学上的意志自由论与行为决定论之争，对刑法学产生了重大影响。刑法涉及行为人的刑事责任问题，而刑事责任与人的意志自由具有密切联系。在大陆法理论中，存在旧派（刑事古典学派）与新派（刑事人类学派与刑事社会学派）之争，反映在刑事责任上则有道义责任论与社会责任论之争。

道义责任论为旧派所主张，该论认为刑事责任的根据存在于道义上的非难可能性。道义责任论以自由意思论作为前提，认为具有自由意思的人虽然可按其自由意思实施合法行为，但结果导致违法行为时，就有道义上非难的可能性。这也就是说，能够意识到道义上的规范并能按该意识决定自己行动的具有精神能力的人（责任能力者），虽然意识到行为的违法性却仍然实施了该行为（故意），或者至少可能意识到这一点却因不注意而实施了该行为（过失）时，那么就此所施加的道义上的非难就是责任的核心。① 根据这种观点，犯罪人基于自由意志而选择了犯罪，由于每个人的自由意志都是同等的，因而只能以自由意志的外部现实行为及其后果为着眼点来确定犯罪行为并作为刑事责任的基础。因此，对犯罪承担刑事责任意味着这样一个假设，即个人运用他的意志能避免去做他想做的事情。如果某人没有自由意志而认定他可以承担法律责任，这是不公平的。因此，一个头脑不健全或神志不清的人没有法律责任。刑事古典学派又可以分为以康德、黑格尔为代表的报应主义与以贝卡里亚、费尔巴哈为代表的功利主义两支，他们对意志自由的理解不完全相同。报应主义主张绝对的意志自由论，例如黑格尔指出，法的出发点，它的实体性就是意志。而意志的根本属性，是自由。意志而没有自由，就不能称其为意志。由此出发，黑格尔把犯罪视为犯罪人基于本人的意志自由选择的结果。在这个意义上，黑格尔认为："刑罚既被包含着犯人自己的

① 参见［日］木村龟二主编：《刑法学词典》，221页，上海，上海翻译出版公司，1991。

法，所以处罚他，正是尊敬他是理性的存在。”① 功利主义则主张相对的意志自由论，例如费尔巴哈的心理强制说认为，人之违法精神动向的形成并非无中生有，而是受了潜在于违法行为中的快乐，以及不能得到该快乐所带来的不快所诱惑与驱使。人根据趋利避害的功利原则选择自己的行为，因而使违法行为中蕴含着某种痛苦，已具有违法精神动向的人就不能不在违法行为可能带来的乐与苦之间进行细致的权衡，当违法行为所蕴含的苦大于其中的乐时，主体便会基于舍小求大的本能，回避大于不违法之苦的苦；而追求大于违法之乐的乐，自然抑制违法的精神动向，使之不发展成为犯罪行为。显然，费尔巴哈虽然承认人的精神及行为受功利原则支配，但同时肯定人具有一定限度的选择自由。关于贝卡里亚是否赞同意志自由，历来都认为贝卡里亚是一个意志自由论者，即使是作为新派的菲利也并不否认这一点。例如菲利指出：如果你们仔细观察贝卡里亚的思想对于中世纪刑事司法的重大改革，就会发现这一伟大的古典派的改革步伐甚小，因为其刑事司法的理论和实践基础仍然停留在中世纪和古代的个人道德责任的观念之上。② 这里所谓个人道德责任的观念就是指建立在意志自由基础之上的刑事责任论。但我国刑法学界有人认为，贝卡里亚并非一个意志自由论者而是一个机械决定论者。根据这种观点，意志自由是指人的意志可以不受客观因果规律的支配，人可以按照一种超自然的或先验的善恶观念来决定自己的行为。但是我们在《论犯罪与刑罚》中找不到这样的论述。③ 我认为，上述关于意志自由的界说是绝对的意志自由论，对此贝卡里亚当然是不赞同的，贝卡里亚确实十分注重感官的感受对人的意志的制约性。但贝卡里亚并没有从根本上否认人具有选择自己行为的自由，从而完全主张行为决定论。事实上，在贝卡里亚看来，作为理性的人，其意志自由是人人皆然的。当然，这里所谓意志自由不同于康德、黑格尔等人所主张的绝对的意志自由，而是受人的趋利避害的本性所支配的相对的意志自由。

---

① ［德］黑格尔：《法哲学原理》，范扬、张企泰译，103 页，北京，商务印书馆，1961。

② 参见［意］菲利：《实证派犯罪学》，郭建安译，10 页，北京，中国政法大学出版社，1985。

③ 参见黄风：《贝卡里亚及其刑法思想》，41 页，北京，中国政法大学出版社，1987。

社会责任论为新派所主张，该论根据行为决定论，即犯罪必然取决于行为者的素质和环境的观点，批判了道义责任论所主张的犯罪是因为具有意志自由者自由判断而造成的观点，认为这个观点是毫无意义的，否定了以道义责任论为基础的自由意思论。该理论又指出，对于具体作为从道义上非难行为者是毫无意义的，因为犯罪者实施犯罪行为是由其本人的素质和环境所决定的，没有理由从道义上加以非难。① 社会责任论是在批判意志自由论的基础上提出来的。例如菲利指出："我们不能承认自由意志。因为如果自由意志仅为我们内心存在的幻想，则并非人类心理上存在的实际功能。"② 在菲利看来，"自由意志的幻想，来自我们的内在意识，它的产生完全是由于我们不认识在作出决定时反映在我们心理上的各种动机以及各种内部和外部的条件"③。因此，菲利宣称："实证派犯罪学主张，犯罪人犯罪并非出于自愿；一个人要成为罪犯，就必须使自己永久地或暂时地置身于这样一种人的物质和精神状态，并生活在从内部和外部促使他走向犯罪的那种因果关系链条的环境中。"④ 因此，根据社会责任论，犯罪行为根本不是犯罪人自由选择的结果，而是由人的生物基因（龙勃罗梭主张）或者社会环境（菲利、李斯特主张）所决定的。责任的根据不在于道义上的非难，而应立足于社会防卫。

我认为，上述道义责任论与社会责任论都有偏颇之处。在主张道义责任论的刑事古典学派中，康德、黑格尔主张绝对的意志自由，正如马克思所评价的那样，不是把罪犯看成是单纯的客体，即司法的奴隶，而是把罪犯提高到一个自由的、自我决定的人的地位，因而有其可取性。但同时，它荒谬地用人的"自由意志"这一特性，代替了特定人的行为的现实动机和受着各种社会条件影响而形成的全部特性，因而又有其不科学性。⑤ 费尔巴哈、贝卡里亚主张的相对的意志自

① 参见［日］木村龟二主编：《刑法学词典》，221～222页，上海，上海翻译出版公司，1991。
② ［意］菲利：《实证派犯罪学》，郭建安译，9～10页，北京，中国政法大学出版社，1987。
③ ［意］菲利：《实证派犯罪学》，郭建安译，14页，北京，中国政法大学出版社，1987。
④ ［意］菲利：《实证派犯罪学》，郭建安译，16页，北京，中国政法大学出版社，1987。
⑤ 参见吕世伦：《黑格尔法律思想研究》，84页，北京，中国人民公安大学出版社，1989。

由，为刑事责任提供了归责可能性。但它仍然以人的趋利避害的本性作为其理论基础，否认人的现实存在对其意志的制约性，因而根本不同于马克思主义的相对意志自由论。从根本上来说，刑事古典学派的意志自由论把犯罪简单地归结为意志自由的结果，孤立地分析犯罪现象，没有看到犯罪与现实社会环境的联系，因此具有严重的法律形式主义倾向。在活生生的、千姿百态的犯罪面前，其解释显得乏力，其理论显得苍白。而主张社会责任论的刑事人类学派与刑事社会学派，虽然对犯罪的原因作了比较深刻的解释，尤其是刑事社会学派，能够立足于社会环境解释犯罪，具有一定的科学性，它为犯罪的社会治理提供了理论根据。同时，在刑法理论上社会责任论强调犯罪人的人身危险性，将这种人身危险性作为衡量犯罪与刑罚之间比例的尺度而加以确定，对于矫正犯人、防卫社会具有重要意义。但社会责任论完全否认人的意志自由，把人视为机械地受先天因素或者社会环境所决定的客体，甚至提出天生犯罪人之类的观点，缺乏对人的自由的应有尊重，将刑法视为社会防卫的工具，不利于有效地保障人权。我认为，犯罪人的犯罪不是完全被决定的，而是根据本人的意愿选择的，当然这种意愿本身又不能脱离一定的社会物质条件。因此，犯罪人应当对本人的危害社会的行为承担刑事责任，这种刑事责任乃建立在犯罪人的社会危害性与人身危险性的统一的基础之上的，这就是马克思主义相对意志自由论的必然结论。在这个意义上，我赞同人格责任论。人格责任论认为，人是受素质和环境的制约的，同时在一定程度上也能控制或支配素质与环境的影响。根据这种观点，人的具体行为的背后还有个抽象的人格。人格是各个具体行为的抽象概念，各个具体行为亦寓于人格之中。两者是具体与一般的关系，是不可分割的。人格责任论不孤立地论人格责任，而是把行为责任与人格责任结合起来，得出一个综合的整体的新型责任论。这一理论的基本特征是，具体行为的罪责取决于行为者的人格态度。这样，人格责任论认为责任是犯罪行为人的人格暴露，据此又可称为行为责任论。但更为本质的是经推想到犯罪行为背后所潜在的行为人的人格体系，这一人格体系就是人格形成责任论的核心。[①] 由此可见，行为本身不是孤立的，而是受行为人的人格支配的，行为的反复性与规律性都可以在人格体系中找到合乎逻辑的根据。对犯罪行为也应作如是观。立足于人格责任论，一方面肯定人对本人行为的道义上的责任，因而具有非难可能性；另一方面又从受制于社会环境的人格上分析行为，从而纳入人身危险性的内容。

三

刑法中对犯罪人刑事责任的追究，主要解决确定刑事责任之有无与确定刑事责任之大小这两个问题，前者可以称之为定罪，后者可以称之为量刑。意志自由与这两个问题都具有密切关系，并且是解决这两个问题的理论根据。

（一）意志自由在定罪中的意义

定罪主要解决刑事责任之有无问题。按照我国刑法理论，犯罪构成是刑事责任的根据。在犯罪构成四大要件中，除犯罪客体以外的其他三个要件都与意志自由问题有关。

首先，人的主观罪过是以意志自由为前提的。在罪过心理中，包含着人的认识因素与意志因素。认识因素是指人的主观认识问题，它是意志自由的基础。意志因素是指人对其行为所造成的危害结果的一种主体倾向，显然，只有在意志自由的情况下，才能反映出主体的这种反社会倾向。如果行为人的行为完全是被决定，也就根本谈不上人的意志问题。在犯罪故意中，犯罪人具有明确的违法认识，并且决意实施这一行为。因此，犯罪人在实施犯罪这一点上，意志是自由的。正是这种相对的意志自由，可以说明为什么犯罪人具有期待可能性，因而可以为刑事责任提供理论根据。那么，如何用意志自由来解释犯罪过失呢？例如，菲利就认为意志自由说不能解释为什么过失，尤其是疏忽大意的过失应当负刑事

① 参见甘雨沛、何鹏：《外国刑法学》，上册，350页，北京，北京大学出版社，1984。

责任。[①] 在英美法系，有些法学家认为，纯属疏忽大意的人的心理状态似乎根本说不上邪恶，并且可以说未表现出任何报应理论可据以责难之处。[②] 我认为，这种观点是不能成立的。在过失犯罪的情况下，行为人在实施犯罪行为时，其意志似乎不是自由的，也就是说不自觉的。但是，正如我国刑法学界有人指出，这种不自由是以能够自由为前提的。因为在过失犯罪中，客观上已经具备了认识行为与结果间的必然联系的充分条件，能不能获得对客观必然性的认识完全取决于行为人愿不愿意发挥自己实际具有的主观能动性。[③] 在这个意义上说，过失犯罪的行为人在实施犯罪行为时所表现出来的不自由，只是一种现象，在这种现象的后面，包含着行为人的自由选择，尽管这是一种无意识的选择。正如哈特指出，在惩罚过失犯罪时，决定性的因素是“我们所惩罚的那些人应在其行为之时具备正常的实施法律行为和不实施法律禁止的行为的身体和心理上的能力以及发挥这些能力的公平机会”[④]。因此，意志自由论完全可以解释过失犯罪的刑事责任的主观根据问题。

其次，人的客观行为同样也是在其意志支配下实施的，缺乏意志自由条件下实施的行为，不认为是具有刑法意义的行为。根据这一标准，下述行为非生于行为人之意思决定，因而并非刑法概念上之行为：（1）无意识参与作用之反射动作。（2）受他人暴力之直接强制，在完全无法抗拒，而其意思支配完全被排除之情况下的机械动作。（3）睡眠中或无意识中之行为与静止。（4）因病发作之抽搐，或因触电或神经反射而生之痉挛。（5）手脚被捆绑而欠缺行动可能性之静止等。下述人类行为，仍系行为人之意思所支配之行为或静止，因而仍属于刑法上的行为：（1）日常生活上之自动化行为。（2）冲动行为。（3）受他人暴力之间接强制，致其意思受影响而为之特定行为。[⑤] 我国刑法第 13 条规定，行为在客观

① 参见［意］菲利：《实证派犯罪学》，郭建安译，12 页，北京，中国政法大学出版社，1987。
② 参见［英］哈特：《惩罚与责任》，王勇等译，126、145 页，北京，华夏出版社，1989。
③ 参见张智辉：《试论过失犯罪负刑事责任的理论根据》，载《法学研究》，1982（2）。
④ ［英］哈特：《惩罚与责任》，王勇等译，126、145 页，北京，华夏出版社，1989。
⑤ 参见林山田：《刑法通论》，2 版，74 页，台北，三民书局，1986。

上虽然造成了损害结果，但是不是出于故意或者过失，而是由于不能抗拒的原因所引起的行为，不认为是犯罪。这种情况，在刑法理论上称为不可抗力。在不可抗力的情况下，行为人虽然已经认识到危害结果的发生但意志上受到外力的作用，失去了意志自由，其行为不能视为刑法意义上的危害行为，不能作为犯罪追究。

最后，犯罪主体的确立也是以人的意志自由为基础的。犯罪主体的核心是刑事责任能力的问题。我国刑法中的刑事责任能力，是指行为人构成犯罪和承担刑事责任所必需的、行为人具备刑法意义上辨认和控制自己行为的能力。刑事责任能力包括认识能力和意志能力。认识能力是指行为人具备对自己的行为在刑法上的意义、性质、作用、后果的辨别能力；意志能力是指行为人对自己是否实施为刑法所禁止的行为的控制能力。如果说，认识能力是对是非善恶的分辨能力，那么，意志能力就是对是非善恶的选择能力。由此可见，刑事责任能力的本质，是行为人实施危害社会行为时其相对的自由意志能力的存在。[①] 因此，在某种意义上说，刑事责任能力可以说是自由意志能力。人的意志自由不是与生俱来的，而是随着人的年龄增长而逐渐获得的。法律规定一定的年龄，在此年龄之前推定行为人不具备意志自由，因而不能成为犯罪主体，这种法定年龄就是刑事责任年龄。同时，人的意志自由还不是与生俱存的，它还会因为某种精神疾患而丧失。在这种情况下，行为人丧失了意志自由，因而不能成为犯罪主体。总之，意志自由是犯罪主体的前提。

（二）意志自由在量刑中的意义

量刑主要解决刑事责任之大小问题。刑事责任的大小一方面决定于社会危害性程度，另一方面又决定于人身危险性程度，而这两者都与人的意志自由程度有关。

犯罪的社会危害性程度取决于主观恶性与客观危害两个方面。客观危害是犯罪人的主观恶性的外化，因此，主观恶性更具有决定意义。主观恶性在很大程度

① 参见赵秉志：《犯罪主体论》，26页，北京，中国人民大学出版社，1989。

上取决于犯罪人的意志自由程度。古典派犯罪学大师马里奥·帕加诺曾经指出："一个人应对其所犯的罪行负责；如果在其犯罪之际，只有二分之一的意志自由，应当负二分之一的责任；如果只有三分之一的意志自由，则只负三分之一的责任。"[①] 这一观点虽不无偏颇，但又不能不说还是具有一定道理的。在量刑的时候，确实应当考虑到犯罪之际，犯罪人的意志自由程度。以共同犯罪中的胁从犯而论，我国刑法第 25 条规定对胁从犯应当按照他的犯罪情节，比照从犯减轻或者免除处罚。法律这一规定的根据就在于：胁从犯罪是被胁迫、被诱骗而参加犯罪，其意志自由虽然没有完全丧失，但受到一定程度的压抑，因而主观恶性较小。同时，在对胁从犯具体量定刑罚的时候，还应当考察被胁迫、被诱骗的程度。因为被胁迫、被诱骗的程度与其意志自由的程度是成反比例关系的，当然也与其行为的社会危害性程度成反比例。被胁迫程度轻，说明他参加犯罪的自觉自愿程度大一些，相应地，其行为的社会危害性程度也要严重一些。反之，被胁迫、被诱骗的程度重，说明他参加犯罪的自觉自愿程度小一些，相应地，其行为的社会危害性程度也要小一些。由此可见，犯罪人的意志自由程度，对于胁从犯的量刑具有重要意义。另外，各国刑法大多对在义愤情况下实施的犯罪予以宽大处理，例如瑞士刑法第 64 条明确将行为人因不当之刺激或侮辱而生重大愤怒及痛苦，因而犯罪者，作为刑罚减轻的事由。我国刑法对此虽然没有明文规定，但在司法实践中往往还是予以考虑的，例如义愤杀人一般都视为情节较轻的杀人罪而适用较轻的法定刑。心理学研究表明，处于激情状态下，人的认识活动的范围往往会缩小，人被引起激情体验的认识对象所局限，理智分析能力受到抑制，控制自己的能力减轻，往往不能约束自己的行为，不能正确地评价自己的行动的意义及后果。[②] 申言之，在激愤犯罪的情况下，犯罪人由于外部刺激而在一定程度上丧失了意志自由，因而表明犯罪人的主观恶性较小，应予从宽处理。总之，犯罪人的意志自由程度对于主观恶性的大小具有决定意义，因而制约着犯罪人的刑

① ［意］菲利：《实证派犯罪学》，郭建安译，11 页，北京，中国政法大学出版社，1987。

② 参见曹日昌主编：《普通心理学》，2 版，下册，69 页，北京，人民教育出版社，1980。

事责任大小，最终影响量刑。

犯罪人的人身危险性是对犯罪人量刑时应当考虑的另一个重要因素，是刑罚个别化的根据。意志自由与人身危险性的关系是一个复杂的问题，因为人身危险性理论往往是建立在否定意志自由的基础之上的，但我认为，意志自由与人身危险性还是具有紧密关联的，对此有必要从理论上加以论述。根据我国刑法规定，累犯与惯犯都应从重处罚。刑法理论上一般认为，对累犯与惯犯从重处罚的根据在于人身危险性较大，似乎与意志自由无关。尤其是在犯罪学上认为累犯、惯犯的犯罪心理在多次犯罪活动中逐渐受到强化，形成了犯罪习癖，养成了犯罪人格，对其所犯罪行具有重复性和习惯性，难以控制本人的犯罪欲念。在这种情况下，犯罪人似乎丧失了意志自由。但在实际上，正如亚里士多德指出，行为人应对这种习性负责，因为这种习性的养成是行为人放任对自己欲望控制的结果，它是以意志自由为前提的。同时，正因为犯罪人格化，形成了犯罪习癖，易于重犯，难以矫正，所以应当予以从重处罚。与此相反，根据我国刑法规定，中止与自首都应从轻处罚。犯罪中止是在犯罪过程中，犯罪人能够将犯罪进行到底而自动中止犯罪或者能够造成预期中的犯罪结果而自动有效地防止犯罪结果的发生。由此可见，自动性是犯罪中止的重要特征，而这种自动性就是指犯罪人基于意志自由的选择而中止了犯罪。正如我国刑法学界有人指出，在这种情况下，犯罪人是出于自己的自由意志而自动、彻底地放弃原来犯罪的意图，打消犯罪的念头。[①] 因此，中止犯的人身危险性较小，这就是对中止犯从宽处罚的根据。在自首的情况下也是如此，自首是指犯罪人在犯罪以后，自动投案，主动交代罪行，接受司法机关审查与裁判的行为。自首是一种自动投案，与被动归案有所不同。自动投案，正如我国刑法学界有人指出的那样，无论情况有何差异，从根本上来说，都是犯罪人基于自己的自由意志选择的一项行为。[②] 因此，自首犯的人身危险性较小，这正是对自首犯从宽处罚的根据。由此可见，在累犯与惯犯的情况

① 参见徐逸仁：《故意犯罪阶段形态论》，199 页，上海，复旦大学出版社，1992。

② 参见周振想：《自首制度的理论与实践》，66 页，北京，人民法院出版社，1988。

下，犯罪人形成犯罪人格，在一定程度上丧失了选择合法行为的意志自由，而这种情况的发生又是犯罪人自身意志自由的结果，因而表明犯罪人的人身危险性较大。而在中止与自首的情况下，犯罪人基于意志自由，自动停止犯罪或者自动投案，因而表明犯罪人的人身危险性较小。显然，意志自由对于考察人身危险性程度从而正确地对犯罪人量刑具有重要意义。

（本文原载《法律科学》，1993（5））

论人身危险性及其刑法意义

人身危险性是刑法理论中的一个重要范畴，它的出现，标志着刑法理论的一场革命，因而具有十分重要的意义。在我国刑法学界，以往对人身危险性尚缺乏深入研究，虽然在论述刑罚个别化时偶有涉及，但给人以浅尝辄止之感，未能从犯罪本体的意义上予以把握，这不能不说是一种缺憾。本文拟对人身危险性问题进行一些理论上的探究，以此就正于我国刑法学界。

一

人身危险性是随着刑事实证学派的崛起而产生的一个概念。刑事古典学派关注的是犯罪行为而非犯罪人，只有刑事实证学派才将理论的触须伸向犯罪人，从而完成了由犯罪行为向犯罪人的划时代的转变。人身危险性，正是作为犯罪人的一种特征而被揭示的，并且建立在“应受惩罚的不是行为，而是行为人”这样一个命题上。1910 年，国际刑法学家联合会的创始人之一、社会学派思想的拥护者普林斯指出：“这样一来，我们便把以前没有弄清楚的一个概念，即犯罪人的社会危险状态的概念，提到了首要的地位，用危险状态代替了被禁止的一定行为的专有概念。换句话说，孤立地来看，所犯的罪行可能比犯这种罪的主体的危险性小。如果不注意主体固有的特性，而对犯这种违法行为的人加以惩罚，就可能是完全虚妄的方法。”① 这里所谓犯罪人的社会危险状态就是指人身危险性。

人身危险性作为犯罪人的人身特征，往往被理解为某种犯罪倾向性。意大利著名刑法学家加罗法洛在《危险状态的标准》（1880 年）一书中就把这种危险状态视为某人变化无常的、内心所固有的犯罪倾向。意大利著名刑法学家龙勃罗梭则把这种具有犯罪倾向的人称为天生犯罪人，从生物学的角度阐述犯罪人的人身特征，认为这种人虽然尚未实施犯罪行为，但由于他们基于遗传或体态等方面的原因，而已经具有了犯罪的倾向。此后，菲利也用天生犯罪人的概念来表示这种具有犯罪倾向的人。菲利认为：“说一个人是天生犯罪人，是指他具有某种天生的退化现象，使其倾向于犯罪。”但菲利同时认为，“一个人或许有天生的犯罪倾向，但他如果处在良好的环境之中，就有可能到死也不违犯任何刑法条文及道德信条”②。显然，菲利所称天生犯罪人，主要是就犯罪的生物学因素而言的，如果把纯生物学的内容从天生犯罪人这一概念中剔除，那么，所谓天生犯罪人无非就是指人身危险性较大的犯罪人而已。

由于刑事人类学派过分强调犯罪人的生物学特征，引起人们的指责与非难。后来，刑事社会学派注意从社会方面寻找犯罪人的犯罪原因，人身危险性的表征也由纯生物学向社会学转变。例如菲利在《法国犯罪研究》（1881 年）一书中，用三种自然类别对所有以前曾被以零碎、不完整的类别表述过的犯罪原因进行了分类，提出：“考虑到人类行为，无论是诚实的还是不诚实的，是社会性的还是反社会性的，都是一个人的自然心理机制和生理状况及其周围生活环境相互作用的结果，我特别注意犯罪的人类学因素或个人因素、自然因素和社会因素。”③ 作为这种犯罪原因的表征的是以下三个方面的因素：（1）人类学因素。犯罪人个

---

① ［苏］A. H. 特拉伊宁：《犯罪构成的一般学说》，薛秉志等译，22～23 页，北京，中国人民大学出版社，1958。

② ［意］菲利：《实证派犯罪学》，郭建安译，40～41 页，北京，中国政法大学出版社，1987。

③ 转引自［意］菲利：《犯罪社会学》，郭建安译，41 页，北京，中国人民公安大学出版社，1990。

人所具有的人类学因素是犯罪的首要条件。如果对犯罪人从生理、自然和社会三个方面进行研究，我们可以将人类学因素分为三个次种类：1）犯罪人的生理状况，包括颅骨异常、脑异常、主要器官异常、感觉能力异常、反应能力异常和相貌异常及人身等所有生理特征。2）犯罪人的心理状况，包括智力和情感异常，尤其是道德情感异常，以及犯罪人的文字和行话等。3）犯罪人的个人状况，包括种族、年龄、性别等生物学状况和公民地位、职业、住所、社会阶层、训练、教育等生物社会学状况。(2）犯罪的自然因素。犯罪的自然因素是指气候、土壤状况、昼夜的相对长度、四季、平均温度和气象情况及农业状况。(3）犯罪的社会因素。犯罪的社会因素包括人口密度、公共舆论、公共态度、宗教、家庭情况、教育制度、工业状况、酗酒情况、经济和政治状况、公共管理、司法、警察、一般立法情况、民事和刑事制度等。菲利对犯罪原因的这种三元论，在一定意义上可以被认为是对犯罪人的人身危险性的表征的描述。

综上所述，人身危险性在刑事古典学派那里没有地位，它是刑事实证学派所竭力主张与推崇的一个概念，在某种意义上也可以说是刑事实证学派的中心思想。当然，人身危险性在刑事人类学派与刑事社会学派中意蕴有所不同：刑事人类学派强调犯罪人的生物学因素，因而人身危险性更多的是奠基于犯罪人的生物学因素的。刑事社会学派则强调犯罪人的社会学因素，因而人身危险性是建立在对犯罪人的生物学、社会学的综合分析之上的。尽管如此，刑事人类学派与刑事社会学派在人身危险性这一点上是一脉相承的，从而构成区别于刑事古典学派的根本标志。

二

关于人身危险性的概念，我国刑法学界一般将其界定为再犯可能性。例如有人指出："所谓人身危险性，指的是犯罪人的存在对社会所构成的威胁，即其再犯罪的可能性。"[①] 还有人指出："什么是犯罪人的人身危险性？一般来说，就是

① 邱兴隆、许章润：《刑罚学》，259页，北京，群众出版社，1988。

指犯罪人再次犯罪的可能性（即再犯可能性），它所表现的是犯罪人主观上的反社会性格或危险倾向。”[①] 毫无疑问，再犯可能应当被涵括在人身危险性这一概念之内。但是我认为，人身危险性并非再犯可能的同义语，除再犯可能以外，人身危险性还包括初犯可能，在这个意义上说，人身危险性是再犯可能与初犯可能的统一。

为什么说人身危险性包括初犯可能？人身危险性之所谓人身，是指犯罪人之人身，再犯可能的主体是犯罪人，因而把再犯可能视为犯罪人的人身危险性是完全应该的。而初犯可能的主体是犯罪人以外的其他人，这些人的犯罪可能性怎么能归结为犯罪人的人身危险性呢？这里需要解释。菲利经常把防治犯罪与防治疾病相类比，指出：“我们可以说，在社会生活中，刑罚与犯罪的关系和医药与疾病的关系一样。”[②] 菲利在抨击刑事古典学派时还指出：“这种否认一切基本常识的刑事司法制度，竟使聪明人得出这种结论，他们忘记了罪犯的人格，而仅把犯罪作为抽象的法律现象进行处理。这与旧医学不顾病人的人格，仅把疾病作为抽象的病理现象进行治疗一样。古代的医生并不考虑病人的营养状况好坏、年纪大小、身体强弱以及神经状况如何。他们把发烧当做发烧治，把胸膜炎当做胸膜炎治。但现代医学宣称，研究病症必须从研究病人入手。同样的疾病，如果病人的情况不同，可以用不同的方法进行治疗。”[③] 根据菲利的这一类比，病人的人格，实际上是从治疗角度来说的，影响到治疗措施及其效果，因而应予考虑。否则，无法治愈。在这个意义上，我们可以把这种病人的人格视为再犯可能。但是，在治病的时候，不仅要考虑这种病人的人格，而且要考虑病患对其他人的影响，这就是有无传染之可能，对于传染病应当采取格外的隔离措施。这种病患的传染性可能导致他人生病，可以说是一种初犯可能。在犯罪问题上也是如此。一个人犯了罪，不仅本人具有再犯可能，而且犯罪人作为一种犯罪源，对于其他人也会发生这种罪之感染。在犯罪学中，有一种分化性联想（Differential Association）理

① 王勇：《定罪导论》，83 页，北京，中国人民大学出版社，1990。
② ［意］菲利：《实证派犯罪学》，郭建安译，47 页，北京，中国政法大学出版社，1987。
③ ［意］菲利：《实证派犯罪学》，郭建安译，40 页，北京，中国政法大学出版社，1987。

论，是美国著名犯罪学家埃德温·H. 萨瑟兰提出的，其核心命题是不良交往论。萨瑟兰认为，犯罪总与不良交往有关，它和任何复杂行为一样，在实施以前得有一个学习过程。萨瑟兰根据巴甫洛夫的经典条件反射原理，认为个体可以区别各种对他起作用的刺激；经过对区别出的某种刺激的多次尝试后，该种刺激便会与有机体的某种反应建立联想，形成分化性反应。所以，犯罪行为的学习过程，就是一种个体对某种刺激建立特定反应的过程；犯罪行为的学习，仅仅依赖于刺激和反应在时间和空间上的接近性。[①] 萨瑟兰的研究，充分揭示了犯罪的习得性，因而表明了犯罪的传染性。初犯可能正是这种犯罪的传染性的表现，因此，它应该属于犯罪人的人身危险性的范畴。

我国刑法学界除把初犯可能排斥在人身危险性的范畴之外，在人身危险性的内容上认识也不尽一致。尽管都将人身危险性定义为犯罪人的再犯可能性，但如何确定犯罪人的人身危险性的范围，存在两种观点：第一种观点认为，犯罪人的个人情况是测定犯罪人再犯可能性即人身危险性的根据，这里的犯罪人的个人情况主要包括犯前情况、犯中情况与犯后情况。[②] 还有人指出："犯罪人的人身危险性并非像资产阶级人类学派所说的那样，是指某些人与生俱来的一种反社会的性格，而是指由犯罪人的年龄、心理、生理状况、个性气质、经历、道德观念、教育程度、犯罪前的表现、犯罪后的个人态度等一系列个人情况所决定的再次犯罪的可能性。所以，考察犯罪人人身危险性的有无与大小，必须从考察犯罪人的个人情况入手。"[③] 第二种观点认为，犯罪者的个人情况，主要是那些能够对刑罚特殊预防作用的发挥产生影响的情况。根据我国刑事法律的规定，结合司法实践的经验，参照国外的立法情况，犯罪者的个人情况应包括以下几类：（1）人身危险性，即罪犯再次犯罪的可能性。犯罪行为是罪犯人身危险性的直接体现，但犯罪者的一些个人情况也能够反映其人身危险性的强弱，这主要包括罪犯是偶犯还是累犯、是一般累犯还是特殊危险累犯、对所犯罪行的认识和态度（是否坦

① 参见沈政主编：《法律心理学》，207 页，北京，北京大学出版社，1986。
② 参见邱兴隆、许章润：《刑罚学》，259 页，北京，群众出版社，1988。
③ 周振想：《刑罚适用论》，194 页，北京，法律出版社，1990。

白、悔罪、自首等)、犯罪者的一贯表现等。(2）年龄和性别，据此可将罪犯分为未成年犯、青年犯、壮年犯、老年犯、男犯和女犯。(3）犯罪者的世界观和政治思想、知识和道德水平、人格（性格、气质、能力）和心理特点等。(4）犯罪者的犯罪原因、生活经历、社会家庭关系等。所有这些犯罪者个人情况，根据其对刑罚影响作用的不同，又可分为两大类：第一类是犯罪者人身危险性，主要对刑罚处罚的轻重起作用；其余三种情况为第二类，属于犯罪者个人的一般情况，主要对刑罚怎样具体教育改造罪犯起作用。① 此后，论者又将第二类犯罪者个人的一般情况称为犯罪人的个人中性特性，并且强调个人中性特性并不对刑事责任的轻重从而对刑罚的轻重产生任何影响，但是在适用刑罚的过程中，犯罪人的个人中性特性，对于采取怎样的具体方式方法教育和改造犯罪人有着不可忽视的意义和作用。② 我认为，第二种观点在犯罪者个人情况中区分出个人中性特征，并非毫无道理。因为某些个人情况本身并不具有反社会性质，而只是一种中性特征。但把这些因素与人身危险性并列起来，却难以苟同。因为这些因素正是作为测定人身危险性的根据而存在的，可以说是人身危险性的表征。离开了这些因素，人身危险性就成为一个空洞无物的概念。论者之所以将这些个人中性特征从人身危险性中剔除，究其原委大概就是因为这些个人特征是中性的，而人身危险性则是具有反社会性质的，因而两者难以相容。我认为，这是对人身危险性的一种误解。因为人身危险性不同于社会危害性，社会危害性是基于报应，是对已然之罪的一种否定的政治与法律的评价，根据个人责任论，应当受到刑罚惩罚。而人身危险性是基于预防，是犯罪人的一种未然行为之可能性。已然的犯罪行为作为人身危险性的表征，固然含有反社会性，但个人中性特征作为人身危险性的表征，却未必含有反社会性。因为人身危险性是根据社会责任论而成为刑罚的基础。而且，那种认为犯罪者个人中性特征只影响刑罚执行方法，而不影响刑罚轻重的观点也是不能成立的。这些所谓犯罪者个人中性特征是人身危险性的表征，

① 参见曲新久：《试论刑罚个别化原则》，载《法学研究》，1987（5）。

② 参见曲新久：《试论刑法学的基本范畴》，载《法学研究》，1991（1）。

而犯罪人人身危险性的大小，表明了犯罪人改造的难易程度。因此，犯罪人的人身危险性大，也就意味着改造起来比较困难，改造所需的时间就长，与之相适应，所处的刑罚也应重一些。反之，犯罪人的人身危险性小，也即意味着改造起来比较容易，改造所需时间就短，与之相适应，所处的刑罚也应轻一些。

总之，我认为人身危险性是指犯罪可能性，属于未然之罪。这里的犯罪可能性，既包括再犯可能性即犯罪人本人再次实施犯罪的可能性，又包括初犯可能性即犯罪人以外的其他人主要是指潜在的犯罪人的犯罪可能性。这一人身危险性的概念虽然与传统意义上的人身危险性有所不同，但我认为这一概念更能科学地反映未然之罪的本质，在通过对传统的人身危险性的概念进行重新界说的基础上完全可以使用。

三

如何评价人身危险性？这是一个复杂的问题。社会主义国家的刑法学家曾经对人身危险性理论持完全否定的态度。例如苏联著名刑法学家 A. H. 特拉伊宁指出："人类学者们把犯罪人置于时间和空间之外，把犯罪人看成是任何时间和任何条件下都注定要犯罪的某种生物学上的个体。在这种理解下，犯罪行为就丧失了它的决定性的意义，就不再是犯罪的'核心'了。犯罪行为便只具有次要的意义，即证明人生来有犯罪天性的那种外部征候的意义。因此，人类学者们容许对没有实施具体犯罪的人适用刑事制裁。"[①] 特拉伊宁对刑事人类学派的评价虽然不无道理，但也存在明显的偏颇，从而导致对人身危险性的彻底否定。苏俄刑法学界虽然肯定刑罚个别化原则，但对于作为刑罚个别化原则的根据的人身危险性却躲躲闪闪，羞于承认。苏俄刑法学家指出：刑罚个别化就其最基本的内容而言，是指在具体适用刑罚处罚犯罪人时，应根据犯罪人的个人情况，有针对性地

---

① ［苏］A. H. 特拉伊宁：《犯罪构成的一般学说》，22 页，北京，中国人民大学出版社，1958。

适用相应的刑罚，以期更有效地教育改造罪犯．实现刑罚特殊预防之目的。[①] 这里所谓犯罪人的个人情况实际上就是犯罪人的人身危险性，有的苏俄刑法学家认为这些个人情况影响着犯罪和犯罪人的社会危害性质和程度。因此，在它们的总和中，不考虑这些特点和情况，就不可能正确解决关于犯罪人的性质和责任的范围问题。[②] 在此，苏联学者把个人情况界定为对犯罪和犯罪人的社会危害性质和程度具有影响的因素，实际上是把作为已然之罪的犯罪行为的社会危害性与作为未然之罪的犯罪人的人身危险性混为一谈了，在逻辑上给人以杂乱的感觉，理论的发展脉络也未理清。

在我国，人身危险性从来就遭受非难。例如，我国权威的刑法教科书指出："刑事人类学派是以'天生犯罪人'来代替犯罪行为，刑事社会学派则是以人的'危险状态'来代替犯罪行为。他们就是这样把犯罪构成的学说变成了'犯罪人'的学说。他们拒绝和否认把法律确切规定的犯罪构成当做刑事责任的基础。不难看出，这样的理论是为帝国主义资产阶级破坏法制、加强镇压劳动人民服务的。这些理论为资产阶级法院的专横和任意制裁大开方便之门。为资产阶级施行恐怖政策提供理论根据。"[③] 显然，这是一种贴政治标签的做法，其结论难免武断。后来，我国刑法学界在探讨刑罚个别化的过程中，提出了人身危险性问题，并予以肯定，例如有人指出：长期以来，我国刑法理论界未对刑罚个别化原则进行过专门探讨，究其原因，其中很重要的一点就是，认为刑罚个别化原则是以人身危险性为理论根据的刑罚原则，而我国刑法理论界长期以来对人身危险性问题讳莫如深，因而怀疑甚至于否定刑罚个别化原则。[④] 现在，人身危险性的概念已经得到我国刑法学界的普遍重视，问题是要对犯罪人的人身危险性作出恰当的评价。

我认为，犯罪人的人身危险性是客观存在的，它准确地揭示了犯罪人的特性，因而是科学的。那种否认犯罪人的人身危险性的观点是难以成立的。即使是

---

① 参见陈明华：《当代苏联东欧刑罚》，237 页，北京，中国人民公安大学出版社，1989。

② 参见陈明华：《当代苏联东欧刑罚》，236 页，北京，中国人民公安大学出版社，1989。

③ 高铭暄主编：《刑法学》，2 版，94 页，北京，法律出版社，1984。

④ 参见曲新久：《试论刑罚个别化原则》，载《法学研究》，1987（5）。

不存在人身危险性这一概念，也是用诸如犯罪人的个人情况之类的概念表达着同一内容。当然，我们谈论犯罪人的人身危险性并不是要将其绝对化，尤其不能把它与犯罪行为的社会危害性割裂开来。如果离开犯罪行为的社会危害性谈人身危险性，确实会出现主观擅断与破坏法制的现象。因此，应当在社会危害性的前提下谈人身危险性，把社会危害性与人身危险性在一定的基础上统一起来。

四

人身危险性在刑法中的意义，以往多从量刑上考虑，其实这是片面的。我认为，人身危险性应当贯穿整个刑事法律活动的始终，在立法、定罪、量刑和行刑过程中同时予以重视。

从刑事立法上来说，确定犯罪的时候，主要考虑的是行为的社会危害性。只有那种社会危害性达到一定严重程度的行为，立法者才会将其规定为犯罪。但是，这并非意味着人身危险性在刑事立法中毫无意义。首先，刑事立法应当对人身危险性内容之一的再犯可能予以特别关注。这主要表现为对犯罪人的规定进一步类型化，从而加强刑事立法的针对性。我国刑法规定的累犯从重制度与自首从宽制度，其理论根据就是犯罪人的人身危险性。犯罪人在法定期限内又犯新罪，说明其人身危险性较大，因而应予从重处罚；犯罪人在犯罪以后投案自首，说明其人身危险性较小，因而应予从宽处罚。当然，在这方面，我国刑事立法也还存在不足之处。例如，在犯罪人中，除累犯具有较大的人身危险性以外，惯犯具有更大的人身危险性。但我国刑法仅在刑法分则条文中有四个条款规定了惯犯，在刑法理论中则将惯犯作为罪数问题进行研究。我认为，惯犯应当作为一种犯罪人的类型，在刑法总则中加以规定，进一步明确惯犯的构成条件，加强与惯犯作斗争。在这一问题上，外国的一些立法例值得我们借鉴。其次，刑事立法还应当对人身危险性另一内容的初犯可能予以高度重视。这主要表现为刑法应当根据社会治安形势进行必要的调整。同时，在规定法定刑的时候，应当设置一定的幅度，以便在司法实践中考虑初犯可能的因素。总之，刑事立法虽然以考虑社会危害性为主，但必须同时兼顾犯罪人的人身危险性。

从定罪上来说，已然之罪的社会危害性是定罪的主要根据，但未然之罪的人身危险性也应是定罪的重要根据。关于人身危险性能否成为定罪根据，我国刑法学界存在两种观点：肯定说认为，组成犯罪构成要件的各因素都在一定程度上体现着犯罪的社会危害性和犯罪人的人身危险性，两者是相互统一的，不可予以绝对分割。那种把社会危害性和人身危险性割裂开来，认为犯罪构成要件只体现犯罪的社会危害性，而不表现犯罪人的人身危险性，从而认为行为人人身危险性因素对定罪不发生作用的观点是不妥当的。不但作为犯罪构成要件的因素，如犯罪的故意等，体现了犯罪人的人身危险性，而且一般情况下不是犯罪构成要件的体现了行为人人身危险性的因素，如一贯表现、事后态度等，也可能在特定条件下影响犯罪构成的要件，从而对定罪发生作用。[①] 否定说则认为，按照"应受惩罚的是行为，而惩罚的是行为人"的原理，"应受惩罚的是行为"是指定罪对象只能是行为，其评价的核心是社会危害性，刑事责任之所以能够产生，就在于行为的社会危害性达到了犯罪的程度。"惩罚的是行为人"是指适用刑罚的对象是犯罪人，犯罪人是刑罚的承担者，其评价的核心是人身危险性，适用刑罚的目的在于预防犯罪人再次犯罪。因此，人身危险性只能是量刑根据，而不能与社会危害性并列为定罪根据。[②] 在上述两种观点中，我同意肯定说。人身危险性作为定罪根据主要是通过犯罪构成的评价要件体现出来的。苏联著名刑法学家库德里亚夫采夫指出：这些要件的内容在很大程度上取决于运用法律的法律工作者的法律意识，同时考虑刑法的要求和具体案件的情节。这些可变要件更接近于侦查机关、检察机关和法院所评价的变化着的情况，所以可有条件地称它们为评价要件。例如，在刑法典许多条文中使用"严重后果""重大损失""巨额"这些概念，都是评价的概念。[③] 应该说，这种评价要件在我国刑法中是广泛地存在着的，许多犯

① 参见王勇：《定罪导论》，89～90 页，北京，中国人民大学出版社，1990。

② 参见曲新久：《试论刑法学的基本范畴》，载《法学研究》，1991（1）。

③ 参见［苏］B. H. 库德里亚夫采夫：《定罪通论》，李益前译，141、144 页，北京，中国展望出版社，1989。

罪都以“情节严重”或者“情节恶劣”作为构成犯罪的条件，这就是十分典型的评价要件。在认定“情节严重”或者“情节恶劣”的时候，无疑应当考虑犯罪人的人身危险性。凡是犯罪人的人身危险性较大的，可以认为其行为属于“情节严重”或者“情节恶劣”因而构成犯罪，反之则不构成犯罪。更为重要的是，我国刑法第 10 条的但书规定：“但是情节显著轻微危害不大的，不认为是犯罪。”这是对犯罪的一个否定式的评价要件，我国刑法学界一般认为，应当根据行为的手段、后果、动机目的，以及行为人的个人情况等判断是否属于情节显著轻微危害不大。[①] 显然，这里的行为人的个人情况属于人身危险性的范畴，它对于犯罪的正确认定具有重要意义。

从量刑上来说，人身危险性更具有直接的现实意义。在某种意义上可以说，离开了对犯罪人的人身危险性的考察，就不可能对犯罪人正确地量定刑罚。在量刑时应当考虑犯罪人的人身危险性，这是各国刑法的通例。例如德国刑法典第 46 条规定：“犯罪人之责任为量刑之基础。刑罚对犯罪人未来社会生活所可期待发生之影响，并应斟酌及之。”这就要求法官于量刑的时候，同时要考虑到“犯罪人之生活经历，其人身及经济的关系”等各种犯罪人的个人情况。意大利刑法典也明确规定，法官于量刑时在斟酌犯罪行为情状的同时，还要斟酌犯罪人下列之个人情况：“一、犯罪之动机及行为人之性格；二、刑事及裁判上之前科及行为人犯罪前之行为及生活状况；三、犯罪时或犯罪后之态度；四、行为人个人、家庭或社会关系。”日本 1974 年修正刑法草案关于刑罚适用一般标准的第 2 项，更明确地规定：“适用刑罚时，必须考虑到罪犯的年龄、性格、经历和环境、犯罪的动机、方法、后果和社会影响，罪犯在犯罪后的态度和其他情由，应该达到有利于遏制犯罪和使罪犯改过自新这个目的。”由此可见，西方国家对量刑原则的表述虽然有所不同，但在量刑时除考虑所犯罪行的社会危害性程度以外，还要参考能够反映犯罪人的人身危险性程度的个人情况，这一点是共同的。在苏联和东欧国家刑法中，也有类似规定。例如 1986 年修订的苏俄刑法典第 37 条中规

① 参见王作富主编：《中国刑法适用》，46 页，北京，中国人民公安大学出版社，1987。

定："法院在量刑时，应当遵循社会主义法制意识，考虑实施犯罪的性质和社会危害程度、犯罪人的身份，以及减轻和加重责任的案件情节。"捷克斯洛伐克刑法典第9条规定："法院在量定刑罚时，应当考虑犯罪行为的社会危害性的程度、有罪人的罪过程度、有罪人的个人特征。"这些规定都表明了犯罪人的人身危险性在量刑中的重要意义。至于我国刑法关于量刑原则的规定是否包含人身危险性的内容，我国刑法学界在理解上不完全一致，但在量刑时应当考虑犯罪人的人身危险性这一点上已经达成共识。因此，在量刑的过程中，除主要依据犯罪的社会危害性程度以外，还应当考虑作为犯罪人的人身危险性的表征的下述个人情况：年龄、性别、家庭、婚姻、职业、文化、气质、性格、道德等，同时参考犯罪人的犯前表现、犯中表现和犯后表现。由于犯罪人的表现不同，其人身危险性程度也有所不同，因而在量刑处遇上也应当体现出一定的差别。此外，治安形势、民愤等反映初犯可能的表征也应在量刑时一并加以考虑。

从行刑上来说，人身危险性具有举足轻重的意义。可以说，行刑就是以消除犯罪人的人身危险性为目的的，因而犯罪人的人身危险性的消长就成为考察行刑效果的根本指数之一。根据我国刑法的规定，缓刑与假释的适用都不能离开对犯罪人的人身危险性的测定。我国刑法第67条规定，只有对"确实不致再危害社会"的犯罪人才能适用缓刑。这里所谓"确实不致再危害社会"，主要是指犯罪人的人身危险性小。我国刑法学界一般认为，对此可以从以下三个方面考察：第一，考察其已然的犯罪状况。包括犯罪的原因、犯罪的动机、犯罪的手段、犯罪的后果等。第二，考察其犯罪前与犯罪后的表现。包括犯罪前是一贯遵纪守法还是染有劣迹，犯罪后是否具有认罪、悔罪表现，如自首、坦白、退赃等。第三，考察其回归社会后的客观生存环境。包括是否有家庭的关心，是否有稳定的工作，是否有一定机关监督等。[①] 在上述因素中，除第一类因素是反映社会危害性以外，其余两类因素都是反映犯罪人的人身危险性的指标。同样，根据我国刑法第73条的规定，只有对"不致再危害社会"的犯罪人才能适用假释。至于如何

① 参见周振想：《刑罚适用论》，350～351页，北京，法律出版社，1989。

确定“不致再危害社会”，1988年11月25日召开的全国法院减刑、假释工作座谈会纪要认为，是指罪犯确已悔罪，劳改期间一贯表现好，不致重新犯罪的；老弱病残丧失作案能力的。这些因素也都是犯罪人的人身危险性小的外在表现，由此可见，犯罪人的人身危险性对于行刑过程中刑罚变更具有重要意义。

（本文原载《法学研究》，1993（2））

论生产力标准及其刑法意义

我国目前正处在改革开放的形势下，整个社会经济利益关系、社会生产关系都处在调整的过程之中，与市场经济相适应的思维方式、价值观念、评价模式正在形成。实践要求我们适应时代的需要，变革刑法观念，重新对定罪量刑的标准作出科学的说明，以便充分发挥刑法在市场经济中的保障作用。我们认为，刑法评价的根本标准应该是看行为同生产力发展的关系，即是否有利于保护和促进生产力发展。

一、生产力标准的科学界定

生产力是人类利用自然、改造自然获得物质生活资料的能力。它反映的是一种人和自然的关系，是人同自然之间进行物质、信息和能量交换的活动，它是整个人类社会产生、存在和发展的基础，直接决定人们在生产过程中结成的各种关系即生产关系，并通过生产关系决定包括刑法在内的上层建筑。刑法的科学性问题其实就是同现实的生产力水平及其发展要求是否一致的问题。刑法既受制约于生产力又反过来为生产力服务，我国刑法的根本任务就在于创造和维护一个适合经济良性运行的外部环境，为经济建设服务，也就是保护和促进生产力的发展，这就要求我们用生产力标准来判断行为之有无社会危害性及其大小。所谓生产力标准，就是把是否有利于生产力发展，作为检验、判断、衡量行为罪与非罪的根本标准及罪行大小的基本依据。凡是符合我国现实生产力水平的要求，能够促进生产力发展的，都是有利于社会的，是我们应该支持和鼓励的，而不管它和我们传统的价值标准是多么的矛盾。反之，凡是同我国现实生产力水平不相适应，从而归根结底阻碍生产力发展的行为都是我们必须否定的，应该认为具有社会危害性，严重的要予以刑事惩治。

生产力标准主要通过以下四个具体的标准体现出来。

（一）改革开放的标准

改革就是解放生产力，我们要发展生产力，对内改革对外开放是必由之路。改革开放需要一个安定的社会环境、高效廉洁的政府机构，并要保持民族的尊严和荣誉。现实中那些贪污贿赂、徇私枉法、杀人抢劫、卖淫嫖娼等行为，不仅破坏了社会安定，毒化了社会空气，而且败坏了我国的国际声誉，究其实，是对改革开放的阻挠和破坏，因而也是对生产力发展的破坏，具有极大的社会危害性。

（二）发展经济的标准

我国的生产力整体水平、经济实力同发达国家的相比还存在较大差距，紧紧抓住经济建设这个中心不放，尽快缩小和消除这种差距是我国目前以及将来相当长时间内的头等大事。刑法是维护社会秩序、促进社会进步的重要保障，当我们在对某一行为、某一现象作刑法上的评价的时候，也必须紧紧抓住经济建设这个中心。凡是从根本上、整体上不利于发展经济的，就应该给予否定的刑法评价。

在定罪量刑过程中贯彻发展经济的标准是我国刑法本质作用的要求。近年来，以是否有利于发展经济作为对行为进行评价的重要标准的思想，已经得到了刑法学界的广泛认同，例如对不正当竞争行为予以犯罪化，对流通领域中一些显然有利于发展生产、搞活经济的行为予以非犯罪化，都是发展经济的标准在刑法评价中的体现。

（三）科技进步的标准

科学技术是第一生产力，因为它是同劳动者素质的提高、生产工具的改进、劳动对象范围的扩大联系在一起的。科学技术的进步和被利用，能够大大提高劳动生产率。尤其是在科学实验从生产实践中独立出来成为一种独立的实践形式以后，科学技术越来越成为发展生产力的决定因素。刑法要保护生产力的发展，就必须保护和促进科技的进步。刑法在保护和促进科技进步中的作用在于：(1) 保护科技活动的顺利进行。挪用科研资金，损毁、窃取、挪用科研器材，阻挠、干扰科研活动等行为，都是刑法明令禁止的。(2) 保护科研成果。对于情节严重的各种形式的盗窃、剽窃、假冒商标、专利、技术秘密的行为，都应该定罪判刑，严加禁止。(3) 保护科研人员的正当权益。在对待科研人员提供劳务收取劳务费的罪与非罪问题上，我们一定要持十分审慎的态度，把科研人员处分非职务发明创造和职务发明创造的行为区分开来，把收取合理报酬的行为和贪污、受贿区分开来，以保护科研人员的合法权利，促进科研成果转化为现实生产力。

（四）公平竞争的标准

生产力是和效率联系在一起的。劳动效率提高了，单位时间内创造的有用劳动就会增加，生产力也就发展了。竞争是效率的源泉，而竞争又必须建立在公平的基础之上。公平不仅仅是结果上的公平，更重要的是一种机会上的均等。它要求以法律的手段建立一个公平、正义的竞争环境，使每一个人都有机会以平等的主体资格进入市场参与竞争，平等地取得信息、原材料、劳务、市场等为自己谋利益。公平不是平均主义（虽然它也允许人们在收入上的合理差距，反对贫富悬殊），它主要的特点在于要求分配上的合理性、规范性和有序性，要求等量劳动能够换来等量的报酬。刑法是创造公平、维护公平的重要工具，其创制和实施都必须体现存在于人民大众中的与一定生产力发展阶段相一致的公平的观念，以此规范市场经济中的各种行为。

二、生产力标准与刑法观念的变革

生产力标准的提出，是我们在刑法功能、犯罪本质、刑罚目的等问题认识上的一次飞跃，是我国刑法走向成熟的重要标志。

（一）生产力标准必然带来犯罪观的变革

犯罪的本质特征是社会危害性。对于社会危害性的理解，长期以来，我们注重的是它的政治属性与阶级属性，而忽视了犯罪的社会属性与经济属性。其实，行为的有害性在于它的违反规律性，而社会发展的一切规律又都是由生产力决定的，它的存在和起作用是依赖于一定的生产力水平的，因此，行为的社会危害性首先指的就是它同生产力发展要求的相悖性。

我们必须把是否有利于生产力发展，是否有利于增强综合国力，是否有利于提高人民生活水平作为刑法中判断行为有害无害的根本标准。

在对行为作有无社会危害性的社会政治评价时，必须始终一贯地牢牢把握生产力标准，这是我们应当坚持的原则。但是，我们又不能将生产力标准绝对化、孤立化，要明确生产力标准是根本标准但并不是唯一的标准。这是因为：（1）犯罪的本质特征在于它的反社会性、对统治阶段赖以生存的统治秩序的破坏性。（2）社会生活是复杂多样的，从横的方面可以分成不同的领域，在纵的方面可以分成不同的层次，每一领域、每一层次都有与其独有特征相适应的评价标准。尽管这些评价标准都直接或间接地、或多或少地受到生产力标准的制约，但其相对独立性却是客观存在的。社会生活一般可分为政治的、经济的、文化的、道德的几个层面，各个层面由于其着重点不同，也有其特殊的评价标准。比如，在政治层面上的评价标准为是否有利于民主和法制建设，经济层面上为是否有利于发展生产、繁荣经济，文化层面上为是否有利于科技进步，道德层面上为是否有利于精神文明建设。这其中只有在经济领域中，生产力标准体现得比较直接，而在其他领域都只有间接的体现。（3）生产力标准是与其他标准相结合而起作用的。社会关系是复杂的，同一客体可能体现着多重的社会关系，我们在认定某种行为是否构成犯罪的时候，不仅要看其是否有利于发展生产，还要从政治的角度观察其是否有利于政治稳定、是否有利于政策方针的执行，还要从刑法的角度评价其是否具有刑事违法性和刑罚的不可避免性，还要从道德要求、大众情感角度分析其是否具有合理性，等等。如果离开这些政治的、经济的、法律的等等标准来孤立地谈生产力标准，生产力标准就会变成空洞的、没有实际内容的东西，就会带有极大的主观随意性，其最终结果是破坏生产力的发展。

为了在刑法领域中正确贯彻生产力标准，还必须正确理解生产力标准与经济标准的关系问题。无疑，生产力标准和经济标准的关系是十分密切的，可以说生产力标准主要就是经济标准，这是因为经济活动所反映的正是人们以自己的劳动获取使用价值的能力，生产力发展则经济也跟着发展，经济停滞甚至倒退则表明生产力的发展受到阻碍。但是我们切不可将生产力标准和经济标准等同起来。主要理由在于：第一，经济有宏观和微观之分、眼前和长远之别。从局部看有利于发展经济的行为，从一个国家的全局来看则未必有利。生产销售伪劣产品，以行贿等手段弄到紧俏物资，用造谣中伤、垄断经营等手段推售产品，为了眼前利益不惜破坏生态平衡、造成环境污染等等行为，从个别单位、局部地区看有可能是能够提高效益、发展经济，但这却是以牺牲其他地区、其他单位或者广大民众的长远利益为代价的，对生产力的发展有百害而无一利。第二，生产力是一个系统，经济只是其中的一个因素。从生产力本身的内在结构看，它是劳动者、劳动资料和劳动对象的有机统一，而劳动者又是其中最为重要的因素。如果只注意到劳动资料和劳动对象这些“物”的因素而忽视了对劳动者素质的提高以及积极性和创造性的发挥，那是舍本逐末。从生产力的外在环境来看，它又和生产关系、上层建筑甚至自然条件构成一个更大的系统。上层建筑的刑法通过对生产关系的调整促进生产力发展，也通过对环境的保护性规定防止各种破坏环境的犯罪行为，为经济的长期稳定发展服务。第三，生产力标准是经济效益和社会效益的统一。社会主义的国家性质决定了它并不追求单纯的经济效益，而是把提高经济效益作为提高社会发展水平和人民生活水平的手段，经济效益只是我们追求的一个方面，尽管是一个很重要的方面，但却不是全部。

（二）生产力标准必然带来刑罚观的变革

刑罚的目的是报应还是预防，这在中外刑法史上都是一个争论不休的问题。其实，报应和预防是统一的，可以说是一体之两面。就犯罪行为而言刑罚是报应，对行为人今后的行为以及行为人以外的社会成员则是预防。但是报应和预防都只是刑罚的直接目的，刑罚的根本目的在于保护生产力的发展。通过刑罚的报应性，使遭到破坏的、为生产力发展所必需的社会秩序得以恢复；利用刑罚的预防性，使广大群众自觉约束自己的行为不致触犯法律。因此，理解刑罚的属性及目的，都不能脱离生产力标准，只有引入生产力标准，刑罚观才能进一步科学化。

生产力标准还要求我们十分重视刑罚的经济性，全面衡量刑罚对社会的利弊得失，注重刑罚的社会效果。因此，生产力标准对于刑罚的创制与适用具有重要意义。根据生产力标准，在创制与适用刑罚的时候，应当注意：(1) 对破坏市场经济正常运行的行为应当从重处罚，尤其是对那些损害国家和人民利益的非法经济行为应当予以严厉的惩治。(2) 对各种形式的破坏正常生产秩序的行为应当适当从重。这里的生产秩序既包括公有制经济的生产秩序也包括非公有制经济（包括私营经济、外资经济）的生产秩序。(3) 刑罚的轻重应当同该行为对生产发展的破坏相适应，注重犯罪行为的经济侵害结果对刑罚适用的影响。(4) 扩大罚金刑的适用范围。罚金刑作为对犯罪人的一种经济惩治手段，既可以剥夺犯罪人通过非法途径获取的不义之财，又可以消除其利用经济条件再犯罪的能力，因而是一种有效的惩治方式，应当扩大适用范围，提高适用率。(5) 对虽然犯罪但对经济发展十分必要的被告人可以适当从轻处罚，在符合法定条件的情况下尽可能适用缓刑，以便使其能够利用一技之长为经济建设服务。

三、生产力标准与刑事立法

刑事领域的生产力标准，是通过刑事立法和刑事司法两个环节来实现的，其中刑事立法又是刑事司法的前提和基础。我国现行刑法（1979 年刑法，下同）从总体上说是反映人民的利益和愿望的，也注意到了对生产力发展的保护和促进。也就是说，生产力标准在现行刑法中有一定程度的体现。但由于我国现行刑法产生于排斥市场经济的年代，它所注重的主要是刑法的政治功能和专政功能，而忽视了刑法应有的经济功能和保障功能。这就造成了我国现行刑法在体现生产力标准、促进经济发展方面的重大缺陷。现在，我国进入了一个改革开放的历史新时期，体现市场经济特点，为经济建设服务已成为刑法的重要使命。用生产力标准来修改和完善我国刑法也成为刻不容缓的时代任务。

（一）要使刑法同我国现实的生产力水平相适应

生产关系一定要适应生产力发展的规律是社会发展的基本规律，生产关系滞后或超前于生产力的现实水平都会对生产力的发展造成损害。刑法以社会关系为调整对象，社会关系的基础和主体是生产关系，刑法的规定必须同生产力发展的现实需要相一致。为了使刑法适应社会主义市场经济的需要，必须：(1) 给予不同所有制性质的经济成分平等的刑法保护。商品是“天生的平等派”，它要求“互相对立的仅仅是权利平等的商品所有者”，市场经济要求每一个商品生产者和经营者都能平等地进入市场，参与竞争、优胜劣汰，将一部分人凌驾于另一部分人之上、在分配上实行平均主义等做法都是和市场经济的要求相背离的。为此，有必要增设以下罪名：破坏企业生产罪、扰乱经营秩序罪、挪用企业款物罪。(2) 放宽对流通领域的限制。有必要修改投机倒把罪，把中介行为、期货交易等予以非犯罪化，废除伪造、倒卖计划供应票证罪。

（二）用刑法手段建立和保护市场经济的正常秩序并保证其健康发展

市场经济必须有健全的法制作为保障，没有法制建设和经济建设的同步发展，没有一个良好的社会秩序、经济秩序，发展经济就无从谈起。民法、行政法、经济法等法律部门在保障市场经济正常运作方面具有重要作用；同样，刑法的作用也不可或缺，它不仅通过自己的禁止性规范和强制性规范，规范人们的行为，同时也是民法、行政法、经济法得到贯彻的坚强后盾。现在，我国的经济体制已经发生变革。刑法在保护市场经济正常秩序方面的空白和社会要求之间出现了严重的不协调，在刑法中增添以下几方面的内容成为发展生产力的必需：(1) 禁止不正当竞争的规定。不正当竞争就是不公平竞争、不公正的商业行为。竞争手段的公平正当，是保持经济活力、维护国家声誉、维护消费者利益的需要，但由于商品经济的本性是追求最大限度的利润，一些企业为了增强本企业产品或劳务在市场上的竞争性，往往不惜采用欺骗、隐瞒、混淆、侵权、偷窃、行贿、诽谤等可能触犯刑法的手段。世界上许多国家都有关于反对不正当竞争方面的立法，对严重的不正当竞争行为，运用刑法制裁。例如《德意志联邦共和国反对不正当竞争法》第15条第1款规定："确实了解企业或他人的营业、其营业者个人或经理、关于他人货物或劳务，但制造或散布能伤害其营业或营业者信誉的非属真实消息的人，处以一年以下徒刑或罚金。"结合外国立法例及我国实际情况，刑法中有必要增设以下罪名：广告欺诈罪，贿赂职员罪，营业诽谤罪，冒用营业标志罪，盗窃、出卖营业秘密罪，盗窃、出卖技术秘密罪，制造、销售伪劣产品罪，垄断价格罪，操纵股市罪。(2) 保护资源的规定。不少地方和企业单纯追求经济效益，不惜污染环境、破坏资源，造成了自然资源的巨大破坏、生态环境的极端恶化。这种做法是不利于发展生产力的。我国刑法中虽有保护资源和环境的规定，还有大量的非刑事的法规、规章，但规定得既不全面，又很零乱，这既不利于刑法的统一实施，也不利于对自然资源的保护。有必要在刑法中单列破坏资源罪一章，对严重污染环境的犯罪实行刑事惩治。(3) 严格保护国有资产的规定。为了使企业成为真正拥有自主权的商品生产者和经营者，简政放权是十分必要的，但这并不意味着企业对社会、国家的责任有所减少，对于国有企业而言，并不意味着对于国家赋予其经营管理的财产有了独立的、绝对的处分权。为防止国有资产流失，有必要增设以下罪名：浪费国有资产罪、挪用公物罪、侵占公物罪，并提高玩忽职守罪的法定刑，降低贪污罪的起刑点。

四、生产力标准与刑事司法

刑事司法的中心工作就是对罪与非罪的认定及其处理，而罪与非罪又决定于社会危害性的有无及大小，用什么来衡量社会危害性的有无及大小呢？其核心是生产力标准。

社会危害性的生产力标准要求我们树立刑事司法为经济发展服务的观点。有利于经济发展的行为也就是有利于生产力发展的行为，破坏经济也就是破坏生产力，这一思想已基本上成为全体刑事司法工作者的共识。但在理解发展经济时，我们必须把握这样两个基本点：一是长远的观点。我国落后的经济文化状况要求我们进行跳跃式的发展，要求我们追求高速度、高效益，但我们同时也需要持续稳定的发展。为了眼前利益而寅吃卯粮，从长远看是对生产力的破坏。二是全局的观点。发展经济是发展全国的经济，发展生产力是指提高全国的生产力整体水平，用损害其他地区、部门、单位的做法，即使发展了本地区、本部门、本单位的经济，其社会危害性也是不容否认的。

正确处理生产力标准与刑法标准的关系是刑事司法工作的关键。从应然的角度和整个历史发展来看，生产力标准和刑法标准是统一的，生产力标准是刑法标准的内在根据，刑法标准只不过是生产力标准的表达而已，符合生产力标准也就符合刑法标准，反之亦然。同时，从刑法的相对静止性和社会经济的绝对运动性的角度分析，生产力标准和刑法标准的不一致又是不可避免的，其矛盾是始终存在的。当然，由于刑事立法的超前性和司法解释活动的补充，并且社会的发展变化也有其相对的稳定性，这种差异和不一致可以表现得并不明显。但是，在刑法长期落后于实践而未作必要的修改、补充或社会经济、文化急剧变化的情况下，由这种不一致所形成的矛盾就可能比较尖锐，我国现行刑法的许多规定就出现了和现实严重不协调的状况，这就在经济活动中罪与非罪的标准问题上出现了分歧。主要有两种观点：一种观点认为应坚持生产力标准，因为生产力标准是根本、内容，而刑法标准只是表现、形式；另一种观点认为应坚持刑法标准，因为刑法才是刑事司法的直接依据，“有法必依、执法必严、违法必究”是法制的基本原则。我们认为，片面强调生产力标准的法律虚无主义和片面强调刑法标准的法律教条主义都是有害的，应该创造性地适用刑法，利用刑法规范本身所具有的弹性将生产力标准和刑法标准统一起来，用生产力标准来理解刑法规范。但是，在二者确实有重大分歧，难于协调时，就应该坚持刑法标准，并以生产力标准作为必要补充，不能以坚持生产力标准为由排斥刑法的适用。理由是：(1) 所谓刑事司法为经济发展服务，指的是刑事司法工作者要通过对刑法的正确适用建立、维护一个适合于经济发展的外部环境，而不是要保护个别地区、企业的发展。适合于经济发展的环境必然是一个法制的环境，也就是说，必须是大家都无一例外地遵循共同的行为准则，尽管这种准则是不完善甚至有重大缺陷的，但据此建立的毕竟是一种秩序状态，它显然比各行其是的混乱局面更有利于经济的发展。(2) 这是维护法制统一性和权威性的要求。法制的统一性要求，刑事司法必须以刑法的直接规定为唯一的依据，以犯罪构成作为定罪的直接标准，任何在刑法规定之外另立标准的做法都是不能允许的；法制的权威性要求刑法一经制定就必须严格执行，不能以任何借口由司法者予以修改或废弃不用。作为必要补充的生产力标准也只能在法律规定的范围内发生作用。(3) 生产力标准主要是刑事立法活动的标准，刑事司法活动主要应该坚持刑法标准。刑事立法的主要任务是制定行为规范，规定罪与非罪的界限及对犯罪行为的处理，这就决定了它必须寻找刑法标准的上位标准，这个上位标准在不同国家的不同时期是不完全相同的，在我国目前是生产力标准。我国不实行判例法制度，刑事司法没有制定规范的权力，其任务就是运用已有的刑法规范对具体行为的性质作出判断并处理。所谓在司法过程中体现生产力标准主要是指对体现了生产力标准的刑法规范的正确理解和运用。(4) 生产力标准笼统、抽象的特点不适合刑事司法标准明确、具体的要求。生产力所表述的是一种人和自然的整体关系、一定社会摆脱自然束缚的平均水平，它虽然是客观存在的、不以人的意志为转移的，但由于它的宏观性，因而也就是抽象的、笼统的，难于把握的。而刑事司法中定罪量刑的标准应该是明确的、具体的、现实的，生产力标准的上述特征不适应这种要求，不宜在刑事司法中直接采用。

(本文与付正权合著，原载《法治论丛》，1994 (6))

二、刑法教义学

刑法教义学方法论

罪刑法定原则下的刑法适用，在很大程度上依赖于对法律的正确解释以及在此基础之上的逻辑推理。因此，只有娴熟地掌握法律解释技术和法律推理技术才能适应罪刑法定语境下的刑法适用的实际需求。为满足这一需求，在刑法理论上应当加强法教义学方法的研究。我国目前刑法的学术水平之所以低，主要原因是法教义学方法研究之阙如。本文拟从法学方法论的视角出发，对刑法教义学的一般原理加以探讨与检视。

一、法学方法论探寻

正确的法律理念，
是否已为人所知，
这实在大可质疑：
以我全部的意念看，
似乎事实一直不然。
这就是说：

两可之事，

难以为科学之事。

这是德国作家弗里德里希·冯·洛高（Friedrich Vor Logau，1604—1655）的诗句，德国著名法学家拉德布鲁赫在《法学导论》一书中引用了这些诗句。诗句反映了洛高从法律理念的主观性出发否认法律的科学性的思想，由此也必然引导出法学的虚无性的结论。这种虚无性，在以下这句格言中得到充分彰显："立法者三句修改的话，全部藏书就会变成废纸。"显然，拉德布鲁赫是不同意这种观点的，但拉德布鲁赫还是承认对法律科学性的这种怀疑究竟还没有沉寂，对法学方法的研究也愈来愈多。请注意拉德布鲁赫的以下这段话："就像因自我观察而受折磨的人多数是病人一样，有理由去为本身的方法论费心忙碌的科学，也常常成为病态的科学，健康的人和健康的科学并不如此操心去知晓自身。"① 从这段话中我们可以引申出以下三层含义：(1) 一门学科的科学性问题，主要取决于方法论，因而对该学科的科学性拷问就成为对方法论的探究。(2) 病态的科学与健康的科学的区分，这里的科学均应指学科，而病态与健康是一种拟人化的比喻，实则指幼稚与成熟的区分。按照拉德布鲁赫的观点，越是幼稚的学科，越为该学科的方法论所困扰。(3) 显然，在拉德布鲁赫看来，法学就是这样一门幼稚的学科，因而法学方法论仍然是一个未解的问题。从拉德布鲁赫的以上论述，我们引申出了法学方法论问题，并且已经获得了方法论之于法学学科的重要性的警示。

那么，什么是法学方法论，甚至说法学有自己独特的方法论吗？对这个问题的回答取决于对法学的理解。如果是广义的法学，则法史学、法社会学和法哲学均包括在内。显然，法史学是把法作为一种历史现象加以研究的，其所采用的是史学方法论；法社会学是把法作为一种社会现象加以研究的，其所采用的是社会学方法论；法哲学则是对法的形而上的研究，其所采用的是哲学方法论。如果再扩大一些，法经济学采用经济学方法论，法人类学采用人类学方法论，如此等

① ［德］拉德布鲁赫：《法学导论》，米健、朱林译，169页，北京，中国大百科全书出版社，1997。

等。在这个意义上说，法学是没有自己的方法论的，法只不过是一种研究客体，只要是以法为研究客体的学问均属法学。但当我们把法学界定为一门规范学科，即以法规范为研究客体，则法学自有其独特的方法论。因此，只有在狭义的法学，即规范法学的意义上，我们才有可能确立法学方法论。

方法论始终是一个与各学科的生存相关联的元问题，因而存在各学科的方法论研究，例如经济学方法论①、伦理学方法论②以及社会学方法论③等。尤其值得一提的是迪尔凯姆的《社会学研究方法论》一书，可以说是社会学的奠基之作。正是从方法论上，迪尔凯姆确立了社会学的独立学科地位。法学方法论也是一个研究的热点问题，存在大量研究法学方法论的著作。

那么，本文所讨论的法学方法论是指法学研究中采用的方法论还是以法律方法作为研究客体的一种理论呢？我认为，这个问题是首先应当予以澄清的。为阐明这个问题，下面，我仅以具有代表性的三本以法学方法论为书名的著作为例，考察目前在法学界对于法学方法论的理解。

（1）德国学者卡尔·拉伦茨的《法学方法论》。④ 拉伦茨将法学界定为：以某个特定的、在历史中逐渐形成的法秩序为基础及界限，借以探求法律问题之答案的学问。法学是以法规范为中心而展开的，因此，法学方法论是与法适用相联系的，尤其是法以语言为其载体，因而法学方法论探讨的是理解法之意义关联的特殊方式，一般的诠释学即为法学方法论的基础。⑤ 由此可见，拉伦茨十分强调诠释学，并在此基础上形成一种法教义学方法论。

（2）我国台湾地区学者杨仁寿的《法学方法论》。⑥ 杨仁寿认为法学之任务

① 参见［爱］托马斯·A. 博伊兰、帕斯卡尔·F. 奥戈尔曼：《经济学方法论新论》，夏业良译，北京，经济科学出版社，2002。

② 参见王海明：《伦理学方法》，北京，商务印书馆，2004。

③ 参见［法］迪尔凯姆：《社会学研究方法论》，胡伟译，北京，华夏出版社，1988。该书于1995年在商务印书馆出版时书名译为：《社会学方法的准则》（狄玉明译）。

④ 参见［德］卡尔·拉伦茨：《法学方法论》，陈爱娥译，北京，商务印书馆，2003。

⑤ 参见［德］卡尔·拉伦茨：《法学方法论》，陈爱娥译，121页，北京，商务印书馆，2003。

⑥ 参见杨仁寿：《法学方法论》，北京，中国政法大学出版社，1999。

在于研究司法活动。法律之解释及适用，虽均属司法活动，唯二者并不相同。前者端在发现或形成一般法律规范，以为裁判之大前提；而后者则以所发现或形成之一般法律规范为大前提，以事实认定为小前提，运用演绎的逻辑方式，导出结论，亦即一般所谓裁判。[①] 因此，在杨仁寿看来，法学方法论主要研究解释方法和裁判方法。解释方法论研究在于保证对法规范的正确理解，而裁判方法论研究的意义就在于保证裁判结论的正当性。

（3）我国学者胡玉鸿的《法学方法论导论》。[②] 胡玉鸿将法学理解为一种人学，认为法学是以人为本的学问，它关注的是人类的实际法律生活以及人在社会生活中所面临的法律问题。由此出发，胡玉鸿认为法学方法论分为三个层次：一是法学研究的总体方法，即哲学研究方法；二是法学研究的一般方法，主要是就法学方法论与政治学方法论、经济学方法论相通的部分进行分析，以借鉴其他学科研究方法的长处。三是法学研究的特殊方法。[③] 在这个意义上，胡玉鸿实际上是将法学方法论视为一种法学理论形态。

通过对上述三本法学方法论著作内容的一个简单对比，我们发现了对于法学方法论在理解上的巨大差异。拉伦茨和杨仁寿基本上是将法学方法理解为法规范及其适用的方法，包括法律解释方法、法律适用方法等，对这些方法的研究谓之法学方法论。而胡玉鸿则把法学方法论理解为法学研究或者法学理论的方法。并且其所理解的法也并非法规范，而是所谓法律现象。由此可见，此法学方法论非彼方法论也。那么，为什么会出现这种在法学方法论理解上的巨大差异呢？我认为，主要还是在于用语上的混乱。我国学者郑永流对此进行了详尽的考察，认为应当区分法学方法与法律方法。法学方法，即法学研究方法，这种法学方法关注的核心是何谓正确之法这一法哲学的第一个基本命题，有关法学方法的学说便是法学方法论。而法律方法是应用法律的方法，其中狭义上的法律方法的内容为法

---

① 参见杨仁寿：《法学方法论》，17页，北京，中国政法大学出版社，1999。
② 参见胡玉鸿：《法学方法论导论》，济南，山东人民出版社，2002。
③ 参见胡玉鸿：《法学方法论导论》，133～134页，济南，山东人民出版社，2002。

律解释，广义上的法律方法则包括法律推理方法等。① 根据这样一种界定，本文讨论的应当是法律方法而非法学方法，这种法律方法正是法教义学方法。法律方法本身是十分丰富的，它是一个开放性的概念，并且存在于司法过程中。我国学者陈金钊认为，法律方法包括以下各种方法：法律发现、法律推理、法律解释、漏洞补充、法律论证、价值衡量。② 我个人赞同将法学方法与法律方法加以区分，对于部门法来说，需要深入研究的是法律方法。本文也是在法律方法的意义上使用法学方法论一词的。论及法学方法论，似乎首先要对方法加以界定。方法其实是一种思维方式，法律方法也就是法律思维方式。在某种意义上说，法律方法问题也就是一个法哲学问题。正是在这个意义上，论及法律方法，我们不能不满怀崇敬地提及德国著名学者考夫曼的名著《法律哲学》，该书提供给我们的一种对法律方法的哲学“共思”，对于整个法律适用都具有方法论的指导意义。当然，由于各个部门法的性质有所不同，在通行的法律方法的采用上也会有所不同。例如，在罪刑法定原则制约下的刑法，像法律漏洞补充这样的法律方法一般是不能采用的。即使是于广泛适用的法律解释方法，也要求严格解释，禁止类推解释等，对此必须予以充分关注。

二、法教义学及其方法论

法教义学或称为法律教义学（Rechtsdogmatik），这是一个在我国法学界并不多见的术语，常见于大陆法系的法学著作之中。拉伦茨把法学直接等同于法教义学，当然是在狭义的法学即法规范学的意义上作如是界定。尽管拉伦茨本人未对法教义学明确地下定义，他还是引用有关学者的观点对教义学这个用词加以解释。例如拉伦茨引用迈尔-科丁的以下论述：法教义学可以用来描述一种——以

① 参见郑永流：《法学方法抑或法律方法?》，载郑永流主编：《法哲学与法社会学论丛》（六），24 页以下，北京，中国政法大学出版社，2003。

② 参见陈金钊：《法律方法引论》，载陈金钊、谢晖主编：《法律方法》，第 2 卷，152 页以下，济南，山东人民出版社，2003。

形成某些内容确定的概念、对原则作进一步的填补，以及指明个别或多数规范与这些基本概念及原则的关系为其主要任务的——活动。透过这种活动发现的语句，其之所以为教条，因为它们也有法律所拥有的——在特定实证法之教义学范围内——不复可质疑的权威性。教义学一语意味着：认识程序必须受到——于此范围内不可再质疑的——法律规定的拘束。① 由此可见，法教义学是以实证法，即实在法规范为研究客体，以通过法律语句阐述法律意蕴为使命的一种法律技术方法。

德国学者考夫曼明确地将法教义学与法哲学加以区分，指出：法哲学并非法学，更非法律教义学。据康德，教义学是“对自身能力未先予批判的纯粹理性的独断过程”，教义学者从某些未加检验就被当作真实的、先予的前提出发，法律教义学者不问法究竟是什么，法律认识在何种情况下、在何种范围、以何种方式存在。这不意指法律教义学必然诱使无批判，但即便它是在批判，如对法律规范进行批判性审视，也总是在系统内部论证，并不触及现存的体制。在法律教义学的定式里，这种态度完全正确。只是当它把法哲学和法律理论的非教义学（超教义学）思维方式，当作不必要、纯理论甚至非科学的东西加以拒绝时，危险便显示出来。② 根据这一界定，法教义学与法哲学首先是在研究客体上存在区分的，法教义学研究的是表现为部门法的实在法规范，而法哲学则是研究法本身，即法的本体论与认识论，当然也包括方法论。而且，法教义学所持的是一种价值中立的立场，它以假定法规范是正确的为前提。法哲学则总是一种价值批判，它是超越实在法的。由此而决定了法教义学与法哲学在方法论上的区别。当然，对于法教义学是否必须坚守价值中立这一点，在法学当中也并非没有争议。例如，拉伦茨就认为法教义学包含着评价性问题，因而提出这样的设问：评价性问题的解答真的可以转换成一种不掺杂价值的概念，而且因此变得可以操作吗？还可以将（今日的）法教义学解为一种价值中立的概念工作吗？或者应当认为，教义学即

① 参见［德］卡尔·拉伦茨：《法学方法论》，陈爱娥译，107～108页，北京，商务印书馆，2003。

② 参见［德］阿图尔·考夫曼等主编：《当代法哲学和法律理论导论》，郑永流译，4页，北京，法律出版社，2002。

或不是全部，至少在很大范围上从事价值导向的思考？[①] 显然，拉伦茨的答案是在法教义学中包含价值导向。即使这样，也没有从根本上否认法教义学价值中立的性质。这里的价值中立是指法教义学不能臧否法规范，对于法规范来说，法教义学是永远不能持批判态度的。但这并不排斥在对法规范进行诠释，尤其是采用目的解释时，解释者的价值导向在其中会起到一定的作用。对此，应予正确认识。

如果我们在与法哲学相区分的意义上界定法教义学，则法教义学是法学中最基本的内容。德国学者罗伯特·阿列克西认为，法教义学是一个多维度的学科。法教义学包括以下三种活动：（1）对现行有效法律的描述；（2）对这种法律之概念的体系的研究；（3）提出解决疑难的法律案件的建议。与之相适应，法教义学就可以分为以下三个维度：（1）描述——经验的维度；（2）逻辑——分析的维度；（3）规范——实践的维度。[②] 在这三个维度中，也许逻辑——分析的维度是最重要的，因为法教义学的主要使命就在于为法的适用提供某种法律规则，因此需要对法律概念的分析，而且也包括对各种不同规范和原则之逻辑关系的考察。德国学者在分析法教义学的功能时指出：当人们将这种法官依据法律作出判决的模式，限制在判断法律文本与法律文本直接能达到的语义学内容的关系时，明显地不能坚守这一模式。由于法律必然是一般地表达出来，因而连法律也不能自己解决待决的个案。尽管如此，如果应遵守法官受法律规则的约束，那也必须为法官提供法律以外的其他具体的法律规则。法律教义学的任务是准备这种法律规则。[③] 实际上，法教义学不仅提供法律规则，而且关注法律规则在司法活动中的实际运用，从而为司法裁判的正当性提供某种逻辑上的保障。

如上所述，法教义学是为法适用提供某种法律规则，因而它是以法适用为中

① 参见［德］卡尔·拉伦茨：《法学方法论》，陈爱娥译，104 页，北京，商务印书馆，2003。

② 参见［德］罗伯特·阿列克西：《法律论证理论》，舒国滢译，311 页，北京，中国法制出版社，2002。

③ 参见［德］乌尔弗里德·诺伊曼：《法律教义学在德国法文化中的意义》，郑永流译，载郑永流主编：《法哲学与法社会学论丛》（五），15 页，北京，中国政法大学出版社，2002。

心而展开的。在论及法适用的时候，不能不论及大陆法系通行的司法三段论。建立在形式逻辑之上的司法三段论被认为是欧陆法官寻求正当裁判的经典推理工具。为清扫法官的恣意裁判，同时亦为了使法律推理具科学、客观之品格，法官在判案时被要求排除其个人情感与意志因素，通过一种不具个人色彩的、必然的推理方式来达到唯一正确的判决。形式逻辑的三段论满足了这一要求。[①] 在刑法领域，贝卡里亚基于罪刑法定原则下对法官的定罪权加以严格限制的刑法理念，在刑事司法中引入了司法三段论。贝卡里亚指出："法官对任何案件都应进行三段论式的逻辑推理。大前提是一般法律，小前提是行为是否符合法律，结论是自由或者刑罚。"[②] 尽管贝卡里亚的司法三段论是就刑事司法而言的，但它也可以引申为一般司法的规则。可以说，任何司法活动都是这样一种三段论的逻辑演绎过程，即大前提，小前提，结论。拉伦茨将这种司法三段论的逻辑语式称为确定法效果的三段论法。在其中，一个完全的法条构成大前提；将某具体案件事实视为一个事例，而将之归属法条构成要件之下的过程，则是小前提。结论则意指：对此案件事实应赋予该法条所规定的法效果。用公式来表示，就是：

T→R（对 T 的每个事例均赋予法效果 R）

S=T（S 为 T 的一个事例）

S→R（对于 S 应赋予法效果 R）[③]

因此，在司法活动的三个环节，法官具有不同的使命，其所采用的方法也是有所不同的。在第一个环节，确定大前提，法官的使命是找法，这是通过解释方法来完成的。在第二个环节，确定小前提，法官的使命是事实识别，这是通过确认方法和推定方法完成的。在第三个环节，推导出结论，这是通过逻辑演绎方法来完成的。当然，司法三段论的三个阶段并非同等重要，而是有轻重主次之分的。正如我国台湾地区学者指出：就方法论的观点而言，适用法律的重点，实在

① 参见朱庆育：《私法推理的典型思维：从司法三段论到意思表示解释论》，载郑永流主编：《法哲学与法社会学论丛》（五），84 页，北京，中国政法大学出版社，2002。

② ［意］贝卡里亚：《论犯罪与刑罚》，黄风译，13 页，北京，中国法制出版社，2002。

③ 参见［德］卡尔·拉伦茨：《法学方法论》，陈爱娥译，150 页，北京，商务印书馆，2003。

落于法律认识活动之上，更有一项实践中的问题，如何将一件生活中的犯罪事实通过一种法律规则的评价标准，加以推断，使产生一定的法律效果，始能符合法治国家的原则？换句话说，审判者如何确认具有定型性的生活行为事实，而对此寻找出具体妥当的标准法则，公平公正地去确定其应该产生的法律效果？这些课题，也就是法律逻辑在审判实务应用上的问题。[①] 由此可见，司法三段论不仅是一个逻辑意义上的形式问题，实际上也是一个法治意义上的实质问题。下面，按照司法三段论，分别对法教义学中采用的三种方法加以论述。

（一）解释方法

司法是以法为前提的，因而在任何一个司法活动中，确定法的存在总是不可或缺的大前提。因此，找法是必不可少的司法环节。找法，也被称为法律发现。以往我们往往存在一种对法律适用的错误理解，以为法律是现成地放在那儿等着我们去适用的，其实不然。法律是需要我们去寻找的，这种寻找法律的过程，就是一个法律解释过程：任何法律都需要解释，否则就无法适用。德国学者考夫曼曾经指出：法律使用清楚的概念的情形，而且真正地清楚，不需要解释，也根本不能解释的只有数字概念（18 岁）。所有其他概念都是有扩张可能的，而且也常常需要解释。[②] 实际上，数字概念本身在某些情况下也是需要解释的，例如 18 岁，到底是周岁还是虚岁？由于中国民间关于年龄计算有不同的习惯，因而需要作出解释。及至 1997 年刑法，明确地将年龄标明是周岁，才解决了这个问题。由此可见，法律解释之于司法的意义，有时比我们想象的还要重要得多。

法律解释本身当然存在一个方法论问题，就是主观解释论还是客观解释论，这在很大程度上决定着解释的结果。当然，主观解释论与客观解释论是各有其理的。正如拉伦茨评价的那样：主观解释论的真理在于，法律与自然法则不同，它是由人类为人类所创造的，它表现立法者创造可能的——符合社会需要的——秩

---

① 参见苏俊雄：《刑法推理方法及案例研究》，11～12 页，台北，台湾大学，1999。

② 参见［德］考夫曼：《法律哲学》，刘幸义等译，94～95 页，北京，法律出版社，2004。

序的意志。法律背后隐含了参与立法之人的规定意向，其价值、追求，以及其对于事物的考量。客观解释论的真理在于，法律一旦开始适用，就会发展出固有的实效性，其将逾越立法者当初的说明。法律介入——立法当时不能全部预见的——多样而且不断变更的生活关系中，处理一些立法者根本没有考虑到的问题，并因此远离原创者原本的想法。就此而论，法律与其他精神创作并无不同。[①] 显然，主观解释论与客观解释论关注的重点是有所不同的，前者关注的是法的实证性，而后者关注的是法的正当性。无疑，法的实证性与法的正当性都是法所应有的品性，因而两者难以舍弃。在这种情况下，在法解释问题上的折中说也就有其存在的合理性。正如考夫曼所指出的那样，没有主观与客观解释之间选择的问题，就如同没有法律正当性与实证性之间的选择一样。只有二者才能共同建立法律。如果人们注意倾听这两个解释理论的最近代表者的论证，就可以发现，事实上没有人再主张纯粹的客观理论或纯粹的主观理论。[②] 关键的问题是如何协调两者的关系。我认为，法律解释应当以罪刑法定原则为限度，也就是在罪刑法定范围之内领会立法意蕴。实际上，法律是立法者的一种陈述，但这种陈述一旦成为法律就相对独立于立法者。理解主体，也就是司法者对其意义的领受在一定程度上取决于主体所感受到的客观需要。司法者总是根据自己的需要来领会法律，并且通过这种法律解释，使立法者的法、自在的法成为司法者的法、自为的法。在这一转化过程中，存在一个主体与客体的互动问题，而不是主体与客体的单向关系。

法律解释的客体当然是法律，而法律是以语言为载体的，因而法律解释主要采用语言分析方法，也就是所谓语法解释或者文义解释。但法律不仅是一种语言现象，法律还是一种逻辑现象，法条总是在一定的逻辑相关性中存在并生效的。因此，需要对法律进行逻辑解释也就是论理解释。同时，法律还是一个历史的存在物，在法律解释中需要处理历史与现实的关系，从法律沿革中探寻法律意义，

---

① 参见［德］卡尔·拉伦茨：《法学方法论》，陈爱娥译，198页，北京，商务印书馆，2003。

② 参见［德］考夫曼：《法律哲学》，刘幸义等译，139页，北京，法律出版社，2004。

这就是对法律的历史解释或者沿革解释。最后，在进一步强调解释者的能动性与主体性的情况下，还存在着对法律的体系解释。

（二）确认方法和推定方法

司法三段论的第二个环节是确定小前提，也就是案件事实。案件事实是客观的，这种客观性是指其存在不以人的主观认识为转移，而不是指案件事实的内容只能是客观事实，事实上存在着主观事实。同时，案件事实当然是客观存在的，但这并不意味着案件事实是自为的存在，实际上案件事实需要去查明，最终形成作为陈述的案件事实。德国学者拉伦茨在阐述这里的陈述时指出：在判决的事实部分出现之案件事实，是作为陈述的案件事实。基于此项目的，事件必须被陈述出来，并予以整理。在无限多姿多彩、始终变动不居的事件之流中，为了形成作为陈述的案件事实，总是要先作选择，选择之时，判断者已经考量到个别事实在法律上的重要性。因此，作为陈述的案件事实并非自始既存地显现给判断者，毋宁必须一方面考量已知的事实，另一方面考虑个别事实在法律上的重要性，以此二者为基础，才能形成案件事实。① 因此，这里存在一个由自在的案件事实转化为自为的案件事实，也就是从客观事实转化为法律事实的问题。这种转化过程，实际上是一个认识过程。在这一对案件事实的司法认识过程中，涉及两种认识方法。

1. 确认方法

确认是指在现有证据下对某一事实的认定。因此，确认方法在案件事实的认定中是广泛采用的一种方法。在某种意义上来说，确认是在一定证据基础之上，根据经验法则对某一案件事实的肯定性判断。

2. 推定方法

如果说确认作为一种对案件事实存在与否的判断，更具有直接性，那么，推定对于案件事实的认定则具有一定的间接性。推定是指根据已经确认的事实，按照一定的经验法则和逻辑规则，推断另一事实的存在。确认是需要证据证明的，

---

① 参见［德］卡尔·拉伦茨：《法学方法论》，陈爱娥译，160页，北京，商务印书馆，2003。

而推定则不需要证据证明，因而是对案件事实的一种特殊的证明方法。

（三）演绎方法

从法律规定这一大前提出发，经过案件事实这个小前提，最终得出结论，这个过程就是法律规定与案件事实的耦合过程。在这一耦合过程中，存在一个从法之一般到案件之个别的逻辑演绎过程。这个过程，称为Subsumition，Subsumition这个概念，我国学者通常译为包摄、涵摄等。例如，拉伦茨指出：逻辑学将涵摄推论理解为“将外延较窄的概念划归外延较宽的概念之下，易言之，将前者涵摄于后者之下”的一种推演。拉伦茨指出了作为法律适用基础的涵摄推论的特殊性：它并不是将外延较窄的概念涵摄于较宽的概念之下，毋宁是将事实涵摄于法律描述的构成要件之下，至少看来如此。[①] 通过这种涵摄推理，就使法律之一般规定适用于个别案件。

刑法学作为一个部门法学，既具有其理论的品格，又具有其技术的特征。因此，刑法学可以分为不同的理论层次，既包括形而上的刑法哲学研究，又包括形而下的规范刑法学研究。在规范刑法学研究中，刑法教义学方法论之倡导十分必要。以往我们往往把规范刑法学等同于注释刑法学。实际上，规范刑法学在某种意义上更应当是刑法教义学。对此，德国学者指出：刑法学的核心内容是刑法教义学（Strafrechtsdogmatik），其基础和界限源自刑法法规，致力于研究法规范的概念内容和结构，将法律素材编排成一个体系，并试图寻找概念构成和系统学的新的方法。作为法律和司法实践的桥梁的刑法教义学，在对司法实践进行批判性检验、比较和总结的基础上，对现行法律进行解释，以便利于法院适当地、逐渐翻新地适用刑法，从而达到在很大程度上实现法安全和法公正。[②] 因此，我主张在方法论的意义上使用刑法教义学这一概念。刑法学如欲成为一门科学，必须推进刑法教义学方法论的研究。刑法教义学方法论具有一般法学方法论的共性，由刑法学科的性质所决定，又具有其特殊性。在刑法教义学方法论的研究中，我

---

① 参见［德］卡尔·拉伦茨：《法学方法论》，陈爱娥译，152页，北京，商务印书馆，2003。

② 参见［德］汉斯·海因里希·耶赛克、托马斯·魏根特：《德国刑法教科书（总论）》，徐久生译，53页，北京，中国法制出版社，2001。

认为更应当强调的是特殊性。

三、刑法解释方法论

刑法解释具有不同于其他法律解释的特殊性，这就是因为刑法关系到对公民的生杀予夺，因而应当严格解释之。法国刑法典甚至明文规定“刑法应当严格解释之”，并将其视为罪刑法定原则的应有之义。当然，这里的刑法应当严格解释，是指对被告人不利的解释应当严格限制，对被告人有利的解释则不受此限。那么如何理解这里的不利于被告人的解释呢？对此，法国学者指出：刑法严格解释规则并不强制刑事法官仅限于对立法者有规定的各种可能的情形适用刑法。只要所发生的情形属于法定形式范围之内，法官均可将立法者有规定的情形扩张至法律并无规定的情形。例如，1810 年刑法典在规定对盗窃罪进行惩处时，并未就在电表上作假进行偷电的行为作出规定，也未对直接与电力公司的输电网进行搭接连线进行偷电的行为作出规定。但是，判例并没有因此而对采取这些方法窃电的人不适用刑法典第 179 条的规定，并且法院认为“电是一种可以占有的动产物品”[①]。当然，在理解上述论述时，“法官均可将立法者有规定的情形扩张至法律并无规定的情形”这句话可能会引起误解，即如何理解这里的“有规定”与“无规定”？我认为，对法律之有规定与无规定不能作机械的理解。法律规定可以分为显性规定与隐性规定。在法律规定是显性规定的情况下，只要通过法律文字即可理解法律规定的内容。在法律规定是隐性规定的情况下，需要通过法律解释以明确其内容。刑法没有规定偷电是犯罪，从这个意义上说偷电似乎是法律没有规定，但这只是没有显性规定。将电解释为财物，从而将偷电行为涵括在盗窃之中，以盗窃罪论处。由此可见，偷电是法律有规定的，这是一种隐性规定，这种法律规定是通过刑法解释而得到彰显的。从表面上看，好像是通过刑法解释使法

① ［法］卡斯东·斯特法尼等：《法国刑法总论精义》，罗结珍译，143 页，北京，中国政法大学出版社，1998。

律没有规定变成法律有规定；但实际上，在解释之前，某一含义在逻辑上已经或者可能为某一概念所涵括，只是受到某种遮蔽而已。通过刑法解释，对此种含义加以明确，因此，刑法解释并不能把法律文本所没有的东西加诸它，而只能把法律文本所隐含的东西彰显。同样是对窃电的理解，德国刑法却经历了一个复杂的过程。德国帝国法院对于窃取电能是否构成盗窃罪，表示否定的看法，理由是电能并非德国刑法第 242 条盗窃罪构成要件中的“物”（Sache）。此举引起相当的争议，并导致 1900 年 4 月 9 日颁布《窃取电能处罚法》，在 1953 年则纳入德国刑法典，另外规定于第 248 条。对于这个过程，Baumann 表示，对于德国刑法第 242 条中“物”的概念，不可以作一个宽到可以包含电能的解释。换言之，他认为以大众对德文语词“Sache”的日常使用来说，如果要说“Sache”包括电，会是一个相当罕见的用法。因此，他说：尽管从现今自然科学的认识来说，电可以被视为物，但是帝国法院的这个判决仍可说是法政策的重大成就。因为，如果当初帝国法院将电视为一种物质标的，那么现在物的概念将会模糊到漫无边际的地步。[①] 由此可见，对于相同的法律问题，各国刑法可能采取不同的处理方法。这里当然有各国语言上的差异和民众认同的程度以及刑事政策因素的考量。

刑法严格解释原则表明，刑法是不能作类推解释的，这里涉及类推解释的问题，需要深入研究。类推是以法律存在漏洞为前提的，因而被认为是一种填补法律漏洞的方法。类推存在两种情形：一是类推适用，二是类推解释。类推适用往往是以类推解释为前提的。通过类推解释，获得法律适用三段论的大前提，使案件得到处理。因此，在一般情形下，类推适用与类推解释是毋庸区分的。但在我国 1979 年刑法规定类推制度而最高人民法院又有司法解释权的情况下，类推适用与类推解释还是有所不同的：类推适用是指个案的法律适用问题，即在法无明文规定的情况下，对某一行为援引刑法分则最相类似的条文定罪处刑。而类推解释是指最高人民法院采用类推方法对某一法律进行解释，由于这种解释是有权解释，从而获得了某种“法”的效力。这种类推司法解释颁行以后，各级司法机关

① 参见徐育安：《刑法上类推禁止之生与死》，122 页，台北，1998。

对于此类案件不再需要类推适用，而可以直接定罪处刑。由此可见，类推司法解释所具有的这种普遍法律拘束力，甚于个案的类推适用。当然，我国1997年刑法废除了类推制度。在这种情况下，类推解释同样应当禁止，因为它与罪刑法定原则是相违背的。应当说，类推解释在民法当中是允许的，因为在民法中类推适用是填补法律漏洞的一种正当方法。类推适用是指：将法律针对某构成要件（A）或多数彼此相类似的构成要件而赋予之规则，转用于法律所未规定而与前述构成要件相类似的构成要件（B）。适用的基础在于：二构成要件——在与评价有关的重要观点上——彼此相类，因此，二者应作相同的评价。[①] 在民法中，通过类推适用可以填补法律漏洞，那么，在刑法中是否允许类推解释呢？一般认为，罪刑法定原则本身包含着对实体法规范的确定性要求，其目的在于限制司法解释，确保犯罪（或加重处罚）规范的适用，不超出法律明文规定的范围。根据这一原则，犯罪规范或总的来说不利于罪犯的规范不得类推。无论是根据相似条文进行的“法规（legis）类推”，还是根据法律的一般原则进行的“法（juris）类推”，均在禁止之列。[②] 但是，在司法实践中，对于如何把握禁止类推原则并非毫无争议，尤其是关于扩张解释与类推解释，本身就是难以区分的。因而就出现了在扩张解释的名义下实行类推解释的问题。例如：德国曾经发生过一起抢劫案：X携带盐酸泼洒于一名女会计的脸上，进而抢走她的钱包。在联邦法院的判决中，涉及的问题在于：X是否违犯了加重强盗罪。根据行为当时有效的刑法第250条的规定，加重强盗罪的构成在于：“当行为人……携带武器实施强盗行为，而以武力或以武力胁迫，防止或压制他人反抗时。”因此必须判断的是：在该案中使用的盐酸是否为一种武器。联邦法院确认了这点。因为这个判决相当有争议，并且多数人认为应该可以否定，所以立法者相应地修改了刑法第250条，现

① 参见［德］卡尔·拉伦茨：《法学方法论》，陈爱娥译，258页，北京，商务印书馆，2003。

② 参见［意］杜里奥·帕多瓦尼：《意大利刑法学原理》（注评版），陈忠林译评，30页，北京，中国人民大学出版社，2004。

在的规定是："携带武器或其他器械或方法实施强盗行为，而……"[①] 这里关于盐酸是否属于武器的争议，就是扩张解释与类推解释之争议。肯定论者认为将盐酸解释为武器是一种扩张解释，盐酸虽然不是常识意义上的武器，但在特定情况下它也可以作为武器来使用，因为它像其他武器一样能够伤害他人。而且，武器既可以包含物理武器，也包含化学武器，盐酸可以说是一种化学武器。否定论者则认为将泼洒盐酸抢劫作为使用武器抢劫认定是一种类推解释，盐酸本身并不是一般意义上的武器，当它用于伤害人时与武器具有某种类似性，因而将刑法关于使用武器抢劫的规定适用于泼洒盐酸抢劫的案件。考夫曼显然是赞同类推解释说的，他指出：联邦法院究竟是如何将盐酸与武器等同处置的呢？照字面及可能的字义是不行的。体系的因素也得不出这种结论，因为法律秩序中（武器法）没有任何一处将化学药品视同武器。主观（历史）解释同样也提不出历史的立法者有这样一种想法。联邦法院得出它的结论只是根据一个极端客观目的论的、扩张的解释，它已经深入到类推里去了。但考夫曼并没有以该解释是类推解释而否认，而是进一步引申出在刑法中是否应当禁止类推这样一个问题。考夫曼指出：因此，正确应被提出的问题在于：这里涉及的究竟是被允许的或禁止的类推？在刑法学界内正确的通说观点是：这是一种禁止类推的案型。因此，反面推论的结果应是：不构成加重强盗罪。联邦法院所提出的，是一种未被反思的权力宣示，而且必须多加一句的是：这里没有主观与客观解释之间选择的问题。[②]

应当指出，对于盐酸案，考夫曼最初认为联邦最高法院的解释是一种根据类型的思维所作的被容许的类推解释，其思路是：类型的思维是要从实际存有的事物中，比较事物本质上的类似性，而这个事物的本质，会因时间而改变，而武器正是要取决于此时此地用以杀人或伤人者。从武器是一个功能性概念出发，可以得出化学物质是一种武器的结论。但 Fitkentscher 严厉地质疑考夫曼在《类推与事物本质——兼论类型理论》一书中对盐酸案的解释。在 1982 年该书发行第二

① ［德］考夫曼：《法律哲学》，刘幸义等译，107 页，北京，法律出版社，2004。这里的强盗即为抢劫，本文两词交替使用。

② 参见［德］考夫曼：《法律哲学》，刘幸义等译，138 页，北京，法律出版社，2004。

版时，对于第一版的内容虽未更动，但是增加了一篇后记以作为对其他学者批评的回应，其中同意 Fitkentscher 对他的批评，坦承自己关于盐酸案的见解不当。在此后的著作中，考夫曼也再次明言联邦最高法院对盐酸案的判决是应禁止的类推适用。[①] 尽管考夫曼对盐酸案的见解发生了一百八十度的转变，但他关于类推的观点并无变化。考夫曼认为，刑法中存在类推适用，且是正当的，它与罪刑法定原则并不相悖。在考夫曼看来，所谓"无法律则无犯罪"（nulum crimen sine lege）原则在真实中的意义，它不可能是一种严格的类推禁止，因为这样必须要有一个先决要件，那就是犯罪在立法的构成要件中，透过单义的概念，总结的被定义，但这是不可能的。罪刑法定原则，是指将可处罚的行为的类型，在一个形式的刑法加以确定，也就是说必须或多或少完整地被描述。因此，在刑法上类推适用的界限在于立法的构成要件所奠基的不法类型中。[②] 对于考夫曼提出的观点，我们不能简单地予以否定，而是应当从科学的角度加以分析。

类推的性质如何界定，这是一个关系到正确理解类推功能的重要问题。考夫曼提出一个观点，认为类推不是逻辑的推论，而是一种比较。考夫曼将类推和演绎、归纳及设证等推论方法作了比较，认为演绎是从规则推论到案件，归纳是从案件出发找到规则，设证是从结论出发的推论。而类推（比较）不是逻辑上的推论，而是一种带有相当复杂结论的比较。在类推时，拟加以认识的事物，并不是在它之中或者接近它（在其本质中）加以认识的，而是在一个与另一比它为众所周知的事物的关联（关系）中，加以认识的。因此，在此仅有陈述逻辑是不够的，还需要谓词逻辑及关系逻辑。在类推时，一直是一种从一些特征中的一致性，推论到一些未知的其他特征的一致性。[③]

我认为，类推到底如同演绎一样，是一种推论，关键在于如何理解类推的概念。在逻辑学上，存在一种类比推理，也简称为类比。有时也可以把类比理解为

① 参见［德］考夫曼：《类推与事物本质——兼论类型理论》，吴从周译，161 页，台北，学林文化事业有限公司，1999。

② 参见［德］考夫曼：《法律哲学》，刘幸义等译，193 页，北京，法律出版社，2004。

③ 参见［德］考夫曼：《法律哲学》，刘幸义等译，118 页，北京，法律出版社，2004。

比较，即类比是指两个并不等同却仅仅在某个方面看来对象之间有一致之处的比较，如果从这种比较作出推理，这样的推理就叫作类比推理。[①] 因此，类比本身包含两个环节。第一个环节是比较，也就是类比。这种类比是建立在类似性之上的。类似性是一种比较，即在两个事物之间进行相同性的比较。在两个事物具有某些大于不同点的相同点的情况下，我们就可以对这两个事物作出类似性的判断。第二个环节是推导，即基于类似性进行逻辑上的推理，这种推理在逻辑学上是一种特殊的归纳推理。如果从两个对象（现象、范围）的某些类似性和一个对象的一个已知特性推出另一个对象也具有这种类似特性，那么这就是类比推理的逻辑定义。

通过类比推理，我们对某种未知事物的认识具有一定的或然性。那么，类推能否等同于类比呢？我认为，类推与类比还是有所不同的。类比推理更是一种认识的形式，通过类比可以获得对某些事物的未知特征或者性质的认识。在英美判例法制度下，由于按照遵循先例原则判案，因此就存在一个本案与先例案件之间类似性的比较问题，以决定是否可以援引先例作为判案根据。美国学者孙斯坦在论述法律推理时有一章专门讨论类推推理。但从其内容来看，似乎应当译为类比推理。孙斯坦指出：法院之所以为类推推理所吸引，在很大程度上是由于类推允许人们达成未完全理论化的协议。如果要说一个案例与另一个案例相似，那么我们就需要某个理由或原则来说明。但在通常情况下，我们至少可以提供一个在低层次目标上发挥作用的理由或原则。[②] 显然，判例法是以类比推理为逻辑基础的，但绝不能认为类比推理等同于类推推理，因而得出判例法都是建立在类推基础之上的结论。孙斯坦在论述法律中的类推思维时指出：某些人认为，类推推理实际上是演绎推理的一种形式，但这种观点是错误的。确切地说，如果没有识别出一个可以适用的观点——即原则、标准或规则——以说明源案例和目标案例中

---

① 参见王亚同：《类比推理》，1 页，石家庄，河北大学出版社，1999。

② 参见［美］凯斯·R. 孙斯坦：《法律推理与政治冲突》，金朝武等译，73 页，北京，法律出版社，2004。

的结果，那么人们将无法进行类推推理。① 实际上，孙斯坦否认的是作为演绎推理一种形式的类比推理而不是类推推理。

在大陆法系成文法的语境中，类推推理就是一种演绎推理。考夫曼指出：在类推中包括演绎、归纳等逻辑推理形式，但又否认类推本身是一种推论，这里存在自相矛盾之处。我认为，在大陆法系成文法的三段论法律适用的逻辑推理中，大前提是关键，而大前提的获得又是找法的结果。在找法，或者像考夫曼所说的那样，是一个法律发现过程中，考夫曼认为，其科学性不在于把这个过程化约成包摄的逻辑推论，相反，它的科学性只在于：澄清这个过程的复杂性，而且合理地反思所有在该过程中不是以形式逻辑得出的一切事物。法学方法必须认真地了解到：法学方法的核心不在于一个逻辑推论，而是在于一个比较——很可能是在一个案例比较中，这种比较没有规范、没有规则、没有比较点是不可能的。现实、实际中绝大多数都不是精确地、形式逻辑地、合理地发生着，这点便提供了法学方法的本质不在于逻辑推论的支持论据。② 在此，考夫曼阐述了在法律发现过程中类比推理方法运用的可能性。也就是说，在确定某一概念的蕴涵时，法官往往采用类比推理方法。例如，在盐酸是否属于武器的解释过程中，就会在盐酸和武器之间进行类比，确定两者之间的相似性，以决定能否把盐酸解释为武器。对此，刑法学者也是予以认同的。例如，德国学者指出：原则上在刑法中也有其合法地位的类比推理（Analogieschluss，argumentum a simile）说明，适用于特定案件类型的法规范，可适用于其他案件，如果后者与上述特定案件类型在重要关系上是相一致的。③ 这种类比推理中的类似性与类推推理中的类似性之间存在什么关系呢？我认为，在类比推理的情况下，这种类似性是一种强类似，即相同大于相异，因而可以根据事物之本质将其归入某一概念或者类型之中。而在类推

---

① 参见［美］凯斯·R. 孙斯坦：《法律推理与政治冲突》，金朝武等译，77～78页，北京，法律出版社，2004。

② 参见［德］考夫曼：《法律哲学》，刘幸义等译，132页，北京，法律出版社，2004。

③ 参见［德］汉斯·海因里希·耶赛克、托马斯·魏根特：《德国刑法教科书（总论）》，徐久生译，186～187页，北京，中国法制出版社，2001。

推理的情况下，这种类似性是一种弱类似，即相异大于相同，因而不能按照一般的法律解释方法将其涵括在某一概念或者类型之中，也就是属于法无明文规定的情形。在这种情况下，非要适用这一法律，就需要类推推理。类推推理以类推解释为前提，将大前提法律规定的涵括面加以扩大，然后由此出发进行司法三段论的演绎推理，最后得出结论。因此，类推推理与类比推理是有所不同的。

在罪刑法定原则下，包含在可能文义范围之内的类比推理是允许的，超出可能文义范围的类推推理则是被禁止的，这是一条不可逾越的原则界限。当然，如何区分两者是一个复杂而困难的问题，它关涉对可能文义的界定。例如：南京曾经发生过李宁组织男性从事同性性交易案件[①]，该案被告人李宁的行为能否被定罪，关键就在于如何解释卖淫。也就是说，卖淫是否包括同性之间的性交易。被告辩护人指出：刑法及相关司法解释对于同性之间的性交易是否构成卖淫未作明文规定，依照罪刑法定原则，李宁的行为不构成犯罪。有关媒体上的舆论也有观点认为，对组织男青年向同性卖淫的行为“比照组织卖淫罪定罪量刑”是一种类推定罪，法院的判决在司法中再次开启了类推定罪的先例，是有悖于罪刑法定原则的。[②] 我认为，卖淫一词的核心意义是指性交易。这里的性交易，既包括异性之间的性交易，也包括同性之间的性交易。在裁判理由中，法官认为：刑法所规定的卖淫的本质特征在于，其是以营利为目的，向不特定的人出卖肉体的行为。至于行为人的性别是男是女，以及其对象是异性还是同性，均不是判断、决定行为人的行为是否构成卖淫所要考察的因素。之所以这样理解，是因为无论是女性卖淫还是男性卖淫，无论是向异性卖淫还是向同性卖淫，均违反了基本伦理道德规范，毒害了社会风气，败坏了社会良好风尚。从此角度看，将同性卖淫归入卖淫范畴，以组织卖淫罪追究组织同性卖淫的行为人的刑事责任，并不违背而完全

① 参见最高人民法院刑一庭、刑二庭编：《刑事审判参考》，2004年第3辑，137～142页，北京，法律出版社，2004。

② 参见王北京：《“类推定罪”借同性卖淫案“复活?”》，载《南方周末》，2004-02-26，6版。

符合刑法有关卖淫嫖娼犯罪规定的立法精神。[①] 虽然这一理由重在从立法精神上理解，未能从卖淫一词本身能否容纳同性性交易的内容角度加以阐述，但其结论显然是能够成立的，且不属于类推解释。在这一结论获得的论证过程中，涉及类比推理，异性之间性交易属于卖淫无疑，同性之间性交易，就性交易本身与异性之间性交易无异，相异之处只在于同性与异性之别，但这一区别并不影响卖淫的根本性质。因此，通过类比推理，可以将同性性交易行为涵括在卖淫概念之中。

罪刑法定原则与类推互相排斥，这应是不争的事实。考夫曼对这一铁则提出质疑，认为罪刑法定原则并不绝对地禁止类推。这是要冒极大学术风险的。这里存在一个如何界定罪刑法定原则下刑法解释的限度问题。以往通行的观点是可能文义说，例如拉伦茨就是可能文义说的有力倡导者。按照拉伦茨的观点，可能文义应当理解为：依一般语言用法，或立法者标准的语言用法（这可能只在特殊情况下才存在），这个用语还有能够指称的意义。[②] 这种可能文义说，主要是借助于语言的张力对其内容加以界定。因此，如果超出可能文义的解释就是类推解释。但考夫曼则不同意可能文义说，认为可能文义只是一种表面的解释，不足以承担探求法律意义的使命。而法律意义是指超乎文字形式的法律“精神（Geist)”。为此，考夫曼提出了不法类型说。考夫曼指出：立法者的任务是去描述各种类型。此时，抽象概念在法律的建构上具有极大的重要性，因为它能给予这项建构所需的外形，并担保其法律安定性。然而详尽地去描述一个类型是不可能的，这种描述只能不断去接近类型，但无法掌握其最终的精细性。因为类型永远比抽象地被定义的概念在内容上来得较为丰富，较为有思想，较为直观。[③] 因此，在考夫曼看来，对于司法者来说，其主要的工作，便是回溯到抽象概念背后那些立法者所欲规范之类型，根据类型解释，借而判断法律是否适用于具体案例

① 参见最高人民法院刑一庭、刑二庭编：《刑事审判参考》，2004年第3辑，141页，北京，法律出版社，2004。

② 参见［德］卡尔·拉伦茨：《法学方法论》，陈爱娥译，202页，北京，商务印书馆，2003。

③ 参见［德］考夫曼：《类推与事物本质——兼论类型理论》，吴从周译，117页，台北，学林文化事业有限公司，1999。

事实，不会拘泥于抽象概念之表面字句。[①] 我认为，类型思维引入刑法学用于描述犯罪构成要件的观念是正确的，对此将在后文专门论述。在犯罪构成要件意义上，犯罪是一种不法的行为类型。例如杀人，其本质特征是非法剥夺他人生命，凡是符合这一本质特征的，就是杀人。但在对刑法具体概念的理解上，例如何谓武器，何谓物等，将武器和物也理解为一种类型，不受其可能文义的限制加以理解，可能是有所不妥的。这里，是否应当区分行为类型与事物类型？行为类型受其事物本质的支配，而事物类型则受其语言外延的限制。考夫曼提出一切类型甚至一切概念都是类推的，其实是对类推的一种误用。考夫曼强调类推中的比较方法的使用，这是无可指摘的，但不能说采用比较方法来理解一个概念就一定是类推。是否类推，关键还是要看能否为可能文义所容纳。在这个意义上，我还是赞同可能文义说。如果允许超出可能文义范围，根据事物本质进行实质判断，将使罪刑法定原则的形式理性丧失殆尽。也许，在文化国意义上，考夫曼允许类推的实质理性是有其存在合理性的。身在法治国的我，对于考夫曼的实质理性持一种同情的理解，但仍然坚持我之形式理性的司法理念。至于说，类推制度能否以新的面貌再现中国刑法[②]，我以为现在还言之过早。

在各种解释方法之间，是否存在严格的位阶关系（Rangverhaltnis），也是一个值得研究的问题。如前所述，法律解释方法通常有四种：语义解释、逻辑解释、历史解释和体系解释。那么，这四种解释方法是可以随意选用，还是存在一种内在的顺序关系？对于这个问题，我国台湾地区学者王泽鉴主张采取一种折中的立场，即不认为各种解释方法具有一种固定不变的位阶关系，但亦不认为解释者可任意选择一种解释方法，以支持其论点。法律解释是一个以法律意旨为主导的思维过程；每一种解释方法各具功能，但亦受有限制，并非绝对；每一种解释方法的分量，虽有不同，但须相互补足，共同协力，始能获致合理结果，而在个案中妥当调和当事人利益，贯彻正义的理念。[③] 我国大陆学者梁慧星则较王泽鉴

① 参见徐育安：《刑法上类推禁止之生与死》，91 页，台北，1998。
② 参见朱峰：《不同法治背景下的类推制度》，载《环球法律评论》，2004 年春季号，100 页以下。
③ 参见王泽鉴：《法律思维与民法实例》，240～241 页，北京，中国政法大学出版社，2001。

的立场稍稍偏向于对各种解释方法之间大致规律的认同，指出：虽然不能说各种解释方法之间存在着固定不变的位阶关系，但也不应认为各种解释方法杂然无序，可由解释者随意选择使用。[①] 我个人较为赞同梁慧星教授的观点，认为应当承认各种解释方法之间存在一定的位阶关系，但这种位阶关系不是固定不变的，尤其不能将位阶关系直接等同于顺序关系。如果这种解释方法的位阶关系得不到遵守，可能会影响解释结论的合理性。例如，历史解释，也就是沿革解释在一定条件下优于语义解释。因此，在解释刑法时，立法沿革，也就是刑法的历史因素是不能不考虑的，它形成对语义解释的某种限制。例如王益民等遗弃案中，一审法院查明：1996 年至 1999 年 8 月间，被告人刘晋新、田玉莲、沙依丹·胡加基、于永枝，在乌鲁木齐市精神病福利院院长王益民的指派下，安排该院工作人员将精神病福利院的 28 名“三无”（无家可归、无依无靠、无生活来源）公费病人遗弃在甘肃省及新疆昌吉附近。法院认为：被告人王益民、刘晋新、田玉莲、沙依丹·胡加基、于永枝身为福利院的工作人员，对依赖于福利院生存、求助的“无家可归、无依无靠、无生活来源”的公费病人，负有特定扶养义务，应当依据其各自的职责，积极履行监管、扶养义务，而不应将被扶养的 28 名病人遗弃，拒绝监管和扶养。被告人王益民、刘晋新、田玉莲、沙依丹·胡加基、于永枝的行为均已触犯我国刑法中关于对于年老、年幼、患病或者其他没有独立生活能力的人，负有扶养义务而拒绝扶养，情节恶劣的处 5 年以下有期徒刑的规定，构成了遗弃罪，应予惩处。因此，对王益民等被告人分别判处刑罚。二审维持了一审判决，理由与一审的相同。[②]

本案被告人王益民等人的行为无疑是一种遗弃行为，类似遗弃行为还发生在医院，例如某医院将身份不明、无支付医药费能力的病人予以遗弃，甚至致人死亡的案件也时有发生。那么，此类案件能否以遗弃罪定罪呢？关键在于：如何理解我国刑法第 261 条规定的扶养义务。在该案的解说中，作者指出：从我国刑法

① 参见梁慧星：《民法解释学》，244 页，北京，中国政法大学出版社，1995。

② 参见国家法官学院、中国人民大学法学院编：《中国审判案例要览》（2003 年刑事审判案例卷），218～222 页，北京，人民法院出版社、中国人民大学出版社，2004。

第 261 条规定的精神看，该条中所指的扶养义务是广义的，不仅包括亲属间的法定义务，也包括职业道德、职责所要求必须履行的扶养义务。因为刑法在这里只是明确了对于年老、年幼、患病或者没有其他独立生活能力的人有扶养义务而拒绝扶养，情节恶劣的，即构成遗弃罪，而并没有明确必须是有法律上的扶养义务的人实施遗弃行为才构成本罪。因此，从刑法第 261 条的立法精神来看，依特定的职业道德和职责应当对特定的对象履行救助职责而拒不履行的行为人，也可以构成遗弃罪的特殊主体。① 这一解释当然是基于对扶养的语义解释，但扶养是婚姻家庭法中的一个专门术语，能否将之作泛化解释本身就是大可质疑的。在婚姻家庭法中，从广义上来说，扶养是赡养、扶养、抚养的统称，指一定范围亲属间相互供养和扶助的法定权利和义务。狭义地讲，扶养是指同辈亲属相互之间经济上供养和生活上扶助的法定权利和义务。② 由此可见，扶养关系只有在亲属之间存在。没有亲属关系，像在本案中所谓职业道德、职责所要求必须履行的扶养义务，实际上是指救助义务。也就是说，我国刑法中的遗弃罪属于妨害婚姻家庭的犯罪。关于这一点，在 1979 年刑法中理解上并无异议，但在 1997 年刑法修订中，取消了妨害婚姻家庭罪，而将其并入侵犯公民人身权利、民主权利罪。

这种犯罪归类上的改变，是否构成扶养的含义的实质改变呢？对此，我国学者张明楷是持肯定态度的，认为新刑法将旧刑法中的妨害婚姻家庭罪全部转移至侵犯公民人身权利、民主权利罪，将遗弃罪的法益解释为生命、身体的安全，并不存在太大的障碍。如果这一观点得以成立，那么，对遗弃罪的构成要件就必须重新解释。这种重新解释包括对遗弃罪的主体要件与对象的解释，即遗弃罪的主体与对象不需要是同一家庭成员。扶养义务不能仅根据婚姻法确定，而应根据不作为义务来源的理论与实践（如法律规定的义务、职务或业务要求履行的义务、法律行为导致的义务、先前行为导致的义务等）确定。基于同样的理由，遗弃罪

---

① 参见国家法官学院、中国人民大学法学院编：《中国审判案例要览》（2003 年刑事审判案例卷），223 页，北京，人民法院出版社、中国人民大学出版社，2004。

② 参见杨大文主编：《婚姻家庭法学》，170～171 页，上海，复旦大学出版社，2002。

的对象也不限于家庭成员。[1] 这种解释即使符合扶养的文字内容，它与沿革解释也是相矛盾的。因为沿革解释是将扶养限于亲属之间的，基于沿革解释优于语义解释的规则，应适用沿革解释。而且，从 1997 年刑法修订中将妨害婚姻家庭罪移至侵犯公民人身权利、民主权利罪的理由来看，是纯技术上的原因。

在刑法修订过程中，对妨害婚姻家庭的犯罪究竟是继续单设一章规定还是归并到侵犯公民人身权利、民主权利罪一章中，争议较大，主要存在以下两种观点：第一种观点认为，家庭是社会的细胞，婚姻家庭是否正常和稳定，直接影响到社会的安定。同时，在刑法中设立的妨害婚姻家庭的犯罪与侵犯公民人身权利、民主权利罪相比，有它的特殊性和单独设章规定的必要。此外，从 1979 年制定的刑法生效以来，这一章罪的规定是基本上适当的，故无须将其归并到其他章节中去。第二种观点认为，从实质上讲，妨害婚姻家庭的行为也是一种侵犯公民人身权利、民主权利的行为，二者之间应当是包容的关系。同时，在 1979 年制定的刑法所规定的八章罪中，唯有妨害婚姻家庭罪只有 6 个条文，显得十分单薄，与其他章的犯罪相比极不协调。因此，主张将 1979 年制定的刑法单设一章的妨害婚姻家庭罪归并到刑法第四章即侵犯公民人身权利、民主权利罪中。立法部门采纳了第二种意见，将修订前刑法原第七章的内容归并到第四章中。[2] 由此可见，妨害婚姻家庭罪被归并到侵犯公民人身权利、民主权利罪，这只是一种立法技术上的考虑，并不涉及对罪名的内容的改变。就遗弃罪而言，应尊重其历史沿革，仍然限于具有扶养义务的亲属之间的遗弃。

尤其应当指出的是我国刑法中的遗弃罪与日本刑法中的遗弃罪是有所不同的。日本刑法中遗弃的犯罪，是指将需要扶助的人置于不受保护的状态，由此使其生命、身体遭受危险的犯罪。具体包括遗弃罪、保护责任者遗弃罪、不保护罪

---

① 参见张明楷：《刑法学》，2 版，731～732 页，北京，法律出版社，2003。相同的观点，还可参见周光权：《刑法各论讲义》，81 页，北京，清华大学出版社，2003。

② 参见周道鸾等主编：《刑法的修改与适用》，522 页，北京，人民法院出版社，1997。

和遗弃致死罪。[①] 因此，日本刑法中的遗弃的犯罪是广义的，不限于当然包含亲属间的遗弃，而我国刑法中的遗弃罪则是狭义上的，只包括亲属间的遗弃。我国刑法中若需要对负有某种特定救助义务而不履行这种义务的遗弃行为加以惩治，应另设罪名。

在刑法规定中，必然存在某种漏洞。在民法中是承认法律补充权的，因而可以通过法律解释或者其他方法填补法律漏洞。但在刑法中一般是不允许的，对于那些应该规定为犯罪但由于疏忽或者其他原因刑法没有加以规定的，就应当视为法无明文规定，不为罪，不允许以法律漏洞为由加以填补。但这并不意味着在刑法中不能进行有利于被告人的漏洞补充。例如，刑法分则第六章第三节规定了妨害国（边）境管理罪，主要涉及偷越国（边）境罪（第 322 条）、组织他人偷越国（边）境罪（第 318 条）、运送他人偷越国（边）境罪（第 321 条）。这些犯罪的认定都存在一个前提问题：如何理解这里的偷越？在刑法理论上一般认为，偷越包括两种情形：一是没有出入境证件而出入境，二是使用伪造、变造的出入境证件而出入境。但刑法第 319 条关于骗取出境证件罪的规定中，将组织他人偷越国（边）境使用作为该罪的主观目的。由此推论，使用骗取的出境证件也是偷越国（边）境。但骗取的出境证件，无论是护照还是签证，形式上都是合法的，将这种持有形式上合法的出境证件的行为规定为偷越国（边）境，显然不符合偷越的意思。在这种情况下，就需要将这里的为组织他人偷越国（边）境使用为目的，理解为以非法移民为目的。上述刑法规定是一种漏洞，这种漏洞可以通过目的性限缩的方法加以补充。目的性限缩，系指对于法律文义所涵盖的某一类型，立法者由于疏忽，未将之排除在外，为贯彻规范意旨，乃将该一类型排除在该法律适用范围外之漏洞补充方法而言。目的性限缩的基本法理，系非相类似之事件，应作不同之处理，可将不符规范目的之部分排除在外，俾仅剩的法律意义更为精纯。[②] 这种目的性限缩之法律漏洞补充，是有利于被告人的，因而并不违反

① 参见［日］大塚仁：《刑法概说（各论）》（第 3 版），冯军译，69 页以下，北京，中国人民大学出版社，2003。

② 参见杨仁寿：《法学方法论》，152 页，北京，中国政法大学出版社，1999。

罪刑法定原则。

四、犯罪构成方法论问题

在刑法中，犯罪认定过程是案件事实与刑法规定的耦合过程。这也是一个司法推理过程，但它不同于一般的司法推理之处在于：犯罪认定是以犯罪构成要件为中心展开的。犯罪构成的构造与运用本身都存在一些方法论问题需要研究。

这里首先涉及的一个问题是犯罪构成要件的性质问题。犯罪构成要件是以刑法分则规定为根据形成的一些理论模型，而刑法分则的规定到底是一种概念还是一种类型呢？这里要从法律演进的历史说起，并且涉及中西法律文化上的重大区别。

中国古代的法学称为律学，中国古代的律学发端于秦、汉时期，到魏晋南北朝时达到了相当发达的境界。晋代著名律学家张斐的《律注表》，是中国古代法律学的经典作品。该表对古代刑法中的20个重要名词作了精确的诠释，这20个名词是：故、失、谩、诈、不敬、斗、戏、贼、过失、不道、恶逆、戕、造意、谋、率、强、略、群、盗、赃。例如，张斐释盗曰："取非其有谓之盗。"这就十分确切地将盗的侵犯他人财产所有权的性质予以揭示，为窃盗与强盗的罪名设置提供了法理基础。我国学者对张斐律学的方法论作了分析，指出：张斐的《律注表》使用了逻辑思维的抽象方法，因此，在解释法律名词时，它明显地比汉代采用经学的方法要进步。同时，当时玄学家的辨名析理的学风也影响了律学研究，通过对法律名词的内涵与外延的逻辑界定，对法律名词的普遍属性和特殊个性的抽象分析，使魏晋律学进一步朝着逻辑化、抽象化、精密化、系统化的方向发展。[①] 及至《唐律疏议》，中国古代律学发展到炉火纯青的程度。《唐律疏议》在内容上由律文、注文以及疏文三部分构成，注文是对律文的说明解释，疏文又是对律文和注文的说明解释。这里尤其需要探讨的是疏这种解释形式。《唐律疏议》

① 参见何勤华：《中国法学史》，第1卷，286页，北京，法律出版社，2000。

中的疏为何意?《名例律》的注疏曰：昔者，圣人制作谓之经，传师所说则为之传，此则立明、子夏于《春秋》《礼经》作传是也。近代以来，兼经注而明之则谓之为义疏。疏之为字，本以疏阔、疏远立名。又《个雅》云："疏者，识也。"案疏训识，则书疏记识之道存焉。由此可见，疏的本义虽是指疏远，其引申义为识、为注，其义明之也。《唐律疏议》中的疏，又由"议"及"问答"两部分组成，其中，"议"是解释议论部分，"问答"是假设案例的提出与解答。《唐律疏议》广泛采用了训诂学的方法对律文和名词进行解释，正如我国学者所说，疏文探求制度的由来，并对事物作考证，以示制度的庄严正统，达到《进律疏表》所讲的"网罗训诰，研核丘坟"以为"信百代之准绳"①。中国古代以语言诠释为主要内容的律文，到清代又得到进一步发展。例如清代王明德在《读律佩觿》②一书中，对解律之法作了体系性的归纳，提出读律八法：一曰扼要，二曰提纲，三曰寻源，四曰互参，五曰知别，六曰衡心，七曰集义，八曰无我。王明德还论述了"律母"与"律眼"。王明德云：律有以、准、皆、名、其、及、即、若八字，各为分注，冠于律首，标曰八字之义，相传谓之律母。相对应于律母的是律眼，律眼是指例、杂、但、并、依、从、从重论、累减、听减、得减、罪同、同罪、并赃论、折半科罪、坐赃数罪、坐赃论、六赃图、收赎等。这里的律母与律眼都是律文中的关键词。中国古代律学的精妙在于对律文的文字解释与义理阐述，透过文字的隔膜而尽得立法之精义。

尽管中国古代律学达到了相当高的理论水平，但我们不能不看到，它只囿于对律文的语言解释，把法律规定当作一般的概念加以注疏，而没有建立起法律的一般模型，缺乏形式理性的法逻辑思维。对此，马克斯·韦伯指出：中国古代不仅形式的法学未能发展，而且它从未试图建立一套系统的、实在的、彻底理性化的法律。总的看来，司法保持着神权政治的福利司法所特有的那种性质。就这样，不仅哲学的和神学的（Theologisch）逻辑学（Logik），而且法学的逻辑学，

① 钱大群：《唐律研究》，50页，北京，法律出版社，2000。

② 参见（清）王明德：《读律佩觿》，何勤华等点校，北京，法律出版社，2001。

都无法发展起来。[①] 换言之，中国古代法律学缺乏形式的法逻辑（Rechtslogik），而这种法逻辑，恰恰是西方法学的基础。

西方法学的古典形式是罗马法，而罗马法是借助于古希腊的逻辑学方法发展起来的，由此形成一套法律概念体系，对后世产生了深远的影响。法律存在一个从具体到抽象，也就是从个别到一般的演变过程，这在中外法律史上皆是如此。但中国古代法律史上的从具体到抽象更多地表现为语言上的抽象化，使之能够涵括更多的内容。而西方法律史上的从具体到抽象则更多的是类型化，建立起某种法律模型，从而能够容纳更多的事实内容。因此，中国古代法律的抽象化是一种语言的抽象化，而西方法律的抽象化是一种逻辑的抽象化。这种逻辑上的抽象化就表现为一种形式主义的特征。例如英国学者论述了罗马法的形式主义，指出：原始制度注重对形式的使用，法律后果并不是产生于单纯的协议或者简单的意思表示。如果要创设或者转让某一权利，必须实施某种特定的行为，或者使用特定的话语。[②] 在此基础上古罗马法发展出一种法律程式，这种法律程式需要具备某种要件才能发生法律后果，由此形成所谓要式行为，例如要式买卖（mancipatio）等。因此，罗马法更强调行为要素。关于盗窃的规定，我国《唐律·贼盗律》规定："诸盗，公取、窃取皆为盗。"疏文曰：公取，谓行盗之人，公然而取；窃取，谓方便私窃其财，皆名为盗。因此，唐律中盗的概念，指以公开或秘密的方式非法取得他人财物的行为。然后，《唐律》再将盗进一步区分为：（1）强盗，即以威若力而取其财，先强后盗，先盗后强等。（2）窃盗，即窃盗人财，谓潜形隐面而取。[③] 我们再来比较一下罗马法中关于盗窃的规定。在罗马法中，盗窃（furto）是以获利为目的，欺诈地窃取他人的可动物，或者经被窃人同意而持有物品的人非法使用或非法侵吞该物。在优士丁尼法中，人们将盗窃区分为窃取（furtum rei）、窃用（furtum usus）、侵吞（furtum possessionis）。因此，盗窃具有以下要件：第一，取得（contrectatio），这个概念包括窃取他人物品，非法使

---

① 参见［德］马克斯·韦伯：《儒教与道教》，洪天富译，175页，南京，江苏人民出版社，1993。

② 参见［英］巴里·尼古拉斯：《罗马法概论》，黄风译，60页，北京，法律出版社，2000。

③ 参见钱大群：《唐律研究》，319～320页，北京，法律出版社，2000。

用（furtum usus）和非法侵吞（furtum possessionis）。第二，欺诈性意图（contrectatio fraudulosa，animus 或 affectio furandi）。第三，从被窃取物中获利的意图（animus lucrifacierdi）。第四，可动产。[①] 通过对比，我们发现《唐律》对盗窃的规定更是一种描述性的，例如使用潜形隐面这样一种形象的语言对行为特征加以描述。而罗马法对盗窃的规定更是一种分析性的，可以分解出各种构成要素，以便加以把握。

犯罪构成要件理论就是建立在这种分析基础之上的、关于犯罪的一种类型化的理论体系。构成要件的概念与民法上的法律行为的概念具有构造上的相似性。民法上的法律行为是民事主体存在发生一定法律效果的行为。在罗马法上，本无抽象的法律行为概念，只有各种具体的名称，如买卖行为、使用借贷行为、赠与行为、遗嘱行为，等等。19 世纪初德国法学家、历史法学派的创始人胡果（Gructav Hugo，1764—1844）在研究罗马法时，概括了各种法律方面的行为的共同点，首创了法律行为这个词。[②] 法律行为这个抽象概念的形成，对于民法调整方式来说，是一个重大突破。法律行为的成立必须具备一定的条件，因而需要讨论法律行为的成立要件。法律行为的成立要件是指依照法律规定成立法律行为所必不可少的事实要素。我国学者指出：当行为人的某一表示行为符合特定法律行为的成立要件时，其行为构成特定的法律行为；当行为人的具体表示行为不符合任何法律行为的成立时，观念上应视为法律行为不存在。此类法律规则的作用在于将社会生活中民事主体有意从事法律行为的活动与无意从事法律行为的活动区别开，使一切法律行为均取得法律规定的典型特征。基于这一观念，民法理论中有学者主张将法律行为的成立要件称为法律行为的构成要素或构成要件[③]，这样，就从法律行为概念中推导出构成要件的概念，这里的构成要件，就是指 Tat-

① 参见［意］彼德罗·彭梵得：《罗马法教科书》，黄风译，402 页，北京，中国政法大学出版社，1992。

② 参见周枏：《罗马法原论》，下册，582 页，北京，商务印书馆，1994。

③ 参见董安生：《民事法律行为——合同、遗嘱和婚姻行为的一般规律》，188～189 页，北京，中国人民大学出版社，1994。

bestand。Tatbestand 起初是指一种事实性存在，此后才被确认为法律上的一种模型并与事实相脱离。日本学者小野清一郎曾经对构成要件的概念作了分析，指出：在一般法学上，则由于一定的法律效果发生，而将法律上所必要的事实条件的总体，称之为“法律上的构成要件”。在刑法学上，犯罪的构成要件，其理论性只是它其中的一种情况——因为在历史上，刑法中最早出现的构成要件概念是采用一般法学的思维方式得出的。但是必须注意的是，按照一般法学的用法，构成要件一词仅仅意味着是法律上的、抽象的、观念性的概念。与此相反，在心理学等方面，在使用 Tatbestand 一词时，基本上指的是事实性的东西。① 因此，在犯罪构成建构成的方法论中，涉及一个从事实到概念，再到类型，最后到模型的这样一个演变过程。

犯罪本身是对社会生活中的法益侵害行为的一种概括，由此形成概念，这种概念表现为罪名概念。概念是以语言为载体的，因而为确定某一犯罪的内容需要对语言进行解释。罪名概念与犯罪事实之间的关系，实际上是一种名实关系。胡适在论述中国古代的法治逻辑时，揭示了这种法治逻辑的基础是循名责实。不仅法家如此，儒家也是如此。孔子的正名学说：名不正，则言不顺；言不顺，则事不成。刑罚不中，则民无所措手足。由此可以勾画出儒家名实关系学说的清楚线索。② 在这种情况下刑法理论还是描述性与解释性的，而没有达到一种理论上的建构。

从罪名概念到犯罪类型，这是一个重大的跨越。德国学者考夫曼对类型与概念进行了比较，指出：类型是建立在一般及特别间的中间高度，它是一种相对具体，一种事物中的普遍性。类型一方面与抽象一般的概念相异，一般概念，透过一个有限数量独立的特征被加以定义（被限制），并因此——依 Kant（康德）的意思，与直观相对。类型在它与真实接近的以及可直观性、有对象性来看，是相对的不可以被定义，而只能被描述。它虽然有一个确定的核心，但却没有确定的

---

① 参见［日］小野清一郎：《犯罪构成要件理论》，王泰译，5 页，北京，中国人民公安大学出版社，2004。

② 参见胡适：《先秦名学史》，146 页以下，上海，学林出版社，1983。

界限，以至于一个类型存在的特征轮廓或多或少有所缺少。而这却不会造成对于一定事实类型化的困难。概念（在这里一直被理解为抽象一般的概念），被当作一种种类概念或分类概念，是封闭的，而类型则是开放的。概念只认识一种犀利的“不是什么，就是什么”。概念做区隔，概念性思考是一种区隔性的思考。而类型（次序概念、功能概念和意义概念）相反地，让自己在“或多或少”多样的真实中存在。[①] 考夫曼这一对类型与概念的对比考察，对于我们正确地认识两者关系是具有重要意义的。当然，类型与概念也不是互不相干，事实上概念也正是某种类型的载体，因而存在所谓类型概念化或者概念类型化的问题。对于类型与概念的这种关系，考夫曼曾经引述 Kant 的名言加以说明：概念没有类型是空的，类型没有概念是盲目的。[②]

以我个人之见，概念是对事物本质特征的概括，因其抽象性而都具有某种类型性特征。但概念的主要作用在于区隔，即区分不同事物，其概括功能反而未受到应有重视。而类型的主要功能在于概括，形成一种直观的、整体的认识。在这个意义上，类型毋宁说是一种思维方式，即所谓类型化思考，正如德国学者指出：当抽象——一般规定及其逻辑体系不足以掌握某生活现象或意义脉络的多样表现形态时，大家首先会想到的补助思考形式是类型。[③] 类型化思考，是人文社会科学中广泛使用的一种思考方法，例如马克斯·韦伯将类型化思考方法引入社会学，形成了理想类型的分析框架。韦伯在讨论社会学方法论基础时，从定律概念出发引申出类型的概念，人们习惯于作出各种各样的社会学概括，例如像格雷欣定律这样的定律。事实上，这些定律是由观察所证实的类型或然性。其意思是指，在某些给定条件下，将会出现社会行动的可期望道路，这一道路根据活动者的类型动机和类型主观意向是可以理解的。这些概括既是可理解的，也是高度确定的，只要根据纯理性的目的追求这种在类型意义上的行动观察道路是可以理解

① 参见［德］考夫曼：《法律哲学》，刘幸义等译，190～191 页，北京，法律出版社，2004。
② 参见［德］考夫曼：《法律哲学》，刘幸义等译，192 页，北京，法律出版社，2004。
③ 参见［德］卡尔·拉伦茨：《法学方法论》，陈爱娥译，337 页，北京，商务印书馆，2003。

的，或这种理论类型的方法论便利的理由可以有启发地运用，情况便是如此。[①]马克斯·韦伯所谓的类型，是一种经验性类型，一种纯粹理想类型。韦伯认为，所建立的理想类型越是严格和精确，从而在某种意义上它越是抽象和非现实，那么，它就越能较好地在阐述术语、分类和假设方面发挥其功能。[②]

类型化思考同样适用于法学，但法学中的类型不同于社会学中的类型，它是一种规范的类型。对此，考夫曼指出：放在法律层次上看，就可以证明出类型——在这里指的是规范的类型，不是以平均或者经常的类型，也不是以Max Weber的理想类型的意义来看，而是以在法律理念及生命事实的中间来看，而围绕着所有的法律思想：是规范的正义与实质的正义的中间。[③]考夫曼还明确指出：事实上，刑法的构成要件都是不法类型，即类型化之非价的生活事实。[④]只有使用类型的方法，才能形成犯罪构成要件的概念。换言之，犯罪构成要件概念本身具有某种类型性特征。因此，犯罪构成要件的形成与类型化的刑法思维的成型，是一个相关的过程。正如我国学者所指出：从贝林格到小野清一郎，构成要件理论从萌芽发展到了极致。伴随构成要件理论的成熟，构成要件类型化的思维亦逐步成型。无论是行为类型、违法类型抑或责任类型，无论是犯罪的外部轮廓或价值类型，无疑都是一种类型化思维的过程和结果。在这个意义上，甚至可以将刑法学称为类型刑法学。[⑤]由此可见，类型化思考是犯罪构成要件建构的重要方法论。

基于类型化思考方法，刑法中对犯罪的规定不再是一些单纯的概念，例如杀人、放火、强奸、抢劫，都是一种犯罪类型，这是刑法理论的一次方法论革命。在这种情况下，我们不再把刑法对犯罪的规定看作是一种对事实的简单描述，而是

① 参见［德］马克斯·韦伯：《社会科学方法论》，杨富斌译，52页，北京，华夏出版社，1999。

② 参见［德］马克斯·韦伯：《社会科学方法论》，杨富斌译，55页，北京，华夏出版社，1999。

③ 参见［德］考夫曼：《法律哲学》，刘幸义等译，191页，北京，法律出版社，2004。

④ 参见［德］考夫曼：《类推与事物本质——兼论类型理论》，吴从周译，109页，台北，学林文化事业有限公司，1999。

⑤ 参见张文、杜宇：《刑法视域中“类型化”方法的初步考察》，载《中外法学》，2002（4），423～424页。

认定犯罪的一种法律模型，由此引申出模型的概念。模型，也可以说是模式或者范式。Paradigm 源自希腊文，含有共同显示的意思，由此引申出模式、模型、范例等意思。在《刑法哲学》一书中，我曾经从定罪的模式意义上论述犯罪构成，并对大陆法系的递进式的犯罪构成结构与我国及苏联的耦合式的犯罪构成结构进行了对比，指出了两种模式的逻辑差别。[①] 在《本体刑法学》一书中我将作为一种法律标准的犯罪构成与构成事实作了区分，在“将社会生活中出现的事实加以类型化的观念形象，并进而将其抽象为法律上的概念”（小野清一郎语）之意义上理解犯罪构成[②]，就是把犯罪构成看作是一种法律模型。因此，犯罪构成之作为一种法律模型，恰恰是类型化思考的结果。对此，我国学者也作了精辟的论述：就刑法条文对犯罪所谓的明文规定而言，其实只是建构一种与生活中具体行为相比较的模型。由于刑法条文在字面上、技术上对犯罪特征表述的局限性，模型往往都显得粗糙和过于简单，造成条文在运用中缺乏可操作性和难得要领，于是注释刑法学在刑法罪状的基础上建立起犯罪构成及其要件的学说体系，以便为司法提供可供操作的具体分析思想及方法。刑法理论家们凭着自己的专业知识、生活经验以及约定俗成定型化的犯罪既往处理模式，从理论上对刑法条文的字义进行深入浅出、字斟句酌的分析，原则释之具体、模糊阐之清晰、疏漏补之完整，并将这种刑法关于犯罪规定的概念体系冠名为犯罪构成，将聚合犯罪构成的诸要素称为要件（必要条件）。[③] 这种对犯罪构成由来的描述，尤其是从模型的意义上界定犯罪构成，我认为是十分科学的，也可以使我们头脑中的犯罪构成要件立体化。

犯罪构成作为一种模型，是由各种构成要件（要素）组建而成的，那么，构成要件之间存在一种什么样的逻辑关系呢？我认为，这是一个值得研究的问题。这里涉及犯罪构成要件之间的位阶问题。所谓位阶，实际上是指各个构成要件在体系中的确定位置，或者说是在认定犯罪过程中的先后顺序。关于这个问题，大陆法系的递进式的犯罪构成结构，构成要件该当性、违法性和有责性这三个犯罪

① 参见陈兴良：《刑法哲学》，修订 3 版，597 页以下，北京，中国政法大学出版社，2003。

② 参见陈兴良：《本体刑法学》，194～195 页，北京，商务印书馆，2001。

③ 参见冯亚东、胡东飞：《犯罪构成模型论》，载《法学研究》，2004（1），75 页。

成立条件之间的位阶关系是十分明确的。对此，日本学者大塚仁曾经进行过探讨。大塚仁指出：那么，应该在怎样的序列中对待那些犯罪的构成要素呢？在形式逻辑上，按照犯罪本身的发展经过，构筑认识它的体系，或者考虑刑事裁判中犯罪事实的认定过程，建立与其相适应的理论体系，都并非不可能。从前一种看法出发建立体系，当然应该从犯罪的主观面出发，逐渐及于客观面。但是，犯罪概念的体系的目的在于把握科刑的前提，根据后一种看法是适合的。从这种观点来看，在研讨各种犯罪要素时，在思考及判断的经济上，应该从一般的犯罪要素开始，其后研讨具体的、特殊的犯罪要素。而且，对于定型的、形式的判断能够认识的东西，要先于非定型的、实质的判断予以处理，才是所希望的。通过以上考察，大塚仁赞同构成要件该当性、违法性及责任这三个要素的体系，认为它以抽象的、一般的而且定型的构成要件该当性的判断为前提，对于肯定了构成要件该当性的行为，再进行具体的、个别的而且非定型的违法性及责任的判断。那么，相对于构成要件该当性，对违法性和责任的要素，是应该并列地对置理解还是应该重叠地、发展地考虑呢？对违法性的判断是从法规范的立场客观地、外部地论事，而对责任的判断则是主观地、内部地研讨能否进行与行为人人格相结合的非难，着眼于这一点时，应该给予两者先后的顺序。① 在此，大塚仁教授确立了先客观后主观、先定型后非定型这样一个决定犯罪构成要件之间的位阶关系的原则。可以说，大陆法系递进式的犯罪构成理论解决得最好且最合乎逻辑的，就是犯罪构成要件之间的位阶关系。

在我国和苏联的耦合式的犯罪构成理论中，犯罪客体、犯罪客观方面、犯罪主体、犯罪主观方面这四个要件虽然具有对应性，但其位阶关系并没有得到圆满的解决。例如，苏联学者在论述犯罪构成时指出：犯罪构成不仅是犯罪要件的总和，而且是犯罪要件的严密系统。犯罪构成反映犯罪特有的构成犯罪要素的内部联系。刑法科学的最大成就就是揭示了各种犯罪的统一的共同结构，并在这一基

① 参见［日］大塚仁：《刑法概说（总论）》（第3版），冯军译，108～109页，北京，中国人民大学出版社，2003。

础上由犯罪的客体、犯罪的主体、犯罪的客观方面和犯罪的主观方面四类基本要件组成每一个犯罪构成。犯罪构成是这样一些必要的和充分的要件的系统，而且它们足以认定某人犯有相应罪行。这些要件之所以是必要的是从如下的意义上说的，即在犯罪构成的全部要件中，缺少任何一个要件，行为人的行为就不能被指控为犯罪，因此，他就不负刑事责任。这些要件之所以是充分的，原因就在于对有关行为人指控其犯罪，没有必要查明任何补充材料。① 这段话论及犯罪构成的结构，但就是没有阐述各个犯罪构成要件之间的位阶关系。也许在其犯罪构成体系中，这种位阶关系本身就是不存在的。我国学者曾经在犯罪构成研究中引入系统方法，提出了犯罪构成系统论这样一种颇有创见的理论。应该说，犯罪构成要件之间的位阶关系是犯罪构成系统论的题中应有之义，但恰恰没有涉及这个问题。根据论者的观点，犯罪构成体系是一个动态系统结构，犯罪主体和犯罪客体就是构成这个系统结构的两极，缺少其中任何一极都不可能构成犯罪的系统结构，不可能产生犯罪活动及其社会危害性。② 在这种情况下，犯罪构成系统论成了一种使人无从把握的东西，犯罪构成要件之间的关系反而更加模糊。在我国刑法学界，曾经过四要件之排列顺序的讨论。通说是根据犯罪认定过程将犯罪构成要件按照犯罪客体要件—犯罪客观要件—犯罪主体要件—犯罪主观要件的顺序排列。③ 个别学者则是根据犯罪发生过程将犯罪构成要件按照犯罪主体要件—犯罪主观要件—犯罪客观要件—犯罪客体要件的顺序排列。④ 但这种讨论意义极其有限。正如我国学者指出：在我国犯罪构成理论体系中，各要件之间互为前提、互相作用，任何一个方面的要件，如若离开其他三个方面的要件或其中之一，都将难以想象，要件的齐合充分体现出要件的同时性和横向联系；撇开论述上的逻辑顺序不谈，四个要件哪个也不能独立在先、独立在后。⑤ 根据这种观点，四个构

① 参见［苏］B. H. 库德里亚夫采夫：《定罪通论》，李益前译，71 页，北京，中国展望出版社，1989。

② 参见何秉松：《犯罪构成系统论》，112 页，北京，中国法制出版社，1995。

③ 参见高铭暄、马克昌主编：《刑法学》，105～106 页，北京，中国法制出版社，1999。

④ 参见赵秉志：《论犯罪构成要件的逻辑顺序》，载《政法论坛》，2003（6），16～24 页。

⑤ 参见肖中华：《犯罪构成及其关系论》，213 页，北京，中国人民大学出版社，2000。

成要件的排列不是逻辑顺序而只是一种理论叙述的顺序。在这个意义上说，我国现行的犯罪构成要件之间根本就不存在位阶关系。

我认为，犯罪构成体系，无论是三要件论还是四要件论，各要件之间的位阶关系都是首先需要明确的。这种位阶关系表明：顺序在先的构成要件独立于顺序在后的构成要件，顺序在后的构成要件则以顺序在前的构成要件为前提，这种顺序关系不能颠倒。由于在我国刑法的犯罪构成理论中，四个构成要件之间的位阶关系没有得到确认，因而在认定犯罪过程中，往往出现某种逻辑上的混乱。例如，先客观后主观，这是构成要件之间的一种基本位阶关系。根据这一原则，行为是否构成犯罪，首先要进行客观的判断，包括构成要件行为、构成要件结果以及因果关系的判断。只有在客观上作出了肯定判断的基础上，再进行主观的判断，包括有无罪过等。但在某些案件中，法官本来应该根据客观上不具有构成要件该当的行为而不认为是犯罪，但却以主观上不具有罪过或者某种特定目的为由不认为是犯罪。结论虽然是相同的，逻辑论证则有所不同。这种不受位阶关系限制的跳跃式思维方式十分容易出错，这是应当防止的。

我在《本体刑法学》（北京，商务印书馆，2001）中提出了罪体与罪责之分的犯罪构成体系，这里的罪体是指犯罪的客观要件，罪责是指犯罪的主观要件。此后，在《规范刑法学》（北京，中国政法大学出版社，2003）中，又根据我国刑法中犯罪存在数量因素这样一个特征，在罪体与罪责以外，又提出了罪量要件，由此形成三位一体的犯罪构成体系。在此，涉及罪体与罪责之间的关系。我曾经指出，这是一种对合关系。那么，这种对合关系是否存在位阶呢？我的回答是肯定的。在认定犯罪中，罪体是首先需要确认的，包括行为、结果及因果关系这样一些罪体要素是前置于罪责而存在的。只有在罪体的基础上，才有罪责可言。这里还需要研究一个问题，就是我之所谓罪体是否能够独立于罪责而成立。我这里的罪体是行为事实与规范评价的统一，不同于大陆法系递进式犯罪构成体系中的构成要件该当性，它没有包括构成要件的故意与过失，但包括了违法性评价。当然，在行为事实与规范评价之间，又是行为事实先在于规范评价。根据这样一种分析，罪体是可以独立于罪责而存在的。罪责中的责任能力是一个独立的判断要素。至于罪过，是心理事实与规范评价的统一。同样，在心理事实与规范评价之间，也是心理事实先在于规范评价。某些犯罪，只要具备了罪体与罪责即构成犯罪。还有些犯罪则不然，在具备了罪体与罪责的基础上，还需要考察罪量因素。如果虽然具备罪体与罪责，法律所要求的罪量要件不具备，仍然不构成犯罪。基于以上分析，我认为罪体—罪责—罪量这三个构成要件之间存在明确的位阶关系，这就为定罪提供了正确的逻辑径路。

五、案件事实认定方法论

案件事实并非一种“裸”的事实，而是一种构成要件该当的事实，它是经由规范的“格式化”而形成的一种法律事实。因此，在司法三段论的推理当中，小前提——案件事实的认定本身并非完全独立于大前提——法律规范的确定，而是在事实与规范之间互相检视的一种复杂认识过程。因此，在实际司法活动中，不能将大前提——法律规范的确认与小前提——案件事实的认定截然分开。对此，拉伦茨曾经深刻地揭示了案件事实形成与法律判断在时间上的同一性。拉伦茨指出：在无限多姿多彩、始终变动不居的事件之流中，为了形成作为陈述的案件事实，总是要先作选择，选择之时，判断者已经考量到个别事实在法律上的重要性。因此，作为陈述的案件事实并非自始既存地显现给判断者，毋宁必须一方面考量已知的事实，另一方面考虑个别事实在法律上的重要性，以此二者为基础，才能形成案件事实。法律家的工作通常不是始于就既存的案件事实作法律上的判断，毋宁在形成——必须由他作出法律判断的——案件事实时，就已经开始了。[①] 在这个意义上说，案件事实的形成过程本身就是一个法律判断过程。例如，构成要件该当性的判断，当然是一种法律判断，但这一法律判断的实体内容就是构成要件事实的形成过程，两者具有不可分割的同一性。

当然，我强调案件事实的形成与法律判断在过程上的同一性，并非要将案件

① 参见［德］卡尔·拉伦茨：《法学方法论》，陈爱娥译，160页，北京，商务印书馆，2003。

事实与法律规范加以混淆。正确地区分事实问题与法律问题具有重要意义。尤其是在三审终审的情况下，事实审与法律审相分离，基层法院以解决事实问题为主，二审法院以解决法律问题为主，终审法院不解决事实问题只解决法律问题。在这种情况下，事实问题与法律问题就应当在刑事诉讼的不同审级得到解决。应该说，事实问题与法律问题是存在区别的。事实问题是一个存在论的问题，即有还是没有的问题；而法律问题是一个价值论的问题，即是或者不是的问题。

事实问题与法律问题的区分，首先是一个在刑法理论上需要解决的问题。在刑法理论上，事实问题与法律问题的区分主要表现在犯罪构成要件的设置上。一个人有罪还是无罪的问题，需要同时解决事实问题与法律问题。犯罪构成要件作为定罪的根据，同样也包含了事实与法律两个层面的内容。在大陆法系递进式的犯罪构成体系中，构成要件该当性是一个事实的问题，构成要件包括行为、客体和结果等行为事实以及故意和过失等心理事实。只有在充足构成要件的基础上才能进入违法性的判断。当然，构成要件也并非完全的事实内容。贝林格认为构成要件是客观记叙性的事实，而不包含规范的、主观的要素。而麦耶尔则认为构成要件中包含规范的、主观的要件，但没有予以正面肯定。到了梅茨凯尔那里，由于认为构成要件是不法类型，所以从正面肯定了构成要件中的主观要素及规范要素。① 尽管在构成要件该当性中包含规范要素，但这种规范要素本身还是作为一种规范事实存在的。例如“他人的财物”（德国刑法第 242 条、第 303 条），这里的财物当然是物理性存在，而“他人的”就是法律上的所有关系，这是一种规范要素。但这种规范要素存在本身又是一个事实问题，即财物的所有权归属问题。在认定盗窃罪时，财物是否属于“他人的”是一个事实性的前提。在这个意义上说，它与作为法律问题的违法性评价还是有所不同的。在构成要件该当的基础上，才能进一步进行违法性判断。一般来说，构成要件该当的行为是一种不法类型，因为构成要件该当行为一般可以推定为违法，除非存在违法性阻却事由。在

① 参见［日］小野清一郎：《犯罪构成要件理论》，王泰译，49～55 页，北京，中国人民公安大学出版社，2004。

违法性基础上进一步作有责性的判断，有责性是一个主观归责问题，在主张规范责任论的情况下，它同样也是一种法律判断。由此可见，大陆法系的递进式的犯罪构成体系中，事实问题与法律问题有机地统一在一个犯罪构成中，互相协调，对于正确认定犯罪具有重要意义。

而在我国及苏联的耦合式的犯罪构成体系中，事实问题与法律问题没有明确地加以区分。我在《刑法哲学》一书中曾经指出：行为事实是一种纯客观的存在，它只有经过一定的价值评判，才能转化为具有犯罪意义的行为、客体、结果及因果关系。在我国刑法理论中，对行为事实与价值评判这两个层次的问题未加区别，混为一谈。因此，造成了许多理论上的混乱。① 例如，因果关系问题，我国以往关于因果关系的讨论纠缠于因果关系的必然性与偶然性，这都是在事实层面上对因果关系的讨论，没有充分关注法律层次的因果关系。实际上，因果关系不仅是一个事实问题，也是一个法律问题。因此，将因果关系区分为事实因果关系与法律因果关系的思路是可取的。② 尤其是客观归咎论的提出，真正使因果关系成为一个法律上的客观归属问题。当然，在大陆法系递进式的犯罪构成体系中，客观归属的体系性地位仍然是一个没有得到很好解决的问题。在我主张的罪体—罪责—罪量的犯罪构成体系中，罪体是行为事实与规范评价的统一，罪责是心理事实与规范评价的统一，唯此才能体系性地把握事实问题与法律问题。

事实问题与法律问题的区分不仅对于刑法理论具有重要意义，而且在司法活动中对于正确地认定犯罪同样具有重要意义。在具体犯罪的认定过程中，应当分别解决事实问题与法律问题。尤其是需要正确地确定事实问题与法律问题之间的位阶关系，即在入罪时，评价以事实的存在为前提，既不能以事实代替评价，也不能以评价代替事实。出罪则不受此限。事实的确定是法律评价的前提，因为法律评价是对事实的评价，没有事实当然也就无所谓法律评价。因此，对于认定犯罪来说，事实的确定无疑是最重要的。但在司法活动中，事实问题与法律问题的

① 参见陈兴良：《刑法哲学》，修订3版，87页，北京，中国政法大学出版社，2003。

② 参见陈兴良：《本体刑法学》，283页以下，北京，商务印书馆，2003。

区分又是极其困难的。某些事实本身就包含着规范评价要素。更为重要的是，在具体犯罪的认定过程中，事实问题与法律问题的解决孰先孰后的问题，是否有一个可遵循之规则的存在？我想，大体上是有的，但也不能绝对化。一般地说，就入罪而言，须先认定案件事实，再作法律判断。如果案件事实没有，可以中断法律判断。但在出罪的情况下，案件事实难以认定，但法律判断容易作出的，也可以通过否定的法律判断得出出罪结论。例如张耀喜辩护人妨害作证案①，一审法院认定被告人张耀喜担任陈林鸣辩护人，为减轻陈的罪责，采用诱导设问的方式，引诱证人李某作伪证，其行为妨害了刑事诉讼的正常进行，构成辩护人妨害作证罪。二审法院则认为，原判认定的事实证据不足，故而判处上诉人张耀喜无罪。从本案的情况来看，涉及关于本案是否构成犯罪的两个基本问题：一是事实认定问题：控方认为存在引诱他人作伪证的事实，而辩方则认为不存在这一事实。一审法院认定存在这一事实，由此形成事实之争。二是法律适用问题：控方认为诱导性设问形成虚假证言，就是引诱证人作证。辩方则认为，只有以金钱、物质或其他利益引诱证人作伪证才构成本罪。一审法院采纳控方意见，并且明确指出：物质、金钱或其他利益引诱不是刑法所规定的本罪的必要要件，由此形成法律之争。在本案中，二审法院仅就事实争议作出判断，法律争议则完全没有涉及。当然，这一判决的逻辑不能说错误，但它回避了对法律争议的解决，丧失了成为一个理解刑法第 306 条引诱证人作证规定的判例的机会，令人扼腕痛惜。像这样的案例，如果事实争议难以解决，径直依否定的法律判断同样可以作出无罪判决。也就是说，即使认定在事实上进行了诱导性询问，但这种诱导性询问并非刑法第 306 条所规定的引诱证人作伪证，因而判决无罪。由此可见，这里存在一个选择问题，以法律判断代替事实判断。

在司法实践中，还存在法律判断转化为事实判断的问题。例如，在一个被指控为职务侵占的案件中，涉及对国有资产的界定。国有资产的界定在该案中直接

① 本案例载最高人民法院刑一庭、刑二庭编：《刑事审判参考》，2001 年第 1 辑，北京，法律出版社，2001。

涉及罪与非罪，但该法律问题的解决又有一定难度。而在本案中，存在一个情节，就是国有公司曾经将该企业零转让给被告人，而被指控为职务侵占是在零转让以后。在这种情况下，法院没有纠缠在企业财产的性质是否属于国有资产这一法律问题上，而是以被告人没有职务侵占的主观故意为由判决无罪。也就是说，即使企业财产性质属于国有资产，但在零转让给被告人以后，被告人主观上认为这不是国有资产，因而不可能具有职务侵占的主观故意，因为职务侵占的主观故意是以明知是企业（包括国有企业）财物为前提的。

案件事实还有客观事实与主观事实之分。客观事实是事实，且具有客观性，这当然没有问题。主观事实也是事实，同样具有客观性，对此却容易发生误解。在一个具体犯罪中，客观事实与主观事实是互相依存、不可分割的，只是为了理论研究的需要才予以分而考察之。但在犯罪认定过程中，客观事实与主观事实的判断顺序又是不能颠倒的，应当严格地坚持先客观事实后主观事实的认定原则，否则，就会造成逻辑上的混乱。例如吴晓丽贷款诈骗案[①]，一审法院认为，被告人吴晓丽明知其厂房已用于银行贷款的抵押而将该厂房卖掉，其行为已构成贷款诈骗罪。而二审法院则认为，上诉人吴晓丽在贷款当时没有采取欺诈手段，只是在还贷的过程中将抵押物卖掉，如果该抵押是合法有效的，银行可随时采取法律手段将抵押物收回，不会造成贷款不能收回的后果；且吴晓丽在转让抵押物后，确也采取了诉讼的手段欲将抵押物收回，因认定抵押合同无效才致使本案发生，故对吴晓丽不构成贷款诈骗罪的上诉理由予以支持，原审认定被告人吴晓丽犯贷款诈骗罪不能成立。那么，被告人吴晓丽不构成贷款诈骗罪的裁判理由到底是什么呢？对此，法院的裁判理由指出：从本案的事实来看，被告人吴晓丽是否构成贷款诈骗罪，一是要分析吴晓丽是否实施了刑法第193条列举的四种具体行为或者是吴晓丽所实施的行为能否归属于以其他方法诈骗贷款；二是要认定吴晓丽在主观上是否具备非法占有贷款的目的。具体来说，一方面，吴晓丽在多次贷款

① 本案例载最高人民法院刑一庭、刑二庭编：《刑事审判参考》，2001年第4辑，北京，法律出版社，2001。

中，并没有采取刑法第193条列举的四种具体行为方式来取得贷款。另一方面，吴晓丽在贷款的过程中以及在得到贷款之后，并不具备非法占有贷款的目的。上述裁判理由在客观方面只论述了吴晓丽未实施刑法第193条列举的四种贷款诈骗行为，而没有讨论其行为是否属于刑法第193条规定的其他方法，而一审法院恰恰认定吴晓丽使用其他方法进行贷款诈骗。我认为，刑法第193条规定的其他方法不包括合法贷款后采用欺诈手段拒不还贷的行为。因此，吴晓丽之不构成贷款诈骗罪并不在于主观上没有非法占有的目的，而在于客观上没有实施贷款诈骗行为。客观上有没有实施刑法第193条规定的以其他方法诈骗贷款，这是一个客观事实问题，当然这一事实问题的解决与如何理解以其他方法诈骗贷款这一法律问题是有关的。二审法院对本案被告人吴晓丽作出无罪的结论是正确的，但给出的裁判理由却是有问题的，未经客观事实认定而跳跃式地进入主观事实的判断。

六、刑法论证方法论

法学方法论是以保证司法裁判的正当性为终极目标的，而法律论证对于保证司法裁判的正当性具有重要意义。目前在法学理论上，对于法律论证的含义如何确定仍然存在争议。一般将法律论证限于对法律规范的论证，认为法律论证的主要任务就是论证作为法律推理大前提的合法性和合理性，法律论证是法律推理能否得出正确判断和结论的保障。法律论证一方面能使论证者清楚法律背后的原则、政策、原理，另一方面可以解决现行法中模糊和空缺的部分。另外，法律论证也是法律人阐明自己所认定法律的理由，从而不仅说服自己，也说服当事人。法律论证不是要简单地宣布什么样的法律结果，而是要说出判决的理由和根据。[①] 但法律推理前提的合理性之证成与判决结果的正当性之证成虽然联系紧密，又是不能等同的。换言之，法律论证是仅指对法律推理之大前提的合理性论

① 参见陈金钊：《法律方法引论》，载陈金钊、谢晖主编：《法律方法》，第2卷，175页，济南，山东人民出版社，2003。

证呢，还是也包括对判决结果之正当性的论证？判决结果的正当性当然是依赖于法律的逻辑推理来实现的，但逻辑推理解决不了一切问题。因此，我主张对法律论证作广义上的理解：不仅是对法律问题的论证，而且包括对事实问题的论证，尤其是在司法实践活动中，判决结果并非直接从大前提与小前提中推导出来的，而是包括大量具体而微小的论证活动。对于某一具体事实问题或者法律问题，应当在听取控辩双方充分发表意见的基础上作出判断，而且这种判断结果应当是经过论证的，使之成为控辩双方论辩中引申出来的必然结论。因此，法律论证的问题，归根到底还是一个说理的问题。无论是控辩双方还是裁判者，都应当持之有故、言之有理。但在司法实践中，如何正确地进行论证，确实是一个重大问题。下面，以三个案例论证中存在的问题进行说明。

（一）于润龙非法经营案

被告人于润龙因非法经营黄金而涉嫌非法经营罪被起诉。公诉机关指控：被告人于润龙在无黄金收购许可证的情况下，收购黄金并进行倒卖。被告人于润龙违反国家规定，未经许可经营限制买卖的物品，其行为触犯了刑法第225条第1项之规定，已构成非法经营罪。辩护人认为，起诉书指控被告人于润龙的犯罪行为，因国家黄金管理体制的重大改革和国家关于黄金行政法规的重大变化，依法不构成犯罪。2003年国务院发布《关于取消第二批行政审批项目和改变一批行政审批项目管理方式的决定》，该决定第3项取消了根据《中华人民共和国金银管理条例》设立的黄金收购许可。这使被告人于润龙的行为不具有构成非法经营罪所要求的“违反国家规定”的必备条件，故于润龙的行为依法不构成犯罪。法院判决认定，被告人于润龙在无黄金经营许可证的情况下大肆收购、贩卖黄金的行为，严重地扰乱黄金市场秩序，情节严重，已构成非法经营罪。虽然2003年年初国务院下发了国发〔2003〕5号文件取消黄金收购许可证审批制度，但对于国内黄金市场的发展运行，还有行政法规、政策及相关部门的规章加以规范，不许任其无序经营。《金银管理条例》在废止前，该条例的其他内容仍然有效，于润龙的行为在目前的情况下也属违法行为，故公诉机关指控的事实清楚、证据充分，罪名成立。

在我看来，法院的上述判决结论之得出，缺乏必要的法律论证。本案争议的焦点是在黄金收购许可取消以后，黄金是否还属于刑法第 225 条第 1 项所规定的限制买卖的物品。这里的限制买卖的物品，是指国家根据经济发展和维护国家、社会和人民利益的需要，规定在一定时期实行限制性经营的物品。[①] 法院判决没有直接讨论在黄金收购许可取消以后，黄金是否属于限制买卖的物品。该判决引用 2003 年 9 月 19 日中国人民银行办公厅给公安部办公厅的《关于认定非法经营黄金行为有关问题的复函》第 1 条："中国人民银行发布的《关于调整携带黄金有关规定的通知》（银发〔2002〕320 号）不适用于个人"，以此说明取消的是对单位的黄金收购许可，《金银管理条例》对个人的禁止性规定仍然有效，由此推论个人收购黄金是非法经营行为。的确，《金银管理条例》第 8 条规定："金银的收购，统一由中国人民银行办理。除经中国人民银行许可、委托的以外，任何单位和个人不得收购金银。"在《金银管理条例》中只对单位收购黄金有许可规定，国务院前述决定取消黄金收购许可，当然是指对单位收购黄金许可的取消。在《金银管理条例》中根本就没有对个人收购黄金许可的规定，当然也就无所谓许可的取消问题。那么，能否就此得出结论，前述决定颁布以后，对个人收购黄金仍然是禁止的呢？从文字上来看，似乎取消黄金收购许可并没有直接否定"个人不得收购金银"的规定，因而这一禁止性规定仍然有效。但是，黄金收购许可的取消的实质含义是指国家对黄金的经营不再实行许可制度。在这个意义上说，黄金不再是限制经营的物品。这一判断不仅适用于单位，同样适用于个人。由此可见，本案中被告人于润龙的行为是否构成非法经营罪，就取决于对黄金是否属于限制性经营的物品之法律性质的判断，这一判断结论需要经过缜密的论证。应该说，这一判断并非一个太大的难题，但法院的判断结论显然是经不起推敲的。

（二）方顺龙等六人侵犯商业秘密案

被告人方顺龙等六人涉嫌侵犯刑事附带民事诉讼原告人某五金首饰厂的商业秘密。该案涉及三个争议问题：（1）本案所涉及的被害人的技术信息是否属于商

---

① 参见胡康生、李福成主编：《中华人民共和国刑法释义》，317 页，北京，法律出版社，1997。

业秘密；(2) 六名被告人是否实施了如公诉机关所指控的侵犯被害人商业秘密的行为；(3) 六名被告人的行为是否给被害人造成重大损失。对此，法院判决都作了归纳与论证，这是值得肯定的，但这种论证的逻辑推理却难以成立。法院判决认为，公诉机关向法院出示了某市中衡信资产评估有限公司出具的评估报告，该报告的评估结果认为六名被告人的行为给五金首饰厂造成经济损失人民币 1 160 万元。该评估报告认为五金首饰厂经济损失难以计算，因此用上海流行饰品厂和上海宏艺五金饰品有限公司的获利来替代。对此，法院认为，五金首饰厂属来料加工企业，这种企业性质决定五金首饰厂只能以收取加工费的方式获得营利，其所受的经济损失也只能是加工费的损失，而上述两厂的利润是经营利润，二者性质不同，不能相互替代；而且作为来料加工企业，五金首饰厂的进口原料和出口制成品均属海关监管货物，其数量、价格均有据可查，其加工费如有损失也就容易计算，不存在损失难以计算的问题，因此以上述两厂的获利来替代五金首饰厂的损失明显不合理。中衡信资产评估有限公司的评估报告作为证据不具有合法性和客观性，而且在关联性上有严重缺陷，对其评估结论合议庭不予采信。

上述论证涉及侵犯商业秘密罪的损失计算问题。在司法实践中，一般主要是根据侵犯商业秘密行为给权利人造成的经济损失数额来判定。最高人民法院在长沙昌达实业公司侵犯商业秘密案中，关于侵犯商业秘密案的经济损失数额确立了以下规则：经济损失数额一般为被害人的实际损失，如商业秘密的研制开发成本，侵犯商业秘密犯罪行为致使被侵害人遭受技术及信息转让方面的损失，商业秘密的利用周期、市场容量和供求状况，被害人竞争地位、能力的减弱或丧失，商业信誉的下降，市场份额的减少，出现亏损甚至破产等。被害人的实际损失难以计算的，可以参照行为人在侵权期间因侵犯商业秘密所获得的实际非法利润来认定。[①]

在本案中，评估报告认为五金首饰品厂的损失难以计算，因而以侵权的非法利润作为损失数额。而法院判决认为，五金首饰厂的损失并非难以计算，其来料

① 参见《刑事审判案例》，299 页，北京，法律出版社，2002。

加工的加工费是可以计算的，因而不能以侵权的非法利润作为损失数额。但这一逻辑是如何推论的呢？来料加工的加工费本身也并不是侵犯商业秘密本身的经济损失，因为侵权产品是在境内销售，五金首饰厂的产品是为境外加工并在境外销售。在这个意义上，侵权行为并不影响五金首饰厂的加工费收入。但并不能以此认为五金首饰厂就没有经济损失，五金首饰厂的商业秘密被他人无偿披露并使用，使其通过许可第三方使用而获得相应利益的权利受到损失。只是由于五金首饰厂目前没有将此商业秘密许可他人使用，其所受损失的具体数额无法计算。在这种情况下，可以直接以侵权的非法利润作为经济损失数额。所以，法院判决在本案经济损失并非难以计算因而不能以侵权的非法利润作为损失数额这一推理的逻辑是正确的，问题在于将来料加工的加工费作为经济损失，而加工费是可以计算的，因此不能以侵权的非法利润作为损失数额这一推理上存在判断失当。

（三）吴清湘合同诈骗案

被告人吴清湘合同诈骗案中，公诉机关指控被告人吴清湘在忠智有限公司尚未依法成立和未取得土地使用权的情况下，违规取得了智成大厦项目的“建设用地规划许可证”等审批手续，并于1994年3月28日隐瞒了违规取得智成大厦项目和该项目所属土地已被抵押借款的事实，与大亨地业发展有限公司法定代表人周一龙签订名为联营实为转让合同，将智成大厦项目连同忠智有限公司以980万元人民币的价格转让给周一龙，实际获款640万元。后因吴清湘未归还以项目用地抵押的200万元债务，该土地被法院查封并拍卖，周一龙因此遭受巨大损失。法院认为：被告人吴清湘在转让忠智有限公司和智成大厦项目及附属土地时，隐瞒了忠智有限公司已以该项目土地作抵押借款200万元的事实。在收取转让金后，又未在约定的还款期限内还款，在还款期限届满后也仅归还73万元，将其余127万元借款占为己有并将该债务转嫁给受让人大亨地业发展有限公司周一龙。被告人吴清湘在签订、履行合同过程中，隐瞒并转嫁债务，在人民法院执行抵押项目附属土地时，继续隐瞒事实，导致项目土地被拍卖，最终将债务完全转嫁给他人，其主观上具有非法占有的故意，客观上将127万元尚未归还的债款占为己有且至今未还，其行为符合合同诈骗的特征，已构成合同诈骗罪，且数额特别巨大，应依法惩处。在本案中，公诉机关认定被告人通过项目转让合同骗取的数额是实际获得的转让费 640 万元，但法院认定的诈骗数额是未归还的借款 127 万元。从基本相同的案件事实中，推导出的是两个不同的诈骗数额。公诉机关认为诈骗的是项目转让款，这与签订虚假的项目转让合同这一诈骗手段是相对应的，因而诈骗数额应为项目转让款。但法院虽然认为签订的项目转让合同是虚假的，即隐瞒了以项目土地作抵押借款 200 万元的事实，但认定的诈骗数额又是借款未还部分，即 127 万元。这显然存在一个逻辑错误。本案被害人是大亨地业发展公司周一龙，其通过转让合同获得的实际上就是项目附属土地，而土地被拍卖以归还吴清湘的债务，周一龙损失的是 640 万元。而吴清湘未归还的借款 127 万元实际上与周一龙并无关系。因此，法院在本案诈骗数额的认定上转换了内容，其结论缺乏正当根据。

从以上三个案例可以看出，判决结论的正当性要以法律论证为保证。在我国司法实践中，司法人员大多缺乏这种法律论证的训练，因而事实认定与法律判断往往仅仅依赖直觉或依靠简单的逻辑知识，而这些都还难以保证判决结论的正当性。为此，我认为应当大力展开法律论证理论的研究，并将其适用于司法裁判。

（本文原载《法学研究》，2005（2））

刑法教义学的发展脉络

——纪念1997年刑法颁布二十周年

刑法理论的发展与刑法立法的演进之间存在密切的关联性，可以说两者是唇齿相依、相得益彰的关系。如果说，1979年刑法的颁布宣告了我国刑法学的再次繁荣，那么，1997年刑法的修订后颁布便预示着我国刑法教义学的扬帆起航。因此，基于两部刑法的前后衔接，同样可以将我国刑法理论的发展区分为两个阶段。1979年至1997年是我国刑法学恢复重建的阶段，而1997年至今是我国刑法教义学茁壮成长的阶段。1997年至今已有二十年了，我国刑法学已有很大发展，刑法教义学的基础已然奠定。回顾这段历史，对于明确我国刑法学的学术走向具有参照意义。

一、回望1997年

1997年3月14日第八届全国人民代表大会第五次会议正式通过了修订后的《中华人民共和国刑法》，由此宣告1979年刑法被1997年刑法取代。这不仅仅是我国刑事立法的一个具有里程碑意义的时刻，也是我国刑法教义学发展的一个象征性时刻。

从 1979 年到 1997 年，之间只不过间隔 17 年而已。在这短暂的 17 年时间中，我国刑法学从法律虚无主义的思想禁锢中挣脱出来，围绕着颁布不久的刑法建立起刑法教科书体系。当然，以四要件的犯罪构成为框架的刑法教科书体系主要还是沿袭了 20 世纪 50 年代初从苏俄引入的刑法话语系统。在 1979 年刑法颁布之初，我国学者主要还是以对刑法条文的解释为研究的主体，并在此基础上逐渐展开刑法的理论研究。尽管当时的学术水平还是较低的，但这种以法律解释为中心的研究径路仍值得肯定。

20 世纪 80 年代中期开始，我国进入经济体制改革的时代，突破计划经济的束缚，开始经济体制的转型。在这种情况下，建立在计划经济基础之上的 1979 年刑法很快就不能适应惩治经济犯罪以及其他犯罪的需要。为此，我国启动了以单行刑法的方式对刑法进行修改的持续过程。单行刑法具有独立于刑法典的特征，属于法外之法。单行刑法数量的不断累积，就会架空刑法。在这种情况下，大约从 1988 年开始，我国着手筹备刑法修订的工作。因此，在尚未能对 1979 年刑法进行深入研究的情况下，又开始了以修改刑法为主题的刑法理论研究。刑法修订的研究具有立法论的性质，是以刑法的发展完善为宗旨而不以刑法适用的司法论为追求。这对于刑法理论具有较强的导向性。例如，我国学者在总结 20 世纪 80 年代（1980 年至 1990 年）的刑法科学史的时候，把刑法研究分为两条线索，第一条是刑法学的理论研究，第二条是刑法的修改与完善研究。其中，刑法的修改与完善研究几乎从 1979 年刑法颁布之日就开始了，可以分为三个阶段：第一阶段是 1980 年到 1983 年，这是刑法修改研究的萌芽时期；第二阶段是 1984 年到 1987 年，这是刑法修改研究的初步展开时期；第三阶段从 1988 年开始，这是刑法修订研究的全面繁荣时期。我国学者在总结这个阶段的研究成果时指出："刑法的修改和完善作为刑法理论界的中心议题而愈来愈受到众多刑法理论工作者的青睐，研究的深度和广度在前一阶段的基础上有了大幅度的提高，使这一问题也就出现了众说纷纭、著述丰硕的繁荣局面。"① 可以说，从 1988 年至 1997

① 高铭暄主编：《新中国刑法科学简史》，292 页，北京，中国人民公安大学出版社，1993。

年，在这将近十年的时间内，我国刑法理论都是以刑法修订为中心而展开的。这个时期我国出版的刑法著作和发表的刑法论文大多数都属于立法论方面的研究成果，在这种情况下，刑法教义学在我国刑法学界还没有足够的生长空间。

立法论和司法论是刑法两个不同的研究面向和视角。立法论是以刑法应当如何制定的应然性为出发点的，其理论追求是为刑法的修改完善提供理论指导。而司法论是以刑法应当如何理解的实然性为出发点的，其根本目的是为刑法的适用提供理论依据。在任何一个国家，刑法创制都不是经常发生的，在一部刑法典生效时间长达百年以上的情况下，一个刑法学者或许一生也见不到刑法的创制（当然，对刑法典的小规模修订可能时有发生）。而刑法适用是常态，一部生效的刑法每时每刻都在司法中被适用。为此，刑法理论就应当将服务于刑法适用的刑法释义作为研究的主要目标和职责。这种以刑法释义为主要内容的刑法学就是刑法教义学，它是直接为刑法的司法适用提供理论资源的一种研究方法。因此，刑法教义学是司法论的产物而不是立法论的结晶。德国学者在论及刑法教义学时明确指出，刑法教义学的基础和界限源自刑法典，刑法教义学致力于研究法规范的概念内容和结构。作为法律和司法实践的桥梁的刑法教义学，在对司法实践的批判性检验、比较和总结的基础上，对现行法进行解释，以便于法院适当地、逐渐翻新地适用刑法，从而在很大程度上实现法安全和法公正。① 在此，德国学者指出了刑法教义学与刑法之间的互相促进与推动的关系。一方面，刑法教义学对于现行刑法具有一定程度的依赖性。刑法教义学的发展以刑法为前提，并以此作为起点进行逻辑推理，形成一定的刑法理论体系。如果没有成文的、有效的现行刑法，刑法教义学就是无源之水、无本之木。另一方面，刑法教义学对于刑法的适用具有指导作用。刑法教义学作为刑法与司法实践的桥梁，具有贯通两者的功能。刑法教义学以解释刑法规范为中心，为刑法适用提供理论指引，从而实现刑法价值。因此，刑法与刑法教义学不仅在存在论上而且在价值论上都是相辅相成

① 参见［德］汉斯·海因里希·耶赛克、托马斯·魏根特：《德国刑法教科书（总论）》，徐久生译，53页，北京，中国法制出版社，2001。

的关系。

1997 年刑法的颁布，为我国刑法教义学的发轫提供了可能，为我国刑法理论从立法论向司法论的转化创造了条件。

二、刑法理念的变革

从 1979 年刑法到 1997 年刑法，变化的不只是刑法的体系与结构，更不只是具体的刑法条文，而是还有刑法的理念，这对于我国刑法教义学的发展起到了不可或缺的激发作用。因此，探讨我国刑法教义学的发轫，不能不论及 1997 年刑法规定罪刑法定原则所带来的刑法理念的深刻变革。

1979 年刑法脱胎于 20 世纪 50 年代初开始草拟的刑法草案第 33 稿，该草案定稿于 1963 年 10 月 9 日。立法者在其基础上，根据新的经验和情况，作了较大的修改，由此形成 1979 年刑法草案，并获得通过。[①] 可见，1979 年刑法并不是一朝一夕形成的，而是此前三十年的社会生活实践的总结。当然，在这个时期形成的刑法草案，其内容充满了阶级斗争的色彩，打击敌人成为这部刑法的主旋律。其中，1979 年刑法第 79 条规定了类推制度："本法分则没有明文规定的犯罪，可以比照本法分则最相类似的条文定罪判刑"。由此可见，我国刑法中的类推是有罪类推，即类推的实质是对法无明文规定的行为入罪。当然，我国 1979 年刑法中的类推需要经过最高人民法院核准，在程序上对类推进行了一定的限制，这种类推可以说是有限制的类推。尽管如此，我国学者还是把罪刑法定原则作为 1979 年刑法的基本原则，认为类推制度是罪刑法定原则的补充或例外。[②] 笔者认为，罪刑法定原则与类推之间存在逻辑上的对立关系：法无明文规定不为罪是罪刑法定原则的应有之义，而类推恰恰是法无明文规定亦为罪，两者难以同时成立。1979 年刑法规定的类推制度与社会危害性理论保持了逻辑上的贯通性。

① 参见高铭暄：《中华人民共和国刑法的孕育与诞生》，4 页，北京，法律出版社，1981。

② 参见高铭暄主编：《刑法学》（修订本），38 页，北京，法律出版社，1984。

因为社会危害性理论将犯罪的本质特征界定为社会危害性，而社会危害性也正是类推的实质性根据。正如我国学者指出："依照类推定罪的行为，必须是具有社会危害性，而且这种社会危害性已经达到犯罪程度。这是从刑法第10条犯罪的概念中直接得出来的适用类推的基础和根据。如果行为没有社会危害性，或者社会危害性没有达到犯罪的程度，那就缺乏犯罪的本质特征，从而也决不能依照类推来定罪判刑。"[①] 在刑法规定类推制度的情况下，虽然社会危害性为类推入罪提供了实体性的价值标准，就此而言具有一定的积极意义，但类推制度使社会危害性的功能凸显，造成的后果是进一步强化了的社会危害性观念成为衡量犯罪的根本标准，由此形成了以下观念：行为只要具有社会危害性，就具备了犯罪的本质特征，在刑法有明文规定的情况下，依照刑法规定定罪判刑；在刑法没有明文规定的情况下，依照类推定罪判刑。这样一种以社会危害性为中心的刑法观念与法治之间的关系，在1979年刑法的语境下并未显示出"违和之处"，而在1997年刑法废除类推，规定罪刑法定原则的语境下，则明显地显示出矛盾和冲突。因此，对社会危害性理论的批评，就成为刑法理念更新的最前沿。

在1997年刑法颁布之初，我国学者樊文教授就敏锐地提出了罪刑法定与社会危害性的冲突的命题，从而把刑法理念转变的迫切性摆到了我国刑法学界的面前。[②] 樊文教授是从刑法的法定概念切入的，值得注意的是，其实1979年刑法第10条规定的犯罪概念和1997年刑法第13条规定的犯罪概念完全相同。那么，在1979年刑法中类推明明是法外入罪，为什么在当时犯罪概念中仍然以"依照法律应当受到刑罚处罚"作为犯罪的刑事违法性的特征呢？在此，是对"依照法律"作了某种扩大的理解。从实体法来说，依照法律是指刑法对某种行为有明文规定，以此入罪于法有据，因而符合罪刑法定原则。在刑法规定类推制度的情况下，所谓"依照法律"是指依照类推规定对刑法没有明文规定的行为予以入罪。因此，罪刑法定与社会危害性的矛盾体现在实体法的规定上，而不是体现在类推

① 高铭暄主编：《刑法学》（修订本），104页，北京，法律出版社，1984。

② 参见樊文：《罪刑法定与社会危害性的冲突——兼论新刑法第13条关于犯罪的概念》，载《法律科学》，1998（1）。

入罪对刑法规定的消解上。

樊文教授提出的罪刑法定与社会危害性之间的冲突，主要是指刑法关于犯罪概念规定中的危害社会与依照法律之间的矛盾。樊文教授在此文中揭示了犯罪概念中价值标准与规范标准之间的冲突。笔者认为，如果将社会危害性限制在刑法规定范围内使用，就不会与罪刑法定之间形成冲突。只有在社会危害性超出刑法规定而具有入罪功能的语境之下，罪刑法定与社会危害性之间才会出现矛盾。在1979年刑法规定了类推制度的情况下，社会危害性具有至高无上的地位，因为它决定了一个行为是否能够入罪。即使在刑法没有明文规定的情况下，通过类推也可以将一个行为入罪。所以，社会危害性是高于法律规定的，其置身于法外。在1997年废除类推制度以后，基于罪刑法定原则，对于没有法律明文规定的行为，再也不能以其具有社会危害性为根据将其入罪，由此限制了社会危害性的入罪功能。因此，只有在刑法没有明文规定时，一个行为根据罪刑法定原则不能入罪，但根据传统的社会危害性理论则可以入罪的情况下，罪刑法定与社会危害性之间的冲突才具有实质意义。然而，这并不是刑法规定本身的问题，而是以社会危害性为中心的刑法理论的问题。也就是说，如果不对以社会危害性为中心的传统刑法理论进行彻底的清算，罪刑法定原则在我国刑法中就难以生根落地。无论如何，樊文教授提出的问题是具有警示性的，为此后我国刑法教义学的建立提供了契机。

同样是对社会危害性的批判，笔者采取了形式合理性与实质合理性的分析框架。社会危害性是一种实质主义的思维方式，建立在社会危害性基础之上的犯罪概念是所谓犯罪的实质概念。实质合理性的思维方式具有突破法律界限的冲动，罪刑法定则具有形式合理性的天然倾向。因此，社会危害性与罪刑法定之间的冲突，实际上是社会危害性理论所显现的实质的价值理念与罪刑法定原则所倡导的形式的价值理念之间的基本立场上的冲突。① 这样，对于刑法理念的考察就从价值论延伸到方法论。形式理性与实质理性成为笔者在2000年之后相当长的一个

① 参见陈兴良：《社会危害性理论：一个反思性检讨》，载《法学研究》，2000（1）。

时期坚持使用的一种分析框架。在对社会危害性理论的批评中，笔者提出了具有争议的以法益取代社会危害性，将社会危害性逐出注释刑法学的命题。这当然具有一定的矫枉过正的倾向。其实，当时我国刑法学界对于罪刑法定与社会危害性的讨论还是囿于我国刑法中的犯罪概念这样一种意义域的。如果从三阶层的犯罪论体系来看，罪刑法定与社会危害性的关系主要是在构成要件阶层需要考虑的问题。尽管自 20 世纪以降，在德国刑法理论中出现了构成要件的实质化的运动，但构成要件的基本功能并没有改变，这就是将法律没有明文规定的行为排除在构成要件之外，从而切实地贯彻罪刑法定原则。对符合构成要件的行为，才具有以法益为中心的实质审查功能。因此，法益侵害是三阶层的犯罪论体系中违法性阶层需要解决的问题。即使将法益审查功能提到构成要件阶层，它也不可能形成对罪刑法定原则的侵蚀。这就是阶层论的犯罪论体系所具有的逻辑性，在判断顺序上较好地安排了形式判断与实质判断的位阶关系，从而消解了形式合理性与实质合理性之间的冲突，保障了刑法的双重机能的实现。

我国刑法学界对罪刑法定与社会危害性的讨论，要害之处还是在于如何看待刑法的人权保障与社会保护这两种机能之间的关系。这是刑法的价值内容中最需要认真对待的问题。在 1979 年刑法中，以打击犯罪为诉求的社会保护机能是被明显放在首要位置上的，也是立法与司法所孜孜追求的目标。随着罪刑法定原则在 1997 年刑法中的确立，我国刑法的人权保障机能凸显，我国刑事法治水平得到提升。而这一切，对我国刑法教义学的发展所带来的影响是不可估量的。事实已经证明，刑法教义学的发展程度与罪刑法定原则之间具有密切关联性。应该说，罪刑法定原则对于刑法理论具有塑造作用。这种塑造作用主要体现在以下三个方面。

第一，提供价值标准。刑法理论并不是对刑法条文的简单注释，更不是刑法知识的随意堆砌，而是具有价值内涵的理论体系。罪刑法定原则所彰显的人权保障功能就对刑法教义学具有重大的制约性。从这个意义上说，罪刑法定原则不仅是现代刑法的精髓与灵魂，而且也是刑法教义学的内在生命。基于罪刑法定原则的刑法理论与并非基于罪刑法定原则的刑法理论之间存在性质上的差别。

第二，确立逻辑前提。在罪刑法定原则之下，现行刑法就成为建构刑法教义学的前提，而刑法学术研究就是在此前提下展开的逻辑推理。这就决定了刑法教义学受到现行有效法律的约束，不能随意对实定刑法进行批评，而只能在实定刑法的基础上进行有效解释，从中引申出教义规则。这正是刑法教义学的特征，它是背靠刑法典而面对司法实践的一种司法论的知识体系，与以批评刑法、完善刑法为宗旨的立法论的理论范式是截然有别的。当然，研究者在对刑法进行解释的时候，不是不能具有解释者的价值追求，而是要将这种价值追求融入解释之中，使之成为引导司法活动的教义规则。

第三，勘定知识边界。刑法教义学是以现行刑法为逻辑起点而展开的知识体系，在刑法教义学研究中，主要是运用解释方法，揭示刑法条文的内容，从而为司法适用提供理论指引，尤其是为在司法实践中解决疑难案件提供解决方案。然而，在罪刑法定原则的制约下，刑法解释受到一定的限制。例如，禁止类推解释就是十分重要的限制，也是不可突破的边界。对此，德国学者罗克辛教授指出："解释与原文界限的关系绝对不是任意的，而是产生于法治原则的国家法和刑法的基础上：因为立法者只能在文字中表达自己的规定。在立法者的文字中没有给出的，就是没有规定的和不能适用的。超越原文文本的刑法适用，就违背了在使用刑罚力机械干涉时应当具有的国家自我约束，从而也就丧失了民主的合理性基础。"① 在某种意义上说，罪刑法定原则形成了对刑法教义学知识的范围限制。

三、刑法理论的更新

1997 年刑法的颁布，极大地推动了我国刑法理论的发展。随着刑法条文的修改，刑法教科书也进行调整乃至更新。由于 1997 年刑法对 1979 年的刑法进行了从体系结构到具体条文的全面改动，在这种情况下，刑法教科书的调整也不是

① ［德］克劳斯·罗克辛：《德国刑法学总论》，第 1 卷，王世洲译，86 页，北京，法律出版社，2005。

小修小改所能达成的：刑法的大改必然带来刑法教科书的大修。刑法教科书的修改不是简单地重复原有的理论，而是涉及理论的更新。这种理论的更新，最初反映在刑法教科书与对刑法的注释性著作中。尽管这些著作还不是对原有理论的重大突破，但从作者与作品两个方面已经预示着我国刑法理论的发展前景。在此，需要讨论三位学者的三本著作。

一是张明楷教授的《刑法学》（法律出版社 1997 年版）。现在，张明楷教授的《刑法学》已经出版了第五版，成为一本具有学术影响力的个人刑法教科书。该书的第一版是 1997 年出版的，分为上下两册。在该书中，张明楷教授将刑法学界定为刑法解释学与刑法哲学的统一体，力图将刑法解释学与刑法哲学结合起来，尤其强调了刑法的解释方法。例如，张明楷教授在论及刑法的注释研究法时指出："注释研究法是指对刑法条文逐字逐句进行分析、解释，使刑法的意义得以明确的方法，也称为分析研究法。同其他法律一样，刑法的规定是概括性的，法条用语并非一目了然，因此，要理解和实施刑法，就必须对刑法进行分析与解释。刑法学的研究在很大程度上是对现行刑法所作的分析与解释，这种分析与解释理所当然要以马克思主义哲学为指导、以司法实践为基础。"[①] 在此，张明楷教授明显地具有建立一个刑法解释学的意图与愿望。其实，这里的刑法解释学是日本的称谓，而德国则称为刑法教义学。应该说，刑法解释学与刑法教义学两者之间并没有根本区分，只是称谓不同而已。然而，刑法教义学所具有的刑法知识话语的传承性、刑法理论逻辑的完整性以及刑法方法的统一性等内容并不是刑法解释学这个称谓所能包含的，因为解释只是一种方法。尽管如此，张明楷教授的这本《刑法学》教科书对于我国刑法教义学的发展来说，具有某种标志性的意义。

二是赵秉志教授主编的《新刑法教程》（中国人民大学出版社 1997 年版）。该书是以刑法教程名义出版的，这里的刑法是指 1997 年刑法，当时称为新刑法。该书的绪论以中国新刑法的改革与重要进展为题，对从 1979 年到 1997 年我国刑

① 张明楷：《刑法学》（上），7 页，北京，法律出版社，1997。

法典的立法演变过程作了较为系统的历史叙述，对于理解 1997 年刑法的背景具有参考价值。该书对刑法学体系本身并未着笔，这表明该书是以刑法规范阐释为主要内容的一部教科书。应该说，该书是在 1997 年刑法颁布之后较早出版的以四要件作为犯罪论体系架构的一部刑法教科书。1997 年刑法颁布后，该书及时对立法作出回应，并对四要件的犯罪论体系根据立法的最新发展进行了完善。

三是笔者撰写的《刑法疏议》（中国人民公安大学出版社 1997 年版）。这是对 1997 年刑法的最初回应，也是第一次完全以刑法条文为内容进行分析。虽然这不是以教科书的形式（甚至不是以专著的形式）而是以疏议的形式对刑法进行的系统叙述，但它在笔者的刑法学研究历程中具有一种转折的意义。在该书的前言中，笔者指出："本书是我独自撰著的第一部严格意义上注释法学的著作。此前，我的学术兴趣主要在于刑法哲学，志在对刑法进行超越法律文本、超越法律语境的纯理论探讨，先后出版了《刑法哲学》、《刑法的人性基础》、《刑法的价值构造》等著作。当然，我从来不认为法学是纯法理的，也没有无视法条的存在。我总以为，法理虽然是抽象的与较为恒久的，但它又必须有所附丽、有所载荷，而这一使命非法条莫属。因此，对法条的研究是法学研究中不可忽视也不可轻视的一种研究方法，只不过它的研究志趣迥异于法哲学的研究而已。中国是一个具有悠久的注释法学传统的国度，以《唐律疏议》为代表的以律条注疏为形式的法学研究成果是中华法律文化传统的主要表现形式。现在，我国不仅法哲学研究基础薄弱，纯正的注释法学的研究同样后劲不足。《刑法疏议》一书力图继承中国法律文化传统，以条文注释及其评解的方法对刑法进行逐编逐章逐节逐条逐款逐项逐句的注释，揭示条文主旨，阐述条文原意，探寻立法背景，评说立法得失。"[①] 正是从该书开始，笔者真正关注刑法条文，并将学术注意力从超越刑法的考察转移到对刑法条文和体系的考察，完成了从刑法哲学到刑法教义学的转折。刑法教义学是在刑法之中研究刑法，而刑法哲学是在刑法之上研究刑法。前者关注刑法条文所蕴含的立法内容，而后者关注刑法条文背后的价值内容。即使

① 陈兴良：《刑法疏议》，前言，4～5 页，北京，中国人民公安大学出版社，1997。

以刑法体系为研究对象，也存在以具体的刑法条文为解释对象的刑法教义学与以抽象的刑法体系为研究对象的刑法法理学之分。例如，笔者此后出版的《本体刑法学》（商务印书馆 2001 年版）一书，就更具有刑法法理学的色彩，而不是典型的刑法教义学著作。

以上三本书都出版于 1997 年，它们并不是刑法修订以后的应景之作，而是寄托了作者的某种学术追求。可以说，这三本书在一定程度上标志着我国刑法理论研究进入一个新时代，刑法教义学正是在此基础上孕育和发展起来的。

在以上三本书中，两本是刑法教科书，这是我国所通行的一种刑法体系性的著述形式。此前，我国刑法教科书大都采取主编制。主编制的教科书的最大优势是能够集思广益，在 20 世纪 80 年代我国刑法学刚开始复苏的时候，从事刑法学的研究人员匮乏，因此在较短时间内编写出具有较高学术质量的刑法教科书是当务之急。例如高铭暄教授主编的《刑法学》（法律出版社 1982 年版）就是如此，它几乎成为那个时代的刑法百科全书，是笔者这一代刑法学人的启蒙读物。当然，主编制的刑法教科书也有其难以克服的缺憾，就是学术观点难以统一，理论水平参差不齐。当然，赵秉志教授主编的《新刑法教程》能够在 1997 年刑法颁布之后不久及时出版，正是得益于主编制带来的高效。值得肯定的还是张明楷教授的这本《刑法学》，这是我国在 1997 年刑法颁布之后出版的首部个人撰写的刑法教科书。尤其是张明楷教授在该书中融入了较多的学术内容，使之成为一部学术性的刑法教科书。以往的刑法教科书以阐述通说为主，重在既有刑法知识的传递，以满足刑法教学的需要。而张明楷教授在该书中凸显个人的学术观点，明显具有作者本人的学术追求，从而突破了教科书的限制，向着体系性地叙述作者刑法学术观点的著述靠拢，达到了较高的学术水准。在某种意义上可以说，该书成为我国刑法教义学的发轫之作。笔者的《刑法疏议》完全以刑法条文为依归，因此在较大程度上囿于刑法条文，随着刑法立法的发展和司法解释的出台，因为笔者未能及时跟进，它成为笔者的著作中唯一一本没有修订的著作，这也正好印证了刑法条文注释性著作的“速朽”命运。笔者的个人刑法教科书是在 2003 年出版的，即《规范刑法学》（中国政法大学出版社 2003 年版），该书是对以刑法规范为对象的刑法理论的体系性叙述。理论贵在创新，刑法理论也是如此。1997年刑法的颁布推动了刑法理论的发展，也为刑法教义学的发轫创造了条件。

四、学派之争的展开

刑法理论的发展离不开学派之争。在某种意义上说，正是学派之争促进了刑法理论的发展。在1997年刑法颁布之前，我国学者拘泥于对刑法中的具体问题的探讨，因此只存在对具体问题的不同观点，而不存在价值论与方法论意义上的不同立场和见解。换言之，当时我国刑法学界根本不存在学派之争。在1997年刑法颁布以后，随着我国刑法学术的不断累积，开始出现了某种程度上的学派之争。这里之所以加上“某种程度”的限制，是因为我国刑法学界的学派之争的意义与范围都还未能达到某种广度和深度。这里应当指出的是，学派之争与学说之争，这两者之间虽然具有一定的联系，但还是存在较大差别的。在学术研究中，不同学者之间对某个具体问题的见解不同，由此形成学说之争，这是十分正常的。学说之争的意义只是局限于某个具体问题，对于这个学科的影响还较为有限。学派之争则与之不同，学派之争表现在对某个学科的基本立场或者基本观点上的重大对立，由此对某个学科的学术形态产生根本性的影响。当然，即使是学派之争也有大有小。例如，刑法学中的主观主义刑法（行为人刑法）与客观主义刑法（行为刑法）之争就是十分重大的学派之争。而在客观主义刑法内部存在的行为无价值论与结果无价值论之争就是较为重要的学派之争。我国的学派之争远远没有达到这种程度，还只是在一些较为重大问题上的观点之争，只不过这种观点之争的影响已经超出了具体问题的范围，对于我国刑法理论的发展方向具有较大影响，因此可以说具备了学派之争的雏形。

对于我国刑法学的学派之争，我国学者都持一种积极的与肯定的态度。例如，张明楷教授早在2005年就提倡刑法的学派之争，指出了学派之争的意义在于：学派之争不只是使刑法之争体系化、持久化，更重要的是促进学术自由和学术繁荣昌盛。学派所具有的整体性、传统性、排他性等特点，使不同学派必然在学术上展开激烈争论与批评，从而推动学术创新、促进学术繁荣。[①] 笔者也对刑法的学派之争提出了个人见解：研究者之间通过形式刑法观与实质刑法观之争，可以系统地梳理各自的刑法观点，从而形成刑法学术史的线索，同时也使各自的刑法学立场更加明确，坚定地按照各自的理论逻辑推进，一改过去的折中说充斥的风气，使不同刑法学派露出学术锋芒。可以说，学术史的梳理与学派的竞争，恰恰是我国刑法学走向成熟的标志。[②] 随着我国刑法理论的深入发展，我国刑法学界出现的学派之争，主要集中在以下三个领域。

（一）四要件与三阶层之争

我国传统刑法教科书对犯罪论体系都采取四要件，即将犯罪构成分为犯罪客体、犯罪客观方面、犯罪主体、犯罪主观方面，也有些刑法教科书采用犯罪主体、犯罪主观方面、犯罪客观方面、犯罪客体的四要件体系。四要件的犯罪论体系从苏联刑法学传到我国，自 20 世纪 50 年代以来，我国一直采用四要件体系。在 20 世纪 80 年代中期，我国学界曾经就四要件展开过争论，主要涉及某个要件的去留以及分拆等。这时的争议并没有涉及犯罪论体系的核心问题，争论的意义较为有限。

在 1997 年刑法颁布以后，我国学界对于犯罪论体系主要还是采用四要件，但在排列顺序上已经发生某些变化。赵秉志教授主编的《新刑法教程》一书在犯罪构成各共同要件的排列上则采取了犯罪主体、犯罪主观方面、犯罪客观方面、犯罪客体的顺序。[③] 这一对犯罪构成要件体系的安排，延续了赵秉志教授在其主编的《刑法学通论》一书中所采用的做法，笔者称之为新四要件论，以区别于犯罪客体、犯罪客观方面、犯罪主体、犯罪主观方面的旧四要件论。根据该书的论述，新四要件论的逻辑根据在于：在这四个要件中，犯罪主体排列在首位，因为犯罪是人的一种行为，离开了人就谈不上犯罪行为，也谈不上被行为所侵害的客体，更谈不上人的主观罪过。因此，犯罪主体是其他犯罪构成要件成立的逻辑前

① 参见张明楷：《学术之盛需要学派之争》，载《环球法律评论》，2005（1）。

② 参见陈兴良：《走向学派之争的刑法学》，载《法学研究》，2010（1）。

③ 参见赵秉志主编：《新刑法教程》，88 页，北京，中国人民大学出版社，1997。

提。在具备了犯罪主体要件以后，还必须具备犯罪主观方面。犯罪主观方面是犯罪主体的罪过内容。犯罪行为是犯罪主体的最高心理的外化，因而在犯罪主观方面之后是犯罪客观方面。犯罪行为必然侵犯一定的客体，因而犯罪客体是犯罪构成的最后一个要件。① 然而，新四要件论虽然符合了犯罪行为实施的逻辑，却违反定罪的司法逻辑。因为从犯罪行为实施规律来说，犯罪是一个从人到行为，从主观到客观的演进过程；但从定罪的司法逻辑来说，却恰恰相反，定罪是一个从行为到人，从客观到主观的推理过程。就人与行为的关系而言，行为是人的行为，因此人在行为之前是没有问题的。在三阶层的犯罪论体系中，人作为一定的行为主体确实是位于行为之前。尤其是在身份犯的情况下，行为人的一定身份是在行为之前需要研究的，没有这种身份的人不可能实施该行为。然而，新四要件中的犯罪主体能够等同于行为人吗？显然不能。犯罪主体是指实施了犯罪行为，达到刑事责任年龄、具备刑事责任能力的自然人。这个意义上的犯罪主体是需要在犯罪成立的情况下才成立的，它与行为主体是两个完全不同的概念。更为重要的是，在旧四要件论中，犯罪客观要件还排列在犯罪主观要件之前，至少能够反映客观判断先于主观判断的定罪思维；而在新四要件论中，犯罪主观要件排列在犯罪客观要件之前，导致了犯罪客观要件与犯罪主观要件之间关系的倒置，使犯罪客观要件丧失了在定罪中的核心地位，从而在一定程度上偏向了主观主义刑法。此后，作为传统四要件的代表性教科书《刑法学》（高铭暄、马克昌主编，北京大学出版社、高等教育出版社 2000 年版）中，对犯罪论体系仍然维持四要件的体系，该书对于我国的司法实践与法学教育都具有重大影响。旧四要件论与新四要件论虽然在四要件的排列顺序上存在差异，但这种区分并无实质意义。

张明楷教授的《刑法学》是按照犯罪客体要件、犯罪客观要件、犯罪主体要件、犯罪主观要件的顺序排列的，由此可见，张明楷教授采用的是通说。对此，张明楷教授指出："各种教科书均采取四要件说，但这并不意味着该说完美无缺，理论上仍有必要对犯罪构成的共同要件进行研究。这种研究应以刑法规定为依

---

① 参见赵秉志主编：《刑法学通论》，84～85 页，北京，高等教育出版社，1993。

据，以具体要件为基础，以有利于认定犯罪和保护合法权益为原则，同时应照顾到刑法理论的体系性和协调性。”① 在此，张明楷教授表达了虽然采取四要件说，但四要件说仍有发展完善的余地的意思。此后，张明楷教授在该书每一版的修订中，都对犯罪论体系进行调整与更新，显示出其学术演变的轨迹。例如，在该书第 2 版中，张明楷教授取消了犯罪客体要件，主张三要件的犯罪论体系，这就是犯罪客观要件、犯罪主体、犯罪主观要件。尽管从结构上看，这只是对传统四要件的增删，但在犯罪构成共同要件的顺序上，张明楷教授坚持从客观到主观认定犯罪的原则，认为犯罪客体、犯罪客观要件、犯罪主体、犯罪主观要件的排列顺序是按照司法机关认定犯罪的顺序、途径排列的。而犯罪主体、犯罪主观要件、犯罪客观要件、犯罪客体的顺序是按照犯罪发生的过程排列的。刑法学不是犯罪学与犯罪心理学，不应具体研究犯罪发生的过程；刑法学要为司法机关认定犯罪提供理论指导，而司法机关不可能按犯罪发生的过程认定犯罪。因此，由主观到客观的评论顺序有可能使刑法学偏离研究方向。② 应该说，这一批评完全在理，从主观到客观的判断方法确实对我国司法实践产生了较大的负面影响。从四要件到三要件虽然在内在逻辑上具有重大差异，但在外在形式上仍然容易混同于传统的四要件体系。从《刑法学》（第 3 版）开始，张明楷教授正式将犯罪论体系定型为二要件（二阶层），即犯罪构成由客观（违法）构成要件与主观（责任）构成要件组成：客观构成要件是表明行为具有法益侵害性的要件，因而可以称为违法构成要件，其中讨论违法阻却事由；主观构成要件是表明行为具有非难可能性的要件，因而可以称为责任构成要件，其中讨论有责性阻却事由。③ 可以说，张明楷教授的二要件体系是德日刑法学三阶层体系的变体，已然具备了三阶层体系的精神实质。

笔者最早对四要件体系的摒弃是在《本体刑法学》（商务印书馆 2001 年版）一书中作出的。该书提出了罪体与罪责的二分体系：罪体是犯罪构成的客观要

① 张明楷：《刑法学》（上），110 页，北京，法律出版社，1997。

② 参见张明楷：《刑法学》，2 版，137 页，北京，法律出版社，2003。

③ 参见张明楷：《刑法学》，3 版，98 页，北京，法律出版社，2007。

件，罪责是犯罪构成的主观要件，两者是客观与主观的统一。[①] 然而，正当化事由处于该体系之外，因此阶层性在该体系中未能得到正确的贯彻。此后，在《规范刑法学》（中国政法大学出版社 2003 年版）一书中，笔者又在二分体系的基础上提出了罪体、罪责、罪量的三位一体的犯罪构成体系。其中，罪体相对于犯罪构成的客观要件，罪责相对于犯罪构成的主观要件，两者是犯罪的本体要件；罪量是在罪体与罪责的基础上，表明犯罪的量的规定性的犯罪成立条件。[②] 该体系的亮点是设置了罪量要件，这是根据我国刑法的犯罪概念存在数量因素这一特殊立法体例而设置的，具有较为鲜明的中国特色。当然，该体系仍未将正当化事由纳入，因而与德日三阶层的体系存在性质上的差别。至《规范刑法学》第二版（中国人民大学出版社 2008 年版），笔者对罪体和罪责的内容作了修改，将三阶层的犯罪论体系中的违法阻却事由与责任阻却事由分别作为罪体排除事由与罪责排除事由，从而完成了从平面式体系到阶层式体系的演化，最终调整到位。

可以说，罪体、罪责、罪量三位一体的体系具有笔者个人的学术特色，笔者竭力引入三阶层犯罪论体系的工作，可以视为是对推动我国犯罪论体系变革的一种努力。我国首先采用三阶层的犯罪论体系的刑法教科书，是笔者主编的《刑法学》（复旦大学出版社 2003 年版）。这部刑法教科书是一部集体作品，对刑法理论构建进行了较为大胆的尝试，这些尝试之中就包括在我国学者编写的刑法教科书中首次采用三阶层的犯罪论体系，打破刑法分则所规定的罪名体系，按照侵犯个人法益的犯罪、侵犯社会法益的犯罪和侵犯国家法益的犯罪的逻辑顺序对我国刑法分则规定的罪名进行排列。此前，在我国刑法学界早就有研究者开始介绍德日的三阶层的犯罪论体系。在当时的语境中，三阶层的犯罪论体系是被当作“他者”看待的，是一种理论的对立物或者对应物，在外国刑法学或者比较刑法学中加以讨论。例如，在有关犯罪构成的专著中，三阶层的犯罪论体系是作为比较对象出现的。我国学者在对比四要件与三阶层这两种犯罪论体系时指出：“中国犯

① 参见陈兴良：《本体刑法学》，220～221 页，北京，商务印书馆，2001。
② 参见陈兴良：《规范刑法学》，58 页，北京，中国政法大学出版社，2003。

罪构成理论与大陆法系国家犯罪构成理论在体系特征上存在着非常大的区别，然而在实质内容上又存在着相互对应的部分（当然，不具有完全对应性）。正因为表达形式和构造方式之不同，因而在两种犯罪构成理论中，形似实异的概念、范畴和基本原理又在相当范围内存在。”① 在当时学术生态环境下，能够正面对待与评价三阶层的犯罪论体系已经殊属不易。在笔者主编的这本《刑法学》教科书第一版的序中，笔者论述了采用三阶层的犯罪论体系的理由：“应该说，我国刑法关于犯罪成立条件的规定，与大陆法系国家刑法的规定之间并无多大差别，而在犯罪构成理论体系上却存在天壤之别，由此可见，犯罪论体系完全是一个理论建构的问题。因此，在现行刑法的框架下，直接采用大陆法系的犯罪成立理论体系，不存在法律制度上的障碍。”② 在刑法教科书中直接采用三阶层的犯罪论体系，对于三阶层理论在我国刑法教义学中地位的确立具有十分重要的标志与象征意义。它表明三阶层犯罪论体系对于我国刑法学来说，不再是“他者”，而是我国刑法理论的一个组成部分。而且，三阶层犯罪论体系进入我国刑法教科书，使刑法教科书中的犯罪论体系可以采取不同模式，从而促进了不同的犯罪论体系之间的竞争，也进一步普及了三阶层犯罪论体系，为其中国化提供了可能。

三阶层犯罪论体系与四要件犯罪论体系之间的论争，在 2009 年达到高潮。在 2009 年的国家司法考试大纲中，首次采用了三阶层的犯罪论体系，由此引起我国刑法学界的巨大反响，并招致四要件犯罪论体系的维护者的激烈反应。例如，赵秉志教授主编的《刑法论丛》第 19 卷（法律出版社 2009 年版）专门设立“犯罪构成理论专栏”，对犯罪论体系问题进行专题研讨。专栏的编者按指出：“2009 年 5 月，德日三阶层犯罪论体系被贸然纳入国家司法考试大纲，这在刑法理论与实务界引起了轩然大波，同时亦使犯罪构成理论之争再次成为学界关注的焦点。因为这一问题不仅事关刑法理论的核心与基础，亦直接决定中国刑法学发

① 肖中华：《犯罪构成及其关系论》，43 页，北京，中国人民大学出版社，2000。

② 陈兴良主编：《刑法学》，序，1 页，上海，复旦大学出版社，2003。

展的未来走向。”该专栏刊登了高铭暄教授、马克昌教授、赵秉志教授等撰写的六篇论文，对三阶层犯罪论体系作了回应，对四要件犯罪论体系进行了阐述。这些论文基本上代表了维护四要件犯罪论体系者的观点。与此同时，《现代法学》2009 年第 6 期专门设立“犯罪构成理论比较研究”栏目，刊登了张明楷教授、笔者、周光权教授和储槐植教授、高维俭教授等撰写的四篇论文，除了储槐植、高维俭两教授合写的论文赞同四要件的犯罪论体系，其他三篇论文都主张三阶层的犯罪论体系，并对四要件的犯罪论体系进行了批判。例如，笔者的论文从逻辑的面向揭示了四要件犯罪论体系的结构性缺陷，周光权教授的论文则从实务的角度考察了四要件的犯罪论体系的缺陷。这场从理论层面展开的犯罪论体系之争，极大地深化了我国犯罪论体系的研究。尽管 2010 年的司法考试大纲恢复采用四要件犯罪论体系，但这场风波对于三阶层犯罪论体系来说，是其在我国刑法学界的一次闪亮登场，由此进入了我国刑法理论的主流话语。在这一过程中，张明楷教授对于违法与责任作为犯罪论体系支柱的基础理论的论述①，笔者对于犯罪论体系位阶性的论述②，周光权教授对犯罪论体系改造问题的系统研究③，都对三阶层犯罪论体系在我国刑法学界的生根落脚作出了各自的理论贡献。

可以说，目前三阶层犯罪论体系已经融入我国刑法理论，成为我国刑法教义学的主体内容。其实，无论是三阶层还是四要件，都是一种分析工具。分析工具本身是没有国别的，而只有刑法才具有国别性。只要是对我国刑法的分析，无论采取哪一种工具都没有障碍。关键是哪一种分析工具更为有效。需要警惕的是在犯罪论体系上的话语垄断，一种开放的学术姿态才是最为紧要的。现在，三阶层与四要件之争已经硝烟不再，然而，这场学派之争给我国刑法教义学带来的学术推动不可小觑。这场学术论战如同在传统四要件的阵营中打开了一个缺口，后续的学术研究按照三阶层指引的路径向前展开。可以说，这是一场改变了学术发展方向的论战。此后，对三阶层的犯罪论体系的研究不断深入，例如构成要件理

① 参见张明楷：《以违法与责任为支柱建构犯罪论体系》，载《现代法学》，2009（6）。

② 参见陈兴良：《犯罪论体系的位阶性研究》，载《法学研究》，2010（4）。

③ 参见周光权：《犯罪论体系的改造》，北京，中国法制出版社，2009。

论、客观归责理论、违法性理论、责任理论、期待可能性理论等都成为我国学者在讨论刑法问题的时候不可或缺的分析工具。

（二）形式刑法观与实质刑法观之争

形式刑法观与实质刑法观之争，与前述社会危害性和罪刑法定原则的冲突所带来的刑法理念转变存在密切的关联性，可以说是这一刑法理念之分歧在刑法理论上的折射。形式刑法观与实质刑法观之争，涉及形式与实质的关系，而这正是刑法学中的一种重要分析工具。2008 年笔者发表《形式与实质的关系：刑法学的反思性检讨》一文（载《法学研究》2008 年第 6 期），对刑法学中的形式与实质的关系进行了专门的探讨，该讨论涉及犯罪的形式概念与实质概念、犯罪构成的形式判断与实质判断、刑法的形式解释与实质解释三个问题。通过对这三个问题的研究，笔者得出以下结论："形式与实质的关系，是我国刑法学中的一个重大理论问题。以往我们习惯于重视实质轻视形式，或者以实质与形式相统一这类模棱两可的话语界定刑法学中的形式与实质的关系。笔者认为，在罪刑法定原则下，应当提倡形式理性。因此，犯罪的形式概念具有合理性，犯罪构成的形式判断应当先于实质判断，对于刑法的实质解释不能逾越罪刑法定原则的藩篱，这就是本文的结论。"[①] 在此，笔者是在罪刑法定原则的背景下讨论形式与实质关系，并将形式界定为形式理性，以此作为刑法教义学的一个基石范畴。

我国刑法学界的形式刑法观与实质刑法观之争，可以分为两个阶段。

第一个阶段是 2009 年，刘艳红教授出版了《实质刑法观》（中国人民大学出版社 2009 年版）和《走向实质的刑法解释》（北京大学出版社 2009 年版）两部著作，正式使用了实质刑法观的称谓。与此同时，邓子滨研究员出版了《中国实质刑法观批判》（法律出版社 2009 年版）一书，以批判的姿态张扬了形式刑法观，由此形成实质刑法观与形式刑法观之间的学术对峙。这三部著作从题目上来看，似乎是针锋相对的，在内容上也确实如此。然而，实际上三本书几乎是同时出版的。应当指出的是，邓子滨研究员的批判确实是针对刘艳红教授观点的，因

① 陈兴良：《形式与实质的关系：刑法学的反思性检讨》，载《法学研究》，2008（6）。

为此前刘艳红教授已经有这方面的学术成果，例如2004年12月其在武汉大学法学院的博士后出站报告《理性主义与实质刑法观》以及其他论文。这场围绕着实质刑法观与形式刑法观展开的学术交锋，对于我国刑法理论的向前发展具有重要意义。从这场学术争论来看，刘艳红教授的实质刑法观是居于正面立论的位置，邓子滨研究员则处于批判者的地位。虽然刘艳红教授倡导实质刑法观，但在著作中她是以形式与实质合理性的辩证统一为原则立论的。例如，刘艳红教授指出："无论是形式的合理性还是实质的合理性，都只能是相对的合理性，绝对的合理性是不存在的：过分地追求形式合理性就会导致法律的变异；过分地追求实质合理性则会导致对法治的践踏与破坏。如果法律的形式合理性与实质合理性发生冲突，则只能在坚持形式合理性的前提之下追求实质合理性；法律的形式合理性是第一位的，实质合理性是第二位的。"① 如果仅看这段话，人们完全可以把刘艳红教授归入形式刑法观的赞同者，因为她是主张形式合理性的优先论的。那么，究竟为什么刘艳红教授将自己的观点称为实质刑法观呢？例如，在犯罪概念问题上，基于形式与实质相统一的前提，刘艳红教授赞同混合的犯罪概念，反对形式的犯罪概念与实质的犯罪概念，并且将社会危害性分为犯罪圈内与犯罪圈外两种功能。那么，犯罪概念的主要功能是什么，难道不是划定犯罪的边界吗？这也正是罪刑法定原则的应有之义。在法无明文规定不为罪的观念中，不正是刑法的明文规定确定了犯罪的范围吗？在此，存在一个过去尚未引起重视的形式判断与实质判断对于犯罪认定的位阶性问题。罪刑法定原则要求首先确定犯罪的外延，只有在此基础上，才能通过实质判断进一步对行为进行实质审查。因此，形式对于实质的优先性，主要就表现为对犯罪认定上形式标准与实质标准的位阶性。如果放弃这种位阶性，不再坚持形式对实质的强有力的限制作用，则实质内容就会吞噬形式，即邓子滨研究员所说的那样动摇罪刑法定原则。邓子滨教授对实质刑法观作了政治的、文化的和法理性的有力批判。

第二个阶段是2010年，张明楷教授与笔者在《中国法学》2010年第4期上

① 刘艳红：《实质刑法观》，42页，北京，中国人民大学出版社，2009。

各自发表了一篇论文，即张明楷教授的《实质解释论的再提倡》和笔者的《形式解释论的再宣示》。之所以说是“再”，对于张明楷教授来说，他早在《法益初论》一书中，就基于法益侵害论而推导出实质解释论。例如张明楷教授指出：“刑法理论与司法实践在解释犯罪构成时，就必须以保护法益为指导，对犯罪构成作实质的解释，从而实现刑法的目的。”① 此后，他又在《刑法学研究中的十大关系》（载《政法论坛》2006 年第 2 期）一文中对形式解释与实质解释进行了辨析，并且明确实质解释论的立场。在《实质解释论的再提倡》一文中，张明楷教授进一步阐述了其实质解释论的观点。笔者则在之前的《形式与实质的关系：刑法学的反思性检讨》（载《法学研究》2008 年第 6 期）一文中论述了形式解释论的观点：基于形式主义的罪刑法定原则与实质主义的罪刑法定原则的界分，考察形式解释与实质解释，就不能简单地贬形式解释而褒实质解释，而是应当强调在罪刑法定原则所允许的范围内进行刑法解释。显然，这种刑法解释就是形式解释。《形式解释论的再宣示》一文对形式解释论的立场进行了进一步的展开。在该文中，笔者明确提出：“形式解释论与实质解释论正在成为我国刑法学派之争的一个方面。这一争论不仅是刑法解释的方法论之争，而且是刑法本体的价值论与机能论之争，甚至可以上升到刑法观的层面，由此而形成形式刑法观与实质刑法观的对峙。我是主张形式刑法观的，并且从形式刑法观的基本立场出发，推演出形式解释论的结论。因此，对于形式解释论与实质解释论之争，不应局限在刑法解释这一范围，而应当从形式刑法观与实质刑法观的对立中，探寻形式解释论与实质解释论的分歧所在，由此阐述形式解释论的理据。”② 因此，笔者是从罪刑法定原则出发，强调刑法明文规定对于犯罪认定的限制机能，这是形式解释论的精髓之所在。张明楷教授提倡的实质解释论，主要针对构成要件的解释（包括构成要件符合性的判断以及与构成要件相关的未遂犯等问题的解释）而言。张明楷教授将实质解释论的基本内容（或要求）归纳为如下三点：第一，对构成要件

① 张明楷：《法益初论》（修订版），216 页，北京，中国政法大学出版社，2003。
② 陈兴良：《形式解释论的再宣示》，载《中国法学》，2010（4）。

的解释必须以法条的保护法益为指导，而不能仅停留在法条的字面含义上。换言之，解释一个犯罪的构成要件，首先必须明确该犯罪的保护法益，然后在刑法用语可能具有的含义内确定构成要件的具体内容。第二，犯罪的实体是违法与责任。所以，对违法构成要件的解释，必须使行为的违法性达到值得科处刑罚的程度；对责任构成要件的解释，必须使行为的有责性达到值得科处刑罚的程度。易言之，必须将字面上符合构成要件、实质上不具有可罚性的行为排除于构成要件之外。第三，当某种行为并不处于刑法用语的核心含义之内，但具有处罚的必要性与合理性时，应当在符合罪刑法定原则的前提下，对刑法用语作扩大解释。质言之，在遵循罪刑法定原则的前提下，可以作出不利于被告人的扩大解释，从而实现处罚的妥当性。① 在以上三个含义中，前两个含义并不存在太大的争议，关键是第三个含义，即如何看待语义边界与处罚必要性之间的关系。对此，实质解释论者往往以处罚必要性决定可能语义的边界。因此，他们名义上虽然也坚持在可能语义的范围内认定犯罪，但实际上将刑法没有规定的行为通过实质解释而入罪。

形式刑法观与实质刑法观之争，在不同的范围内展开。这是一个涉及刑法基本问题的争论。尽管如同劳东燕教授所言，形式刑法观与实质刑法观两大阵营彼此之间存在曲解与误读②，但这场论战将会影响到罪刑法定原则的贯彻，对于我国刑法理论的观念形态也具有重大的形塑作用，因此具有不可忽视的理论意义。

（三）行为无价值论与结果无价值论之争

如果说，前两个争论属于我国刑法学界所特有的问题，具有本土的性质，那么，行为无价值论与结果无价值论之争就是从日本刑法学界输入的一种学派之争。

行为无价值论与结果无价值论是在刑法客观主义内部的一种学派之争。这种学派之争兴盛于日本，是日本过去数十年来刑法学术发展的基本线索，贯穿整个

① 参见张明楷：《实质解释论的再提倡》，载《中国法学》，2010（4）。

② 参见劳东燕：《刑法解释中的形式论与实质论之争》，载《法学研究》，2013（3）。

刑法学始终。根据日本学者曾根威彦的描述，行为无价值论与结果无价值论之争，是承接古典学派的刑法客观主义与近代学派的刑法主观主义而来，他指出："从对立的历史来看，所谓学派之争，在欧洲，20世纪20年代之后，就逐渐开始趋向平息，在此，古典学派（刑法客观主义）和近代学派（刑法主观主义）的对立形式发生了变化，逐渐向现在所说的结果无价值论和行为无价值论的对立转变。在日本，战后，近代学派的主观主义刑法学的影响逐渐减弱。从20世纪50年代中期开始，在客观主义刑法学的内部，受威尔泽尔（1904—1977）的目的行为论影响的行为无价值论逐渐兴起，进入20世纪60年代之后，作为与行为无价值论相对立形式的结果无价值论逐渐展开了。"[①] 在日本刑法学界，以行为无价值论与结果无价值论划界，形成了两个相互对立的刑法学派。

行为无价值论与结果无价值论是一种日本化的表述，两者所要解决的是，究竟是行为还是结果决定违法性的问题，也可以说是一个违法性的根据问题。其中，行为无价值论是指强调行为对于违法性的决定意义的理论。行为无价值论又可以分为一元的行为无价值论与二元的行为无价值论。一元的行为无价值论是彻底的行为无价值论，即只有行为才是决定违法性的根本要素，结果只是客观处罚条件而已。二元的行为无价值论是折中的行为无价值论，即行为与结果都是决定违法性的要素。结果无价值论则认为，只有结果才是决定违法性的根本要素。由此可见，在客观要素决定违法性这一点上，两者是相同的，都属于刑法客观主义的范畴；只是在行为与结果究竟何者决定违法性问题上，两者之间存在区分。目前在行为无价值论中，已经没有学者赞同一元的行为无价值论。因此，在与结果无价值论相对立意义上的行为无价值论，都是指二元的行为无价值论。行为无价值论与结果无价值论在各个刑法问题上都存在立场的不同，其中最为重要的对立表现为对构成要件的理解。结果无价值论将构成要件理解为违法行为类型，认为故意与过失不是构成要件要素而是责任要素。行为无价值论则将构成要件理解为违法有责行为类型，认为故意与过失属于构成要件要素。

---

① ［日］曾根威彦：《刑法学基础》，黎宏译，85～86页，北京，法律出版社，2005。

可以说，行为无价值论与结果无价值论的学派之争本是日本特有的现象。此后，这种学派之争传入我国。开始，我国学者对行为无价值与结果无价值的理论进行了介绍。我国学者王安异教授最早介绍这一理论，并且试图采用这一分析工具对我国刑法的犯罪构成进行探讨。王安异教授在《刑法中的行为无价值与结果无价值研究》（中国人民公安大学出版社 2005 年版）一书中，主要是以德国刑法理论为基础对行为无价值与结果无价值的理论作了较为详尽的论述（因为该理论最初发源于德国）；同时也论及日本刑法学界关于行为无价值论与结果无价值论之争。可以看出，王安异是站在德国刑法理论的立场上看待行为无价值与结果无价值理论的，因此并没有在两者之间选择其一进行“站队”，而是将其作为一种分析工具。例如，王安异教授指出：“行为无价值论与结果无价值论虽各持一端，但分别都具有一定合理的成分，故而难分轩轾。申论之，因为这种对立关系的存在，欲消除行为无价值与结果无价值的理论差异是很难的，无论将二者融合为二元的理论或者简单地以一种无价值理论代替另一种理论都无法消除这种客观存在的龃龉。”① 因此，王安异是从行为无价值与结果无价值的理论出发，对我国刑法中的犯罪构成进行讨论的，这种讨论较之以往的讨论具有一定的理论新意与深度。

从日本刑法学界真正引入行为无价值论与结果无价值论之争的是具有日本留学背景的黎宏教授、张明楷教授和周光权教授。其中，黎宏较早发表了《行为无价值论批判》一文（载《中国法学》2006 年第 2 期）。该文站在结果无价值论的立场对行为无价值论进行了批判，这也就间接地表明了黎宏教授的结果无价值论的立场。此后，周光权教授发表了《违法性判断的基准与行为无价值论》（载《中国社会科学》2008 年第 4 期）一文，在该文中，周光权教授明确主张行为无价值论的立场。作为对周光权教授观点的回应，张明楷教授发表了《行为无价值论的疑问——兼与周光权教授商榷》（载《中国社会科学》2009 年第 1 期）一文，明确主张结果无价值论的立场。这些围绕着行为无价值论与结果无价值论所

---

① 王安异：《刑法中的行为无价值与结果无价值研究》，7 页，北京，中国人民公安大学出版社，2005。

展开的学术争论，拉开了我国刑法学界对于这个问题的学派之争的序幕。此后，这个问题成为我国刑法学界的一个热点，吸引了较多学者的关注。例如，《政治与法律》在2015年第1期“主题研讨”栏目的主题就是“行为无价值论与结果无价值论若干问题研究”，该栏目包含周光权教授等多位学者的论文，结合具体问题展开讨论。该栏目的编者按中指出：“行为无价值论与结果无价值论之争是中外刑法理论界普遍存在的基本立场之争，现在已渗透到犯罪论、刑罚论与许多具体犯罪的各个方面。在我国转型期的社会背景与犯罪论体系重构之争的理论背景下，研究行为无价值论与结果无价值论的基本问题可以更好地回应社会发展与司法实务的现实需求，推动刑法学各个具体理论的深入发展。”应该说，以上就行为无价值论与结果无价值论之争对我国刑法理论发展的意义之阐述，是极为中肯的。值得肯定的是，张明楷教授与周光权教授对行为无价值论与结果无价值论的理论争论都没有停留在表面，而是继续进行了深度的理论研究，并分别形成了专著，即张明楷教授的《行为无价值论与结果无价值论》（北京大学出版社2012年版）和周光权教授的《行为无价值论的中国展开》（法律出版社2015年版）。这两部著作可以说是我国刑法学界对于行为无价值论与结果无价值论进行理论交锋的学术成果，代表了在该问题上的最高学术水平。

虽然行为无价值论与结果无价值论本是日本的一个学术话题，但其被引入我国刑法学界以后，我国学者并没有停留在对此的介绍上，也没有完全重复日本学者的争论，而是结合我国刑法中的理论问题与实务问题，进行了具有相当深度与广度的研究，对于促进我国刑法理论的发展起到了积极的作用。当然，行为无价值论与结果无价值论之争和前两个领域的学派之争相比，影响范围与影响力都比较有限。

笔者并没有深度卷入行为无价值论与结果无价值论之争，这主要还是因为笔者缺乏对此的学术准备。至于有些学者将笔者归入行为无价值论的阵营[①]，笔者并不能认同。如果以故意与过失是属于违法性要素还是责任要素作为行为无价值

① 参见周啸天：《行为、结果无价值理论哲学根基正本清源》，载《政治与法律》，2015（1）。

论与结果无价值论的分野，则笔者无疑是站在结果无价值论的立场上的。当然，笔者并不像张明楷教授那样是极端的结果无价值论者，而较为赞同日本学者山口厚教授所主张的缓和的结果无价值论的观点。例如，山口厚教授指出："在支持结果无价值论的学者中，存在着像内藤谦教授或中山研一教授那样，否定一切主观违法要素，主张只以客观要素来判断违法性，将行为人的主观目的等要件都归属于责任要素的观点。主张这一观点的学者们，担心如果在评价违法性时考虑主观要素将会导致违法性的主观化，从而导致违法论向行为无价值论的倾斜。所以他们特意强调应该区别主观责任和客观违法，并将客观违法性的意义理解为判断对象的客观性，从而拒绝考虑任何主观要素。但现在，主张这种极端彻底的结果无价值论的观点还是少数。包括笔者在内，多数人认为，行为人欲进行法益侵害的行为意志，在增加法益侵害的危险性的意义上，应该成为影响违法性的要素。"① 因此，笔者虽然否定故意与过失是违法要素，但也例外地承认目的、明知、倾向等主观违法要素。在这个意义上说，笔者的学术立场更偏向于结果无价值论。

五、结语

回望过去二十年来我国刑法理论的发展，刑法教义学研究所取得的成果是令人欣慰的，这也为将来进一步发展奠定了基础。目前我国的刑法教义学现状还处于知识转型与话语建构的阶段，刑法教义学的发展还要进一步推动刑法知识的转型，只有这样才能改变我国刑法理论隔离于大陆法系的局面。与此同时，我国刑法教义学还应当从方法论的探讨向着具体问题的解决方向转变。刑法教义学是一种技术性的学科知识，只有在对具体问题的解决中才能体现它的价值。在这方面，我国刑法学界已经取得了一些进展。例如，除在刑法总论中对刑法教义学的一般原理进行论证以外，刑法各论知识的教义学化发展迅速：在对各罪的研究

① ［日］山口厚：《日本刑法学中的行为无价值论与结果无价值论》，载《中外法学》，2008（4）。

中，运用刑法教义学原理塑造各罪的构成要件，并解决定罪量刑中的疑难问题；对司法解释进行刑法教义学的分析与评判。这些都使我国刑法理论站在了一个更高的学术平台之上，深化了原有的刑法理论。随着案例指导制度的建立，指导性案例对于司法实践的指导作用日益加强。在这种情况下，对于指导性案例的裁判理由进行刑法教义学的分析，从中引申出一定的司法规则，也是一项对于司法实践与刑法理论具有积极意义的工作。可以期待，我国的刑法教义学在下一个二十年中将会取得更为丰硕的成果。

（本文原载《政治与法律》，2017（3））

注释刑法学经由刑法哲学抵达教义刑法学

今年是1979年刑法颁布40周年。我国刑法学是伴随着1979年刑法颁布而再生的，以此为时间节点，今年正是我国刑法学重建40周年，因而具有纪念意义。回顾我国刑法学40年来的发展进程，可以看到我国刑法学与刑法的立法和司法共同成长进步，经历了不同寻常的曲折跋涉。本文将我国刑法学40年的历史分为注释刑法学、刑法哲学和刑法教义学这三种不同的知识形态更替的过程，由此勾勒出我国刑法学40年的演进线索，以此纪念我国刑法学重建40周年。

一、注释刑法学的重启

1979年7月1日全国人民代表大会通过了《中华人民共和国刑法》，这就是1979年刑法。这是在1949年中华人民共和国成立以后颁行的第一部刑法，它的颁行结束了我国没有刑法的历史，开启了我国法治建设的序幕。20世纪80年代，随着1979年刑法的颁布实施，刑法的理论研究逐渐恢复。在我国刑法学重建初期，以解读刑法条文为内容的注释刑法学成为我国刑法理论的主流，它顺应了司法实践的需求，因而具有一定的现实合理性。这种注释刑法学以刑法条文为中心，吸收刑事政策和司法实践经验，并借鉴20世纪50年代初期从苏俄引入的刑法学知识，对我国刑法规定进行语义解释和逻辑分析，由此形成以1979年刑法为依归的注释刑法学体系。

刑法学研究是以刑法规范为对象的，如果没有刑法，则刑法研究无所凭据，刑法学研究就是空泛而虚幻的。例如，在1979年刑法颁行之前，我国在长达三十年的时间中没有制定刑法，这个时期当然也就不存在对刑法的注释性研究而只有政策性阐述。在当时的社会政治生活中，法律虚无主义大行其道，刑法也被认为是可有可无的，因此也并不存在严格意义上的刑法立法论研究，即以制定一部理想刑法为目标的理论研究。在刑法阙如的情况下，刑事审判以刑事政策和党政机关的文件，甚至以刑法草案为依据。在这种情况下，我国不可能存在真正意义上的刑法学术研究。这也从反面印证了法学研究与法治发达程度之间成正比的规律，即法治程度越高，法学研究越是发达；反之亦然。

在1979年刑法颁行以后，以刑法规范为内容的刑法注释研究成为可能。因为司法实践在客观上提出了对刑法进行正确解释，从而为刑法适用提供理论指导的知识需求。然而，对刑法的解释并不是简单地对刑法条文进行语义和逻辑的论证，而是借助于一定的刑法理论对刑法进行规范阐述和理论构筑。如果离开了一定的刑法理论，对于刑法条文的解释，只能是肤浅的文字性解读，难以形成刑法学的理论体系。我国在1979年刑法颁行以后，对刑法进行解释的主要理论工具是20世纪50年代引入我国的苏俄刑法学。苏俄刑法学是苏维埃政权建立以后，以苏俄刑法典为对象而展开理论研究，并在此基础上形成了所谓社会主义刑法理论体系。在20世纪50年代初期，苏俄刑法学理论以教科书和专著的形式，通过翻译和介绍流传到我国，对我国刑法学界产生了重大影响。当然，这种影响的时间是极为短暂的，前后只有不到7年，即1950年至1957年。从1957年开始我国展开了反右运动，刑法的起草进程遂告中断，刑法的教学和研究也完全停顿。1979年刑法颁行之后，在我国的学术研究仍然处于对外隔绝的情况下，重拾苏俄刑法学成为在当时看来恢复我国刑法学的捷径。苏俄刑法学的理论工具使我国刑法学迅速从学术废墟中挣脱出来，为我国刑法学的重建提供了理论资源。其中，最具标志性的是四要件的犯罪构成体系，它成为当时我国刑法学的理论核心。四要件的犯罪构成体系，是在批判地继承源自德国费尔巴哈的刑法学传统的基础上，苏俄刑法学者所取得的最为重要的理论收获。[①] 四要件的犯罪构成理论为认定犯罪提供了基本的理论工具和分析框架，犯罪构成的四要件设置具有一定的逻辑性和自洽性。因此，以四要件的犯罪构成体系为基础，以我国 1979 年刑法规定为规范内容，我国老一辈刑法学者建立了具有中国特色的刑法学体系，在一定程度上提升了我国刑法学的理论水平。

可以说，我国刑法学是在借鉴苏俄刑法学的基础上恢复的。尽管在 1979 年这个时点，我国和苏俄的国家关系以及意识形态已经不同于 20 世纪 50 年代完全推崇苏俄的情况。事实上，我国和苏俄的关系自从 1959 年全面中断以后，直到 1989 年才得到修复。但吊诡的是，80 年代初期我国全面借鉴苏俄刑法学似乎并没有受到政治意识形态的干扰。这种刑法理论和政治意识形态的一定程度的区隔，对于我国刑法学的发展来说至关重要。当然，在对于刑法功能的认识上，也许当时我国是与苏俄最为接近的，这和我国的刑法立法深受苏俄刑法典影响直接相关，并且根植于社会主义刑法这一共同政治基础。1979 年刑法的立法进程始于 20 世纪 50 年代初期，在我国与西方国家断绝关系的特定时代背景下，苏俄刑法典成为我国刑法立法唯一可以参考的对象。而且，在社会主义这一国体性质相同的情况下，刑法的相通性远大于相异性。因此，我国刑法从 20 世纪 50 年代初期立法伊始就是以苏俄刑法典为蓦本的，无论是刑法的体例还是刑法的精神都具有相同之处。虽然我国刑法是 1979 年颁行的，但刑法的定稿本是以 1963 年的刑法草案第 33 稿为基础的。[②] 其中，苏俄刑法典的影响还是十分明显的。更为重要的是，此时刑法奉行专政思想，把刑法视为专政工具，并且在刑法的指导思想中做了明确的记载。在刑法的制度设计上，例如类推制度等，也无不以惩治犯罪为

① 参见何秉松、［俄］科米萨罗夫、科罗别耶夫主编：《中国与俄罗斯犯罪构成理论比较研究》，5～6 页，北京，法律出版社，2008。

② 参见高铭暄：《中华人民共和国刑法的孕育诞生和发展完善》，前言，2 页，北京，北京大学出版社，2012。

根本追求。这里需要指出的是，当时我国借鉴的是20世纪50年代引入的苏俄刑法学知识，接续了20年前的刑法学传统，而对于苏俄刑法学的晚近理论发展则并不了解。在这样一种历史背景下，我国刑法学扬帆启程。

1979年刑法颁行初期，我国注释刑法学的理论载体以刑法普及读物和刑法教科书为主，直到20世纪80年代后期才出版个别的刑法学专著。

刑法普及读物是典型的注释刑法学的产物，它对刑法条文进行逐条注解，阐述其内容。刑法普及读物没有学术含量，只是对于了解刑法条文的基本内容有所帮助，即使对司法实践解决疑难案件也难以有所助益。在此期间出版的高铭暄教授的《中华人民共和国刑法的孕育和诞生》（法律出版社1981年版）一书，对于正确理解刑法文本具有重要意义。该书作者高铭暄教授从20世纪50年代初开始参与刑法草案的起草工作，前后近30年中积累了大量参与刑法立法的各种资料。在对这些资料进行归纳和整理的基础上，形成《中华人民共和国刑法的孕育和诞生》一书的主要内容。该书从立法起草的视角，为读者正确了解刑法条文的精神提供了准确而丰富的背景资料。尽管该书本身并没有太多关于刑法的理论叙述和学术探讨，但它不失为一部理解1979年刑法的必读书，也是注释刑法学的重要理论成果。

除了刑法普及读物，为了适应刑法学的教学需要，出版了各种刑法教科书，这些刑法教科书以体系性的方式呈现刑法基本知识，在当时的历史条件下，成为注释刑法学理论的主要载体。在这些刑法教科书中，高铭暄教授主编的统编教材《刑法学》是引领我国刑法学的标志性作品。随着我国法学教育的恢复，出现了编写法学教科书的客观需要。然而，在我国法学教育恢复之初，法学教科书的编写严重滞后。例如，我作为北大法律系77级学生，大学四年就是在没有教科书的情况下度过的。当时的法学教育百废待兴，法学教科书编写人员严重匮乏，各个学校难以独自编写教科书。在这种情况下，司法部法学教育司成立了法学教材编辑部，在全国范围内招揽优秀法学教师，主持或者参加编写法学统编教材，并在法律出版社和群众出版社分别出版。其中，刑法学的教材由中国人民大学法律系高铭暄教授担任主编，武汉大学法律系马克昌教授和吉林大学法律系高格教授担任副主编，组织中国人民大学、北京大学、武汉大学、吉林大学、安徽大学、北京政法学院、西南政法学院、华东政法学院等院系的刑法教师编写了《刑法学》一书，并于1982年初由法律出版社出版。该书继承20世纪50年代从苏俄引进的刑法学知识，并结合我国刑法立法和司法实践，按照刑法条文体系对刑法理论进行了系统的叙述，成为当时我国刑法学知识的集大成之作，反映了那个时期我国注释刑法学的最高水平。在统编教材《刑法学》出版以后，我国刑法学界出现了一股“刑法教科书热”，各种名目的刑法教科书应运而生。大多数刑法教科书采取主编制，以刑法条文体系为线索，对刑法知识进行体系化叙述。当然，这些刑法教科书的结构大同小异，观点缺乏创新性，因此为学界所诟病。客观地说，教科书本身就不是创新性学术成果的载体，而是某个学科达成共识的基础知识的系统化陈述。

学术专著是学科知识的专题性叙述，因此具有较高的学术地位。随着刑法注释研究的发展，20世纪80年代我国开始出现刑法专著。第一本专著是顾肖荣的《刑法中的一罪与数罪问题》（学林出版社1986年版）。该书对罪数论和数罪并罚制度进行了较为系统的专题研究，尤其是在罪数分类上，借鉴日本的罪数论，将不适用数罪并罚的情况分为两类：其一，单纯的一罪：单一罪、吸收犯、结合犯、继续犯、集合犯（营业犯、常业犯、惯犯）、结果加重犯、法规竞合等；其二，处断上的一罪：想象竞合犯、牵连犯、连续犯。[①] 该书采用了大量罪数论的法律术语，展现了刑法理论的学术深度。此外，我国学者还对犯罪构成理论进行了专题研究。犯罪构成理论是刑法学的核心，虽然我国四要件的犯罪构成理论是从苏俄引入的，在我国司法实践运用以后，需要进行本土化的消化和充实。我国有关犯罪构成理论出版的专著，具有代表性的是樊凤林主编、曹子丹副主编的《犯罪构成论》一书，该书是国家“六五”计划法学重点科研项目的重要成果。《犯罪构成论》一书除结合我国刑法规定和司法实践对我国四要件犯罪构成理论

① 参见顾肖荣：《刑法中的一罪与数罪问题》，11页，上海，学林出版社，1986。

的主要内容进行了阐述以外[①]，还专题讨论了犯罪构成与两类矛盾、犯罪构成与政策、犯罪构成与类推等具有中国特色的内容。[②] 这些刑法专著虽然还只是个别的，但它已经昭示着我国刑法学发展的学术方向。

应该说，在1979年刑法颁行以后，我国刑法学以注释刑法学的形式面世，绝不是偶然的。而且，这个时期的注释刑法学对于我国刑法的司法适用发挥过重要作用。注释刑法学在当时特定的历史条件下，发挥了以下三个作用。

（一）注释刑法学的恢复重建作用

在1979年刑法颁行之前，因为受到政治运动的影响，我国刑法学完全处于停滞状态。在没有刑法的情况下，我国刑法学丧失了存在的根基，理论研究显得奢侈，学术领域沦为废墟。随着1979年刑法的颁行，在注释刑法学的名义下，我国刑法学的学术研究开始逐渐恢复。虽然注释刑法学的学术含量不高，但它毕竟是一种以刑法规范为解释对象的刑法知识，成为我国刑法学恢复初期的理论形态。因此，注释刑法学在1997年刑法颁行初期，对于我国刑法学的恢复重建起到了积极作用。

（二）注释刑法学的话语转换作用

在1979年刑法颁行之前，我国社会治理主要依赖于政治意识形态，因而不是规则之治而是专政之治。在这种情况下，建立在法律规范基础之上的刑法学话语体系不复存在，通行的是政治话语。在1979年刑法颁行以后，法制在社会治理中的功能开始受到重视，刑法成为维护社会秩序的主要工具。在这种情况下，注释刑法学对刑法条文的阐释形成法律规范的话语体系，并逐渐取代了政治意识形态的话语体系。例如，1979年刑法中最具政治色彩的罪名莫过于反革命罪，其实反革命本身是一个政治概念，而反革命罪在刑法颁行之前已经在“文化大革命”中被广泛使用。及至1979年刑法设立反革命罪，对该罪在构成要件上要求具有反革命目的，避免客观归罪。在这种情况下，政治性的反革命罪就转化为规

---

① 参见樊凤林主编：《犯罪构成论》，1～160页，北京，法律出版社，1987。

② 参见樊凤林主编：《犯罪构成论》，161～404页，北京，法律出版社，1987。

范性的反革命罪。而注释刑法学对反革命罪的主客观构成要件的阐述，将反革命罪纳入刑法理论之中，进行规范的解读。直到 1997 年刑法颁布，具有政治意味的反革命罪才被规范性的危害国家安全罪所替代。无论如何，在 1979 年刑法颁行初期，我国注释刑法学对刑法理论从政治话语到规范话语的转变发挥了重要作用。

（三）注释刑法学的司法指导作用

在 1979 年刑法颁行之前，我国在刑法领域处于无法可依的状态，司法机关不是根据刑法而是根据刑事政策进行审判。这个意义上的司法还不是原本意义上的司法，因为司法是以法的存在为前提的，无法而曰司法，这本身就自相矛盾。1979 年刑法为我国司法活动提供了规范根据，司法才成为真正意义上的司法。司法作为一种法律适用活动，具有规范性和技术性，对于司法者提出了法律素养的职业要求。在 1979 年刑法颁行之初，不仅全社会存在一个普法的问题，而且对于司法者也同样存在一个普法的问题。注释刑法学在一定程度上满足了刑法普法的客观需求，它逐渐引导司法机关正确适用刑法，因而对于司法实践具有指导作用。例如，注释刑法学中具有分析工具意义的是四要件的犯罪构成理论，该理论通俗易懂，便于司法人员掌握，并且对于犯罪认定具有较强的实用性。注释刑法学的一个重要贡献就是在我国司法实践中推广了四要件的犯罪构成理论，这对于刑法的司法适用产生了重要影响。

1979 年刑法颁行之后我国最初形成的注释刑法学，是我国刑法学发展的第一个阶段，也是必经的一个阶段。这个时期我国刑法学的水平不高，除了它处在刑法学界百废待兴这样一个特定历史条件下，还和当时我国刑法学术尚处在对外隔绝的状态，没有外来的学术资源可供吸收和借鉴有关。其实，从清末的法律改革开始，我国废弃了具有上千年传统的中华法系传统，而进入了一个引进西方法制和法学的历史进程。但这个历史进程屡屡被革命和战争所打断，并且在很大程度上受到政治环境的制约。除了从 1957 年到 1997 年这 40 年间我国刑法学研究几乎完全停滞，其他时间大多也处在战争或者动乱的年代，真正意义上的学术研究无从开展，因此刑法学术的积累本身就十分薄弱。在这种情况下，我国在

1979年刑法颁行以后的注释刑法学可以说是在一个相当低的水平上起步的。尽管如此，这个时期的刑法学具有重启的性质，它为此后我国刑法学的发展提供了起点。

二、刑法哲学的兴起

不满足于刑法的注释性研究，从20世纪80年代末90年代初开始，我国出现了刑法的思辨性研究，形成所谓刑法哲学。正如我国学者在论述刑法哲学在我国的产生时指出："对刑法开展以超出刑法规范和传统刑法学体系的范围，采取与传统注释研究方法不同的方法加以研究，是一些刑法学者在20世纪80年代末、90年代初期所进行的一种研究方式上的探索。"[①] 在此，我国学者将从注释性的刑法研究到思辨性的刑法研究，理解为一种刑法研究方法上的改变。对此，笔者是认同的。当然，这种改变不仅限于方法论，而且还是对刑法研究范式的一种改变，这就是从实然性的研究到应然性的研究。实然性的研究是指以刑法规范体系为中心，以司法实践中的实然性问题为对象所进行的论述。而应然性的研究则是指超越刑法规范体系，对刑法的本源性问题的探索。在哲学上，实然性和应然性是一对范畴。作为两种不同的研究方法，实然性研究受到现行法律规定的约束，因而具有一定的保守性；应然性研究则可以超越现行法律规范，因而具有一定的批判性。当然，实然性和应然性本身又是相对的。例如在以现行法律规范为对象的研究中，揭示法律条文所应当具有的含义和内容，这又不能不承认在实然性的研究中包含着应然性的追求。反之，在对法律的应然性研究中，又必须立足于现行法律才能超越现行法律。在这个意义上，应然性的研究也是以实然性为基础或者基点的。任何学术研究，都是意图揭示事物之未知，在这个意义上，学术研究都具有应然的属性。

在我国最早倡导进行刑法哲学研究的是韩修山，其在《社会科学评论》1988

① 赵秉志、魏昌东主编：《刑法哲学专题整理》，21页，北京，中国人民公安大学出版社，2007。

年第1期发表了《应加强刑法的哲学研究》一文。韩修山并不是专门从事刑法理论研究的学者，然而其加强刑法哲学研究的提议却是颇有远见的。在该文中，韩修山认为我国目前的刑法学属于解释刑法学，解释刑法学是受刑法典限制的学问，它以解释刑法条文，研究刑法的实施为目的。这里的解释刑法学和注释刑法学应当是含义相同的，都是指以刑法的规范阐释为主的刑法知识形态。韩修山认为，解释刑法学只是应用刑法学，与之对应的是理论刑法学。在该文中，韩修山将理论刑法学和刑法哲学相提并论，未做区分。尽管韩修山并不是从事刑法学研究的学者，但其所提出的刑法哲学的课题还是具有积极意义的。我国刑法学确实是从对1979年刑法的条文阐释起步的，这种解释刑法学研究对于司法实践具有一定的指导意义，这也是不可否定的。但如果局限在对刑法条文的解释，而不能超越刑法体系，在更高的理论层次上进行刑法哲学研究，则这种刑法理论研究是难以提升的。正是在这个意义上，韩修山提出了在解释刑法学的基础上，开展刑法哲学研究的必要性。当然，韩修山提出的刑法哲学，是在理论刑法学的意义上论及的。这里存在所谓理论刑法学与刑法哲学的关系问题，不可否定的是，在韩修山这篇论文中，对于刑法哲学并没有确切的界定，而其在与解释刑法学相对应的意义上提出的理论刑法学，反而具有相对清晰的内容。任何学科知识都可以分为应用性研究和基础性研究这两个组成部分，刑法学作为一门应用学科，以刑法适用为目的追求的解释刑法学当然是刑法学的主要内容。然而，即使是应用学科也还是存在关于其基础理论的研究，刑法也是如此。刑法学属于部门法学，而部门法学的主要使命就在于为法律适用提供规范性知识。在刑法学中，解释性的刑法学担当着这种职责。除了解释性的刑法学，刑法学还应当关注更为基础性的问题，这就是刑法哲学所承担的学术职能。对刑法学的知识做这种二元区分，使刑法学者理解自己的学术使命，这是倡导刑法哲学的主要意义之所在。

刑法哲学的提倡涉及刑法学的方法论问题，这也是一种学术自觉的反映。方法论对于任何学科的知识形成和发展都具有重要意义，方法论的改变不是学科知识的累积和增加，而是意味着该学科的范式转变。法学是以法这种特定现象为研究对象的社会科学，在理论上通常认为法学并没有自身独特的研究方法，法学与其他社会科学的区分就在于研究对象的不同。因此，法学可以适用任何学科的研究方法，只要采用这些研究方法对法这种现象进行研究，就属于广义上的法学。即使是法教义学，也只不过是采用语言学和逻辑学的方法，对法进行研究而形成的专门知识。刑法学也是如此。在韩修山的论文中，同样提及法学方法论问题，认为法哲学对于部门法学具有方法论的意义，因此刑法哲学只不过是法哲学方法在刑法学中的运用而已。①

从方法论角度引入刑法哲学，当然具有一定的合理性。然而，刑法学的理论发展并不仅仅是一个方法论的问题，而且还涉及刑法学的研究视角。对此，我国学者储槐植教授提出了具有建设性的思路。储槐植教授提出了刑法研究的三个维度：从刑法之外研究刑法，这涉及研究的广度；在刑法之上研究刑法，这涉及研究的深度；在刑法之中研究刑法，这是研究的起点和归宿。② 因此，储槐植教授揭示了刑法学的三个研究领域。

首先是刑法之外研究刑法。根据储槐植教授的观点，从刑法之外研究刑法，是指采用社科方法对刑法进行研究，由此形成刑法社会学、刑法人类学、刑法经济学等知识形态。目前我国存在社科法学的说法，因此也可以将这些刑法知识概括为社科刑法学。将社科方法引入刑法学的研究，极大地拓展了刑法学的知识范围，也促进了对犯罪和刑罚现象的理论认知。例如，刑事社会学派和刑事人类学派就是采用社会学和人类学的方法对犯罪进行研究，由此而深化了对犯罪原因以及预防的认识水平，并在此基础上形成了作为经验学科的犯罪学和刑罚学。社科知识对于刑法学来说，如同源头活水，扩大了刑法学的知识来源，丰富了刑法学的研究方法。

其次是在刑法之上研究刑法，也就是所谓对刑法的形而上的研究，即刑法哲学的研究。对此，储槐植教授指出：“所谓在刑法之上研究刑法就是要对刑法现象进行哲理性思考和总体社会价值判断。刑法和其他事物一样，除自身的规律

---

① 参见韩修山：《应加强刑法的哲学研究》，载《社会科学评论》，1988（1）。转引自赵秉志、魏昌东主编：《刑法哲学专题整理》，87～90页，北京，中国人民公安大学出版社，2007。

② 参见储槐植：《刑法研究的思路》，载《中外法学》，1991（1），62页。

外，还受社会发展一般规律支配，这是更深层面的问题。刑法和刑法学中的许多问题的解决往往取决于哲学认识。”[①] 储槐植教授从方法论和价值论两个方面对刑法哲学研究的重要性进行了论证。如果说，刑法的社科研究打开了刑法研究的视野，充实了刑法学的知识容量，那么，刑法的哲学研究就是致力于探讨刑法的本源性和根基性的问题，力图揭示刑法的发展规律，从而进一步提升刑法学的学术内涵。

最后是在刑法之中研究刑法，即刑法的解释性研究，这是刑法学的立足之本。解释刑法学具有对于司法实践的重大价值，其功能是其他刑法知识形态所不能替代的。因此，只有对刑法规范的深入和细致的阐述，才能挖掘刑法条文的立法原意，有利于法条的正确适用。

以上三种刑法的知识形态，各自具有独立存在的价值。当然，更引起我们关注的还是刑法哲学。储槐植教授把刑法哲学视为刑法与哲学的有机结合，是一个边缘学科，其研究对象是刑法现象中的哲学因素。研究目的是揭示刑法规律，提高刑事政策制定和刑事立法的科学预见度。[②] 储槐植教授不仅提出了刑法哲学的概念，而且身体力行进行了研究，例如储槐植教授提出的刑事一体化命题，无疑具有对刑法的哲理性研究的意味。[③]

当储槐植教授这些关于刑法哲学的观点发表的时候，我正在写作一本书名为《刑法哲学》的著作。在此之前，我和邱兴隆共同发表了一篇题为《罪刑关系论》的论文。[④] 该文提出了罪刑关系的基本原理：已然之罪与刑罚之间的决定与被决定的关系，以及刑罚与未然之罪之间的遏制与被遏制的关系。犯罪与刑罚之间的辩证关系是刑法学的基本问题，以此为中心可以建立刑法学的理论体系。根据罪刑关系原理，我和邱兴隆对刑法学体系进行了反思与重构。我们认为，以往对刑法学体系的探讨往往满足于在现存的刑法学体系的框架内增加或者调整一些内

---

① 储槐植：《刑法研究的思路》，载《中外法学》，1991（1）。

② 参见储槐植：《刑法例外规律及其他》，载《中外法学》，1990（1），23页。

③ 参见储槐植：《建立刑事一体化思想》，载《中外法学》，1989（1），3～8页。

④ 参见陈兴良、邱兴隆：《罪刑关系论》，载《中国社会科学》，1987（4），139～153页。

容，这就不可能突破现存的刑法学体系的束缚，因而不能提出系统的建设性的观点。我们认为，对现存的刑法学体系的改造，应以刑法学研究对象为突破口。在我们看来，刑法学是关于罪刑关系的辩证运动的一般规律的科学。因此，罪刑关系的辩证运动的一般规律，应当成为刑法学的研究对象。[①] 这些观点当然是超越了刑法条文体系，具有在刑法之上研究刑法的性质。在这一研究中，我们虽然没有提及刑法哲学这个概念，但以罪刑关系为核心的刑法学理论命题显然是按照辩证法的哲学方法进行分析的结果。尤其是罪刑关系是建立在刑事法律关系的动态运行的基础之上的，并将这种刑事法律关系的辩证运动分为刑法创制、定罪、量刑、行刑等不同环节。在罪刑关系论中，我们提出了报应和功利（预防）这些范畴，试图以此形成一套刑法理论话语体系。罪刑关系原理的提出在当时的刑法学术背景下，具有一定的理论突破，从而引起了刑法学界的关注。

在我和邱兴隆共同提出的罪刑关系原理的基础上，我开始了刑法哲学的探索。这种刑法哲学的探索是建立在对当时的注释刑法学研究现状不满的基础之上的，并且当时我国刑法学界尚处于相对封闭的状态，没有接触到具有教义学性质的德日刑法知识，因此尚不具备参考德日刑法教义学知识，并由此提升我国注释刑法学水平的客观条件。在 1979 年刑法颁布并从 1980 年 1 月 1 日实施以后，我国刑法学得以恢复重建。这个时期的刑法学具有对 1979 年刑法的普及性质，基本上是对刑法条文的解说，因而刑法学具有对刑法条文的严重依附性。这种普法性的刑法学研究，对于 1979 年刑法的适用具有启蒙意义。然而，这种刑法学理论是极为肤浅的，因此这种理论缺乏进一步发展或者提升的空间，具有低水平重复的特点。为此，我提出了从解释刑法学向刑法哲学提升的命题，认为我国刑法学的发展方向是刑法哲学。在《刑法哲学》初版前言中，我曾经提出："从体系到内容突破既存的刑法理论，完成从注释刑法学到理论刑法学的转变，这是我们的结论。"在此，理论刑法学和刑法哲学这两个概念还是没有严格区分的。理论刑法学一词在与注释刑法学相对应的意义上，具有哲理性的含义，因而在一定意

① 参见陈兴良、邱兴隆：《刑法学体系的反思与重构》，载《法学研究》，1988（5），31 页。

义上贬低了注释刑法学，认为注释刑法学只是对刑法条文的简单注释，缺乏应有的理论性。这个时期我国法学界尚未普及使用法理学这个概念，因此理论刑法学在一定意义上具有部门法理学的蕴意。我在《刑法哲学》一书的导论中，对刑法哲学进行了以下概述："刑法哲学，又可以称之为刑法法理学，是将刑法所蕴含的法理提升到哲学高度进行研究的一门学科。刑法哲学作为刑法学的基础理论，对于刑法学的深入发展具有重大意义。"① 该书虽然命名为《刑法哲学》，但书中对刑法哲学的一般性论述并不多，因此以上这段话可以视为我对刑法哲学的定义。在此，我提及两个概念，这就是刑法哲学和刑法法理学，我把这两者视为一体。换言之，我并没有严格区分刑法哲学和刑法法理学。尤其是，我在刑法哲学的名义下，试图对刑法学进行体系性建构，甚至取代传统的刑法学。就《刑法哲学》一书的内容而言，除具有绪论性的刑法哲学的价值内容和范畴体系以外，主要是建立了以罪刑关系为中心的刑法学体系，包括犯罪本体论、刑罚本体论和罪刑关系论等组成部分。应该说，《刑法哲学》一书的内容并不完全是对刑法本源或者根基问题的形而上的探讨，而是对犯罪和刑罚现象的理论叙述，涉及刑法的立法、司法，以及定罪、量刑和行刑等刑法运行的环节。因此，《刑法哲学》一书其实只是对当时的刑法学知识的一种总结和提炼，并不是真正意义上的刑法哲学的讨论。在《刑法哲学》的基础上，我又完成了《刑法的人性基础》（中国方正出版社 1996 年版）和《刑法的价值构造》（中国人民大学出版社 1998 年版）这两部专著，由此形成所谓刑法哲学研究三部曲。其实，后两部专著更接近于刑法哲学。其中，《刑法的人性基础》是对刑法中的人性问题的探讨，《刑法的价值构造》是对刑法的价值内容的探究，而人性和价值都是刑法的本源和根基问题，对此的讨论具有形而上的性质。然而，一旦穿透刑法的规范外衣，这种对刑法的人性和价值的探讨，就具有了超越部门法的一般法理学的性质，而刑法只不过是为这种法理学研究提供资料而已。

刑法哲学在我国曾经成为一个热点话题，对于引领我国刑法学的发展方向起

① 陈兴良：《刑法哲学》，6 版，导论，1 页，北京，中国人民大学出版社，2017。

到了一定的作用。当然，刑法哲学并没有、也不可能成为我国刑法学研究的主流，它只是基于对当时较低水平的注释刑法学的不满而进行的一种学术突破和突围，具有在当时特定历史条件下的合理性。我认为，刑法哲学对于我国刑法学具有以下三个功能。

（一）刑法哲学的价值引导功能

刑法学研究包含价值和规范两个内容，而在传统的注释刑法学中，对于规范的重视更胜于对价值的重视。因为注释刑法学的主要使命是为刑法适用提供规范根据，因此，通过对刑法条文的诠释，获得刑法的规范知识就成为刑法学的当务之急。在这种情况下，刑法学的解释性受到强调，而刑法的反思性则被抑制。而刑法哲学则倡导刑法的反思性，关注刑法的价值内容，这对于提升我国刑法学的理论功能具有重要意义。在刑法哲学的研究中，刑法的价值内容受到空前关注。例如，我在《刑法哲学》一书的导论中，提出了刑法的三大价值目标，这就是公正、谦抑和人道，并在《刑法的价值构造》一书中对上述三个价值内容分为三章进行了深入的阐述。[①] 及至 1997 年刑法规定了罪刑法定原则、罪刑均衡原则和罪刑平等原则，以立法的形式确认了刑法的上述价值内容，对于我国司法机关正确适用刑法同样具有指导意义。可以说，刑法价值的倡导和宣扬是刑法哲学研究所取得的重要成果。

（二）刑法哲学的范式转型功能

刑法学理论的发展和其所采用的方法论之间存在密切关联性，因而刑法学的创新在某种意义上说，有赖于刑法方法论的变革。在传统的注释刑法学中，采用的是注释方法。注释方法虽然对于揭示刑法条文的意蕴具有一定的功效，但如果只是单纯地根据法条的语言文字进行表面的解说，难以对刑法条文的精神实质进行深度的阐述。因此，建立在注释基础之上的刑法学，只能论及法条的表象而不能触及法条的实质。刑法哲学的提倡也正是基于对单纯采用注释方法所建立起来的刑法学的知识浅显性的不满，而想要引入哲学的思辨方法，对刑法进行更为深

① 参见陈兴良：《刑法的价值构造》，3 版，226～422 页，北京，中国人民大学出版社，2017。

入的理论研究。刑法哲学所关注的是刑法的基本理论问题，而这些问题的解决，关系到刑法的理论发展前景。因此，在刑法哲学研究中，方法论成为学者关注的问题。例如，韩修山在其关于倡导刑法的哲学研究的文章中，就对法学方法论进行了论述，指出：所谓法学方法论，它是以现代法学研究中的方法问题为研究对象的科学，它属于法哲学，适用于各部门法学，对各部门法学都有方法论上的意义。[①] 尽管在对刑法学研究方法的理解上存在不同的认识，但刑法哲学对刑法研究中的哲理性的重视和强调，对于刑法的范式转型起到了推动和促进作用。

（三）刑法哲学的体系建构功能

刑法学是一种体系性的知识，因而刑法的体系建构对于刑法学的发展具有重要意义。传统的注释刑法学虽然也存在一定的理论体系，但这种理论体系与刑法条文体系高度重合。在某种意义上说，注释刑法学的体系完全依附于刑法条文体系。刑法条文体系是立法的产物，它具有自身的逻辑性。刑法学体系虽然不能完全脱离刑法条文体系，但它又不能照搬刑法条文体系。即使是解释性的刑法学，也应当具有独立的分析工具，并形成具有内在逻辑性的理论框架。我国传统的刑法学体系，是以苏俄刑法学体系为摹本，并参照我国刑法条文体系而建立起来的。在这一刑法学体系中，除了四要件的犯罪构成体系具有一定的逻辑性，其他内容都是与刑法条文相对应的。例如，在最初的刑法学体系中，罪数论是在刑罚论的数罪并罚中加以讨论的，因为我国刑法的犯罪论中就根本没有规定罪数问题，只有在刑罚论的数罪并罚中将罪数作为数罪并罚的前提加以讨论。例如在高铭暄教授主编的《刑法学》一书中，罪数论就是以“非数罪并罚的几类情况”为题在刑罚论的数罪并罚专题中进行论述的。[②] 此后，顾肖荣提出罪数论本质上属于犯罪论的命题，对罪数论在刑法学中的体系性地位进行了界定。[③] 随着对罪数论研究的深入，我国刑法教科书才将罪数调整到犯罪论中，成为犯罪的一种特殊

---

① 参见韩修山：《应加强刑法的哲学研究》，载《社会科学评论》，1988（1）。转引自赵秉志、魏昌东主编：《刑法哲学专题整理》，87～90页，北京，中国人民公安大学出版社，2007。

② 参见高铭暄主编：《刑法学》（修订版），273页，北京，法律出版社，1984。

③ 参见顾肖荣：《刑法中的一罪与数罪问题》，3页，上海，学林出版社，1986。

形态。例如高铭暄教授主编的高等学校文科教材《中国刑法学》一书在犯罪论中设立“一罪与数罪”专题讨论罪数论。[①] 由此可见，在传统的注释刑法学中，刑法学体系的内在逻辑关系值得进一步考察。在刑法哲学的研究中，刑法学的体系问题成为讨论的核心问题。例如，我和邱兴隆在提出以罪刑关系为中心的刑法学体系时指出：“以往对刑法学体系的探讨往往满足于在现存的刑法学体系的框架内增加或者调整一些内容，这就不可能突破现存的刑法学体系的束缚，因而不能提出系统的建设性的观点。我们认为，对现存的刑法学体系的改造，应以刑法学的研究对象为突破口。在我们看来，刑法学是关于罪刑关系运动的一般规律的科学。因此，罪刑关系的辩证运动的一般规律，应该成为刑法学的研究对象。”[②] 这种刑法学体系的构想虽然具有鲜明的学者个人的特点，要想获得刑法学界的认同具有难度，但这种探讨本身具有打开视野的积极示范效果。

刑法哲学研究促进了我国刑法学的知识创新，提升了我国刑法学的理论水平。在传统的注释刑法学的框架下，刑法局限于对刑法条文的解释，因而刑法知识虽然较为贴近司法实践，但这种注释性的刑法知识缺乏哲理性和逻辑性，对刑法基本问题的阐释能力不足，也不能为刑法学的进一步发展创造条件。而刑法哲学研究提供了一种刑法知识创新的思路，激发了刑法学者的学术热情，在这种背景下，我国刑法学者提出的某些刑法范畴和观点，至今仍然具有对刑法的指导意义。例如，储槐植教授提出了刑事一体化的命题，指出：犯罪决定刑罚，刑法决定刑罚执行；行刑效果又可影响犯罪升降。刑法要接受前后两头信息，不问两头（只问一头）的刑事立法不可能是最优刑法。不问两头的刑法研究不可能卓有成效。刑法研究必须确立刑事一体化意识。[③] 刑事一体化是我国刑法学界最具创新性的思想成果，它的提出是与刑法哲学之倡导的背景不可分离的。同时，我和邱兴隆提出了罪刑关系原理，其中包含了报应和功利（预防）的分析框架，这在我国刑法学界至今仍然具有一定的生命力。

---

① 参见高铭暄主编：《中国刑法学》，210 页，北京，中国人民大学出版社，1989。

② 陈兴良、邱兴隆：《刑法学体系的反思与重构》，载《法学研究》，1988（5），31 页。

③ 参见储槐植：《建立刑事一体化思想》，《中外法学》，1989（1），6～8 页。

刑法哲学试图超越注释刑法学，推动我国刑法学的理论发展，提升我国刑法学的学术水准。这个目的在一定程度上实现了，刑法哲学确实将我国刑法学的理论研究引向价值层面和观念层面，重塑了我国刑法学的知识形态。当然，刑法哲学也在一定程度上被误解了，尤其是主张以刑法哲学取代注释刑法学的观点，不是对刑法哲学和注释刑法学之间关系的正确认识。例如，我就曾经在《刑法哲学》一书的初版前言中提出“完成从注释刑法学到理论刑法学的转变”的命题，这里的理论刑法学实际上就是指刑法哲学。因此，对于刑法哲学和注释刑法学之间关系的厘清，直到刑法教义学的出现才完成。

三、教义刑法学的确立

从刑法哲学到刑法教义学的演变，部门法理学的提倡起到了过渡作用。刑法哲学是和法哲学相联系的，在某种意义上，刑法哲学可以说是部门法哲学。然而，我国法律学界虽然也使用法哲学的名称，但更为常见的还是法理学的名称。法理学的名称是从“法学基础理论”的名称演变而来，而“法学基础理论”的名称又是从“国家与法理论”的名称蜕变而来。因此在我国法学界，法理学这个名称更占优势，它具有法学的独特性。而法哲学的名称又会进一步追溯到哲学，被归结为哲学的分支学科或者交叉学科。当然，撇开名称不谈，就内容而言，法哲学和法理学之间到底是一种什么关系，这是存在争议的。有些学者将法哲学与法理学看作同一个事物的不同称谓，两者之间是可以替换的。另外有些学者则严格区分这两者，认为法哲学是法的哲学研究，而法理学是法的一般理论，两者的内容和趣旨并不相同。[①]

法哲学和法理学是否存在区分的争议传导到了部门法，包括刑法。因此，在刑法学界就出现了刑法哲学和刑法法理学之间的关系问题。刑法法理学这个称谓

---

① 关于法哲学和法理学关系的深入论述，参见周永坤：《“部门法哲学”还是“部门法理学”?》，载《法律科学》，2008（1），51～56页。

是我在《刑法的价值构造》一书的前言中提出来的，同时还涉及它和刑法哲学的关系。我指出："从《刑法哲学》到《刑法的人性基础》，再到现在这本《刑法的价值构造》，我总结本人刑法研究轨迹，归结为一句话：从刑法的法理探究到法理的刑法探究。刑法的法理探究，是指刑法的本体性思考，以探究刑法的一般原理为己任，基本上属于刑法的法理学，或曰理论刑法学。《刑法哲学》可以归为此类，我称之为实在法意义上的刑法哲学。而法理的刑法探究，则是指以刑法为出发点，通过探究刑法命题而在更深层次上与更广范围内触及法哲学的基本原理。从《刑法的人性基础》到《刑法的价值构造》，虽然仍然以刑法为研究对象，但实际上已经超出刑法的范围，探究的是一般法理问题。刑法只不过是这种法理探究的一个独特的视角和一种必要的例证。在这个意义上，这种刑法学也是一定程度上的法理学，它的影响可能会超出刑法学。我把这种刑法理论称之为自然法意义上的刑法哲学。"① 在以上论述中，我提出了所谓实在法意义上的刑法哲学和自然法意义上的刑法哲学的区分：实在法意义上的刑法哲学其实更接近于刑法的法理学，而自然法意义上的刑法哲学则更接近刑法哲学的本意。所谓自然法意义上的刑法哲学具有超越刑法的意蕴，是一种在刑法之上研究刑法而形成的刑法知识形态，因而是一种法理的刑法学。而所谓实在法意义上的刑法哲学则是在刑法之中研究刑法而形成的刑法知识形态，因而属于刑法法理学的范畴。由此可见，刑法哲学和刑法法理学之间存在较为密切的关联性，确实难以截然区隔。不过，立足于两者的功能，两者还是存在不同之处，对此应当加以重视。

此后，我国法学界展开了部门法理学化的讨论，我曾经在《法律科学》2003年第5期发表了《部门法理学之提倡》的论文。这里采用了部门法理学的称谓而没有采用部门法哲学的名称，对于我来说，是想在两者之间进行区分。值得指出的是，2004年12月19日在海南博鳌举办了"部门法哲理化研讨会"，明确提出了部门法的哲理化命题。我参加了这次会议，并就刑法学的哲理化进行了论述，阐述了刑法哲学和刑法法理学的区分，指出："刑法法理学不同于刑法哲学之处，

① 陈兴良：《刑法的价值构造》，3版，前言，23～24页，北京，中国人民大学出版社，2017。

就在于它不是像刑法哲学那样揭示刑法的价值内容，对刑法进行价值考量，而是探究刑法法理，是对刑法规范的法理分析。刑法法理学不同于规范刑法学之处，就在于它不是像规范刑法学那样囿于对刑法规范内容的诠释，而是不以刑法规范为本位，对隐含在刑法规范背后的刑法法理的洞察”①。在此，我提及三个概念，这就是刑法哲学、刑法法理学和规范刑法学。这里的规范刑法学，更接近于注释刑法学，是指以刑法条文为中心，对刑法规范内容进行解释的刑法知识。而刑法法理学则是指以刑法法理为本位，对刑法原理进行体系性叙述的刑法知识。刑法哲学是指对刑法的价值内容进行形而上的探究的刑法知识。这里的刑法法理学介乎刑法哲学和规范刑法学之间，正如我指出：“刑法法理学在刑法哲学与规范刑法学之间架起了一座桥梁，从规范刑法学到刑法法理学，再到刑法哲学的递进，形成了刑法知识的层次性。只有在刑法知识的层次性的境遇中提倡刑法学哲理化，才能使这种哲理化获得规范刑法学的支持与认同，并使其成为规范刑法研究的学理资源，从而形成规范化的刑法知识与哲理化的刑法知识的良性互动。”②在这个语境中，规范刑法学和刑法法理学如何区分，是一个值得考虑的问题。如果说，规范刑法学的内容较为明确，那么刑法法理学究竟如何确定，则是一个并未得到真正解决的问题。不仅在刑法学界，而且在法理学界，法哲学和法理学的关系如何界定，也始终存在不同的理解。

我国法学知识具有舶来的性质，法学中的大多数概念和名词都来自国外，有些甚至经过中转。这种现象也是正常的，因为法学本身就是随着清末法律改革而传入我国的。因此，我国法学中使用的大量概念术语受到较大的外来影响。我国刑法知识，最初是在清末从日本传入的，而日本的刑法理论资源又来自德国。1949 年以后，我国废除以六法全书为载体的旧法统，依附于该法统的刑法知识也被废弃。与此同时，我国引入的苏俄刑法知识，为 1979 年刑法颁行以后恢复重建的注释刑法学提供了基础。从 20 世纪 80 年代后期开始，我国不仅改革而且

① 陈兴良：《部门法学哲理化及其刑法思考》，载《人民法院报》，2004-12-29，6 版。
② 陈兴良：《部门法学哲理化及其刑法思考》，载《人民法院报》，2004-12-29，6 版。

开放，包括学术上的对外开放，因而大量德日和英美的刑法知识传入我国，对我国刑法学的进一步发展起到了推动和促进作用。其中，我国法理学界最先翻译介绍了德国法教义学。在法理学界，法教义学是以法律方法论的形式出现的，它对部门法学具有一定的影响。与此同时，最初是日本，后来是德国的刑法知识被介绍到我国。其中，日本将刑法学称为解释刑法学，而德国则称为教义刑法学。由此可见，在刑法学的称谓上，德日之间是存在差异的。当然，如果这种差异只是语言翻译问题，则并没有必要引起关注。但事实上，日本的解释刑法学和德国的教义刑法学之间还是存在某些重要差别。

受到上述德国教义刑法学的影响，我开始对此作出回应。2001 年我曾经出版了《本体刑法学》一书，试图在刑法哲学之外建立刑法法理学体系。在该书的代序“一种叙述性的刑法学”中，我曾经把规范刑法学视同于刑法教义学（legeal dogmatics）。[①] 而在该书的后记中，我指出：“本体刑法学也可以说是刑法法理学，本书可以视为一本不以刑法条文为膜拜对象的刑法教科书。”[②] 在此，我提及刑法教义学，并将其等同于规范刑法学，即解释刑法学或者注释刑法学，而将我的《本体刑法学》称为刑法法理学。《本体刑法学》确实在不以法条为依归这一点上，具有法理性研究的性质。然而，就刑法原理的内容而言，其实就是对德日刑法知识的总结与归纳。在这一点上，恰恰具有刑法教义学的性质。我在 2006 年为《刑法的价值构造》一书撰写的第二版“出版说明”中指出：“刑法的实然研究，是刑法学所垄断的研究领域，它构成狭义上的刑法学，也就是刑法教义学。经过近几年来对刑法的实然研究，我越来越感到以往我国刑法的实然研究缺乏研究范式，存在着非规范、非科学的倾向。为此，必须将我国刑法的实然研究置于大陆法系刑法学研究这一背景之中，引入大陆法系的研究范式。唯此，才能使我国刑法的实然研究走上正途。”[③] 这里的实然研究可以理解为规范研究，而这里的大陆法系刑法学可以理解为教义刑法学或者解释刑法学。可见此时，我

① 参见陈兴良：《本体刑法学》，3 版，代序，3 页，北京，中国人民大学出版社，2017。
② 陈兴良：《本体刑法学》，3 版，769 页，北京，中国人民大学出版社，2017。
③ 陈兴良：《刑法的价值构造》，3 版，第二版出版说明，19 页，北京，中国人民大学出版社，2017。

的观念中已经树立起教义刑法学的理论形象。

及至2010年我出版了《教义刑法学》一书，在代序中提出了“走向教义学的刑法学”的命题，并引用德国学者考夫曼的论述，将法哲学与法教义学加以区分。[①] 当然，考夫曼认为法哲学是非法学的观点还是值得商榷的。《教义刑法学》一书主要是对德国为主的大陆法系刑法学的介绍和梳理，以此作为我国刑法学的一种镜鉴。在参考德国刑法教义学的基础上，我国刑法学面临着一个“刑法知识的教义学化”的课题。“刑法知识的教义学化”是我在《法学研究》2011年第6期发表的一篇笔谈文章的题目，其中包含了我对我国刑法学的一种期待和期望。

这里需要说明的是刑法教义学和教义刑法学这两个概念之间的关系，在和刑法哲学对应的意义上的是刑法教义学，而在与注释刑法学对应的意义上的则是教义刑法学。那么，刑法教义学和教义刑法学这两个概念是同一关系还是相异关系呢？如果从走向教义学的刑法学的意义上界定教义刑法学，则教义刑法学只不过是采用教义学方法而形成的刑法学知识体系，因而两个概念的含义基本相同，可以互通。当然，如果在方法论上界定刑法教义学，则它与教义刑法学之间还是存在区分的，因为它强调的是在刑法学中所采用的教义学方法。因此，我在不同语境分别使用这两个概念。

刑法教义学并不是要取代刑法哲学，而是和刑法哲学处于刑法知识形态中的不同层次，两者的学术定位不同，采取的研究方法也不同，因而可以各自存在而相安无事。至于在刑法哲学和刑法教义学之间是否还有存在刑法法理学的必要性和可能性，这是一个值得探讨的问题。如果把刑法法理学定位为超越刑法条文的法理研究，则刑法教义学本身就已经具有这一特征。就此而言，在刑法教义学之外似乎没有刑法法理学存在的余地。或者换言之，刑法教义学就是另一种意义上的刑法法理学。刑法教义学之所以值得提倡，我认为存在以下三个理由。

（一）教义刑法学具有刑法价值论的特征

教义刑法学以对刑法规范的研究为使命，具有注释性的特征。而价值论往往

---

① 参见［德］阿尔图·考夫曼、温弗里德·哈斯穆尔主编：《当代法哲学和法律理论导论》，郑永流译，4页，北京，法律出版社，2002。

被认为是刑法哲学的内容，那么，教义刑法学如何能够容纳刑法价值呢？这是一个可能会存在疑惑的问题。我认为，教义刑法学并不是与刑法价值完全隔绝的，恰恰相反，教义刑法学在一定程度上能够体现并且实现刑法价值。例如，罪刑法定原则被认为是教义刑法学的出发点，它所具有的限制机能对于教义刑法学具有重大影响。

在教义刑法学的语境中，法律解释必须受到罪刑法定原则的限制。因为根据罪刑法定原则，法律具有明文规定是定罪的唯一根据。而刑法明文规定的界定，不能离开刑法解释方法的正确运用。在罪刑法定原则的刑法适用中，虽然可以采用目的解释或者体系解释等不同于语义解释或者论理解释的方法，但目的解释或者体系解释都要受到罪刑法定原则的制约，以目的解释为例，它可以分为目的性限缩和目的性扩张这两种解释方法。目的性限缩是对刑法条文的可能语义再进一步进行限制，从而将某些刑法明文规定的条文含义排除在外，由此而达致限缩法律内容的效果。例如，我国刑法第205条关于虚开增值税专用发票罪的规定，并没有以骗取国家税款为目的的限制。但在司法实践中，对于那些不以骗取国家税款为目的的虚开行为，虽然在客观上符合该罪的构成要件，但仍然认为其不能构成该罪。在此，就采用了目的性限缩的解释方法。在福建省泉州市松苑公司虚开增值税专用发票案中，被告人为显示公司经济实力而让其他单位为自己虚开增值税专用发票，但主观上并没有骗取国家税款的目的，对此，二审法院经请示最高人民法院研究室后作出了无罪判决。最高人民法院法官指出："对于不具有严重社会危害性的虚开增值税专用发票行为，可适用目的性限缩的解释方法，不以虚开增值税专用发票罪论处。所谓目的性限缩的解释方法，是指基于规范意旨的考虑，依法律规范调整的目的或其意义脉络，将依法律文义已被涵盖的案型排除在原系争适用的规范外。"① 由此可见，这种目的性限缩的解释方法是被我国司法机关所采用的，它体现了罪刑法定原则的限制机能，并不违反罪刑法定原则。而

① 牛克乾：《虚开增值税专用发票、用于骗取出口退税、抵扣税款发票犯罪法律适用的若干问题》，载最高人民法院刑事审判庭主办：《刑事审判参考》，第49集，140页，北京，法律出版社，2006。

目的性扩张的解释方法则是将刑法明文规定以外的内容解释在刑法语义之中，它具有法律漏洞的填补功能，因而和罪刑法定原则相抵触。由此可见，教义刑法学对于刑法解释方法的选择体现了罪刑法定原则的人权保障机能，因而具有价值论的特征。

（二）教义刑法学具有刑法方法论的性质

教义刑法学并不单纯是对刑法所进行的解释，而且是借助于一定的分析工具，对刑法进行形塑，由此形成具有独立学术品格的刑法理论。这里的分析工具，就是指刑法教义学的方法论。在教义刑法学中，能够担当方法论功能的非犯罪论体系莫属。犯罪论体系是在对刑法规定的犯罪成立条件进行理论概括的基础上形成的刑法知识体系。犯罪本身是一个法律概念，基于罪刑法定原则，犯罪成立条件是刑法规定的。当然，刑法对犯罪成立条件的规定具有法典的独特逻辑。刑法分为总则和分则这两部分，其中刑法总则是对犯罪成立一般条件或者共同条件的规定，而刑法分则是对犯罪成立具体条件或者特殊条件的规定。因此，在认定犯罪的时候，需要同时依照刑法总则和刑法分则的规定。可以说，刑法总则和分则对犯罪成立条件的规定，形成犯罪成立条件的体系。在刑法学史上，德国学者费尔巴哈最初提出以权利侵害为内容的犯罪概念，认为犯罪是刑法中规定的违法。[①] 因此，费尔巴哈将违法性归之于犯罪构成要素，而将主观罪过归于罪责要素，排除在犯罪构成之外，这就是所谓犯罪构成的客观结构。在费尔巴哈之后，德国学者李斯特将犯罪界定为符合构成要件的、违法的和有责的行为。李斯特对违法性和罪责进行了研究，尤其是揭示了两者之间的位阶关系，即罪责只能在违法性之后来探讨，而不可能反过来先探讨罪责后探讨违法性。[②] 在此基础上，德国学者贝林基于类型性思维，提出了构成要件的概念，并将犯罪成立条件整合成为一个以构成要件为基底、具有内在逻辑关系的要素体系。贝林指出："在方法论上，人们按照合目的性的方式提出了六个有此特征的犯罪要素，其顺序和结构

① 参见［德］安塞尔姆·里特尔·冯·费尔巴哈：《德国刑法教科书》（第 14 版），徐久生译，34 页，北京，中国方正出版社，2010。

② 参见［德］李斯特：《德国刑法教科书》，修订版，徐久生译，168 页，北京，法律出版社，2006。

为：‘构成要件符合性’，需要置于‘行为’之后，然后依次是‘违法性’——‘有责性’——‘相应的法定刑罚威慑’——‘刑法威慑处罚的条件’。构成要件符合性应当是先于违法性和有责性的，这样后续其他概念才能完全定义于刑法意义上。”[①] 在以上贝林所列举的六个犯罪成立条件中，只有构成要件符合性、违法性和有责性被认为是最为基本的犯罪成立要件。而这里的行为属于构成要件的要素，相应的法定刑罚威慑和刑法威慑处罚的条件则属于刑罚处罚条件，并不完全等同于犯罪成立条件。贝林建立了以构成要件为核心的三阶层犯罪论体系，也被称为古典的犯罪论体系，为此后犯罪论体系的进一步发展奠定了基础。因此，犯罪论体系对于教义刑法学来说，具有方法论的功能。可以说，正是犯罪论体系的诞生，标志着德国教义刑法学的形成。随着德日教义刑法学引入我国，三阶层的犯罪论体系对我国传统刑法学中的四要件的犯罪论体系形成重大冲击，并出现了三阶层和四要件之间的理论争辩。目前，虽然四要件的犯罪论体系在司法实践中还具有一定的影响，但三阶层的犯罪论体系越来越被我国学者和司法实务所接受，成为解决司法实践中疑难案件的有效工具。[②] 三阶层的犯罪论体系形成的阶层式思维方法，使犯罪论完全超越了犯罪成立条件的简单集合的功能，而具有了定罪方法论的功能，由此成为教义刑法学的理论皇冠上的宝石。在德国刑法教义学著作中，三阶层犯罪论体系都是作为方法论进行论述的，在此基础上才展开讨论犯罪成立条件。因此，教义刑法学不同于注释刑法学，它并不单纯对刑法条文进行解释，而是还为定罪活动提供方法论的指导。

（三）教义刑法学具有刑法本体论的内容

教义刑法学作为刑法理论形态，具有超越刑法条文的特征。不可否认，教义刑法学是在刑法条文基础上形成的，但与此同时，它又具有超越刑法条文的性质，已经发展成为独立于刑法条文的理论体系。只有采用教义学方法对刑法学进行研究的知识体系，才能成为“跨越国境的刑法学”，并在各国流传。德日刑法

① ［德］施恩特·贝林：《构成要件理论》，王安异译，62～63 页，北京，中国人民公安大学出版社，2006。

② 参见周光权：《犯罪阶层论及其实践展开》，载《清华法学》，2017（5），84～104 页。

学除具有方法论特征的犯罪论体系以外，还形成了具有内在逻辑关系的刑法本体理论，例如行为理论、构成要件理论、违法性理论、责任理论、共犯理论、罪数理论或者竞合理论，以及刑罚理论（包括报应刑论和目的刑论）等。这些刑法本体理论经过长期累积，已经自成一体，蔚为壮观。这些刑法教义学理论具有对刑法规定强大的解释力，甚至可以对刑法条文内容进行理论塑造。例如，共犯理论就是如此。共犯理论本身源于德国，1871 年德国刑法典对正犯和共犯加以区分，对共同犯罪的参与人采用三分法，即正犯、教唆犯和帮助犯，其中，教唆犯和帮助犯即是共犯。在此基础上，德国刑法学者进行了刑法教义学研究，将上述刑法规定概括为正犯与共犯的二元论，由此形成了共犯理论。此后日本刑法典对共犯的规定基本上参照德国刑法典，并继受了共犯理论，只是根据日本刑法规定进行了进一步的充实。我国 1979 年刑法将正犯和共犯并称为共同犯罪，将共同犯罪人区分为主犯、从犯、胁从犯和教唆犯。应该说，我国刑法对共同犯罪的规定既不同于苏俄刑法典，更不同于德国刑法典和日本刑法典，具有中国特色，主要是主犯和从犯的区分，受到我国古代刑法的较大影响。在这种情况下，如何对我国刑法中的共同犯罪进行理论建构，就成为一个需要思考的难题。如果只是满足于对我国刑法关于共同犯罪规定的条文解释，则难以建立具有学术价值的共同犯罪理论。因此，是否能够借鉴德日教义刑法学中的共犯理论，以此为根据对我国刑法中的共同犯罪规定进行理论重构？这是我在 30 年前写作《共同犯罪论》博士论文的时候面临的一个选择。尽管我国刑法关于共同犯罪的规定不同于德日刑法典，但正犯与共犯的关系仍然是理解共同犯罪的关键。① 因此，我采用正犯与共犯的区分制的德日共犯理论对我国刑法中的共同犯罪规定进行了观念塑造，力图将我国共同犯罪理论纳入共犯解释的可能范围，并以此指导司法实践。事实上，共犯理论本身处在犯罪论体系的延长线上，它和犯罪论体系之间具有密切关系。例如，因果共犯论、违法共犯论和责任共犯论，都是关于共犯在三阶层中的不同定位而形成的不同共犯理论。因此，只有在三阶层犯罪论体系的语境中，共犯论

---

① 参见陈兴良：《共同犯罪论》，3 版，38～39 页，北京，中国人民大学出版社，2017。

才能合乎逻辑地展开讨论。目前，我国刑法学界关于共犯论的讨论，除区分制以外，有些学者引入德国刑法学中的单一制，由此而形成区分制与单一制之间的论争。① 无论是区分制还是单一制，都属于德日刑法教义学的话语体系，它对我国共同犯罪理论产生了重大影响。由此可见，如果不是借助于刑法教义学的分析工具，而只是对刑法条文规定进行语义的和逻辑的解释，就不能形成独立于刑法规范的刑法法理。

在刑法教义学的基础上形成的教义刑法学目前在我国刑法学界的学术影响逐渐扩大，它的出现极大地提升了我国刑法理论的学术水平，形成刑法哲学和刑法教义学的严格区分，并在两者之间产生良性互动。从注释刑法学经由刑法哲学，我国刑法学进入教义刑法学的学术语境。教义刑法学已经取代了注释刑法学，它从法条出发又回到法条，其刑法理论既源自法条又超越法条。

刑法教义学以既存的刑法规定为皈依，不能批评刑法，不能指责刑法，这就是康德所说的，教义学是"对自身能力未予批判的纯粹理性的独断过程"。② 这里的"对自身能力未予批判"，在康德批判哲学的语境中，是指独断论（dogmatism）。康德批判G. 莱布尼茨、C. 沃尔夫等人的哲学对人的理解能力不先加以批判地探讨或研究，武断地认为它是全能的、绝对可靠的，故称之为独断论。在"独断论"的德文 dogmatism 中，就包含了 dogma，即德语中的"教义"一词。因此，教义学是先验地假设某种教条是正确的，并以此奉为信仰。在法教义学中，将法律规定先验地假定其正确，不能对其进行批评，只能在其基础上以其为出发点进行逻辑演绎和推理，并由此形成一定的法学知识体系。法教义学对法律规定本身不能进行批评，这是由法教义学的知识属性所决定的，它属于司法论而非立法论。法教义学站在司法的立场，受制于司法的特定语境，它必然是在法律规定的制约下进行解释，由此就把法教义学和法哲学明显地区分开来。因此，并不能因法教义学先验地认定法律规定是正确的，而指责学者缺乏批判精神。因为

① 参见陈兴良：《刑法的知识转型（学术史）》，2版，568页，北京，中国人民大学出版社，2017。

② 转引自［德］阿尔图·考夫曼、温弗里德·哈斯穆尔主编：《当代法哲学和法律理论导论》，郑永流译，4页，北京，法律出版社，2002。

法教义学并不承担批判的使命，只有法哲学才具有超越法律的批判精神。刑法教义学也是如此，它的职责就是对刑法条文进行解释，揭示立法本意。即使法律规定存在缺陷，也不能简单地去指责刑法规定，而只能在语义和逻辑所允许的范围内，通过法律解释的方法消除法律规定的瑕疵，但不能改变法律规定的内容。

四、结语

我国学者曾经提出将法教义学作为注释法学的升级版的命题，① 这个命题同样适用于描述注释刑法学和教义刑法学之间的关系。当然，对于刑法学来说，两者的关系更为复杂。注释刑法学和教义刑法学之间并不简单地是一种升级的关系，而是还包含着整个学术话语的转换和知识形态的转型。对此，我曾经在《刑法的知识转型（学术史）》（中国人民大学出版社 2017 年第 2 版）中做过详尽的论述。

可以说，刑法学是我国各个部门法学中较早进入教义学研究的一个部门法学，尽管这种教义学的研究还没有普及，但它已经占据刑法学术的前沿地位。在这种情况下，如何对待刑法理论中的法哲学研究和社科法学研究，这是一个需要认真对待的问题。我认为，刑法教义学并不排斥刑法哲学和刑法社科法学的研究，例如刑法社会学研究、刑法经济分析和刑法实证研究等，都是值得大力提倡的。只有这样，才能不断丰富刑法研究方法，拓展刑法知识范围。这里需要注意的是要正确区隔这些不同的刑法知识形态和研究方法，使之和谐共处、相互促进，为我国刑法学的发展作出各自的理论贡献。

（本文原载《中外法学》，2019（3））

---

① 参见傅郁林：《改革开放四十年中国民事诉讼法学的发展》，载《中外法学》，2018（6），1431 页。

刑法知识的教义学化

法学知识是法治实践的衍生物，其生成与发展与一个国家的法治实践息息相关。随着我国社会主义法律体系的建立，以立法为中心的法治实践向以司法为中心的法治实践转变。相应地，也存在一个以立法为取向的法学知识向以司法为取向的法学知识的转型问题。刑法学也是如此。我认为，我国刑法知识面临着转型，这一转型的方向就是走向教义学的刑法学，即刑法知识的教义学化。我曾经提出刑法知识的去苏俄化的命题，而刑法知识的教义学化是对我国刑法知识论的进一步思考。如果说去苏俄化是对我国刑法知识的一种批判性思考，那么教义学化就是对我国刑法知识的一种建设性思考。

法教义学（Rechtsdogmatik）首先是一种对待法律的态度。法教义学中的教义（Dogma）亦译为信条。这里的信条本来是一个宗教用语，即宗教戒律。因此，教义学的本意是指诠释宗教戒律的学问。由于宗教戒律具有神圣性，教义学只能对其加以解释而不能加以批判。教义学方法被引入法学，形成法教义学，它包含对法律的信仰，摒除批判法律的可能性，要求研究者像对待宗教戒律一样对待法律。因此，教义一词具有先验的特征。德国学者阿图尔·考夫曼曾经引用康德的观点，认为教义学是对自身能力未先予批判的纯粹理性的独断过程，教义学者从未加检验就当作真实的先予的前提出发。由此可见，对于法教义学来说，法律是一种先在的东西，它是教义学分析的逻辑起点，并且对教义学分析具有某种约束。正是在这个意义上，把法教义学的思考与基于一般社会观念的思考区别开来。尤其应当强调的是，法教义学研究是一种解释论而非立法论。我国以往的法学研究，尤其是部门法研究，解释论与立法论不分。刑法学研究更是如此。随意地批评法律、指责法律成为一种学术上的时尚。法律不是不可以批评，法律本身正当与否，也应当理性地考察。但批评法律不是目的，而只不过是完善法律的一个步骤。但是，法律不能朝令夕改，它应当具有稳定性。因此，以立法为中心的研究，针对法律的不足提出各种立法建议，如果是立法过程中的一种对策性研究，当然是可取的，也会对立法完善发生作用；但是，这种以立法为中心的研究不具有可持续性。无论立法建议是否被采纳，在一个立法过程完结后，其研究的意义也就消失了。至于一部法律刚颁布就对其进行批评，或者将立法建议作为各种论著的归结点，是极不可取的，甚至是无效的。因为法律刚颁布，不会因为你的批评而立即修改。各种学术论著中的立法建议，因为人微言轻而不可能进入立法机关的视野。当然，受立法机关委托草拟法律建议稿，或者以法律建议稿为载体系统地表达学术观点，这是应当肯定的，但这绝不是法学研究的常态。法教义学并不主张批评法律，而是致力于解释法律。通过对法律的解释，使法律容易被理解，甚至可以在一定限度内填补法律的漏洞。因此，法教义学研究并没有丧失研究者的能动性而成为法律的奴隶，而是使法律变得更完善的另一种途径。

法教义学不仅是对法律的一种态度，而且是研究法律的一种独特方法。教义学在一定意义上等同于解释学，在教义学研究中必然采用法律解释的方法。法律解释是对法律规范的含义及其使用的概念、属性等所作的说明，其根本目的在于“找法”。而根据法律论证理论的研究，法教义学具有三个方面的使命：第一，对法律概念的逻辑分析；第二，将这种分析概括成为一个体系；第三，将这种分析的结果用于司法裁判的证立。法教义学当然以法律文本为出发点，需要对法律文本进行语言的、逻辑的分析；但这并不意味着法教义学仅仅是就法论法，只是在法律范围内进行思考，因而脱离司法实践，脱离社会生活。事实上，对法律的解释本身具有决疑论的性质，法律文本只有在适用中才会发生解释上的需求。例如德国刑法关于抢劫罪的规定中，采用了“使用武器”一词。纯粹从文本上来说，武器是一个内涵与外延都十分清晰的概念，似乎不会发生疑问，但后来发生了一起抢劫案，被告人在抢劫过程中对事主使用盐酸，因而就盐酸是否属于武器的问题展开了讨论。因此，法律解释的目的在于满足司法活动对法律规则的需求。只有立足于司法实践才能完成解释法律的使命。从这个意义上说，法律解释并不是闭门造车，而是一种目的性、实用性都十分彰显的学问。教义学方法在法学研究中之所以重要，是由于法律规范先天的不周延性、不圆满性与不明确性。任何法律都是抽象的、概括的，当它适用于个案时，难免会出现法律所不及的情形。在这种情况下，法律不能为裁判提供所有规则，而只有法教义学才能承担这职责。法教义学本身具有逻辑推理的含义，它以现有的法律规范为逻辑推理的起点，经过同法的推理活动，使法律更加周延、更加圆满、更加明确，从而满足司法活动对规则的需求。法教义学提供的规则，当然不是法律规则，但它是从现有的法律规定中推导出来的，因而对于司法活动具有实效性。法官应当受到法教义学规则的约束。例如我国刑法第 196 条第 1 款规定了信用卡诈骗罪，其中第三项行为是“冒用他人信用卡”。该条第 3 款规定，盗窃信用卡并使用的，依照本法第 264 条的规定以盗窃罪定罪处罚。在上述情形中，存在两个行为：一是盗窃信用卡，是使用盗窃的信用卡，也就是“冒用他人信用卡”的情形。根据刑法规定，对于上述情形，应定盗窃罪。那么，诈骗信用卡并使用的、抢劫信用卡并使用的、抢夺信用卡并使用的、捡拾信用卡并使用的，应当如何定罪，对此刑法并无规定。在这种情况下，应当把刑法第 196 条第 3 款的规定推而广之，得出诈骗信用卡并使用的、抢劫信用卡并使用的、抢夺信用卡并使用的、捡拾信用卡并使用的，都应当以信用卡取得行为定罪的结论。这表明，在我国刑法中信用卡作为一种财产凭证，是侵犯财产罪的保护客体。但 2008 年 4 月 18 日最高人民检察院《关于拾得他人信用卡并在自动柜员机（ATM 机）上使用的行为如何定性问题的批复》规定：拾得他人信用卡并在自动柜员机（ATM 机）上使用的行为，属于刑法第

196条第1款第3项规定的“冒用他人信用卡”的情形，构成犯罪的，以信用卡诈骗罪追究刑事责任。上述司法解释与上述教义学原理相悖，但法律与司法解释的明文规定的效力大于法教义学原理的。因而，对于这种拾得他人信用卡并使用的行为，应定信用卡诈骗罪，这是一个特别规定。以上就是一个法教义学的推理过程，通过这种逻辑推理活动，拓宽了法律的外延，使法律规定更加周延。法治是规则之治，因此规则是法治的核心。无论是立法还是司法，都以规则为中心。立法的主要使命是为司法提供裁判规则，然而由于立法的有限性与案件的具体性，立法难以独自完成提供全部规则的职责。而法教义学可以在现有的、有限的法律基础上，采取适当的方法，适当地扩展法律的外延。在这个意义上，法教义学相对于立法的有形之法、有限之法而言，是无形之法，甚至是无限之法。法教义学为找法活动提供径路，是司法活动的有效工具。

法教义学不仅是对法律的一种态度和研究法律的一种方法，而且是一个以法律为逻辑起点而形成的知识体系，它包含法律，但不限于法律。法律是其中的基本框架与脉络，通过法教义学方法，使之形成一个有血有肉的理论体系。例如德国学者在论及刑法学的知识属性时指出，刑法学的核心内容是刑法教义学，其基础和界限源自刑法法规，致力于研究法规范的概念内容和结构，将法律素材编排成一个体系，并试图寻找概念构成和系统学的新的方法；作为法律和司法实践的桥梁的刑法教义学，在对司法实践进行批判性检验、比较和总结的基础上，对现行法律进行解释，以便法院适当地、逐渐翻新地适用刑法，从而在很大程度上实现法安全和法公正。应当指出，倡导刑法知识的教义学化，并不是排斥刑法研究的其他方法，也不是否认其他刑法知识的存在，而是说，在各种刑法知识中，刑法教义学是基础，其他刑法知识应当以刑法教义学为中心而展开。我国刑法学首先应当大力发展刑法教义学，在此基础上，再开展刑法学其他学科的研究，逐渐形成我国的整体刑法学。因此，我提出刑法知识的教义学化的命题，以此作为我国刑法学的发展径路。

刑法知识的教义学化，是针对目前我国刑法学研究中的非教义学化与教义学化程度较低的情况而提出的。所谓刑法学研究中的非教义学化，是指立法论与解释论相混淆，超规范与反逻辑的思维时有发生的情形。而教义学化程度较低，是指我国刑法知识尚缺乏内在统一的理论体系。苏俄的刑法学话语还占有重要地位，各种刑法知识相互隔阂。无论是刑法总论还是刑法各论，教义学化程度都严重不足。因此，刑法知识的教义学化，可以分为刑法总论的教义学化与刑法各论的教义学化。

刑法总论的教义学化，主要是指建立一个合理的犯罪论体系。刑法总论是刑法学的理论基础，同时具有方法论的意义。因此，刑法知识的教义学化首先是指刑法总论的教义学化。在刑法总论中，我国目前存在四要件与三阶层的犯罪论体系之争。四要件是来自苏俄的犯罪论体系，这一体系是以主客观为框架、以社会危害性为中心而建立起来的，虽然对于分析犯罪具有一定的参考价值，但四要件存在的平面性、静止性以及犯罪成立条件之间的相互依存性，都使四要件的逻辑性存在疑问。相比较而言，三阶层所具有的递进性、动态性以及犯罪成立条件之间的位阶性，使三阶层具有逻辑性与实用性。因此，三阶层是一种教义学化程度更高的犯罪论体系。只有在三阶层的基础上，才能形成具有较高教义化程度的刑法总论知识，包括未遂犯理论、共犯理论和罪数理论等。刑法总论的教义学化，要求采用体系性的思考方法。体系性思考以存在一个体系为前提，没有体系，也就没有体系性思考。德国学者罗克辛说过一句令人深思的话："体系是个法治国刑法不可放弃的因素"。这里的体系，是指关于犯罪成立条件的体系化安排。犯罪论体系提供了体系性思考的基本方法。这种体系性思考可以分为两个方面：一是对犯罪论体系进行的思考；二是根据犯罪论体系进行的思考。在体系性思考中，包含了对犯罪论体系本身的反思。当然，体系性思考更多的是根据一定的犯罪论体系进行的推论，它能够更为有效地解决定罪中的疑难问题。

刑法各论的教义学化，是指将教义学方法应用于对个罪的分析，形成刑法各论的理论体系。应当指出，在四要件的框架内，我国刑法各论研究乏善可陈，几乎成为四要件的机械套用，没有展示刑法各论研究的独特魅力，这充分反映了我国刑法学重刑法总论轻刑法各论的研究现状。事实证明，成熟的刑法学理论应该是刑法总论研究与刑法各论研究比翼双飞、争奇斗艳。可以说，没有刑法总论的教义学的深入研究，刑法各论的研究将缺乏深厚的理论根基。因为刑法总论研究具有方法论的意义，它在很大程度上制约着刑法各论的研究。反之，没有刑法各论的教义学的充分研究，刑法总论的研究也难以可持续地推进。因为刑法各论研究具有解释论的功能，它在相当程度上能够反哺刑法总论的研究。因此，刑法总论与刑法各论之间的关系可以说是唇齿相依，要么两强，要么两弱。我国尽管重刑法总论轻刑法各论，但脱离了刑法各论的深入研究，刑法总论也不可能独善其身。在我国刑法总论中，四要件的犯罪构成理论虽然独具特色，但在刑法各论中，四要件的犯罪构成恰恰成了个罪研究的桎梏，因为机械套用四要件成为我国刑法各论的独特景致。我国刑法学对个罪的研究，不仅在犯罪构成上套用四要件，而且在此罪与彼罪的区分上也套用四要件。事实已经证明，简单套用四要件的个罪研究难以满足司法实践对刑法各论的理论需求。在此，存在刑法各论的教义学化问题。这里的教义学化是指对刑法条文的解释论研究，尤其是对各种解释方法的娴熟运用。这种以具体法条为中心展开的教义学研究，使刑法各论成为一种知识的展示与智力的竞争，从而极大地提升了刑法各论的学术性，这是我们所要追求的刑法各论研究的境界。在我国当前的刑法各论研究中，更多的是经验型的论述，还不能上升到教义学的程度。例如对于抢劫罪与敲诈勒索罪的区分，强调两个当场，即当场使用暴力、当场取得财物，而未能从两罪的性质上加以区分。又如，对于侵占罪与盗窃罪的区分，有学者认为，不能仅从侵占与盗窃的文字含义入手，而在于行为时财物所处的状态：行为人在非法占有财物时，该财物处于行为人占有状态，则构成侵占罪；行为人在非法占有财物时，该财物处于他人占有状态，则构成盗窃罪。但是，仅此还只是停留在较低的教义学水平上，要上升到更高的教义学程度，就必须以占有转移为中心，将侵占罪与盗窃罪的区分置于整个财产犯罪的体系中进行考察。在刑法教义学上，根据财产是否转移可以将财产犯罪区分为占有转移的财产犯罪与非占有转移的财产犯罪。占有转移的财产犯罪指通过非法方式占有处于他人占有之中的财物。盗窃罪、诈骗罪等均属此类财产犯罪，它们之间的区别在于占有转移的方式。非占有转移的财产犯罪是指将处于本人占有之中的财物非法据为己有的财产犯罪。侵占罪属于此类财产犯罪。通过是否存在占有转移而把盗窃罪与侵占罪加以区别，不仅更为直观，而且更为准确。因此，刑法各论的教义学化，对于提升我国刑法研究水平具有重要意义。

（本文原载《法学研究》，2011（6））

刑法教义学的逻辑方法：形式逻辑与实体逻辑

刑法教义学越来越成为我国刑法知识的主要形态，对刑法教义学的探讨已经结束启蒙阶段而进入深入展开的学术进程。在这种背景之下，对刑法教义学的逻辑方法进行讨论，对于推进刑法教义学在我国司法实践中的运用，具有重要的现实意义与理论意义。

一、刑法教义学逻辑方法概述

刑法教义学的核心是刑法解释，因此，刑法教义学属于司法论的范畴而不是立法论的范畴。这里的司法论是指以刑法适用为使命的刑法理论研究。通过司法论研究，一方面解释法律文本的正确蕴含，为刑法适用提供法律根据；另一方面沟通案件与刑法之间的链接，为法官的裁判提供法理根据。

在刑法教义学的研究过程中，存在着形式逻辑和实体逻辑之间的关系需要正确处理。德国学者指出："在概念和体系构成方面，刑法教义学不仅需要形式上的法学逻辑，因为形式逻辑只提出了法学的一般规则，而且还需要一个从被保护的法益角度提出论据的实体上的逻辑，并因此而对制定和论证法规范起到推进作用。实体逻辑包含了从价值体系中引导出来的实体裁判的理由，此等裁决从司法公正的角度和刑事政策的目的性方面看，内容是正确的，或者至少可以证明是正确的。”① 在此，德国学者提出了刑法教义学中的形式逻辑和实体逻辑的关系问题，笔者认为这对于正确理解刑法教义学具有参考价值。

形式与实体是一对哲学范畴，也称为形式与实质。从哲学上说，形式与实体具有一种对应关系，这种对应关系又不同于对立关系。对于犯罪认定来说，需要同时具备形式的构成要件与实体的不法内容。因此，在认定犯罪的时候，要进行形式逻辑判断和实体逻辑判断。形式逻辑的判断侧重于对法条的形式特征的界定，尤其是涉及对法条之间逻辑关系的确定。而实体逻辑的判断则偏向于对法条的实质内容的界定，尤其是对法条的内容进行价值考量。在当前我国司法实践中，形式逻辑的判断当然是十分重要的，因为它关系到罪刑法定原则的贯彻。但罪刑法定原则并不意味着法条主义或者形式主义，因此还要进行实体逻辑的判断。就此而言，我国当前某些引起轰动性的案件，在很大程度上未能进行有效的实体逻辑判断，而是存在机械适用法律的倾向，这是应当克服的。

二、刑法教义学的形式逻辑方法：以刑法第 20 条为例的分析

刑法教义学首先必须遵循形式逻辑，这是毫无疑问的。基于刑法教义学的立场，在对刑法文本进行解释的时候，强调形式逻辑方法是重要的。因为刑法体系本身就是一个具有内部和谐关系的条文体系。当然，如何运用形式逻辑方法科学地理解刑法条文之间的逻辑关系是一个值得研究的问题。例如，我国刑法第 20 条分 3 款对正当防卫制度作了规定：为了使国家、公共利益、本人或者他人的人身、财产和其他权利免受正在进行的不法侵害，而采取的制止不法侵害的行为，对不法侵害人造成损害的，属于正当防卫，不负刑事责任（第 1 款）。正当防卫

① ［德］汉斯・海因里希・耶赛克、托马斯・魏根特：《德国刑法教科书》，徐久生译，54 页，北京，中国法制出版社，2009。

明显超过必要限度造成重大损害的，应当负刑事责任，但是应当减轻或者免除处罚（第 2 款）。对正在进行行凶、杀人、抢劫、强奸、绑架以及其他严重危及人身安全的暴力犯罪，采取防卫行为，造成不法侵害人伤亡的，不属于防卫过当，不负刑事责任（第 3 款）。

对以上 3 款条文内容的理解涉及各款之间逻辑关系的界定。从条文内容分析，第 1 款是对正当防卫概念以及构成要件的规定。其中，为了使国家、公共利益、本人或者他人的人身、财产和其他权利免受正在进行的不法侵害是正当防卫的主观要件，也是正当防卫的主观正当化根据。采取的制止不法侵害的行为，对不法侵害人造成损害的，这是正当防卫的客观要件，也是正当防卫客观正当化根据。由此可见，正当防卫是目的的正当性与行为的正当性的统一。属于正当防卫，不负刑事责任，这是正当防卫的性质及其法律后果。据此，正当防卫行为具有合法性，属于排除刑事责任的事由。第 2 款是对防卫过当的规定，即如果正当防卫明显超过必要限度，造成重大损害的，就应当负刑事责任，只不过应当减轻或者免除处罚而已。应该说，第 2 款的内容是明确的。但涉及第 2 款与第 1 款的关系，就会存在两种不同观点。其中，第一种观点认为，第 1 款规定的正当防卫没有对必要限度进行规定，而第 2 款把防卫过当规定为正当防卫明显超过必要限度的情形。因此，防卫过当也属于正当防卫，即正当防卫包括两种情形：第一种是没有明显超过必要限度的正当防卫，第二种是明显超过必要限度的正当防卫。因此，正当防卫与防卫过当的关系是包含与被包含之间的逻辑关系。第二种观点认为，第 1 款条文中虽然没有涉及正当防卫必要限度的内容，但这并不意味着正当防卫的构成不需要具有必要限度的要件。其实，第 2 款中的必要限度是对第 1 款正当防卫要件的补强规定，只有结合第 1 款和第 2 款才能最终确定正当防卫的构成要件。第 2 款规定的防卫过当是明显超过正当防卫必要限度的情形，因此，防卫过当违反正当防卫的限度要件，不是正当防卫。根据这种观点，第 1 款规定的正当防卫和第 2 款规定的防卫过当之间不是包含与被包含之间的包含关系，而是对立关系。对于以上两种观点，如果仅仅从字面来看，第一种观点似乎更有道理。因为根据第 1 款的表述，正当防卫确实没有必要限度的要件；而根据第 2 款的表述，防卫过当是正当防卫明显超过必要限度的情形。因此，即使超过必要限度还是正当防卫，防卫过当只不过是正当防卫的一种特殊情形。但笔者认为如此处理正当防卫与防卫过当之间的逻辑关系，不利于对正当防卫的正确理解。防卫过当与正当防卫相比，在具有防卫性质这一点上是相同的，但防卫过当已经明显超过必要限度，它已经不是正当防卫。据此，应当把防卫过当排除在正当防卫范围之外。当然，以第 2 款关于防卫过当规定中涉及的必要限度的内容对第 1 款规定的正当防卫要件进行补强，这是完全正确的。第 1 款与第 2 款之间的关系表明，在对刑法条文进行解读的时候，不能单独就某一个条款而解释某一个条款，而是应当把各个条款结合起来进行解读。这个问题，在逐条逐款进行法律评注的时候就会比较尴尬。例如在评注第 1 款的时候，刑法条文并没有规定正当防卫的限度要件，如果把第 2 款中关于限度的内容提前到第 1 款进行解释，又会打破条款之间的顺序关系。当然，如果进行刑法教义学的体系化解读，就不会存在这个问题。这也说明，刑法教义学所具有的体系化解释方法对于完整地理解刑法规定的内容具有重要意义。

更为复杂的是第 2 款与第 3 款之间的逻辑关系。第 3 款规定的是无过当防卫，也称为特殊防卫。第 3 款的内容，如果从字面上来看，是对第 2 款的防卫过当的补充规定。根据第 3 款，对正在进行行凶、杀人、抢劫、强奸、绑架以及其他严重危及人身安全的暴力犯罪，采取防卫行为，造成不法侵害人伤亡的，不属于防卫过当。就这一规定而言，无过当防卫是第 2 款有过当防卫的例外。因此，第 2 款与第 3 款之间具有一般与例外的逻辑关系。因为根据第 2 款的规定，只要明显超过正当防卫必要限度，造成重大损害的，就构成防卫过当。但第 3 款规定，如果是对于刑法所列举的严重暴力犯罪实行正当防卫，即使造成不法侵害人伤亡，也不属于防卫过当。这种特殊防卫，根本就不受必要限度的限制。可以说，在这种无过当防卫的情况下，包含了没有过当的防卫与已经过当的防卫这两种情形。所谓没有过当的防卫，是指即使没有无过当防卫的规定，根据第 2 款这种情况也没有超过正当防卫必要限度。所谓已经过当的防卫，是指如果根据第 2 款的规定，这种情况已经明显超过正当防卫必要限度。但考虑到这是对严重暴力犯罪实行正当防卫，为了彻底解除防卫人的后顾之忧，立法者将过当行为拟制为没有过当的防卫，构成对第 2 款防卫过当规定的一种例外，同时又形成对第 1 款规定的一种补充。

那么，以上对我国刑法第 20 条 3 款规定的这些形式逻辑分析具有什么意义呢？笔者认为，这对于案件处理具有现实意义。例如，在于欢故意伤害案中，于欢的行为是构成正当防卫还是防卫过当，如果构成正当防卫，是适用刑法第 20 条第 1 款还是第 3 款，以及第 2 款是否包含造成不法侵害人伤亡的内容？对这些问题的理解都直接关系到对于欢案的性质认定。

【案例 1】于欢故意伤害案

山东省聊城市中级人民法院经审理查明：2014 年 7 月，山东源大工贸有限公司（位于冠县工业园区）负责人苏银霞向赵荣荣借款 100 万元，双方口头约定月息 10%。2016 年 4 月 14 日 16 时许，赵荣荣以欠款未还清为由纠集郭彦刚、程学贺、严建军十余人先后到山东源大工贸有限公司催要欠款，同日 20 时左右杜志浩驾车来到该公司，并在该公司办公楼大门外抱厦台上与其他人一起烧烤饮酒，约 21 时 50 分，杜志浩等多人来到苏银霞和苏银霞之子于欢所在的办公楼一楼接待室内催要欠款，并对二人有侮辱言行。22 时 10 分许，冠县公安局经济开发区派出所民警接警后到达接待室，询问情况后到院内进一步了解情况，被告人于欢欲离开接待室被阻止，与杜志浩、郭彦刚、程学贺、严建军等人发生冲突，被告人于欢持尖刀将杜志浩、程学贺、严建军、郭彦刚捅伤，出警民警闻讯后返回接待室，令于欢交出尖刀，将其控制，杜志浩、严建军、郭彦刚、程学贺被送往医院抢救。杜志浩因失血性休克于次日 2 时许死亡，严建军、郭彦刚伤情构成重伤二级，程学贺伤情构成轻伤二级。

一审判决认为，被告人于欢面对众多讨债人的长时间纠缠，不能正确处理冲突，持尖刀捅刺多人，致一名被害人死亡、两名被害人重伤、一名被害人轻伤，其行为构成故意伤害罪，公诉机关指控被告人于欢犯故意伤害罪成立。被告人于欢所犯故意伤害罪后果严重，应当承担与其犯罪危害后果相当的法律责任，鉴于本案系被害人一方纠集多人，采取影响企业正常经营秩序、限制他人人身自由、侮辱谩骂他人的不当方式讨债引发，被害人具有过错，且被告人于欢归案后能如实供述自己的罪行，可从轻处罚。据此，法院以被告人于欢犯故意伤害罪，判处无期徒刑，剥夺政治权利终身。[①]

于欢故意伤害案在媒体上以“刺死辱母者”为标题披露以后[②]，引起社会公众的广泛关注。在刑法学者中，人们对于于欢刺死辱母者杜志浩的行为一致认为具有防卫前提，但对于该行为是否过当则存在两种不同观点：第一种是认为于欢的正当防卫行为没有明显超过必要限度，属于正当防卫。第二种观点则认为于欢的正当防卫行为已经明显超过必要限度，属于防卫过当。在主张正当防卫的观点中，又有于欢的行为适用刑法第 20 条第 1 款还是第 3 款的分歧。这主要涉及对刑法第 3 款的严重暴力犯罪的理解，即在于欢故意伤害案中，讨债人的不法侵害是否属于严重暴力犯罪？从第 3 款规定来看，严重暴力涉及对人的生命和健康的严重危害，一般构成故意杀人罪和故意伤害罪或者类似犯罪。而在于欢案中，讨债人对于欢母子主要采取了非法拘禁的措施，并且存在侮辱和打骂，但尚未达到严重暴力犯罪的程度。因此，不能适用第 3 款无过当防卫的规定，而只能根据第 2 款判断是否超过必要限度。对于我国刑法第 20 条第 2 款与第 3 款之间的逻辑关系，我国学者虽然认为这是一种例外关系，但同时又对第 3 款进行反对解释，由此得出结论：“并非对正在进行行凶、杀人、抢劫、强奸、绑架以及其他严重危及人身安全的暴力犯罪，采取防卫行为，造成不法侵害人伤亡的，属于防卫过当，应负刑事责任”[③]。据此，只要防卫行为造成不法侵害人伤亡的，就构成第 2 款的防卫过当。在本案中，于欢的防卫造成了不法侵害人的伤亡，其又不属于第

① 二审判决认为：上诉人于欢持刀捅刺杜某等 4 人，属于制止正在进行的不法侵害，其行为具有防卫性质；其防卫行为造成 1 人死亡、2 人重伤、1 人轻伤的严重后果，明显超过必要限度造成重大损害，构成故意伤害罪，依法应负刑事责任。鉴于于欢的行为属于防卫过当，于欢归案后能够如实供述主要罪行，且被害方有以恶劣手段侮辱于欢之母的严重过错等情节，对于欢依法应当减轻处罚。因此，改判于欢有期徒刑 5 年。

② 参见王瑞峰、李倩：《刺死辱母者》，载《南方周末》，2017-03-26。

③ 邢馨宇：《于欢构成正当防卫的法解释学质疑——与陈兴良、周光权、徐昕教授商榷》，载 http：//www.suileng.com/show/bw—vemhnd.html。

3 款的无过当防卫，因此只能构成第 2 款的防卫过当。其理由在于："在普通防卫的情况下，防卫人所遭遇的只是不危及人身安全的普通不法侵害，却可以采取危及不法侵害者的人身安全的防卫手段，且可以在造成他人死伤的情况下不负刑事责任，这显然有失法益的平衡。"① 根据这种观点，对于普通正当防卫而言，只要造成不法侵害人的伤亡结果就是防卫过当。显然，这种观点不适当地限缩了正当防卫的范围，从而扩大了防卫过当的范围。事实上，在司法实践中也不是按照这种理解认定正当防卫与防卫过当的。上述观点之所以偏颇，主要是因为论者错误地运用了反对解释的方法。在刑法解释学中，所谓反对解释是指对正面规定法律条文从反面推断该法律条文的反面意思。反对解释是建立在逻辑学的反对关系的基础之上的，这里的反对关系是指 A 与非 A 的关系。而我国刑法第 20 条第 2 款与第 3 款之间并不是 A 与非 A 的关系，因此，不能通过对第 3 款的反对解释以限制第 2 款的内容。

刑法教义学的形式逻辑方法虽然没有涉及法条的实体内容，但对于理解法条的实体内容具有重要意义。在某种意义上说，它限定了法条实体内容的范围，由此可以引导我们正确地理解法条的内容。

三、刑法教义学的实体逻辑方法：以刑法第 128 条第 1 款为例的分析

刑法教义学的实体逻辑方法涉及对法条内容的价值判断，也就是说，对于法条内容不能只说从形式上进行理解，而是要进行实质的价值分析，由此确定保护法益的内容。在这个意义上说，实体逻辑方法要比形式逻辑方法更为重要。例如，德国学者以德国刑法典第 249 条与第 250 条为例对形式逻辑和实体逻辑的关系作了说明："根据形式上的逻辑，情节严重的抢劫（刑法典第 250 条）是普通抢劫（刑法典第 249 条）的特殊形式，而根据实体逻辑，由于前者行为方式的危

① 邢馨宇：《于欢构成正当防卫的法解释学质疑——与陈兴良、周光权、徐昕教授商榷》，载 http：//www. suileng. com/show/bw—vemhnd. html。

险性，或对被害人具有特别的危险性，有理由认为必须科处较重的刑罚，是情节特别严重的结果加重犯。”①

因此，形式逻辑方法只是确定了德国刑法典第 249 条与第 250 条是普通抢劫与特殊抢劫的逻辑关系，而实体逻辑方法则确定特殊抢劫的情节严重所具有的法益侵害的危险性。由此可见，形式逻辑方法与实体逻辑方法的功能是有所不同的。例如，我国刑法第 128 条第 1 款规定了非法持有枪支、弹药罪：违反枪支管理规定，非法持有枪支、弹药的，处 3 年以下有期徒刑、拘役或者管制；情节严重的，处 3 年以上 7 年以下有期徒刑。

在此，刑法对非法持有枪支罪的规定可以分为规范的构成要件要素和事实的构成要件要素这两部分内容。规范的构成要件要素是指违反枪支管理规定，而事实的构成要件要素则是指持有枪支。应当指出，这里持有枪支之前的“非法”一词，对于确定本罪的罪名虽然具有意义，但对于认定本罪的实行行为来说却是多余的，因为其功能与“违反枪支管理规定”是重复的。如果表述为非法持有枪支，就没有必要规定“违反枪支管理规定”这一规范的构成要件要素。从刑法第 128 条第 2 款的规定来看，似乎只有是非法持有枪支，才可以构成本罪。那么，在此还需要实体逻辑的价值判断吗？笔者的回答是肯定的。因为对于犯罪的认定来说，只有形式上符合犯罪构成要件还是不够的，还必须具有实体上的法益侵害性，这种法益侵害性在我国传统刑法学中也称为社会危害性。因此，实体逻辑的判断还是必不可缺的。这里涉及对所谓危险犯的理解。在刑法教义学中，危险犯可以分为具体危险犯和抽象危险犯。一般认为，具体危险犯的危险是司法认定的危险，因此需要法官进行具体判断。而抽象危险犯的危险是立法推定的危险，不需要法官进行具体判断。在这种情况下，行为人只要实施了抽象危险犯的实行行为，就足以构成犯罪，不再对实行行为进行危险的判断。即使不需要进行这种危险的判断，也并不意味着只要形式上具备构成要件，实体逻辑的判断就是可以放

① ［德］汉斯·海因里希·耶赛克、托马斯·魏根特：《德国刑法教科书》，徐久生译，54 页，北京，中国法制出版社，2009。

弃的。从总体上分析，这种价值判断还是需要的，只是采取不同的方法而已。如果放弃这种实体逻辑的判断，就会发生形式主义或者法条主义的判决结果，由此而与社会生活常识相抵触。下面，以赵春华非法持有枪支案为例进行分析。

【案例 2】赵春华非法持有枪支案

天津市河北区人民法院经审理查明，2016 年 8 月至 10 月 12 日间，被告人赵春华在本市河北区李公祠大街亲水平台附近，摆设射击摊位进行营利活动。2016 年 10 月 12 日 22 时许，公安机关在巡查过程中发现赵春华的上述行为将其抓获归案，当场查获涉案枪形物 9 支及相关枪支配件、塑料弹。经天津市公安局物证鉴定中心鉴定，涉案 9 支枪形物中的 6 支为能正常发射以压缩气体为动力的枪支。上述事实，被告人赵春华及其辩护人在开庭审理过程中亦无异议，并有案件来源、抓获经过、搜查证、搜查笔录、扣押决定书、扣押清单、没收物资统一收据、天津市公安局物证鉴定中心枪支鉴定书、涉案枪支照片、被告人的户籍证明及供述等证据材料予以证实，上述证据来源合法，客观真实，法院依法予以确认。

法院认为：被告人赵春华违反国家对枪支的管制制度，非法持有枪支，情节严重，其行为已构成非法持有枪支罪，公诉机关指控被告人赵春华犯非法持有枪支罪的罪名成立，应定罪科刑，被告人赵春华当庭自愿认罪，可以酌情从轻处罚。被告人赵春华的辩护人所提被告人具有坦白情节，系初犯，认罪态度较好的辩护意见，本院酌情予以采纳；其余辩护意见，本院不予支持。据此，依照《中华人民共和国刑法》第 128 条第 1 款及《最高人民法院关于审理非法制造、买卖、运输枪支、弹药、爆炸物等刑事案件具体应用法律若干问题的解释》第 5 条第 2 款第 2 项之规定，判决如下：被告人赵春华犯非法持有枪支罪，判处有期徒刑 3 年 6 个月。

一审判决以后，经媒体披露，本案引起了社会舆论的广泛关注。从一审判决可以发现，它并没有对被告人赵春华的行为的法益侵害性进行实体逻辑判断，直接根据构成要件的行为得出构成犯罪的结论。本案的一审判决与社会公众对被告人赵春华的所谓非法持有枪支行为的性质认知之间存在严重的偏差。被告人赵春华上诉以后，二审法院判决认为：

赵春华明知其用于摆摊经营的枪形物具有一定致伤力和危险性，无法通过正常途径购买获得而擅自持有，具有主观故意。赵春华非法持有以压缩气体为动力的非军用枪支 6 支，依照刑法及相关司法解释的规定，属情节严重，应判处 3 年以上 7 年以下有期徒刑。考虑到赵春华非法持有的枪支均刚刚达到枪支认定标准，其非法持有枪支的目的是从事经营，主观恶性程度相对较低，犯罪行为的社会危害相对较小，二审庭审期间，其能够深刻认识自己行为的性质和社会危害，认罪态度较好，有悔罪表现等情节；天津市人民检察院第一分院也建议对赵春华适用缓刑，故酌情对赵春华予以从宽处罚。

综上，二审法院认为一审判决认定赵春华犯非法持有枪支罪的事实清楚，证据确实、充分，定罪准确，审判程序合法。综合考虑赵春华的各种情节，对其量刑依法予以改判。遂以非法持有枪支罪判处上诉人赵春华有期徒刑 3 年，缓刑 3 年。

在二审判决中，对被告人赵春华非法持有枪支行为的性质进行了实体逻辑的论证，仍然得出有罪的结论；但以危害性较轻为由，改判缓刑。虽然二审的缓刑判决在一定程度上回应了社会公众的关注，并且二审判决较为说理，这就表现在对行为性质进行了实体逻辑的判断。但这一判决结果，仍然是难以令人满意的。尤其是一审判决的实体逻辑判断的缺失，生动地反映了我国当前司法实践中形式主义的司法逻辑，并由此而与社会公众的常识形成深刻的对峙。

赵春华非法持有枪支案是在一定背景下发生的，这个背景就是枪支认定标准的大幅降低以及未能对枪支进行有效的分类管理。就枪支的认定标准而言，我国学者指出：2007 年 10 月 29 日公安部发布的《枪支致伤力的法庭科学鉴定判据》（以下简称《枪支鉴定判据》）和 2010 年 12 月 7 日公安部发布修正后的《公安机关涉案枪支弹药性能鉴定工作规定》（以下简称《枪支鉴定规定》）根本性地改变了 2001 年 8 月 17 日公安部发布的《公安机关涉案枪支弹药性能鉴定工作规定》以来的刑法上枪支的鉴定标准，将鉴定为枪支的临界值大幅度地降低到原有标准的十分之一左右，直接导致司法实践中出现了大量被告人坚称行为对象是“玩具枪”或者“仿真枪”，但因为达到了新的枪支认定标准而被以有关枪支犯罪追究刑事责任的案件。现行的枪支司法认定标准和多数民众对枪支的认知相差悬殊，导致不少被告人不服司法裁判，也影响了相关司法裁判的公众认同[①]。这里的枪支认定标准的大幅降低，表现为从射击干燥松木板法到测定枪口比动能法的改变。根据射击干燥松木板法，枪口比动能是 16 焦耳/平方厘米；而根据测定枪口比动能法，枪口比动能从原先的 16 焦耳/平方厘米降到 0.8 焦耳/平方厘米，出现了将近十分之一的降幅。比较理想的安排，是对刑事处罚的枪支与治安处罚的枪支规定不同的认定标准，而不是现在这种单一的枪支认定标准。但在枪支认定标准修改之前，只能采用上述公安部门制定的枪支认定标准。值得注意的是，《枪支管理法》第 47 条规定：（第 1 款）单位和个人为开展游艺活动，可以配置口径不超过 4.5 毫米的气步枪。具体管理办法由国务院公安部门制定。（第 2 款）制作影视剧使用的道具枪支的管理办法，由国务院公安部门会同国务院广播电影电视行政主管部门制定。（第 3 款）博物馆、纪念馆、展览馆保存或者展览枪支的管理办法，由国务院公安部门会同国务院有关行政主管部门制定。这是《枪支管理法》对特殊类型枪支的特别规定，其中就包括了第 1 款规定的游艺活动的用枪。显然，本案被告人赵春华的枪支属于游艺用枪。对于游艺用枪应当与其他枪支区别对待，并制定相应的规范进行分类管理。遗憾的是，国务院公安部门并没有及时制定游艺用枪的具体规范，以至于对此适用枪支认定的一般标准。

在这种特殊的情况下，法官在认定犯罪的时候，是否还需要进行实体逻辑的判断呢？以往一般都认定，对此不再要求进行实体逻辑的判断，可以直接认定为犯罪。但这种犯罪的认定结果却与社会公众的常识发生了严重的抵触。对于这个问题，在刑法教义学上当然可以进行目的性限缩解释，例如将非法持有枪支罪解释为目的犯，即行为人主观上具有非法使用目的，从而将在游艺活动中未经批准持有枪支的行为排除在本罪范围之外。但在我国目前的司法实践中，主要还是以社会危害性的综合判断或者主观故意的实质认定为根据予以出罪处理。

① 参见陈志军：《枪支认定标准剧变的刑法分析》，载《国家检察官学院学报》，2013（5）。

【案例3】赵小胜非法买卖枪支案

在赵春华非法持有枪支案发生之前，北京市所辖的区县涉枪案件出现了一些新情况，2012年7月16日，北京市大兴区检察院收到公安机关移送提请审查起诉的赵小胜、朱小清涉嫌非法买卖枪支案。赵小胜夫妇摆摊卖玩具枪以维持生计，民警发现他们的摊位上有仿真枪，民警将赵小胜摊上的玩具枪带走鉴定，43支枪状物中，有18支被认定为刑法意义上的枪支。

该案被以买卖枪支罪移送到检察院以后，对于赵小胜夫妇的行为是否构成该罪，办理该案的检察官周宇通过观看民警现场执法记录仪的视频资料，发现除了摊位上摆放的，摊位后边一辆小货车上的纸箱里，也放有枪状物。纸箱上印着玩具字样，每个枪状物都有包装，长方形白色塑料泡沫盒，与一般的玩具包装没有区别。另外，起获的枪状物中，大多数都是塑料质地，低于认定枪支标准中规定的枪支构成要件，所发射金属弹丸或其他物质的枪口比动能小于1.8焦耳/平方厘米。被认定为枪支的18支中，有16支刚刚达到或超过这一数字。再从赵小胜夫妇购进和销售枪状物的场所、价格、枪状物的外观看，难以认定他们明知这些是刑法意义上的枪支。

为此，大兴区检察院专门向北京市检察院请示。北京市检察院随后就“涉枪案件适用法律有关问题”，向最高人民检察院请示。最高人民检察院为此作出了答复。该答复指出：“关于如何认定涉枪犯罪行为人的主观故意问题，应当综合全案情况正确判断行为人的主观故意。同时，还应考虑其行为的社会危害性，对情节显著轻微危害不大的，可以不作为犯罪处理。”可以说，赵小胜买卖枪支案最终以存疑不起诉结案，这是十分难得的，而且也是请示最高人民检察院的结果。①

非法持有枪支罪与非法买卖枪支罪相比，前轻而后重。但天津检察机关以有罪起诉而北京检察机关存疑不起诉，两案的处理结果天差地别。事实上，北京市

① 参见《揭秘京版“摆摊大妈涉枪案” 同样认定为真枪检方为何选择不起诉》，载http://beijing.jinghua.cn/20170221/280047.s.html。

赵小胜案在前而天津市赵春华案在后，由于最高人民检察院的答复只是个案性的意见，未经公布，其他地方的检察机关也就无法参照执行。现在建立了案例指导制度，如果作为指导性案例加以公布，就可以为各地检察机关一体执行提供规范根据。

最高人民检察院的答复明确肯定了对于此类涉枪案件应当进行实体逻辑的判断，即社会危害性的判断，这是完全正确的。这也肯定了在抽象危险犯的情况下，如果明显没有法益侵害性，同样不能被认定为犯罪。值得注意的是，答复认为在这种没有明显的社会危害性的情况下，应当适用我国刑法第 13 条的但书规定出罪。可以说，但书规定是我国刑法所特有的一个规定，对于那些犯罪情节显著轻微、危害不大的，就可以不作为犯罪处理。但书规定为在某些特殊情况下的出罪，提供了具体的法律根据，这是值得肯定的。当然，在以往的司法实践中，对于在何种情况下可以适用但书规定出罪是没有明确规定的，在刑法理论上也缺乏对此的充分研究。因为但书是一种刑法总则性的规定，而刑法分则又规定了犯罪的罪量要素。对于大多数犯罪而言，如果情节较轻，都是直接根据分则性规定出罪，而直接根据刑法总则的但书规定出罪的情形是极为罕见的。在一般情况下，如果没有相关司法解释的明文规定，司法机关都不敢直接以但书出罪。而最高人民检察院的答复明确规定涉枪案件如果情节显著轻微危害不大，可以不作为犯罪处理，无疑是为这种情形下的出罪提供了规范根据。其实，根据罪刑法定原则，入罪需要法律根据，出罪则并不需要法律根据。因此，只要某种符合构成要件的行为，不具有法益侵害性或者法益侵害性没有达到犯罪程度，就可以依据但书规定出罪。这也正是在犯罪认定过程中的实体逻辑判断，对于赵春华非法持有枪支案也是如此。

事实上，将但书规定作为一种特殊的出罪方式采用，甚至以此作为对法律规定或者司法解释的一种补救措施而采用，在以往的司法解释中就已有先例。例如，我国刑法第 125 条第 1 款规定了非法制造、买卖、运输、邮寄、储存枪支、弹药、爆炸物罪。最高人民法院于 2001 年颁布了《关于审理非法制造、买卖、运输枪支、弹药、爆炸物等刑事案件具体应用法律若干问题的解释》（以下简称

《解释》)，明确规定了该罪的罪量要素。但《解释》颁布以后，最高人民法院又颁布了《对执行〈关于审理非法制造、买卖、运输枪支、弹药、爆炸物等刑事案件具体应用法律若干问题的解释〉有关问题的通知》(以下简称《通知》)。《通知》作了补充性的规定，指出："一、对于《解释》施行前，行为人因生产、生活所需非法制造、买卖、运输枪支、弹药、爆炸物没有造成严重社会危害，经教育确有悔改表现的，可以依照刑法第十三条的规定，不作为犯罪处理。二、对于《解释》施行后发生的非法制造、买卖、运输枪支、弹药、爆炸物等行为，构成犯罪的，依照刑法和《解释》的有关规定定罪处罚。行为人确因生产、生活所需而非法制造、买卖、运输枪支、弹药、爆炸物，没有造成严重社会危害，经教育确有悔改表现的，可依法免除或者从轻处罚。"由此可见，这是一个出罪或者从轻处罚的规定，而出罪或者从轻处罚的事实根据在于行为人因生产、生活所需非法制造、买卖、运输枪支、弹药、爆炸物没有造成严重社会危害，而其中出罪的法律根据就是但书规定。及至2009年对上述《解释》进行了修正，将《通知》的精神吸收到《解释》之中。修正后的《解释》第9条规定："因筑路、建房、打井、整修宅基地和土地等正常生产、生活需要，以及因从事合法的生产经营活动而非法制造、买卖、运输、邮寄、储存爆炸物，数量达到本解释第一条规定标准，没有造成严重社会危害，并确有悔改表现的，可依法从轻处罚；情节轻微的，可以免除处罚"。在此，虽然不再适用但书规定予以出罪，但还是予以从轻或者免除处罚。因此，对于涉枪案件，也同样可以参照以上司法解释的规定，对于情节显著轻微危害不大的，可以不作为犯罪处理。

对于刑事案件进行综合性的实体逻辑判断，这是以行为已经符合构成要件为前提的。因此，我们也可以将但书出罪称为特殊的出罪方式，这是在不得已的情况下采用的。而答复提出的主观故意问题，是一个构成要件是否具备的问题，以此作为出罪根据相对较为容易。因为我国传统四要件的犯罪论体系，主观故意是一种实质故意的概念：既包括构成要件的故意内容，同时又包括责任故意的内容。在前述赵小胜非法买卖枪支案中，就是以缺乏对买卖刑法意义上的枪支的故意为由而存疑不起诉的。对于赵春华非法持有枪支案，也可以做这种判断。仿真枪如果符合枪支认定标准应当认定为刑法意义上的枪支，这是没有问题的；但如果被告人主观上认为这只是仿真枪而并没有认识到这是刑法意义上的枪支，则非法持有枪支罪的故意并不存在。

（本文原载《政法论坛》，2017（5））

刑法教义学与刑事政策的关系：从李斯特鸿沟到罗克辛贯通

——中国语境下的展开

劳东燕教授在其论文中作出了以下这一判断："在晚近以来我国的刑法学研究中，刑法与刑事政策之间关系的话题正日益引起关注。"[①] 对于这个判断，我是赞同的。在我国以往的研究中，刑法与刑事政策是分别作为两个学科进行研究的，因此在刑法教义学与刑事政策之间存在着较大的隔阂与疏离。现在，刑法与刑事政策的关系进入理论研究的视野，表明了刑法教义学与刑事政策之间的融会与贯通，这对于刑法与刑事政策的研究来说，是两全其美、各得其所，值得充分肯定。对于刑法教义学与刑事政策的关系，本文追踪到德国学者李斯特，描述其刑法教义学与刑事政策分立的李斯特鸿沟，并阐述德国学者罗克辛对李斯特鸿沟的贯通。李斯特鸿沟及罗克辛贯通都属于德国问题，这个德国问题在中国语境下如何展开，并从中探寻中国意识，这是本文所要重点关切的问题。

一、李斯特鸿沟

那么，刑法教义学与刑事政策的这种关系是如何发生变化的？这种变化是

---

① 劳东燕：《刑事政策与刑法解释中的价值判断——兼论解释论上的"以刑制罪"现象》，载《政法论坛》，2012（4）。

指：刑法教义学与刑事政策从相互隔离到相互融通。对此，我必须提到德国学者罗克辛教授在论及李斯特关于刑法教义学与刑事政策关系的界定时提出的一个学术标签：李斯特鸿沟。

德国学者罗克辛教授使用德语的 Lisztsche Trennung 一词描述李斯特区分刑法教义学与刑事政策的做法。蔡桂生将 Lisztsche Trennung 一词形象地翻译为“李斯特鸿沟”，指出：“这里简译为‘李斯特鸿沟’一词，是为了表达罗克辛教授对于这种区分的批判性倾向，即这种区分有割裂刑法与刑事政策之间联系的倾向。”① 蔡桂生的这一译法可谓神来之笔，生动地表达了罗克辛教授对李斯特关于刑法教义学与刑事政策之间关系的思想所持有的批判性倾向。

德国学者李斯特不仅是著名的刑法学家，而且是刑事政策的重要倡导者。在论及刑法与刑事政策的关系时，李斯特提出了一个至今仍然广为流传的命题：刑法是刑事政策不可逾越的屏障。“这句话也被译为罪刑法定是刑事政策不可逾越的藩篱。”李斯特提出的这一命题，在一定程度上揭示了（对于李斯特来说）刑法与刑事政策之间的紧张关系。李斯特的意思是：刑法具有保护法益的功能，这种法益是一种生活利益，因而也是一种公共利益。刑法正是通过惩治犯罪而达致保护法益的目的。与此同时李斯特又指出：“不得为了公共利益而无原则地牺牲个人自由……在法制国家，只有当行为人的敌对思想以明文规定的行为表现出来，始可科处行为人刑罚。”② 因此，在李斯特看来，刑事政策的实现应当受到罪刑法定原则的限制。由此可见，李斯特是从外部视角去理解刑法与刑事政策之间的关系，揭示了两者之间的对立性。李斯特关于刑法与刑事政策关系的观点为刑法教义学与刑事政策的关系提供了现实法律基础。

可以说，李斯特关于刑法教义学与刑事政策之间二元分立的观点，恰恰是其刑法与刑事政策二元区分观点的理论投影。因此，这两个命题之间具有密切相关性，以至于合为一体而不分彼此。本文也并不刻意地区分上述两个命题，只是在

---

① ［德］克劳斯·罗克辛：《刑事政策与刑法体系》（第2版），蔡桂生译，7页，译者注，北京，中国人民大学出版社，2011。

② ［德］李斯特：《德国刑法教科书》（修订版），徐久生译，23页，北京，法律出版社，2006。

特别需要的地方才加以分别。基于这种对于刑法教义学与刑事政策关系的外在化理解，形成了李斯特的二元性构想。① 这里的二元性构想，是指以罪刑法定原则为归依的刑法教义学与以惩治犯罪的必要性与合目的性为归依的刑事政策的相互分立。对此，德国学者对李斯特的古典刑法体系所具有的二极结构作了如下描述："一方面通过客观主义和形式主义，为处罚的先决条件提供最为可靠的法安全；另一方面通过以犯罪之人为中心的制裁体系，实现最高度的目的性。"② 当然，李斯特关于刑法教义学与刑事政策的二元结构并不是为了强调二者之间的敌对，而是基于其各自性质的不同，将刑法教义学与刑事政策尽量地予以疏离。尽管如此，李斯特还是在整体刑法学的框架内实现了刑法教义学与刑事政策的外在统一。对此，德国学者指出："为了克服专业的片面性，实现各部分的有机统一，是冯·李斯特所追求的伟大目标，他将之称为'整体刑法学'（gesamte Strafrechtswissenschaft）。由于各专业的任务和方法的不同，在这一领域并没有出现一个统一的学科，但它促进了各学科的相互了解和专业上的合作。"③ 以下，我对李斯特整体刑法学视野中的刑法教义学与刑事政策分别加以叙述。

（一）李斯特：刑法教义学的古典派学者

李斯特是古典的犯罪论体系的创始人，他以古典的犯罪论体系为基础建立起刑法教义学，使近代刑法学进入了一个划时代的发展阶段。关于刑法教义学，李斯特曾经指出：

> 刑法学的下一步任务是：从纯法学技术的角度，依靠刑事立法，给犯罪和刑罚下一个定义，把刑法的具体规定，乃至刑法的每一个基本概念和基本原则发展成完善的体系……作为实用性很强的科学，为了适应刑事司法的需

① 参见［德］克劳斯·罗克辛：《刑事政策与刑法体系》（第2版），蔡桂生译，53页，北京，中国人民大学出版社，2011。

② ［德］汉斯·海因里希·耶赛克、托马斯·魏根特：《德国刑法教科书（总论）》，徐久生译，252页，北京，中国法制出版社，2001。

③ ［德］汉斯·海因里希·耶赛克、托马斯·魏根特：《德国刑法教科书（总论）》，徐久生译，53页，北京，中国法制出版社，2001。

> 要，并从司法实践中汲取更多的营养，刑法学必须自成体系，因为，只有将体系中的知识系统化，才能保证有一个站得住脚的统一的学说，否则，法律的运用只能停留在半瓶醋的水平上。它总是由偶然因素和专断所左右。[①]

在此，李斯特提出了纯法学技术的分析方法，这就是法教义学方法。此外，李斯特还特别强调了刑法知识的体系化与系统化，由此建立刑法的教义学体系。可以说，正是李斯特指明了近代刑法学的发展路径，将刑法学从政治、宗教和意识形态的纠葛中解脱出来，形成自成一体的知识体系。在刑法教义学的知识体系中，罪刑法定原则是根本的价值追求。在罪刑法定的框架范围之内，刑法教义学应该遵循实证主义的分析方法，而这种实证主义是排除价值判断的。这里应当指出，李斯特所说的刑法教义学，其实就是犯罪论而并不包括刑罚论，并且以三阶层的犯罪论体系为其理论形态。

在李斯特的三阶层的犯罪论体系中，每个阶层都体现了这种实证主义的思想。对此，德国学者曾经生动地将李斯特的古典犯罪论体系中的三个阶层，分别描述为客观—叙述性的构成要件论、客观—规范限制的违法性论和主观—叙述性的罪责论。[②] 而这也正是李斯特的古典派犯罪论体系的特征之所在。

1. 客观—叙述性的构成要件论

在以行为为中心的构成要件阶层，李斯特主张因果行为论，将行为界定为引起外在变化的意思活动。李斯特指出："表明意思活动特征并进而表明行为特征的'意欲'在这里仅意味着意志冲动（Willensimpuls）。可将其规定为心理学上的神经支配（Innervation），可将其理解为心理学上的'确定其原因的意思过程'。"[③] 由此可见，在李斯特那里，意思活动是一种心理学的现象，应当采用心理学方法进行分析。至于意思活动所引起的外在变化，就是指结果。结果是任何一种行为必须具备的，因此没有结果的行为犯对于李斯特来说是不可想象的。李

① ［德］李斯特：《德国刑法教科书》（修订版），徐久生译，3～4页，北京，法律出版社，2006。

② 参见［德］汉斯·海因里希·耶赛克、托马斯·魏根特：《德国刑法教科书（总论）》，徐久生译，251～252页，北京，中国法制出版社，2001。

③ ［德］李斯特：《德国刑法教科书》（修订版），徐久生译，177页，北京，法律出版社，2006。

斯特认为，即使是危险，其本身也是一种结果，一种产生于外界的状况。[①] 对于结果，则应当适用物理学的原理进行描述。至于刑法中的因果关系，也是一种行为与结果的客观联系。在因果关系的判断上，李斯特采用条件说，也称为全条件同价值说。在李斯特看来，因果关系是纯客观的，并不涉及评价问题。李斯特指出：我们应当绝对坚持这样的观点，"'因果律'（Kausalsatz）只涉及事件前的时空，不涉及概念的逻辑关系或对行为的社会伦理评价；此外，我们还应当特别引起注意的是，因果关系涉及到一个思维方式问题，借助这个思维方式我们将实际存在的情况联系在一起，而不对导致事件过程的力量作出任何评价"[②]。李斯特以上对于行为、结果及其因果关系的论述充分反映了其实证主义的思想。对此，罗克辛评价道：在所有规范性的构成要件中，采取因果的方式会导致不法的客观内容的完全扭曲。这方面有个非常著名的例子，亦即，侮辱罪的不法被理解成：发出声波震动的时候，造成了对当事人听觉的感官刺激。由于这种自然主义的现象也完全可以同样理解成是在赞美；而侮辱罪的不法到底是什么，则根本没有在这里得到阐述。[③]

2. 客观—规范限制的违法性论

在违法性问题上，在李斯特时代存在主观违法论与客观违法论之争。主观违法性论以命令说为其基础而将该法律性质解释为法律上之命令，并主张命令只对于可理解命令意义能力之人方有其意义，故唯有理解命令意义能力之人（即责任能力人）之行为方认定为违反命令之法律而解释为违法。反之，客观违法性论则主张解释为法律上之客观评价规范，违反视为客观评价规范之法律行为即属违法。依此，则行为人是否有理解法律规范意义之能力（特别是责任能力）则在所

① 参见［德］李斯特：《德国刑法教科书》（修订版），徐久生译，180 页，北京，法律出版社，2006。

② ［德］李斯特：《德国刑法教科书》（修订版），徐久生译，185 页，北京，法律出版社，2006。

③ 参见［德］克劳斯·罗克辛：《刑事政策与刑法体系》（第 2 版），蔡桂生译，65 页，北京，中国人民大学出版社，2011。根据古典派的构成要件来描述侮辱罪，还有这样的版本："一连串的喉结抖动，血脉偾张，引致他人不愉快的情绪者，为侮辱罪。处一年以下有期徒刑。"这里加入了"引起不愉快的情绪"这一负面内容，似乎不至于理解为是在赞美他人。

不问。在此所谓客观之评价，一般认为应具备两种客观性，即“违法性判断”之客观性与判断对象之客观性。[①] 因此，主观违法性论与客观违法性论的根本区分就在于违法与责任的关系如何建构：主观违法性论否认“没有责任的违法”，而客观违法性论则肯定“没有责任的违法”。李斯特当然是站在客观违法性论的立场上的，宣称“客观是指否定评价的作出不取决于行为人的主观能力”。李斯特在批判主观违法性论时指出：该理论的不正确性源于它的武断的片面性。它忽视了法律的双重功能，即法律不只是命令，即命令规范，而且，从逻辑上的必要性出发，法律也是评价规范。仅就此点而言，法律以抽象的价值标准的面目出现，其适用可能性完全不取决于被评价的对象、人的行为所发生的方式（有责或无责）。[②]

相对于主观违法性论，李斯特所主张的客观违法性论具有明确的规范标准，更符合实证主义的逻辑。客观的违法性论也为李斯特的古典派的犯罪论体系奠定了基础，它正是建立在“违法是客观的，责任是主观的”这一命题基础之上的。在客观违法性论的基础上，李斯特还提出了形式违法与实质违法这对范畴。这里的形式违法是指符合构成要件的行为，其具有形式主义的特征并不难理解。而实质违法是指对法益的侵害或者破坏，显然这是一种实质性的价值判断。那么，李斯特如何在实质违法的判断上坚持形式主义的标准呢？这简直是无法理解的。我们可以来看一段李斯特的论断：这种违法行为的实体（反社会的）内容不取决于立法者的正确评价（该内容是前法学的）。法律只能发现它，而不能制造它。形式违法和实体违法可能相互重叠，但也可能分开。我们不得推测行为的实体内容和对行为的积极的法律评价之间的这种矛盾。但这种矛盾并未被排除，它还是存在的。如果它存在，那么，法官受法律的约束；现行法的修改超然于其任务范围。[③] 李斯特在此对形式违法与实体违法的关系进行了阐述，可以看出李斯特的实体违法并非只是为了在具备构成要件以后起到消极的排除机能，而是强调了在

① 参见余振华：《刑事违法性理论》，79、80页，台北，元照出版有限公司，2001。

② 参见［德］李斯特：《德国刑法教科书》（修订版），徐久生译，198、199页，北京，法律出版社，2006。

③ 参见［德］李斯特：《德国刑法教科书》（修订版），徐久生译，201页，北京，法律出版社，2006。

构成要件设立的时候，立法者就是根据实体违法来设置违法行为的。正是在这个意义上，李斯特才会说，实体违法的概念是前法学的，它不是被制造的，而是被发现的。李斯特也论及形式违法与实体违法之间的矛盾，即未能完全一致的状态，这个矛盾是指行为具有实体违法性但却没有被立法者规定为犯罪，对此李斯特认为基于罪刑法定原则，法官受法律的约束不得将其入罪。那么，是否存在另一种形式违法与实体违法的矛盾，即行为具备构成要件却不具有实质违法性呢？对此，李斯特当然也是承认的。但李斯特认为这种情形主要是指正当化事由，而只有法定的正当化事由才被承认，超法规的违法性事由是此后的新古典派的犯罪论体系才创立的。由此，李斯特在违法性阶层仍然采取了形式的判断标准。德国学者许乃曼在论及李斯特实证主义的犯罪论体系中的违法性概念时，曾经采用了“规范的异形”（normative Fremdkörper）一词，认为这是一个破绽。那么，这个破绽是如何钉补的呢？按照李斯特实证主义的概念法学，法（Recht）和实定法是等同的，不经由法官根据精密的价值判断所作的诠释，也能认识法律的意义。因此，一个符合构成要件的行为违法，表示这个行为与实定法不一致，在个案中确定违法性，原则上即是违法，只有为了确定例外情形时，才必须彻底检验规定在实定法中的阻却违法事由。① 因此，在李斯特的犯罪论体系中，违法性阶层也是一种形式判断。

3. 主观—叙述性的罪责论

罪责是在违法性判断之后，将某种客观上的罪行归之于行为人的主观根据。在“违法是客观的，责任是主观的”这一古典学派命题的支配下，以主观心理为内容的责任主义的罪责论取得了主导性的地位。例如，德国学者罗克辛教授曾经描述了建立在自然主义基础之上的心理性罪责概念，指出：19 世纪末期的自然主义思想，试图将所有的法律概念都归结为在自然科学上可以清楚地理解的经验性事实，并且从这个角度发展出那种直到 20 世纪初还居于统治地位的“心理性

① 参见［德］许乃曼：《刑法体系导论》，载许玉秀、陈志辉合编：《不移不惑献身法与正义——许乃曼教授刑事法论文选译》，265～266 页，台北，春风煦日学术基金，2006。

罪责概念”；根据这个概念，罪责被理解为是行为人在主观上与结果的关系。故意与过失被看成“罪责的种类”，同时，人们大多把归责能力表示为“罪责的条件”或者“刑罚的条件”[①]。罗克辛教授将李斯特列为心理性罪责概念的代表人物之一。当然，李斯特在晚年受到规范性罪责概念的影响。例如李斯特叙述了从心理性罪责概念向规范性罪责概念发展的趋势，指出：罪责概念的发展不得不取决于针对内心之人（人的内心世界）的义务的概念和本质，也只有如此，罪责所特有的规范性特征才能被理解。在新近的刑法文献中此点被明确地得到承认，且越来越抛却自然主义的和形式主义的罪责论，如果仅仅从特定的心理特征来解释罪责，则该罪责概念就越来越明显地得到承认。[②] 在此，李斯特论及规范性罪责概念的发展。李斯特虽然承认规范性要素在罪责判断中的必要性，但仍然坚持心理事实对于罪责判断的重要性，认为罪责不是一个纯粹的心理事实，也不是简单的价值判断；它更多的是以责任能力的先决条件为基础的心理存在和价值判断之间的一种评价关系；在这一意义上，罪责的本质可简单表述为：基于造成违法行为的心理活动过程的缺陷，罪责是指违法行为的可责性。[③] 从以上李斯特关于犯罪论体系的三个要件分析来看，其刑法教义学的知识体系已然形成一个具有封闭性的结构。这个刑法知识体系力图避免法官在定罪过程中的擅断，确保刑法保障人权的大宪章功能的实现。因此，在刑法教义学的语境中，李斯特是一个古典派学者。

（二）李斯特：刑事政策学的实证派学者

在建构以古典的犯罪论体系为核心的刑法教义学的同时，李斯特开创了刑事社会学派，其以个别预防为中心的刑事政策思想也得到彰显。在此基础上，李斯特建立了以特殊预防为目的的刑罚论，刑事政策正是这一刑罚论的主要内容。

---

① ［德］克劳斯·罗克辛：《德国刑法学总论》，第1卷，559页，王世洲译，北京，法律出版社，2005。

② 参见［德］李斯特：《德国刑法教科书》（修订版），徐久生译，252～253页，北京，法律出版社，2006。

③ 参见［德］李斯特：《德国刑法教科书》（修订版），徐久生译，257页，北京，法律出版社，2006。

刑事政策思想古已有之，例如中国古代“刑期于无刑”的命题就具有十分强烈的刑事政策色彩。然而，作为体系化的刑事政策学说则是近代的产物。一般认为，费尔巴哈是刑事政策的首倡者。日本学者正木亮指出：“刑事政策一词，在18世纪末的德国便开始使用，但现在意义上的刑事政策的称呼则始于费尔巴哈，他将心理学、实证哲学、一般刑事法及刑事政策作为刑事法的辅助知识，赋予了刑事政策的独立地位。”① 费尔巴哈的刑事政策以心理强制说为标志，主张以法律威吓为内容的一般预防，对于此后的刑事政策理论的发展起到了开启先河的作用。费尔巴哈是刑事古典学派的代表人物之一，其刑法理论的核心是一般预防，也称为消极的一般预防，一般预防构成费尔巴哈关于刑法与刑事政策关系理论的基石。当然，在费尔巴哈的理论中刑事政策在多大程度上独立于刑法，这是一个可以商榷的问题。费尔巴哈认为，刑事政策是国家据以与犯罪作斗争的惩罚措施的总和。并且，费尔巴哈主要是把刑事政策当作一种立法政策，强调了刑事政策对于刑事立法的指导作用。这种指导作用主要体现在通过制定刑法，确立罪刑价目表，对国民进行法律威吓。费尔巴哈的法律威吓包括立法威吓与司法威吓。他指出：在法律上将这种恶作为行为的必然后果加以规定（法定的威慑）。为了实现法律规定的理想联系，被所有人理解，法律规定的原因上的联系一定会出现在现实生活中，因此，一旦发生违法行为，就应当立即给予法律规定的恶（执行判决）。威慑目的的执行权和立法权的协调有效，构成了心理强制。② 值得注意的是，费尔巴哈同时还是罪刑法定原则的倡导者，而罪刑法定原则的实际功能之一就在于以刑法的确定性发挥其应有的威吓效果。因此，在费尔巴哈这里，刑事政策与刑法之间具有一种外在的关系。在一定意义上，刑法是实现刑事政策的工具。正因为如此，费尔巴哈将刑事政策与实定刑法联系起来，揭示了刑法与刑事政策在所追求的价值目标上的一致性，形成具有其特色的刑法与刑事政策关系。

① 转引自［日］大谷实：《刑事政策学》（新版），黎宏译，8页，北京，中国人民大学出版社，2009。

② 参见［德］安塞尔姆·里特尔·冯·费尔巴哈：《德国刑法教科书》（第14版），徐久生译，28页，北京，中国方正出版社，2010。

罗克辛在评价费尔巴哈关于刑法与刑事政策的观念时指出："自费尔巴哈时代以来，通过罪刑法定原则来实现的威吓性预防就是刑事政策的基础原则；构成要件的动机机能和保障机能（die Motivations und die Garantiefunktion）则是同一刑事政策之目标构想（Zielvorstellung）的两个方面。"① 可以说，费尔巴哈初步界定了刑法与刑事政策的关系，但并没有对此进行深入的研究。

李斯特也是刑事政策的重要推动者，其刑事政策思想在欧洲大陆曾经产生过广泛影响。但李斯特的刑事政策思想与费尔巴哈的已经存在较大的差别。李斯特是站在刑事社会学派的立场上，基于实证主义的方法阐述刑事政策的内容。李斯特与费尔巴哈关于刑事政策的思想之间存在着较大区别，李斯特的刑事政策思想也可以看作是对费尔巴哈的一种发展。李斯特对于费尔巴哈刑事政策思想的发展体现在以下三个方面。

1. 从以刑罚为中心的刑事政策到以追求更多样的犯罪抗制为目的的刑事政策

在刑事政策的理解上，费尔巴哈采取的是较为狭义的概念，即把刑事政策直接与刑法相联系，刑法是唯一的刑事政策手段，并且主要把刑事政策看作是一种立法政策。虽然费尔巴哈也强调司法及行刑对于实现刑事政策的作用，但因为费尔巴哈将法律威吓视为刑事政策的主要目标，而心理强制是法律威吓的根本手段，所以立法威吓就是心理强制的主要形式，它对于刑事政策的实现具有保障功能。日本学者曾经指出："1800 年左右德国的刑法学家费尔巴哈等使用'刑事政策'这个词的时候，它主要是指刑事立法政策，而现在这个概念有更宽泛的含义，即刑事政策是由国家或者社会团体以预防和镇压犯罪为目的所采取的各种措施。"② 赋予刑事政策更宽泛含义的主要就是李斯特。李斯特将刑事政策的含义分为以下三个层次：一是最广义上的刑事政策，刑事政策不仅包括对犯罪原因及刑罚作用的研究，还包括犯罪对策以及社会对策。二是广义的刑事政策，既包括刑罚以及类似刑罚的各种制度，又包括与犯罪作斗争的各种原则的整个体系。三

① ［德］克劳斯·罗克辛：《刑事政策与刑法体系》（第 2 版），蔡桂生译，54 页，北京，中国人民大学出版社，2011。

② ［日］森本益之等：《刑事政策学》，戴波等译，1 页，北京，中国人民公安大学出版社，2004。

是狭义的刑事政策，将刑事政策与社会政策明显地区分开来，强调刑事政策首先是通过犯罪人个体的影响来与犯罪作斗争。[①] 可以说，李斯特在很大程度上拓展了刑事政策的范围。当然，李斯特提出的“最好的社会政策即最好的刑事政策”的命题，尽管具有一定的合理性，还是受到批评，即将刑事政策与社会政策混为一谈。李斯特主要是将刑事政策的主体从国家扩展到社会，将刑事政策的手段从刑罚扩展到保安处罚等类似刑罚的制度，将刑事政策的功能从威吓性的预防扩展到抗制性的预防。

2. 从以法律威吓为中心的刑事政策到以犯罪人的矫正为中心的刑事政策

日本学者曾经将从费尔巴哈到李斯特的刑事政策的发展描述为从以刑罚为中心的传统刑事政策发展到以追求更多样的犯罪防止为目的的刑事政策[②]，这是十分正确的。其中，以法律威吓为中心的刑事政策，主要是指费尔巴哈的学说。而以追求更多样的犯罪防止为目的的刑事政策是指李斯特的学说，其中对犯罪人的个人矫正观念具有十分重要的地位。应该说，费尔巴哈与李斯特在刑罚目的上都摆脱了报应主义，而主张功利主义。然而，费尔巴哈主张的是以规则功利主义为基础的一般预防；李斯特主张的是以行为功利主义为基础的特殊预防。

事实上，李斯特并不否定一般预防，但强调刑罚的功能表现为在符合目的地适用刑罚情况下可以获得的刑罚效果的多样性。[③] 当然，在刑罚的一般预防与特殊预防这两个方面，李斯特无疑是更注重特殊预防的。在论及现阶段刑事政策的要求以及其对最新法律发展的影响时，他指出：刑事政策首先是通过对犯罪人个体的影响来与犯罪作斗争的。一般来说，刑事政策要求，社会防卫，尤其是作为目的刑的刑罚在刑种和刑度上均应适合犯罪人的特点，这样才能防止其将来继续实施犯罪行为。从这个要求中我们一方面可以找到对现行法律进行批判性评价的可靠

① 参见严励：《中国刑事政策的建构理性》，2～3页，北京，中国政法大学出版社，2010。

② 参见［日］森本益之等：《刑事政策学》，戴波等译，1页，北京，中国人民公安大学出版社，2004。

③ 参见［德］李斯特：《德国刑法教科书》（修订版），徐久生译，8页，北京，法律出版社，2006。

标准，另一方面我们也可以找到未来立法规划发展的出发点。[①] 在此后相当长的一个时期，以矫正为核心的刑事政策思想始终主导着各国刑事立法与刑事司法。

3. 从依附于刑法的刑事政策到独立于刑法的刑事政策

在费尔巴哈时代，刑事政策虽然已经被提出，但它还不具有独立性，只是依附于刑法的一种思想观念。费尔巴哈的刑事政策思想具有明显的启蒙色彩，是理性主义刑法观的产物。例如日本学者在阐述近代启蒙思想对刑事政策的影响时指出：特别是费尔巴哈，他最初使用了“刑事政策”一语，认为人是在对刑罚产生的痛苦和犯罪产生的快乐进行合理计算，觉得痛苦更甚的话就会打消犯罪念头的“理性人”，因此，刑罚应当事先预告痛苦，威吓一般人不要犯罪。这种见解就是所谓“心理强制说”。他们从对防止犯罪来说，所有的刑罚制度，只有在有效并且必要的时候才能被看作正当的，超过了基于心理强制说的一般预防限度的刑罚是不正当的刑罚的观念出发，提出了提倡树立合理主义的、功利主义的刑罚观，主张以消除不合理的非人道的犯罪人处遇为基本宗旨的刑事政策。[②] 因此，在费尔巴哈那里，刑事政策的唯一目的就是改善刑法，并且以威吓为核心的刑事政策也只能依靠刑法来实现。正是在这个意义上，费尔巴哈的刑事政策被归结为立法政策。李斯特则在很大程度上拓展了刑事政策的范围，将一切有助于抗制犯罪的措施都纳入刑事政策的范畴。根据这种广义的刑事政策概念，刑事政策并不限于直接的以防制犯罪为目的的刑罚诸制度，而间接的与防制犯罪有关的各种社会政策，例如居住政策、教育政策、劳动政策（失业政策）及其他公共保护政策等均属之。[③] 在这种情况下，刑事政策所要研究的并不仅仅是刑法对于犯罪的抗制作用，而且是，或者说更重要的是除刑法以外关涉犯罪防制的各种措施。随着李斯特所倡导的广义的刑事政策观念的传播并被接受，刑事政策出现了与刑法渐行渐远之势，逐渐地从刑法的束缚中解脱出来，这在客观上促使刑事政策独立于刑法

① 参见［德］李斯特：《德国刑法教科书》（修订版），徐久生译，15页，北京，法律出版社，2006。

② 参见［日］大谷实：《刑事政策学》（新版），黎宏译，9～10页，北京，中国人民大学出版社，2009。

③ 参见许福生：《刑事政策学》，3页，北京，中国民主法制出版社，2006。

而形成一门学科。

（三）刑法教义学与刑事政策的疏离化：李斯特鸿沟的形成

在李斯特那里，刑法作为规范科学是一种教义学，其所遵循的是逻辑规律，并且以罪刑法定为其边界。而刑事政策作为一种经验科学，是一种事实学，其所贯彻的是科学原则，并且以惩治犯罪与预防犯罪为目标。显然，在李斯特看来，在刑法教义学与刑事政策之间是存在各自疆域的，不可互相侵扰。如前所述，在李斯特那里，刑法教义学是指犯罪论，而刑事政策是指刑罚论。因此，刑法教义学与刑事政策的分立，也可以说是以罪刑法定原则为根基的犯罪论体系与以目的性为导引的刑罚论之间的二元分裂。本文也是在上述意义上使用刑法教义学与刑事政策概念的，这是李斯特意义上的一种话语的延续。李斯特对刑法教义学与刑事政策关系的处理方式，在很大程度上受到了休谟关于实然与应然、事实与价值的二元区分观念的影响，认为刑法教义学讨论的是刑法的实然问题、事实问题，刑事政策讨论的是刑法的应然问题、价值问题。因此，刑法教义学是价值中立的，刑事政策才是价值关联的。刑法教义学是以司法为中心的，罪刑法定原则是其最高准则。至于刑法的价值内容应当通过立法输入刑法之中，因此，刑事政策是以立法为中心的。由此，李斯特将刑法教义学与刑事政策加以分立，使之各自独立，分别发挥功能。

罗克辛将李斯特对于刑法教义学与刑事政策的关系的界定的认识称为李斯特鸿沟，当然是具有其根据的，也在一定程度上正确地反映了李斯特对于刑法教义学与刑事政策关系的界定。不过，即使是在李斯特那里，刑法教义学与刑事政策也不是风马牛不相及的，两者之间仍然存在着重大的关联性。例如李斯特在论及刑事政策对刑法适用的影响时指出："刑事政策给予我们评价现行法律的标准，它向我们阐明应当适用的法律；它也教导我们从它的目的出发来理解现行法律，并按照它的目的具体适用法律。"[①] 因此，所谓李斯特鸿沟并不意味着对于李斯特来说，刑法教义学与刑事政策毫无关联，而只是说这种关联仅仅是一种外在的关系。

---

① ［德］李斯特：《德国刑法教科书》（修订版），徐久生译，4页，北京，法律出版社，2006。

二、罗克辛贯通

发现李斯特鸿沟并不是罗克辛的目的，其目的在于消除这一鸿沟，这就是要贯通刑法教义学与刑事政策的关隘。如前所述，李斯特鸿沟是指将刑法教义学与刑事政策界定为一种外在的关系，而罗克辛的贯通也主要是将刑法教义学与刑事政策的这种外在关系转变为内在关系。德国学者许乃曼教授在评论罗克辛的目的理性的犯罪论体系时指出，此种刑法体系思维的再规范化在近 20 年来促成了许多或是较基础的或是较细节的研究，它们尝试超越刑法体系与刑事政策互为对立之构想（我称其为鸿沟构想“Grabenkonzept”），并以一个两概念之间贯通的推导与关系结构之想法来取代，换言之，即发展一种架桥构想（Brückenkonzept）。[①] 这里的鸿沟构想与架桥构想，十分形象地描述了李斯特与罗克辛在刑法教义学与刑事政策关系问题上的不同立场。那么，从李斯特的鸿沟到罗克辛的贯通，罗克辛做到了吗？又是怎么做到的呢？

（一）李斯特鸿沟的批判性解构

罗克辛教授对李斯特鸿沟进行了批判，因为根据李斯特的思想，刑法教义学与刑事政策是两个完全不同的学术领域，应当予以相对隔离。李斯特鸿沟就是这种刑法教义学与刑事政策二元结构的产物。考虑到在李斯特时代，刑事政策尚未获得独立地位，如果刑法教义学与刑事政策纠缠不清，并不利于刑事政策的发展。因此，对刑事政策与刑法教义学进行适度的区隔是具有一定合理性的。当然，这种刑法教义学与刑事政策的分立也带来了以下三个方面的问题。

1. 刑法教义学的体系性与刑事政策的个案性难以兼顾

刑法教义学具有体系性的特征，正是这种体系化的知识所形成的具有封闭性的结构，对于法官的偶然与专断具有限制性与约束性。因此，刑法教义学的体系

---

① 参见［德］许乃曼：《刑法体系与刑事政策》，载许玉秀、陈志辉合编：《不移不惑献身法与正义——许乃曼教授刑事法论文选译》，47 页，台北，春风煦日学术基金，2006。

性自有其优越性。对此，罗克辛也是充分肯定的，他甚至提出了“体系是一个法治国不可缺少的因素”的命题。[①] 罗克辛曾经引述西班牙学者金贝尔纳特·奥代格的话，说明“体系性思考的优点在刑法信条学设定了界限和规定了概念的情况下，它就可能使刑法在安全和可预见的方式下得到运用，并能够避免非理性化、专横性和随意性（Improvisation）”[②]。因此，体系性的刑法教义学知识对于实现罪刑法定主义来说是必不可少的保障。但是，体系性的知识体系存在着缺陷，甚至是危险。关于这种危险，德国学者称为非常抽象的程式化的刑法解释学（Strafrechtsdogmatik）的危险，指出“该危险存在于法官机械地信赖理论上的概念，从而忽视具体案件的特殊性”[③]。因此，这里的危险是指个案公正的难以周全兼顾。因为在刑法教义学的体系内，更强调的是对于各种行为与行为人的平等对待。在这种情况下，行为的特殊情境与行为人的特殊个性无法在法律评价中得到体现。因此，在将刑法教义学与刑事政策完全分离的状态之下，刑法教义学无法顾及个案情况；而刑事政策则不能进入刑法体系。

2. 刑法教义学的教条性与刑事政策的灵活性不能两全

刑法教义学是以刑法条文为中心建立起来的知识体系，具有先天的教条性。这种教条性不可避免地使其教义规则具有某种僵硬性。而刑事政策是为抗制犯罪所设计的各种措施，具有对策性，是更为灵活的应对举措。两者之间存在一种紧张关系。在刑法教义学与刑事政策分立的情况下，教义规则的教条性与刑事政策的灵活性各自存在。只有当刑事政策进入刑法体系，才能以刑事政策的灵活性对教义规则的教条性起到一种补救的作用。罗克辛指出：“针对‘李斯特鸿沟’（Lisztsche Trennung）所延伸出来的刑法教义学方法，还会导致另一个问题，即：若刑事政策的课题不能够或不允许进入教义学的方法中，那么从体系中得出

---

① 参见［德］克劳斯·罗克辛：《德国刑法学总论》，第1卷，王世洲译，132页，北京，法律出版社，2005。

② ［德］克劳斯·罗克辛：《德国刑法学总论》，第1卷，王世洲译，126页，北京，法律出版社，2005。

③ ［德］汉斯·海因里希·耶赛克、托马斯·魏根特：《德国刑法教科书（总论）》，徐久生译，242页，北京，中国法制出版社，2001。

的正确结论虽然是明确和稳定的，但是却无法保证合乎事实的结果。”[①] 之所以如此，主要是由刑法教义的僵硬性决定的，因而罗克辛提出了“我们必须从刑事政策上主动放弃那些过于僵硬的规则”这一命题。

3. 刑法教义学的逻辑性与刑事政策的价值性无法并存

刑法教义学作为一个知识体系，具有自身的逻辑结构，例如三阶层的犯罪论体系就是如此。罗克辛指出：“自实证主义的开端以后，阶层体系就如一个概念金字塔（Begriffspyra-mide），有着林奈式（Linnéschen）植物分类体系那样的形状：通过阶层化的步步推进的抽象（阶层）直到内涵广泛的上位概念——行为，人们从大量的犯罪特征中归纳出了这种构造。”[②] 这样一个阶层式的刑法教义学体系当然具有其优越性，就是以其严密的逻辑演绎推理在相当程度上保障了刑法教义的正确性。但是，刑法并不仅仅是逻辑现象，更是社会现象。对社会问题需要进行价值判断，而这正是刑事政策的功能之所在。在李斯特鸿沟中，刑法教义学与刑事政策之间互相隔绝，导致刑法体系中价值判断的缺失。

（二）刑事政策进入刑法教义学体系

在李斯特—贝林的古典派的犯罪论体系之后，又先后出现过新古典派的犯罪论体系、目的行为论的犯罪论体系。罗克辛认为，以上体系都未能妥善地解决刑法教义学与刑事政策的关系问题。

新古典派犯罪论体系在刑法体系中引入所谓新康德哲学，而这一哲学又称为价值哲学。对于新古典派犯罪论体系将刑事政策应用到刑法教义学中，罗克辛是充满期待的，他同时指出了新古典派犯罪论体系对三阶层的学术贡献：在构成要件阶层按照被保护法益进行解释、在违法性阶层发展出超法规紧急避险等正当化事由和在罪责阶层提出了期待可能性思想等。但罗克辛批判新古典派犯罪论体系虽然试图将刑事政策上的目标设定引入刑法教义学，但只是对体系从个体—价值

---

① ［德］克劳斯·罗克辛：《刑事政策与刑法体系》（第2版），蔡桂生译，7页，北京，中国人民大学出版社，2011。

② ［德］克劳斯·罗克辛：《刑事政策与刑法体系》（第2版），蔡桂生译，16页，北京，中国人民大学出版社，2011。

上进行瓦解，而没有揭示作为超法规紧急避险或罪责阻却事由的期待不可能背后的目的理论并加以普遍认可的论证。[①]

对于目的行为论犯罪论体系，罗克辛肯定了其试图重新建立刑法教义学与现实之间的联系的努力，指出通过考察本体论的构造和社会现实，目的行为论试图重新建立刑法教义学与现实之间的联系，从根本上看，这种努力也并非毫无结果。“但罗克辛又认为我们前面提到的体系推导和直接价值评判之间的紧张关系，在目的主义那里，也还是没有得到消除。”[②] 在此，罗克辛所说的体系推导与价值评判之间的紧张关系，也就是刑法教义学的逻辑—概念建构和推导与刑事政策的价值—利益判断和衡量之间的对立关系。

罗克辛将自己创立的犯罪论体系，当然其更喜欢称之为刑法体系，标识为目的理性的犯罪论体系。应该说，罗克辛所谓目的理性的犯罪论体系中的目的与目的行为论的犯罪论体系中的目的，是有所不同的：后者的目的是行为目的，目的的主体是行为人，因此这是一种存在论意义上的目的。而前者的目的是规范目的，目的的主体是刑法，因此这是一种规范论意义上的目的。例如，我国学者在比较上述两种体系时指出，在今日之规范论体系论者看来，由于目的行为论者的观点没有将行为本体的目的性与法规范的目的性区分开来，或者是偏重行为的目的而没有足够地强调刑法（罚）的目的对犯罪论体系的指引而并非真正的规范论体系。[③] 这里的规范论体系，就是指罗克辛的目的理性体系。因此，尽管罗克辛也强调目的，但此目的非彼目的。

目的理性的犯罪论体系的根本标志就是刑事政策进入刑法体系，罗克辛指出：“实现刑事政策和刑法之间的体系性统一，在我看来，是犯罪论的任务，也

---

① 参见［德］克劳斯·罗克辛：《刑事政策与刑法体系》（第2版），蔡桂生译，19页，北京，中国人民大学出版社，2011。

② ［德］克劳斯·罗克辛：《刑事政策与刑法体系》（第2版），蔡桂生译，19页，北京，中国人民大学出版社，2011。

③ 参见方泉：《犯罪论体系的演变——自“科学技术世纪”至“风险技术社会”的一种叙述和解读》，65页，北京，中国人民公安大学出版社，2008。

同样是我们今天的法律体系的任务。”[①] 那么，在目的理性的犯罪论体系中，刑事政策是如何进入刑法教义学的呢？事实上，罗克辛仍然保持了古典派犯罪论体系的三阶层构造，只是对三阶层的内容都进行了刑事政策的改造。罗克辛提出了以刑事政策作为各种犯罪类型的基础的命题，指出罪刑法定原则的前提、利益对立场合时对社会进行调节的利益衡量和对于刑法之目的的探求，就是我们所常见的各个犯罪类型的刑事政策之基础。[②] 也就是说，犯罪论体系的三阶层分别应该以罪刑法定原则、利益衡量原则和刑法目的原则作为其刑事政策的基础。

1. 构成要件的实质化

在三阶层的犯罪论体系中，古典派犯罪论体系最受人诟病的就是形式化的构成要件。根据古典派学者的观点，构成要件的记叙性、中立性都是排斥了价值判断的，而这又被认为是罪刑法定主义的基本要求。罗克辛则认为构成要件具有体系性、刑事政策性和信条性这三个功能。罗克辛在论述构成要件的刑事政策性功能时指出：这方面的意义存在于德国刑法典第 103 条第 2 款要求的“保障功能”之中。刑法只有在行为构成中准确地规定了所禁止的举止行为时，才能对“法无明文规定不为罪”这个基本原理作出完整的正确的说明。如果人们说，我们的刑法是行为构成的刑法而不是态度的刑法，或者说它主要是行为刑法而不是行为人刑法，那么，在使用这些关键词进行表述的背后，总是有着行为构成的刑事政策意义的基础。[③] 罗克辛将刑事政策意义上的构成要件称为保障性的构成要件，并认为罪刑法定原则是构成要件的刑事政策基础。那么，如何理解罗克辛将罪刑法定原则作为构成要件的刑事政策基础这一命题呢？我认为，这里涉及罗克辛和李斯特所确立的刑法与刑事政策的关系究竟存在何种区分的问题。在我看来，可以作出这样的区别：李斯特是将罪刑法定原则置于构成要件之外，作为抵御刑事政

① [德] 克劳斯·罗克辛：《刑事政策与刑法体系》（第 2 版），蔡桂生译，16 页，北京，中国人民大学出版社，2011。

② 参见 [德] 克劳斯·罗克辛：《刑事政策与刑法体系》（第 2 版），蔡桂生译，25 页，北京，中国人民大学出版社，2011。

③ 参见 [德] 克劳斯·罗克辛：《德国刑法学总论》，第 1 卷，王世洲译，181 页，北京，法律出版社，2005。

策侵入的边界。归根结底，李斯特还是把罪刑法定原则与刑事政策对立起来。因此，李斯特在罪刑法定原则的理解上更注重通过其形式性特征限制司法权的滥用。而罗克辛则将罪刑法定原则与刑事政策统一起来，认为罪刑法定原则所具有的保障功能本身就是刑事政策所要求的。因此，在刑事政策机能之视角下，罪刑法定原则不仅具有将法无明文规定的行为排除在构成要件之外的功能，而且应该根据罪刑法定原则所具有的保障功能对构成要件进行实体审查，将那些没有处罚必要性的行为排除在构成要件之外。罗克辛指出：从罪刑法定原则的角度来看，其相反的做法反而是正确的：也就是说，落实刑法之“大宪章”机能和刑法之“不完整性”（fragmentarische Natur）的限制性解释，基于保护法益的思想，只能抽象地限制在不可放弃的可罚性领域。为了达到这个目的，就需要一些调节性（regulativ）的规则，比如韦尔策尔所引入的社会相当性，这个社会相当性并不是构成要件要素，而更似乎是在针对包含了社会容忍的举止方式的各种字词含义进行限制时，为了解释的方便而得出的东西。进一步地，还有所谓的“轻微性原则”（Geringfügigkeitsprinzip），亦即在大多数构成要件中，是可以一开始就排除那些轻微的损害的，而被排除的这些轻微损害也属于社会容忍的内容。[①] 这样，罪刑法定原则就具有了实质性的积极功能，这就是罗克辛所说的罪刑法定原则所具有的指导人们举止的目标。在这个意义上，罗克辛认为，罪刑法定原则就成为变革社会的工具，而且是具有重要意义的工具。[②] 显然，这与李斯特对罪刑法定原则之功能的消极理解是完全不同的，罗克辛主要是强调了罪刑法定原则的实质侧面，并且为构成要件的实质化提供了正当性的根据。根据以上考察，我们可以看到罗克辛在一定程度上恢复了费尔巴哈的罪刑法定思想。因为费尔巴哈主要是从一般预防角度论证罪刑法定原则的正当性，刑法的合理性不仅来自惩罚的必要性，而且来自预防的必要性。这里的预防，就是指费尔巴哈所主张的心理强制。

① 参见［德］克劳斯·罗克辛：《刑事政策与刑法体系》（第 2 版），蔡桂生译，30～31 页，北京，中国人民大学出版社，2011。

② 参见［德］克劳斯·罗克辛：《刑事政策与刑法体系》（第 2 版），蔡桂生译，12 页，北京，中国人民大学出版社，2011。

费尔巴哈指出："刑法的必要性的根据以及刑罚存在的根据（既包括法律中规定的刑罚，也包括刑罚的运用本身），是维护所有人彼此之间的自由的必要，其途径是消除人们内心的违法动机。"[①] 因此，在费尔巴哈那里，罪刑法定本身就具有一般预防的功能。及至李斯特开始注重特殊预防，罪刑法定的一般预防功能被忽视，而其人权保障功能备受重视。罗克辛则在注重罪刑法定的人权保障功能的同时，也强调罪刑法定的一般预防功能。由此，刑法目的与罪刑法定获得了一致性，并在构成要件阶层得到体现。

在构成要件的实质化中，罗克辛的正犯理论，尤其是义务犯理论，具有不容忽视的重大意义。正犯虽然与共犯相对应，但它更涉及对构成要件行为的理解。在实证主义的观念指导下，古典派犯罪论体系所主张的物理性的行为概念使对不作为的解释显得捉襟见肘，更不用说对忘却犯，简直就是无能为力。目的行为论的犯罪论体系虽然添加了行为的目的性这一要素，使行为概念的内容更为丰富，但对于过失犯的行为性，目的行为论的犯罪论体系仍然束手无策。罗克辛在刑事政策观念的指引下，将构成要件行为与法益损害之间的关系分为支配关系与义务关系，由此引申出支配犯与义务犯这一对范畴。支配犯的本质是对犯罪行为的因果流程的支配，这种支配既可以是行为支配（Handlungsherrschaft），即以直接实施构成要件行为的方式构成的直接正犯；也可以是意志支配（Willensherrschaft），即行为人虽未亲自实施构成要件行为，但利用自己的意志力量支配了犯罪的因果流程；还可以是机能支配，即行为人通过和其他犯罪人的分工合作，机能性地支配了犯罪，因而拥有机能的犯罪支配（funktionelle Tatherrschaf）。[②] 应该说，罗克辛的支配犯尚可在传统的行为论中加以理解。那么，义务犯则具有强烈的价值论色彩，在很大程度上超越了传统的行为论。罗克辛指出："还存在着这样的犯罪，在这些犯罪中处于实现行为构成的中心位置的人，是那

---

① ［德］安塞尔姆·里特尔·冯·费尔巴哈：《德国刑法教科书》（第14版），徐久生译，29页，北京，中国方正出版社，2010。

② 参见何庆仁：《义务犯研究》，11页，北京，中国人民大学出版社，2010。

些违反特定的不是每个人都要履行的义务的人。我称之为‘义务犯罪’。”[①] 义务犯的行为不像支配犯那样，是通过实在的外在举止的方式所能够把握的；而是通过违反构成要件特别规定的特定义务而加以描述的。在论及义务犯的特定义务时，罗克辛指出：“在义务犯中，构成要件所保护的是那些生活领域的功效（Funktion-sfähigkeit），而这些生活领域是人们在法律上精心构建过（durchgeformt）的。”[②] 随着义务犯理论的建构，构成要件的行为极大地超越了存在论的疆域，越来越具有规范论的性质，这也被认为是罗克辛目的理性的犯罪论体系的特色之一。

在构成要件的实质化中，罗克辛所做的最为重要的贡献还在于提出了客观归责理论。客观归责是在形式地具备构成要件之后，再进一步对符合构成要件的行为进行实质审查。客观归责的基本原理是法秩序必须禁止人们创造对于受刑法保护的法益而言不被容许的风险，而且，如果行为人在某个侵害法益的结果中实现了这种风险，那么实现这种风险就要作为一种符合构成要件的行为归属到该行为人身上。[③] 客观归责理论所要解决的是：在什么样的前提条件下将结果归责于行为人所实施的行为？这个问题，在古典派的犯罪论体系中，是通过因果关系理论来解决的，将其视为一个事实上的归因问题。此后，目的行为论的犯罪论体系强调了意志的归责（die voluntative Zurechnung），而罗克辛则在规范的归责（die normative Zurechnung）的基础上，形成了客观归责理论，完成了从存在论的归因到规范论的归责的转变。[④] 随着客观归责理论的创立，构成要件的实质判断被强化。在这种情况下，构成要件从存在论走向价值论或者规范论。刑事政策所具有的

---

① ［德］克劳斯·罗克辛：《德国刑法学总论》，第2卷，王世洲译，11页，北京，法律出版社，2013。

② ［德］克劳斯·罗克辛：《刑事政策与刑法体系》（第2版），蔡桂生译，23～24页，北京，中国人民大学出版社，2011。

③ 参见［德］克劳斯·罗克辛：《刑事政策与刑法体系》（第2版），蔡桂生译，72页，北京，中国人民大学出版社，2011。

④ 关于德国客观归责理论的形成，参见吴玉梅：《德国刑法中的客观归责研究》，北京，中国人民公安大学出版社，2007。

目的性的观念在构成要件中得到贯彻，而客观归责只不过是其中的一个篇章。

2. 违法性的价值化

在三阶层的犯罪论体系中，违法性主要是对符合构成要件的行为进行实质审查。然而在李斯特的古典派的犯罪论体系中，违法性虽然可以分为形式违法性与实质违法性，但构成要件是形式违法性的凭证，主要依靠构成要件的推定。而实质违法性也在很大程度上取决于正当化事由的判断：凡是存在正当化事由的，则否定实质违法性的存在；只有在否定正当化事由的情况下，才肯定实质违法性的存在。因而，违法性的有无取决于正当化事由是否存在，无须单独进行判断。而且，否定实质违法性的存在，也不能否定形式违法性，这是基于三阶层递进式逻辑的必然结论。因此，根据李斯特的古典派的犯罪论体系，违法性的功能极为有限，只是根据法律规定认定正当化事由。只有在新古典派犯罪论体系中，才真正引入实质违法性的判断，使违法性阶层发挥实质审查功能。对此，德国学者许乃曼在论及新古典派犯罪论体系对违法性阶层的贡献时指出：在贝林—李斯特的体系里，违法性原来是一个纯粹形式的、完全由立法者以权威命令充实内涵的范畴。在此透过实质的违法性理论即发生了一个大转变：无论如何，在实质的违法性被定义为“侵害社会的行为”，并且对于阻却违法发展出“目的手段相当原则”或“利多于害原则”等调节公式之后，人们才可能开始对无数被立法者所忽视或未予解决的违法性的问题，借由体系处理寻求解决的方法。① 罗克辛则进一步将违法性要件所要承担的作用，从构成要件中排除不具有实质违法性的行为的消极功能转化为解决社会冲突的积极功能。罗克辛指出：在违法性层面，人们探讨的是相对抗的个体利益或社会整体利益与个体需求之间产生冲突时，应该如何进行社会纠纷的处理。也就是在一般人格权（allgemeines Persönlichkeitsrecht）与公民行为自由之间有矛盾时，是否有必要进行公权力的干预，以求得矛盾的消除，以及在现实的、难以预见的紧急状态的情况下，是否要求作出进行干预的决定：

① 参见［德］许乃曼：《刑法体系思想导论》，载许玉秀、陈志辉合编：《不移不惑献身法与正义——许乃曼教授刑事法论文选译》，271～272页，台北，春风煦日学术基金，2006。

在这里，人们经久不衰地讨论的是，社会如何才能对利益以及与之相对立的利益实现正确的管理。[①] 在此，罗克辛提出了一个与违法性的本质相关的重要概念，这就是干预权。这里的干预权是指法律，确切地说，是刑法对于个人行为的干预权。如果干预，则意味着某种行为应当作为犯罪处理；如果不予干预，则该行为可以不作为犯罪处理。而是否干预，就直接决定了犯罪的范围与特征。例如，对于安乐死是否构成故意杀人罪的问题，就涉及法律是否赋予公民个人以尊严死的权利这一较为敏感的问题。在正当化事由中，除了刑法明文规定的正当防卫、紧急避险等法定事由，还存在着大量的超法规的正当化事由。对于这些超法规的正当化事由的认定，就涉及在相对立的利益之间如何权衡与取舍的选择。根据罗克辛的观点，这里关系到整体法秩序，也是刑法中最为活跃的内容。通过正当化事由的范围调节，刑法能够及时与灵活地反映社会现实。这对于刑法来说，可以在对社会作出有效反应的同时，又能够保持刑法的稳定性。正如罗克辛指出：由于干预权是源自整个法的领域的，而且正如超法规紧急避险的例子所表现的那样，其是可以从实在法的一般原则推导出来的，也并不需要用刑法法条来固定化，因此，不受罪刑法定原则影响的其他法领域的发展变化可以在正当化事由方面直接影响到案件是否可罚，而并不需要刑法作出同步修改。[②] 在这种情况下，违法性就成为一种否定性的价值判断，它以干预权为依归，由此而充分发挥了违法性的出罪功能。

3. 罪责的目的化

如前所述，李斯特的古典派犯罪论体系在罪责上所持的是心理性的罪责概念，此后新古典派犯罪论体系发展出了规范性的罪责概念，在罪责概念中引入了价值评价。目的行为论的犯罪论体系则进一步对规范性罪责概念进行了修正，将故意、过失这些单纯的心理性内容从罪责概念中抽掉，将之归入构成要件，在罪

① 参见［德］克劳斯·罗克辛：《刑事政策与刑法体系》（第2版），蔡桂生译，21页，北京，中国人民大学出版社，2011。

② 参见［德］克劳斯·罗克辛：《刑事政策与刑法体系》（第2版），蔡桂生译，39～40页，北京，中国人民大学出版社，2011。

责概念中保留下来的仅仅是可谴责的标准。可以说，从心理性的罪责概念到规范性的罪责概念，罪责要件已经在很大程度上完成了从存在论的罪责观到价值论的罪责观的转变。但罗克辛认为，上述规范性罪责概念仍然是一种形式性的罪责概念，指出规范性罪责概念仅仅是说，一种有罪责的举止行为必须是“可谴责的”。但是，这个概念仅仅具有形式上的性质，而还没有回答这个问题：这种可谴责性应当取决于哪一些内容上的条件。这是一个关于实质性罪责概念的问题。① 在此，罗克辛提出了实质性罪责概念的命题。那么，实质性罪责概念到底包含哪些要素呢？罗克辛认为，罪责主要是回答“构成要件该当、违法的行为具备什么条件才配得上动用刑罚”的问题。罗克辛指出：刑罚同时取决于两个因素，其一是，用刑罚进行预防的必要性；其二是，犯罪人罪责及其大小。如果人们赞同我的观点，那么，也就意味着，刑罚受到了双重的限制。刑罚之严厉性不得超过罪责的严重性，同时，也不能在没有预防之必要性的情况下科处刑罚。这也就是说，如果有利于对犯罪人实行再社会化的话，那么，是可以科处比罪责之严重程度更为轻缓的刑罚的；如果没有预防必要的话，甚至可以完全不科处刑罚。② 因此，在实质性的罪责中，包含了两个要素，这就是规范性要素与预防必要性；并且，在这两者之间存在着逻辑上的位阶关系：规范性要素在前，预防必要性在后；后者以前者为前提。罗克辛还提出了答责性（Vemntwortlichleit）作为上述两个概念的上位概念。规范性要素解决的是非难可能性（Vorwerfbarkeit）的问题，只是答责性的必要条件，只有加上预防必要性，才能为答责性提供充分条件。③ 对于罗克辛实质性罪责概念中的规范性要素，不必着墨过多，因为其并无特别之处。这里需要重点讨论的是预防必要性。罗克辛的预防必要性是从刑罚目的中引申出来的，这里的刑罚目的就是预防犯罪。罗克辛是报应主义的坚定反对

① 参见［德］克劳斯·罗克辛：《德国刑法学总论》，第1卷，王世洲译，562页，北京，法律出版社，2005。

② 参见［德］克劳斯·罗克辛：《刑事政策与刑法体系》（第2版），蔡桂生译，78～79页，北京，中国人民大学出版社，2011。

③ 参见李文健：《罪责概念之研究——非难的实质基础》，222页及以下，台北，三容股份有限公司，1998。

者，因为报应主义使刑罚完全脱离了社会，没有考虑刑罚处罚的社会必要性。而基于刑事政策之机能的视角，在刑罚目的上只能选择预防主义。罗克辛指出："由于刑法是一种社会治理（soziale Steuerung）和社会控制的机制，它也就只能谋求社会目标。"① 这里的刑法的社会目标就是指预防犯罪，这也是刑事政策的目标。

预防犯罪有一般预防与特殊预防之分。在以往德国学者中，费尔巴哈主张一般预防，李斯特则转向特殊预防。但是，无论是费尔巴哈还是李斯特都没有将犯罪预防的观念引入罪责之中。在将预防观念引入罪责概念的理论中，其中有两种理论：第一种是作为必须为自身个性负责的罪责，这一罪责概念具有明显的人格责任论的性质，将罪责标记成"为这种人格必须承担责任（Einstehenmüssen）"，因此，特殊预防成为刑罚必要性的考量因素。第二种是作为根据一般预防需要归咎的罪责，这是德国学者雅科布斯所主张的，这种理论将罪责理解为一种一般预防性的归咎（Zuschreibung），一般预防成为刑罚必要性的考量因素。② 对于这两种关于刑罚必要性的罪责理论，罗克辛都是反对的。罗克辛在刑罚目的问题上是一个双重预防论者，指出：刑罚还要有特殊预防和一般预防的目标。通过刑罚的安排，必须实现让被处罚者尽量不为再犯的目标；我们的刑事执行最好能够努力促进犯罪人在刑法上的重新塑造，促进他的再社会化，以此来让他不为再犯。同时，刑罚也要对公众产生作用，具体也就是，刑罚要能促进人民的法律意识，并且让他们注意到可罚举止的后果。③ 因此，在罗克辛的预防性的罪责概念中，既包括了特殊预防，又包括了一般预防，罗克辛称为作为不顾规范可交谈性的不法行为的罪责。

（三）刑法教义学与刑事政策的一体化：罗克辛贯通的径路

罗克辛将李斯特关于刑法教义学与刑事政策的关系描述为李斯特鸿沟，这当

---

① ［德］克劳斯·罗克辛：《刑事政策与刑法体系》（第 2 版），蔡桂生译，76 页，北京，中国人民大学出版社，2011。

② 参见［德］克劳斯·罗克辛：《德国刑法学总论》，第 1 卷，王世洲译，565、567 页，北京，法律出版社，2005。

③ 参见［德］克劳斯·罗克辛：《刑事政策与刑法体系》（第 2 版），蔡桂生译，76～77 页，北京，中国人民大学出版社，2011。

然具有贬义，反映了在这个问题上罗克辛的倾向性立场，即要打通刑法教义学与刑事政策之间的关系。罗克辛明确地将其刑法教义学称为以刑事政策为导向的刑法学，指出建立这个刑法体系的主导性目的设定，只能是刑事政策性的。刑事可罚性的条件自然必须是以刑法的目的为导向。[①] 罗克辛将刑事政策贯彻到构成要件、违法性和罪责这三个阶层之中，成为其目的理性的犯罪论体系的一根红线。

罗克辛将刑事政策贯穿于整个刑法教义学，是否会发生李斯特所担忧的刑事政策对刑法的侵扰呢？回答是否定的。之所以如此，是因为罗克辛引入刑法教义学的刑事政策与罪刑法定这两者始终处于一种复杂的牵制关系之中。事实上，罗克辛不仅将刑事政策贯穿于构成要件、违法性和罪责这三个阶层，而且也把罪刑法定主义同时贯穿于这三个阶层。

第一，构成要件与罪刑法定。

在构成要件阶层，罪刑法定原则主要体现为明确性的要求。然而，这种明确性并非绝对，需要进行价值的填充。这种填充在很大程度上受到刑事政策的指导。罗克辛在论及构成要件对行为的描述时就认为，如果人们想通过行为的描述来满足罪刑法定原则的要求，那么就会产生一个无法解决的矛盾：人们要怎样才能够用精确的行为描述（Tatbeschreibung）来处理没有的行为（Nichthandeln）呢？这里的“没有的行为”可以理解为缺乏物理性特征的行为，对此，建立在实证主义基础之上的行为论是无能为力的。只有采用刑事政策的方法，才能进行合理的价值建构。罗克辛认为，正确的做法本该是：在行为犯的场合，只有在该行为犯之构成要件包含义务犯的情况下，才可以允许不作为取得与积极作为同等的地位。[②] 因此，在构成要件上，罗克辛通过义务犯之义务关系填补了空隙。因为，从罪刑法定原则的角度来讲，这个对义务的违反是通过作为还是不作为的方式来实现，并不重要。在罗克辛看来，立法者对构成要件只能作出较为粗疏的规

① 参见［德］克劳斯·罗克辛：《德国刑法学总论》，第1卷，王世洲译，133页，北京，法律出版社，2005。

② 参见［德］克劳斯·罗克辛：《刑事政策与刑法体系》（第2版），蔡桂生译，25页，北京，中国人民大学出版社，2011。

定，这是一种框架式的规定。这是一种罗克辛称为“粗略描绘的现行法的形象”，只有依靠刑事政策“在一切细节上进行设想和加工”[①]。由此，罗克辛在构成要件的解释上将刑法教义与刑事政策统一起来。

第二，违法性与罪刑法定。

在违法性阶层，罗克辛将干涉权视为核心概念，认为其并不违反罪刑法定原则，因为其限制了司法权的定罪范围。罪刑法定原则在正当化领域也有其功能，例如正当防卫类型的教义学一体系化处理方法本身就受到立法的限制。至于超法规的正当化事由，也并不能认为是违反罪刑法定原则的。因为罪刑法定原则只限制入罪，但并不限制出罪。而且，对于正当化事由，无论是法定的正当化事由还是超法规的正当化事由予以出罪，都并不与罪刑法定的一般预防精神相抵触。因为，正当化事由不仅没有刑罚必要性，也没有预防必要性。

第三，罪责与罪刑法定。

在罪责阶层，刑事政策主要体现在引入了预防必要性的概念，但这是在具有心理性要素和规范性要素的基础上，进一步要求具备预防必要性才能动用刑罚，因此预防必要性起到的是限制刑罚发动的作用，而不是扩张刑罚范围。在论及罪责方案的设计时，罗克辛指出除此之外，还要提一下罪刑法定原则：“这是个同时也适用于罪责要素和被用于确定可罚的范围的原则，同样，该原则也必须适用于我们所提的这个方案。”[②] 因此，罪刑法定原则也是贯穿于罗克辛的目的理性的犯罪论体系，一如刑事政策。

在刑法与刑事政策的关系这个标题下，这里的刑法，罗克辛也称为刑法体系，也就是所谓犯罪论体系或者教义刑法学，这是没有疑问的。但是，这里的刑事政策到底是指什么，却是值得仔细推敲的。李斯特的刑事政策是指实体上的刑事政策，即抗制犯罪的各种措施。事实上，李斯特并不排斥刑事政策对实体刑法

---

① ［德］克劳斯·罗克辛：《德国刑法学总论》，第 1 卷，王世洲译，137 页，北京，法律出版社，2005。

② ［德］克劳斯·罗克辛：《刑事政策与刑法体系》（第 2 版），蔡桂生译，48 页，北京，中国人民大学出版社，2011。

的影响，例如在刑罚规定中，就应该根据犯罪人的个体特征针对性设置刑事处罚措施。但是，在关于犯罪的规定中，李斯特坚持罪刑法定原则，竭力避免刑事政策的侵入。可以说，在刑法与刑事政策的关系上，李斯特在犯罪论与刑罚论这两个领域是存在一定程度分裂的：犯罪论坚持罪刑法定原则，而刑罚论坚持刑罚目的论。这也就是罗克辛所说的刑法典作为“犯罪人的大宪章”的人权保障观念与刑事政策作为“刑法的目的性思想（Zweckgedanke）”的实现工具之间互相疏离。

在罗克辛那里，虽然到处都出现刑事政策这个概念，但没有见到其对刑事政策的确切定义。罗克辛的刑事政策概念与李斯特的刑事政策概念是一致的吗？如前所述，李斯特的刑事政策是一种实体性或者本体论的刑事政策。显然，罗克辛的刑事政策概念则并非如此，而毋宁说是一种价值性或者方法论的刑事政策。罗克辛的刑事政策具有更为抽象的特征而不是实体性的具体措施。揭示李斯特的刑事政策与罗克辛的刑事政策之间的根本差别，具有重要意义。事实上，罗克辛只是从李斯特的刑事政策中提取了目的性思想这个理论资源，将其上升到价值论与方法论的程度，以此进入刑法教义学。至于李斯特所定义的那种实体性或者本体论意义上的刑事政策，则完全可以在刑法教义学之外作为一门独立的学科进行专门性的研究。根据我的观察，罗克辛的刑事政策可以与以下这些概念相等同。

1. 实质

在罗克辛的刑法词典中，刑事政策也成为实质的同义语。这里的实质是在与形式相对应的意义上使用的，在此，刑法规范的形式性与刑事政策的实质性就成为一对范畴。与此同时，实质也与实证在相对应的意义上使用，具有价值的含义。例如，罗克辛在论及犯罪论时指出：“犯罪论，是人们对所有刑事政策立场进行提取和归纳，并以描述性、实证化（positivistisch）的方式进行形式上的归类，才设计出来的。”① 罗克辛在这里所定义的犯罪论，是指其目的理性的犯罪

① ［德］克劳斯·罗克辛：《刑事政策与刑法体系》（第2版），蔡桂生译，13页，北京，中国人民大学出版社，2011。

论，其中包含了刑事政策作为实质性的基本立场与具有形式性与实证性的刑法教义规则这两个层次的内容。因此，在罗克辛的犯罪论体系中，刑事政策可以看作是其实质性内容。

2. 价值

罗克辛还往往将刑事政策作为价值性的工具使用，刑事政策是一个价值性的概念而与事实性概念形成一种对应关系。在罗克辛看来，刑事政策就是一种价值判断。例如罗克辛指出："要将价值评价性各种分散的观点，放到其刑事政策的合法性上来考察——具体举例来讲，也就是，对构成要件进行法益上的、宽泛的目的性（teleologisch）上的解释，不可以盖过罪刑法定原则的保障功能。"① 在此，罗克辛是把价值评价性吸纳到刑事政策的概念之中。在罗克辛的目的理性的犯罪论体系中，刑事政策主要承担着价值性判断的职责。

3. 目的

罗克辛将其犯罪论体系称为目的理性体系，这里的目的在很大程度上可以等同于刑事政策。例如，罗克辛在论证刑法与刑事政策并不是对立而是统一的时候指出，更确切地说，刑法是这样一种形式："在这种形式中，人们将刑事政策的目的设定转化到法律效力的框架之内。"② 在此，刑事政策就是一种目的。其实，在刑事政策是一种目的性思想这一点上，罗克辛是继承了李斯特的学说。李斯特最早提出了刑法的目的性思想，首次赋予目的这一概念以刑事政策的意蕴。但是，李斯特的刑事政策仍然是实体性的抗制犯罪的具体措施，而没有直接将刑事政策等同于目的。在罗克辛这里，则将刑事政策从实体性内容中抽离出来，因而刑事政策才可能等同于目的。

基于以上分析，在罗克辛的目的理性的犯罪论体系中，并没有一个统一的、完整的、确定的刑事政策概念，而是在各种不同的犯罪论阶层，使用不同的刑事

① ［德］克劳斯·罗克辛：《刑事政策与刑法体系》（第2版），蔡桂生译，57～58页，北京，中国人民大学出版社，2011。

② ［德］克劳斯·罗克辛：《刑事政策与刑法体系》（第2版），蔡桂生译，49页，北京，中国人民大学出版社，2011。

政策概念。例如，在构成要件阶层，相对于对行为的实证性描述，刑事政策就是指对构成要件的实质性评判。在违法性阶层，相对于对正当化事由的形式性叙述，刑事政策就是指对违法性的价值性判断。在罪责阶层，相对于对罪责的心理性要素、规范性要素的论述，刑事政策就是指对罪责的目的性分析。这里还应当指出，贯穿罗克辛的目的理性的刑法体系的还有另一个重要概念，这就是功能，也译为机能，由此罗克辛的目的理性的刑法体系也称为功能性的（funktionalen）的刑法体系。这里的功能性，是与实证性相对应的一个概念，是指主观上的目的设定性与客观上的功效呈现性。实证性的刑法体系是建立在所谓物本逻辑基础之上的；而功能性的刑法体系则是建立在价值选择基础之上的。在刑法体系中的功能性因素，也就是刑事政策因素。因此，罗克辛的刑事政策本身也不是存在论意义上的，而是价值论意义上的，是一种所谓观念性的刑事政策。

罗克辛并不是从存在论的犯罪论体系向价值论或者规范论的犯罪论体系演变这一历史过程的终点，这个终点是雅科布斯的机能主义刑法学。如果说李斯特—贝林的古典派犯罪论体系是纯粹的存在论的犯罪论体系，那么，目的行为论的犯罪论体系就是非纯粹的存在论的犯罪论体系；而目的理性的犯罪论体系是非纯粹的规范论的犯罪论体系，雅科布斯的机能主义的犯罪论体系则是纯粹的规范论的犯罪论体系。① 在这个意义上说，罗克辛的目的理性的犯罪论体系仍然具有存在论与规范论并合的折中性质，只不过更偏向于规范论。

三、中国意识

德国对于我们来说是一个遥远的异邦，发生在德国一百三十年前的李斯特鸿沟，以及在一百年之后的罗克辛贯通，对于中国刑法学者来说，究竟意味着什么？这是一个值得严肃思考的问题。

① 参见方泉：《犯罪论体系的演变——自“科学技术世纪”至“风险技术社会”的一种叙述和解读》，96～98 页，北京，中国人民公安大学出版社，2008。

我国对于刑法和刑事政策的研究都是三十年前才恢复的，在国家法治建设的召唤下，这两个学科都取得了令人瞩目的成绩，这是不容否定的。对于刑法学来说，我国正处在向刑法教义学转型的一个关键时期。严格来说，我国还没有建立起体系化的刑法教义学。就此而言，我国还处在李斯特时代。与此同时，我国的刑事政策研究已经形成了独立的学科。在我国，刑事政策作为一个学科不仅独立于刑法学，而且独立于犯罪学，这在各个刑事法的理论格局中也是独具特色的。我国的刑事政策除了对刑事政策的基本原理的研究①，还有对我国实际奉行的刑事政策的研究。② 这些研究都在一定程度上促进了我国刑事政策的理论发展。就刑法与刑事政策的关系而言，我国刑法学界在以下三个方面的研究值得重视。

第一，刑法的刑事政策化研究。刑法的刑事政策化是我国较为热门的一个话题。我国学者指出所谓“刑法的刑事政策化”就是在刑法的制定和适用过程中，考虑刑事政策，并将其作为刑法的评价标准、指引和导向。③ 根据学者的观点，刑法的刑事政策化可以分为两个环节：一是刑事立法的刑事政策化，二是刑事司法的刑事政策化。应该说，我国无论是刑事立法还是刑事司法都在很大程度上受到刑事政策的左右：从 1983 年起是严打的刑事政策，从 2005 年开始是宽严相济的刑事政策，都对我国的刑事立法与刑事司法产生了重大的影响。如何评价这种影响，当然不是本文所要讨论的。这里只是指出，这种刑法的刑事政策化并不是李斯特以及罗克辛的话语体系中的刑法与刑事政策关系的内容。

第二，刑法与刑事政策的功能界分研究。我国学者还从功能界分上对刑法与刑事政策的关系进行了探讨，指出：刑事政策与刑法关系应有正确定位。就刑事政策是刑法立法指针而言，刑事政策应优位于刑法；二者有各自发挥作用的界域，应各就各位、互不替代；刑事政策与刑法应相互制约，协调发展；相互推动，共同进步。二者关系的核心是在区别二者前提下的互动的制约、促进关系。

---

① 参见严励：《中国刑事政策的建构理性》，北京，中国政法大学出版社，2010。

② 参见陈兴良：《宽严相济刑事政策研究》，北京，中国人民大学出版社，2007。

③ 参见黎宏：《论“刑法的刑事政策化”思想及其实现》，载《清华大学学报（哲学社会科学版）》，2004（5）。

刑法（主要通过其基本原则）对刑事政策的制约主要涉及刑事政策的制定和实施，这是法治的要求，是权利保障的要求；刑事政策对刑法的指导主要体现在法律的制定、实施和法律变革上，这是时代发展的要求，也是社会防卫的要求。而无论如何，倡行法治、保障人权是刑事政策和刑法都应该奉行的基本原则，是已为现代法治国家的刑事司法实践所证实的理性选择。[①] 这一对刑法与刑事政策关系的讨论，是对作为实在法的刑法与实体性的刑事政策之间关系的一种理论分析，和李斯特、罗克辛讨论的作为教义学的刑法与作为方法论的刑事政策之间关系的话语体系也是完全不同的。

第三，刑事一体化研究。在我国刑法学界，刑事一体化是一种具有学术影响力的思想，储槐植教授作为这一思想的发明者，对我国刑法理论的发展作出了重要的贡献。储槐植教授1989年发表在《中外法学》第1期题为《建立刑事一体化思想》一文中，首次提出了刑事一体化的概念，认为刑事一体化的内涵是刑法和刑法运行内外协调，即刑法内部结构合理（横向协调）与刑法运行前后制约（纵向协调）。[②] 这一刑事一体化的思想主要还是就刑法的立法与司法而言的，并未涉及刑法作为一种理论及其与刑事政策之间的关系。此后，储槐植教授又对刑事一体化思想作了进一步的阐述，认为刑事一体化可以分为作为研究方法的刑事一体化和作为刑法运作的刑事一体化。其中，作为研究方法的刑事一体化，储槐植教授强调对刑法全方位的研究，包括在刑法之中研究刑法、在刑法之外研究刑法、在刑法之上研究刑法。而作为观念的刑事一体化，储槐植教授旨在建造一种结构合理和机制顺畅（即刑法和刑法运作内外协调）的实践刑法形态。在此，储槐植教授论及刑事一体化与刑事政策的关系，指出“作为观念的刑事一体化与刑事政策的关系极为密切，一方面它要求良性刑事政策为之相配，同时在内涵上又与刑事政策兼容并蓄，因为刑事政策的基本载体是刑法结构和刑法机制”[③]。在此，储槐植教授已经从刑法与刑事政策的理论形态上加以考察，追求两者的契

① 参见卢建平：《刑事政策与刑法关系的应然追求》，载《法学论坛》，2007（3）。

② 参见储槐植：《刑事一体化与关系刑法论》，294页，北京，北京大学出版社，1997。

③ 储槐植：《刑事一体化论要》，28页，北京，北京大学出版社，2007。

合，从而触摸到了李斯特鸿沟，就其试图将刑事政策引入刑事一体化而言，在一定程度上跨越了李斯特鸿沟。当然，刑事一体化思想虽然在我国刑法学界被广泛传播，但对刑法与刑事政策的具体研究却未能发生实质性的影响，存在着“只见开花，不见结果”的令人遗憾的局面。我以为，这主要是因为我国尚未建立起严格意义上的刑法教义学，缺乏承接刑事一体化思想的理论载体。

近些年来，也是随着李斯特、罗克辛的学术著作传入我国，刑法与刑事政策这个德国问题也开始引起我国学者的关注，并进行了研究。[①] 其中，劳东燕教授的成果较为突出。劳东燕教授较早时期以风险社会与风险刑法为题强势进入刑法学领域[②]，在风险刑法的分析中已经采用了刑事政策的方法，这是对刑法问题分析采用刑事政策方法与视角的一种尝试。此后，劳东燕教授又发表专文讨论如何将刑事政策引入规范刑法学之中[③]，这里的规范刑法学其实就是指教义刑法学。劳东燕教授肯定了在刑法教义学中引入刑事政策的必要性，指出：“将刑事政策引入刑法教义学的研究之中，代表着刑法理论发展的走向。将刑事政策弃之不顾的做法，已经难以获得基本的正当性。缺乏刑事政策这一媒介，不仅刑法与社会现实之间的联系通道会全面受阻，刑法教义学的发展也会由于缺乏价值导向上的指引而变得盲目。”[④] 劳东燕教授还用这一方法，对刑法教义学中的有关问题进行了示例性的分析。尤其值得肯定的是，劳东燕教授注意到了刑法教义学与刑事政策、李斯特与罗克辛之间的这种学理上的差异，对刑法体系与刑事政策的关系，从费尔巴哈经由李斯特，再到罗克辛的学术演变路径进行了梳理。[⑤] 在我国学者中劳东燕教授最先对刑法教义学与刑事政策关系这一问题予以关注，并将其转换为中国问题，这为我们正确地认识刑法教义学与刑事政策的关系奠定了

---

① 参见谢望原：《论刑事政策对刑法理论的影响》，载《中国法学》，2009（3）。

② 参见劳东燕：《公共政策与风险社会的刑法》，载《中国社会科学》，2007（3）。

③ 参见劳东燕：《罪刑规范的刑事政策分析——一个规范刑法学意义上的解读》，载《中国法学》，2011（1）。

④ 劳东燕：《罪刑规范的刑事政策分析——一个规范刑法学意义上的解读》，载《中国法学》，2011（1）。

⑤ 参见劳东燕：《刑事政策与刑法体系关系之考察》，载《比较法研究》，2012（2）。

基础。

当前，我们已经来到李斯特鸿沟之前，并且目睹了罗克辛的贯通。在这种情况下，我国刑法学意欲何为，去向何方？这是一个决定着我国刑法学发展的命运之问，也是李斯特鸿沟以及罗克辛贯通的中国意识之所在。我认为，李斯特鸿沟以及罗克辛贯通对于我国刑法学具有启迪意义，使我们对刑法教义学的基本问题进行重新审思。

（一）从四要件到三阶层犯罪论体系转变

如前所述，我国尚处在李斯特时代，严格意义上的刑法教义学还没有建立起来。在这种情况下，建构刑法教义学体系可以说是我国刑法学界的当务之急。我国目前四要件的犯罪论体系与三阶层的犯罪论体系之争，就是刑法教义学建构中涉及的一个发展路径问题。

四要件是以社会危害性为其逻辑出发点，在此基础之上建立起来的犯罪论体系，并不是一个刑法教义学的体系。例如，苏俄学者在论述社会危害性与犯罪构成的关系时，认为社会危害性是犯罪构成的属性，两者是统一的，犯罪构成是犯罪的法律形式，而社会危害性是犯罪的社会政治内容，犯罪是法律形式与社会政治内容的统一体，两者不可分割。苏俄学者皮昂特科夫斯基指出：作为一种法律概念的犯罪构成，应该表现出犯罪的实质，揭露犯罪的政治内容及其对社会主义制度基础或社会主义法律秩序的危害性。每一个犯罪行为，按其客观特征来说，就是行为的一定的事实特征和行为的社会属性——对苏维埃制度或社会主义法律秩序的危害性。行为的社会危害性，这就是对行为的社会政治评价。因此，不仅应该把每一犯罪行为的事实特征列为犯罪构成的特征，而且也应该把它的社会属性，即行为的社会危害性也列为犯罪构成的特征。[①] 在这种观点看来，犯罪构成是犯罪的事实特征与社会政治内容的统一。如果把事实特征理解为犯罪的存在论意义上的特征，那么，社会政治内容就是价值论意义上的特征。显然，这一犯罪

---

① 参见［苏］A. A. 皮昂特科夫斯基：《社会主义法制的巩固与犯罪构成学说的基本问题》，孔钊译，载中国人民大学刑法教研室编译：《苏维埃刑法论文选译》，第1辑，82页，北京，中国人民大学出版社，1955。

构成体系已经完全不是李斯特那种实证主义的犯罪论体系，而是将价值判断引入犯罪构成体系之中。这种具有强烈政治色彩的价值内容是从犯罪的实质概念中引申出来的，与犯罪的事实特征相比有明显优势，在没有建立事实与价值之间的位阶关系的情况下，这种四要件的犯罪构成就沦为社会危害性的构成。因此，苏俄的四要件的犯罪论体系具有实质主义的性质。这一点也体现在苏俄学者对德国古典派犯罪论体系的批判当中。例如苏俄学者指出：资产阶级刑法并不运用社会危害性这一概念，而只运用犯罪构成及违法性的概念，同时也未揭露出它们的阶级本质。资产阶级一方面摈弃这些概念的社会政治内容，另一方面借抽象的结构，将犯罪构成的概念与违法性的概念截然对立起来。他们宣称：这些概念是完全独立的和互相隔离的。① 这里的资产阶级刑法就是指李斯特—贝林的犯罪论体系，指责这一犯罪论体系将犯罪构成视为一种纯粹描述性质的抽象的法律上的结构。此外，苏俄学者特拉伊宁也对古典派的犯罪论体系的客观性—形式性特征进行了批判，指出：贝林把犯罪构成同那种作为犯罪构成而不具有任何主观色彩的行为混为一谈，使主体的抽象行为达于极限。犯罪构成是犯罪的无形的反映。这样一来，贝林就把犯罪构成由日常生活中的事实变成了脱离生活实际的抽象的东西，变成了“时间、空间和社会以外的”一个概念。② 特拉伊宁从行为人刑法、实质主义刑法的角度对古典派的犯罪论体系的责难，实际上也就是对作为古典派的犯罪论体系之根基的罪刑法定原则的否定性评价。当犯罪构成突破了罪刑法定限制的时候，刑事政策就如同脱缰的野马，对公民权利与自由所主宰的市民社会肆意践踏的危险就会随之而来。正是在这个意义上，我曾经提出“回到贝林”的学术口号，指出“我国犯罪论体系的转型，除了应当对特拉伊宁的犯罪构成一般学说进行批判性反思，还必须重新审视贝林的构成要件论，甚至在一定意义上回到贝

① 参见［苏］T. B. 采列捷里、B. R. 马卡什维里：《犯罪构成是刑事责任的基础》，高铭暄译，载中国人民大学刑法教研室编译：《苏维埃刑法论文选译》，第 1 辑，63 页，北京，中国人民大学出版社，1955。

② 参见［苏］A. H. 特拉伊宁：《犯罪构成的一般学说》，王作富等译，16 页，北京，中国人民大学出版社，1958。

林，并以贝林为理论起点重新出发”①。我在这里所说的“回到贝林”，是指从特拉伊宁回到贝林，是在拨乱反正意义上回到贝林。因此，这里的“回到贝林”只是一种学术上的象征或者姿态，并非真要全盘接受李斯特—贝林的古典派犯罪论体系。正如我们已经回不到贝林，也已经回不到李斯特，因为他们创立的存在论的犯罪论体系已经被规范论的犯罪论体系所超越。但这一点也不妨碍我们回望李斯特鸿沟，遥想当年李斯特在刑法教义学与刑事政策之间划河为界的英姿。

苏俄学者对古典派的犯罪论体系的批判，在某种意义上似乎与罗克辛的批判具有相似之处，都揭示了古典派犯罪论体系的形式—实证主义的叙述缺乏价值性内容。但是，两者之间又存在着根本的差异。这种差异就表现在：苏俄的四要件犯罪论体系将以社会危害性为标志的实质性价值概念作为整个刑法体系的基石范畴，而这种实质性价值概念凌驾于形式性的构成要件之上，难以避免定罪过程中的主观任性与专断。换言之，李斯特通过建构实证主义的犯罪论体系以抵御刑事政策侵入的意图完全落空。而罗克辛在保留了李斯特的阶层性的犯罪论体系结构的前提下，将刑事政策引入犯罪论体系。在三阶层的框架内，刑事政策仍然受到罪刑法定原则的限制。对于罗克辛的目的理性的犯罪论体系来说，罪刑法定原则仍然是其犯罪论体系的边界。通过对罪刑法定原则功能的实质化阐述，罪刑法定原则不仅具有形式上排除不具有构成要件的行为的消极出罪功能，而且具有实质上限缩符合构成要件的行为的积极出罪功能。因此，苏俄学者对李斯特犯罪论体系的政治性批判与罗克辛对李斯特犯罪论体系的功能性超越，具有完全不同的性质，两者不能混为一谈。

在今天，李斯特的古典派犯罪论体系所具有的形式—实证主义的特征仍然具有参考意义。从四要件到三阶层的犯罪论体系的转变，是我国借鉴德日犯罪论体系的必由之路。在犯罪论体系的建构中，罪刑法定原则成为刑法教义学的出发点。刑法教义学不是一种以应然性的价值为研究对象的学科，而是一种以实然性的法条为研究对象的学科。在这一点上，刑法教义学与刑事政策之间是存在重大

---

① 陈兴良：《构成要件论：从贝林到特拉伊宁》，载《比较法研究》，2011（4）。

区别的。例如罗克辛在论及刑事政策学时指出："刑事政策学的研究对象不是那些已经存在（ist）的法律的形成，而是那些根据目的的要求本来应当存在（sein sollen）的法律的形成。"① 这里的已经存在就是指实然，而本来应当存在就是指应然。在罗克辛看来，刑事政策学是应然性的学科；与此对应，教义刑法学就是实然性的学科。这种实然性表现在以现行法条为其逻辑出发点，这也是罪刑法定原则的应有之义。德国学者在论述教义学时，提出了既有给定（ex datis）概念，指出："教义学的思想经常被视为一种不能批判思想的典范。这就表明：教义学是以自身已经确定而无须再作任何检验的信条为前提的，而且通过对这些前提的深入思考可以进一步认识教义学。这种理解其实是以预先给定的内容和权威为前提，而不是对该前提进行批判性检验。"② 因此，刑法教义学具有对刑法文本的解释性的特征，这种解释又不能超越法律的语义边界。正是在这种罪刑法定原则的限制之下，刑法教义学获得了其合法性与正当性。

刑法教义学虽然以刑法文本为对象，并受到罪刑法定原则的限制，但又不是对刑法文本的简单诠释，而是根据一定的内在精神演绎成一个知识体系。在此，阶层式结构作为刑法教义学的框架，起到了至关重要的作用。李斯特首先奠定了不法与罪责的位阶关系，提出了刑法制度中的罪责只能在违法性学说之后来探讨的命题。③ 此后，贝林提出并完善了构成要件的理论，由此形成三阶层的犯罪论体系。这种犯罪论体系的阶层式构造可以说是德国刑法学的标志性成果。例如目的行为论的创始人韦尔策尔指出：将犯罪分解为构成要件符合性、违法性和罪责三个阶层，是过去两三代人所取得的最为重要的学理成果……将犯罪分解为互相组合的三个评判和评价阶层，给法律适用带来了高度的理性和安全性；而且，借诸评价阶层之区分，还使获得正义的最终结论成为可能。因此，贯彻这一区分的

---

① ［德］克劳斯·罗克辛：《德国刑法学总论》，第1卷，王世洲译，117～118页，北京，法律出版社，2005。

② ［德］沃尔福冈·佛里希：《法教义学对刑法发展的意义》，赵书鸿译，载《比较法研究》，2012（1）。

③ 参见［德］李斯特：《德国刑法教科书》（修订版），徐久生译，168页，北京，法律出版社，2006。

法律体系就比不存在这种区分的法律体系更为优越（überlegen）。德国的法律科学普遍接受了这种三分法，德国的实践也以它作为判决的基础。①

如果说，阶层是这一犯罪论体系的框架，那么，体系化的知识就是这一体系的内容。框架是较为稳定的，内容却是变动的。这里的知识就是指各种刑法的教义学原理，它构成了刑法教义学最为活跃的部分。罗克辛指出："刑法信条学并不满足于把各种理论原理简单地合并在一起，并且一个一个地对它们加以讨论，而是努力要把在犯罪行为的理论中产生的全部知识，有条理地放在一个'有组织的整体'之中，通过这种方法，使人们能够清楚地认识各个信条（Dogmen）之间的内在联系。"② 阶层式的犯罪论体系形成以后，尽管此后随着各个刑法学流派的演变，刑法教义学的具体内容发生了重大的变化，但这个体系本身并没有根本性的变动。即使是罗克辛的目的理性的犯罪论体系，也还是承接了这一体系结构。而在我国，阶层式的犯罪论体系虽然开始受到重视，结合中国刑法规定进行本土化改造的学术努力也始终没有停止，但平面式的四要件体系仍然占据着重要位置。

从李斯特鸿沟到罗克辛贯通，我们首先需要面对的是李斯特的刑法教义学体系。只有具备了这一阶层式的犯罪论体系的基本框架，我国的刑法教义学才能获得发展的基础。我们应当看到，从李斯特—贝林的古典派的犯罪论体系，经过新古典派的犯罪论体系、目的行为论的犯罪论体系，最后到罗克辛的目的理性的犯罪论体系，这是一个将近百年的演变过程。罗克辛的体系并不是对李斯特体系的简单否定，而是以其为学术嬗变的起点所进行的长达百年、历经数代刑法学人的努力所达至的学术境界。因此，我们也应该将学术起点确定在李斯特，当然不是重复从李斯特到罗克辛的跋涉过程，而是充分关注这一过程所涉及的问题，并在中国的语境下解决这些问题。

---

① 参见［德］汉斯·韦尔策尔：《近百年的德意志刑法学理与目的行为论（1867—1966）》，蔡桂生译，载陈泽宪主编：《刑事法前沿》，第6卷，233、234页，北京，中国人民公安大学出版社，2012。

② ［德］克劳斯·罗克辛：《德国刑法学总论》，第1卷，王世洲译，118页，北京，法律出版社，2005。

（二）刑事政策对刑法教义学的目的引导

如前所述，李斯特的形式—实证主义的犯罪论体系是其特定历史条件下的产物，对于张扬罪刑法定主义，防止司法权的滥用，具有不可低估的历史意义。在我国现阶段，罪刑法定原则在刑法中确立不久，尚未深入人心，李斯特体系还是具有现实意义的。当然，李斯特体系本身具有先天的不足，这主要表现在李斯特似乎过分夸大了立法者的立法能力。因为，李斯特的体系是一个纯粹形式的体系，这一体系要发挥积极作用，完全取决于立法者在立法过程中已经将犯罪毫无遗漏地规定在刑法当中。在这种情况下，司法者只要形式地根据刑法法条认定犯罪，就能够实现刑法的目的。例如，李斯特指出：根据现今的法律观，成文法（广义上的法律）是刑法规范的唯一渊源。刑法的所有规范都同属于制定法（gesetztes Recht）。当代的刑法立法从假定其完整性出发，并在此假设的基础上提出排他性要求。刑法立法反映了 18 世纪末以来（1789 年和 1791 年《法国宪法》）反复强调的、1919 年《帝国宪法》第 116 条明确规定的要求："刑罚之科处，应以行为实施前，可罚性明定于法律者为限。"（Nullum crimen sine lege，nulla poena sine lege.）只有那些被法律明确规定科处刑罚的行为才受到刑法处罚，而且，所科处之刑罚只能是法律明文规定之刑罚。[①] 请注意在李斯特以上这段话中的两个词：完整性与排他性。这里的完整性是指立法者对犯罪作了完整的规定，法律规范本身已经体现了实质合理性。在这种情况下，司法活动只要坚持形式合理性就足以实现法律正义。立法的实质理性与司法的形式理性的完美结合，造就了其形式—实证主义的犯罪论体系。也只有如此，才能具有罪刑法定原则对法无明文规定的行为进行排他性的处置。

对于法无明文规定不为罪的原则当然是要坚持的，但罪刑法定原则只是设立了对外抵御司法权滥用的防线，却没有考虑到进入构成要件的行为本身仍然需要进行实质合理性的审查。李斯特的思想具有明显的立法中心主义和立法完美主义

① 参见［德］李斯特：《德国刑法教科书》（修订版），徐久生译，126 页，北京，法律出版社，2006。

的特征，这是一种古典学者所坚持的法律乌托邦思想，并不符合立法的现实。事实上，任何法律都不是完美无缺的，刑法也不例外。在刑法中，除超法规的违法阻却事由刑法典不能一一明文列举以外，对于刑法规定的盖然性与粗疏性，都有必要进行价值补充。在这种情况下，具有实质价值性的刑事政策进入犯罪论体系，尤其是进入构成要件，具有其合理性。例如我国目前的刑法中，存在大量所谓的兜底条款，甚至口袋罪，这与罪刑法定主义所要求的明确性原则是存在较大距离的。在我国尚不存在对刑法的合宪审查制度的情况下，只能依靠刑事政策进行价值填补。例如德国学者许乃曼认为在刑法总则中，立法者所使用的专有名词经常有广阔的概念回旋空间，对此，司法者有权并且有义务发挥造法机能，将立法者所留下的迂回空间予以填满。许乃曼指出在这里，通过目的手段限缩（Zweck-Mittel-Reduktion），亦即借着审查符合特定法律体制目的的事实，所进行的除规范化，即具有极重大的意义。① 在罪刑法定原则限度内的刑事政策填补，具有目的性的限缩功能，并不会扩张犯罪的范围，反而会限制犯罪的范围。

在我国的刑法教义学体系中，也同样应当以刑事政策为引导。当然，刑事政策在刑法教义学中作用的发挥应当以一定的教义学原理为中介，而不是生硬地直接采用刑事政策进行解释。在我国以往的司法解释中，存在着对刑法相关问题根据刑事政策所做的解释。例如，1984 年 4 月 26 日最高人民法院、最高人民检察院、公安部《关于当前办理强奸案件中具体应用法律的若干问题的解答》规定："第一次性行为违背妇女的意志，但事后并未告发，后来女方又多次自愿与该男子发生性行为的，一般不宜以强奸罪论处。"在这一解释中，第一次违背妇女意志与之发生性关系的行为已经构成强奸罪，其性质并不以此后情况的变化而改变。但前引司法解释规定对此不以强奸罪论处，不是刑法教义学的结论，而是刑事政策的判断。又如，1996 年 12 月 16 日最高人民法院《关于审理诈骗案件具体应用法律的若干问题的解释》规定："对于多次进行诈骗，并以后次诈骗财物归

① 参见［德］许乃曼：《刑法体系思想导论》，载许玉秀、陈志辉合编：《不移不惑献身法与正义——许乃曼教授刑事法论文选译》，295 页，台北，春风煦日学术基金，2006。

还前次诈骗财物，在计算诈骗数额时，应当将案发前已经归还的数额扣除，按实际未归还的数额认定，量刑时可将多次行骗的数额作为从重情节予以考虑。”这是对诈骗犯罪中所谓拆东墙补西墙现象的数额认定问题的规定，这种以归还他人诈骗款为动机的诈骗，影响诈骗罪的成立。根据刑法教义学的推理，多次诈骗的数额本来应该累计，前引司法解释却规定对于案发前已经归还的诈骗数额不计入诈骗数额，这也只能理解为一种刑事政策的考量。这些规定都是有利于被告人的，因此具有合理性。当然，如果将刑事政策的精神借助于刑法教义学原理进行解释，则可以取得更好的效果。例如，罗克辛的客观归责就是对构成要件进行刑事政策的实质化判断的重要理论，通过深入研究罗克辛创制了一系列的教义学规则，从而将刑事政策与刑法教义学完美地融合在一起。在罗克辛的客观归责理论中，包含具有强烈的刑事政策色彩的目的性解释方法的运用。这种目的可以分为规范保护目的与构成要件的规范目的，对此罗克辛作了严格的区分。[①] 规范保护目的中的规范是指前刑法规范，例如在罗克辛所举的脚踏车案中，因为前后两个脚踏车的行车人都没有点灯，结果前一个脚踏车的行车人将他人撞伤。如果后一个脚踏车的行车人点灯，就可以避免前一个脚踏车的行车人将他人撞伤的事故发生。在这种情况下，后一个脚踏车的行车人没有在夜间行车时点灯，创设了法所不允许的风险。但夜行时脚踏车要点灯这一规范的目的是避免行车人本人与他人发生交通事故，而不是要去骑车人点灯照亮公共道路，防止别人发生交通事故。根据这一规范保护目的原理，前一个脚踏车的行车人将他人撞伤的结果不能归责于后一个脚踏车的行车人。而构成要件的保护目的则是指刑法对某一犯罪的构成要件的设置所要达致的立法目的。在这一构成要件的保护目的之内的行为与结果，称为构成要件的效力范围。例如我国学者冯军采用这种构成要件的规范目的的原理对我国刑法第 133 条之一规定的危险驾驶罪进行了分析，在论及这种规范目的分析方法时，冯军教授指出：“对任何一个刑法条文的解释和适用，都必须

① 参见［德］克劳斯·罗克辛：《德国刑法学总论》，第 1 卷，王世洲译，256、262 页，北京，法律出版社，2005。

从其规范的目的出发，刑法分则中每一个规定了犯罪构成要件和法定刑的条文，都具有自己特定的规范目的。如果已经存在的刑法条文足以实现某一目的，就不需要为实现这一目的而另外设立新的具有罪刑构造的刑法条文。”① 显然，这种以刑法教义为依托的刑事政策更能够在刑法教义学体系中获得合理定位并实现其应有的功能。

我国刑法对于犯罪的规定具有罪量要素，这是一个极具中国立法特色的问题。关于罪量要素在犯罪论体系中的地位问题，我国刑法学界展开了广泛而深入的讨论，成为我国刑法教义学研究中十分突出的一个刑法热点问题。关于罪量要素的体系性地位的探讨，当然涉及何种犯罪论体系这一前提条件：是指在四要件的犯罪论体系中的地位，还是指在三阶层的犯罪论体系中的地位，或者是指在我所主张的罪体、罪责与罪量这一三位一体的犯罪论体系中的地位？以往较多的是在四要件的犯罪论体系中讨论，现在较多的是在三阶层的犯罪论体系中讨论。在采用三阶层的犯罪论体系中讨论的时候，对罪量要素的性质提出了各种观点，例如处罚条件说、构成要件要素说、区分对待说等。② 其中，近期较有影响的观点包括王莹博士提出的在构成要件基本不法量域基础上的类构成要件复合体的学说。③ 以上观点大多是在构成要件的范畴内为罪量要素提供栖身之所。因为构成要件受刑法教义学原理的支配，罪量要素的构成要件要素说或多或少地存在某些逻辑上的障碍。值得注意的是，梁根林教授晚近在其论文中，从但书的刑事政策机能这一命题出发，将罪量要素分为消极罪量要素与积极罪量要素，认为消极罪量要素是指但书关于“情节显著轻微危害不大的，不认为是犯罪”的规定，而积极的罪量要素是指刑法分则以明示或者暗示的方式规定的反映行为不法程度的罪量要素，是但书这一消极罪量要素规定在刑法分则罪状中的正面展开。梁根林教授指出消极罪量要素与积极罪量要素，分别对应于刑法总则侧重出罪机能的发挥

① 冯军：《论〈刑法〉第133条之1的规范目的及其适用》，载《中国法学》，2011（5）。

② 参见王强：《罪量因素：构成要件抑或处罚条件》，载《法学家》，2012（5）。

③ 参见王莹：《情节犯之情节的犯罪论体系定位》，载《法学研究》，2012（3）。

与刑罚分则强调入罪机能的发挥。[①] 在此，存在一个矛盾，既然所谓积极罪量要素是消极罪量要素在刑法分则的正面展开，那么，两者的机能应该是相同的，又怎么能够得出结论说消极罪量要素的机能是出罪而积极罪量要素的机能是入罪呢？正是从积极罪量要素的机能是入罪这一观念出发，梁根林教授指出：就其功能而言，罪量要素都可以被解读为刑罚扩张事由。因此，在区分不法与罪责的阶层犯罪论体系中，为了贯彻责任主义原则，不宜将这些与不法和责任及其程度直接相关的罪量要素，简单地置换为客观处罚条件，使其游离于罪责的规制范围之外，成为决定犯罪成立的纯粹客观事实情况。既然罪量要素与不法和罪责相关，不是客观处罚条件，就可能将其分别纳入不法构成要件要素和责任要素。[②] 我认为，无论是消极罪量要素还是积极罪量要素，都具有出罪功能而非入罪功能。换言之，刑法分则规定的罪量要素相对于没有规定罪量要素的立法语境而言，其是刑罚限缩事由而非刑罚扩张事由。在这种情况下，我认为对于我国刑法中的罪量要素应当采用刑事政策的解释。在《规范刑法学》一书的第三版，我在论及罪量要件的性质时指出：罪量作为犯罪构成的要件之一，具有明显的刑事政策色彩。刑事政策对于刑法具有指导意义，对于犯罪构成具有制约功能。我国刑法对罪量要素的规定，表明我国刑法限制犯罪范围，因而限制司法权，同时赋予公安机关较大的治安处罚权。[③] 因此，从刑事政策的观念出发，将罪量要素看作刑罚限缩事由，从而把罪量要件界定为客观处罚条件，在逻辑上并无太大问题。

（三）刑法教义学对刑事政策的边界控制

刑事政策作为一种价值判断，在刑法体系中的功能发挥应当受到刑法教义学的有效限制，这也是罪刑法定原则的题中应有之义。但是，我们在这里所说的刑法教义学对于刑事政策的功能限制，与李斯特将刑事政策拒之于刑法教义学大门之外的鸿沟战术是完全不同的。正如罗克辛所做的那样，刑事政策应当引入刑法教义学，但基于形式判断先于实质判断的阶层构造，刑法教义学完全可以约束刑

① 参见梁根林：《但书、罪量与扒窃入罪》，载《法学研究》，2013（2）。
② 参见梁根林：《但书、罪量与扒窃入罪》，载《法学研究》，2013（2）。
③ 参见陈兴良：《规范刑法学》，3版，上册，198页，北京，中国人民大学出版社，2013。

事政策，使之发挥人权保障的实质合理性功能。例如罗克辛指出：从信条学与立法者的刑事政策目标想象的联系中，可以得出这样一种结论，例如，在利益冲突状态下，在详细说明那种决定举止行为的社会有益性或者有害性并因此决定该行为的违法性的秩序原则（Ordungsprinzipien）时，起决定作用的是这个根据法律制度可以看得见的基本原则而不是那种解说者个人的价值想象。同样，在人们根据刑罚目的理论的刑事政策观点来解释责任范畴并加以体系化时，也不是根据学者或者法官在刑罚目的方面所具有的想法，而是应当以从法律规定的免责根据和可能过分塑造的宪法方面能够赢得的目标为基础的。① 在刑法教义学框架之内，刑事政策的价值判断不会导致主观武断与专横，而是具有其边界。因此，只要通过刑法教义学原理正确地加以限制，刑事政策只能发挥其出罪的功能而不可能发挥其入罪的功能。德国学者金德豪伊泽尔教授提出了用教义学来控制刑事政策的边界的命题，指出对于自己根基的自我反思以及由此而引发的更尖锐的意识，即“刑罚是一种亟须正当化的恶，使得持有完全不同的政治立场和完全不同的世界观的刑法学者在基本态度上取得了一致，亦即：必须指出刑事政策的边界”②。刑法教义学对于刑事政策的限制主要是通过罪刑法定原则实现的，该原则所派生的“刑法的不完整性特征”（fragmentarischer Charakter）成为体系性工作的限制。

在我国刑法学界，存在着以社会危害性为中心的、具有强烈的实质冲动的思想基础，这主要体现在四要件的犯罪论体系之中。随着四要件的犯罪论体系的逐渐消解，三阶层的犯罪论体系传播度日高。但在没有有效清算传统的社会危害性观念的情况下，社会危害性会以法益侵害性、处罚必要性以及刑事政策等实质性的判断根据而出现在刑法体系中，这只不过是社会危害性观念的替身而已。对此，我们必须保持足够的警惕。在这当中，存在着一个如何正确处理价值判断与法教义学的关系问题。法教义学并非不要价值判断，而是要限制价值判断。刑法

① 参见［德］克劳斯·罗克辛：《德国刑法学总论》，第1卷，王世洲译，138页，北京，法律出版社，2005。

② ［德］沃斯·金德豪伊泽尔：《适应与自主之间的德国刑法教义学——用教义学来控制刑事政策的边界?》，蔡桂生译，载《国家检察官学院学报》，2010（5）。

更是如此。正如我国学者劳东燕教授指出：在刑法体系中，基于罪刑法定的制约，并非任何法外的价值判断都允许被引入。因为罪刑法定原则是形式合理性与实质合理性的统一体，它将实质合理性的内容即法律之目的及刑事政策的影响，严格限制在该刑事政策对于法律条文文字明示而确实表达的范围内。由此，在法无明文规定时，一项入罪性的决定即使属于合理的价值判断，在刑法中也并无存在的空间。[①] 对于这种将法教义学背景之下的价值判断分为法外价值判断与法内价值判断的分析进路，我是赞同的。德国学者金德豪伊泽尔教授所说的“刑法的不完整性特征”观念，就是禁止法外价值判断的合适理由。法内价值判断当然是不可或缺的，这也毋庸置疑。对于盖然性条款、兜底式罪名，都存在价值填充的必要性。但是，法内价值判断也存在一个限度的问题，在进行这种法内价值判断的时候，仍然需要遵循法教义学规则。例如，目前在我国引起广泛关注的“以刑制罪”的问题，就是值得慎思的。我国学者高艳东教授较早提出了所谓量刑与定罪的互动论，认为为了量刑公正可以变换罪名。[②] 这里的变换罪名通常是指选择较重之罪名。劳东燕教授也指出：应受刑罚处罚必要性以及程度具体乃是通过刑罚的严厉性程度来体现，这意味着，解释犯罪成立要件时必须考虑刑罚问题，确切地说，应当以相关法条所规定的法定刑及其适用作为解释的基点。不妨把这种现象称为“以刑制罪”。顾名思义，它指的是应予适用的刑罚的严厉程度反过来会制约与影响犯罪成立要件解释。[③] 以刑制罪，其实就是重法优于轻法，也就是较重的刑罚决定罪名。在法条竞合等情况下，均有此类观点。就法律范围内而言，进行这种价值判断似乎有益无害，而且有助于罪刑相适应原则的实现。但我认为，以刑事政策为基础的价值判断即使在法律范围内，也还是要遵循法教义学的规则，这是对立法者的尊重，而立法者是法条背后的价值决定者。因此，对于

---

① 参见劳东燕：《刑事政策与刑法解释中的价值判断——兼论解释论上的“以刑制罪”现象》，载《政法论坛》，2012（4）。

② 参见高艳东：《量刑与定罪互动论：为了量刑公正可变换罪名》，载《现代法学》，2009（5）。

③ 参见劳东燕：《刑事政策与刑法解释中的价值判断——兼论解释论上的“以刑制罪”现象》，载《政法论坛》，2012（4）。

以刑制罪这样一些充满实质性内涵的方法论，还是要予以警觉。

在如何用刑法教义学限制刑事政策问题上，涉及我国存在重大争议的一个理论问题，这就是形式解释论与实质解释论之争。[①] 如果仅仅看表象，似乎形式解释论就是不要实质判断，因此十分容易造成对形式解释论的误解。其实，这种误解也是对形式法治的经典误解，例如我国法理学者陈金钊教授指出：对形式法治的经典误解是认为其不问法之善恶，其实，情况并不是这样。形式法治论者只是更多地关心法律之内的善，而疏于关系法律之外的善；要用法律祛除立法者认定的恶，而没有顾及法律本身也可能产生恶，对于善恶这种基于主观评判的结论采取了漠视的姿态，而钟情于法律已经明确的标准。[②] 对于坚持罪刑法定原则的刑法来说，所谓法律本身产生的“恶”，无非有以下两种情形：一是应当入罪而没有规定入罪，二是应当出罪而没有规定出罪。对于前者，基于法无明文规定不为罪的原理，无论如何也不能入罪，这是罪刑法定原则的代价。对于后者，完全可以通过实质性的价值判断予以出罪而并不违反罪刑法定原则。因为，罪刑法定原则只是限制对法无明文规定的行为入罪，但并不禁止对法有明文规定的行为出罪。在法有明文规定的行为出罪这一点上，完全可以进行实质判断。因此，形式解释论意图通过形式特征限制对法无明文规定的行为入罪。实质解释论一般是以实质法治思想为其依归的，但这种实质法治论本身也隐藏着危险性。对此陈金钊教授提出了实质法治带有毁灭法治的倾向的命题，并进行了论证。[③] 这并不是危言耸听。当然，实质解释论也不是完全否定形式的功能，但在实质性价值内容的逼迫之下，形式的疆域难以坚守。目前，我国赞同实质解释论的学者为数不少，只不过出现一些具有折中色彩的实质解释论，例如所谓保守的实质解释论[④]、修

① 这一争议的主要文献参见陈兴良：《形式解释论的再宣示》，载《中国法学》，2010（4）；张明楷：《实质解释论的再提倡》，载《中国法学》，2010（4）。

② 参见陈金钊：《实质法治思维路径的风险及其矫正》，载《清华法学》，2012（4）。

③ 参见陈金钊：《实质法治思维路径的风险及其矫正》，载《清华法学》，2012（4）。

④ 参见魏东：《保守的实质刑法观与现代刑事政策立场》，8 页及以下，北京，中国民主法制出版社，2011。

正的实质解释论[①]等。其实，这些观点与我所宣称的形式解释论已经相去不远。我认为，形式解释论与实质解释论之争的关键，还是如何理解罪刑法定原则的精神的问题，更是如何在刑法教义学中利用教义学规则限制刑事政策的问题。

这里特别需要说明的是，德国问题在中国语境下展开的时候，我们必须要关注中国与德国在刑事法治发展阶段上的差异：中国目前尚在法治的建设过程中，处于前法治的时代；德国则属于法治发达国家，处于后法治时代。正是这种差异，决定了要从中国法治现实出发选择理论观点。可以说，我国刑法面临的是双重的使命：既要坚定地站稳罪刑法定主义的立场，因此需要扎紧形式法治的篱笆，抵御法外价值判断的侵入。在这个意义上，李斯特鸿沟对我们仍然具有启迪。同时，我们毕竟已经来到 21 世纪，刑法教义学也已经完成了从存在论到价值论的历史性跨越。刑事政策进入刑法教义学，在其体系框架内可以发挥实质性的功能，从而使刑法不仅成为消极的人权保障的工具，而且成为积极的实现正义的武器。因此，罗克辛贯通对于我国刑法学界也是具有现实意义的。我们无须回到李斯特，也没有必要重新跨越李斯特鸿沟，我们可以直接享受罗克辛贯通的成果。然而，我们还是必须在思想上经历一遍从李斯特鸿沟到罗克辛贯通的学术历程。

也许，这是一种学术上的忆苦思甜。

（本文原载《中外法学》，2013（5））

① 参见王海桥：《刑法解释的基本原理——理念、方法及其运作规则》，93 页及以下，北京，法律出版社，2012。

立法论的思考与司法论的思考

——刑法方法论之一

德国学者韦伯在《以学术为志业》一文中，对法学作了以下描述：根据法学思想的原则，人们制定了精确的法典，它部分地受到逻辑力量的限制，部分地受到传统中既定法律规范的限制，当某些合法的规则和某些解释方法被认为有约束性时，法律思考就出现了。是否应当有法，以及人们是否应当恰当建立这些法律规范——这些问题是法学回答不了的。它只能声称：如果人们希望有这种结果，根据我们的法律思想规范，这种规范是达到这一目的的合适手段。① 韦伯的上述论断，提出了一个基本的法学思维方法论问题：关于法律的思维与根据法律的思维。这个问题，对于法学的学术研究具有重大意义。在刑法中也是如此。因此，我们首先讨论刑法方法论之一——立法论的思考与司法论的思考。

立法论的思考是指关于法律的思考，而司法论的思考是指根据法律的思考。在上述两种思维过程中，法律所处的地位是不同的：在立法论中，法律是思考的客体；而在司法论中，法律是思考的根据。当然，韦伯所说的法学，是指司法论，即法教义学。因为韦伯说哪些是否应当有法，以及人们是否应当恰当遵守这

---

① 参见［德］马克斯·韦伯：《社会科学方法论》，杨富斌译，19～20 页，北京，华夏出版社，1999。

些法律规范等问题，法学是回答不了的。这些问题都是关于法律的思考，属于法哲学的范畴，是对法的形而上的思考。

在刑法学中，可以分为立法论与司法论，而司法论也称为解释论。以此为标准，可以将刑法学分为立法的刑法学与司法的刑法学，前者是广义上的刑法学，后者是狭义上的刑法学。日本大谷实教授十分形象地把刑法解释学称为临床医学，而基础刑法学则是基础医学。当然，大谷实教授并没有进一步指出刑法解释学与基础刑法学的区别。[①] 此外，我国台湾地区学者黄荣坚教授把自己的刑法体系书称为《基础刑法学》，而这恰恰是一部刑法解释学的著作。

我认为，刑法解释学与基础刑法学的区别，主要在于思维方法上的差异，即刑法解释学采用司法论思考方法，即根据法律的思考，而基础刑法学则采用立法论思考方法，即关于法律的思考。上述区分，究其根源来自休谟及康德的当为与自为、应然与实然、价值与事实的二元区分论。根据休谟的观点，“是”与“不是”是一种事实判断，是一个存在论的问题；而“应当”与“不应当”是一种价值判断，是一个价值论的问题，两者应当严格加以区分。即，从“是”与“不是”的关系中不能推论出“应当”与“不应当”的关系。康德接受了休谟的这一思想，从中引申出事实科学与规范科学的区分：事实科学探讨的是自然法则，而规范科学探讨的是道德法则。自然法则是一个“是”与“不是”的问题，服从于实然律；道德法则是一个“应当”与“不应当”的问题，服从于应然律。可以说，立法论的思考是一个“应当”与“不应当”的问题，而司法论的思考是一个“是”与“不是”的问题。前者是对法的正当性与合理性的评判，而后者则是以法律为逻辑起点的推理。应该说，这两种思考方法的规则是不同的，但我们往往混淆，即使是受过专业训练的法律工作者，对于这两者也会混为一谈，更何况社会公众。例如，贵州习水嫖宿幼女案：2007 年 10 月至 2008 年 6 月，被告人袁荣会（女，无业）指使、教唆未成年人刘某某、袁某某采取威胁手段，先后强行将 3 名幼女、7 名少女多次带到袁荣会家中，由袁荣会联系被告人冯支洋等 7 人嫖

① 参见［日］大谷实：《刑法讲义总论》，黎宏译，11～12 页，北京，中国人民大学出版社，2008。

宿。对于该案，检察机关以嫖宿幼女罪对冯支洋等人起诉，在媒体上披露以后，引起轩然大波，许多网民认为对冯支洋等人不应当定嫖宿幼女罪，而应当定强奸罪，因为强奸罪重于嫖宿幼女罪。甚至个别律师也主张定强奸罪。该案几经波折，于 2009 年 7 月 24 日作出了终审判决，认定被告人冯支洋等人的行为构成嫖宿幼女罪。在判决之后，我就该判决撰写了一篇两千余字的短文从法理角度进行了阐述，意在疏导民意。我是从立法论与司法论相区别的角度切入的，因为社会公众并不关注法律是怎么规定的，而只是用自己朴素的感情对判决作出评价，因而其结论有时会出现偏颇。对此，需要引入立法论与司法论的不同视角，为法院的判决作一些解释。我的短文刊登在 2009 年 7 月 27 日的《贵州日报》上。在文中我指出：

> 司法是以现行法的存在为前提的逻辑演绎，它不能质疑法律，更不能指责法律，而只能将既定的法律适用于个案。如果司法不以法律为依归，而是以司法者的意志为处理个案的依据，定罪量刑出入于法律之外，那么刑事法治必将荡然无存。公民个人的权利与自由也必将因司法权的滥用而遭受侵害。在这个意义上，个案的公正只能是一种法律的公正。尤其是，在对个案进行法律上评判的时候，我们应当严格区分立法论与适用论，而不应把两者混为一谈。立法论是对法律的价值评判。在一个民主社会，法律当然是可以批评的，并且可以通过立法程序加以完善。在个案处理中，也会暴露出某些法律的缺陷，有待于从立法层面上加以解决。而适用论是一种司法活动，必须以法律规定为出发点，严格地遵循司法的逻辑进行演绎推理。尽管在司法活动中，可以通过法律解释等方法在一定限度内克服法律的缺陷，但受制于司法的本质，司法判决结论不可能完全超越法律规定，更不能置法律于不顾。就贵州习水嫖宿幼女案而言，冯支洋等人为满足个人性欲，采用性交易的方式嫖宿幼女，其行为的性质是极其恶劣的，贵州司法机关严格依照刑法规定，对冯支洋等人以嫖宿幼女罪论处，根据情节轻重，分别处以轻重不等的刑罚，并在法定刑幅度内予以从重处罚。这一判决结果是符合刑法规定的，也是在现行刑法条件下所能获得的个案公正。

上述短文在新华网法制频道转载以后，被不少网站转载。我上网看了一下四川在线网友的评论，虽然仍有个别谩骂性留言，但还是将人们的视线从司法转向立法。

不仅社会公众往往混淆立法论与司法论的思考，而且我们学者有时也会犯同样的错误。在《刑法知识论》一书中我曾说过以下一段话。

> 在一些刑法著作中，时常发生语境的转换，由此带来理论混乱。例如，为证明某一理论观点正确，常引用某一法条作为证据；为证明某一法条正确，有时又常引用某一理论观点作为证据。在理论与法条之间的灵活跳跃，完全是一种为我所用的态度。问题在于：在刑法解释学的语境中，法律永远是正确的，需要通过理论去阐述法条。而在刑法法理学的语境中，法理是优先的，是法条存在的根据，因而可以评判法条。如果这两种语境错位，则只能使刑法法理学与刑法解释学两败俱伤。①

法教义学的逻辑前提可以概括为一句话：法律永远是正确的，由此可以引申出一句法律格言：法律不是嘲笑的对象。对于这一法律格言，张明楷教授作过以下阐述。

> 法律不是嘲笑的对象，而是法学研究的对象；法律不应受裁判，而是裁判的标准，我并不倡导主张恶法亦法，但也不一概赞成非正义的法律不是法律，而是主张信仰法律，因为"法律必须被信仰，否则它将形同虚设"②。既然信仰法律，就不要随意批评法律，不要随意主张修改法律，而应当对法律进行合理的解释，将"不理想"的法律条文解释为"理想"的法律规定。对于法学者如此，对于裁判者更应当如此。"裁判者只有适用法律的职务，却没有批评法律的权能。裁判者只能说这法律是怎样怎样，却不能主张法律应该是怎样；所以立法的良恶在原则上是不劳裁判者来批评的……要晓得法

① 陈兴良：《刑法知识论》，26 页，北京，中国人民大学出版社，2007。

② ［美］伯尔曼：《法律与宗教》，梁治平译，28 页，北京，三联出版社，1999。

律的良与不良，是法律的改造问题，并不是法律的适用问题。”①

我注意到在《刑法格言的展开》一书第3页注（1）中，张明楷教授说：“在过去的十多年里，刑法学实际上演变为刑事立法学，而不是刑法解释学。”② 该书是1999年版的，过去十年是指从1989年到1999年这十年间。大家知道，我国1997年进行了刑法修改，从1989年以后我国刑法学基本上是以刑法的修改完善为中心议题，从而形成了刑法立法学的研究局面，立法论思考大行其道，司法论思考受到遮蔽，刑法解释学没有更大进展。在2000年以后，我国才开始真正进行刑法解释学的研究。由此可见，刑法解释学是刑法学研究的主流。在某种意义上，刑法学就是刑法解释学。奥地利著名法学家凯尔森创立了纯粹法学派，其所谓纯粹法学就是采用司法论思考方法的法学，绝对排斥在法学中的形而上的思考。凯尔森指出：

> 纯粹法理论之旨趣唯在于认知其研究对策。换言之，其试图回答“何谓法律”或“法律从何而来”，而无意于对“法律应当如何”或“法律应如何制定”等问题作解释。本理论乃是法律科学而非法律政策。③

凯尔森之所谓法律科学与法律政策的区分，就相当于在刑法学中刑法解释学与其他刑法学的区别。刑法解释学，从字面上来看，就是对刑法进行解释而形成的学问。长期以来，我国学界对解释或者注释存在某种误解，因此刑法解释学一词名声不太好。其实，在德国刑法学中另有一个概念，就是刑法教义学，也有翻译为刑法信条学的，似乎更为恰当地揭示了这一学科的性质。德国学者考夫曼曾经对法哲学与法教义学作了区分，并阐述了法教义学的内容，指出：

> 法哲学并非法学，更非法律教义学。据康德，教义学是“对自身能力未先予批判的解释理性的独特过程”，教义学者从某些未加检验就当作真实的先予的前提出发，法律教义学者不问法究竟是什么，法律认识在何种情况

① 朱采真：《现代法学通论》，93页，上海，世界书局，1935。

② 张明楷：《刑法格言的展开》，3～4页，北京，法律出版社，1999。

③ ［奥］凯尔森：《纯粹法理论》，张书友译，37页，北京：中国法制出版社，2008。

下、在何种范围中、以何种方式存在。这不是指法律教义学必然诱使无批判，但即便是在批判，如对法律规范进行批判性审视，这总是在系统内部论证，并不触及现存的体制。在法律教义学的定式里，这种态度完全正确。只是当它把法哲学和法律理论的非教义学（超教义学）思维方式，当作不必要、“纯理论”，甚至非科学的东西加以拒绝时，危险便显示出来。①

考夫曼认为，法哲学与法教义学同样重要，不可互相取代，它们属于不同种类的关系。那么，什么是教义或者信条呢？对此可能会有不同的理解。这里主要涉及教义与法律、信条与法条的关系。教义能否等同于法律，信条能否等同于法条？德国学者罗克辛指出：刑法信条学是研究刑法领域中各种法律规定和各种学术观点的解释、体系化和进一步发展的学科。②

值得注意的是，在《德国刑法学总论》一书注（1）中，罗克辛对信条一词作了以下解释：“信条”是一个希腊词，意思很多，例如“观点”“指令”“理论原则”。由此可见，信条并不能等同于法律或者法条。教义学是一种对待法律的态度，就像对待宗教戒律一样来对待法律，因而它包含了对法律的信仰，摒除了对法律批评的可能性，例如德国学者拉伦茨认为教义一词本身具有“先验”的特征。教义学还是一个以法律为逻辑起点演绎而形成的知识体系，它包含法律，并不限于法律。法律是其中的基点框架与脉络，通过教义学的方法，使之形成一个有血有肉的理论体系。因此，教义学不是立法的产物，而是法学研究的成果。法官不仅受法律约束，而且还受教义学的约束。例如，德国学者温弗里德·哈斯穆尔提出了对法官通过法律教义学的约束的命题，指出：

这关涉到法律教义学，它在法学的支持下，将法官规则系统化，指出并修正了法官规则的概念，还在规则体系中学习了这一概念。在法律与案件判决间中等抽象程度上，法律教义学阐释了判决规则，当法律教义学被贯彻之

① ［德］阿尔图·考夫曼等主编：《当代法哲学和法律理论导论》，郑永流译，284～285页，北京，法律出版社，2002。

② 参见［德］克劳斯·罗克辛：《德国刑法学总论》，第1卷，北京，法律出版社，2005。

时，它同样事实上约束着法官。法律教义学不仅作为法律的具体化来理解，而且以它这方面根据法律的含义和法律的内容，建构自己（变化）的标准。它至少事实上实现了对法官的约束，这归功于它的稳定化和区别化功能：它使问题变得可决定，途径为，它缩小了可能的判决选择的圈子，刻画了问题的特征，并将之系统化，确定了相关性，提供了论证模式。只有利用法律教义学的帮助工具，法官才能坚实地处理法律，才能察觉不同，并将法律分门别类。①

法教义学方法之所以重要，我认为是法律规范先天的不周延性、不圆满性与不明确性造成的。任何法律都是抽象的、概括的，当它适用于个案的时候，都难免会出现法律所不及的情形。在这种情况下，法律不能为裁判提供所有规则，而只有法教义学才能承担这一职责。法教义学本身具有逻辑推理的含义，它以现有的法律规范作为逻辑推理的起点，经过司法的推理活动，使法律更加周延、更加圆满、更加明确，从而满足司法对规则的需求。可以说，只知法律而不懂法教义学是无法承担司法职责的。法学教育就在于为法科学生提供法教义学知识，法科学生与其说是学习法律，不如说是学习法教义学方法。因此，法教义学对于法学教育的重要性无论如何强调都不会过分。从一定意义上说，法教义学也是衡量一个人的法律知识水平的标志之一。我认为，法教义学主要具有以下功能。

一、拓展法律外延为司法适用提供裁判规则

立法的主要使命是为司法提供裁判规则，然而由于立法的有限与案件的具体性，立法难以独自地完成提供规则的职责。而法教义学可以在现有的、有限的法律基础上，采用适当的方法，无限地扩展法律的外延。在这个意义上说，法教义相对于立法的有形之法与有限之法而言，是无形之法，甚至是无限之法。法教义学为找法活动提供径路，是司法活动的有效工具。例如我国刑法第196条第1款

① ［法］阿尔图·考夫曼等主编：《当代法哲学和法律理论导论》，郑永流译，284～285，北京，法律出版社，2002。

规定了信用卡诈骗罪，其中第三项行为是“冒用他人信用卡”。该条第3款规定：“盗窃信用卡并使用的，依照本法第二百六十四条的规定定罪处罚。”第264条是关于盗窃罪的规定，因此盗窃信用卡并使用的，应以盗窃罪论处。在上述情形中，存在两个行为：一是盗窃信用卡，二是使用盗窃的信用卡，这也就是刑法第196条第1款第3项规定的“冒用他人信用卡”的情形。根据刑法规定，对于上述情形，应定盗窃罪。刑法规定了盗窃信用卡并使用的，定盗窃罪。那么，诈骗信用卡并使用的、抢劫信用卡并使用的、抢夺信用卡并使用的、捡拾信用卡并使用的，应当如何定罪？对此刑法并无规定。在这种情况下，应当把刑法第196条第3款的规定推而广之，因而得出诈骗信用卡并使用的、抢劫信用卡并使用的、抢夺信用卡并使用的、捡拾信用卡并使用的，都应当以信用卡取得行为定罪的结论。这表明，在我国刑法中信用卡作为一种财产凭证，是刑法关于侵犯财产罪的保护客体。但2008年4月18日，最高人民检察院《关于拾得他人信用卡并在自动柜员机（ATM机）上使用的行为如何定性问题的批复》规定：“拾得他人信用卡并在自动柜员机（ATM机）上使用的行为，属于刑法第一百九十六条第一款第（三）项规定的‘冒用他人信用卡’的情形，构成犯罪的，以信用卡诈骗罪追究刑事责任。”这一司法解释与上述教义学原理是相悖的，但法律与司法解释的明文规定的效力大于法教义学原理。因而，对于这种拾得他人信用卡使用的行为，应定信用卡诈骗罪，这是一个特别规定。以上就是一个法教义学的推理过程，通过这种逻辑推理活动，拓展了法律的外延，使法律规定更加周延。

二、建构理论模型为定罪活动创造工具理性

法律适用活动并不是在自动购货机上投入硬币获得商品这么简单，而是一个复杂的思维过程。为体现司法思维的正确性，需要创制一些理论模型。这种理论模型当然不是法律规定的，但却是适用法律的必要工具。在刑法学中，以构成要件为中心的犯罪论体系，就是一个定罪的理论模型。它是德国学者创造的刑法教义学的成果，产生了重大影响。例如，德国学者通过对犯罪论体系演变过程的叙

述，作出了以下结论。

> 一个清楚的刑法信条学，对于理论、实践和法安全都是十分重要的。在信条学中，关键是要看到规定的真正对象所具有的结构和实质，因为借助单纯的理论虚构的形象或者关键词，人民并不能得出一般有效的结论。在这些结论从“行为刑法”和“罪责刑法”的基本原则中，模式性地为犯罪的一般案件，塑造由此产生的各种体系性结论时，就有可能在这个中心领域成为一种通用的刑法科学。这种刑法科学就可以为国内的立法者和法院阐明，应当如何合乎逻辑地看待总则的法律形象，并由此提供明确的和具有归类功能的概念。这样，通过科学地建立的方法，这种刑法科学就为法安全和正义作出了贡献。①

犯罪论体系为定罪活动提供了一整套严密的思维步骤，使依照刑法规定的定罪活动成为一种理性的思维活动。因为刑法中定罪问题居于首要地位，所以，犯罪论体系的水平往往是一个国家的刑法教义学水平的指数。在犯罪论体系中采用的一系列概念：构成要件、违法阻却、罪责等，都是刑法所没有规定的。刑法只是规定了行为、客体、结果、正当防卫、故意与过失等内容，而犯罪论体系将这些刑法规定在一个思想下形成一个统一的知识体系，为定罪活动提供理性工具。

三、设定教义规则为价值判断发挥引导作用

法教义学对法律本身不作价值判断，因而容易产生误解——法教义学与价值判断是互相排斥的。其实不然，法教义规则天生就包含了价值判断，这是一种对于社会生活的价值判断，它是实现价值理性的所谓工具理性。当然，这种对社会生活的价值判断与对法律的价值判断之间是存在区别的。在论及法教义学与价值判断的关系时，我国学者指出：作为总结，在规则与价值判断的二元区分的必要

① ［德］希尔施：《关于德国现代刑法信条学的现状》，187页，北京，北京大学出版社，2007。

性上，拉伦茨的观点深值赞同：从价值判断到判决结论，需经过两层推理。第一层推理是通过立法或司法活动（考虑到判例法或权威判决之影响力）将价值判断转化为法律规范，并通过法教义学将这些规范整合为完整一致的体系；第二层次再经过法教义学将这些规范具体适用到案件审理中。法律义务本身便是其应当被遵守的唯一理由，在此以外，法律适用者无须再搜寻其他理由。在此情形下，当然存在严格按照法律规范裁判导致有违价值判断的可能，但必须要认识到“法律应当无条件遵守”的要求正是规则得到实行的基本条件，而且本身也是一个重要的价值。①

法律规定本身就是立法者的一种价值判断，即以规则作为一种价值内容的物质载体。因此，司法者依照法律规则处理个案，这种规则适用本身就是价值内容的实现。可以说，法律规则是在价值判断问题上所能达成的最大妥协和共识。因此，正如法律是最低限度的道德，法律也是最低限度的价值。当然，为了避免过于信赖法规则所带来的对个别公正的破坏，立法者通过一般条款、例外条款、盖然条款等方式，赋予司法者在一定限度内进行直接价值判断的权力。在这些情形中，法教义学能够起到重要的引导作用。因为法教义学具有再创造性的功能，它可以使一般的价值内容实体化。

（本文原载《人民检察》，2009（21））

① 参见许德风：《论法教义学与价值判断：以民法方法为重点》，载《中外法学》，2008（2）。

体系性思考与问题性思考

——刑法方法论之二

1957年德国学者韦登博格提出在学术研究中存在着体系性的思考（system-denken）与问题性的思考（problem-denken）的对立，并且认为德国刑法学几乎是偏重于体系的思考。[①] 自此，“体系性思考还是问题性思考”“从体系性思考到问题性思考”之类的话题屡被提及。在《德国刑法学总论》一书中，德国学者罗克辛也提出了“刑法信条学的体系性思维与问题性思维”的命题，但对于什么是体系性思考，什么是问题性思考，罗克辛并没有作出具体的界定。罗克辛只是提到，体系性思考是与体系相联系的刑法思考方法。而问题性思考是从具体问题出发从而提供解决个别问题的刑法思考方法。我注意到，罗克辛在关于体系性思考与问题性思考的论述中，给出了以下这样一个注释，对于我们理解体系性思考与问题性思考具有重要价值：在这种体系性思考也包含这些问题并且解决具体问题的范围内，这个表述是不准确的。实际上，这个区别存在于这里：在问题性思考中，这种解决方法不是从体系中，而是从关于具体的案件状况的讨论和同意中获

① 参见［德］克劳斯·罗克辛：《德国刑法学总论》，第1卷，131页，北京，法律出版社，2005。

得的。[1] 罗克辛的意思是，体系性思考和问题性思考都是解决问题的，不能误以为只有问题性思考才解决问题，而体系性思考不解决问题。只不过解决问题的方法不同而已：体系性思考是从体系中获得解决问题的方法，而问题性思考是从具体案件中获得解决问题的方法。实际上，问题性思考是一种个别性的判断，是具体问题具体分析的方法。例如，罗克辛认为，对于一个位于体系化之前的，需要使用理论和辩论术来填补的不确定概念和一般性条款，都适用于问题性思考。[2] 当然，对于法教义学来说，体系性思考是更为重要的，也是问题性思考所不能取代的。

体系性思考是以存在一个体系为前提的，没有体系，也就没有体系性思考。罗克辛说过一句令人深思的话："体系是一个法治国刑法不可放弃的因素。"这里的体系，是指关于犯罪成立条件的体系化安排。犯罪论体系提供了体系性思考的基本方法。对此，德国学者罗克辛指出：一个体系，就像我们伟大的哲学家康德所说的那样，是一个"根据各种原则组织起来的知识整体"。因此，一般犯罪原理的体系，就是试图把可受刑事惩罚的举止行为的条件，在一个逻辑顺序中，作出适用于所有犯罪的说明。对法定规则的系统化和对学术与司法判决所发现的知识进行系统化的科学，就是刑法信条学。[3] 这种体系性思考可以分为两个方面：一是对犯罪论体系进行的思考，二是根据犯罪论体系进行的思维。在体系性思考中，包含了对犯罪论体系本身的反思。例如，我们经常发现这样的题目：××的体系性地位。以此为题的论文，我就写过好几篇。例如，《期待可能性的体系性地位——以罪责构造的变动为线索的考察》（载《中国法学》2008 年第 5 期），就是通过期待可能性对犯罪论体系的逻辑结构本身的探讨。当然，体系性思考更多的是根据一定的犯罪论体系进行的推论，它能够更为有效地解决定罪中的疑难问题。德国学者论述了体系性思考与问题性思考对于个案问题解决的作用：犯罪

① 参见付立庆：《关于德日犯罪论体系的若干辩驳》，载于改之、周长军主编：《刑法与道德的视界交融——西原春夫刑法理论研讨》，251 页，北京，中国人民公安大学出版社，2009。

② 参见［德］克劳斯·罗克辛：《德国刑法学总论》，第 1 卷，132 页，北京，法律出版社，2005。

③ 参见梁根林：《犯罪论体系》，3 页，北京，北京大学出版社，2007。

论试图通过创立一般特征，将犯罪行为作为一个整体，从理论上进行研究，这种尝试需要找到一个正确的理由，因为在不同的犯罪类型及其组成部分情况下，直接进行研究似乎更容易理解些。可罚性之先决条件从个别犯罪构成要件中是不可能研究透彻的。犯罪概念的重要因素并不在于分则对犯罪的描述中，而是被前移了。例如，在著名的 Mignonette 案件中，一英国法院对两个海员的犯罪行为进行了裁判。该两名海员是一海难的幸存者。在经过长时间忍饥挨饿之后，困境之中他们把行将死亡的同船船员杀而食之，在他们被营救之前仅以此而保住了生命。他们被判处死刑。该死刑判决后来由法院以紧急避险为由，通过赦免途径而被改判为 6 个月自由刑。大概是出于这样的考虑，行为人的行为被肯定为紧急避险而被合法化，不是——如德国刑法典第 35 条所规定的那样——构成减轻罪责事由。

如果不将犯罪概念划分为构成犯罪体系适当性、违法性和罪责，和与之相关的其他区别，如合法化的紧急避险与减轻罪责的紧急避险的区别，该案件的解决还是不确定的。犯罪论中所概括的犯罪概念的一般特征，使合理的、与事实相适应的和均衡的判决成为可能，而且它对维护法安全是起到很大作用的。但人们也不得忽视落入非常抽象的程式化的刑法解释学（Stafrechtsdogmaik）的危险。该危险存在于法官机械地信赖理论上的概念，从而忽视具体案件的特殊性。重要的是要解决实际问题。如果专业问题（Sachfrage）以迄今为止的体系不能适当地加以解决，那么，进一步发展该体系就是十分必要的。[①] 以上论断涉及体系性的思考与问题论的思考之间的紧密联系：体系性思考旨在解决一般性问题，但如果过于倚重体系性方法，可能会忽视具体案件的特殊性。而问题性思考旨在解决个别性问题，但如果过于倚重问题性思考，可能会影响司法判决的可期待性。像德国学者所举的 Mignonette 案，如果根据体系性思考，在德国刑法学中，区分违法阻却的紧急避险与责任阻却的紧急避险，责任阻却的紧急避险又分别有免除责任

① 参见［德］汉斯·海因里希·耶赛克、托马斯·魏根特：《德国刑法学教科书（总论）》，徐久生译，241～242 页，北京，中国法制出版社，2001。

与减轻罪责这两种情形。对于 Mignonette 案，如果对号入座，就很容易得出处理结论。但如果没有这样一种体系性安排，对该案的解决是不确定的，它可能会取决于法官的个人判断，尤其是通过赦免等非法定途径解决，增加了司法成本。

德国学者罗克辛对体系性思考的利弊曾经作过十分深入的分析，认为体系性思考的优点在于以下四点：一是减少审查案件的难度，二是体系性秩序作为平等和有区别地适用法律的条件，三是法律的简化与更好的操作性，四是体系性联系作为深化法学的路标。① 总结以上优点，我认为主要是以下两点：一是逻辑性，二是实用性。

体系性思考的逻辑性是指提供了逻辑关系建立起来的知识体系，各个部分的知识之间具有兼容性。因此，正如我国台湾学者许玉秀所说：体系化等于精致化。固然犯罪判断最终所在意的是要不要处罚行为人，但是弄清楚是否予以处罚的理由何在，处罚轻重的理由何在，才真正能决定处罚的成效。当一个人不真正知道为什么被处罚，那么他也无从知道如何能免于被处罚，无从知道将来如何行为，犯罪原理所提供的犯罪判断阶层构造，从分析和定位构成要件要素，可以提供一个精确判断犯罪成立与否以及处罚与否的步骤，借以确保刑罚制裁制度的合理和有效。②

三阶层犯罪论体系的精致化程度是相当之高的，这主要表现在犯罪事由的多元化，以及对各种不同的犯罪事由的详尽区分。这一点，在一般人看来会大不以为然。无罪就是无罪，结论是相同的，理由为什么还要做那么细致区分，以至于有人认为是智力游戏，过于烦琐。我不这么认为，因为刑法学关乎公民的生杀予夺，因此需要精确与精细。正如王世洲教授在为罗克辛《德国刑法学总论》所作的译者序言中指出：

> 刑法的本身的性质，要求刑法学应当是精确的法律科学，关于这一点，现在恐怕不会再有疑义了。因为人们已经认识到，含糊的刑法无异于否定罪

---

① 参见［德］克劳斯·罗克辛：《德国刑法学总论》，第 1 卷，127 页，北京，法律出版社，2005。

② 参见许玉秀：《当代刑法思潮》，59 页，北京，中国民主法制出版社，2005。

刑法定原则以及否定刑法存在的价值。显然，最精确的刑法，只能来自最精确的刑法学，因为刑法学是研究和构造刑法领域的思维方式的，刑法的条文乃至刑法典不过是这种思维的结晶，甚至司法判决也是自觉不自觉地适用这种或者那种思维方式所得出的结论。很难想象，一个不严谨、不精确的思维方式能够产生和支持一部严谨的精确的刑法。但是可以预见，在不严谨、不精确的思维方式支持下，那些严谨、精确的刑法规定在实际运用中又可能产生什么样的效果！①

体系性思考的实用性是指体系化的犯罪论体系为司法认定提供了基本规则，减少了司法者的判断难度。这个优点对于体系性思考来说也是十分明显的。在体系化过程中，学者已经把各种复杂性问题的处理方案都整理好了，各种可能出现的状况都预先想好了应对之策。这对司法者来说是提供了极大的便利，因而体系性思考方法具有实用性。尽管法学思维与自然科学思维是不同的，但两者之间并非没有任何可比之处。例如，在自然科学中存在大量公式，这些公式为我们解决问题提供了程式化的途径。如果没有这些公式的辅助，我们的求解要困难得多。这些公式正是前人的劳动成果，就像为他人铺路一样，将对世界奥秘的探索进行下去。法学尽管不能建立起严密的公式体系，但那些法教义，就如同公式一样，这些公式彼此在逻辑上能够兼容，按照这些公式来作判断，可以节省大量审查的精力，可以说是一种快捷的方式。

尽管体系性思考具有以上种种优点，罗克辛同时也提出了体系性思考的危险。这里的危险是指弊端，主要有以下四点：一是忽略具体案件中的正义性，二是减少解决问题的可能性，三是不能在刑事政策上确认为合法的体系性引导，四是对抽象概念的使用。② 在体系性思考的弊端中，凸显了抽象性与具体性之间的矛盾。体系性思考偏好抽象性，而这些抽象概念的使用是存在一定危险的：它可能难以顾及个别的、特别的情形。例如，建立一个统一的犯罪论体系，这是体系

① ［德］克劳斯·罗克辛：《德国刑法学总论》，第1卷，译者序，1页，北京，法律出版社，2005。

② 参见［德］克劳斯·罗克辛：《德国刑法学总论》，第1卷，128页，北京，法律出版社，2005。

方法的必然诉求。这样一个统一的犯罪论体系应当适用于各种犯罪，但这样一个统一的犯罪论体系难以囊括不作为犯与过失犯的特殊性，因而德国刑法学中出现了对故意的作为犯、过失的作为犯和（故意或过失的）不作为犯三种情形分别讨论其犯罪构成的体系性安排。例如德国学者指出："刑法中的应受处罚的行为有三种基本形式：故意的作为犯、过失的作为犯和（故意或过失的）不作为犯。如果说行为概念包括了刑法上所有行为的重要形式，那么，该三种行为形式在不法的构成要件和罪责特征的结构上的区别是非常明显的。基于此种划分，下面分三个方面来论述。"① 这样一种体系性安排，就是照顾到了特殊性，而在一定程度上牺牲了体系性。体系性思考的弊端恰恰是问题性思考的优势，因此从总体来看，应当把体系性思考与问题性思考结合起来，但仍应当坚持以体系性思考为主，以问题性思考为辅。

就我国而言，目前还没有建立起一套合理的犯罪论体系，因而最为缺乏的就是体系性思考。从苏联引入的四要件的犯罪构成理论充满了内在的逻辑缺陷，不能为体系性思考提供坐标，而只有引入三阶层的犯罪论体系，才能展开我国刑法学的体系性思考。因此，如果说德国刑法学因过度的体系化而需要从体系性思考向问题性思考转变，那么，我国刑法学现在缺乏的正是体系性思考，因而更需要强调的是体系性的思考。

（本文原载《人民检察》，2009（23））

① ［德］克劳斯·罗克辛：《德国刑法学总论》，第1卷，286页，北京，法律出版社，2005。

类型性的思考与个别性的思考

——刑法方法论之三

在刑法的体系性思考中，类型性的思考方法也许是最为重要的，而与类型性的思考方法相对应的是个别性的思考方法。法教义学是一种概念法学，而这里的概念本身就是一种类型，当然，概念与类型还是有所不同的，人们常常引用康德的一句话：概念没有类型是空洞的，类型没有概念是盲目的。德国学者考夫曼在《法律哲学》一书中，对概念与类型之间的关系作过以下论述：类型是建立在一般及特别间的中间高度，它是一种相对具体，一种在事物中的普遍性。类型一方面与抽象的一般概念相异，一般概念，透过一个有限数量独立的"特征"被加以"定义"（被限制），并因此一依康德的意思，与直观相对的。类型在它与真实接近的以及可直观性、有对象性来看，是相对的不可以被定义，而只能被"描述"。它虽然有一个确定的核心，但却没有确定的界限，以至于对于一个类型存在的特征"轮廓"或多或少有所缺少。而这却会造成对于一定事实类型化的困难。概念（在这里一直被理解为抽象的一般概念），当作一种种类概念或分类概念是封闭的，而类型则是开放的。概念只认识一种区隔性的思考，而类型（次序概念、功能概念和意义概念）相反，让自己在"或多或少"

多样的真实中存在。[①] 以上考夫曼对概念与类型的区别作了论述，论及概念的可定义性与类型的不可定义性但可描述性、概念的封闭性与类型的开放性、概念的区隔性与类型的涵摄性。对于概念与类型的区分，我国台湾地学者概括为以下五点[②]：（1）概念是封闭的，只有所有特征都具备时概念才存在；类型是开放的，其特征中某一个或几个特征可以舍弃，并不影响类型的存在。（2）概念与类型在其对事实对象的“归类程度”上也不同。前者只能够以“either...or”（是或者不是）方式，将某一事实涵摄（sulsumtion）于概念之下；后者则可以“more or less”（或多或少）的方式，将某一事实归类（zuordnen）于类型之下。（3）概念适用于事实时，要求概念特征具有同一性；类型适用于事实时，只要求彼此具有相似性即可。（4）概念具有可定义性，即透过穷尽地列举对象特征的方式加以定义；类型则无法加以定义，只具有描述性，即通过描述一连串不同维度的特征加以描述。（5）概念特征的数目与概念范围成反比例（概念的内涵特征越少，概念的适用范围越多；内涵特征越多，适用范围越小）；类型概念不能够适用该逻辑规则。

应该说以上区分的论述对于我们正确地厘清概念与类型的关系具有一定的帮助。当然，类型本身是一个适用十分广泛的概念，一般认为类型可以分为经验类型、规范类型与理想类型。考夫曼还指出在法教义学中的类型是指“规范类型”，它区别于韦伯的“理想类型”。考夫曼对法律适用有一个十分生动的描述：在法律的实现过程中，我们等于是不断地在将法律的概念关闭、开放，并再度关闭。我们几乎可以称它是一种“概念法学”及“利益法学”的辩证统一（透过它，必须承认两者各拥有一种正确的观点）。[③] 这里的概念法学，是指因概念的封闭性而使法律规范形成对司法者的某种限制，以保证一般正义的实现；而利益法学是指通过打开封闭的概念，纳入利益平衡的因素，从而实现个别正义。当然，考夫曼对于概念与类型在立法与司法中的作用作了说明，他认为立法者的任务是对类

① 参见［德］考夫曼：《法律哲学》，190～191页，北京，法律出版社，2004。
② 参见吴从周：《法理学论丛——纪念杨自然教授》，306页，台北，月旦出版股份有限公司，1997。
③ 参见［德］考夫曼：《法律哲学》，143页，北京，法律出版社，2004。

型加以描述，如何描述呢？就是用概念加以描述，因而立法是类型概念化。但立法时将类型完全概念化是不可能的，因而在司法适用时，又要到类型中去发现法律。如何发现法律呢？通过“事物的本质”去发现法律。考夫曼另有一本著作，名为《类推与事物本质——兼论类型理论》。在该书中，考夫曼提出：“事物本质”是一种观点，在该观点中存在与当为对应，互相遭遇。它是现实与价值相互联系（“对应”）的方法论所在。因此，从事实推论到规范或由规范推论至事实，一直是一种有关“事物本质”的推论。事物的本质是类推（类似推理）的关键点，它不仅是立法，也是法律发现之类推过程的基础。因此，它是事物正义与规范正义之间的中间点，而且本身是在所有法律认识中均会关系到的、客观法律主义的固有负载者。① 以上考夫曼关于事物本质的论述较为晦涩难懂。显然，事物的本质不是一种规范判断与形式判断，它是一种实质判断。当然，事物的本质也不是一种价值判断，而是一种存在论的判断。通过事物本质发现法律，是对通过法律解释发现法律的一种不得已的补充。在这种事物本质的思考中采取的是类型化的思考方法。

在刑法学中，类型性思考方法也是广泛地被采用的，尤其是刑法教义学所建构的犯罪论体系，就是类型性思考的杰作。例如，贝林提出了“类型性”是一个本质的犯罪要素的命题，而构成要件就是犯罪类型性要素的载体。贝林提出：关键是，需要更严格地分清“犯罪类型”与法律构成要件概念的关系，随即还需要解释构成要件符合性与构成要件的关系以及与“类型性”之关系。② 此后，贝林又提出了观念形象或者指导形象的概念，以此来界定构成要件，因为构成要件只是犯罪的事实性的要素，不能直接等同于犯罪类型。贝林指出：每个法定构成要件肯定表现一个“类型”，如“杀人”类型，“窃取他人财物”类型，但是，并不意味着这种——纯粹“构成要件”的——类型与犯罪类型是一样的。二者明显不同，构成要件类型绝不可以被理解为犯罪类型的组成部分，而应被理解为观念形

① 参见［德］考夫曼：《法律哲学》，143 页，北京，法律出版社，2004。

② 参见［德］恩施特·贝林：《构成要件理论》，2 页，北京，中国人民公安大学出版社，2004。

象（Vorstellings-gebild），其只能是规律性的，有助于理解的东西，这逻辑上先于其所属的犯罪类型。[①] 构成要件是一种类型，而不是一个概念，这种类型为认定犯罪提供了指导形象，构成要件有所谓封闭的构成要件与开放的构成要件之分。只有作为一种类型，构成要件才可能是开放的。如果是一个概念，则不存在开放性，即没有开放的概念。上述构成要件这一类型，可以涵括有关案件事实。因此，类型性思考只是表现为逻辑上的涵摄（subsumierbar）。涵摄，最初译为包摄，是指将一定的事实通过演绎、推理的逻辑方法纳入一定的类型。因而，法律适用就逻辑实质而言就是一个涵摄的过程。考夫曼比较了法律适用的涵摄模式与等置模式。等置模式是比较的思维方法，即把案件事实与构成要件的含义进行对比，如果两者一致则可将案件事实归入某一构成要件，而涵摄模式是采用演绎推理的方法加以推断。以上两种方法是有所不同的，涵摄推理更依赖于逻辑的力量，而比较则包含了某种决断。一般认为，涵摄更具有必然性，而等置更具有或然性。但考夫曼并不同意这种观点，认为对抽象的逻辑推理应当保持一定的警惕，人们应当谨防过度的“逻辑的”推论。考夫曼引述了 Salocia Landman 所举的一个例子，以证明“举轻明重”的推理可能带来的荒谬。这是一个犹太人与拉比师傅的对话：

犹太人：我可以跟我太太睡觉吗？
拉比师傅：这是当然。
犹太人：我的邻居可以和他的太太睡觉吗？
拉比师傅：可以。
犹太人：我的邻居可以和我太太睡觉吗？
拉比师傅：绝对不行。
犹太人：我可以和他太太睡觉吗？
拉比师傅：绝对不行。
犹太人：拉比，这其中的逻辑何在？当我可以和一个我的邻居不可以一

① 参见［德］恩施特·贝林：《构成要件理论》，5页，北京，中国人民公安大学出版社，2004。

起睡觉的女人睡觉时，要到什么程度我才可以和一个我的邻居可以一起睡觉的女人睡觉？①

以上对话的最后一句翻译得不好，我重新编排了一下：我可以和一个我的邻居不可以一起睡觉的女人睡觉，我为什么不可以和一个我的邻居可以一起睡觉的女人睡觉呢？从正确的前提推导出错误的结论。但我认为这并不是逻辑推理本身的错误，而是没有遵循逻辑推理规则所发生的错误。在上述对话中，逻辑错误之所以发生，是因为没有理解能否与一个女人睡觉的根据：是否存在婚姻关系。而婚姻关系是一个事实问题，它不是靠逻辑推理所能够解决的。因此，不能由此而否认逻辑推理的正确性。

考夫曼在《法律哲学》一书中讨论了一个德国历史上十分有名的盐酸案。该案的案情是：×携带盐酸泼洒于一名女会计的脸上，进而抢走她的钱包。在联邦法院的判决书中，涉及的问题在于：×是否违反了加重强盗罪。根据行为当时有效的刑法第250条规定，加重强盗罪的构成在于："当行为人……携带武器实施了本行为，而以武力或以武力胁迫，防止或压制他人的反抗时"。因此必须判断的是在该案中使用的盐酸是否为一种"武器"。联邦法院肯定了这点。因为这个判决相当有争议，而且多数人认为应该被否定，所以立法者相应地修改了刑法第250条。现在的规定是："携带武器或其他器械或方法实施了本条行为，而……"现在不再有争论了。但这个案件就方法论的观点仍然相当具有教育意义。② 上述案件涉及的法律问题是：能否把盐酸看作是"武器"。对于这个问题，当然会存在不同理解。对于盐酸案，联邦法院是将盐酸看作为武器的，但从后来修法来看，立法者似乎又是否认盐酸是武器的解释的。考夫曼并不在乎哪一种结论正确，而是关注某一种结论是如何得出来的，即思考方法。考夫曼指出："武器"在加重强盗罪中并不是一种"概念"，而是一种"类型"。当然这里，而且正是这里，会提出的问题是：在何种范围内，此种类型概念可以被打开，以及在如何范

① ［德］考夫曼：《法律哲学》，144～145页，北京，法律出版社，2004。

② 参见［德］考夫曼：《法律哲学》，107页，北京，法律出版社，2004。

围内，抽象普遍的概念必须被划定界限。① 考夫曼的意思是说，只有把“武器”理解为一种类型而不是一种概念，才更容易把盐酸归入“武器”一词之中。

对于上述盐酸案，德国学者罗克辛作出了另外的解释：因为口语中承认“化学武器”的概念，文字意思并不要求将武器的概念限制在机械性作用的工具上。另外，法律的目的也指出，对特别危险的伤害方法应当给予更严厉的惩罚，从而支持在武器的概念中包括化学手段；用盐酸造成的伤害甚至比用例如棍棒的一击还要严重。② 尽管对于“盐酸”是否“武器”这个问题存在争议，但考夫曼的类型性思考方法对于我们具有重大的启迪。类型性思考不仅是简单的逻辑推理，还是一种十分复杂的认知过程与判断过程。我国学者杜宇博士对刑法的类型化思维方法进行了深入研究，指出：刑法类型的意义，并非如传统理论所认为的那样，仅隐藏在类型或规范本身，仅仅隐藏在法条的规定之中。相反，为了探寻这种意义，我们必须回到某些直观的事物，回溯到有关的具体案件事实。刑法类型的真实意蕴只有在这些事实之中才能开放，才能完整而清晰地呈现。同样，案件事实的意义，也并非可以从事实本身分析得出，只有以类型为观照，才能显现出其规范性的意义与价值。这样一来，刑法类型与案件事实的遭遇，便呈现出“诠释学循环”的关系：一方面必须针对生活事实来认识类型，另一方面必须针对类型来认识生活事实。按照 English 的说法，上述“诠释学循环”便是一个“目光不能往返于规范与事实”之间的过程③，是一个类型与素材之间不断互相开放和交互作用的过程。更为本质地讲，这一过程绝非将案件事实简单概括和归属于刑法规范，而是一种逐步进行的，从事实的领域探索前进至类型的领域，以及从类型的领域探索前进至事实的领域的过程，是一种在素材中对类型的再认识，以及在类型中对素材的再认识之过程。我看更为形象地讲，是一个类型唤醒事实，事实唤醒类型的互相“呼唤”过程，是一个类型让素材说话、素材令类型发言的互相

① 参见［德］考夫曼：《法律哲学》，142 页，北京，法律出版社，2004。

② 参见［德］克劳斯·罗克辛：《德国刑法学总论》，85 页，北京，法律出版社，2005。

③ 参见［德］拉伦兹：《法学方法论》，98 页，台北，五南图书出版公司，1996。

“启发”的过程。[①]

在以上论断中，杜宇博士对类型的刑法意义作出了十分深刻的揭示。当然，类型性思考与个别性思考是相对应的，也是互相补充的。如果说，在定罪过程中，尤其是在构成要件该当性的认定中，是以类型性思考为主，那么，在量刑过程中，就是以个别性思考为主。贝林在论及犯罪类型时曾经指出，基本意义上的犯罪类型的划分根据是：立法者一方面使法定刑与犯罪类型相适应，另一方面，使法定刑在原有法定犯罪类型的基础上有所波动，从而表现为不同的刑罚幅度。在体系上，罪刑相适应构建了刑法的“分则”，在此基础上对刑法中的犯罪进行了分类和再分类；在此意义上的罪刑相适应，类型是独立的（suigeneris），即从某类型出发一条直线通向特定的法定刑。而量刑中的罪刑相适应，虽然关键仍然是有责不法的“类型化”行为，但它并不能直线通达法定刑，而必须首先越过这个或那个量刑的因素以及该因素所包含的不同类型，才能确定适当的刑罚。这种“形态”可被理解为非独立的犯罪类型、非关键特征的类型、类型性的附属形象，本身并不可直接适用，只有与独立类型同时启用时才能予以利用。[②] 以上这段话如果不加理解有些难懂。贝林的意思是，定罪是以类型性的构成要件为根据的，但量刑则要考虑非类型性的因素。因此，定罪是类型性思考，量刑是个别性思考。任何新闻都有五要素，即五 W：何人（who）、何时（when）、何地（where）、何因（why）、何事（what），完整的案件事实也同样要求具备以上五要素，例如已满十四周岁不满十六周岁的张三（who）在五一节那天（when）的大庭广众之下（where），因为李四骂了他一句（why），就一拳击中李四的胸部，李四倒在地上后死亡（what）。这样一个案情，在构成要件该当性阶层，不考虑其他四个 W，只考虑 what，该行为符合杀人（致人死亡）的类型，这是纯正的类型性判断。在违法性阶层中，考察辱骂是否足以阻却违法，这仍然是一种类型性思考，但要根据本案具体情况判断，因而已经是一种不纯正的类型性判断。如

① 参见杜宇：《再论刑法上之“类型化”思维——一种基于“方法论”的扩展性思考》，载《法制与社会发展》，2005（6）。

② 参见［德］恩施特·贝林：《构成要件理论》，2～3 页，北京，中国人民公安大学出版社，2004。

果认定为过失致人死亡罪，即过失杀人，则定罪阶段结束。在量刑阶段，基于刑罚个别化原则，主体的未成年（who）、五一节（when）、当众（where）、被辱骂（why）这些因素才被作为量刑的法定情节或者酌定情节而予以考虑。由此可见，从定罪到量刑是一个从类型性走向个别性的过程，思维方法亦应随之而调整。

（本文原载《人民检察》，2010（1））

三、刑法知识论

刑法学体系的反思与重构

刑法学理论的纵向延伸与横向扩展，已经发展到开始超出传统刑法学体系之雷池的境地。一个催人深思的重大课题萦绕在当代中国刑法学者的脑际，这就是如何改造与完善现存的刑法学体系，重构具有中国特色的社会主义刑法学框架。带着对这一问题的初步思考，在《罪刑关系论》[①] 一文中，我们提出了一个大胆的命题，即“罪刑关系的基本原理应成为具有中国特色的社会主义刑法学体系的中心”。然而，囿于选题的角度与行文的篇幅，上文主要是对罪刑关系基本原理本身的探讨，而对于该原理之于重建刑法学体系的意义的考察则基本上只限于命题的提出。本文拟展开与深入这一命题，在反思现存的刑法学体系的基础上，勾勒出以罪刑关系为中心的刑法学新体系。

一

自从刑法学作为一门独立的科学在近代西方问世以来，撇开根据阶级属性的

① 参见陈兴良、邱兴隆：《罪刑关系论》，载《中国社会科学》，1987（4）。

分类，仅就刑法学体系自身的历史演进而言，曾先后出现过三套不同的刑法学体系。这就是西方刑事古典学派建立的行为中心论体系、刑事实证学派建立的行为人中心论体系以及由苏俄刑法学者建立而至今仍为我国刑法学界所沿袭的社会危害性中心论体系。限于篇幅，本文不想对刑法学体系的历史加以追根寻底式的反思，而仅就现存的刑法学体系进行反省。康德曾言："人类理性非常爱好建设，不止一次把一座塔建成了以后又拆掉，以便察看地基的情况如何。"[①] 对现存的刑法学体系的反思就是这样一种拆塔，是一种带有痛苦而又充满理智的自我破坏，它为刑法学体系的重构廓清地基。

我国现存的刑法学体系，基本上是在模仿苏联教科书的基础上，参照我国现行的刑法体系，吸收司法实践经验建立起来的。长期以来，人们都是从这个体系学习与理解刑法，在这个体系的框架范围内进行刑法理论的学术争鸣，把这个体系视为刑法学的理想模式。无疑，这个刑法学体系是有优点的，主要表现在：它能够与刑法体系相协调。在排列上既照顾到理论的内在联系，又照顾到叙述的方便，注重内容的完整性与系统性。由于这些特点，它曾经起过不容置疑的重要作用。作为教科书的体系，有其存在的价值与理由。但是，作为一个刑法学的理论体系，它是有局限性的。我国刑法颁行不久建立的这一刑法学体系，在很大程度上是对前一阶段刑法宣传与研究的理论概括，其广度与深度与今日之社会主义法制建设的客观需要是极不相称的。目前，这一体系已经落后于刑法学理论的发展。历史上从来不存在永恒不变的理论体系，任何学科体系在其内容已经发生了重大更新的情况下，都要进行变革，这是一条历史规律。

体系是内容的逻辑结构，是理论的表述形式。体系之变，是由内容引起的。但当在体例编排上进行一些改动、增加一些章节，已经不能满足内容变化的要求，问题已经牵涉到一系列基本范畴的内在关系时，体系的变革就是势在必行的了。我国刑法学界的许多有识之士早就意识到这一点，发出了建立具有中国特色

① ［德］康德：《未来形而上学导论》，4页，北京，商务印书馆，1982。

的社会主义刑法学体系的呐喊，并为此开始了艰难的探索。[①] 我们认为，立以破为前提，为建立一个能够容纳由于刑法学理论的发展而必须加以补充、增加的内容，科学地揭示刑法学的基本理论之间的内在逻辑关系的刑法学体系，就必须改造现存的刑法学体系。在我们看来，现存的刑法学体系存在以下缺陷。

首先，现存的刑法学体系是一个孤立的体系，它割裂了犯罪与刑罚的内在关系，以犯罪论与刑罚论这两大块作为刑法学体系的基本格局，未能充分关注犯罪与刑罚的联系，从两者的统一上建构刑法学体系。犯罪与刑罚是刑法的基本内容，理所当然地包括在刑法学的研究范围之内。但犯罪与刑罚不是相分离而存在的，恰恰相反，是相联系而存在的。因此，犯罪与刑罚的这种内在联系就成为构筑刑法学体系的关键。正是在这个意义上，我们将罪刑关系的基本原理视为刑法学体系的中心。如果不从犯罪与刑罚的关系入手，就不能正确地揭示刑法学理论的基本逻辑关系。现存的刑法学体系将犯罪与刑罚分而论之，这对于初学者理解和掌握刑法是有益的，但为此却使刑法学理论的内在逻辑蒙受重大损失，可谓得不偿失。随着刑法理论的进一步发展，必然要有一个与之相适应的科学体系，在更高的层次上，将犯罪与刑罚统一起来。只有这样，才能克服现存的刑法学体系中犯罪与刑罚的孤立性，建立一个以罪刑关系为中心的刑法学体系。

其次，现存的刑法学体系是一个静态的体系，它囿于对法条的注疏，未能将司法实践运用刑法的过程直接纳入其研究视野。现存的刑法学体系虽然注意从司法实践中吸收营养，注意对司法实践的理论概括，但这都仅限于一些具体问题，或者将以案释法视为理论联系实际的典范。因此，我们的许多同志往往把大量的精力投放在对疑难案例的探讨，对司法解释的诠注，对法律术语的辨析上（无疑，这些都是十分重要的）；但没有从宏观上对司法实践进行研究，以研究刑法具体运用的一般规律为己任。所以，我们的某些法学刊物虽然充满着司法实践的气息，但材料堆砌有余、理论抽象不足。这样，就很难站在应有的理论高度，对

① 中国法学会刑法学研究会曾把“如何建立具有中国特色的社会主义刑法学体系”作为其成立大会（1984年）的一个重要问题。

司法实践提出建设性的意见，并从全局上指导司法实践。要使刑法理论担当起这一重任，就不能不面对司法实践，在刑法学体系的构造上改变现存体系的那种静止性，而与司法实践的节奏相协调，建立一个动态的刑法学体系。

最后，现存的刑法学体系是一个封闭的体系，由于其基本构造的不合理性，因而无法将大量新的内容吸收与补充进来，丰富与完善这一体系。例如，现存的刑法学体系由于受注释刑法学的影响，没有为刑事立法留下一席之地，因此，刑事立法的研究在现存的刑法学体系中是一块空白。而这个问题，绝不是内容的增减所能解决的，因为它涉及刑法学体系的内在逻辑。而且，刑法理论是不断发展着的，旧的概念被淘汰，新的观念会出现，表现为一个新陈代谢的过程。为了适应刑法理论发展的这种需要，我们应该改革现存的封闭性的刑法学体系，建立一个开放的刑法学体系。

破易立难，历来如此。我们不敢奢望在一朝一夕提出一个成熟的科学体系，但却愿意在对刑法学体系问题的绝非一朝一夕的思考的基础上发表一些也许是不成熟的见解，并试图提出一个可供选择的刑法学体系的候选模式。我们深知自己的功力不能胜任这一工作，但在贵在探索的精神的鼓舞下，我们不揣冒昧，对建立具有中国特色的社会主义刑法学体系问题略抒管见，就正于刑法学界。

以往对刑法学体系的探讨，往往满足于在现存的刑法学体系的框架内增加或者调整一些内容，这就不可能突破现存的刑法学体系的束缚，因而不能提出系统的建设性的观点。我们认为，对现存的刑法学体系的改造，应以刑法学的研究对象为突破口。在我们看来，刑法学是关于罪刑关系的辩证运动的一般规律的科学。因此，罪刑关系的辩证运动的一般规律，应该成为刑法学的研究对象。

首先，刑法学应该研究罪刑关系。毛泽东同志指出："……对于某一现象的领域所特有的某一种矛盾的研究，就构成某一门科学的对象。"[①] 犯罪与刑罚作为一对矛盾，是刑法学最直观的研究对象。但刑法学不是对犯罪与刑罚孤立地加以研究，而是要联系地进行考察，从而揭示罪刑关系的基本原理，并以此指导刑

① 参见《毛泽东选集》，第1卷，309页，北京，人民出版社，1991。

事立法与司法实践。罪刑关系不仅是刑法学的主线，也是刑法历史发展的主线。黑格尔指出："由于文化的进步，对犯罪的看法比较缓和了，今天刑罚早已不像百年以前那样严峻。犯罪和刑罚并没有变化，而是两者的关系发生了变化。"①自从刑法产生之日起，犯罪与刑罚就存在了，但两者的关系发生了变化。正是这种罪刑关系的变化，构成刑法历史发展的基本线索。因此，我们不应割裂犯罪与刑罚的关系，而应把罪刑关系作为一个整体并成为刑法学的研究对象。由此建立起的刑法学体系，是一个犯罪观与刑罚观两位一体的体系，是以罪刑关系为中心的体系，也是一个历史与逻辑相统一的体系。

其次，刑法学体系应该研究罪刑关系的辩证运动。犯罪与刑罚这对矛盾，只有在运动之中才能将其内在关系展开。罪刑关系的运动，表现为刑事法律关系的全过程。一般来说，罪刑关系的辩证运动，可以分为以下四个阶段：一是确定罪刑关系的刑事立法阶段；二是解决罪刑关系的质的个别化的定罪阶段；三是解决罪刑关系的量的个别化的量刑阶段；四是实现罪刑关系的行刑阶段。上述四个阶段涵括了立法实践、司法实践（定罪与量刑）和行刑实践。在这罪刑关系发展的四个不同阶段，呈现出罪刑关系的不同特点与内容。将上述罪刑关系的辩证运动作为刑法学的研究对象，就能克服现存的刑法学体系的静止性，使刑法学研究直接面对立法实践、司法实践和行刑实践。由此建立起来的刑法学体系，是一个理论联系实际的体系，是一个充满生机与活力的体系。

最后，刑法学应该研究罪刑关系辩证运动的一般规律。罪刑关系是辩证地运动着的。这种辩证运动是有规律可循的，揭示罪刑关系辩证运动的一般规律，就是刑法学的首要任务。规律是相对于表象而言的，它是运动着的事物的普遍与本质的联系。在刑法学领域内，犯罪现象、刑罚现象等都属于表象的范畴。我们不能满足于对这些现象的解释，而是要揭示支配着这些现象的规律。以法条为例，就其作为人们对罪刑关系的认识成果而言，它在一定程度上体现了罪刑关系的内在规律。我们的任务是要揭示隐藏在法条背后的罪刑关系的一般规律，而不能囿

① ［德］黑格尔：《法哲学原理》，范扬、张企泰译，99页，北京，商务印书馆，1961。

于对法条的注疏。只有揭示了罪刑关系的一般规律，才能对法条进行合理的解释，对法条是否体现了罪刑关系的基本原理进行科学的评价，并为将来的刑事立法指明方向。如果把图解法条，甚至把论证司法解释的合理性作为刑法学的主要任务，刑法理论就没有科学性可言。只有把罪刑关系辩证运动的一般规律作为刑法学的研究对象，才能使刑法学上升到应有的理论高度，由此建立起来的刑法学体系，是一个开放的体系，是一个科学的体系。

对现存的刑法学体系的反思可以得出如下结论：应以罪刑关系的基本原理为经线，以罪刑关系的辩证运动为纬线，建立以罪刑关系辩证运动的一般规律为研究对象的刑法学体系。

二

以罪刑关系辩证运动的一般规律为研究对象的刑法学体系，打破传统的犯罪论与刑罚论两大块的格局，在内容的排列上更大程度地超越刑法条文体系，而服从于罪刑关系辩证运动的内在逻辑，其基本框架图示如下。

绪　论 { 犯　罪 / 刑　罚 } 罪刑关系 { 立法论 / 定罪论 / 量刑论 / 行刑论 }

（一）绪论

在现存的刑法学体系中，绪论基本上是围绕刑法第 1 条至第 9 条展开的，是对这些法条的注疏。而在以罪刑关系的基本原理为中心的刑法学体系中，绪论不以法条释义为主要内容，而是以阐发罪刑关系的基本原理为主旨，从而为刑法学体系的内在逻辑的展开奠定基础。在绪论中，应该研究以下问题。

(1) 犯罪概念。我国刑法中的犯罪概念是以马克思主义犯罪观为理论根据的，它深刻地揭示了行为的社会危害性是犯罪的本质特征。我们认为，今后对犯罪概念的研究，要在摈弃主观主义与客观主义的基础上，从主观恶性与客观危害相统一的意义上深入地阐发社会危害性的政治和法律的内容。

（2）刑罚概念。我国刑法中的刑罚概念是以马克思主义刑罚观为理论根据的，它深刻地揭示了刑罚是社会对违犯它的生存条件（不管这是些什么样的条件）的行为的自卫手段。我们认为，今后对刑罚概念的研究，要在扬弃一般预防主义与个别预防主义的基础上，从一般遏制与个别遏制相统一的意义上深入地研究刑罚的目的及功能。

（3）罪刑关系。罪刑关系可以分为以下两个命题：已然的犯罪和刑罚的决定与被决定的报应关系及未然的犯罪和刑罚的遏制与被遏制的功利关系。根据罪刑关系的基本原理，报应关系与功利关系之间存在手段与目的的关系。因此，罪刑关系的两个命题具有内在同一性。但这种内在同一性在罪刑关系的辩证运动的不同阶段有着轻重主次之分。在刑事立法阶段，功利关系中的一般遏制应该成为确定罪刑关系的主要根据。在司法阶段的定罪量刑中，罪刑关系个别化的主要根据只能是报应关系。在行刑阶段，功利关系中的个别遏制应该成为调整罪刑关系的主要根据。当然，在上述罪刑关系辩证运动的不同阶段，在以罪刑关系两个命题中的某一命题为主要根据的同时，另一命题应得到兼顾，从而使报应关系与功利关系得到统一。

（4）刑法基本原则。在现存的刑法学体系中，什么是刑法基本原则以及如何确定刑法基本原则，是一个似无定论的问题。我们认为，刑法基本原则是指确立与调整罪刑关系的依据与准则。根据这一界说，刑法基本原则应该从罪刑关系的基本原理中引申出来。因此，下述三条是刑法基本原则：罪刑法定、刑从罪生与刑须制罪相结合、刑当其罪与刑足制罪相结合。

（二）立法论

刑事立法是指立法机关根据社会主义法制建设的客观需要制定刑事法律的一种活动，是罪刑关系的确立过程。因此，刑事立法的研究应该成为刑法学的重要内容，尤其是在目前我国法学体系中的立法学尚不成熟的情况下，在刑法学中加强对刑事立法的研究更有必要。刑事立法是一个大有可为的研究领域，其中值得研究的问题，举其要者，大概有以下这些。

（1）刑事立法原则。刑事立法原则是指在刑事立法活动中必须遵循的准则，它对于刑事立法活动的正确开展具有重要的意义。我们认为，惩办与宽大相结合应该成为我国刑事立法的原则。惩办与宽大相结合原则的精神实质就是区别对待，只有在刑事立法中贯彻这一原则，对不同的犯罪分子实行区别对待，宽严相济，才能使我们的刑法成为打击犯罪、保护人民的有力武器。实行惩办与宽大相结合的原则，就能在刑事立法中贯彻罪刑关系的基本原理，使罪刑关系真正合理化。

（2）刑事立法体系。刑事立法体系是指通过刑事立法所确立的刑法条文体系，它包括刑法典、刑事单行法规以及其他法律中的刑事罚则等多种表现形式。这是从宏观角度对刑法体系的研究，其意义在于阐述刑法的各种表述形式，研究如何使各种刑事法律互相协调一致，建立一个符合中国国情的刑事立法体系，对将来的刑事立法工作起到促进与推动作用。目前，我国以刑法为主、以单行刑事法规和其他法律中的刑事罚则为辅的刑事立法体系已经基本建立起来，但如何发展完善是一个重要的问题。

（3）刑事立法结构。刑事立法结构是指刑法的内在逻辑结构，例如刑罚体系的逻辑结构，各种刑罚制度的逻辑结构，以及刑法分则体系的逻辑结构等。这是从微观角度对刑法体系的研究，其意义在于揭示刑法条文之间的逻辑结构，为适用法条创造条件。

（4）刑事立法解释。刑事立法解释是指对刑法的解释，主要是指立法解释和司法解释。任何法律都需要解释，因为法条是抽象、概括的，而适用时所面临的客观情况却是复杂的。为此，需要对法条加以科学的阐发。目前我国对刑事立法的解释，以司法解释为主。司法解释对适用刑法有着不可低估的作用，对我国刑法学研究也作出了很宝贵的贡献；但在司法解释中，也还存在一些值得研究的问题，例如司法解释的权限、时效、程序、形式等。

（三）定罪论

定罪是指依据刑事法律确认某一行为是否构成犯罪以及构成什么犯罪的刑事审判活动。现存的刑法学体系，在犯罪论中主要研究犯罪构成。我国的犯罪构成理论是参照苏联模式建立起来的，尤其是我国 1958 年翻译出版的苏联著名刑法学家 A. H. 特拉伊宁的《犯罪构成的一般学说》一书，更是对我国犯罪构成理论的建立和发展产生了深远的影响。这个犯罪构成理论摈弃了资产阶级以行为或行为人为中心的主客观相分离的犯罪构成体系，以社会危害性为中心来构架犯罪构成，使犯罪构成变为体现犯罪本质特征的具有实质内容的法律形式。但这个犯罪构成体系存在机械、僵化等缺陷，在许多问题上并没有真正划清罪与非罪的界限。近几年来，我国刑法学界对犯罪构成进行了可贵的探索，有些刑法学者试图建立犯罪构成新体系，但这种探索成功的可能性是值得怀疑的。因为犯罪构成是刑法学的一个有机组成部分，并受刑法学体系的制约。离开刑法学体系的重构怎么可能建立犯罪构成新体系呢？更何况在一些人那里，所谓犯罪构成新体系只不过是像玩弄积木游戏那样，对旧的内容（要件）作新的排列组合。我们认为，应在建立新的刑法学体系的基础上，对犯罪构成在刑法学中的地位加以通盘考虑。在定罪论中，应该研究以下问题。

（1）定罪原则。定罪原则是指追究刑事责任的原则，也是定罪活动必须遵循的准则。我们认为，我国刑法中定罪的原则是主观与客观相统一的原则。这里所谓的主观，是指主观上的罪过。这里所谓的客观，是指客观上的犯罪行为。主观与客观相统一，是一条马克思主义的原则，也是定罪时必须坚持的原则。只有坚持主观与客观的统一，才能既防止客观归罪，又防止主观归罪。

（2）定罪的前提。定罪的前提是指刑事责任能力，即辨认或者控制自己行为的能力。刑事责任能力既可能因达到法定责任年龄而具备，也可能因精神病发作而丧失。对此，应依法加以确认，以便为追究行为人的刑事责任提供前提条件。

（3）定罪根据。定罪根据是定罪论的核心内容，定罪根据可以分为主观根据与客观根据。主观根据是指行为人对自己的行为可能造成的危害结果的故意或者过失的心理状态。如果行为人主观上对于危害社会的结果既无故意也无过失，就不能让其承担刑事责任。客观根据是指犯罪行为、犯罪结果及两者之间的因果关系。在研究定罪根据的时候，我们不仅应阐发定罪的主客观根据的具体内容，更应该注意考察在司法实践中如何认定。

(4) 在定罪论中，我们还应该研究防卫过当、避险过当、犯罪预备、未遂和中止、共同犯罪、一罪与数罪等犯罪特殊形态的定罪问题。

（四）量刑论

量刑是指依据刑事法律确定对犯罪分子是否判处刑罚以及判处什么刑罚的刑事审判活动。在现存的刑法学体系中，刑罚论是一个薄弱的领域。对量刑的研究还仅限于对法条的注释，因而深深地打上了注释刑法学的烙印。我们认为，应该使量刑成为独立的研究领域，将揭示量刑活动的一般规律作为其主要内容。在量刑论中，应该研究以下问题。

(1) 量刑原则。量刑原则是指人民法院在对犯罪分子确定刑罚的时候必须遵循的准则。我国刑法明文规定了以事实为根据、以法律为准绳的量刑原则。如何在量刑活动中正确地适用这一原则，是今后的研究重点。

(2) 量刑模式。量刑模式是指量刑的基本方式，这是对量刑的宏观研究。世界上存在两大量刑模式：一是大陆法系的量刑模式。在大陆法系的国家，实行成文法，法官只能依法裁量。这种量刑模式，从哲学上来说，是从一般到个别的推理。由于法条总是概括、抽象的，案例则是个别、具体而又千差万别的，所以，这种量刑模式虽然有利于法制统一，但它限制了法官的能动作用，不能说没有缺憾。二是英美法系的量刑模式。在英美法系的国家，实行判例法。法官就是立法者，可以创制法律。这种量刑模式，从哲学上来说，是从个别到个别或者说从此个别到彼个别的推理，判例法可比性强，为法官提供了一个具体感性的类比样板，以资仿效，并能适应形势的变化。但这种量刑模式可能造成量刑偏颇，并有判例庞杂、坠入文牍之嫌。在考察世界上两大量刑模式的利弊优劣的基础上，我们应该借鉴这两大量刑模式，建立以成文法为主、判例法为辅的具有中国特色的量刑模式。

(3) 刑罚裁量。刑罚裁量包括刑之从轻、减轻与免除，刑之从重、加重等。这是一个在司法实践中如何依法裁量刑罚的问题，是对量刑的微观研究。这个问题涉及对法条的理解，只有在对法律规定的各种量刑情节正确理解的基础上，才能真正做到量刑准确。

(4) 量刑制度。量刑制度包括数罪并罚制度、自首制度和累犯制度。在现存的刑法学体系中，这三项制度在刑法学体系中的地位没有明确，基本上是按法律条文的顺序加以解释，没有揭示它们之间的内在联系。我们认为，这三项制度属于刑罚制度，是刑罚具体运用的制度，由于它们主要是在量刑阶段运用，因此可以称为量刑制度。

(五) 行刑论

行刑论在现存的刑法学体系中和刑事立法论一样，没有受到高度的重视，刑法规定的与行刑有关的内容都在刑罚论中加以研究，但它在刑法学体系中的地位以及这些内容之间的关系都没有得到说明。因此，在现存的刑法学体系中，这些内容基本上是对法条的注疏，没有达到应有的理论高度。我们认为，行刑是指刑罚的执行，这是罪刑关系辩证运动的一个重要阶段，是罪刑关系进一步合理化的阶段。以罪刑关系的基本原理为中心的刑法学体系，必然重视行刑的理论与实践，并为行刑论留下广阔的研究领域。在行刑论中，应该研究下述问题。

(1) 行刑原则。行刑原则是指在刑罚执行中必须遵循的基本准则。我们认为，惩罚和教育相结合应该成为行刑原则。惩罚是刑罚的自然属性，但惩罚只有与教育有机地结合起来，才能真正发挥刑罚的效果，达到刑罚目的。因此，行刑应坚持惩罚与教育相结合原则。

(2) 刑罚执行。刑罚执行包括主刑的执行与附加刑的执行。在现存的刑法学体系中，刑之本体与刑之执行是混合的，这是由注释刑法学的特点所决定的，因为刑法条文把这两者规定在一起了。我们认为，法条的这种规定是理所当然的，是由立法技术与法条表述的要求所决定的。但在刑法理论上，应该把刑之本体问题与刑之执行问题分开，这是由理论阐述的要求所决定的。刑之本体问题是指对各种刑罚方法的本质、意义、利弊等的考察，而刑之执行问题是指各种刑罚方法的具体执行。两者混合的结果，就是没有深刻地揭示各种刑罚方法的本质，没有达到刑罚哲学的应有高度，而是局限于对法条所规定的各种刑罚方法的执行问题。所以，我们认为应在行刑论中研究各种刑罚方法的执行，这更合乎刑法学体系的内在逻辑。

（3）行刑制度。行刑制度是与刑罚执行有关的刑罚具体运用的制度，包括缓刑制度、减刑制度与假释制度。缓刑制度虽然在量刑阶段运用，但它关系到刑罚执行与否的问题。因此，从本质上说，缓刑制度属于行刑制度的范畴。减刑制度是在刑罚执行中运用的，是对少数提前收到刑罚效果的人的罪刑关系所作的适当调整。假释制度是提前有条件地消灭刑罚的制度。假释以后，当然不存在刑罚执行问题，但从本质上说，它属于行刑制度。

（4）刑罚消灭制度。刑罚消灭，一般情况下是由刑罚执行完毕而引起的；但在个别情况下，会发生因超过时效而导致刑罚消灭或因赦免而导致刑罚消灭。因此，刑罚消灭制度包括时效制度与赦免制度。这两项制度也是对罪刑关系的必要调节，因而值得研究。

（本文与邱兴隆合著，原载《法学研究》，1988（5））

20 世纪 90 年代刑法学的理论走向[①]

新时期刑法学的纪年应当从 1979 年起算，这一年对于我国法制建设和刑法学研究来说，都是具有历史意义的一年。1979 年 7 月 1 日，我国第一部刑法的颁布，结束了新中国成立以后在刑事法律领域内长达 30 年的无法可依的局面，也为我国刑法理论研究提供了契机。10 年来，随着我国刑事立法与刑事司法的发展完善，我国刑法学研究取得了重大进展。进入 20 世纪 90 年代以后，刑法学研究如何进一步发展，是一个至关重要的问题。如果这个问题得不到解决，刑法学研究就会有原地踏步、徘徊不前之虞，应当引起我国刑法学界的严重关切。在此，我们仅就 20 世纪 90 年代刑法学的理论走向略抒管见，希望有助于对这个问题的深入思考。我们认为，20 世纪 90 年代刑法学的理论走向可以概括为以下四点。

一、学科体系的科学化

学科体系的科学化是任何一门学科成熟的标志，是理论内容的逻辑表达形式，也是思想观点的结晶与积淀。我国刑法学体系是在继承 20 世纪 50 年代模仿

① 本文原标题为《九十年代刑法学的理论走向》，特此说明。

苏俄刑法学体系的基础上，综合刑法颁布后的理论现状而建构的，虽然在当时的历史条件下，曾经起过十分重要的历史作用，但与今天刑法理论的研究状况相比，已经陈旧过时，必须考虑重构。

早在 1984 年，中国法学会刑法学研究会成立之初，就有学者提出刑法学体系建构的问题。此后，这一问题一再提起，并且进行了有价值的探讨。刑法学体系的建构，基本上是沿着两条线索发展的：第一，是形式上的变动，这主要表现在对现行刑法学体系的内容作出某些调整，增加某些内容，或者改变某些名称。例如，在刑法颁行之初的刑法学体系中，犯罪论中没有一罪与数罪的内容，有关区分一罪与数罪的内容作为适用数罪并罚的前提，在刑罚论中加以研究。此后，在某些论著中将一罪与数罪内容从刑罚论中剔出，纳入犯罪论，从而使刑法学体系更加完善。又如，在刑法学体系中增设"定罪"一章，或增设"行刑"一章，使刑法学体系更为系统。至于某些内容名称的变化，例如将犯罪阶段改称故意犯罪过程中的形态，虽然不具有实质性的价值，但也并不是毫无意义。第二，是实质上的变动，这主要表现在对关系到刑法学基本理论的重大问题进行探讨，使刑法学体系发生根本性的改观。例如刑事责任问题的探讨就是如此。这一问题的探讨，对我国刑事立法与刑事司法都具有一定的意义，尤其是对我国刑法学体系的重构具有十分重大的意义。

我国刑法学界对刑事责任本质的认识分歧较大，因而在如何建构刑法学体系上也存在观点上的差异。大体上存在以下四种观点：第一种观点认为，一个人实施刑法所规定的犯罪，这是这个人负刑事责任的基础；而只有一个人的犯罪行为应当负刑事责任的时候，才能对他判处刑罚。因此，刑事责任和定罪的含义是基本一致的。当我们说某人应当负刑事责任时，也就意味着对其应当定罪；而当我们说某人已经实际负刑事责任时，也就意味着法院已经对其定了罪。[①] 第二种观点认为，犯罪是刑事责任的前提，刑事责任是犯罪的法律后果；刑罚只是刑事责任的基本实现方式，而不是刑事责任的唯一实现方式，刑事责任还有其他实现方式，刑罚与非刑罚处罚方法一样，是刑事责任的下位概念。因此，犯罪—刑罚的

① 参见王勇：《定罪导论》，65 页，北京，中国人民大学出版社，1990。

体系，应改变为犯罪—刑事责任的体系。[1] 第三种观点认为，刑事责任是具有实存意义的独立实体，这本身就意味着刑事责任是具有区别于犯罪和刑罚的独立性。刑事责任填补了罪和刑之间的空白，从而形成了一个解决犯罪问题的前后贯通、层层深化的全面细致的线索。罪—责—刑的逻辑结构，应当成为处理案件的具体步骤和过程，成为刑法理论的基本体系。[2] 第四种观点认为，刑事责任是刑法中一个带有根本性的概念。没有刑事责任，就不存在犯罪；没有刑事责任，也就不应当受到刑罚处罚。从这个意义上讲，刑事责任是刑法的内在生命。因此，刑事责任理论在刑法科学中具有自己独立的地位，它不仅不能为刑法学中的其他部分所代替，而且对其他各方面的研究具有直接的指导意义，是刑法学的基础理论。[3] 以上四种观点，分别勾勒出以下四个不同于现在罪—刑形式的刑法学体系的模型：（1）责—刑。（2）罪—刑。（3）罪—责—刑。（4）责—罪—刑。应当说，上述对刑事责任问题的探讨是十分有益的，只是惜乎观点分歧太大，以至于给人以无所适从的感觉。可以肯定，刑事责任引入刑法学，必将使刑法学体系发生实质性的变化，但这一变化的实现有赖于在刑事责任问题上建立共识，否则难以取得突破性的进展。另外，值得注意的是，我国刑法学界有人独辟蹊径，从罪刑关系入手，建立了罪刑关系中心论的刑法学体系，其基本设想是：以罪刑关系的基本原理为经线，以罪刑关系的辩证运动为纬线，建立罪刑关系中心论的刑法学体系。罪刑关系中心论的刑法学体系，打破传统的犯罪论与刑罚论两大块的格局，在内容的排列上更大程度地超越刑法条文体系，而服从于罪刑关系辩证运动的内在逻辑。[4] 应该说，这一构想具有其独创性与合理性。

以上我们勾画了刑法学体系建构的两条发展线索：形式上的变动与实质上的变动。就取得的进展而言，似乎前者超过后者。但我国刑法学体系的科学建构，

---

① 参见张明楷：《刑事责任论》，150页，北京，中国政法大学出版社，1992。

② 参见敬大力：《刑事责任一般理论研究》，载赵秉志等：《全国刑法硕士论文荟萃（1981届—1988届）》，20页，北京，中国人民公安大学出版社，1989。

③ 参见张智辉：《社会主义刑事责任理论问题》，载赵秉志等：《中国刑法的运用与完善》，268、283页，北京，法律出版社，1989。

④ 参见陈兴良：《刑法哲学》，679页，北京，中国政法大学出版社，1992。

却并不取决于前者而恰恰取决于后者。

我认为，我国刑法学体系的科学化首先要解决一个前提性问题，这就是把刑法学的理论体系与刑法条文体系和刑法教科书体系加以明确区分。刑法条文体系是指刑法典的条文按照刑法条文内在逻辑关系排列起来的体系，其特点是简明、便利。刑法教科书体系是指参照刑法条文体系，同时照顾到叙述的方便排列起来的体系。刑法教科书体系虽然在一定程度上超越刑法条文体系，但这种超越是极为有限的。尤其是出于教学安排的考虑，刑法教科书体系对理论内容的先后顺序有着较为严格的要求。刑法学体系，应该是刑法学的理论体系，它在更大程度上超越刑法条文体系，而服从于刑法理论的内在逻辑关系。诚然，刑法学体系是建立在刑法条文体系和刑法教科书体系的基础之上的，并且在一定程度上受其制约。但我们又不能将刑法学体系与刑法条文体系或者与刑法教科书体系混同。当然，刑法学体系与刑法教科书体系的区分是有一定难度的。这主要取决于刑法理论研究的深度与广度。在过去的 10 年中，我国刑法理论研究基本上处于一个“教科书时代”，刑法教科书的编撰代表了当今我国刑法学理论研究的较高水平。但是，一个学科的教科书代表着这门学科研究的最高水平，不是这门学科的幸运，而恰恰是它的不幸。刑法学的进一步向前发展，必然超越刑法的教科书时代，而向着更高、更深的理论层次进军。在这种情况下，刑法教科书体系与刑法学体系的区分就是至关重要的了。因为这是刑法学告别教科书时代的一个最基本的前提，同时也是一个最重要的标志。因此，刑法学体系的建构应该起步于与刑法教科书体系的分离。当然，刑法学体系建构的任务是艰难的，它需要有巨大的理论勇气和无畏的探索精神。我国刑法学理论的成熟，应该以具有中国特色的刑法学体系的建立为标志，20 世纪 90 年代我国刑法学的发展应该以具有中国特色的刑法学体系的建立为目标。

二、价值取向的民主化

刑法的价值取向，实际上是一个刑法观的问题，其中包括犯罪观与刑罚观。

在当前商品经济迅速发展，社会生活剧烈变动的情况下，刑法观也面临着变革。建立适应当前社会潮流的刑法观，最根本的一点就是价值取向的民主化。因此，民主化应当成为 20 世纪 90 年代我国刑法学的价值追求。

价值取向的民主化首先表现在对刑法机能的认识上。刑法机能是刑法学的一个重大命题，历来受到刑法学家的高度重视。例如大陆法系刑法理论，就对刑法机能问题作了充分的研究，日本刑法学家将刑法机能概括为以下三个方面：一是规制（亦称规律）机能。规制机能又可分为评价机能与意思决定机能。福田平、大塚仁指出：刑法规定对一定行为科以特定刑罚，但它也能评价一定的行为是无价值的（以评价规范作为依据的评价机能），作为评价的结果它制定出意思决定的标准，指出不得作出那种无价值的行为（以意思决定规范为依据的意思决定机能）。从而，刑法作为规制一般市民行为的法律，具有成为市民行为规范的机能。[①] 二是保护机能。日本学者庄子指出：刑法是基于国家维护其所建立的社会秩序的意志制定的，根据国家的意志，专门选择了那些有必要用刑罚制裁加以保护的法益。侵害或者威胁这种法益的行为就是犯罪，是科处刑罚的根据。刑法具有保护国家所关切的重大法益的功能。[②] 三是保障机能。西原春夫指出：刑法还有保障机能，即行使保护犯罪行为者的权利及利益，避免因国家权力的滥用而使其受害的机能。对有关司法部门来说，刑法作为一种制裁的规范是妥当的，这就意味着当一定的条件具备时，方可命令实施科刑；同时当其条件不具备时，就禁止科刑。[③] 在以上三个机能中，规制机能与后两个机能（保护机能与保障机能）不能相提并论。因此，从刑法价值观的意义上说，刑法机能有保护机能与保障机能之分。在我国刑法学中，相当于刑法机能的理论内容称为刑法的任务，并且以阐释刑法第 2 条为使命。根据我国刑法学界的通说，刑法任务可以归结为“打击敌人、保护人民”八个字，亦有称为惩罚的任务和保卫的任务。这些内容实际上就是指刑法的保护机能，而刑法的保障机能则无从说明。我们认为，在刑法机能

① 参见［日］福田平、大塚仁编：《日本刑法总论讲义》，4 页，沈阳，辽宁人民出版社，1986。

② 转引自［日］木村龟二主编：《刑法学词典》，9～10 页，上海，上海翻译出版公司，1991。

③ 参见［日］西原春夫：《刑法的根基与哲学》，33 页，上海，三联书店，1991。

中片面地强调刑法的保护机能而忽略刑法的保障机能，是十分危险的。实际上，刑法不仅具有对社会的保护机能，而且具有对被告人的人权保障机能。在当前人权意识越来越发达的社会历史条件下，刑法的人权保障机能理所当然地应当受到重视。

价值取向民主化对于确立我国刑法的基本原则也具有重要意义。关于罪刑法定是不是我国刑法的基本原则，在我国刑法学界是一个有争论的问题。这主要表现在对类推的认识上。类推的必要性每每在“法有限，情无穷”的论证下得到强调，认为适用类推，对于维护社会安定、减少法外犯罪是十分重要的。[①] 且不说适用类推定罪的犯罪能否称为法外犯罪，这种过分地依赖、迷信刑法的保护机能，而忽视其保障机能的观念本身就是值得商榷的。我们认为，刑法的特点是运用刑罚的手段来调整一定的社会关系，它是统治阶级维护其政治上的与经济上的统治的最后法律防线，而且关系到对一个人的生杀予夺。质言之，统治阶级只有在不得已的情况下才动用刑罚。在这个意义上说，采刑罚谦抑主义是必要的。但由于我国长期的封建社会的法律传统，习惯于将刑罚作为调整一切社会关系的法律手段，从而以类推弥补法律规定之不足。这样一种刑法万能观点，在我们看来是不足取的，应在破除之列。事实上，刑法的调整范围是有限的，以罪刑法定加以限制也是必要的，类推只是在第一部刑法规定不可能完备的情况下才有其存在的余地。而且，即使在目前法律规定类推的情况下，对于类推适用也必须严加控制。

价值取向民主化对于刑罚轻重的选择同样具有指导意义。我国 1979 年制定的刑法，基本上是一部比较轻缓的刑法。随着社会的变革，犯罪态势发生了一定的变化。实际上，由社会变动而带来犯罪的增长，几乎是一条犯罪学的规律，也是社会进步或者退步所付出的必要代价。面对严峻的治安形势，1982 年、1983 年先后对刑法作了重大的补充、修改，增加了 14 个死罪，刑罚分量大幅度加重。即使如此，犯罪率仍居高不下，治安形势依然严峻。那么，应当如何调整刑罚?

① 参见侯国云、薛瑞麟主编：《刑法的修改与完善》，27 页，北京，中国政法大学出版社，1989。

对此，我国刑法学界存在两种观点。

1. 刑罚之轻刑化

轻刑化论者指出：我国现行刑事法律体系存在重刑化的倾向，其突出表现是挂死刑、无期徒刑的条款过多，涉及罪名过广，适用对象过宽；而挂罚金、缓刑、管制的条款过少，适用对象过窄，且多为选择刑种。同时，实际部门在刑种及量刑幅度的选择上偏重，依法判处死刑的人数较多。为此，这些学者建议刑罚应向轻刑化、缓和化趋势发展。其主要理由是：(1) 轻刑化是历史发展的必然，也与我国国家性质、任务及文明发展的客观进程相一致。(2) 轻型化是发展商品经济的需要。它有利于创造一个适合社会主义商品经济发展的宽松环境。(3) 轻刑化是社会主义民主的保障，从历史发展情况来看，重刑主义往往和专制主义是紧密相连的。(4) 轻刑化是刑法科学化的要求。轻刑化的刑法就有可能促使人们在刑罚之外去寻找更多的科学方法，以便从根本上治理犯罪。①

2. 刑罚之重刑化

重刑化论者指出，我国现行刑法中的刑罚体系并非重刑主义。为了适应同犯罪作斗争的需要，应当修改刑法，使刑罚更趋严厉。其主要理由是：(1) 就总体而言，我国刑法规定的刑罚种类尚不够严厉。主要表现在还有拘役、管制等轻刑；并且，这些轻刑可适用于刑法分则规定的大多数犯罪。(2) 有些犯罪的法定刑偏低。(3) 刑罚应当充分发挥其威慑功能，稳定我国目前的治安状况，遏止经济犯罪的增长势头，创造一个安定的社会环境。(4) 轻刑化作为刑罚发展的总趋势不能取代在某个国家的某个特定时期根据需要适当加重刑罚，以适应同犯罪作斗争的需要。②

以上两种观点针锋相对，对刑罚的轻重作了截然不同的选择。我们认为，这里首先存在一个作为选择之根据的价值取向问题。民主化的刑法观必然要求在对刑罚的轻重进行选择的时候，应该考虑人们的心理承受能力以及刑罚轻重可能带

① 参见王勇：《轻刑化：中国刑法发展之路》，载赵秉志等：《中国刑法的运用与完善》，323～329页，北京，法律出版社，1989。

② 参见赵秉志主编：《刑法修改研究综述》，163～164 页，北京，中国人民公安大学出版社，1990。

来的社会后果。就此而言，重刑化的论点，在当前刑罚已经较重但却依然遏制不住犯罪发展的态势的情况下，是过于迷信刑罚的威慑力，因而是不足取的。在这个问题上，菲利的这段话颇值得回味：刑罚的效力很有限这一结论是事实强加给我们的，并且就像边沁所说的，恰恰因为从前适用惩罚性法规没有能够成功地预防犯罪，所以每一个惩罚性法规的适用证明了这一点。不过，这一结论与公众舆论，甚至与法官和立法者的观点直接对立。在犯罪现象产生和增长的时候，立法者、法学家和公众只想到容易但引起错觉的补救办法，想到刑法典或新的镇压性法令。但是，即使这种方法有效（很可疑），它也难免具有使人们忽视尽管更困难但更有效的预防性和社会性的补救办法。菲利强调指出：刑罚只是社会用以自卫的次要手段，医治犯罪疾患的手段应当适应导致犯罪产生的实际因素。而且，由于导致犯罪产生的社会因素最容易消除和改善，因此我们同意普林斯的观点："对于社会弊病，我们要寻求社会的治疗方法。"① 在这个意义上，我们倾向于轻刑化的观点。在现代民主社会，应当注重犯罪的综合治理，铲除产生犯罪的社会土壤。只有这样，才能达到抑制犯罪的目的。当然，轻刑化是一个过程、一种趋势。在当前，不顾实际情况骤然大幅度降低刑罚分量，可能会产生一些消极的后果。因此，应当逐渐实行轻刑化。

三、理论视野的国际化

我国刑法学的理论研究应当立足于我国的刑事立法与刑事司法，这是基点。但是，20 世纪 90 年代我国刑法学应当走向世界，这是时代的召唤，也是社会历史的发展使然。首先，随着我国进一步对外开放，国家间的交往剧增，而国际犯罪与跨国犯罪也逐渐进入我国刑法的调整范围。近年来，国际上先后制定了一系列旨在加强国际合作，有效地防止和惩处恐怖主义行为的国际条约，例如《海牙公约》《蒙特利尔公约》等。这些条约规定：各缔约国应将非法劫持航空器，危

① ［意］菲利：《犯罪社会学》，郭建安译，70～71 页，北京，中国人民公安大学出版社，1990。

害国际民用航空安全等行为定为国内法上的罪行，予以惩处；有关缔约国应采取必要措施，对任何这类罪行行使管辖权，而不论罪犯是否其本国人、罪行是否发生于其国内。我国已经先后参加了这些条约，因而承担了对犯有条约规定的罪行的罪犯实施管辖的义务。第六届全国人大常委会第二十一次会议正式通过了《中华人民共和国对于其缔结或者参加的国际条约所规定的罪行行使刑事管辖权的决定》，这就表明我国刑法对于我国所加入的国际公约规定的犯罪行为具有刑事管辖权。其次，我国政府关于“一国两制”的构想，圆满地解决了香港、澳门地区回归祖国的问题，同时，也为将来台湾地区问题的解决树立了样板。在“一国两制”的情况下，如何消除区际刑事管辖的冲突，就成为一个值得重视的问题。以上两个方面的形势发展，为我国刑法理论提出了重大的研究课题，这就是对国际刑法与区际刑法的研究。这方面的研究，我国刑法学界虽然开始起步，并且已经取得了某些研究成果，但还远远落后于对外开放的客观需要。为此，20 世纪 90 年代刑法学应当将理论的触须伸向国际。

理论视野的国际化，不仅表现在加强国际与区际刑法的研究，而且表现在中国刑法学加强对外交流，并在国际刑法学界占据一席之地。我国刑法学曾经有过辉煌灿烂的历史，并且得到许多国家效仿，尤其是在亚洲地区产生了重大的影响。近代以来，我国刑法理论远远落后于世界许多国家，由于闭关自守，对于外国刑法理论的研究现状了解甚少，更谈不上与其在同一个水平上讨论问题。改革开放，不仅为我国政治经济的起飞创造了条件，也为我国刑法学走向世界提供了契机。因此，我国刑法学应当吸取世界刑法文化遗产，以此充实自己，提高自己。在这方面，应当破除禁区，进一步解放思想。过去，对待外国刑法理论，我们持一种不自觉的排斥、拒绝的态度，采用贴标签的做法，以政治批判代替法律分析，从而无形中自我封闭，遮断了理论视野。实际上，犯罪是一个世界性问题，不同社会制度都面临着这个问题，如何从法律上处置犯罪虽然受一定政治因素的影响，但更多的还是一个技术性问题，值得我国借鉴。作为研究犯罪的刑法理论，也都存在共通之处。因此，打开刑法学的理论视野，不仅是必要的，也是可能的，这也是我国刑法学走向世界的必由之路。

四、研究方法的多元化

研究方法对于刑法学研究，以至于刑法学体系的建构，都具有十分重要的意义。我们认为，以往刑法学研究方法基本上是以注释为主，过于单一。20 世纪 90 年代刑法学理论的发展，有赖于研究方法的多元化。

思辨方法从本质上说是一种抽象的或者说是定性的方法，从其产生之日起，就开始在法学研究中得到运用。古代自然法思想正是抽象的思辨方法的产物。在刑法学领域内，同样具有运用思辨方法的传统。黑格尔在运用思辨方法创立哲学体系的同时，也将思辨的触须伸向刑法学领域。例如，马克思在评论黑格尔的刑法思想时指出：这种把刑法看成是罪犯个人意志的结果的理论只不过是古代“报复刑”——以眼还眼、以牙还牙、以血还血——的思辨表现罢了。[①] 马克思在青年时代深受黑格尔这种思辨方法的影响，曾经借用黑格尔刑法思想的思辨表述方法。[②] 我们认为，在刑法学研究中运用思辨方法，是刑法学理论深入发展的必然要求。作为一门理论学科，刑法学在研究犯罪与刑罚的时候，不是要简单地描述这些表象和单纯地解释法条，而是要揭示隐藏在其背后的客观规律。而这一任务的完成，非思辨方法莫属。刑法学体系的建构，更是不能离开思辨方法。因此，提高思辨能力，可以说是我国当前刑法学者提高理论素质的当务之急。

实证方法也是十分重要的研究方法，从本质上说是一种直观的或者说是定量的方法。法国著名哲学家孔德把实证方法上升为一种哲学理论，创立了实证主义哲学。他曾经提出一个重要命题：“观察优于想象。”他认为，一切科学都必然是在被观察到的事实基础上发展而来的，因此，不仅自然科学的一切部门都应从属于观察，而且一切社会科学，以至政治学都应从属于观察。在刑法学领域，龙勃

① 参见《马克思恩格斯全集》，第 8 卷，579 页，北京，人民出版社，1961。

② 参见《马克思恩格斯全集》，第 1 卷，140～141 页，北京，人民出版社，1956。

罗梭是将实证方法引入刑法研究的始祖，他的成名之作《犯罪人论》，就是在对意大利各种监狱中的囚犯进行了大量细致的实证研究的基础上完成的，并由此开启了在刑法学领域内实证研究的先河。这可以说是一场方法论的革命。实证方法在刑法学研究中之所以必要，主要因为它可以弥补思辨方法过于空泛的缺陷，通过对犯罪与刑罚的实证分析，为刑法的思辨研究提供坚实的基础。如果说，我国目前刑法学研究中缺乏思辨观念，那么，同样也缺乏实证精神。或许这两者之间存在一定的关联：没有深入的实证研究，正是导致思辨贫乏的原因。因此，在刑法学研究中引入实证方法也是当务之急。当然，刑法学的实证研究需要具备一定的条件，这就是刑事司法统计数据的公开。但正是在这一点上，还远不尽如人意。

注释方法也是刑法学研究的主要方法之一。在中国封建社会，（刑）法学又称律学，就是以对律条的注疏为主的，例如，《唐律疏议》就是一部律条与注释合为一体的著作，其对法条的注释达到了炉火纯青的程度。在西方中世纪，运用注释方法研究法学的结果曾经形成了著名的注释法学派。这些法学家的主要工作是对有关罗马法的文献进行文字注释，以后发展为较详尽的注释，包括列举注释者之间的分歧意见、各方论据以及作者本人结论，供适用法律规则参考的有关案件，为便于记忆而归纳的简要准则和定义，以及对某一法律领域的论述等。由于注释方法具有这种源远流长的历史，因此我国目前的刑法学研究以这种方法占主导地位。我们认为，在刑法学研究的恢复阶段，为宣传我国第一部刑法，在研究中采用注释的方法是必要的。但刑法学不能永远停留在注释的水平上。因此，在 20 世纪 90 年代刑法学研究中，注释方法虽然还是必要的，但却应退居次要地位，作为思辨方法与实证方法的补充。

比较是刑法学研究的重要方法，它可以开拓我们的理论视野。比较作为法学研究的方法，具有悠久的历史，正如著名比较法学家勒内·达维德指出的："对不同地区的法制进行比较研究，其历史同法学本身同样古老。"① 我国比较刑法

① ［法］勒内·达维德：《当代主要法律体系》，7 页，上海，上海译文出版社，1984。

的研究还刚刚起步，因而倡导在刑法学研究中的比较方法具有重要意义。在我们看来，这种比较，不仅仅是不同国家之间刑法条文的比较，而且是思想观点的比较，由此启迪我们的思路，在比较中发现真理、论证真理并且发展真理。唯有如此，才能使我国刑法学冲破传统的藩篱，进入一个全新的理论境界。

（本文与马克昌、杨敦先合著，原载《中国法学》，1992（5））

挑战与机遇：面对市场经济的刑法学研究

随着我国经济体制改革市场取向的确立，引发了我国法学理论的深刻变革。在市场经济的条件下，刑法学研究应当如何发展，是一个关乎刑法学研究的根本性问题。我们认为，面对市场经济的刑法学研究，挑战与机遇同在。只要我们勇敢地迎接挑战，适时地抓住机遇，刑法学研究必将突破目前的理论格局，超越现有的学术水平，产生一个质的飞跃。本文拟对市场经济条件下刑法学研究中的五大新课题略加探讨，以期推进我国刑法学的理论研究。

一、刑法根基的本原思考

刑法的根基是指刑法存在的根据与基础，这是刑法学理论层次中的一个形而上的问题。在从计划经济体制向市场经济体制的转轨过程中，究根寻底地探究刑法根基这个本原问题，从而为刑法在市场经济中科学地定位，并为刑法学的发展在市场经济条件下寻找其理论的生长点，尤其具有重大的现实意义。

应该说，在任何社会里，只要存在利益的冲突，必然存在规制人们行为、调整利益关系的法律，因而也就存在违反法律规范的行为，包括犯罪行为。因此，刑法的存在就有其现实的基础。但在社会制度，尤其是经济体制不同的社会里，刑法存在的基础及其发挥作用的机制是有所不同的。从我国的情况来说，在经济体制改革之前，我国实行的是以高度集中的管理体制和高度统一的计划体制为主要内容的计划经济体制，这种体制在很大程度上排斥市场机制，国家对经济活动统得过多，管得过死。在计划经济体制下，经济运行主要依靠行政指令和行政管理加以控制、协调，企业的生产、经营、销售和产品的价格都由国家统一制定。因此，计划经济是一种行政经济，它是建立在经济主体之间具有隶属关系并且抹杀各经济主体的利益特殊性的基础之上的，因而行政手段是调整这种经济关系的主要方法。在计划经济体制之下，刑法以其特有的国家强制力保障计划的落实。计划就是法律，违反计划就是违反法律，其中情节严重的构成犯罪，予以严厉的刑事惩罚。因而，在计划经济体制下，刑法存在的主要经济根据就在于以刑罚手段保护计划经济。关于这一点，在我国 1979 年制定的刑法中得到明确体现。例如，我国刑法第 117 条关于投机倒把罪的规定，采取的是空白罪状，其具体投机倒把行为的确定要参照有关金融、外汇、金银、工商管理法规。而根据这些法规以及有关的司法解释，一切违反计划的经济行为都属于投机倒把行为，投机倒把罪往往与地下工厂、地下运输队、地下商店、地下包工队这样一些内容联系在一起。工农业生产资料的交易、长途贩运、经纪、转包等正常经济行为当时都被视为投机倒把。在经济体制改革以后，引入了市场机制，某些在计划经济体制下被认为是犯罪的行为，在市场经济体制下不再认为是犯罪，而被认为是正当且有利于社会的经济行为。显然，建立在计划经济体制之上的刑法基础已经不复存在，刑法的根基面临挑战。因此，重建刑法根基成为刑法学研究的当务之急。这个问题的实质在于：刑法应当如何在市场经济中找到其存在与发展的立足点？回答这个问题，应当从分析市场经济的运行机制入手。

市场经济，是一种以市场机制为基础和主导的配置社会资源的经济运动形式。建立在市场经济基础之上的市场经济体制承认经济主体之间具有平等关系和各种经济主体的利益特殊性，其主要特征表现为：利益主体的多元化、经济产权的明晰化、资源配置的市场化、经济运行的规范化。从本质上说，市场经济是一种法治经济。因此，在市场经济条件下，刑法调整仍然是必要的，甚至比在计划经济体制下，其调整的广度与深度有过之而无不及。

第一，利益主体的多元化，必然要求刑法对各种经济成分予以平等的保护。计划经济体制是以一大二公为特征的，产权关系单纯，经济格局简单。概言之，公有制占绝对的主导地位。因此，刑法以保护国有和集体产权为己任。由于在计划经济体制下，其他经济成分所占的比重小得可怜，刑法并未予以必要的保护，甚至有的还在取缔之列。在我国1979年刑法中，有破坏集体生产的罪名，而没有对破坏个体生产的行为治罪的条款。在经济体制改革以后，我国的市场经济，以公有制包括全民所有制和集体所有制为主体，个体经济、私营经济、外资经济为补充，多种经济成分长期共同发展，这就势必要求刑法予以平等保护。

第二，经济产权的明晰化，必然要求刑法对各种经济产权予以严格的保护。在计划经济体制下，全民所有制企业的产权属于国家。但在概念上到底谁代表人民拥有产权模糊不清。在经济体制改革以后，通过引入市场机制，改革经济产权制度，逐渐使经济产权明晰化，理顺了产权关系，企业自主权得到落实，使企业真正成为自主经营、自负盈亏、自我发展、自我约束的法人实体，并承担国有资产保值增值的责任。在这种情况下，通过规制企业法人的行为，切实有效地保护国有资产就显得十分必要。例如，实行企业破产制度，运用刑法手段，惩治破产欺诈犯罪，对于保护经济产权就具有重大意义。

第三，资源配置的市场化，必然要求刑法加入经济运行流程中，对各种经济活动予以及时的保护。在计划经济体制下，以指令性方式分配资源成为经济中资源配置的基本方式。在市场经济体制之下，由于产权关系规范化，生产要素有可能在社会范围内重新组合，资源通过市场合理配置，从而实现资源配置的市场化。刑法通过介入各种生产要素而进入市场，提供及时的保护。以股票市场为例，它有着规范化的运作规则，对于那种操纵股市、徇私舞弊、私下交易、挪用股金等行为应当确认为非法，情节严重的应予以刑事惩罚。

第四，经济运行的规范化，必然要求刑法保护市场经济秩序，净化经济环境。市场经济的运行，主要是在竞争中实现的，市场经济要求各个商品生产经营者平等地开展竞争。市场竞争是在一定的运行秩序以及相当的市场结构中展开的，因而必然要求建立良好的竞争秩序。而这种公平竞争的秩序，不能离开刑法的有效保护。对于那些操纵市场、哄抬物价、不实广告、假冒商标、生产销售伪劣商品等严重违反市场运行规则、破坏公平竞争的行为，刑法应当予以惩治。

综上所述，我们认为，在市场经济体制下，随着经济关系的多元化，刑法调整的广度有所扩张；随着经济关系的复杂化，刑法调整的深度有所加强。概言之，刑法可以从市场经济中汲取生命力，在市场经济中大显身手。刑法植根于市场经济运行机制的内在要求；同样，市场经济也只有在刑法的切实保护下，才能有条不紊地正常运行。基于对刑法根基的这一立论，可以断言，随着市场经济的发展，刑法学的理论研究必将迎来一个黄金时代。

二、刑法观念的根本转变

在市场经济大潮的强烈冲击下，一切既存的观念、制度、政策、法律都面临着严峻挑战。刑法观念也是如此，只有完成从计划经济的刑法观念到市场经济的刑法观念的根本性转变，我国刑法学理论研究方能适应经济体制改革的需要，与时代脉搏的跳动合拍。计划经济的刑法观念是以计划为价值取向，以保护计划为中心的刑法观念。市场经济的刑法观念则是建立在市场取向基础之上的，它体现并反映了市场经济的文化价值观念。随着经济体制改革的深入发展，市场经济体制的逐步确立，文化价值观念必将发生重大变革。市场经济的文化价值观念的重要内容表现为：（1）变革的观念；（2）开放的观念；（3）平等的观念；（4）民主的观念。市场经济的刑法观念，作为市场经济的文化价值观念的重要内容之一，必然贯穿着市场经济文化价值观念的基本精神，并以刑法的独特方式体现与实现着市场经济的文化价值观念。

首先，市场经济的犯罪观的根本内容就是要科学地确立犯罪的认定标准。根据刑法学原理，一定的社会危害性是犯罪的本质特征，因而也是犯罪的认定标准。但行为的社会危害性及其程度不是一成不变的，而是与社会的政治、经济生活息息相关，并随之而变化的。在计划经济体制之下，在认定行为的社会危害性的时候，主要注重行为是否与计划相冲突，注重行为的政治影响，注重行为对社会利益的侵害。随着从计划经济体制向市场经济体制的转轨，犯罪的认定标准也会发生重大的变化。在市场经济条件下，认定行为的社会危害性，主要应当以三个“有利于”为标准。这三个“有利于”就是：是否有利于发展社会主义社会的生产力，是否有利于增强社会主义国家的综合国力，是否有利于提高人民生活水平。这三个“有利于”标准的实质是生产力标准。以它作为认定犯罪的标准，就是把考察某一行为是否有社会危害性放到一定的社会历史条件下，看这一行为是否对人类进步与社会发展起积极作用。在此基础上，予以肯定或者否定的法律评价，包括刑法评价。例如，在市场经济条件下，对于经济行为的合法与非法包括犯罪的评判，应当以市场经济运作的内在要求为标准，因为它是生产力标准的具体表现。我们认为，市场经济运作的内在要求可以概括为经济自由、公平竞争、诚实信用三大原则。经济自由原则旨在保证最大限度地发挥经济活力，提高经济效益。公平竞争原则旨在为经济主体提供参与经济活动的平等地位与均等机会。诚实信用原则旨在保障契约的被遵守，防止对合法经济权益的侵犯。三大原则均致力于维护市场经济秩序，保障市场经济运行。① 据此，凡是违背这三大原则的经济行为，应在法律上评判为非法；危害严重的，则应认定为经济犯罪。否则，就应在法律上评判为合法。根据上述原则，犯罪观的转变面临着犯罪化与非犯罪化的双向观念更新。② 所谓犯罪化，就是应将在计划经济条件下不以犯罪论处的，但却严重违背社会主义市场经济的经济运行规律和经济行为规则的某些非罪行为，明确规定为犯罪行为。反之，所谓非犯罪化，就是应将以计划经济为基础而认定的某些犯罪行为，由于其与社会主义市场经济体制下的经济运行规律和经济行为规则并不相悖，转为以非罪行为或合法行为对待，不再由刑事法律进行调整，而改由其他部门法律予以调整。无论是犯罪化还是非犯罪化，都与犯罪观念

① 参见陈兴良、刘华：《经济领域中失范行为的评判及其法律控制》，载《中外法学》，1993（3）。
② 参见黄京平：《社会主义市场经济与法制建设座谈发言》，载《中外法学》，1993（2）。

的转变有着直接联系。例如，根据计划经济的价值观，经济投机行为是破坏计划的非法行为，予以严厉禁止，直至以犯罪论处。但根据市场经济的价值观，投机是事先预测将来价格变动趋势以谋取利润，它向未来不确定的价格进行挑战，促使市场富有流动性和具有朝气。因此，投机被认为是一种积极的攻击性的经济行为。

其次，市场经济的刑罚观的根本内容就是追求刑罚的社会效果。刑罚的社会效果是通过刑事法律活动所要达到的社会功能，主要表现为一定的刑罚目的的实现。在计划经济体制下，往往片面强调刑罚的政治功能，使刑罚处于纯粹工具的地位，较少顾及刑罚本身所具有的特点与性质，从而在一定程度上影响了刑罚的社会效果。在市场经济体制下，更新刑罚观念，要注重刑罚社会效果的整体实现。一方面，在商品社会里，等价交换原则仍然是通行的社会准则，公正性应当是市场经济刑罚观念的题中应有之义。只有公正的刑罚，才能为社会所接受并达到预期的社会效果。另一方面，按照市场经济的内在要求，刑罚应当注重功利性，即通过刑罚的适用，其中包括注重发挥财产刑（主要是指罚金）的作用，在经济上补偿社会与被害人，并使犯罪人受到经济上的惩治。因此，功利性同样是市场经济刑罚观念的不可或缺的内容。公正性与功利性，应该是市场经济体制下刑罚的价值取向。也只有坚持公正性与功利性的统一，才能使刑罚实现最佳的社会效果。

最后，市场经济的刑法观的根本内容就是注重刑法的社会保护机能与人权保障机能的统一。在计划经济体制下，社会利益、国家利益得到充分的强调，而在一定程度上忽视或者漠视个人利益。反映在刑法观念中，就是过于强调刑法的社会保护机能，而未将人权保障机能放在一个同等重要的应有的位置上。在市场经济体制下，个人的权利与利益日益受到重视与保护。只有这样，才能形成一个既有宏观调控又比较宽松的社会环境，使市场经济得以顺利发展。因此，刑法机能应当从社会保护机能向人权保障机能倾斜，加重法的人权蕴含。我们认为，刑法中的人权有其特定的蕴含，它主要是指被告人的人权，即通过刑事法律活动，确保无罪的人不受刑事追究。反映在刑法中，就是要严格实行罪刑法定原则；罪之法定化与刑之法定化，以限制司法擅断可能对公民造成的侵害。当前，应当调整刑法的社会保护机能与人权保障机能之间的关系与比重，对人权保障机能予以适当的强调。只有这样，才能在刑法中科学地确定个人与社会和国家的关系，避免不适当地限制公民的自由，以赋予公民个人最大限度的活力。

三、刑事控制的模式选择

任何阶级社会都面临着犯罪的压力，刑罚就是为弹压犯罪而设置的法律手段。由刑事体制和刑事设施构成一个国家的刑事控制模式。从计划经济体制向市场经济体制的转轨，社会的经济关系发生了剧烈的变动，并引发了社会全方位的变化。为适应这种情势，刑事控制模式应当考虑改建，其基本思路是由理想型的刑事控制模式向现实型的刑事控制模式转变。

在计划经济体制下，以“一大二公”为特征的单一经济产权关系塑造了比较呆滞的社会面貌。基于生产资料私有制是犯罪的总根源这样一个命题，希冀生产资料公有制的建立能够彻底铲除犯罪存在的根源，从而出现一个没有犯罪的大同世界。这表现在刑法上，就是以消灭犯罪作为刑事控制的目标模式。并且，为实现这一目标而不惜成本，导致刑罚的超量投入。事实已经证明，这种理想型的刑事控制模式并不是成功的，主要表现为犯罪率并未如所期望的那样大幅度降低，大案要案居高不下，更遑论消灭犯罪。而过多地适用刑罚，特别是重刑，却使刑罚在无形之中发生了效果的贬值。在此，有两个问题值得深思。

首先是犯罪的社会功能问题。以往，我们习惯于将犯罪只视为阶级斗争的表现，从政治意义上界定犯罪，并予以否定的政治评价；或者将犯罪视为一种恶，从伦理意义上诠释犯罪，予以否定的道德评价。其实，这种观点未必是全面的。犯罪作为一种社会现象，是社会、心理与生理诸种因素互相作用的产物，其存在具有某种社会必然性。因而，在这种社会必然性消失之前，完全消灭犯罪只是一种不切实际的幻想。不仅如此，从功能分析的意义上说，犯罪的存在还有其一定的合理性，它为社会提供一定的张力，从而使社会在有序与无序、罪与非罪的交替嬗变中跃进。正如法国著名社会学家迪尔凯姆所言，就犯罪行为的产生而言，犯罪是正常的，就是说社会不能强迫全体社会成员一致服从社会指令，否则，社会就会抑制个人对社会的贡献。社会要保持一定的灵活性，要适应新的变革，就必然会出现违反社会规范的现象。[①] 尤其当社会体制或者价值规范落后于社会生活的时候，作为违反这种社会体制或者价值规范的所谓犯罪往往成为要求社会变革的先兆，以其独特的形式影响社会的发展，最终引起犯罪观念的变化，并将自身从法律规范意义上的犯罪桎梏中解脱出来，完成从罪到非罪的历史性飞跃。例如，在计划经济体制下，长途贩运、私人开设工厂被视为投机倒把罪；科技人员业余兼职收受报酬被视为受贿罪，受到法律制裁。正是大量这种所谓犯罪行为不断冲击着计划经济体制，在从计划经济体制向市场经济体制的转换过程中，起着催化作用。所以，正确地评价犯罪的社会功能，应该彻底摆脱以阶级斗争为纲的错误思想的羁绊，坚持以唯物辩证法为指导去理解和分析犯罪，树立犯罪的相对性观念。

其次是刑罚的社会成本问题。刑罚作为对犯罪的惩治手段，需要一定的物质支撑：刑事体制（包括立法与司法）的运行需要投入大量的人力与物力，而刑事设施的维持更离不开一定的物质条件。例如监狱，就是国家权力（这里主要是指刑罚权）的一种物质体现。因此，刑罚抑制犯罪虽然可以产生积极的社会效益（这里暂且不谈刑罚的负面效果），但刑罚的这种社会效益的取得又不是无本万利的，需要一定社会成本的支出。这里就存在一个刑罚资源的有效配置问题。美国学者罗伯特·考特、托马斯·尤伦通过对刑罚的经济分析指出：最优化的威慑效应并不是铲除所有的犯罪，因为这样做的代价很高，而且社会效益会不断降低。政策制定者需要对有限的资源加以配置，争取以最少的成本实现威慑目标；也就是说力求有效率地实现这一目标。由此可以说，在刑法中，我们的宗旨是使犯罪的直接和间接成本以及刑事审判制度的运转成本最小化。[②] 这实际上是一个刑罚

① 参见［美］刘易斯·A. 科瑟：《社会学思想名家》，石人译，160页，北京，中国社会科学出版社，1990。

② 参见［美］罗伯特·考特、托马斯·尤伦：《法和经济学》，张军等译，755页，上海，三联书店上海分店，1991。

的社会成本问题，就是要以最小的刑罚成本支出最大限度地遏制犯罪。以前在把刑罚单纯视为专政工具的情况下，强调其政治职能，从而很少考虑到刑罚的社会成本问题，因此易于导致不正确适用刑罚甚至滥用重刑的做法。总之，刑罚作为一种社会投资，不仅具有生产性，而且具有消费性，所以应当建立刑罚的经济性观念。

根据以上两点考虑，可以合乎逻辑地引申出刑法的不完整性和最后手段性的结论。申言之，刑法作为一种社会控制手段，其功能是有限的，不可将维持社会秩序的任务完全指望刑法去完成。我们认为，刑事控制模式应以犯罪的相对性与刑罚的经济性为基本理念。

不求彻底消灭犯罪，但求以最小的社会成本开支将犯罪最大限度地控制在社会能够容忍的限度之内。因此必须破除重刑主义与泛刑罚化的观念，建立一个实现刑罚资源的最佳配置并能取得遏制犯罪的最佳效果的刑事控制模式，这应当是我们的理性选择。

四、刑事政策的适当调整

刑事政策是刑法的灵魂与核心，刑法是刑事政策的条文化与定型化。因此，刑事政策对于刑法的制定与适用都有着直接的指导意义。刑事政策总是基于一定的犯罪态势提出来的，并且应当根据社会发展与犯罪变化的实际情况，及时地进行调整与校正，而不存在一成不变的刑事政策。

那么，我们当前抗制犯罪的主要刑事政策是什么呢？显然，是 20 世纪 80 年代初提出的从重从快政策。应该说，这一刑事政策的提出有其特定的历史背景及在当时历史条件下的合理性。20 世纪 80 年代初，我国进入了一个历史新时期，民主与法制得到加强与健全。但由于社会控制的相对减弱，一些地方杀人、放火、爆炸、强奸、抢劫等严重危害社会治安的犯罪活动十分猖獗。在这种情况下，中共中央政法委员会于 1981 年 5 月召开了全国五大城市治安座谈会，会议确立了对社会治安综合治理的基本方针，并提出了依法从重从快惩处极少数杀人、放火、爆炸、强奸、抢劫以及其他严重危害社会秩序的犯罪分子的刑事政策。1983年9月，根据中共中央的部署和全国人大常委会《关于严惩严重危害社会治安的犯罪分子的决定》，在全国范围内开展了依法从重从快，严厉打击严重危害社会治安的犯罪活动的斗争。应该说，依法从重从快刑事政策的提出并实施，对于维护当时的社会治安起到了一定的积极作用，使刑事发案率有所降低。但对于社会治安来说，刑事镇压毕竟只是治标的办法，而不能治本。而且，在当时提出争取社会治安的根本好转这一目标，从现在来看，也值得反思。事实上，社会治安应当争取的是一种动态的平衡。只要犯罪活动不造成社会动乱，社会变革与发展的活力仍然保持，社会治安就应当视为基本上正常。而根本好转缺乏量化的具体指标，同时不切实际，只是人们的一种主观愿望而已。实行依法从重从快的刑事政策已经十多年，现在应当从理论上反思这一刑事政策，并考虑刑事政策的适当调整。

首先，应当科学地认识我国当前的社会现状，正确地分析犯罪态势。随着我国经济体制的改革，市场经济的发展，我国社会进入一个转型期，这就是从传统的农业社会向现代的工业社会转变，也就是通常所说的现代化进程。美国犯罪学家路易丝·谢利指出：大量的证据证明，现代化进程对犯罪率和犯罪方式都有着明显的和普遍一致的影响；并由此得出结论：社会发展进程把犯罪从一个孤立的主要是影响城市中心的社会问题提高到现代社会的主要问题。由于社会日益城市化，一度影响城市居民生活的局部问题变成影响现代生存的性质和阻碍许多国家未来发展进程的问题。犯罪已成为现代化方面最明显和最重要的代价之一。① 我国刑法学界有人对现代化进程中的犯罪现象的一般演变规律作了具体分析：现代化社会发展初期，由于新的社会变革迅猛地弱化着旧体制，引进并发展新体制的因素，致使新旧体制相互碰撞、排斥，从而形成双轨体制混合并存的格局，并伴发体制缺口、体制倒错和体制逆转的特征。这种错综复杂的新旧制度、新旧体制

① 参见［美］路易丝·谢利：《犯罪与现代化——工业化与城市化对犯罪的影响》，158页，北京，群众出版社，1986。

和新旧社会结构之间的矛盾、冲突和对抗，势必引起社会环境的剧烈变动，进而导致社会治安秩序的重要变化。这种变化主要表现为，犯罪状况（主要是刑事案件立案数和立案率）不同程度地增长且增长速度不断加快，犯罪结构（主要是各种刑事案件所占比重）明显改变以及犯罪社会危害性日趋严重。现代化社会发展中期，随着社会变革，社会各种矛盾的冲突甚至达到全面抗衡程度。在此过程中，犯罪案件的总量（包括绝对数和相对数）继续增长，明显呈递增态势，犯罪结构依然不断变化，犯罪现象对社会所造成的危害亦随之达到异常严重的顶点。现代化社会发展进入成熟阶段之后，新的制度、体制和社会结构冲破并逐步摆脱了旧的制度、体制和社会结构的羁绊，并开始稳定而持久地制约着社会各个领域的发展和变化。以此为前提，社会发展规划与水平趋于稳定，速度也逐步合理减缓，步入良性发展的状态。在这种社会发展变化趋于稳定的社会环境中，犯罪现象的增长速度处于相对减慢的状态，甚至在一定条件下呈下降趋势，社会治安秩序的起伏波动亦随之减弱，重新稳定，甚至趋向好转。[①] 我们认为，这一分析揭示了现代化进程与犯罪变化之间的关系，对于分析中国当前以及将来的犯罪发展态势具有启发意义。在某种程度上说，我国当前犯罪的大量增加是体制转轨、社会转型的必要代价。犯罪的发展变化有其自身规律，并且是不以人的意志为转移的。刑罚虽然能够在一定程度上影响与制约犯罪的发展态势，但不能指望通过“严打”可以从根本上消除犯罪对社会的消极影响。因此，我们同意以下观点：对于犯罪问题在心理的承受上应更强一些，容忍度应当放得大一点，把社会治安正常的标准定得宽一些。只要犯罪活动没有达到不可控制的程度，从而严重地影响经济的发展和社会的前进，那就是正常的情况。[②] 因此，从犯罪演变规律来看，从重从快“严打”的作用是有限的，只能作为一个时期内处理犯罪的具体方针，不能奉为解决社会治安和犯罪问题的永久性的万全良策。

其次，应当正确地认识刑罚的威慑效果。依法从重从快，从重是指刑罚上的

① 参见王智民、黄京平：《经济发展与犯罪变化》，273～274 页，北京，中国人民大学出版社，1993。

② 参见张镇：《关于“严打”的思考》，载《公安研究》，1992（1）。

严厉性，从快是指刑罚的及时性。实行从重从快，主要还是依赖于刑罚的威慑力以镇压犯罪。这里涉及对刑罚威慑效果的认识问题。我们认为，刑罚确实存在一定的威慑力，但这种威慑力本身又是有限的，不能过分地迷信与依赖。正如意大利刑法学家菲利所指出，刑罚的效力很有限这一结论是事实强加给我们的，并且就像边沁所说的，恰恰因为从前适用惩罚性法规没有能够成功地预防犯罪，所以每一个惩罚性法规的适用证明了这一点。不过，这一结论与公众舆论，甚至与法官和立法者的观点直接对立。在犯罪现象产生和增长的时候，立法者、法学家和公众只想到容易但引起错觉的补救办法，想到刑法典或新的镇压性法令。但是，即使这种方法有效（很可疑），它也难免具有使人们忽视尽管更困难但更有效的预防性和社会性的补救办法。菲利强调指出，刑罚只是社会用以自卫的次要手段，医治犯罪疾患的手段应当适应导致犯罪产生的实际因素。而且，由于导致犯罪产生的社会因素最容易消除和改善，因此我们同意普林斯的观点："对于社会弊病，我们要寻求社会的治疗方法。"① 同时，刑罚的严厉性不是无限的，而是要受到一定的伦理因素的制约。一般来说，刑罚与伦理应当是一致的，刑罚支持伦理道德并成为其后盾，即刑法承担着一定的道德使命。同样，伦理也维护刑罚并成为其道义基础。但只有适度的刑罚才能与伦理保持和谐。刑罚的过量与滥用，不仅不能起到支持伦理道德的作用，甚至会败坏社会伦理道德。正是在这个意义上，我们赞同苏联刑法学家 A. Л. 列缅松的以下论断：不考虑方法的残酷，刑罚会破坏社会的道德基础，会给社会造成严重的损害，这是无法通过对某些不坚定分子采取更严厉的恐吓手段所能弥补的。② 依法从重从快的刑事政策，按照一般理解，其适用对象是有限的，并非对一切犯罪都适用。它主要适用于杀人、放火、抢劫、强奸、爆炸、投毒、流氓集团等严重危害社会治安的犯罪分子。此外的一般犯罪分子，并不在从重从快打击之列。③ 但犯罪是互相联系的，刑罚适

① ［意］菲利：《犯罪社会学》，郭建安译，70～71页，北京，中国人民公安大学出版社，1990。

② 参见［苏］Л. В. 巴格里-沙赫马托夫：《刑事责任与刑罚》，韦政强译，356页，北京，法律出版社，1984。

③ 参见周振想：《刑罚适用论》，246页，北京，法律出版社，1990。

用也是互相牵制的，这里存在一个水涨船高的问题。对于严重危害社会治安的犯罪分子实行从重从快，必然影响到整个刑罚适用趋向重刑化。这可以从我国实行从重从快刑事政策以后，刑事立法与刑事司法的发展状况中得到印证。从刑事立法来说，规定可以适用死刑的罪名不断增加。根据统计，1979 年刑法分则规定的可处死刑的罪名有 28 个，而从 1981 年 6 月至 1993 年 7 月，通过单行刑事法律增加的可处死刑的罪名有 32 个，已经超过刑法分则中规定的死罪数。难怪有人发出“急剧膨胀的死刑立法”的惊呼，并且将其视为一种“危险的倾向”①。从刑事司法来说，处刑普遍较重，尤其是死刑适用显著增加。而短期自由刑适用较少，缓刑适用更少。与此形成鲜明对照的是，刑事犯罪数量特别是大案要案居高不下，社会治安形势依然严峻。

根据以上对犯罪态势与刑罚效果的分析，我们认为，依法从重从快刑事政策已经实行十多年，虽取得一定效果，但并未达到理想的抗制犯罪的社会效果，似应考虑加以适当调整。从整体看，我国当前形势大好，并非“乱世”，所以，我们应当摈弃“治乱世用重典”之类的古训，而代之以科学的刑事政策。我国当前处于体制转轨、社会转型的现代化进程中，更应从犯罪演变的客观规律出发，在对犯罪实行综合治理的前提下，坚持惩办与宽大相结合的刑事政策。所谓实行综合治理，就是预防与惩治并举，尤其注重对犯罪的预防。德国刑法学家李斯特曾言：“最好的社会政策，亦即最好的刑事政策。”当前我国从根本上抑制犯罪率激增的根本出路就是进一步推进经济体制改革，加速社会现代化进程，增加社会整合力，度过社会失衡期，从而为减少与控制犯罪创造社会环境。同时，在对犯罪的惩治上，一方面要严格，坚持法律面前人人平等，切实把握好刑事惩罚的范围；另一方面要具体分析，区别对待，量刑适当，注意全面贯彻惩办与宽大相结合的政策，尽量减少死刑的适用，注意克服重刑化的趋势。通过切实有效的刑事法律活动，力求将犯罪控制在社会所能够容忍的范围之内。

---

① 鲍遂献：《对我国死刑问题的深层思考》，载《法律科学》，1993（1）。

五、刑法机制的科学改革

刑法机制是指刑法运行的结构与机理。一般来说，机制是指事物的构造、功能及其相互关系。刑法作为一种社会事物，其存在与发展也有着内在机制。在这个意义上，我们可以将刑法机制视为刑事法律活动的各个阶段及其功能的互相配合协调的有机统一。

刑法机制的改革涉及刑事资源的合理配置问题。我们认为，刑法机制的改革，不仅涉及国家刑事司法范围内的力量分配，更重要的是涉及刑事立法与刑事司法之间的力量分配。刑事司法范围内的力量分配，当然应当考虑对重点对象（指严重犯罪）投入更多的刑事司法力量，但还涉及定罪、量刑与行刑等刑事司法阶段互相之间的衔接与协调问题。因此，刑法机制的科学改革，主要应当协调以下三对关系。

第一，应当协调刑事立法与刑事司法之间的关系。我国属于成文法国家，刑事立法与刑事司法之间有着较为鲜明的分野。刑事立法是刑事司法的前提，对于刑事司法具有重大的制约作用。同时，我国刑法根据国情，又给予了司法机关较大的自由裁量权，尤其是司法类推制度赋予了司法机关较大的权限，使之能够对那些刑法中没有明文规定的危害社会行为，比照刑法分则最相类似的条文定罪判刑。现行刑法（1979 年刑法）颁行以来，我国的刑事司法有了很大的进展，但也面临着许多困难。尤其是由于刑事立法的不完善，使刑事司法处于一种十分吃力的境地。随着社会生活的向前发展，刑事立法又不能及时跟上，出现许多法律盲区，司法机关无法可依但又不能不予以干涉，因而在无可奈何的情况下司法侵越立法权现象屡有发生。尤其是面对合法与合理的矛盾，使司法机关面临法与理的两难选择。而且，由于立法技术上的问题，出台了一些缺乏可操作性的法律，使司法机关有时有法难依。在这种情况下，引起我们对刑事立法与刑事司法之间权限、职能划分的思考。我国当前处于社会转型过程中，社会结构变动剧烈。在这种情况下，法律的滞后常常是不可避免的。正如意大利刑法学家菲利所指出：

“法律总是具有一定程度的粗糙和不足，因为它必须在基于过去的同时着眼未来，否则就不能预见未来可能发生的全部情况。现代社会变化之疾之大使刑法即使经常修改也赶不上它的速度。”① 由此可见，立法不可能一劳永逸，需要及时废、改、立。但是，即使废、改、立也难以都能及时地反映现实社会的变动情况。从这个意义上说，司法越权倒也是可以理解的。但是，与其暗度陈仓，不如明修栈道，应该从黑暗的公正变为阳光下的法律。这就是说，应该对刑事立法与刑事司法的权限重新界定。当前，司法机关虽然有类推权，但由于类推是自下而上，一案一报，而且程序繁杂，适用率很低，因此，类推并非良策。我们认为，可以考虑借鉴英美国家的判例法的经验，建立具有中国特色的判例制度，作为成文法的适度补充。这样，可以赋予司法机关更强的应变能力，以弥补刑事立法滞后之不足。值得注意的是，自从 1985 年开始，最高人民法院在公报上先后刊载了大量的案例，包括刑事案例。最高人民法院在公告这些案例时往往提出可供各级人民法院借鉴。我国法学界一般认为，这种案例解释只能是参考性的，而不是强制性的；案例的效力是借鉴，而不是遵行。如果引入判例法经验建立判例制度，则应当赋予判例一定的法律拘束力，并且可以成为下级法院承办类似案件时一体遵行的判案根据。当然，如果判例的内容属于对刑法的修改与重大补充，则应由立法机关授权才能颁布，并且应当遵循判例的法律效力不溯及既往的原则。在立法条件成熟以后，应当及时地将判例所确立的内容吸收到刑事法律中去，由此形成判例与法条之间的良性循环。在建立判例制度以后，最高司法机关就可以根据社会发展与犯罪变化的实际情况，敏捷地予以反映，并且通过判例的形式逐步为创制刑法规范积累经验，从而解决刑事立法与刑事司法脱节的问题。

第二，应当协调定罪与量刑之间的关系。定罪与量刑是刑事审判的两个基本环节。定罪是解决犯罪认定问题，涉及罪与非罪的界限，故一直受到司法机关的高度重视。尤其是在当前立法滞后的情况下，犯罪认定标准往往缺乏明确性与可操作性。为此，司法机关十分注重对定罪工作的指导。而量刑主要是指刑罚裁

---

① ［意］菲利：《犯罪社会学》，郭建安译，125 页，北京，中国人民公安大学出版社，1990。

量，相对说来就不像定罪那样受到严格重视。二审法院在对上诉案件进行审理的时候，也往往注重定性是否准确；对于量刑，只是在畸重的情况下才予改判，至于一般的偏重则很少纠正。我们认为，定罪是否准确固然重要，量刑是否适当也具有同等重要的意义，两者不可偏废。在刑法颁行不久，由于司法经验不足，强调与重视定罪问题，是可以理解的，但随着民主与法制的发展，司法经验的积累，量刑的精确化问题应该被提上议事日程，受到充分重视。尤其是在社会主义市场经济条件下，公正观念日益深入人心。反映在刑法上，公正性就表现为罪刑之间保持一种均衡关系，防止量刑的畸轻畸重，包括罪与罪之间刑罚的严重失衡、地区与地区之间刑罚的严重失衡以及此一时期与彼一时期刑罚的严重失衡。为此，应当改进当前量刑的经验型作业法，最高司法机关应当加强对量刑的科学指导与合理协调，并在条件成熟的情况下，引入数学量刑法、电脑量刑法，使量刑的综合平衡建立在科学的基础之上。

第三，应当协调判刑与行刑之间的关系。判刑必然导致一定刑罚付诸执行，因而就引申出行刑的问题。行刑的意义不仅仅在于消极地执行刑罚，实现刑法的惩治功能，而且在于实现刑法的矫正功能与威慑功能，即通过对犯罪分子执行各种刑罚，消除其人身危险性，实现刑罚的个别预防与一般预防的目的。在这个意义上说，刑罚的效果，乃至于整个刑法的功能，都主要是通过行刑得到实现的。但在我国目前行刑还未受到足够的重视，行刑的效果还远不尽如人意，甚至可以说，行刑是刑法机制中最为薄弱的环节。加强行刑工作，首先涉及行刑司法体制的改革。当前，我国行刑权由各机关分散行使，不利于行刑的规范化。我们认为，应当将行刑权统一交由司法行政机关行使。因为行刑权是相对于审判权与检察权而言的，它从本质上来说属于行政权的范畴，交由司法行政机关行使，可以形成公、检、法、司之间互相制约互相协调的完整的刑事司法体制。更为重要的是，行刑效果还在很大程度上有赖于社会的支持。因此，行刑应当社会化，破除过去封闭式行刑方式，而向开放式或半开放式的行刑方式过渡；并且吸引社会力量参与对罪犯的教育改造，以期达到最佳的行刑效果。

总之，通过刑法机制的科学改革，建立从立法到行刑的合理机制：犯罪情势制约着刑事立法，刑事立法制约着刑事司法，刑事司法制约着行刑效果，行刑效果又反作用于犯罪情势，如此循环往复，以至无穷，促使整个社会秩序和治安环境向更好更健康的方向前进，为改革开放的社会主义现代化建设的伟大事业作出应有的贡献。

（本文与高铭暄合著，原载《中国法学》，1993（6））

中国刑法学研究40年（1978—2018年）

如果以1978年为改革开放的元年，2018年正好是中国改革开放40年，这是一个值得纪念的年份。1978年不仅是改革开放的元年，而且是法治建设的元年，是法学研究的元年。以此作为一个时点，回顾我国刑法学科走过的40年历程，并展望我国刑法学的未来发展，是极具现实意义的。可以说，刑法学科是在中国改革开放的背景下恢复重建的，刑法学科的命运是与国家刑事法治建设息息相关的。因此，只有在国家法治建设的大格局下，才能描绘与勾画出我国刑法学科的发展脉络。

一、刑法学科的恢复重建

自1949年中华人民共和国成立以后，随着国民党六法全书的废止，我国开始了社会主义法制的建设。刑法典的制定也随之提上议事日程，我国1950年就着手草拟刑法典，其中最早的是1950年7月25日的《中华人民共和国刑法大纲草案》，共12章157条（总则33条、分则124条）。[①] 未曾想，从1950年的刑法

① 参见高铭暄、赵秉志：《中国刑法立法文献资料精选》，198～226页，北京，法律出版社，2007。

草案第 1 稿到 1963 年 10 月 9 日第 33 稿，这一刑法制定过程持续了十数年。由于受到各种政治运动的影响，尤其是从 1966 年开始的“文化大革命”，对国家法制建设形成巨大冲击，刑法典的制定工作随之而停摆。在法律虚无主义思想的影响下，从 1949 年到 1979 年这 30 年的时间内，我国是在没有刑法典的情况下度过的，这对于一个有七亿人口的大国来说，几乎是难以想象的。这个时期，我国只是先后颁布了三部单行刑法，这就是 1951 年的《惩治反革命条例》《妨害国家货币治罪暂行条例》，1952 年的《惩治贪污条例》。

在这样一个没有刑法典的时代，刑法学研究就成为一种学术奢侈品。从 20 世纪 50 年代开始，我国翻译出版了苏俄刑法教科书以及个别刑法专著。其中，较为著名的是 1950 年大东书局出版、彭仲文翻译的《苏联刑法总论》上下册。该书由苏联司法部全苏法学研究所主编，经苏联高等教育部特准法学研究所与大学法学院采作教本，即苏联法学院所的刑法统编教材。该书的总编辑是孟沙金教授，参与编写的包括皮昂特科夫斯基等著名学者。虽然此后又有各种苏联刑法教科书翻译介绍到我国，但论影响最大者则非《苏联刑法总论》莫属。除了上述苏联刑法教科书，影响最大且深远的当属特拉伊宁的《犯罪构成的一般学说》一书。该书由当时中国人民大学法律系刑法教研室王作富等人翻译，中国人民大学出版社 1958 年出版。在 1957 年开始的反右运动背景下，该书依然能够出版，这也可以说是一个奇迹了。我国学者在论及特拉伊宁的《犯罪构成的一般学说》一书对我国刑法学的影响时指出：“这是一本对中国刑法学的发展产生了深远影响的书，其翻译出版的意义应予足够的估计。A. H. 特拉伊宁在这本书中对犯罪构成的基本理论进行了深入系统的研究，提出了颇有价值的见解。例如，明确提出犯罪构成是主客观要件的有机统一；犯罪构成不能脱离犯罪的实质概念；犯罪构成是负刑事责任的唯一根据，确定犯罪的因果关系和罪过必须以辩证唯物主义的哲学为指导；犯罪构成意义的增长是社会主义法制巩固过程的表现之一等。这些观点对于建立具有中国特色的犯罪构成理论具有重要的借鉴意义。”① 这是一个

① 高铭暄：《新中国刑法科学简史》，24 页，北京，中国人民公安大学出版社，1993。

政治上向苏联一边倒的年代，同样在刑法学上也直接嫁接苏联学说，在此基础上开始了我国刑法学的初创。

在20世纪50年代，我国出版了三部刑法教材。其中，具有代表性的是中央政法干部学校刑法教研室编著的《中华人民共和国刑法总则讲义》，该书由法律出版社于1957年出版。这是一部在没有刑法典的状态下完成的刑法教材。在这种我国并没有颁布刑法典的情况下，如何界定这里的“中华人民共和国刑法”呢？对此，该书指出：“我国刑法乃是在摧毁旧法的斗争中产生，并且随着国家建设的需要，总结人民斗争的经验而建立和发展起来的。一切由人民民主政权所制定的用刑罚方法与犯罪作斗争的法律、法令，就都是我国的刑法。”① 这个意义上的刑法，具有观念层面的刑法与规范层面的刑法双重属性。而且，观念层面的刑法属性更大于规范层面的刑法。检视该书内容，其具有总论的性质，对于刑法规范的依赖性远小于刑法分则，因此，该书具有明显的时代痕迹。例如第一讲就是刑法的阶级性，并且认为只有根据马克思列宁主义的立场、观点与方法，揭露刑法发生的历史根源，说明犯罪和刑罚的阶级本质及其发展，才能把对于中华人民共和国刑法的研究置于正确的方向。② 除此以外，该书更多的还是对于观念层面的刑法理论的阐述。例如，犯罪概念、正当防卫与紧急避险、刑罚的概念、刑罚体系和量刑等。事实上，因为当时我国没有制定刑法典，所以，上述内容都是缺乏刑法规范根据的，只是一种观念的阐述而已。更为确切地说，这些缺乏规范根据的理论内容实际上是对苏俄刑法学的移植或者说改写。因此，其中苏俄刑法学的痕迹是相当明显的。例如，犯罪构成理论，就是根据苏俄刑法学的四要件进行讨论的。该书指出：“各个具体犯罪的犯罪构成，虽然都各有其具体的要件，可是，把各个具体犯罪的犯罪构成的具体要件加以科学地抽象，还可以看出一切犯罪的犯罪构成都具有一些共同性的东西，这种从各个具体犯罪的犯罪构成的具

① 中央政法干部学校刑法教研室：《中华人民共和国刑法总则讲义》，23页，北京，法律出版社，1957。

② 参见中央政法干部学校刑法教研室：《中华人民共和国刑法总则讲义》，9页，北京，法律出版社，1957。

体要件中抽象出来的，一切犯罪构成都具有的共同性的东西，叫做犯罪构成的共同要件。每一个犯罪构成都包括以下四个共同要件：（一）犯罪的客体；（二）犯罪的客观方面；（三）犯罪的主体；（四）犯罪的主观方面。”① 这就是我国刑法教科书对四要件的犯罪构成体系的表述。这一表述完全是《苏联刑法总论》一书关于犯罪构成概念及其要件理论的重述。只不过苏俄学者在论述犯罪构成时采取了从刑法典分则的个别规定到刑法总则的一般规定的抽象方法，而我国没有刑法典，更遑论刑法分则，因此从苏俄刑法学理论中直接引进的四要件的犯罪构成理论，成为刑法理论的基础与核心。

1978年12月召开的中国共产党十一届三中全会，提出了健全社会主义民主和加强社会主义法制的任务。它不仅开启了改革开放的新时期，而且确定了民主与法制的新理念。由此，国家的法制建设重新提上议事日程，立法进程加快。1979年2月下旬，全国人大常委会法制委员会宣告成立，委员会从3月开始抓紧进行立法工作。其中，刑法典草案以33稿为基础，结合新情况、新经验、新问题，征求了中央有关部门的意见，作了较大的修改，先后拟出了三个稿子，最后于1979年7月1日召开的第五届全国人大第二次会议上获得一致通过。② 这就是我国1979年刑法，也是我国第一部刑法典。它的颁布，标志着我国刑法立法实现了零的突破，为刑法学的恢复重建提供了规范基础。

以1979年刑法颁布为契机，我国刑法学进入了一个恢复重建的阶段。这里的恢复重建表明，刑法学并不是完全从头开始，而是以原有的成果为基础的。当然，由于从1958年以后刑法理论研究基本处于停滞状态，此期间出版的两本刑法方面的书籍，基本上属于政治宣讲和政策解读的资料。例如中国人民大学法律系刑法教研室编写、1958年中国人民大学出版社出版的《中华人民共和国刑法是无产阶级专政的工具》一书，以及北京大学法律系刑法教研室编写、1976年印行的《刑事政策讲义》一书，都是如此。这两本书主要是政策解读，完全没有

---

① 中央政法干部学校刑法教研室：《中华人民共和国刑法总则讲义》，73页，北京，法律出版社，1957。

② 参见高铭暄：《中华人民共和国刑法的孕育诞生和发展完善》，2页，北京，北京大学出版社，2012。

学术性和理论性。因此，1979年刑法颁布以后我国刑法学的恢复重建，其所恢复的对象是20世纪50年代从苏联引进的刑法学。例如，前述中央政法干部学校编写的《中华人民共和国刑法总则讲义》一书，在1979年刑法颁布以后，随即根据刑法规定进行了修订，并于1980年由群众出版社出版，成为1979年刑法颁布以后出版的第一部刑法教科书。该书根据我国刑法规定，对1957年出版的《中华人民共和国刑法总则讲义》一书进行了规范的填充，使之成为以现行刑法为规范根据的刑法教科书。虽然该书并没有说明它与1957年出版的《中华人民共和国刑法总则讲义》一书的渊源关系，但在理论内容上，这种承接关系是极为明显的。尤其是犯罪构成体系，还是以苏俄刑法学为蓝本的叙述。

及至1982年，高铭暄主编的司法部统编教材《刑法学》一书的出版，标志着我国刑法学的恢复重建取得了阶段性的成果。该书前承20世纪50年代从苏联引入的刑法学理论，并吸收我国此后取得的刑法学研究成果，总结司法实践经验，对我国宪法条文进行了体系化和理论化的阐述。无论是在体例还是在内容上都有所突破，该书成为此后我国刑法教科书的样板。该书于1988年1月和6月分别获得全国高等学校优秀教材奖和司法部优秀教材奖，是一部具有广泛影响的刑法教科书。

我国刑法学从20世纪50年代模仿苏俄刑法学开始蹒跚起步，不久就因为政治运动而夭折。此后将近20年，我国刑法学处于冰封状态。1978年开始，我国重建法制，尤其是1979年刑法典的颁布，犹如一夜春风来，顿时唤醒了沉睡已久的刑法学，使我国刑法学在一片废墟中萌发新芽。这段刑法学起死回生的历史值得追忆，值得铭记。

法律学科具有与法律规范的高度关联性。尤其是部门法，例如刑法，随着部门法的发展而不断演进。在我国各部门法中，刑法是立法最早的一个部门，因此刑法也是较为成熟的一个部门法学。我国刑法学的发展，经历了一个从以立法为中心到以司法为中心的过程。其中的分界点，是1997年刑法的颁布。换言之，以1997年刑法为标志，我国刑法学研究可以分为两个阶段：1997年刑法颁布之前，我国刑法学长期处于以立法为中心的研究状态。而在1997年刑法颁布之后，我国刑法进入以司法为中心的研究状态。

二、以立法为中心的刑法学研究

如前所述，随着1979年刑法的颁布，我国刑法学重新获得了生命，刑法学研究的春天终于到来。1979年刑法于1980年1月1日正式实施以后，刑法的司法化就成为刑法学关注的重点。然而，我国刑法学的司法化未及深入，刑法修改就提上了议事日程，因此我国刑法学很快就进入了以立法为中心的研究状态。对此，我们需要从刑法本身的先天不足与经济体制改革和社会转型等多维度来揭示其原因。

刑法在短时期就需要修改，这与刑法自身的原因有着密切的关系。我们知道，1979年刑法虽然从1950年开始起草积累了33稿，但从1979年3月重新启动刑法起草工作，到7月1日正式颁布，只有短短四个月时间。在此期间，虽然立法机关做了大量工作，但毕竟时间有限，所以1979年刑法还是以原先的刑法草案为蓝本，未有大规模的修改。在这种情况下，1979年刑法与时代的契合性上存在较大问题。例如，1979年刑法第79条规定了类推制度，明文规定："本法分则没有明文规定的犯罪，可以比照本法分则最相类似的条文定罪判刑，但是应当报请最高人民法院核准。"当时之所以规定类推制度，理由在于：我国地广人多，情况复杂，加之政治经济形势发展变化较快，刑法，特别是第一部刑法，不可能把一切复杂多样的犯罪形式包罗无遗，而且也不可能把将来可能出现又必须处理的新的犯罪形式完全预见，予以规定；有的犯罪虽然现在已经存在，但我们与它作斗争的经验还不成熟，也不宜匆忙规定到刑法中去。因此，为了使我们的司法机关及时有效地同刑法虽无明文规定但实际上确属危害社会的犯罪行为作斗争，以保卫国家和人民的利益，就必须允许类推，可以使刑法不必朝令夕改，这对于保持刑法在一定时期内的相对稳定性是有好处的。而且，有了类推，可以积累同犯罪形式作斗争的经验材料，这就为将来修改、补充刑法提供了实际依据。[①] 在这种情况下，我国刑法教科书将类推视为对罪刑法定原则的必要补充，

① 参见高铭暄：《中华人民共和国刑法的孕育诞生和发展完善》，78～79页，北京，北京大学出版社，2012。

并仍然坚持我国刑法实行罪刑法定原则，只不过这是以类推为补充的罪刑法定原则。其实，罪刑法定与类推之间是存在逻辑上的对立关系的：一部刑法只要规定了类推就不可能是罪刑法定的；反之，一部刑法只要规定了罪刑法定，则必然排斥类推。而且，即使是长期采用类推的苏联刑事立法，也于 1958 年 12 月通过《苏联和各加盟共和国刑事立法纲要》以后，取消了类推制度。① 我国 1979 年刑法规定的类推制度，从一开始就已经从刑法理念上落后于时代。应当指出，这也与当时我国以惩治犯罪为中心的刑法任务观密切相关。

1979 年刑法实施以后，我国进入了改革开放的新时代，尤其是经济体制改革，推动了我国经济体制从计划经济向市场经济的转变。随着新旧体制的交错，出现了大量经济领域的犯罪。而 1979 年刑法还是建立在计划经济体制之上的，刑法与经济体制改革之间的抵牾表现为各种形式的经济犯罪。在这种情况下，1997 年刑法难以应对惩治经济犯罪的现实需要。例如，在 1979 年刑法第 117 条设立了投机倒把罪，这是一个典型的计划经济体制下的犯罪。随着经济体制改革，以往在计划经济体制下被认为是投机倒把的犯罪行为都被认为是正当的经济行为，亟待被非犯罪化。而随着市场经济体制的建立，出现了各种非法经济行为，例如我国公司法颁布以后，违反公司法的行为需要予以犯罪化；我国建立证券制度以后，违反证券法的行为需要予以犯罪化。随着经济体制改革的不断深入，在经济领域的犯罪化与非犯罪化的客观需求构成了推动刑法修改的内在动力。

此外，从 20 世纪 80 年代开始，我国进入一个社会转型时期，在此过程中，出现了大量社会失范行为，尤其是黄、赌、毒这三种违法犯罪现象沉渣泛起。对此需要采取较为严厉的刑事处罚措施。但 1979 年刑法对黄、赌、毒犯罪的规定相对比较简单，处罚也较轻。例如毒品犯罪，在 1979 年刑法只是在第 171 条规定："制造、贩卖、运输鸦片、海洛因、吗啡或者其他毒品的，处五年以下有期徒刑或者拘役，可以并处罚金。一贯或者大量制造、贩卖、运输前款毒品的，处

---

① 参见［苏］A. A. 皮昂特科夫斯基等：《苏联刑法科学史》，曹子丹等译，35 页，北京，法律出版社，1984。

五年以上有期徒刑，可以并处没收财产。”这里只对制造、贩卖、运输毒品的行为作了规定，对其他毒品关联行为未作规定。对于毒品的种类，1979年刑法在列举鸦片、海洛因以外，采取概括性规定的方式表述为“其他毒品”，但其他毒品的种类并不明确。而且，对于普通毒品犯罪，最高法定刑只是5年，即使是毒品犯罪的惯犯，最高法定刑也只是15年有期徒刑。

通过以上分析我们可以发现，1979年刑法在其实施之初，就表现出对于惩治犯罪、维护社会秩序的不适应性。因此，这个时期的刑法学研究，就刑法一般理论而言，主要是围绕着犯罪概念、犯罪构成、犯罪未遂、共同犯罪、罪数等犯罪论问题而展开。但理论热点问题还是刑法修改研究，相当多的学术资源投入立法研究之中。我国学者对刑法修改与完善的研究分为三个阶段：第一个阶段是从1980年的“1979年刑法”实施到1983年，为刑法修改研究的萌芽期。第二个阶段是从1984年到1987年，为刑法修改研究的出版展开时期。第三个阶段，从1988年开始，为刑法修改研究全面繁荣时期。① 如果按照这个划分，则从1979年刑法实施不久，对该刑法的修改问题就进入了刑法学研究的视野。事实上，全国人大常委会法制工作委员会在1988年就开始着手修订刑法，并于1988年12月25日草拟了《中华人民共和国刑法（修改稿）》。② 此时，距离1979年刑法实施才8年。从1988年立法机关正式启动刑法修改，到1997年3月14日颁布修订后的刑法，在这十年之间，我国刑法学的主要课题就是刑法修改研究。

刑法修改研究是一种以立法为中心的研究，其目的是立法的完善。在刑法学中，这种以立法为中心的研究称为立法论。立法论的刑法学研究具有不同于司法论的刑法学研究的特殊性，这种特殊性表现为：其一，研究目的的特殊性。以司法为中心的刑法学研究的主要目的在于帮助司法机关正确适用刑法，因此具有司法导向，更加关注的是司法实践中刑法适用的疑难问题。而以立法为中心的刑法学研究的主要目的在于为刑法修改提供正确方案或者意见，因此具有立法导向

① 参见高铭暄：《新中国刑法科学简史》，291页，北京，中国人民公安大学出版社，1993。

② 参见高铭暄、赵秉志：《中国刑法立法文献资料精选》，494～528页，北京，法律出版社，2007。

性，完全是围绕着刑法修改的节奏和需要展开理论研究。其二，研究方法的特殊性。以司法为中心的刑法学研究采取的是法解释学或者法教义学的方法，对刑法规定进行语言的和逻辑的分析与推理，以便在刑法适用中采用。而以立法为中心的刑法学一般都采用价值分析方法，对现行刑法规定的缺陷和不足进行揭示，并提出修改的意见和建议。其三，服务对象的特殊性。以司法为中心的刑法学研究的言说对象是司法实务人员以及辩护人等与刑事司法活动具有相关性的人员。而以立法为中心的刑法学研究的言说对象是立法机关的工作人员，并且只有在立法过程这样一个特定的时段才有意义。如果不在刑法修改时期，立法论的研究往往不具有现实意义。而且，立法论的研究不具有持续性，任何关于刑法修改的研究成果在立法修订完成以后，就阶段性地完成了历史使命，不再有其他作用。而司法论的研究则具有持续性，可以长期累积，为此后的进一步研究奠定基础。因此，司法论的研究是刑法学研究的常态，而立法论的研究则是刑法学研究的非常态。在 1979 年刑法刚刚颁布实施不久，以司法论为中心的常态刑法学尚未成熟，随着刑法修改的立法进程的启动，我国刑法学就不得不跟随着开启了一段时间不算太短的立法论研究，从而推迟了司法论研究的进程，这不能不说是一种遗憾。当然，也是迫不得已。

我国以立法为中心的刑法学研究不是以现行立法为根据的规范性研究，而是如何完善立法的应然性研究。因此，主要研究内容也是以价值论为导向，以应然性为目的而展开的。这段立法论研究主要讨论的问题，除了个别性的、具体的立法建议，重大问题可以归纳为以下三个。

第一，废除类推与设立罪刑法定原则之争。

如前所述，我国 1979 年刑法规定了类推，而类推是与罪刑法定原则相矛盾的。在刑法修改中，涉及的一个重大问题就是废除类推，规定罪刑法定原则。围绕着这个问题，我国学者进行了较为激烈的争论。值得注意的是，虽然我国 1979 年刑法规定了类推，但同时又作了较为严格的程序上的限制，即类推必须经过最高人民法院核准。这在一种程度上防止了类推的滥用，对于限制类推具有积极意义。因此，在 1979 年刑法实施以后，经过最高人民法院核准的类推案件，事实上是极少的。换言之，类推并没有如同原先想象的那样可以发挥较大的作用，这也为废除类推提供了可能性。

在我国刑法学界，关于是否废除类推规定罪刑法定原则，主流观点还是认为应当废除类推并规定罪刑法定原则。高铭暄教授将在司法废除类推问题上的观点归纳为三种，即永久保留说、暂时保留说和立即废止说。[①] 其中，永久保留说认为，制定一部详尽完备的刑法典是不切实际的幻想，而保留类推，一方面可避免刑法的朝令夕改，维护刑法的稳定性；另一方面还可以为以后修改、制定刑法积累经验，故保留类推制度是必要的。暂时保留说认为，类推制度在立法经验不足、立法不完备的情况下，有积极作用，但条件成熟时，明确规定罪刑法定原则后，就应当废止类推制度。立即废止说认为，罪刑法定原则在本质上与类推制度是水火不相容的，因此，如要真正彻底地贯彻罪刑法定原则，就必须取消类推制度。应当说，当时立即废止说占据了通说的地位。笔者在 1989 年《中国法学》第 3 期发表了《论我国刑法的发展完善——关于罪刑法定原则、罪刑相适应原则的思考》一文，其中论及罪刑法定原则与类推的关系，指出："由于我国长期以来的封建社会的法律传统，习惯于将刑罚作为调整一切社会关系的法律手段，从而以类推弥补法律规定之不足。这样一种刑法万能观念，在我看来是与我国社会主义性质格格不入的，应当在破除之列。事实上，刑法的调整范围是有限的，以罪刑法定加以限制也是必要的。类推只是在第一版刑法规定不可能完备的情况下才有其存在的余地。而且，即使在目前法律规定类推的情况下，对于类推适用也应严加控制。"[②] 在此，笔者虽然没有直接提及类推制度的废除问题，但对于罪刑法定原则与类推的对比中的取向性是十分明确的。此后，在 1996 年刑法修改即将完成，但对于是否废除类推确立罪刑法定原则仍存在争议的情况下，笔者在《法学研究》1996 年第 2 期发表了《罪刑法定的当代命运》一文，全面、系统地

① 参见高铭暄：《中华人民共和国刑法的孕育诞生和发展完善》，172 页，北京，北京大学出版社，2012。

② 陈兴良：《论我国刑法的发展完善——关于罪刑法定、罪刑相适应原则的思考》，载《中国法学》，1989 (3)，53～60 页。

阐述了罪刑法定原则在我国确立的理论根据和现实意义。该文最后指出："可以毫不夸张地说，罪刑法定主义已经成为我国刑法学界的共识，尽管对它的理解上可能存在一定程度的差异。我坚信，存活了数千年的刑事类推制度在中国行将寿终正寝，我们将迎来一部明文规定罪刑法定主义的刑法典，从而使我国刑法进入一个罪刑法定主义的黄金时代。"① 1997 年刑法废除了类推，第 3 条明文规定了罪刑法定原则，指出："法律明文规定为犯罪行为的，依照法律定罪处刑；法律没有明文规定为犯罪行为的，不得定罪处刑。"这一规定使我国实现了罪刑法定原则的立法化，为此后刑法的发展完善奠定了基础，因而具有里程碑意义。在这当中，我国刑法理论起到了积极作用。

第二，单位犯罪立法化之争。在我国 1979 年刑法中并没有规定单位犯罪，因为当时在社会上还根本不存在单位犯罪的现象。在经济体制改革以后，随着单位成为独立的市场经济主体，利用单位的经济优势实施犯罪的情况时有发生。在这种情况下，我国刑法学界围绕着单位是否可以成为犯罪主体的问题展开了热烈讨论。尤其是在刑法修改过程中，对于单位犯罪的立法问题始终存在争议。正如高铭暄教授指出："单位犯罪的立法问题在刑法修订研拟的过程中，是一个曾经引起重大争议并且几经反复的为数不多的问题之一"②。

关于单位犯罪问题的争论，自从单位犯罪现象产生以后就出现了。当时我国刑法学界对于单位是否可以成为犯罪主体，出现了肯定说和否定说这两种截然不同的观点。其中，肯定说主张单位可以成为犯罪主体，因为单位具有自身的特殊利益，并且有可能为了追求这种利益而实施我国刑法规定的犯罪行为。因此，有必要在刑法中规定单位犯罪。否定说则认为，单位只是一个虚拟的组织体，没有自身的认识和意志，不能成为犯罪的主体。现实生活中的所谓单位犯罪，实际上只不过是自然人以单位的名义实施的犯罪，应当追究个人的刑事责任，而不能认定为单位犯罪。在以上两种观点中，在 1997 年刑法修订之前，我国有关单行刑

① 陈兴良：《罪刑法定的当代命运》，载《法学研究》，1996（2），10～47 页。

② 高铭暄：《中华人民共和国刑法的孕育诞生和发展完善》，211 页，北京，北京大学出版社，2012。

法中就已经明确地规定了单位犯罪。例如 1988 年 1 月 21 日颁布的《关于惩治走私罪的补充规定》和《关于惩治贪污罪贿赂罪的补充规定》，就规定了单位可以成为走私罪、受贿罪、行贿罪等犯罪的主体。在刑法修改的时候，对于修订后的刑法中应当规定单位犯罪，已经没有疑问，因为立法机关已经作了选择。问题只是在于：在刑法中如何规定单位犯罪？对此，在刑法修改过程中存在以下三种观点：第一种观点认为，单位犯罪只能在刑法总则中作一般规定，分则中不作具体规定。因为我国缺乏处理这类问题的经验，因而应当谨慎行事。第二种观点认为，对单位犯罪的范围及处罚，既要在刑法总则中作出一般规定，也应当在刑法分则中逐条作出具体规定。第三种观点认为，应该制定一部专门惩治单位犯罪的法律，以利于法律规定的系统化，更加适合单位犯罪的特点，从理论上得到较为合理的解释，司法中便于顺利贯彻。①

我国 1997 年刑法最终规定了单位犯罪，采纳了上述第二种规定。除了在刑法总则第 30 条对单位犯罪的定罪处罚作了一般规定，还在刑法分则的相关条款对单位犯罪作了具体规定，由此完善了我国刑法中的单位犯罪。单位犯罪的立法化虽然是惩治犯罪客观需要的结果，但我国刑法学对单位犯罪的深入研究为单位犯罪的立法奠定了基础，因而具有推动作用。

第三，死刑的扩张与限制之争。死刑是刑法中争议最大的问题之一，尤其是在废除死刑已经成为世界趋势的情况下，我国刑法如何面对死刑是值得思考的。虽然根据目前我国的现实情况，还不能提出废除死刑的问题。因为从 1979 年刑法实施以来，为了惩治严重破坏社会治安的刑事犯罪和严厉打击经济领域的犯罪，立法机关通过单行刑法的方式，增加了五十多个死刑罪名，使死刑罪名从 1979 年刑法的 28 个增加到将近七十个。在这种情况下，在刑法修改过程中如何处理死刑问题，这其实是一个如何理解死刑的刑事政策问题。在历史上，我国对死刑的刑事政策存在如下表述：不可不杀，坚持少杀，防止错杀。其中，一句较为通俗的用语是：可杀可不杀的，不杀。但在“严打”的冲击下，上述死刑刑事

① 参见高铭暄：《新中国刑法科学简史》，310～311 页，北京，中国人民公安大学出版社，1993。

政策受到挑战，尤其是在对于可杀可不杀的政策把握上，开始有所动摇。这其实是一个死刑立即执行与死刑缓期执行的区分问题，由于“严打”的挤压效应，某些应当适用死缓的案件被判处了死刑立即执行，由此扩大了死刑适用。在刑法修改中，对于死刑到底是扩张还是限制，就成为一个争议较大的问题。在我国刑法学界，除了个别学者主张扩大死刑罪名，大多数学者都坚持要限制死刑适用范围，由此提出了限制死刑的各种方案。这里的限制死刑的方案，主要是减少死刑罪名。减少死刑罪名可以通过两种方式实现：第一种是实质性削减，即废除某些死刑罪名。第二种是技术性削减，即采取合并等方式取消某些死刑罪名。① 但最终立法机关并没有采纳削减死刑罪名的建议，对死刑罪名既不增加也不减少，基本保留了死刑罪名。对于死刑规定的修改，主要集中在总则规定。例如将死刑适用对象，从1979年刑法规定的罪大恶极的犯罪分子修改为罪行极其严重的犯罪分子。这里反映出来的信息是：在立法上不削减死刑罪名，通过对死刑适用条件的修改，为司法机关实际控制死刑的个案适用提供法律根据。虽然立法机关没有采纳限制死刑的意见，但通过对限制死刑的研究，从思想观念上提高了对死刑的认识，为此后《刑法修正案（八）》和《刑法修正案（九）》减少死刑罪名奠定了理论基础。

以立法为中心的刑法学研究对国家的刑法立法作出了重要贡献，推动了我国刑法的发展完善，这是不可否定的。尤其是，通过对刑法的全面修订，创制了一部统一的刑法典，即把所有刑事法律规范集中规定在刑法典之中。这就为此后的刑法理论研究提供了一个平台和框架。当然，在我国刑法学恢复重建不久，在没有来得及建立刑法解释学基础的情况下，就贸然进入以立法论为主导的刑法学研究阶段，对于我国刑法学发展带来的消极作用也是不可低估的。这主要表现在对刑法规范的批判成为刑法学者的权力，而未能形成合理地解释刑法规范的传统。此外，立法论过于强势，刑法研究产生了居于刑法规范之上的习惯，不利于刑法教义学的产生与养成。

---

① 参见陈兴良：《刑法哲学》，380～382页，北京，中国政法大学出版社，1998。

三、以司法为中心的刑法学研究

1997年刑法正式颁布以后，刑法修改终于告一段落，我国刑法学研究的重点开始转向司法论的刑法学。司法论的刑法学是建立在刑法规范基本完善的基础之上的，随着刑法修订的完成，这一条件也就具备了。就1997年刑法与1979年刑法相比较而言，1997年刑法无论是结构还是内容，都是更为完善与完备的。当然，在1997年刑法通过以后，刑法的修订工作仍然持续进行。例如，在1997年刑法实施后仅仅一年时间，正好遇到1998年亚洲金融风暴。当时，随着东南亚金融危机的爆发，国际资本流向逆转，纷纷由亚洲国家抽逃，我国的资本流入也有所减少。从维护亚洲经济的稳定和大局出发，我国政府郑重宣布人民币不贬值，人民币承受着巨大的压力。在这种情况下，一些不法分子利令智昏，大肆进行骗购外汇、逃汇和非法买卖外汇的违法犯罪活动，致使我国的外汇资金流失严重。为了惩治骗购外汇、逃汇和非法买卖外汇的犯罪行为，维护国家外汇管理秩序，全国人大常委会1998年12月29日通过了《关于惩治骗购外汇、逃汇和非法买卖外汇犯罪的决定》，增加规定了骗购外汇罪。[①] 值得注意的是，这一刑法规范仍然沿袭过去的做法，采取了单行刑法的立法方式。这种单行刑法处于刑法典之外，可以想见，如果单行刑法不断累积，则势必影响刑法典的完整性。幸运的是，从1999年开始我国对刑法的修改补充采取了刑法修正案的方式。与单行刑法相比，刑法修正案是专门对刑法进行修订而颁布的专门法律。刑法修正案颁布以后，将刑法修正案对刑法修改补充的内容吸收到刑法典之中，刑法修正案就完成了其历史使命，因此，刑法修正案并不会破坏刑法典的完整性。从1999年至今，已经颁布了九个刑法修正案。其中，《刑法修正案（八）》和《刑法修正案（九）》都对刑法作了较大规模的修订，如果不是采取刑法修正案的方式，刑法典就会支离破碎。刑法修正案的立法方式的采用，在一定程度上解决了刑法立法的

① 参见胡康生、郎胜主编：《中华人民共和国刑法释义》，293页，北京，法律出版社，2006。

持续性与刑法典的稳定性之间的关系，从而为以司法为中心的刑法学奠定了规范基础。可以说，对刑法立法的研究不再是刑法学的主要使命，这是一种刑法学研究方向的重大改变。

在1997年刑法颁布之初，对于我国刑法理论带来的影响，我国学者已经有所预见。例如阮齐林教授就敏锐地指出："新刑法罪刑法定原则的确立，还呼唤与之相适应的刑法解释理论。刑法理论将以罪刑法定为基础阐述刑法解释的规则、司法解释的权限。刑事类推制度取消了，那么，司法类推解释是否被允许？什么是类推解释，什么是合理的扩张解释？这期待着刑法学者作进一步的探讨。在罪刑法定时代，刚性的刑法规定，如何适用变动中的社会生活，司法人员如何发挥聪明才智去协调二者的冲突，其合理的限度在哪里？这都是需要深入思考的问题。罪刑法定原则的确立，还将导致刑法解释方法论的转变，即由重视实质的解释转向重视形式的解释。在罪刑法定原则之下，刑法形式上的东西将居于首要的、主导的地位。犯罪，首先是法律形式上存在的犯罪，即刑法分则具体条文明文规定应受刑罚处罚的行为。法无明文规定，即使是滔天罪恶，也不是法律意义上的犯罪。因此，犯罪的形式定义、法律特征及犯罪法定要件将成为首要的问题"①。阮齐林教授预见了新刑法确立罪刑法定原则以后，对我国刑法理论研究会带来重大影响，这就需要建立与之相适应的刑法解释理论。笔者也就刑法更迭与理论更新的关系作了论述：面对刑法更迭，我国刑法理论又面临一个发展的契机，我们所期望的，是通过推进刑法学科法基础理论研究，使刑法理论在高水平上更新，而不是在低水平上重复。② 那么，何谓高水平上的更新与低水平上的重复呢？当时，笔者有一种担忧，由于修订后的刑法颁布实施，大家必然把理论注意力集中到修订后的刑法上来，由此掀起一个注释研究的高潮，从而遮蔽了刑法研究的理论视野，中断了刑法哲学的发展进程，又开始重复从1979年刑法以来的新一轮刑法理论发展过程，因而出现低水平徘徊的态势。在此，笔者实际上并

① 阮齐林：《新刑法提出的新课题》，载《法学研究》，1997（5），152～154页。

② 参见陈兴良：《法学家的使命——刑法更迭与理论更新》，载《法学研究》，1997（5），145～147页。

非把对刑法注释性的研究认定为是低水平的，而是把对刑法更高层次上的哲理性的研究认定为是高水平的。应该说，这里确实存在个人认知上的偏差。这种认知上的偏差之所以出现，主要还是没有与刑法教义学的方法相遇。应该说，此前我国刑法学者对刑法规范的注释，确实是就法条而论法条。除来自苏俄的四要件的犯罪构成理论具有一定的学术性以外，其他都只是问题性研究。尤其是对刑法分则的研究，更多的是司法经验的总结。这样一种注释研究，被说成是低水平的研究，具有其自身的原因。其实，刑法教义学是对刑法的一种体系性的研究，具有一套完整的分析工具和话语体系。只有当这种刑法教义学的方法引入我国刑法学，以此为出发点对我国刑法进行研究，才能真正提升我国刑法学的水平。

这里涉及对德日刑法学的吸收与借鉴问题。早在 20 世纪 80 年代中期，先是日本刑法学后是德国刑法学的知识开始传入我国。例如较早出版的是日本学者大塚仁、福田平的《日本刑法总论讲义》一书，该书是李乔等翻译、辽宁人民出版社 1986 年出版的。《日本刑法总论讲义》虽然篇幅并不大，但它还是完整地呈现了日本刑法总论的基本原理，尤其是三阶层的犯罪论体系。而德国刑法学的教科书和论著则迟至 2001 年才在我国出版，这就是徐久生翻译、中国法制出版社出版、德国学者汉斯·海因里希·耶赛克和托马斯·魏根特所著的《德国刑法教科书》。这些德日教科书译著在我国的出版，打开了对外学术交流之窗。最初，这些德日刑法知识是以外国刑法学的名义出现的，以此区别于我国刑法学。例如甘雨沛、何鹏于 1984 年、1985 年在北京大学出版社出版的《外国刑法学》（上下册）和何鹏教授 1985 年在吉林大学出版社出版的《外国刑法简论》，都在不同程度上对主要是日本的刑法理论作了系统的介绍。

我国刑法学与外国刑法学的二元区分，反映了在刑法学理论上中外的二元对立。这种观念使我国刑法理论自外于外国刑法理论，而根本就没有考虑我国刑法理论对外国刑法理论的吸收与借鉴。其实，外国刑法与外国刑法学是有所不同的。外国刑法，例如日本刑法、德国刑法、英美刑法，这是在国别的意义以及规范的意义上论及刑法。在一个国家的教学课程体系中，对外国刑法的介绍也是有其必要性的。当然，逐个国家刑法的介绍不太可能，对各个国家刑法的研究基本上属于比较刑法的范畴。但外国刑法学则不同，它并不是指外国的刑法规范，而是指外国的刑法理论。其实，只有刑法规范才有中外之分，而刑法理论无中外之别。刑法学作为一种理论形态，它具有跨越国界的性质，而刑法规范的效力才是受到国界限制的。随着德日刑法知识不断传入我国，我国刑法理论获得了更新与提升，中外刑法学的畛域也被破除了。

刑法教义学带来的不仅仅是德日刑法理论，更为重要的是，它是一种分析工具和话语体系。例如，关于我国刑法中的死刑问题，在以立法为中心的刑法学中，更多的是围绕着死刑存废以及如何限制死刑等价值分析而展开的。但在以司法为中心的刑法学视阈中，死刑存废已经不再是关注的焦点问题，即使是死刑的限制也不再是通过价值论的阐述，提出死刑政策或者减少死刑的方案，而是着力于对死刑规定的解释，为司法机关正确适用死刑提供刑法教义学的引导。例如，近年来我国刑法对刑法第 48 条第 1 款的规定进行了深入研究，提出了限制死刑适用的法教义学规则。根据刑法第 48 条第 1 款规定："死刑只适用于罪行极其严重的犯罪分子。对于应当判处死刑的犯罪分子，如果不是必须立即执行的，可以判处死刑同时宣告缓期二年执行。"在此，如何理解"罪行极其严重"关涉是否判处死刑的标准把握，而如何理解"不是必须立即执行"，则关涉死刑立即执行与死刑缓期执行的区分。对于这些法律规定的理解问题，只有通过法教义学方法的适用，才能获得正确的理解。例如，劳东燕教授对刑法第 48 条规定的死刑适用标准进行了教义学的解读，认为应当从以下四个方面理解该规定：（1）从第 48 条第 1 款表述的内在逻辑来看，应当得出以适用死缓为通例、以适用死刑立即执行为例外的结论。（2）对第 48 条第 1 款采取以适用死缓为通例、以适用死刑立即执行为例外的理解，有助于合理界定"罪行极其严重"与"不是必须立即执行"各自所应考虑的因素。（3）对第 48 条第 1 款采取以适用死缓为通例、以适用死刑立即执行为例外的理解，有助于协调其与第 50 条第 2 款之间的关系，同时避免判决时思考逻辑上的迂回反复。（4）对第 48 条第 1 款采取以适用死缓为通例、以适用死刑立即执行为例外的理解，在刑事政策上有助于真正贯彻削减死刑适用的理念，有助于合理分配举证责任。[①] 从以上综述可以看出，第一点是后三点的逻辑前提，即对第 48 条第 1 款采取以适用死缓为通例、以适用死刑立即执行为例外的理解，这是对刑法第 48 条第 1 款关于死刑适用标准问题的一个至关重要的问题。对此，劳东燕教授作了具有新意的教义学解读。传统的理解认为，刑法第 48 条第 1 款规定“死刑适用于罪行极其严重的犯罪分子”中的死刑，既包括死刑立即执行又包括死刑缓期执行。而“不是必须立即执行”，理解为是从既包含死刑立即执行又包含死刑缓期执行的“死刑”中，将死缓分离出来。因此，“不是必须立即执行”是死缓的适用条件。据此，可以认为在罪行极其严重的情况下，适用死刑立即执行是通例；只有在不是必须立即执行的情况下，例外地适用死缓。而劳东燕教授则对刑法第 48 条第 1 款作了与之不同的解释，认为“死刑适用于罪行极其严重的犯罪分子”中的死刑，既包括死刑立即执行又包括死刑缓期执行，对此没有异议。满足这一条件，达到进入“死刑圈”的门槛。但不能把“不是必须立即执行”理解为死缓的适用条件，而是应当把“必须立即执行”理解为死刑立即执行的适用条件，由此得出以适用死缓为通例、以适用死刑立即执行为例外的结论。这种以刑法规定为出发点，从逻辑和语义上进行解读，由此而贯彻解读者的某种价值与理念的刑法解释方法，就是刑法教义学所从事的学术活动。尽管对于劳东燕教授的解读可以提出不同的观点，但这种以刑法规范为依归的解读，确实是十分重要的。除对刑法第 48 条第 1 款的解读，我国学者对刑法第 13 条犯罪概念的但书规定的解读[②]、对刑法第 29 条第 2 款“被教唆的人没有犯被教唆的罪”的解读[③]、对刑法第 133 条之一危险驾驶罪的解读[④]等，都运用了刑法教义学的方法。

以司法为中心的刑法学研究，是以刑法规范为依归的。因此，刑法规范是刑

① 参见劳东燕：《死刑适用标准的体系化构造》，载《法学研究》，2015（1），170～190 页。

② 参见梁根林：《但书、罪量与扒窃入罪》，载《法学研究》，2013（2），131～150 页。

③ 参见周光权：《“被教唆的人没有犯被教唆的罪”之理解——兼与刘明祥教授商榷》，载《法学研究》，2013（4），180～194 页。

④ 参见冯军：《论〈刑法〉第 133 条之 1 的规范目的及其适用》，载《中国法学》，2011（5），138～158 页。

法学逻辑推理的出发点，并且是刑法理论的归宿。在司法论的视阈中，法律不是被嘲笑的对象，更不是被批评的对象，而是被信仰的对象。在以司法为中心的刑法理论中，首先应当注重对刑法明文规定的解释，阐发蕴含在刑法规定的文字之中的语义内容，从而为定罪量刑提供理论支持。与此同时，刑法规范也为刑法没有明文规定的行为提供具有参照性的规则。例如，刑法第196条第3款规定："盗窃信用卡并使用的，依照刑法第二百六十四条的规定定罪处罚。"这里的第264条的规定是指盗窃罪的规定，因此，盗窃信用卡并使用的，应以盗窃罪论处。这一规定为处理盗窃信用卡并使用的案件提供了明确而具体的法律根据。但刑法对抢劫信用卡并使用、抢夺信用卡并使用等情形，并无明文规定，对此如何处理呢？在这种情况下，基于刑法教义学的方法，我们可以把盗窃信用卡并使用的情形分解为前后两个行为：第一个行为是信用卡的取得行为，第二个行为是信用卡的使用行为。然后，可以归纳出存在信用卡取得行为和使用行为的情况下，应当以取得行为定罪处罚这一刑法教义学的规则。根据这一规则，抢劫信用卡并使用的，应当以抢劫罪论处；抢夺信用卡并使用的，应当以抢夺罪论处。通过这种以刑法现有规范为起点的逻辑推理，我们就获得了对于刑法没有明文规定的行为的明确处理规则。这种规则虽然不是刑法规定本身，但它是从刑法规定中推导出来的，因此具有比其他理论观点更强的拘束力。这里应当指出，通过刑法教义学的推理获得对刑法没有明文规定的行为的处理规则，与我国刑法中的罪刑法定原则并不矛盾。因为，罪刑法定原则所要解决的是行为的处罚根据问题，例如盗窃信用卡是否构成犯罪、冒用他人信用卡是否构成犯罪等。这些问题在上述情形中，都已经得到解决。现在需要解决的，仅仅是行为人同时实施了盗窃信用卡和冒用他人信用卡这两种刑法明文规定为犯罪的行为的情况下，究竟如何定罪的问题。刑法只是对这个问题没有明文规定，对此按照刑法现有规定进行逻辑推导，获得相关处理规则，并不会将刑法没有明文规定为犯罪的行为入罪，因而并不违反罪刑法定原则。

随着德日刑法知识传入我国并不断累积，产生了一个从量变到质变的过程，推动了刑法知识的转型。其中，最为典型的是以苏俄为模本的四要件的犯罪论体系与德日的三阶层的犯罪论体系之间的摩擦与碰撞。这引起了我国刑法学界的一场具有影响力的学术争论。这场学术争论发生在2010年前后，争论的焦点在于犯罪论体系的选择。如前所述，四要件是我国在20世纪50年代从苏俄引入的犯罪论体系，尤其是特拉伊宁的《犯罪构成的一般学说》一书，对四要件理论在我国刑法学界的普及发挥了重要作用。四要件理论不仅成为刑法教科书的当然之选，而且随着学生毕业进入立法和司法领域，对于实务界也具有较大影响。由于四要件是刑法犯罪论的基本理论框架，因此在改革开放以后，虽然其他部门法学科的苏俄影响已经完全消弭，但刑法学科的苏俄影响还是挥之不去。在20世纪80年代末期和90年代初期，我国学者曾经围绕着四要件理论的改造展开过讨论。[①] 但这种讨论仍然是在四要件的语境当中，对四个要件进行删减或者顺序调整，并没有触及四要件的要害。因此，这一讨论最后不了了之，而没有取得理论的进展。及至1997年刑法颁布以后，随着更多的德日刑法知识传入我国，三阶层理论在我国不再是作为外国刑法知识被接受，而是成为我国刑法知识的主要资源。例如，笔者主编的《刑法学》（复旦大学出版社2003年版）一书首次在我国学者编写的刑法教科书中采用了三阶层的犯罪论体系。此后，我国学者认识到，四要件与三阶层的区分，并不是犯罪成立条件的数量之争，而是刑法方法论之争。这里的方法论，就是指阶层思维方法论。例如，周光权教授对犯罪阶层论的方法论意义作了以下论述："在阶层理论体系中，对客观要件与主观要件、违法与责任、事实与价值的区分相对比较清楚，被告人触犯刑法分则某一法条所规定的特殊构成要件即符合构成要件，这是初步的判断；之后才依次是违法性、有责性的认定。通常，该当某罪的客观构成要件时就可以推定违法性、有责性，被告人及其辩护人没有提出特别的辩护理由（如正当防卫、紧急避险、精神病、未成年、违法性认识错误、缺乏期待可能性等），控辩双方就不应当在违法阻却、责任排除上争辩。经历这种层层过滤的、立体式的阶层判断，才能确认被告人的行为构成犯罪。这样不仅可以防止错案，确保定性准确，而且可以将违法和责任清

---

① 参见高铭暄：《刑法学原理》，第1卷，454页，北京，中国人民大学出版社，1993。

晰分开，训练司法官员思维，形成正确的刑法适用方法论。”[①] 尽管目前在我国刑法学界四要件的犯罪论体系还具有较大影响，但三阶层的犯罪论体系以其逻辑性与实用性，越来越受到青睐，在以司法为中心的刑法学研究中发挥着重要作用。

四、刑法理论的发展前瞻

经过40年的发展，我国刑法学科已经走过了筚路蓝缕的草创阶段，经历了从以立法论为中心到以司法论为中心的刑法学转变，进入了一个以教义学为主体知识的阶段。因此，我国刑法学的教义学化将是未来相当长一个时期的发展方向。笔者曾经提出“走向教义学的刑法学”的命题[②]，揭示了教义学应当是我国刑法学的未来走向。此后，笔者又阐述了“刑法知识的教义学化”的观点，指出随着我国社会主义法律体系的建立，以立法为中心的法治实践将向以司法为中心的法治实践转变。相应地，也存在一个以立法为取向的法学知识向以司法为取向的法学知识的转型问题。刑法学也是如此。[③] 因此，我国刑法学将来应当以教义学为自己的走向。这是以司法论为中心的刑法学的更高发展阶段，也是刑法学演进的正途。

当前，在我国法学界存在所谓社科法学与法教义学之争。这场争论的实质是对法学话语权的争夺。当然，社科法学与法教义学的争论主要是在法理学界引发的，其主要影响也限于法理学界。就法理学研究而言，社科法学更关注的是法律价值论，而法教义学主要是一种法律方法论。但在部门法学中，价值论与方法论是融为一体的，两者不可分离。当然，每个部门法学对教义学研究的需要程度是有所不同的。一般来说，一个部门法学的教义学化程度与这个部门法的立法进度之间存在着密切关联性。当一个部门法忙于立法的时候，相关的部门法学是不可

① 周光权：《阶层犯罪论及其实践展开》，载《清华法学》，2017（5），84～104页。
② 参见陈兴良：《教义刑法学》，1页，北京，中国人民大学出版社，2010。
③ 参见陈兴良：《刑法知识的教义学化》，载《法学研究》，2011（6），27～30页。

能发展教义学的，而必然以法律价值论为中心。只有当一个部门法较为成熟，完成了立法使命，建立起了一套基础性的制度和规则，相关的部门法学才能集中精力致力于教义学的研究。在我国各个部门法中，刑法无论是在立法的时间上，还是在立法的质量上，都是走在前面的。因此，刑法学的教义学化也是最早的、最为迫切的。

我国刑法学在教义学的研究过程中，需要引入刑事政策的内容，处理好刑法教义学与刑事政策之间的关系，这是十分重要的。刑法教义学绝不是单纯地对刑法规范的诠释，其中必然包含了价值判断的内容。只不过，这种价值判断应当受到刑法规范的约束。以往在我国刑法知识中，刑法学与刑事政策是作为两个不同的学科独立存在的：刑法学主要研究刑法关于犯罪与刑罚的规定，属于规范学科；而刑事政策主要研究国家的刑事立法政策和刑事司法政策，这些刑事政策对于刑法具有指导作用。在这种刑法学与刑事政策分立的状态下，刑事政策处于刑法之上或者之外。笔者认为，刑事政策不能自外于刑法学，刑事政策并不是对某一具体政策的解读，而是融合了刑事政策的一体化思考。正如德国学者罗克辛教授指出的："只有允许刑事政策的价值选择进入刑法体系中去，才是正确之道，因为只有这样，该价值选择的法律基础、明确性和可预见性、与体系之间的和谐、对细节的影响，才不会倒退到肇始于李斯特的形式—实证主义体系的结论那里。法律上的限制和合乎刑事政策的目的，这二者之间不应该互相冲突，而应该结合到一起。"① 因此，刑法教义学不应该排斥刑事政策，而是应当吸收刑事政策的内容，以此克服教义学所具有的形式主义带来的僵硬性，保持刑法学对社会的即时反应能力。

（本文原载《武汉大学学报》，2018 年（2））

① ［德］克劳斯·罗克辛：《刑事政策与刑法体系》，蔡桂生译，15 页，北京，中国人民大学出版社，2011。

刑法理论的前景展望

一、科学性与人文性：刑法学研究的价值目标

我国刑法学面对世纪交会的风云，如欲无愧于时代，使刑法学理论水平更上一个台阶，必然面临着双重任务：专业食槽的建构与人文意蕴的加重。当前我国刑法学研究虽然一片繁荣景象，但繁荣背后潜伏着危机，主要问题在于理性自觉的匮乏与主体意识的失落，因而理论研究往往停留在低水平的重复上，刑法研究的热点如同过眼云烟，只有观点的泛滥而没有理论的积淀。在这种情况下，刑法学研究首先应当立足于专业食槽的建构。专业食槽的问题，就是刑法作为一门学科自身的理论范畴与范式的体系化的问题。如果不注重刑法学理论体系的反思与建构，刑法学研究就会失之浅薄而缺乏应有的科学性。当然，刑法学理论研究的进一步深化还有赖于人文意蕴的加重。刑法学虽然是一门法律学科，以其规范性研究为特点，但这绝非意味着它只是尾随立法与司法的注释学，而应当打通刑法学与人文科学之间的隔膜，引入哲学思维，注入人文性，从而使刑法学向法理学

乃至于哲学升华。加重刑法学研究的人文意蕴意味着摆脱对刑法规范表象的迷惑，审视刑法规范赖以存在的根基，诸如人性、价值以及社会功能等问题。在刑法学研究中，专业食槽的建构是立足于刑法学科的特殊性，使刑法学成其为刑法学，而区别其一般的案例分析与法条注释，赋予刑法学以应有的科学性。人文意蕴的加重是立足于刑法学科的一般性，使刑法学融汇到人文科学中去，使刑法的思考成为社会的思考与哲学的思考，赋予刑法学以应有的人文性。对于刑法学研究来说，专业食槽的建构与人文意蕴的加重不是矛盾的对立物，而是效应互补的统一体。面对世纪之交，科学性与人文性应当是刑法学研究所追求的价值目标。

二、在市场经济中拓宽理论视野

面对社会主义市场经济提出的各种新问题、新挑战，广大刑法理论工作者没有无动于衷或抱残守缺，而是以敏锐的学术嗅觉、强烈的参与意识和浓厚的理论研究兴趣，围绕着刑法如何为市场经济服务的主题，进行了富有开创性的探讨。

（一）刑法学要在市场经济中寻求生存与发展的基点

1979年颁布的《中华人民共和国刑法》基本上是按照计划经济的模式创制的，一些基本原则的确立、罪名的设置及死刑关系的建立，无不体现为计划经济服务的宗旨。长期以来，刑法理论界也正是从有利并服务于计划经济的目标出发，对刑法中的规定进行阐释并开展理论研究的。现在，随着计划经济的结束，刑法中立足于为计划经济服务的规定将失去存在的理由，与此同时，植根于上述规定基础之上的理论研究亦失去旧有的根基。因此，刑法学研究的当务之急，是要求理论工作者尽快将研究的根基移植到市场经济这块沃土上。

（二）刑法学要适应市场经济的需要，建立崭新的科学体系

我国刑法学理论研究之所以长期进展缓慢，难以取得大的突破，究其原因是僵化、呆板的既存体系束缚了理论研究的翅膀。而这种僵化、呆板的刑法学体系，归根结底是由现存的计划经济基础决定的。随着市场经济基础的建立，摒弃旧体系，建立新体系的基础条件已经齐备。刑法理论工作者应当摆脱旧的刑法学

体系的束缚，创立适应市场经济需要的刑法学理论新体系。有的学者就此提出了自己的构想或思路，有的进而指出，建立市场经济的刑法学是一场意义深远的革命，它要求刑法理论界树立市场经济的刑法观，正确评价市场经济下刑法的功能，全面认识刑法的内部机制与死刑的关系，等等。

（三）全面把握区分经济领域中罪与非罪的标准

区分经济犯罪究竟以什么为标准，这不仅是刑法学界普遍关注的问题，也是全社会共同关心的问题。去冬今春，《法制日报》《法学》《法律学习与研究》等报刊还就这一问题及与此密切相关的问题进行了专栏、专版讨论，引起了广泛的社会反响。我们认为：对于当前经济活动中出现的大量失范行为，应当科学分析，区别对待。对其中国家工作人员利用职务之便，乘经济体制转型之机，谋取私利等腐败行为，应当依法严惩；对于其他不法分子置现行法律于不顾，大肆进行非法经济活动，给国家造成重大危害的，应区分不同情节，依法惩治；而对于大量界限不清，性质难以确定，从总体上看没有社会危害性或社会危害性不大的经济行为，则不应以犯罪论处。在过去的评价体系已经失效，新的评价体系尚未建立之前，认定经济犯罪应慎重、宽容，要将区别罪与非罪的法律标准和社会标准统一起来，绝不允许只偏重某一个标准。

关于区分经济活动中罪与非罪的生产力标准问题，生产力无疑是评价一个行为对社会是有利或有害的根本标准，即是判断经济犯罪的罪与非罪的总标准。但是，不能将这一最高层次的评价标准庸俗化，即不应将其曲解为纯粹的经济标准或赤裸裸的金钱标准，亦不能将其等同于对局部有利或对个别单位有利的标准，更不能将其误解为某一个人塑造的标准或认为这一标准是唯一的、排他的，将生产力标准同法律标准对立起来。生产力标准只能是被高度抽象化了的综合性评价标准。

（四）刑法的修改、完善应当将推进民主和保障人权作为己任

由于种种原因，我国现行刑法的民主化程度尚不高，对公民权利，尤其是民主权利保障得不够；在所有权保护和对犯罪主体的惩治上，也没有彻底达到在法律面前人人平等的要求。例如，对公共财产所有权的保护重于对个人财产所有权的保护，对国家工作人员犯罪的惩治轻于对普通公民的惩治等，都是有失公平的

现象。而在市场经济条件下，最重要的社会规则就是平等规则，任何公民、任何社会组织在法律上一律平等。为了推进刑事立法和刑事司法的民主化，应当将侵犯公民民主权利罪列为专章，扩大刑法对公民民主权利保护的范围，从严惩治国家公职人员的职务犯罪。

三、从刑法的本体性阐释到刑法的本质性探寻

我在《刑法哲学》(中国政法大学出版社 1992 年版) 一书的结束语中提出实定法意义上的刑法哲学与自然法意义上的刑法哲学的区分。实定法意义上的刑法哲学主要是对刑法的本体性阐释，而自然法意义上的刑法哲学则是对刑法的本原性探寻。在哲学中，本体论是关于存在的学说，是研究存在作为存在之本性的一种理论。因此，刑法的本体性阐述是对刑法内在关系（我称之为罪刑关系）的一般原理的揭示。在哲学中，本原是指事物质素的来源，哲学追究本原，是为了理解和说明作为我们认识对象的事物所以为事物的原理和原因。因此，刑法的本原性探寻是在本体性阐述的基础上，进一步反思刑法之所以存在以及如何存在的根基问题，从而在一个更深的理论层次上审视刑法，因而对于进一步深化我国刑法理论研究具有重要意义。刑法的本原性探寻，基本思路如下。

（一）刑法的人性基础的本原性探寻

刑法是以限制人的行为作为其内容的，任何一种刑法规范，只有建立在对人性的科学假设的基础之上，其存在与适用才具有本质上的合理性。因此，刑法的本原性探寻，必然将理论的触须伸向具有终极意义的人性问题。涉及人性，人们往往想到伦理上的善恶问题。我们在这里所说的人性，则是指人的理性能力问题。就此而言，人性与刑法具有重要关系。日本刑法学家大塚仁指出："古典学派与近代学派的对立源于其各自对作为犯罪主体的犯人的人性认识的不同。作为刑法的对象，常常必然考虑到人性问题。可以说对人性的理解决定了刑法学的性质。"刑事古典学派把人假设为理性人，人具有意志自由，从而为刑事责任提供道义根据。刑事实证学派（即近代学派）则把人假设为经验人，否定人的理性，

主张行为决定论，以此出发提出社会责任论。我们认为，无限夸大人的理性与断然否定人的理性都不是对人性的科学揭示，只有在有限理性的基础上才能为刑事责任提供人性根据；同样，只有在人的行为与社会环境的互动关系中，才能为认识犯罪原因奠定科学基础。

（二）刑法的价值目标的本原性探寻

刑法具有其自身的价值目标，我在《刑法哲学》一书中提出这些价值目标是：公正、谦抑与人道。这些价值目标在一定条件下是兼容的，但也不可否认它们之间会存在价值冲突。表现在刑法中，主要是正义与效益之间的矛盾。这也正是刑法理论中报应主义与功利主义之间对立的深刻原因之所在。报应主义以正义作为唯一的价值尺度，康德甚至主张等量报应，认为平等是支配公共法庭的唯一原则，据此可以明确地决定在质和量两方面都公平的刑罚。功利主义则以效益作为唯一的价值尺度，否定刑法的报应性。我们认为，刑法的价值目标应当取得正义与效益、报应与功利的有机统一。唯有如此，才能使刑法在社会生活中发挥更大的作用。

（三）刑法的机能构造的本原性探寻

刑法机能是指刑法发生作用的效能。在刑法理论上，刑事古典学派强调刑法的人权保障机能，刑事实证学派强调刑法的社会保护机能。这两种观点的对立源于对个人与社会两者关系的不同认识。前者以个人为本位界定刑法机能，后者以社会为本位界定刑法机能。我们认为，人是个人性与社会性的统一，个人与社会是不可分离的：离开了个人就没有社会；同样，离开了社会，个人也就无法生存。因此，刑法机能也应当是保障机能与保护机能的统一。当然，在当前我国大力推进市场经济的历史条件下，刑法机能应当从社会保护机能向人权保障机能适当倾斜，加重刑法的人权意蕴。

刑法的本原性探寻能够为我国刑法理论奠定更为扎实的哲学基础，并使我国刑法研究迈上一个新台阶。这一任务的完成，有待于刑法学界年轻一代学人的共同努力。

（本文第一部分原载《政治与法律》，1995（1）；第二部分与胡云腾合著，原载《法制日报》，1993-08-08；第三部分原载《中国检察报》，1994-05-26）

刑法理论的世纪展望

值此世纪之交，作为一个刑法学人，当然关注刑法理论的走向。这种关注，实际上是对刑法理论发展的一种憧憬、一种期盼、一种前瞻。展望新世纪，我认为刑法理论应当在以下三个方面有所推进。

一是思想性

刑法理论，无论是规范刑法学还是理论刑法学，都应当进一步强调思想性。这里的思想性，是指刑法理论不仅要关注法条及其适用，关注理论及其论证，更应当关注刑法理论的人文关怀。在当前建设法治国家的社会背景下，刑事法治应当成为刑法理论的价值追求。我认为，这里面临着一种刑法理论的转型，即从人治的刑法理论向法治的刑法理论的转变。在人治社会，并非没有法律，尤其不是没有刑法。相反，统治者往往十分倚重刑法。刑法成为国家单方面惩治犯罪的工具，从而服务于统治者。在这种情况下，刑法不具有自身独立的品格，而只是专制或者专政的附属物。在法治社会，刑法的性质发生了重大的变化，它在具有对公民行为的裁判机能的同时，更具有对司法行为的规范机能；它不仅约束老百姓，而且约束司法者，成为防止司法权滥用的重要手段。随着从人治刑法到法治刑法的转变，刑法理论同样面临这种转型。在我国以往的刑法理论中，具有十分浓重的国家主义色彩，在价值取向上明显地以社会整体利益为依归。因而，在刑法机能上，强调的是社会保护机能，而忽视甚至漠视人权保障机能。随着刑事法治的发展，以社会危害性为中心的传统刑法理论与以罪刑法定主义为灵魂的刑法理论之间的价值冲突凸显。这种冲突不仅表现在犯罪本质是社会危害性还是刑事违法性之争上，而且还表现在犯罪构成理论的建构上。传统的源于苏联的犯罪构成理论，实际上是一种社会危害性的构成，犯罪构成各要件都以体现行为的社会危害性为其存在的理由与根据。这样一种以社会危害性为基础的犯罪构成理论仍然是我国刑法学界的通说。我认为，犯罪构成理论应当是刑事违法性的构成，它的功能在于说明行为的刑事违法性。因此，在罪刑法定主义的视野中，犯罪构成理论要进行反思与检讨，乃至于具备条件情况下的重构。而所有这一切，都必须在刑事法治思想的指导下。可以说，刑事法治是新世纪我国刑法理论的主旋律。刑法理论唯有反映现实社会的法治要求，以推进我国刑事法治建设为使命，才具有强大的生命力。

二是学术性

面向新世纪，刑法理论应当努力地提升自身的学术水准。只有这样，才能推进我国刑法理论的发展。因此，必须强调刑法理论的学术性。刑法理论的学术性首先与传统的承续与观点的创新有关。学术性意味着一种刑法理论应当置身于一定的社会历史背景之中，具有承续性。因此，这种刑法理论是逐渐累积的结果，是一个发展进化的过程，而不是突如其来的。在这个意义上说，刑法理论的学术性就是要把握刑法理论发展的历史脉络，注重刑法文化的积淀，使刑法理论具有历史的意蕴。同样，我们还应当强调刑法理论的创新，引入各种刑法思想观点为我所用。我们身处的这个时代是一个变法的时代，我们身处的这个社会是一个改革的社会。变法与改革呼唤着刑法理论的发展与更新，因此，这为刑法理论的创新提供了大好的机遇。刑法理论的学术性还与一定的知识、一定的话语、一定的范式有关。传统的刑法理论缺乏学术性，在很大程度上表现为它只是机械地对法条的注释，是一种单纯的关于法条的知识。当涉及法条背后的价值内容时，它所采用的是一种政治的话语。因此，刑法理论的学术性，首先意味着应当引入相关的知识，包括关于人的知识、关于社会的知识等，以去意识形态之魅。刑法作为一种法律现象，当然需要法律的解释。然而，刑法更是一种人与社会的现象，也就更需要从人性和社会的高度对其作出解释。并且，对刑法的法律解释也只有奠基于人性解释与社会解释之上，才是具有说服力的。实际上，对人性的理解程度，对社会的理解程度，直接决定着对刑法的理解程度。在这个意义上说，刑法学家首先应当是社会思想家，具有关于人性与社会的知识，以此建构刑法理论，学术性才会丰溢。刑法理论的学术性，还表现在一定的学术话语的建立。在以往的刑法理论中，政治意识形态垄断了话语权，这种刑法理论是一种政治话语的重复。而刑法理论的发展，就是要终结政治话语在刑法理论中的垄断地位，形成一种刑法理论自身的话语，这种话语是自主的、自足的、自立的，因而具有科学性。这种刑法理论话语的改变，不仅是学术关注点的转移，而且是理论叙述语言的创新、理论叙述方式的创新。总之，刑法被学术地考量：以一种全新的方式被思考、被描述、被表达。刑法理论的学术性，还意味着刑法理论范式的改变。一定的范式是历史形成的，必然打上历史的烙印。刑法理论也是如此，我国传统的刑法理论是在以阶级斗争为纲的年代里形成的，具有深深的阶级专政的印记。这种研究范式虽然随着刑事法治建设的推进，正在逐渐地退出历史舞台，但由于历史的惯性，还在很大程度上影响着我们的刑法思维。因此，建立刑法理论新范式的任务是如此的迫切，成为刑法理论向前发展的当务之急。当然，理论范式的转变是一个演变的过程，不可能在瞬间完成。问题在于，我们应当在刑法研究中去陈出新，使刑法理论具有一种新气象，从而改变刑法理论的旧貌。

三是规范性

刑法学是一门以刑法规范为主要研究对象的学科，同时，在刑法理论中又要引入一定的规范，这就是学术规范，对于刑法理论的发展来说，学术规范至关重要。以往的刑法理论虽然聚讼纷纭，表面繁荣，但积淀的观点与形成的共识并不多，因而过眼云烟式的论著为数不少。在此关键是要在刑法理论研究中引入学术规范，形成规范刑法学与理论刑法学各自的语境。只有在此基础上，才能使刑法研究摆脱无谓的论争，一步步地推向前进。为此，有必要重提专业槽问题。建立刑法理论的专业槽，就是要形成一定学术规范。我们的刑法理论研究，是在前人已经取得的学术研究成果的基础上进行的。从贝卡里亚开始的近代刑法话语，经过刑事古典学派和刑事实证学派的论争，形成了一套独立的刑法思维方式，从而构成近代刑法理论的传统。我国刑法理论的发展，也应当纳入这个传统，并从中汲取学术营养。因此，我们应当尊重已经形成的学术传统，在此基础上思考刑法问题。只有这样，刑法的思考才是具有学术价值的。刑法专业槽的建构，不仅是一个知识累积的问题，而且是一个学术规范形成的问题。只有从学术规范的意义上认识专业槽，才能不仅关注刑法研究成果的数量，而且关心刑法研究成果的质量。强调刑法研究的规范性，要求我们的刑法理论研究者具有学术规范的意识，将作为学术的刑法研究与作为实践的刑法研究加以区分。刑法作为定罪量刑的大法，它的生命在于被适用。在刑法适用中，必然会提出一些疑难问题需要从理论上加以研究，这是刑法的应用性研究。这种应用性研究具有明确的功利性，是为司法实践服务的，因而也是刑法研究的重要内容。但这种作为实践的刑法研究与作为学术的刑法研究是有区别的，两者不可混同。作为学术的刑法研究是以法理为本位的，是对刑法的价值的解读。它在一定程度上超然于实践，具有其独立的学术追求与理论品格。当然，作为学术的刑法研究是建立在刑事立法与刑事司法的基础之上，最终对其起指导作用。

（本文原载《人民法院报》，2001－02－09，原题为《刑法理论的三个推进》）

法学：作为一种知识形态的考察

——尤其以刑法学为视角

对于法理学向何处去这个问题的追问，可以从不同视角进行应答。[1] 我所感兴趣的是，法学作为一种知识形态，其存在的方式是什么。这个问题关涉法学作为一门学科的性质界定[2]，它的解决能够在一定程度上指明法学研究的进路。本文以反思的形式，尤其以刑法学为视角，对法学作为一种知识形态进行学理上的考察。

一、法的形态：价值、规范与事实

法学，是以法为研究对象的一门学科，这似乎是一种共识。如果我们进一步

① 法理学向何处去这个问题的提出表明对法理学现状的不满，因此这种应答意味着对法理学走向的期待。当下讨论的传统与现代、本土化与国际化等，都是一种应答方式。

② 关于知识形态及其学科的研究，随着知识社会学的兴起一再受到关注。古典知识社会学可以参见以下书籍：［法］迪尔凯姆：《社会学方法的准则》，狄玉明译，北京，商务印书馆，1995；［德］韦伯：《社会科学方法论》，杨富斌译，北京，华夏出版社，1999。后现代语境中的知识社会学可以参见以下书籍：［法］福柯：《知识考古学》，谢强、马月译，北京，三联书店，1998；［美］华勒斯坦等：《开放社会科学》，刘锋等译，北京，三联书店，1997；［美］华勒斯坦等：《学科·知识·权力》，刘健芝等译，北京，三联书店，1999；［美］利奥塔：《后现代知识》，北京，三联书店，1997。

追问：法又是什么？换言之，法是一种价值，还是一种规范，抑或是一种事实？这个问题的解决关系到法学作为一门学科，在其知识形态上的层次区分，值得认真对待。

（一）事实、价值、规范：伦理学的启示

自从休谟提出事实与价值的区分以来，这种二元的范式得以滥觞。休谟认为，“是”与“不是”是一种事实判断，而“应该”与“不应该”是一种价值判断，由此区分事物的规律与道德的规律：前者是实然律，后者是应然律。从“是”与“不是”的关系中不能推论出“应该”与“不应该”的关系。在休谟看来，道德上的善恶性质表明的不是事物本身固有的本质属性，而是事物本性满足人的需要的肯定或否定的意义，是评价主体根据人类的一定利益的需要对行为和品质的一种价值认知，并在这种价值态势的支配下所流露出的一种情感。① 因此，道德上的善恶不同于以事物本身固有的本质属性为标准的科学上的真假。科学判断的联系词是“是”与“不是”，道德命题的联系词是“应该”或“不应该”②。而“应该”与“不应该”的判断，归根到底有赖于一个确实可行的道德规范体系的建立。由此可见，休谟将伦理学归结为一种价值判断，又将价值判断落脚在伦理规范上。在伦理学上，休谟关于事实与价值的二元论即所谓休谟法则产生了重大影响，被视为与牛顿在物理学中的发现即所谓牛顿定理一样重要。

康德的道德哲学，尽管在理论构造上完全不同于休谟③，但在方法论上却深

① 休谟主张一种情感主义的伦理学，认为道德必须来自情感，情感是道德的基础。情感之所以能够成为道德上善恶的源泉，就在于它能借着反对或赞成任何行为，来直接阻止或引生那种行为。休谟的情感主义首先是描述性的：道德判断是描述在某种情况下由某个行为性质所引起的道德情感。休谟的情感主义又是规范性的：通过对行为作出道德上善恶的判断，就是在命令做它或者避免做它。参见周辅成主编：《西方著名伦理学家评传》，361页以下，上海，上海人民出版社，1987。

② ［英］休谟：《人性论》，下册，吴文运译，509～510页，北京，商务印书馆，1980。

③ 休谟是经验主义伦理学的代表人物，将道德归结为一种情感，即所谓道德感。参见［英］休谟：《道德原理探究》，王淑芹译，4页以下，北京，中国社会科学出版社，1999。康德是理性主义伦理学的代表人物，将道德归结为一种先验的理性法则。参见［德］康德：《法的形而上学原理：权利的科学》，沈叔平译，15页以下，北京，商务印书馆，1991。

深地打上了休谟的烙印。[①] 休谟这一区分事实与价值、"是"与"应当"的观点，为康德所接受，并且将事实科学的方法归结为建构性的，将道德学的法则归结为范导性的。康德并且还接受了休谟的这一观点，即不可能从"是"中推论出"应当"来，这后来成为康德论证道德法则的先天性的一个重要论据。事实科学与规范科学在对象、性质方面的不同，以及它们在共同的先验思维方式下所具有的区别，构成康德哲学方法论的根本问题。[②] 在康德看来，自然法则与道德法则虽然同为法则，但相互之间存在着严格区别。自然法则是知性的法则，它是一切经验现象的先天条件，亦即规定存在的事物的普遍必然的客观规律。与此相反，道德法则是理性的法则，它是人之自由本性品格的表现，是规定应该存在的事物的定言命令。[③] 由此可见，康德从理论上进一步厘清了作为事实之存在形态的自然法则与作为价值之存在形态的道德法则的本质区别。

如果说，休谟和康德在事实与价值区分的基础上，将伦理学归结为一种价值判断，从而将伦理学与事实科学加以区别，使伦理学的学科性质获得正确的界定，那么，英国伦理学家摩尔提出的"自然主义谬误"的命题，进一步澄清了伦理学的学科内容。摩尔认为，怎样给"善"下定义是全部伦理学中最根本的问题。[④] 而恰恰在这个问题上，存在以下两种自然主义的谬误：一种是把善性质混同于某种自然物或某种具有善性质的东西，从"存在"（is）中求"应当"（ought），使"实然"（what it is）与"应然"（what ought to be）混为一谈。例如，休谟的情感主义伦理学，从道德中推论出善恶的规范命令，混淆了"可欲的"（desirable）与"被欲的"（desired）；简单地把经验事实（"实际欲求的"）与伦理价值（"值得欲求的"）等同起来，结果混淆了手段善（工具价值）与目的善（内在价值）。另一种是把善性质混同于某种超自然、超感觉的实在（real-

---

① 从康德的道德哲学中，乃至于从康德的整个哲学体系中，我们都可以看到休谟的二元范式的影响。例如，在本体论上，现象与物自体的二元区分。尤其是在道德哲学上，承袭了休谟的事实与价值的二元论。

② 参见陈嘉明：《建构与范导——康德哲学的方法论》，5页，北京，社会科学文献出版社，1992。

③ 参见张志伟：《康德的道德世界观》，119页，北京，中国人民大学出版社，1995。

④ 参见［英］摩尔：《伦理学原理》，11页，北京，商务印书馆，1983。

ity)，从“应然”(ought to be)、“应当”(ought) 中求“实在”(to be)，进而把“应当”的愿望当作超然的实体。例如，康德把善良意志当作实践哲学的源泉，把应该存在的东西和自由意志或纯粹意志所必须遵循的法则，即跟它可能采取的仅仅一种行为，视为同一。其结果把这种道德法则变成了法律原则——把“应当做的”变成了“必须做的”，甚至是“被命令去做的”。在此基础上，摩尔把全部伦理学问题分为三类：一是研究“什么是善”的伦理学本质问题，这就是元伦理学；二是研究哪些事物就其本身为善（即作为目的善）的伦理学理论问题；三是研究如何达到善的行为（即作为手段善）的伦理学实践问题。这样，摩尔就区分了元伦理学与规范伦理学。元伦理学研究道德的本原问题，即什么是善，这是一个价值问题。规范伦理学研究道德的存在问题，这是一个规范问题。[①] 由此，可以进一步将价值与规范加以区分。

经过上述对伦理学史的考察，我们确立了伦理学中的事实与价值、价值与规范的二元论。法学与伦理学具有知识形态上的可比性，这是因为道德与法这两种社会现象具有相关性。因此，在法学中同样存在是作为一种价值的知识形态还是作为一种规范的知识形态，抑或是作为一种事实的知识形态的问题。

（二）自然法、实在法与行动中的法：法学史的回顾

在法学中，虽然没有像伦理学那样明确提出事实与价值的区分问题，但在法学的漫长发展历史中，始终存在着自然法学与实在法学两条演进线索。自然法与实在法的二元区分，对于法学研究同样具有方法论的意义。更为重要的是，法社会学提出的行动中的法的命题，进一步突破了理念的法与规范的法的二元格局，从而形成三足鼎立的局面。

在法学史上历来存在自然法的传统，自然法的思想起源于古希腊斯多葛学

---

① 是否存在一种不含规范的伦理学，这仍然是一个讨论中的问题。我国学者赵汀阳提出一种不含规范的伦理学的命题，关于对这种不含规范的道德是否可能的讨论，参见赵汀阳、贺照田主编：《学术思想评论》，第 1 辑，52 页以下，沈阳，辽宁大学出版社，1997。赵汀阳指出，伦理学问题通常被认为要么是一个“ought to be”的问题，要么是一个“to be”的问题。凭什么要局限于这两种选择呢？“To be”和“ought to be”这种断裂性的区分实际上离间了生活事实。因此，赵汀阳认为伦理学以生活的根本问题为主题，并提出了“可能生活”的命题。参见赵汀阳：《论可能生活》，20 页以下，北京，三联书店，1994。

派。斯多葛学派把自然的概念置于他们哲学体系的核心位置。所谓自然，是指支配性原则（ruling principle），它遍及整个宇宙，并被他们按泛神论的方式视为神。这种支配性原则在本质上具有一种理性的品格。同时，自然法就是理性法（law of reason）。① 如果说，在古希腊自然法思想更大程度上是一种哲学理论，那么，在古罗马自然法思想开始导入法学领域，并且出现了自然法与实在法的二元论。在罗马法中，存在市民法与万民法的区分。盖尤斯指出：所有受法律和习俗调整的民众共同体都一方面使用自己的法，一方面使用一切人所共有的法。每个共同体为自己制定的法是它们自己的法，并且称为市民法，即市民自己的法；根据自然原因在一切人当中制定的法为万民法，就像是一切民族所使用的法。因而罗马人民一方面使用他们自己的法，一方面使用一切人所共有的法。② 在此，盖尤斯未专门列出自然法，而是把万民法等同于自然法。③ 但在查士丁尼编著的法学教科书中，自然法是有别于市民法与万民法的，指自然界教给一切动物的法律，因为这种法律不是人类所特有，而是一切动物都具有的，不问是天空、地上或海里的动物。④ 在古罗马法中，自然法与实在法的二元观念已经形成，但两者的紧张关系并未凸现。致力解决实际问题的罗马法学家只对实在法（市民法与万民法）感兴趣，自然法对他们来说只是一个哲学辞藻而已。

乃至近代古典自然法的兴起，作为一种实在法的批判力量，自然法与实在法的对立性更被关注。美国学者博登海默将古典自然法哲学的发展，分为三个时期。⑤ 第一阶段是文艺复兴和宗教改革以后发生的从中世纪神学和封建主义中求

① 参见［美］博登海默：《法理学：法律哲学与法律方法》，邓正来译，13页，北京，中国政法大学出版社，1999。

② 参见［古罗马］盖尤斯：《法学阶梯》，黄风译，2页，北京，中国政法大学出版社，1996。

③ 英国学者梅因认为，所谓“自然法”（Jus Naturale）只是从一个特别理论的角度来看的“万民法”或“国际法”。在梅因看来，万民法与自然法之间确切的接触之点是“衡平”（Equitas）。参见［英］梅因：《古代法》，沈景一译，30～33页，北京，商务印书馆，1959。

④ 参见［罗马］查士丁尼：《法学总论：法学阶梯》，张企泰译，6页，北京，商务印书馆，1989。

⑤ 参见［美］博登海默：《法理学：法律哲学与法律方法》，邓正来译，41页以下，北京，中国政法大学出版社，1999。

解放的过程。格劳秀斯、霍布斯、斯宾诺莎等是这个时期古典自然法哲学的代表人物，这些学者的理论有一个共通点，就是他们都认为自然法得到实施的最终保障应当主要从统治者的智慧和自律中去发现。第二阶段约始于1649年英国的清教改革。该阶段以经济中的自由资本主义、政治及哲学中的自由主义为其标志；而洛克和孟德斯鸠的观点则是这一时期的代表性观点。他们都试图用一种权力分立的方法来保护个人的天赋权利，并反对政府对这些权利的不正当侵犯。第三阶段的标志乃人民主权和民主的坚决信奉。自然法因此取决于人民的“公意”和多数的决定。这一阶段最杰出的代表人物是法国政治思想家卢梭。在上述三个阶段中，第二阶段是古典自然法的典型形态，其中孟德斯鸠的自然法思想又最具代表性。孟德斯鸠指出：从最广泛的意义来说，法是由事物的性质产生出来的必然关系。法是根本理性和各种存在物之间的关系，同时也是存在物彼此之间的关系。孟德斯鸠认为自然法单纯渊源于我们生命的本质，是在所有规律之先存在着的。[①] 因此，在孟德斯鸠看来，法，首先是一种自然法，它与法律是不同的。孟德斯鸠明确地宣称，我讨论的不是法律，而是法的精神，而且这个精神是存在于法律和各种事物所可能有的种种关系之中，所以我应尽量遵循这些关系和这些事物的秩序，而少遵循法律的自然秩序。[②] 这里法与法律的区分，实际上就是自然法与实在法的区分。而孟德斯鸠所谓法的精神，就是自然法的思想，它高于法律，并且可以成为考察各种法律优劣的基本原则。我认为，孟德斯鸠关于法与法律区分的思想是极为重要的。[③] 由此形成的二元范式具有和伦理学上价值与规范相区分的二元范式同等的方法论意义。

---

① 参见［法］孟德斯鸠：《论法的精神》，上册，张雁深译，1、4页，北京，商务印书馆，1959。

② 参见［法］孟德斯鸠：《论法的精神》，上册，张雁深译，7页，北京，商务印书馆，1959。

③ 我国法学理论往往把法分为广义上的法与狭义上的法，广义上的法包括法和法律，而狭义上的法指法律，因而不太注重法与法律在性质上的区分。对此，我国学者谢晖进行了深刻的批评，指出中外法学思想史的演进表明：法不同于法律。法是事物的本质的规定性，法律应当是对法的不断的适应，是人类对事物本质的规定性的回应；法是法律价值的全部宗旨，舍此，法律便无价值；法律对法的回应程度越高，法律价值也越高，反之，则越低；人类的有组织的进化史，就是法律对法的不断适应史。参见谢晖：《法律信仰的理念与基础》，481页，济南，山东人民出版社，1997。

在德国古典哲学中，自然法思想以更为哲理的形式表述出来。康德将法理学称为权利的科学，将伦理学称为道德的科学，认为其间的区别并不太着重于它们的不同义务，而更多的是它们的立法不同。① 在康德看来，伦理的立法是那些不可能是外在的立法，法律的立法则可能是外在的立法。这里的外在与动机有关，伦理立法之所以不可能是外在的立法，是因为伦理设定的义务同时又是动机。而法律立法之所以可能是外在的立法，是因为法律设定的义务不包括动机。因此，康德认为，道德是内在的、主观的；而法是外在的、客观的。在区分了道德与法的基础上，康德进一步区分自然法与实在法，指出：那些使外在立法成为可能的强制性法律，通常称为外在的法律。那些外在的法律即使没有外在立法，其强制性可以为先验理性所认识的话，都称之为自然法。此外，那些法律，若无真正的外在立法则无强制性时，就叫作实在法。② 由此可见，康德将自然法的内容理解为一种先验理性。而实在法，作为一种实践法则，只不过是这种先验理性的外在显现而已。黑格尔从其思辨哲学出发，建构了法哲学体系，这一体系是以法的理念为研究对象的。黑格尔同样区分了自然法与实在法，实在法是法的体系，它具有实定性。③ 而自然法是法的理念，即法的概念及其现实化。化为理念的法，是自然存在的精神和它通过人的意志所体现出来的精神世界之间的统一。在黑格尔看来，自然法是法的实体和规定性，其内容是意志自由；而实在法是法的体系，其内容是实现了的自由的王国，是从精神自身产生出来的、作为第二天性的精神的世界。④ 因此，自然法是主观精神，是第一性的，实在法是客观精神，是第二性的，它来自前者。实在法学是关于实在法的知识，即实在法学的指导原理；而

① 参见［德］康德：《法的形而上学原理：权利的科学》，沈叔平译，21页，北京，商务印书馆，1991。

② 参见［德］康德：《法的形而上学原理：权利的科学》，沈叔平译，27页，北京，商务印书馆，1991。

③ 黑格尔认为，实在法的实在性表现在以下两个方面：从形式上说，它必须采取在某个国家有效的形式。从内容上说，实在法具有以下三个实定要素：（1）民族性；（2）适用上的必然性；（3）实际裁判所需要的各种最后规定。参见［德］黑格尔：《法哲学原理》，范扬、张企泰译，15页，北京，商务印书馆，1961。

④ 参见［德］黑格尔：《法哲学原理》，范扬、张企泰译，10页，北京，商务印书馆，1961。

自然法学，即黑格尔所谓法哲学，是关于法的理性的一般原理。

在法学史上一脉相承的自然法思想传统，对法学产生了重大影响，并形成与实在法学相区分的法学知识形态。如果说，在实证主义法学产生之前，在法学中自然法学与实在法学尚相安无事[①]，那么，实证主义法学的出现，打破了这种平静的态势，它咄咄逼人地欲将法学统一于实在法学，将自然法学从法学领域中驱逐出去。法律实证主义反对形而上学的思辨方式和寻求终极原理的做法，反对法理学家试图辨识和阐释超越现行法律制度之经验现实的法律观的任何企图。法律实证主义试图将价值考虑排除在法理学科学研究的范围之外，并把法理学的任务限定在分析和剖析实在法律制度的范围之内。法律实证主义者认为，只有实在法才是法律，而所谓实在法，就是国家确立的法律规范。[②] 法律实证主义在奥斯丁分析法理学，尤其是凯尔森的纯粹法学中表现得淋漓尽致。凯尔森明确地将法界定为人的行为的一种秩序（order）。一种“秩序”是许多规则的一个体系（system）。由此，凯尔森将自然法排除在法的概念之外。凯尔森认为，自然法学说的实质就是假定某类最终目的，因而人类行为的某类固定规则，来自事物的本性或人的本性，来自人的理性或上帝的意志。凯尔森对自然法学作了以下批评：在众多自然法学说中，迄今还没有一个能以较正确与客观的方式来成功地界定正义秩序的内容，能像自然科学决定自然律的内容、法律科学决定实在法律秩序的内容一样。迄今为止，被认为是自然法的，或者说等于正义的事物，大都是一些空洞的公式，例如各人应得的归于各人（suum cuique）或者是一些没有意义的同义反复，如绝对命令（categorical imperative）即康德的公式。[③] 凯尔森的批评不能说没有一定道理，但如果把法理学完全局限在对法律规范的考察上，这种法律规

---

① 关注自然法的往往是思想家和哲学家，因而自然法思想需要从哲学体系中去寻找。在这个意义上，自然法学更大程度上是法哲学。而关注实在法的往往是法学家，他们并不十分关心法的哲理。因而，实在法学更大程度上是法理学。

② 参见［美］博登海默：《法理学：法律哲学与法律方法》，邓正来译，116页，北京，中国政法出版社，1999。

③ 参见［奥］凯尔森：《法与国家的一般理论》，沈宗灵译，9～10页，北京，中国大百科全书出版社，1996。

范的价值内容又有谁来关心呢？如此的纯粹法学，失落了法理学的人文关怀，沦落为一种纯技术的分析，难怪被指责为是一种工具主义法学。

在自然法学与实在法学的交锋中，异军突起的是法社会学。[①] 法社会学引入社会学的研究方法，关注点从法的价值与规范，转移到行动中的法，即活法。如果说，凯尔森的纯粹法学也注意到了法律效力与法律实效之间的差别[②]，但更关心的是法律效力。法社会学则将法律实效纳入法学的研究视野，从而将其与法律实证主义加以区别。例如，德国学者韦伯在论及法律的社会学概念时指出：在说到“法律”、“法律秩序”或“法律命题”时，我们必须注意法学与社会学的不同看法。前者设问：什么是法律内在具有的效力？即在具有法律命题形式的动词形式中，应该以正确的逻辑赋予它什么意义；或者说，什么规范意义？但从后者的观点来看，我们设定：在充满许多人参与共同体活动的可能性这一共同体里，实际上发生了什么，尤其是那些对社会行动行使社会性权力的人，主观上是如何考虑某些有效力的规范以及怎样根据规范实际行动的，换言之，怎样使自己行为符合规范？[③] 根据韦伯的观点，作为规范的法律说明的是社会行为“应当”如何；而法社会学关注的是在现实生活中，社会行为“是”什么。因此，法社会学穿越法律规范的屏蔽，直指社会行为。这种社会行为可能是合法行为也可能是违法行为，可能是立法行为也可能是司法行为。总之，法不再是单纯的规范，而是社会事实。在法社会学中，更有学者完全摆脱了法的规范概念，信奉所谓活法（living law）。例如埃利希的“活法论”将活法界定为非国家制定的法，它不具有法律命题的形式，因而不同于那些由法院和其他审理机构强制实施的法，而是支配

---

① 法社会学（sociology of law）这一法哲学思潮包含了各种不同的法学流派，例如，欧洲大陆的自由法学、利益法学、活法论；美国的社会学法学、现实主义法学等。

② 凯尔森认为：效力（validity）是法律规范的特征，表明它对人的约束力。而实效（efficacy）是法律规范的效力在其条件具备时实际上是否实现。法理学讨论的不是法律的实效，而是法律的效力问题。参见［奥］凯尔森：《法与国家的一般理论》，沈宗灵译，31页，北京，中国大百科全书出版社，1996。

③ 参见［德］韦伯：《论经济与社会中的法律》，张乃根译，13页，北京，中国大百科全书出版社，1998。

生活本身的法。[1] 应当说，法社会学使法的概念多元化，从而拓展了法学的理论视界。

自然法学、实在法学与社会法学分别从不同视角界定法，展开其法的理论体系。那么，这些法学流派是互不相容的吗？博登海默提出的综合法理学，试图对其加以统一。博登海默指出：法律是一个带有许多大厅、房间、凹角、拐角的大厦，在同一时间里想用一盏探照灯照亮每一间房间、凹角和拐角是极为困难的，尤其当技术知识和经验受到局限的情况下，照明系统不适当或至少不完备时，情形就更是如此了。我们似乎可以更为恰当地指出，这些学说最为重要的意义乃在于它们成了组成整个法理学大厦的极为珍贵的建筑之石，尽管这些理论中的每一种理论只具有部分和有限的真理。随着我们知识范围的扩大，我们必须建构一种能够充分利用人们过去所做的一切知识贡献的综合法理学（synthetic jurisprudence）。[2] 综合法理学并不否认从各个视角对法的研究，但又将其纳入法学的理论体系，使之在法学大厦中找到各自的位置。

（三）法的多元：法学的层次性

法学像一切学科一样，经历了一个从简单的知识体系到复杂的知识体系的演进过程。在这一过程中，法的概念的变化具有重要的意义。正如我国学者指出：西方文明史上的“法”在不断变化，这是引起西方法哲学演变的重要原因之一。[3] 法作为法学的研究对象，在客观上存在不同的形态，这就决定了法学知识形态的层次性。

法的多元是越来越被法学界认可的一个事实。日本学者千叶正士提出了法律的三层结构的命题，这三层结构分别是：(1) 制定法，即一个国家中有效运作的法律制度；由这个国家的合法政府予以直接支持。以制定法为研究对象的是标准

---

① 参见张乃根：《西方法哲学史纲》，229页，北京，中国政法大学出版社，1993。这种所谓支配生活的法，在外在特征上与自然法相似，但自然法的内容具有理性与应然性，而活法的内容具有经验性与实然性。正是在这一点上，活法之法区别于自然法。

② 参见［美］博登海默：《法理学：法律哲学与法律方法》，邓正来译，198页，北京，中国政法大学出版社，1999。

③ 参见张乃根：《西方法哲学史纲》，220页，北京，中国政法大学出版社，1993。

的法理学（a model jurisprudence）。（2）自然法，诸如正义、合理性、人性、事物的本性之类的法律的价值和观念。（3）活法或行动中的法，以此为研究对象的是法律社会学，它集中关注于法律的社会层面，对法律进行经验研究。[①] 由此可见，法至少可以从三个层面加以理解，这就是价值、规范与事实。如果说，规范是法的最基本的存在形式，那么，对法律规范的研究是法学研究的一般形式，即在法律之中研究法，由此形成法理学。价值是法的本源，对法的价值的研究是在法律之上研究法，由此形成法哲学。事实是法的基础，是行动中的法与以非官方形式表现出来的法，对法的事实的研究是在法律之外研究法，由此形成法社会学。[②] 正是法的多元，决定了法学知识形态的多元。

二、法学的形态：法哲学、法理学与法社会学

法学的知识形态的有机联系，构成一定的法学体系。我国目前的法学体系是以法律体系为参照的，除法学基础理论（现在越来越多地被称为法理学）是关于法的一般理论以外，往往是以法律部门作为法律学科确立的根据，从部门法中引申出部门法学。例如，法被划分为宪法、行政法、民法、刑法、诉讼法等不同部门，与之相应就有宪法学、行政法学、民法学、刑法学、诉讼法学等部门法学。我国法学理论虽然也论及从认识论的角度将法学分为理论法学与应用法学[③]，但理论法学和应用法学与上述部门法学的关系并未论及。我认为，法学作为一种知

① 参见［日］千叶正士：《法律多元——从日本法律文化迈向一般理论》，强世功等译，140～141页，北京，中国政法大学出版社，1997。

② 我国学者指出：西方法理学有不同的流派，就其主要趋势而言，包括自然法学派、分析法学派和社会法学派。从他们所研究和强调的主要内容看，自然法学的重点在价值，即法要实现的目的，把法与正义、道德相联系；分析法学的重点在规范本身，即法律本身的规定，对其内容的解释、其逻辑结构；社会法学的重点在事实，即法在社会生活中的实际运行，立法者、执法者、法官、律师、法律关系参加者的实际行为。参见朱景文：《现代西方法社会学》，10～11页，北京，法律出版社，1994。

③ 我国学者认为，理论法学综合研究法的基本概念、原理和规律等。应用法学主要是研究国内法和国际法的结构和内容，以及它们的制定、解释和适用。参见张文显：《法理学》，11页，北京，法律出版社，1997。

识形态，首先应当确定其自身的层次，这就是法哲学、法理学与法社会学。各个部门法学，例如刑法学，又可以分为刑法哲学、规范刑法学和刑法社会学。因此，在一般意义上确立法哲学、法理学和法社会学，对于所谓部门法学的理论层次划分具有指导意义。

（一）法哲学

法哲学是以法的价值为研究对象的，在某种意义上也可以称为价值法学。法不仅表现为一种规范，而且表现为一种价值，这种价值是规范存在的根据，是一种实质合理性。因此，它是法上之法，即法之为法的本原。法的这种价值，在历史上曾经以各种方式存在，例如自然法中的自然，理性法中的理性等，这里的自然与理性包含了正义、自由、平等这样一些人所追求的美好事物。尤其随着价值哲学的兴起，出现了博登海默所称的价值取向的法理学（value oriented jurisprudence)。例如，德国学者鲁道夫·施塔姆勒把法律观念分解为两个组成部门：法律概念和法律理念（the concept of law and the idea of law)。这里的法律理念乃正义的实现。正义要求所有的法律努力都应当指向这样一个目标，即实现在当时当地的条件下所可能实现的有关社会生活的最完美的和谐。① 价值法学通过揭示法的价值内容，为法的规范设置提供了根据，是对合法性的一种合理性拷问。正如黑格尔指出：在法中人必然会碰到他的理性，所以他也必然要考察法的合理性。这就是我们这门科学的事业，它与仅仅处理矛盾的实定法学殊属不同。② 黑格尔在此所说的我们这门科学，指的就是法哲学。法哲学将法规范置于理性的法庭上进行审问，对法进行价值的审视。例如，美国学者罗尔斯将正义规定为首要价值，并以正义作为衡量法的合理性的一般根据，指出：正义是社会制度的首要价值，正像真理是思想体系的首要价值一样，一种理论，无论它多么精致和简洁，只要它不真实，就必须加以拒绝或修正；同样，某些法律和制度，不管它们

① 参见［美］博登海默：《法理学：法律哲学与法律方法》，邓正来译，173页，北京，中国政法大学出版社，1999。

② 参见［德］黑格尔：《法哲学原理》，范扬、张企泰译，15页，北京，商务印书馆，1961。

多么有效率和有条理，只要它们不正义，就必须加以改造或废除。[①] 因此，法哲学所确定的价值标准，具有对实在法的批判性。在这种意义上说，法哲学是对法的一种反思性考察。这也正是法哲学对于价值研究与哲学，尤其是政治哲学对于价值研究有所不同的地方。哲学，这里主要是指价值哲学包括政治哲学，是以一般价值为研究对象的，确立价值的一般概念。而法哲学是在价值哲学的基础上，以法为出发点，对法所应当体现的价值内容的揭示。因此，法哲学就成为哲学与法学之间传递人文蕴涵的一种中介，一座桥梁。正是通过法哲学，使法学内含一种人文精神，从而融入整个人文社会科学的知识体系。这也是法哲学研究的主要功用，一种没有法哲学思考的法学知识体系，必定是一种封闭的、自足的，因而是墨守规范、缺乏人文性的知识体系，体现不出法学的批判精神，难以与社会发展的脉搏合拍。在这种意义上的法学家，就难以担当得起知识分子的使命，充其量只不过是一种法律工匠。

法哲学是对法的一种反思，因而它具有思辨性。法哲学的这种思辨性，在黑格尔那里表现得最为明显。黑格尔法哲学研究采用的是辩证法。黑格尔指出：概念的运用原则不仅消融而且产生普遍的特殊化，我把这个原则叫作辩证法。[②] 这里的消融，是指法的外在性状的消解，这里的普遍是指从法的存在形式中抽象出其内在特性。在黑格尔看来，这种内在特性就是自由意志的定在，法是作为理念的自由。[③] 黑格尔法哲学研究所采用的辩证法，就是一种典型的思辨。这种思辨，是一种法思辨，我国学者谢晖指出：所谓法思辨一方面是指主体在对于法与法律现象观察的基础上，即在法与法律经验的基础上，对法与法律现象的本质性和终极性思考；另一方面是指主体探析法与法律之本质问题和终极问题的方法。[④] 谢晖认为，法思辨是法哲学的本质精神，也是法哲学与其他法学知识形态

① 参见［美］罗尔斯：《正义论》，何怀宏等译，1页，北京，中国社会科学出版社，1988。

② 参见［德］黑格尔：《法哲学原理》，范扬、张企泰译，38页，北京，商务印书馆，1961。

③ 参见［德］黑格尔：《法哲学原理》，范扬、张企泰译，36页，北京，商务印书馆，1961。

④ 参见谢晖：《法思辨：法哲学的本质精神》，载郑永流主编：《法哲学与法社会学论丛》（一），70～71页，北京，中国政法大学出版社，1998。

的根本区别之所在，相对于法哲学的思辨性而言，法社会学是观察性的，法理学是描述性的，法史学是记载性的，实用法学是解释性的。对于这一观点，我大体上是赞同的。可以说，没有思辨，就没有法哲学。如果说，价值是法哲学的研究对象，那么，思辨就是法哲学的研究方法。

法哲学的这种通过思辨确立法的价值的特征，表明法哲学是对法的形而上学的考察，具有本质主义的性质。随着实证主义思潮的兴起，以形而上学为特征的本质主义受到严厉批评。[①] 本质主义所具有的抽象性、普遍性受到排拒，实在性、个别性受到推崇。我认为，形而上学对于事物本质的追求，是人的一种永恒的冲动。形而上学谓之道，这种道是自然与社会之本。尽管历史上的玄学，尤其是宗教神学，将道归之于天命与神意，使形而上学蒙受耻辱，但这绝不能成为否定形而上学的理由。只要我们承认事物本质的存在，在法现象中，因为法的终极性决定因素的存在，我们就不能否认对法的形而上学研究、对法的规律的揭示。法哲学作为最高层次的法学知识形态，标志着一个国家、一个民族对法的感悟与体认的最高水平。因此，没有法哲学的法学知识体系是不可想象的。我国当前法学理论面临的主要任务就是要将法学提升到法哲学的高度。

（二）法理学

法理学是以法的规范为研究对象的，在某种意义上也可以称为规范法学。长期以来，我国法学界没有正确地将法理学与法哲学加以区分，换言之，法哲学的内容与法理学的内容掺杂在同一理论体系之中，因而形成两败俱伤的局面。因此，有必要厘清法理学与法哲学的关系，为法理学的研究廓清地基。

法首先表现为一种规范，因此规范是法的最基本的存在形式。显然，事实与规范是有区别的，事实是一个“是”与“不是”的问题；规范则是一个“应当”与“不应当”的问题。德国学者拉德布鲁赫以“所有人必然要死亡”与“你不应杀人”为例向我们说明了两种不同的法则：必然法则和应然法则。[②] 规范就是这

---

① 关于反本质主义对本质主义的批判，参见张志林、陈少明：《反本质主义与知识问题——维特根斯坦后期哲学的拓展研究》，1页，广州，广东人民出版社，1995。

② 参见［德］拉德布鲁赫：《法学导论》，米健等译，1页，北京，中国大百科全书出版社，1997。

样一种应然法则，它包括道德、习惯与法律。因此，以法律规范为对象的学科就具有不同于以事实为对象的学科的性质。瑞士学者皮亚杰在考察人文科学时，将法律科学与正题法则科学加以区分。正题法则科学是指探求“规律”的学科，这里所谓的“规律”是以日常语言或以多少是形式化的语言（逻辑等）来表达的。它的意义有时是指能以数学函数的形式来表达的相对常量关系，但也指一般事实或序数关系、结构分析等等。法律科学则是一种规范学科。这是因为法律是一个规范体系，而规范（normes）在原则上同正题法则科学所寻求的称为“规律”（lois）的、多少带有一般性的关系是有区别的。诚然，规范不是对存在着的关系的简单确认，而是来自另外一个范畴，即“应该是”（sollen）的范畴。因此，规范的特点在于规定一定数量的义务与权限，这些义务与权限即使在权力主体违反或不使用时仍然是有效的，而自然规律则建立在因果决定论或随机分配之上，它的真实价值完全在于它与事实的相符一致。[①] 因此，以法规范为研究对象而形成的是规范法学或者实在法学，也就是一般意义上的法理学，它与法哲学的区分是极为明显的。如果说，法哲学以法的价值规律为研究对象，因而具有皮亚杰所说的正题法则科学的性质，那么，法理学就是典型的规范学科。

法理学揭示的是法理，即法原理，这种法理不同于法哲学所揭示的法哲理。法原理与法哲理，虽然只是一字之差，但内容迥然有别。法原理是指法规范的设置与适用的一般规则，尽管规范内容涉及的是“应当”与“不应当”，而法理学揭示的是规范内容，即“是”与“不是”。例如，“杀人者处死刑”这一规范，其内容是告诫人们“禁止杀人”，这是一个“应当”与“不应当”的问题。法哲学陈述的是禁止杀人的理由，从而涉及人的生命价值这样一些价值内容。而法理学，这里指作为具体法理学的刑法学陈述的是什么是杀人，即具备什么要件即构

① 值得注意的是德国著名学者宾丁提出规范论，将规范与法规加以区分，例如“杀人者处死刑”这是法规，而这一法规背后蕴含的“禁止杀人”这一命题是规范。因此，犯罪不是法规之违反，而是规范之违反。宾丁认为，刑法学的出发点不应当是“刑罚法规”，而应当是作为其前提而存在的“规范”。刑法学的任务首先是应当研究存在于刑法分则各个条款之中的“规范”，明确把握其内容及意义。参见马克昌主编：《近代西方刑法学说史略》，208 页，北京，中国检察出版社，1996。

成杀人这样一些规范内容，这是一个“是”与“不是”的问题。法规范中所含的这种价值内容，可以说是一种规范性价值，是一种形式理性。瑞士学者皮亚杰将价值区分为规范性价值与非规范性价值，指出：在价值由规范强制甚至确定的限度内，人们可以称之为“规范性价值”，而在自发或自由交换中，人们可以说是“非规范性价值”。对于规范性价值来说，人们又会问：价值和规范或结构是否混为一体？皮亚杰认为，规范一方面包含有它的结构（认识的），另一方面又包含有它的价值。[①] 由此可见，规范性价值是规范所确认的价值。如果说，法哲学所揭示的是实质价值，这种价值是正义，就是实质正义，这种价值是理性，就是实质理性，那么，法理学所揭示的是形式价值，这种价值是正义，就是形式正义，这种价值是理性，就是形式理性。在这个意义上，法哲学与法理学的关系是极为密切的。黑格尔曾经指出：自然法或哲学上的法同实定法是有区别的，但如果曲解这种区别，以为两者是相互对立、彼此矛盾的，那是一个莫大的误解。其实，自然法跟实定法的关系正同于《法学阶梯》跟《学说汇纂》的关系。[②] 上述自然法与实定法的关系同样可以适用于解释法哲学与法理学的关系。

法理学可以分为一般法理学和部门法理学。一般法理学是法的一般理论。在一般法理学的视野中，法规范是作为一个整体存在的，因而揭示的是法规范的一般特征及构造原理。通过一般法理学研究，为部门法理学提供理论指导。由于一般法理学面对的是抽象的法规范，而不是具体的法规范，因而它不是像部门法理学那样揭示法规范的确切内容，而是说明法规范的一般构成，这是一种规范分析，在研究上往往采用实证方法，而就其理论阐述而言，采用的是描述方法。关于法规范的知识是通过一定的逻辑安排形成一个体系，然后加以描述。通过这种描述，揭示众多的法及法律现象，反映主体的法及法律观念。[③] 部门法理学，例如刑法学、民法学、行政法学与诉讼法学，是以具体的法规范为研究对象的，其使命在于揭示这些法规范的内容，采用的是注释或曰解释的方法，因而也称为注

---

① 参见［瑞士］皮亚杰：《人文科学认识论》，郑文彬译，199页，北京，中央编译出版社，1999。

② 参见［德］黑格尔：《法哲学原理》，范扬、张企泰译，5页，北京，商务印书馆，1961。

③ 参见谢晖：《法思辨：法哲学的本质精神》，载郑永流主编：《法哲学与法社会学论丛》（一），74～75页，北京，中国政法大学出版社，1998。

释法学。注释法学在我国即使不说臭名昭著，至少也是名声不佳。究其原委，一方面是由于对注释法学的误解，另一方面也是由于注释法学尚未确立其学术规范与理论范式。其实，注释法学是法学知识中十分重要的内容，其社会功效也极为明显。通过对法的注释，使法规范的内容被揭示出来，从而为法适用提供根据。正是在这个意义上，法理学体现出其重要价值，这就是其应用性。因此，注释法学也往往被称为应用法学。我认为，这种应用性不能成为其理论的浅露性的理由。部门法学应当在注释法学的基础上建构一种部门法理学，唯此才有出路。

（三）法社会学

法作为一种事实，是指规范性事实，以此为研究对象形成法社会学。瑞士学者皮亚杰指出：法社会学的目标与法理学不同，它根本不是研究规范有效性的条件，而是分析与某些规范的构成和作用有关的社会事实。因此，这一学科的专家们引入了“规范性事实”这一丰富而普遍的概念。其目的正是表示这种对于主体来说是规范，而同时对于把这一主体的行为，以及这一主体承认的规范作为事实来研究的观察者来说是分析对象的东西。① 法社会学的提出，打破了规范法学只满足于对法规范的注释演绎的法条主义的樊篱，建立了一门以事实观念为基础、以经验认识为内容的关于法的独立学科。法社会学大大拓展了法学的视界，不是将法局限于表现为规范的法，而是看到了行动中的法，这种所谓法，不仅包括国家权威机关正式确认的官方法，而且包括民间法、社会法、习惯法等以各种以非正式形式存在的非官方法。尤其是社会学研究方法的引入，在法与社会的关联中把握法现象，从而更为深入地揭示了法的生成过程与运作机制。法社会学在我国虽然起步晚，但其社会影响日益扩大。② 尤其值得注意的是，行为法学研究在我

---

① 参见［瑞士］皮亚杰：《人文科学认识》，郑文彬译，7页，北京，中央编译出版社，1999。

② 关于法社会学在中国的发展研究情况，参见李盾：《面对中国的法律社会学》，载李盾编：《法律社会学》，代序，12～14页，北京，中国政法大学出版社，1998。关于法社会学研究的前沿性成果，参见苏力：《法治及其本土资源》，北京，中国政法大学出版社，1996。在该书中，苏力提出“建立现代法治，一个重要的问题是重新理解法律”的命题。苏力认为，应当从社会学的角度来理解法律。参见苏力：《法治及其本土资源》，6～7页，北京，中国政法大学出版社，1996。苏力的研究成果体现了这一努力，引入法社会学的研究方法，是苏力的贡献。

国也有一定的影响。[①] 我国学者认为，行为法学以法行为及其规律性为研究对象，被认为是法学与行为科学的交叉学科。[②] 尽管行为法学与法社会学在研究对象与方法上均有所不同，但两者又有极大的相似性。与此同时，在我国进行的法文化的研究、法人类学的研究，由于它以法的生成事实为出发点，同样是一种以法事实为对象的研究。由于法事实的生成是一个历史的过程，因而法文化与法人类学的研究更注重的是法事实的历史进化机制的描述。因此，我国学者梁治平明确地把法的文化解释归之于法律史的领域。[③] 在我看来，法社会学主要关注的是法在现实社会中的运动，具有当代性；而法文化与法人类学的研究更为关注的是法在社会历史中的演进，具有历史性。在这个意义上，毋宁把法文化与法人类学的研究视为一种法社会学的历史研究。当然，这一论断本身是极为粗糙的，因为以法文化与法人类学相标榜，必定具有其研究上的特点，例如法文化研究是奠基于文化的概念之上的，更为注重对法的文化解释；而法人类学是以人类学为理论资源的，注重的是民族性、地方性和历史性。[④] 如果用法事实学将法社会学、行为法学、法文化与法人类学加以囊括，也许是更为恰当的。当然，在广义上，法

---

① 行为法学，即行为主义法学，借助一般行为科学的理论和方法研究法律现象，特别是法行为，是西方最晚近的法学流派之一。参见吕世伦主编：《当代西方理论法学研究》，301页，北京，中国人民大学出版社，1997。美国行为法学的代表人物是布莱克，布莱克认为法律理论不谈论个人本身，也不谈及无法以事实检验的社会生活，它解释的是法律的运作行为。参见［美］布莱克：《法律的运作行为》，唐越、苏力译，北京，中国政法大学出版社，1994。

② 参见谢邦宇等：《行为法学》，35页，北京，法律出版社，1993。

③ 参见梁治平：《法律的文化解释》，增订2版，2页，北京，三联书店，1998。

④ 吉尔兹指出：我所采纳的文化概念本质上属于符号学的文化概念。我与马克斯·韦伯一样认为人是悬挂在由他们自己编织的意义之网上的动物，我把文化看作这些网，因而认为文化的分析不是一种探索规律的实验科学，而是一种探索意义的阐释性科学。我追求的是阐释，阐述表面上神秘莫测的社会表达方式。参见［美］吉尔兹：《文化的解释》，纳日碧力戈等译，5页，上海，上海人民出版社，1999。吉尔兹还指出：法学和民族志，一如航行术、园艺、政治和诗歌，都是具有地方性意义的技艺，因为它们的运作凭借的乃地方性知识（local knowledge）。参见［美］吉尔兹：《地方性知识：事实与法律的比较透视》，邓正来译，载梁治平主编：《法律的文化解释》，增订2版，3页，北京，三联书店，1998。我认为，这里的法学可以解读为法人类学。规范法学知识虽有地方性，但同样具有普适性。

社会学可以包括行为法学、法文化与法人类学以及其他对法事实研究的法学知识。[①] 因为上述研究侧重点虽然有所不同，但在关注法实际是怎样的这一点上是共通的。梁治平指出，法的概念可以分为应然与实然两种类型。法的研究亦可以作上述分类。从学科分类上看，法的概念可以是出自法学，也可以是出自社会学和人类学。通常，前者更多是对法的本质所作的哲学思考，后者却只是对于法律现象进行的经验描述。大体上可以说，“应然”的法的概念是法学的特殊贡献，“实然”的法的概念则主要是社会学和人类学的产物。[②] 实际上，真正以应然的法作为研究对象的只是法哲学。法理学与法社会学都是以实然的法作为研究对象的，只不过前者是法规范的实然，后者是法事实之实然。更确切地说，法社会学是现实法事实之实然，法文化与法人类学是历史法事实之实然。瑞士学者皮亚杰指出：如果说法学属于规范性质，那么就像在其他一切规范学科领域里一样，有可能做事实的研究和对与所考察规范相关的个人或社会行为的因果分析，而这些研究就必然具有正题法则科学的特征。[③] 由此可见，法社会学的研究具有皮亚杰所说的正题法则科学的性质，是对法生成、存在与运作的机制和规律的探究。因此，法律规范虽然包含“应当是什么”的价值内容，是一种应然律，但它同样存在一个“是什么”的问题。法理学研究的是规范内容“是什么”，而法社会学研究的是规范在社会生活中“是什么”。在这个意义上，也可以把法学的命题称为“自然律”，表现了存在于行为类型与它们对生活所产生的效果之间的恒久联系。正如德国学者包尔生指出：法律无疑是表现着应当是什么，而且在现实的实践中是存在着例外情况的，通常法律是表现着公民的实际行为的，我们的确不应在国家的法律中挑剔一条没有得到普遍遵守的法律条文。它是一个真实的法律，不是因为它被印在一些纸上，而是因为它是行为的统一性的一种表现，即使这种统一性不是绝对的。加之，虽然国家的法律在人的意志中有其根源，但归根结底是建

① 我国学者认为，法社会学理论包括行为法学、法文化与法人类学。参见朱景文：《现代西方法社会学》，22页，北京，法律出版社，1994。

② 参见梁治平：《法律的文化解释》，增订2版，51～52页，北京，三联书店，1998。

③ 参见［瑞士］皮亚杰：《人文科学认识论》，郑文彬译，7页，北京，中央编译出版社，1999。

立在事物的性质的基础上，是依据于行为类型与它们对生活的效果之间存在着的因果关系的。你勿犯伪造罪、勿偷窃、勿纵火，或像法律上所载：无论谁犯伪造、偷窃、纵火罪，都要得到如此这般的惩罚。这些法律是根源于这类行为会损害社会的事实的。这种自然律是法律的最终根据，法律是一种为一个团体的成员定下的行为规则，目的在于确保社会生活的条件。① 因此，法社会学是法事实之实然的研究，具有事实学科的性质。

我国学者梁治平提出了法治进程中的知识转变的命题，这一转变是从律学向法学的转变。律学是指中国古代紧紧围绕并且仅限于法律条文而展开的智识活动。而法学是指从古罗马法中生长起来的，其特征是运用所谓“系统的和创制性”的方法的努力，包括使用归纳、演绎以及分类和系统的方法，以便把他们提出的命题置于有说服力的逻辑关系之中，使法学成为一个具有内在连贯性的统一体系。② 社会进步，法治发展，的确带来一个法学知识的转变问题，对此我深以为然。但这种转变并非以强调法的创造性的所谓法学取代以注释法条为特征的所谓律学。这里关系到法治建设到底需要一种什么样的知识的问题。在这个意义上，我更同意苏力的下述观点：法治作为一种社会的实践，而不仅仅是法学家或法律家的实践，其构成必定也同时需要这三种知识，思辨理性、实践理性和技艺。③ 思辨理性、实践理性和技艺是古希腊亚里士多德提出的关于知识的分类，在传统上往往将法学归入实践理性。美国学者波斯纳认为，实践理性具有三种含义：一是指人们用以作出实际选择或伦理选择的一些方法，二是指大量依据研究或努力的特殊领域内的传统来获得结论的一种方法论，三是指使不轻信的人们对不能为逻辑或精密观察所证明的事物可以形成确信的一些方法。④ 波斯纳是在第三种含义上使用实践理性一词的，指法律推理的方法。我认为，在法治进程中，

① 参见［德］包尔生：《伦理学体系》，何怀宏等译，18～19页，北京，中国社会科学出版社，1988。

② 参见梁治平：《法治进程中的知识转变》，载《读书》，1998（1），15页。

③ 参见苏力：《知识的分类》，载《读书》，1998（3），98页。

④ 参见［美］波斯纳：《法理学问题》，苏力译，91～92页，北京，中国政法大学出版社，1994。

我们需要的是完整的法学知识，即法哲学（思辨理性）、法理学（实践理性）以及法社会学（难以归入思辨理性与实践理性）。上述三种法学知识在我国都有其存在的合理性，应当厘清三者的知识界限，确立各自的理论领域、研究方法与学术规范，并且使三种法学知识产生良性的互动关系。不可否认的是，在上述三种法学知识中，法理学即规范性的、注释性的、应用性的法学知识是基础。离开了这一基础，奢谈法哲学与法社会学都是危险的，无益于法学研究的发展。我这样说，只不过强调规范性法学知识的重要性，丝毫也没有贬低法哲学与法社会学之意。

三、以刑法学为视角的考察

刑法学是法学中一门传统学科，尤其是在中国，由于法起源于刑，中国古代刑律极为发达。在法学中，最初获得话语垄断权的就是所谓刑名之学。可以说，刑名之学是中国古代律学的雏形。在律学中，也大多是对刑法规范的注释，因而刑法学历来是我国法学中的显学。当我进入刑法学这一研究领域的时候，明显地注意到刑法学知识具有未分化的特征。例如，我国权威刑法教科书将刑法学界定为以刑法为研究对象的科学，认为按研究的方法，可把刑法学分为沿革刑法学、比较刑法学和注释刑法学。沿革刑法学主要是从历史发展角度来研究历代刑法制度的发生和演变；比较刑法学主要是对不同法系、不同国家的刑法进行比较研究，阐明其利弊得失和异同之点；注释刑法学主要是对现行刑法逐条进行分析注释，并给以适当理论概括。我国刑法学不是简单地归属于这种分类中的哪一种，而是以研究我国现行刑法为主，同时也适当进行历史的和比较的研究。① 这样一种综合的刑法学理论不可避免地具有浅显性，缺乏应有的专业规范。有鉴于此，我提出专业槽与理论层次这两个观点。在《刑法哲学》一书的后记中，我指出：刑法学是一门实用性极强的应用学科，与司法实践有着直接的关联。然而，学科

① 参见高铭暄主编：《中国刑法学》，3 页，北京，中国人民大学出版社，1989。

的实用性不应当成为理论的浅露性的遁词。作为一门严谨的学科，刑法学应当具有自己的“专业槽”。非经严格的专业训练，不能随便伸进头来吃上一嘴。当然，我们并不反对在刑法学理论层次上的区分，由此而形成从司法实践到刑法理论和从刑法理论到司法实践的良性反馈系统。但现在的问题是：理论与实践难以区分，实践是理论的，理论也是实践的，其结果只能是既没有科学的理论，也没有科学的实践。[①] 在上述论断中，专业槽的观点在我国刑法学界引起了较大反响，而理论层次的观点则未能充分引起重视。其实，专业槽的建构是不能离开理论层次的区分的，而这种理论层次的区分，关键在于对刑法概念的多元界定。

对于刑法学理论层次上的区分，我在《刑法哲学》的结束语中，提出可以把刑法哲学分为自然法意义上的刑法哲学与实定法意义上的刑法哲学，认为刑法也有实定法意义上的刑法与自然法意义上的刑法之分；同样，刑法哲学也有实定法意义上的刑法哲学与自然法意义上的刑法哲学之别。以实定法意义上的刑法为研究对象，揭示并阐述罪刑关系的内在规律并将其上升为一般原理的刑法哲学，就是实定法意义上的刑法哲学。而力图回答为什么人类社会里要有刑罚或刑法、国家凭什么持有刑罚权、国家行使这一权力又得到谁的允许这样一些处于刑法背后的、促使制定刑法的原动力，被日本刑法学家西原春夫称为刑法的基础要素或者根基的问题的刑法哲学，可以称之为自然法意义上的刑法哲学。[②] 其实，上述自然法意义上的刑法哲学才是真正的刑法哲学，而实定法意义上的刑法哲学只不过是刑法法理学而已。这种刑法法理学也可以称为理论刑法学，但绝不能称之为刑法哲学。因此，当我出版了《刑法的人性基础》（中国方正出版社 1996 年初版、1999 年再版）和《刑法的价值构造》（中国人民大学出版社 1998 年版）这两本被认为是真正意义上的刑法哲学著作以后，才更加明确地认识到这一点。在《刑法的价值构造》中，我对刑法的应然性与实然性进行了相关考察，认为刑法学之科学性的一个重要标志，就在于基于其实然性而对其应然性的一种描述。它表明

① 参见陈兴良：《刑法哲学》（修订版），704 页，北京，中国政法大学出版社，1997。

② 参见陈兴良：《刑法哲学》（修订版），702 页，北京，中国政法大学出版社，1997。

这种刑法理论是源于实然而又高于实然，是对刑法的理论审视，是对刑法的本源思考，是对刑法的终极关怀。刑法的应然性，实质上就是一个价值问题。刑法的价值考察，是在刑法实然性的基础上，对刑法应然性的回答。刑法的应然性，使刑法的思考成为法的思考，从而使刑法理论升华为刑法哲学，乃至于法哲学。法是相通的，这里主要是指基本精神相通。而刑法的应然性，使我们更加关注刑法的内在精神，因而能够突破刑法的桎梏，走向法的广阔天地。因此，我把自己的研究分为两个领域：刑法的法理探究——刑法的法理学与法理的刑法探究——法理的刑法学。① 这里刑法的法理学，其义自明。而法理的刑法学，则出于本人杜撰，其实也就是所谓刑法哲学。

在《刑法哲学》一书的前言中，我得出这样一个结论：从体系到内容突破既存的刑法理论，完成从注释刑法学到理论刑法学的转变。现在看来，“转变”一词不尽妥当与贴切，而应当是“提升”。当时，我主要是有感于刑法理论局限于、拘泥于与受制于法条，因此以注释为主的刑法学流于肤浅，为急于改变这种状态，而提出了从注释刑法学到理论刑法学的转变问题。由于转变一词具有“取代”与“否定”之意蕴，因而这一命题就失之偏颇。② 如果使用“提升”一词，就能够以一种公正的与科学的态度处理刑法哲学与刑法解释学的关系；两者不是互相取代，而是互相促进。刑法解释学应当进一步提升为刑法哲学，刑法哲学又为刑法解释学提供理论指导，两种理论形态形成一种良性的互动关系。从功能上看，刑法哲学与刑法解释学是完全不同的。刑法哲学的功用主要表现在对刑法存在根基问题的哲学拷问上，从而进一步夯实刑法的理论地基，并从以应然性为主要内容的价值评判上对刑法进行理性审视与批判。尽管它与立法活动和司法活动没有直接关联，但对于刑事法治建设具有十分重要的意义。刑法解释学的功用主

① 参见陈兴良：《刑法的价值构造》，前言，15页，北京，中国人民大学出版社，1998。

② 我国学者张明楷认为，不能要求我国的刑法学从刑法解释学向刑法哲学转变。因为刑法解释学不仅重要，而且与刑法哲学本身没有明显的界限。参见张明楷：《刑法学》（上），3页，北京，法律出版社，1997。刑法解释学重要，我同意；刑法解释学与刑法哲学没有明显的界限，我不同意。在我看来，两者的界限是明显的。

要表现在对刑法条文的诠释上。在大陆法系国家，刑法典是定罪量刑的主要根据，因而对刑法条文的理解，就成为司法活动的前提与根本。在这种情况下，刑法解释学的研究成果对于司法活动就具有了直接的指导意义，它影响到司法工作人员的刑事司法活动。如果我们能够以一种公允的态度对待刑法哲学与刑法解释学，使两种理论各尽所能与各得其所，这对于刑法理论的发展来说，善莫大焉。

刑法解释学是一种对法条的解释，是以规范注释为理论载体的。那么，刑法解释学是否具有科学性呢？这里首先涉及对立法原意的理解，即立法原意是主观的还是客观的？因为，法律解释无非是对立法原意的一种阐释。如果立法原意是主观的，是立法者之所欲——在法条中所想要表达的意图，那么，刑法解释学就成为对立法意图的一种猜测与揣摩，因而其科学性大可质疑。只有立法原意是客观的，是立法者之所言——体现在法条中的立法意蕴，刑法解释才有可能立足于社会的客观需求，基于某种主体的法律价值观念，揭示法条背后所蕴藏的法理。更为重要的是，某门学科的科学性，在很大程度上取决于其所采用的研究方法是否科学。在刑法解释学中采用的主要是注释的方法，当然注释方法本身又是多种多样的，其中采用最多的是分析的方法，即关注于法律规则的内部结构，以经验和逻辑为出发点对法律术语和法律命题进行界定和整理，去除含混不清、自相矛盾的成分。[①] 由此可见，法律解释是使法律更为便利地适用的科学方法，只要能够使这种解释推动法律适用，就是发挥了其应有的作用。刑法解释学不仅应当而且能够成为一门科学。

刑法解释学或曰注释刑法学是不是以刑法规范为研究对象的规范刑法学的全部内容，换言之，刑法法理学与刑法解释学是否可以等同，这是我所思考的一个问题。我认为，刑法法理学与刑法解释学应当加以区分。虽然两者都研究刑法规范，但关注的重点有所不同：刑法法理学揭示的是刑法规范的原理，而刑法解释学揭示的是刑法规范的内容。刑法解释学应当坚守的是“法律不是嘲笑的对象”

① 参见郑戈：《法学是一门社会科学吗？》，载《北大法律评论》，1998年第1卷，20页，北京，法律出版社，1998。

(Lex nondebet esse ludibrio) 的立场。[①] 在刑法解释学的语境中，法律不是被裁判的对象，而是被研究、被阐释，甚至被信仰的对象。通过解释，使刑法规范的内容被理解、被遵行、被适用。由此可见，刑法解释学是与司法相关的，是站在司法者的立场上对待刑法。刑法法理学虽然也以刑法规范为研究对象，但它所揭示的是刑法法理。这种刑法法理是蕴含在刑法规范背后的，对刑法规范起评价作用的基本原理。这里的法理是相对于法条而言的，法条是刑法规范的载体。而法理虽然依附于法律，但又往往具有自身的独立品格。因此，如果说刑法解释学揭示的是刑法规范之实然，那么，刑法法理学阐述的是一种自在于法条、超然于刑法规范的法理，揭示的是刑法规范之应然。因此，刑法法理学不以法条为本位而以法理为本位。在这种以法理为本位的刑法学理论中，刑法的学科体系超越刑法的条文体系，刑法的逻辑演绎取代刑法的规范阐释。因此，这种刑法法理不再以刑法条文为依据，获得了理论上的自主性。这个意义上的刑法学，是一种本体刑法学。在我国刑法学界，大量的是掺杂着某些理论内容的刑法解释学，严格意义上的刑法法理学著作尚付阙如。换言之，还不存在刑法法理学与刑法解释学的理论分层。正因为如此，在一些刑法著作中，时常发生语境的转换，由此带来理论的混乱。例如，为证明某一理论观点正确，常引用某一法条作为论据；为证明某一法条正确，又常引用某一理论观点作为论据。这种在理论与法条之间的灵活跳跃，完全是一种为我所用的态度。问题在于：在刑法解释学的语境中，法律永远是正确的，需要通过理论去阐释法条。而在刑法法理学的语境中，法理是优先的，是法条存在的根据，因而可以评判法条。如果这两种语境错位，则只能使刑法法理学与刑法解释学两败俱伤。因此，除刑法哲学是对刑法的价值研究以外，刑法法理学与刑法解释学虽然同属规范刑法学，但又可以区分为两个理论层次。每一个刑法研究者，首先必须明确自己是在上述三种刑法理论形态中的哪个语境说话，遵循由该语境所决定的学术规范。

在刑法学中，除对表现为价值与规范的刑法的研究以外，还存在法社会学的

① 参见张明楷：《刑法格言的展开》，3 页，北京，法律出版社，1999。

研究。这种对刑法的社会学研究，可能形成刑法社会学的知识体系。[①] 我认为，刑法社会学的知识体系主要表现为采用社会学方法对刑法的两个基本内容——犯罪与刑罚进行研究而形成的犯罪学与刑罚学。犯罪学作为一门独立学科在刑事法学中占有一席之地，这是众所周知的。刑罚学能否成为一门独立学科以及其学科属性如何，是一个有待研究的问题。在我看来，无论是犯罪学还是刑罚学，都是对规范性事实——犯罪与刑罚的经验性、实证性研究。以犯罪为例，作为刑法学的研究对象，犯罪是一种法律现象，是法律所规定的犯罪。而作为犯罪学的研究对象，犯罪是一种社会现象，是社会上客观存在的犯罪。正因为存在着上述研究对象上的差别，两者采取的研究方法是各不相同的。刑法学，这里主要是指规范刑法学，采取的是规范分析的方法。规范分析主要是围绕着法律规范进行的注释，因而规范分析离不开注释，并且这种注释是以法律规范为对象而展开的。在规范刑法学中，通常建构犯罪构成要件，使刑法关于犯罪的规定实体化，从而为认定犯罪提供理论根据。而事实分析，是将犯罪作为社会现象，采取实证分析方法阐明其存在的性质、功能和原因。例如，法国著名学者迪尔凯姆指出，犯罪作为一种社会现象，虽然表现为对社会规范的违反，但它又不是单纯地由社会规范所决定的，而是与一定的社会结构与社会形态相关联的，可以说是一种正常的社会现象，甚至有着积极的社会作用。[②] 这种对犯罪的社会学分析所得出的结论，是不可能从犯罪的规范分析中得到的，它让我们大大地加深了对犯罪这种社会现象的理解。意大利著名学者菲利也采用社会学方法对犯罪现象作了分析，并力图建立一种犯罪社会学。显然，这种犯罪的社会学分析，是一种超规范的分析。当然，菲利在注重犯罪的事实分析的同时，对犯罪的规范分析大加鞭挞，这表现出其理论上的偏颇。例如，菲利指责刑事古典学派把犯罪看成法律问题，集中注意

---

① 苏联学者斯皮里多诺夫著有《刑法社会学》一书。该书指出：反映作为社会因素的刑事法律现象的知识体系，形成了起着局部社会学理论作用的刑法社会学。刑法社会学的出发点，不仅应当根据形成它的社会来评判法，而且还可以根据社会建立起来的法来评判社会。参见［苏］斯皮里多诺夫：《刑法社会学》，陈明华等译，12页，北京，群众出版社，1989。

② 参见［法］迪尔凯姆：《社会学方法的准则》，狄玉明译，83页以下，北京，商务印书馆，1995。

犯罪的名称、定义以及进行法律分析，把罪犯在一定背景下形成的人格抛在一边。菲利指出，除实证派犯罪学外，迄今为止没有科学的标准，也没有对事实做有条理的搜集，更缺乏各种观察和引出结论。只有实证派犯罪学才试图解决每一犯罪的自然根源以及促使犯罪行为产生的原因和条件的问题。[①] 在此，菲利把刑法学的规范分析与犯罪学的事实分析对立起来。实际上，这两者在两种学科语境中是可以并存的，并且不可互相替代。除犯罪学以外，对刑罚的社会学研究也是可能的，由此形成刑罚学。刑法学研究的是法定的刑罚及其制度，主要对法定刑罚及其制度进行规范分析。而刑罚学作为一门实证学科，它不以法定刑罚为限，而是研究广义上的刑罚，即作为犯罪的法律效果的各种刑事措施。更为重要的是，在研究方法上，刑罚学对刑罚研究采用的是社会学的分析方法，其特征在于以刑罚的经验事实为基础，加以实证的研究。例如，刑法解释学对死刑的研究，一般是论述死刑的适用条件及执行制度，这是对死刑的规范分析。即使是刑法法理学对死刑的研究，大体上也限于对死刑利弊的分析与死刑存废的论证。而死刑的社会学分析，则是对死刑存在的社会基础的论述。例如，德国学者布鲁诺·赖德尔《死刑的文化史》一书，虽然名为文化史，实际上包含了对死刑的深刻的社会学分析。通过这种分析，赖德尔得出结论：从死刑的沿革来看，要求死刑的呼声不是来自追求正义的愿望，而是来自要求发泄压抑的冲动的深层心理。因此，死刑不是也不可能是理性的司法手段，而是充满残虐性的非合理性的表现。尽管这一分析还只是触及社会心理，尚未深入揭示死刑存在的社会机制，但这足以使其成为最全面论述有关死刑的一切问题的著作之一。正如该书日文版译者西村克彦指出：这是一部独特的著作，是作者炽热的热情和对历史及社会心理进行深刻洞察的产物。作者努力挖掘隐藏在需求死刑的呼声及各现象形态背后的社会心理的冲动。因此，本书对世界上围绕死刑的讨论有着突出贡献。[②] 这一评价是正确的。相对于犯罪的社会学研究形成蔚为可观的犯罪学而言，对刑罚的社会学研究

---

① 参见［意］菲利：《实证派犯罪学》，郭建安译，24页，北京，中国政法大学出版社，1987。

② 参见［德］布鲁诺·赖德尔：《死刑的文化史》，郭二民译，185页，北京，三联书店，1992。

是十分薄弱的，刑罚学也无法与犯罪学一争高低，并且往往在刑事政策学的名义下存在。[①] 我认为，对刑罚的社会学研究是极为必要的，是刑法学理论体系中不可或缺的知识内容。

四、余论

我国学者梁治平指出：我们所处的是这样一个时代，它一方面要求哲学家、政治学家、社会学家、经济学家、心理学家和其他学科的学者把法律问题纳入他们的思想范围；另一方面又要求法律学家能像知识分子那样思考问题，要求他们破除彼此之间的隔膜，共同完成法治进程中的知识转变。[②] 在此，梁治平提出了一个如何打破法学家与其他人文社会科学家之间的隔膜，实际上也就是法学知识与其他人文社会科学知识相融合的问题。我想，首先需要打破的是法学知识形态内部的隔膜，例如，法哲学、法理学与以规范研究为主的部门法学之间的隔膜，加强从事各层次的法学研究的学者之间的思想沟通，加深他们之间的互相理解。对于从事法哲学、法理学研究的学者，应当看到规范法学对于法治建设的直接作用。可以说，从事司法实务的法官、检察官、律师基于其业务需要，主要接受的是规范法学的研究成果，鲜有直接阅读法哲学、法理学著作的。因此，法哲学、法理学思想只有通过规范法学间接地影响司法实践。而从事规范法学研究的学者应当知道，规范法学由于其专业性，实际上难以为其他人文社会科学家所接受，他们主要是通过法哲学、法理学的研究成果而了解法学研究的现状。因此，法哲学、法理学研究乃法学知识的前沿与门面，它对于提升法学在人文社会科学中的地位具有重要意义。当然，法学知识虽然分为各种形态与各个层次，但仍然是一个整体。日本学者沟口雄三指出：随着学术研究的发展，封闭的专业限制在被突破，知识正在从狭窄的专业框架中解放出来，形成一些公共的研究领域，通过知

① 关于刑罚学与刑事政策学的关系，参见陈兴良：《刑法的人性基础》，2版，368页以下，北京，中国方正出版社，1999。

② 参见梁治平：《法治进程中的知识转变》，载《读书》，1998（1），19页。

识交流，达到知识共有。[①] 知识共有使各学科能够共享作为一种文化思想资源的知识，建立各学科的共同话语。在此，存在一个由小及大、由此及彼的共同知识的形成问题。各部门法学都应当通过努力形成某种共同知识，使部门法的研究提升为一种法理学与法哲学的研究，争取在法学研究中的话语权。其实，法只是社会生活的一个点，是人类精神状态的一个侧面，因而对其的研究必然且应当反映出社会与人性的普遍性，从而使其融入整个社会科学的知识体系。社会科学是建立在某种普遍性的信念之上的，普遍性是这样一种观点：它认为存在着所有时间和空间中都有效的科学真理。社会知识意味着社会科学家有可能发现解释人类行为的普遍过程，而且任何他们能够证实的假说过去都被认为是跨时空的，或者说应该以适合一切时空的方式来阐述它们。[②] 尽管这种知识普遍性的观念受到质疑，一种以特殊性为基础的地方性知识的理念正在兴起，尤其是文化价值的相对主义正在抗衡着以普遍性为基础的知识体系；但我们仍然坚持一种知识共同性的理念。在此基础上，强调法学研究应当在人文社会科学的统属之下进行，使法学研究真正成为一种人文社会科学的研究，而不是一种纯粹的法的逻辑演绎。对于法治国的建设来说，既需要福柯之所谓 discipline（规训，指通过一定的强制使整齐划一从而形成某种秩序），因而需要普适性的共同法律话语，同时也需要对法的人文关怀、对法的形而上学的理性思辨，从而在法学知识中内含一种人文精神。由此，需要提升法学知识在人文社会科学中的地位。法学不仅要分享哲学、经济学、社会学、伦理学等其他人文社会科学的研究成果，而且也应当让这些人文社会科学分享法学研究成果，使之从法学知识中获得某种思想上的灵感与方法上的启迪。只有这样，法学才能说对人文社会科学作出了某种贡献，法学知识才能真正融入人文社会科学的知识体系。

（本文原载陈兴良主编：《刑事法评论》，第 7 卷，北京，中国政法大学出版社，2000）

---

① 参见［日］沟口雄三：《知识共同的可能性》，载《读书》，1998（2），115 页。

② 参见［美］沃勒斯坦：《进退两难的社会科学》，载《读书》，1998（2），102～103 页。

转型与变革：刑法学的一种知识论的考察

以 1979 年 7 月 1 日刑法颁布为标志，我国刑法学在接续 20 世纪 50 年代引入的苏俄刑法学的基础上，从对刑法条文的注释起步，至今已经走过四分之一世纪的路程。相对于大陆法系国家上百年的刑法学理论传统，我国刑法学的学术积累是薄弱的。当前，我国刑法学正处在一个转折点上：既有的理论体系和研究方法已经走到了尽头，难以适应理论发展与法治建设的需要。如何完成我国刑法学的现代转型，是摆在我国刑法学者面前的迫切任务。我们再也不能满足于刑法的理论现状，应当以一种改革的精神推动我国刑法学的发展，使其适应新时代法治建设与发展的需要。

一、古代律学传统的中断与近代刑法学的诞生

刑法学作为一门学科，我们并无更多本土资源可供采用。我国古代的律学虽然在一定意义上说就是刑法学，但以注疏为主的古代律学，具有对于法条的严重依附性，而随着语言的变迁，律学的价值基本丧失。法律是以语言为载体的，因而作为一种注释刑法学的律学，在很大程度上受制于语言。古今汉语差别之大，

使依存于古代汉语的律学解释原理基本失效。例如，被称为我国古代律学瑰宝的律母与律眼之学说，在律学中占有十分重要的地位，也是除对律条的个别性解释以外最具方法论意义的原理。

我手头有两本关于明清律学的代表作，一本是明代雷梦麟的《读律琐言》（怀效锋、李俊点校，法律出版社 2000 年版），另一本是清代王明德的《读律佩觿》（何勤华等点校，法律出版社 2001 年版）。其中，《读律琐言》基本上是对《明律》的逐条释义，且就法论法，别无深意。例如，对“二罪俱发以重论”的琐言曰：“人犯二罪以上，或三、四罪，或五、六罪，俱于一时发觉在官，则但以其一事之重者论罪。如数罪轻重相等，则人人一事科断。”（第 44 页）在此未涉及二罪俱发以重论的法理根据，只是对其字面解释，无益于对律文的深刻领会。《读律佩觿》则打破律条体系，对律文中一些重要概念进行解释，尤其是提出读律八法：扼要、提纲、寻源、互参、知别、衡心、集义、无我。读律八法是作者研习律文的心得体会，对于律文的融贯具有参考价值。《读律佩觿》的精华在于律母与律眼的阐述。律母是指以、准、皆、各、其、及、即、若八字。律眼是指例、杂、但、并、依、从、从重论、累减、递减、听减、得减、罪同、同罪、并赃论罪、折半科罪、坐赃致罪、坐赃论、六赃图、收赎等。如果说，律母是古代刑律的关键字，那么，律眼就是古代刑律的关键词。将这些刑律中通用的关键词字从律条中摘录出来，对其进行梳理与阐述，由此形成律学的基本原理。例如“皆”字，王明德指出：“皆者，概也，齐而一之，无分别也。人同，事同，而情同，其罪固同。即事异，人异，而情同，其罪亦无弗同也。盖缘全律中，其各罪科法，原分首从、余人、亲疏、上下、尊卑、伦序、同姓、异姓、老幼、废疾、笃疾、监守、常人，并物之贵贱，轻重，赃之多寡、分否，以及事情之大小、同异，各为科断以著其罪。此则不行分别，惟概一其罪而同之，故曰皆”（第 6 页）。从这一解释中可以看出，在事、人、情三者之中，以情为重，罪与情同。皆是与分相对应的，分是常态，皆是异态。又如，王明德对“得减”一词的解释：“得减者，法无可减，为之推情度理，可得而减之。得者，因其不得减而特减之，故曰得减。”（第 36 页）从以上解释可知，得减者，酌情而减也。王明德对律母与律眼的义理注疏，对于理解古代刑律当然是大有裨益的，但其因对律文语言的依附性而其随律文语言之兴而兴、之亡而亡，这也正是古代律学之悲哀所在。

在我国目前的刑法中，由于采用现代汉语的表述，律母与律眼这些古代刑律的关键字词几乎无一复存，即使个别字仍采用，其义亦大不相同矣。例如“但”字，是为律母。王明德解释曰：“但者，淡也。不必深入其中，只微有沾涉便是。如色之染物，不必剪染浸渍深厚而明切，只微着其所异之濡，则本来面目已失，不复成其本色矣。故曰但。律义于最大最重处，每用但字以严之。此与文字内，所用虚文，作为转语之义者迥别。”（第 29 页）

但现行刑法中的“但”字往往在“但是”一词中使用，由此形成学理上所称之“但书”。但书中的“但”字，恰恰是作为虚词使用的，“但是”作为连接词表示转折关系。正是这种法条赖以存在的语言变迁，使古代律学原理失去了其根基。因此，律学只具有史的意义，而对于现行刑法的理解根本无济于事。可以说，我国古代律学之亡，并非政治或者意识形态上的原因，究其根源却是语言上的原因。

当然，将我国古代律学之亡，归咎为语言的变迁，似乎有些轻描淡写[①]，将之与法律的变迁结合起来考察更为贴切。我国学者在论及 20 世纪初法律用语的创制和引进时指出：“中国古代法律和法学，自李悝著《法经》起，中经商鞅改法为律，西汉董仲舒引经注律，晋代张斐撰律表，最后到《唐律疏议》问世，形成一套完整而系统的法言法语。在中国社会进入近代后，由于中外法律的差异，以及深沉的民族心理，这套法律术语又严重地阻碍西方法律、法学的导入，成了近代法学创建的严重障碍。”[②] 正因为如此，我国古代法言法语的命运与古代刑律的命运一样，成为变革的对象。中华法学演进至清末，数千年之法律传统戛然

① 之所以说是轻描淡写，也是因为我们缺乏应有的研究。例如，“五四”前后的新文化运动，改文言文为白话文，对民国法制的影响，以及 1949 年以后汉语简化字的推广对新中国法制的影响，都是值得深入研究的法的知识论的课题。

② 李贵连：《近代中国法制与法学》，187 页，北京，北京大学出版社，2002。

而止，外国法之引入直接导致我国古代律学传统的中断。从《大清现行刑律》到《大清新刑律》，再到北洋时期的《暂行新刑律》，最后到1928年《中华民国刑法》，前后30年间，完成了从刑律向刑法的转变，基本上实现了刑法的近代化。在此期间，受到日本刑法的重大影响，尤其是日本刑法学家冈田朝太郎博士直接参与制定刑法，引入了日本刑法文化，包括刑法的体例与用语。中日刑法文化之间的传承与转换的关系是一言难尽的。日本古代的法律深受中国的影响，尤其是《唐律》传入日本，影响极为深远。对此，日本学者亦认为："中国法律在日本法意识之深刻影响，自远久之过去以迄现在，尚未完全停止。"① 日本刑法学家大塚仁就曾经论述了《唐律》对日本刑法创制的影响，指出："大化改新之后，日本学习中国法制，制定了大宝律（大宝元年，701年）、养老律（养老二年，718年）。其中，除了各则的各种规定外，也设置了关于诸如责任能力、错误、共犯等的总则性规定，其体裁甚为完备。这些规定，几乎踏袭了《唐律》的规定。"② 此后日本刑法的发展，也未能摆脱《唐律》的影响，只不过考虑了日本的国情，刑法规定简素化和轻缓化而已。19世纪以后，日本开始受到西学的影响，与此同时汉译西书传入日本，亦使日本通过汉语而学习西方法律。甚至《法国律例》（即法国刑法典）亦是于1882年以汉译本的形式传入日本。③ 在这一翻译过程中，中西法律文化之间存在一个沟通问题。但在19世纪后半叶，主要是在日本明治维新以后，中日法律文化的交流关系发生了逆转，日本学者直接用汉语翻译西方法律，并在此基础上仿照西法制定日本的法律。在这一制定过程中，创制了一些汉语的法律概念，这些法律概念又转而传入我国。在20世纪初年的法律改革中，主持者沈家本就曾经指出："今日法律名词，其学说之最新者，大抵出于西方而译自东国。"④ 这里的东国即指日本。由于日本的法律用语大多采用汉字，因而与其说是译自日本，不如径直说是取自日本。以刑法为例，我国学者指出：作为

① 转引自杨鸿烈：《中国法律对东亚诸国之影响》，354页，北京，中国政法大学出版社，1999。
② ［日］大塚仁：《刑法概说（总论）》（第3版），冯军译，42页，北京，中国人民大学出版社，2003。
③ 参见王健：《沟通两个世界的法律意义》，237页，北京，中国政法大学出版社，2001。
④ 《沈寄籍先生遗书·寄籍文存》卷四。

改革传统法律的起点，日本的《治罪法》和刑法又都是在翻译和仿照法国法的基础上制定的。时代所趋，新法不得不创造新词以表达新的概念。新词虽仍借助固有的汉字复合而成，但这些互相连属构成的新词的意思却往往无法从原字的意思中推出。正因此，译文当中随处都有对法律新词概念的解释。从这个意义上说，《治罪法》和旧刑法当中实已包含了许多被日语化了的新的法律概念。① 这些法律概念又输入中国。甚至刑法一词也是从日本输入的，我国古代用语是刑律而非刑法。其实何止刑法一词，现在刑法中通行的缓刑、假释、累犯无不如此，只有共犯、自首、并合罪可在我国古代刑律中找到原型。沈家本主持修订的《大清新刑律》是在冈田朝太郎帮助下完成的，大体继受日本刑法。以总则为例，其例为：法例、不为罪、未遂犯、累犯罪、俱发罪、共犯罪、刑名、宥减、自首、酌减、加减刑、缓刑、假释、赦免、时效、时例、文例。在上述法律中，共犯罪而非共犯，明显受《唐律》的影响。在这一体例中，不同于日本刑法的是罪与刑的排列顺序。对此，冈田朝太郎指出："罪者，因；刑者，果也。本无先刑后罪之理。除一二南美之小国外，其他东西各国之法典，无规此简明之法理者，先刑后果，殆皆有同一之恶先例，要不外表示其国民轻忽之模仿性耳。中国草案，幸不投入此流弊之涡中。"② 随着此后中国刑法的进一步演变，从中华法系到大陆法系的转变终于完成了。在我国古代刑律退出历史舞台的同时，与之共命运的律学也就完成了其历史使命。

我国古代律学之所以随着从刑律到刑法的变更而消亡，如前所述，就在于它具有对律文的依附性，没有发展出一种超越于律文的一般原理，难以成为一种独立的分析工具。即使是作为律学精华的律母与律眼等内容，因其内容主要是对律文通用字词的注疏，当这些字词在法律中不复采用，则同样丧失其存在的必要性。随着以大陆法系刑法，尤其是日本刑法为摹本的中国刑法的制定，近代刑法理论也随之传入，由此我国开始接触到大陆法系的刑法文化。其中重要的一部分

① 参见王健：《沟通两个世界的法律意义》，243 页，北京，中国政法大学出版社，2001。

② ［日］冈田朝太郎：《论中国之政正刑律草案》，载王健编：《西法东渐——外国人与中国法的近代变革》，161 页，北京，中国政法大学出版社，2001。

是大陆法系刑事学派及其学说，这可以说是近代大陆法系刑法传统的来源。在此之前，我国刑法制定中主要围绕的是礼法之争，其实还是一个道德与法律的关系问题，对刑法本身的科学性并未予更多的关注。而大陆法系刑事学派的引入，形成了一套以报应主义与预防主义为中心的刑法话语。例如王去非 1925 年 11 月发表在《法律评论》第 122—126 期的《近代刑事学说及学派之变迁》一文，就报应主义、预防主义以及介于二者之间的折中主义各派学说作了系统介绍。[①] 尤其是在对刑法的解释上，不再像古代律学那样只注意语义分析，而是引入大陆法系刑法学中的犯罪构成要件理论，形成一种完全不同于古代律学的刑法分析工具。例如 1917 年上海商务印书馆翻译出版的日本著名刑法学家牧野英一的《日本刑法通义》一书，虽然是以日本现行刑法（1907 年）为诠释对象的一本著作，但其所采用的犯罪构成要件分析方法，已完全不同于我国古代律学的语义分析方法。在该书中，牧野英一对犯罪之要件进行了阐述，指出："若以行为为中心，而观察犯罪时，犯罪自主观的要件与客观的要件而成立。于主观的关系即为犯人之人格者与行为之关系者，须有责任能力及犯意（或过失）。于客观的关系即为结果（法益侵害）与行为之关系者，须有因果关系及行为之为不法之事。于犯罪得区别构成要件、处罚要件及诉追要件。以犯意（或过失）及行为，为构成要件，盖犯人恶性之表示者，以此两者而成立者也；以实害发生之事实，有如结果者，为处罚要件，盖因是始生法益侵害之一定事实也；而如于亲告罪之告诉者，则但为裁判上诉追犯人之要件，故名诉追要件。"[②] 在此，牧野英一勾勒出了犯罪的构成要件的基本轮廓。犯罪的构成要件理论可以说是大陆法系刑法学的精华，经由对日本刑法著作的翻译而引入我国。此后，我国学者的刑法著作深受其影响，尽管仍然是对刑法的注释之著作，但在理论体系与分析方法上已经完全不同于古代律学，基本上接近于日本学者，甚或有所超越。

在 20 世纪 30 年代前后，中国刑法学完成了近代转型，这一时期具有代表性

---

① 参见王去非：《近代刑事学说及学派之变迁》，载何勤华、李秀清主编：《民国法学论文精萃·刑事法律篇》，第 4 卷，54 页及以下，北京，法律出版社，2004。

② ［日］牧野英一：《日本刑法通义》，陈承泽译，45 页，北京，中国政法大学出版社，2003。

的刑法学著作有王觐的《中华刑法论》（北平朝阳学院出版社 1925 年 6 月第 1 版，1933 年 1 月增订 7 版）、郗朝俊的《刑法原理》（上海商务印书馆 1930 年 10 月第 1 版）、陈瑾昆的《刑法总则讲义》（上海好望书店 1934 年 12 月第 1 版）以及稍后的蔡枢衡的《刑法学》（独立出版社 1943 年 11 月第 1 版）。例如陈瑾昆的《刑法总则讲义》一书是对中华民国 1928 年刑法的注释，但其中包含了对刑法研究方法的论述，指出："刑法学固为一种科学，而以研究刑法之原理原则为对象，然刑法究如前述，为一种社会规范，而系以伦理之理想与社会之理想，采为法律之理想。则吾人治刑法学者，亦应将伦理之思潮，与社会之思潮，融合法律之思潮。……故自刑法立法言之，固不能偏于一端，应同时注意于一国民族固有之伦理思想与社会现象，以期制立于一国民族最能适应而最能调和之法律。自刑法治学言之，亦不可囿于一派，应同时注意于一般科学方法应有之分析研究与实证讨论，以期创设于一国法典最为精当最为实用之法理。关于治刑法解释学者，尤应如前述，特加以注意，即不能将刑事政策与刑法解释，混为一谈。所谓刑法之原则，只能于刑法法条求之，不能于刑法学说求之。应用学理以解释条文则可，牵强条文以附会学说则不可。或谓中国今日，假大群而私小己，泯是非而尚功利者，滔滔皆是，国家创制刑法，正应向若辈立威，学者清治学术，亦宜为若辈说法，所谓明刑弼教，公私两方而均须努力，则更为吾书进一解矣。"① 这段话几乎可以看作是当时我国刑法学者的治学宣言，其所昭示的刑法治学态度与治学方法之成熟，足以表明当时我国刑法理论所能达到的一个高峰，使我辈后生望之兴叹。在陈瑾昆的《刑法总则讲义》中，已经形成较为定型的犯罪的构成要件理论。陈瑾昆指出："犯罪之要素一称犯罪的要件，即谓犯罪之成立上或处罚上所必要之要素或条件也。广义言之，则并指关于犯罪之成立及处罚者，狭义言之，则单指关于犯罪之成立者。关于犯罪成立之要件，又称曰犯罪构成要件，简称曰成立要件或构成要件。"② 陈瑾昆认为行为是构成要件，责任及违法为处罚要件，

① 陈瑾昆：《刑法总则讲义》，45 页，北京，中国政法大学出版社，2004。
② 陈瑾昆：《刑法总则讲义》，64 页，北京，中国政法大学出版社，2004。

由此建构起行为—责任—违法的犯罪之要件理论。在大陆法系刑法理论中，犯罪要件的排列通常为行为（或构成要件该当性）—违法—责任，即违法之要件排列在责任之前，对此日本学者龙川幸辰指出："违法就是客观上的侵害法益，它对行为人的行为的关系（例如行为人知道侵害法益的事实）是在进入行为人对违法行为是否应负责任的问题即责任问题之后，才产生意义。可是责任问题必须在作为逻辑前提的违法问题之上形成。违法是客观的，责任是主观的，这是一般都承认的原则。"① 但陈瑾昆之所以将责任排列在违法之前，则是因为 1928 年中华民国刑法不为罪与不罚在条文上有区别，亦有前后次序之分。其第 24 条至第 29 条是责任的内容，第 30 条至第 37 条是违法的内容。因而责任先而违法后，并非从犯罪要件的逻辑关系上排列，而是依照刑法条文的顺序排列的，由此也可以看出当时我国刑法理论对于刑法条文的较大依从性。

在陈瑾昆之后，蔡枢衡的《刑法学》则更侧重于刑法法理，具有对刑法法条更大的超越性，因而可以说是中华民国时期理论刑法学的高峰。1943 年出版的《刑法学》实际上只是绪论部分，其内容包括第一章刑法学、第二章刑法思想、第三章刑法、第四章中国刑法、第五章刑法在法律体系中之地位。虽然未论及犯罪要件和刑罚理论等刑法学主体部分，但从绪论中亦可窥见蔡枢衡的创新之心。例如蔡枢衡提出了刑法学的性格这一别具一格的命题，尤其注重中国刑法学的特殊学术品格。蔡枢衡将刑法学研究划分为对刑法的事实性进行研究的刑法史学、刑法现象学（或社会学）、比较刑法学、比较刑法史学、对刑法的规范性进行研究的刑法规范学或刑法解释学、对刑法的哲学性进行研究的刑法哲学、广义的刑事政策学以及立法学等。蔡枢衡认为，刑法的事实性、规范性和哲学性的研究是互相统一的，是刑法学研究一体之三面，缺一不可。这三个学问体系是三个不同的研究重心，本质上是相对的，不是绝对的。因而，在学问的观点上，完整的三面缺一即成破碎的学问。当然，在这三者当中，蔡枢衡更强调的是刑法解释理论。在蔡氏看来，无论采取哪种研究路径，解释刑法都是刑法学的基本任务。因

① ［日］龙川幸辰：《犯罪论序说》，王泰译，9 页，北京，法律出版社，2005。

为法律之解释是法律规范学的使命，也是达到探求法之哲学性和法之现象性的目的之手段。① 蔡枢衡曾经在日本东京帝国大学求学，师从日本著名刑法学家牧野英一，具有深厚的西学背景，但他适逢新旧社会转型与新旧刑法转换，其对我国刑法学的贡献是十分独特的。正如我国学者评价的那样："蔡枢衡的刑法思想及刑法学体系，围绕着西方法律与中国历史社会的关系而展开，作了富有个性化的学术开创的尝试，构筑了进行深入研究的知识学基础。从学术研究方面来看，摆脱了情绪化反映，走上了理性化道路，开启了深切致思的途程。"② 当然，就蔡枢衡的观察而言，对从《大清现行刑律》到《大清新刑律》这一新旧刑法的演进，更注重的是罪刑擅断主义到罪刑法定主义这一实质的变动③，由此带来的对于刑法学知识的深刻影响似乎并未论及。

二、苏俄刑法学的引入与我国刑法学的嬗变

1949 年，是在我国现代历史上重要的一个年份，无论对于中国的政治、经济还是法律。这一年，随着中华人民共和国的成立，国民党退据台湾。1949 年 3 月 31 日董必武同志签署的"废除国民党的六法全书及其一切法律"的训令发布，明确提出各级人民政府的司法审判，不得再援引其条文，由此宣告国民党统治下的中华民国法统在中国大陆的终结。随着旧法统的终结，依附其身上的旧法学，包括刑法学，也完全终止。

董必武在 1951 年 5 月 18 日《对加强政法院校教育工作的意见》中反映了当时法学教育与法学研究凋零的状况："北大现在只有二十五个学生学政法，另外还有两个研究生。北大是过去法学院最大的一个学校，情况都是这样，其他学校情况更惨了。当时规定，政法学院教四门课，即阶级论、国家论、国家法、司法

① 参见蔡枢衡：《刑法学》，序言，15 页，南京，独立出版社，1947。

② 孔庆平：《蔡枢衡的刑法思想研究》，载陈兴良主编：《刑事法评论》，第 9 卷，372 页，北京，中国政法大学出版社，2001。

③ 参见蔡枢衡：《中国法理自觉的发展》，262 页，北京，清华大学出版社，2005。

政策和行政管理。”[①] 董必武在这次讲话中提到翻译苏联的一些东西，为填补旧法学清除以后的知识空白，大量引入苏俄法学理论成为当务之急，刑法学也不例外。在这种情况下，以清末引入大陆法系刑法学为开端建立起来的我国刑法学知识传统再次中断，又开始了一轮引入苏俄刑法学的高潮。在此期间翻译出版的苏俄刑法著作中，不能不提的是彭仲文译、苏维埃司法部全苏法学研究所主编的《苏联刑法总论》（上下册），该书由大东书局1950年出版。[②]《苏联刑法总论》一书对社会主义刑法学的基本理论进行了体系性的叙述，是目前所见到的最为权威的苏联刑法教科书，其中犯罪构成理论已经形成不同于大陆法系犯罪论体系的基本框架。当然，对我国刑法学影响最大的苏联著作，当推中国人民大学于1958年7月翻译出版的苏联著名刑法学家A. H. 特拉伊宁的名著《犯罪构成的一般学说》，该书形成了具有苏联特色的犯罪构成学说。对此，我国学者曾经作过以下评价：“以特拉伊宁为代表的苏联刑法学家，在资产阶级犯罪论体系尤其是‘构成要件论’的基础上，创立了全新的社会主义的犯罪构成学说。在这个理论体系中，‘构成要件’已由大陆法系国家刑法理论中纯类型化的范畴演变为主客观统一的范畴了。亦即，苏维埃刑法理论中的‘构成要件’成了犯罪成立的要件或因素；犯罪的‘构成’是主客观要件统一的‘总和’，而不再是像大陆法系国家刑法犯罪论体系中的‘构成要件该当’那样仅指犯罪成立的要件或前提之一。”[③] 在这种情况下，苏俄刑法学的引入意味着对大陆法系刑法学传统的偏离，由此我国刑法学与大陆法系刑法学渐行渐远。在整个20世纪50年代初期，我国刑法学基本上处于模仿和消化苏俄刑法学的阶段。例如，法律出版社1957年9月出版、中央政法干部学校刑法教研室编著的《中华人民共和国刑法总则讲义》一书，是20世纪50年代具有代表性的一部刑法教科书，该书虽然力图总结我国与犯罪作斗争的经验，立足于我国实际工作中有关刑法方面的迫切需要解决的问题，但该刑法教科书明显地留有浓厚的苏俄刑法教科书的痕迹。我国学者在评价这一时期

① 《董必武政治法律文集》，158～159页，北京，法律出版社，1986。

② 笔者手头的版本是1950年12月大东书局再版的，初版年月不详。

③ 肖中华：《犯罪构成及其关系论》，35页，北京，中国人民大学出版社，2000。

我国刑法学研究的历史时，指出："在这一时期，我国的刑法学研究大量介绍和引进了苏联的刑法学理论，这对于我国刑法学的建立起到了重要的借鉴作用。当然，从另外一个意义上说，在否定旧法观点的同时，把历史上的刑法学理论也予以全盘否定，因而割断了历史联系，这种历史虚无主义是不利于刑法学研究发展的。同时，在大量引入苏俄刑法学理论的时候，也存在照搬苏联刑法理论的教条主义倾向，在一定程度上妨碍了具有中国特色的刑法学理论体系的建立。"① 在当时政治话语的主导下，全盘照搬苏俄刑法学，使我国刑法学偏离了大陆法系刑法学的传统，至今仍然深刻地影响着我国刑法学的发展进程。尽管对此今天反思起来可以有各种责难，但在当时的历史条件下几乎是一种宿命，不仅刑法学，而且整个法学，甚至整个社会科学和意识形态均是如此。

从 1957 年下半年起，随着法律虚无主义的抬头，我国法制建设进程为之中断，刑法学研究也完全陷入停滞状态，一直到 1979 年刑法颁布。在这整个 22 年间，刑法学不再是一种学术，也不再是学者的态度，而是一种政治的工具，有时甚至作为工具也被弃置一旁无人理会。以 1979 年刑法颁布为标志，我国刑法学开始复苏。在历史惯性的作用下，以及受这一代刑法学家的知识结构的制约，我国刑法学是从嫁接 20 世纪 50 年代苏俄刑法学的知识传统为进路的。在 20 世纪 80 年代前后，唯一可读的只有 20 世纪 50 年代翻译过来的刑法学著作，特拉伊宁的《犯罪构成的一般学说》一书几乎被奉为经典。

20 世纪 80 年代刑法学的恢复，是以统编教材《刑法学》的出版为标志的。1982 年 5 月法律出版社出版的高铭暄主编、马克昌和高格副主编的高等学校法学试用教材《刑法学》，基本上沿袭了苏俄刑法教科书的体系和原理。这一刑法教科书在当时代表了我国刑法学的最高研究水平，其所建立的刑法学体系为后来的各种刑法论著和教科书所接受，成为各种同类著作的母本。其影响之大，在近 10 年内无出其右。以统编教材《刑法学》为代表的 20 世纪 80 年代的我国刑法学带有明显的苏俄刑法学的烙印，并且其主编制形式，在相当程度上抹杀了学术个性。

---

① 高铭暄主编：《新中国刑法科学简史》，9～10 页，北京，中国人民公安大学出版社，1993。

如果说，对20世纪50年代苏俄刑法学传统的承继是当时我国刑法学的主流，那么，重新与20世纪30年代前后引入大陆法系刑法理论而形成的民国时期刑法学的接续，却是以影印（以知识产权法的观点来看，无疑是一种盗版）台湾刑法著作为契机的。关于台湾的法学研究对于祖国大陆同行的影响，许章润教授曾经有过十分精彩的描述与评价，其言曰："80年代初、中期对于台岛法律学术的欣纳，恰是对于被迫中断的法学与法律传统的接续，或者说，是清末变法改制开其端绪的近代中国法学与法律传统，在1949年以后一树两枝、各有型制的情形下，于80年代初、中期出现的传统的汇合。"[①] 令我印象深刻的是韩忠谟的《刑法原理》一书，该书约购于1983年前后，影印的是1981年5月增订14版，版权页上有"内部参考，批判使用"八个大字。该书直到2002年才由中国政法大学出版社在大陆出版简体字本。初读该书，对于当时初入刑法学之门的我辈来说确有眼界大开之感，并且如饥似渴地从中汲取学术营养。我在1984—1985年期间初次发表的习作，无不是采用《刑法原理》以及洪福增《刑法理论之基础》、陈朴生《刑法总论》等著作中的概念作为分析工具，结合我国刑法规定进行理论解说。例如我的第一篇论文《论我国刑法中的间接正犯》，发表在《法学杂志》1984年第1期，结合我国刑法规定对间接正犯进行了探讨。间接正犯这个概念，在当时我国刑法学中并未使用，该词可见于韩忠谟的《刑法原理》第293页：利用无故意或无责任能力人之行为，或利用他人之无违法性的行为以遂行自己之犯罪者，通称间接正犯。我在论文中则对间接正犯作了界定。虽然在间接正犯概念的内容表述上不同于韩忠谟，但间接正犯这一概念则来自韩忠谟的《刑法原理》。此外，我的第二篇论文《论教唆犯的未遂》（载《法学研究》1984年第2期）中的共犯从属性说和共犯独立性说、第三篇论文《论我国刑法中的片面共犯》（载《法学研究》1985年第1期）中的片面共犯等学说与概念，均为当时我国刑法教科书所不见，而是来自台湾学者的刑法著作。就我本人而言，就是通过台湾学者

---

① 许章润：《法学家的智慧——关于法律的知识品格与人文类型》，54～55页，北京，清华大学出版社，2004。

的刑法著作掌握一些大陆法系刑法理论中的概念，并以此分析我国刑法规定而走上学术之路。

当然，台湾学者的刑法著作只是一个途径，不满足当时刑法学术资料的匮乏，我在硕士论文和博士论文写作调查过程中，到各地图书馆查阅资料，印象中较为深刻的有华东政法学院图书馆、中山大学图书馆等，从厚厚的灰尘中找出民国时期的刑法著作，并加以摘录（当时复印尚未普及）。这些 20 世纪三四十年代的刑法著作，卷缩在图书馆阴暗的一隅，也许几十年无人光临，对于我来说是如获至宝。我在硕士学位论文《正当防卫论》中引注的民国时期刑法论著包括：(1) 徐朝阳：《中国刑法溯源》，商务印书馆 1933 年版。(2) 徐鹏飞：《比较刑法纲要》，商务印书馆 1936 年版。(3) 王觐：《中华刑法论》，北平朝阳学院 1933 年第 6 版。此外，书中所引日本刑法学家大场茂马《刑法总论》、泉二新熊《日本刑法论》、牧野英一《日本刑法》的内容也均转引自上述民国时期的刑法论著，由于当时学术引注的规范尚不完善，因而未标明其转引性质，这是今天需要检讨的。在博士论文《共同犯罪论》中引注的民国时期刑法论著包括：(1) 郭卫、周定枚主编：《六法判解理由总集》（第 3 册，刑法及其附录），上海法学书局 1935 年版。(2) 杨鸿烈：《中国法律发达史》，商务印书馆 1930 年版。(3) 石松：《刑法通义》，商务印书馆 1923 年版。(4) 郭卫：《新编刑法学总论》，会文堂新记书店 1946 年版。(5) 俞承修：《中华民国刑法总则释义》，上海法学编译社 1947 年版。(6) 赵琛：《刑法总则》，商务印书馆 1947 年第 5 版。学术的生命是顽强的，在中断了数十年以后，我作为新一代学者，又接续了民国时期的刑法学传统。

20 世纪 80 年代，是我国刑法学知识“汇合”的时期，从我当时刑法论著的引注中可以看出：1/4 引自民国刑法论著，1/4 引自台湾地区刑法论著，1/4 引自早期苏联刑法论著，另有 1/4 引自当时我国大陆学者的刑法论著。在这样一种大杂烩的状态下，我国的刑法学研究重新背负着历史重负而在踉跄之中艰难起步。由于当时主导刑法学界的是 20 世纪 50 年代以后在苏俄刑法学知识熏陶下成长起来的一代学人，因而苏俄刑法学在我国的影响仍然是决定性的。我也是在这种学术氛围中成长起来的，甚至师承的就是这样一种在一定程度上本土化了的苏俄刑法学。因为我的导师高铭暄、王作富教授是苏联专家的亲炙弟子，并且是新中国培养的第一代刑法学家中出类拔萃者。在这个意义上说，我是苏俄刑法学的再传弟子。

从20世纪80年代的中后期开始，外国刑法论著经过翻译引入我国，从而为封闭了数十年的我国刑法学打开了一扇对外开放的大门，大陆法系和英美法系的刑法学知识的直接引入，加剧了我国刑法学的知识融和。对外国刑法学的介绍，最初是采取编著的形式，其中影响最大的是以下两部著作。一是甘雨沛、何鹏的《外国刑法学》（上册，北京大学出版社1984年；下册，北京大学出版社1985年版）。该书主要叙述外国刑法（实际上是大陆法系刑法）的基本知识、原理、原则和学派学说，并借助一些边缘学科、重要法律文献、法案和法例进行全面的阐释，力图成为一个具有立法论、适用解释论、行刑论、刑事政策论以及保安处分法的全面规制的“全体刑法学”。该书丰富的资料对于处于学术饥渴状态的我国刑法学界不啻是一道盛宴。二是储槐植的《美国刑法》（北京大学出版社1987年版）。该书以简约的篇幅勾勒出美国刑法的整个面貌，为我国学者了解美国刑法提供了便利。在该书前言中，作者强调著述的客观性，这种客观性相对于评价而言当然是存在的。[①] 但作者在叙述美国刑法内容的时候，其实完全的客观性是做不到的，将美国刑法的内容纳入大陆法系的理论框架，恰恰是《美国刑法》一书值得称道之处。例如该书将美国刑法的刑事责任条件称为美国刑法犯罪构成的双层模式：犯罪本体要件（行为和心态）为第一层次，责任充足条件（也称合法抗辩）为第二层次。在此，充分体现了按照大陆法系犯罪构成要件的思维逻辑去归纳解说美国刑法规定的学术取向。由于清末刑法改制对大陆法系刑法的选择，因而尽管此后也有数部英美刑法教科书及论著汉译出版，但只能作为一种专门研究，未能从根本上动摇我国刑法学的大陆法系传统。此后，大陆法系刑法著作源源不断地汉译出版，开始是日本刑法论著，其中第一部是福田平、大塚仁的《日

① 在《美国刑法》第2版中，储槐植教授增加了对美国刑法总体评价内容，即作为第2版代前言的《美国刑法的价值基础》，1页，北京，北京大学出版社，1996。

本刑法总论讲义》（李乔等译，辽宁人民出版社 1986 年版）。该书只有 20 万言，但体系脉络清晰，语言简明扼要，尤其是书后所附名词解释，是译者为方便读者而编撰，具有较大参考价值。大塚仁的《犯罪论的基本问题》（冯军译，中国政法大学出版社 1993 年版），是汉译第一本日本刑法学家的专著。该书的犯罪论体系对于思考我国的犯罪构成体系提供了参照系。大塚仁教授在中文版序言中祈念本书的翻译出版能加强日中两国刑法学的联系。确实如此，由于冯军辛勤的译述，大塚仁教授成为在我国最知名的日本刑法学家。除日本刑法论著以外，德国刑法论著的汉译则迟至 20 世纪 90 年代末期。当然，这里不能不提及李海东博士的《刑法原理入门（犯罪论基础）》（法律出版社 1998 年版）一书，该书是对耶赛克刑法教科书的编译，以简洁的篇幅叙述了德国刑法学中犯罪论体系的内容。尤其值得肯定的是，李海东博士在代自序《我们这个时代的人与刑法理论》中，提出了对我国刑法学发展来说具有方向性意义的问题："我们的刑法理论研究是不是总体上存在着某种根本性的偏差，才会出现这种刚刚起步就已经到达了理论终点的感觉?"（第 2 页）。李海东对"我们上一代刑法学者"既有认识框架与"我们这一代刑法学者"应有的认识框架作了界分，认为我们上一代刑法学者们的认识框架是以本身就尚处于摸索阶段、完全不成熟的 20 世纪 30 年代苏联刑法理论为基础的，是一种维辛斯基式的刑法理论，并断言：这个理论的观念、基础、方式与结构已经失去了它存在与发展的实践与理论基础。换言之，它可能基本上已经不是我们今天所要研究的刑法学了（第 3 页）。李海东在代自序中反复提到刑法的规范学原理实际上就是大陆法系的刑法学传统，并主张我国刑法学应当融入这一传统之中，使我国刑法学发展成为一门具有严格的内在逻辑的规范学理论。唯有如此，才能改变我国刑法学的幼稚状态。李海东的这一言论具有发聋振聩的作用，无疑是我国刑法学走向世界的一篇宣言，但到底有多少人能够领悟李海东博士的苦心孤诣呢？当然，由于李海东后来未能躬身践行刑法学其宣言的效应有所折扣。今天回顾起来，我认为李海东是我国刑法学的一个先知者，虽然并非先行者。如此评价并不为过。以李海东的介绍为先导，此后德国刑法学论著开始汉译出版，主要包括：李斯特的《德国刑法教科书》，徐久生译，法律出版社 2000 年版；耶赛克、魏根特的《德国刑法教科书（总论）》，徐久生译，中国法制出版社 2001 年版；罗克辛的《德国刑法学总论》（第 1 卷），王世洲译，法律出版社 2005 年版。除德日刑法学论著以外，还有意大利、法国、韩国等刑法教科书翻译出版。这些重要的大陆法系国家的刑法学论著的引入，使我国学者以往局促的刑法视野大为开阔，为我国刑法学的发展提供了一个学术平台。对于上述辛勤的译者，我国刑法学界应当表示感激之情，因为没有这些译事，也就不会有今天我国刑法学的成就。

三、德日刑法学的借鉴与我国刑法学的突围

进入 20 世纪 90 年代后期和 21 世纪初期，我国刑法学面临着重大的学术转型，这就是李海东博士所说的刑法的规范学建立。其实，学术是一个累积的过程。回顾从 1979 年重新起步的我国刑法学，在整个 20 世纪 80 年代基本上处于刑法教科书阶段。虽然出现了个别专著，但由于受整体研究水平的限制，还未能从苏俄刑法学的阴霾中走出来，因而总的来说学术含量并不很高。从 20 世纪 90 年代初期开始，随着译著的出版，逐渐引入大陆法系刑法的学术话语，慢慢出现了一些较为合乎刑法规范学的论著。张明楷教授两度赴日深造，对日本刑法学有着较深的造诣，在此基础上对我国刑法进行研究，出版了《未遂犯论》（法律出版社 1997 年版）、《法益初论》（中国政法大学出版社 2000 年版）、《刑法的基本立场》（中国法制出版社 2000 年版）和《刑法分则的解释原理》（中国人民大学出版社 2004 年版）等著作，对于提升我国刑法学的学术水平作出了应有的贡献。我本人的刑法学研究也是经历了一个演变过程，从 1984 年到 1992 年，除发表了数十篇论文（收录在《当代中国刑法新理念》一书，中国政法大学出版社 1996 年版）外，先后出版了《正当防卫论》（中国人民大学出版社 1987 年版）和《共同犯罪论》（中国社会科学出版社 1992 年版）两部个人专著。这两部书是在我的硕士论文与博士论文基础上修订而成的，现在看来学术水平一般。以《刑法哲学》（中国政法大学出版社 1992 年版）出版为标志，意味着我为期 10 年的学习

阶段的结束，进入一个创作时期。《刑法哲学》是一个大杂烩，应然与实然、形式与实质、规范与事实，各种刑法学知识成分相混合。在《刑法的人性基础》（中国方正出版社 1996 年版）和《刑法的价值构造》（中国人民大学出版社 1998 年版）两书出版以后，我的刑法哲学研究暂告一个段落，开始回归刑法的规范学，其成果就是《本体刑法学》（商务印书馆 2001 年版）和《规范刑法学》（中国政法大学出版社 2003 年版）。对此，曲新久教授在书评中指出："从《刑法哲学》到《本体刑法学》不仅是陈兴良教授个人的学术研究历程，一定程度上也反映了我国刑法理论研究的进程，其中蕴涵着的学术意义值得评论与回味。"① 在书评中，曲新久教授采用了"朴素的回归"这样一个颇具意味的表述。这里的回归，就是向刑法规范学的回归。对于我来说，这是刑法学的学术进路的一种回归；对于我国刑法学来说，这是刑法学之整体性危机的一种克服之道。

我国刑法学面临一个重大的难题，就是如何处理我国刑法学的历史遗产。在《本体刑法学》一书的后记中我曾经指出："我国目前的刑法知识，除历史传统的某些影响以外，基本上是外来的。各个不同的时期分别吸收不同的外来刑法知识，例如，最初是苏联的刑法知识，后来是德日的刑法知识，晚近是英美的刑法知识。这些刑法知识互相之间存在着思想理念上的冲突与逻辑进路上的矛盾，在我国刑法学体系中未能融为一体。在这种情况下，对我国的刑法知识做一次系统清理，清除内容上的抵牾，使之协调统一，是十分重要的，也是将来我国刑法理论发展的基础。"② 这里我提出了一个刑法学知识的融合问题：引入之后尚需融合。我认为，我国目前的刑法学知识中，苏俄刑法学知识与德日刑法学知识存在一种消长趋势：苏俄刑法学的影响日益萎缩，德日刑法学知识的影响逐日隆盛。但是，在刑法知识的基本构造上还是受制于苏俄刑法学，这主要是指犯罪构成理论，从而造成了苏俄刑法学与德日刑法学之间的知识冲突。

犯罪构成是苏俄刑法学的概念，指犯罪要件的总和。苏俄学者指出："我们

① 曲新久：《刑法哲学的学术意义——评陈兴良教授从〈刑法哲学〉到〈本体刑法学〉》，载《政法论坛》，2002（5）。

② 陈兴良：《本体刑法学》，929～930 页，北京，商务印书馆，2001。

将个别犯罪构成加以概括化，由此而创造关于犯罪构成的一般概念。犯罪构成的一般概念，其自身应包含每一个犯罪构成所具有之一切基本因素。只有在这个条件之下，犯罪构成的一般概念才不是空洞的概念，而是其本身包含有个别犯罪实质要件的实质概念。"① 因此，关于犯罪构成一般概念的研究，应该包含着对每一犯罪构成之所有因素的研究，这些因素包括：犯罪客体、犯罪客观方面、犯罪主体、犯罪主观方面。我国的犯罪构成理论就是在此基础之上形成的，尤其受到特拉伊宁《犯罪构成的一般学说》一书的影响。我国学者揭示了特拉伊宁的犯罪构成论的二元性质，呈现出"双重"的品格："一方面论述作为刑事责任根据的危害行为实质的、广义的、综合的、一般的犯罪构成；另一方面论述作为分则法律规范注释的、形式的、狭义的、具体的、法定的构成因素。一方面批判西方构成要件论是形式的、主客观分立、形式与实质分立的；另一方面他自己的构成因素论又回到先前批判的、形式的、分立的思路上。这种二元的理论结构和双重的品格，是他借鉴西方构成要件论与苏俄当时的法律、社会实践相结合的产物，也是他的理论令人感到困惑的关键。"② 特拉伊宁在将大陆法系的构成要件论改造为苏俄刑法学的犯罪构成论过程中起到了重要作用。当然，这种改造尚不彻底，存在所谓双重结构，由此可见其理论的不伦不类。这套理论引入我国以后，更多地采用了特拉伊宁的实质的犯罪构成论，并以社会危害性为中心建构犯罪构成论，以此为基础的我国刑法学打上了深刻的苏俄刑法学的烙印。囿于苏俄刑法学的框架进行研究，当然具有其内在理论上的统一性。但在德日刑法学的话语系统引入以后，与苏俄刑法学的逻辑冲突就不可避免。在这种情况下，苏俄刑法学就成为德日刑法学引入的阻碍因素。在不改变苏俄刑法学的架构的前提下采用德日刑法学的概念，则"机器"与"部件"之间难以适应。

其实我国对犯罪构成理论的反思与重构始于 20 世纪 80 年代中期，以何秉松教授发表在《法学研究》1986 年第 1 期的《建立具有中国特色的犯罪构成理论

---

① ［苏］孟沙金等：《苏联刑法总论》，下册，彭仲文译，315 页，上海，大东书局，1950。

② 阮其林：《评特拉伊宁的犯罪构成论》，载陈兴良主编：《刑事法评论》，第 13 卷，2～3 页，北京，中国政法大学出版社，2003。

新体系》为其发端，此后开始了长期的探索，但效果并不理想。究其原委，我认为还是没有彻底清理与清算苏俄刑法学的影响。这实际上是一个在刑法学知识上的拨乱反正的问题，既未拨乱，何以反正？这里就涉及如何评价我国目前通用的犯罪构成理论问题，广而言之，甚至是一个如何评价我国目前的刑法学知识的问题。

对于这一刑法学知识的现状，我是抱着一种同情的理解的态度来对待的。因为刑法学知识作为权力（国家与法律）的附着物，它是被决定的，刑法学知识很难脱离政治而自足地存在，这里太多无奈的成分，对此我们应当在同情的基础上理解。但同情的理解毕竟是感性的态度，而理性的立场则是反思并且变革。这是一种不值得满足的现状，只有具备了超越的勇气与能力，创新才是可能的。我本人也是目前我国刑法学知识现状的承续者，甚至参与者，但我从来不是现状的满足者而恰恰是变革者。而变革的方向就是按照大陆法系刑法学的思维模式重新建构刑法的规范学体系。我以为，过去 20 年来，虽然对犯罪构成理论的探讨始终没有中断，但成效甚微，究其原委在于没有找到正确的知识进路。对于我国是直接采用大陆法系的犯罪论体系，还是仍然维持现行的犯罪构成体系只是适当加以改良，我国刑法学界看法并不一致。我是前者的积极主张者，并曾经主编了直接采用大陆法系犯罪论体系的刑法教科书。在教科书中我们认为：在我国现有的犯罪构成四要件理论存在缺陷的情况下，恰当借鉴大陆法系的犯罪论体系，并对其适度加以改造，来建构我国刑法学的犯罪论体系，是一种务实的态度。[①] 当然，也有学者为现行的犯罪构成理论辩护的，认为细观目前所提出的变革犯罪构成体系的要求，可以说，基本上都是出于一种抽象的观念上的认识（如封闭的平面）和对外国（主要是德日刑法）的犯罪构成体系的仰慕，真正从解决司法实践中遇到的难题的角度提出这个问题的，基本上没有。这也足以证明，尽管我国的犯罪构成理论存在一些问题，但并没有达到非改不可的程度，而且在没有更好的替代体系的前提下，贸然做如此大幅度的修改，效果可能比维持现有的犯罪构成体系

① 参见陈兴良主编：《刑法学》，48 页，上海，复旦大学出版社，2003。

更糟。[①] 当然，这一争执也许是无法评判的，我以为至少应当打破苏俄刑法学的犯罪构成体系在我国刑法学中的独尊地位，倡导犯罪构成体系的多元化。大塚仁教授曾经给出了评价犯罪论体系的两个特征，这就是逻辑性和实用性。[②] 我国现行的犯罪构成体系恰恰在逻辑性上存在构成要件之间位阶关系的缺失和在实用性上存在有罪判断优于无罪判断的缺陷，这一缺失与缺陷并非些微改动所能克服，在我看来非推倒重来不可。除了以大陆法系的犯罪论体系取而代之，别无出路。当然，构建独具个性的犯罪构成体系的尝试仍然是值得肯定的。

以德日为代表的大陆法系的刑法学是在百余年的历史过程中形成的，发展到今天已经构建了一套十分精致的理论体系。王世洲教授在为德国著名刑法学家罗克辛的代表作《德国刑法学总论》所作的译者序中，提出了“刑法学是最精确的法学”的命题，令人深思。王世洲教授指出：“刑法的本身的性质，要求刑法学应当是最精确的法律科学。显然，最精确的刑法，只能来自最精确的刑法学，因为刑法学是研究和构造刑法领域的思维方式的，刑法的条文乃至刑法典不过是这种思维方式的结晶，甚至司法判决也是自觉不自觉地运用这种或者那种思维方式所得出的结论。很难想象，一个不严谨、不精确的思维方式能够产生和支持一部严谨、精确的刑法。但是可以预见，在不严谨、不精确的思维方式支配下，那些严谨、精确的刑法规定在实际运用中又可能产生什么样的效果！”[③] 在此，王世洲教授将刑法学理解为一种刑法的思维方式，我是完全赞同的。我在讨论犯罪构成时曾经指出：我觉得从形而上的意义来说，应当把犯罪构成理解为一种定罪的思维方法。[④] 因此，刑法学类型，尤其是犯罪构成模式的选择，实际上是一种思维方式的选择，只有选择了精确的思维方式，才能有精确的刑法学。用精确与不

---

① 参见黎宏：《我国犯罪构成体系不必重构》，载《法学研究》，2006 (1)。

② 参见［日］大塚仁：《刑法概说（总论）》（第 3 版），冯军译，71 页，北京，中国人民大学出版社，2003。

③ 王世洲：《刑法学是最精确的法学》，载《德国刑法学总论》，第 1 卷，译者序，1 页，北京，法律出版社，2005。

④ 参见陈兴良：《犯罪论体系的整体性反思》，载陈兴良主编：《刑事法评论》，第 14 卷，93 页，北京，中国政法大学出版社，2004。

精确来形容大陆法系刑法学与苏俄及我国刑法学的区别，确实是十分精准的。当然，一种刑法学的精确程度也是由社会对刑法学的需求所决定的。并且，刑法学从不精确到精确，是一个历史积累过程。苏俄及我国刑法学都是在法律虚无主义的背景下成长起来的，并且深受专政思想的支配。在这种情况下，刑法学不仅没有必要而且也不应精细。因为刑法学越是精细，对刑罚权的限制就越为严格。现在，政治上的桎梏已经消除，人权保障已经成为我国刑法的基本机能，罪刑法定原则得以在我国刑法中确立。但是，如果没有精确的刑法学知识的支撑，刑法的这些价值都将无从实现。为此，我国刑法学亟待从不精确向精确提升，这也正是引入大陆法系刑法学的社会背景。

刑法学的精确、精致、精细，如果过分的话，往往导致理论上的烦琐哲学。我国学者面对大陆法系刑法学各种层出不穷的学说，也会眼花缭乱。即使是德国学者本身，也对于这种精致的必要性表示怀疑。例如德国学者雅克布斯（Jakobs）就认为，德国学说争辩因果行为论或目的行为论何者为佳，以及争辩阶层构造理论，纯粹因为第二次世界大战之后，刑法学者逃避政治压力，把精力放在这种技术问题所致。区分构成要件合致性、违法性和有责性，或区分不法和罪责，都是没有意义的。归根结底，只是一个行为人要不要负责的问题。① 如果以为雅克布斯是在反对刑法学的精细并倡导刑法学的粗放，并以此作为我国刑法学之不精确的合理性的辩护理由，那就大错特错了。其实，精细不是过错，过分精细才是过错。但对于刑法学这样一个关切公民生杀予夺的学科来说，过分精细之过错远远小于粗放之过错。因此，没有经历过精细的我国刑法学，是没有资格指责大陆法系刑法学过分精细的。其实，雅科布斯本人的理论又何尝不精细，只要详读一下《行为、责任、刑法——机能性描述》一书对报应主义与预防主义的扬弃并对忠诚理论的精巧论证②，以及在《规范、人格体、社会——法哲学前思》

① 参见许玉秀：《当代刑法思潮》，53页，北京，中国民主法制出版社，2005。

② 参见［德］雅科布斯：《行为、责任、刑法——机能性描述》，冯军译，10页，北京，中国政法大学出版社，1997。

一书中对结果归责与责任归责的细微界分[1]，就会怀疑雅克布斯的犯罪构成精细区分为不同阶层理论没有意义的说法是否是言不由衷之论。另外一个可以作为解释的理由是雅克布斯反对刑法规范学的精细，但从来都在追求刑法哲学的精细，这只不过是另一种精细罢了。

意大利学者杜里奥·帕多瓦尼在其《意大利刑法学原理》的中文版序（陈忠林译，法律出版社 1998 年版）中指出："除国际法外，刑法是法律科学中对各国具体政治和社会文化特征方面的差别最不敏感的法律学科。在刑法不同的历史形式之间，尽管也存在一些往往是非常重要的差别，但是在基本的理论范畴和法律制度方面，却有共通的基础。法律和犯罪的关系；犯罪成立的必要条件；排除社会危险性行为的问题；法律保护的利益的问题；罪过问题；刑罚的目的和可罚性的意义等，这些界定实证刑法存在的范围的问题，在任何刑法制度中都居于核心地位"（原作者中文版序，第 1 页）。我们过去往往认为刑法学是阶级性最强的一个部门法学，例如我国 20 世纪 80 年代初的刑法教科书就将阶级性作为我国刑法学区别于一切资产阶级刑法学的明显的特征，并且强调我国刑法学的一切立论，均以这一点为依据。[2] 而帕多瓦尼却让我们相信，各国刑法学具有共通之处。的确，各国刑法规范是存在差异的，但刑法学原理是相通的，只不过在采用这些刑法学原理的时候，应当考虑到本国刑法这一特殊语境。例如，罪数理论是大陆法系刑法学中最为精致，也是最为烦琐的理论形态。我国学者从大陆法系引入了罪数理论，例如我国最早的刑法专著就是讨论罪数理论的，并将不适用数罪并罚的情况只分成两类：其一是单纯一罪，包括单一罪，吸收犯、结合犯、继续犯、集合犯（营业犯、常业犯、惯犯）、结果加重犯、法规竞合等；其二是处断上的一罪，想象竞合犯、牵连犯、连续犯。[3] 此后，我国刑法教科书一般将一罪分为以下三种情况：（1）一行为刑法上规定为一罪或处理时作为一罪的情况，包括继续

① 参见［德］雅科布斯：《规范、人格体、社会——法哲学前思》，冯军译，76 页，北京，法律出版社，2001。

② 参见高铭暄主编：《刑法学》，9 页，北京，法律出版社，1982。

③ 参见顾肖荣：《刑法中的一罪与数罪问题》，11 页，上海，学林出版社，1986。

犯、想象竞合犯。（2）数行为在刑法上规定为一罪的情况，包括惯犯、结合犯。（3）数行为处理时作为一罪的情况，包括连续犯、牵连犯和吸收犯。① 在上述概念中，我国刑法中并无惯犯与结合犯之规定，而继续犯只是一个行为形态的问题而非罪数形态，牵连犯只有在不并罚的情况下才有其存在价值，在并罚的情况下逐渐丧失其存在的意义。至于连续犯，以及与之相关的接续犯、徐行犯等概念，都是以同种数罪并罚为前提的。因为连续犯实际上是同种数罪，在同种数罪并罚的情况下，连续犯具有限制并罚范围的功能，即德国学者所说的避免强制对所有具体的行为进行确认和避免强制适用实质竞合的规定。② 从连续犯概念的产生来看，最先是中世纪的法律实践家提出来的。由于当时对犯罪竞合实行极其严厉的并科制度（例如，对盗窃罪数罪并罚就可处死刑），他们试图通过对各种犯罪实质竞合的研究，概括出一些不应该实行并科的情况，连续犯的概念应运而生。③ 但在我国刑法对同种数罪不实行并罚的情况下，连续犯概念可以说毫无法律上的意义。由此可见，法律语境的特殊性，在引入大陆法系刑法学的话语体系的时候是应当注意的一个问题。

我国刑法学处在一个大变革时期，各种创新性的探讨时有所见。我国学者周光权就提出了"刑法学的突围"的命题，认为我国刑法学受到苏俄刑法学的全方位渗透，并且成为苏俄刑法学长期占领的精神领地。苏俄刑法理论，尤其是社会危害性理论、闭合式的犯罪构成要件理论，组成了今天我国刑法学的骨架。在这种情况下，要解决刑法学发展的先天不足弊病，必须返回问题的起点——思考刑法的根基问题。④ 由此可见，刑法哲学的思考往往会成为这种突围的突破口，我自己也是由此开始刑法学的长途跋涉的。然而，刑法哲学更多的是反思性、破坏性的，是对学术地基的一种清理。而建设性的、建构性的使命还有赖于刑法的规

① 参见高铭暄主编：《中国刑法学》，214页及以下，北京，中国人民大学出版社，1989。

② 参见［德］汉斯·海因里希·耶赛克、托马斯·魏根特：《德国刑法教科书（总论）》，徐久生译，868页，北京，中国法制出版社，2001。

③ 参见［意］杜里奥·帕多瓦尼：《意大利刑法学原理》，陈忠林译，421页，北京，法律出版社，1998。

④ 参见周光权：《刑法学的向度》，11、14页，北京，中国政法大学出版社，2004。

范学来完成。刑法的规范学在大陆法系刑法学中已经发展到十分精致的程度。面对这样一种精致的刑法学，赞叹之辞脱口而出，羡慕之情油然而生，甚至使我们难免产生几多自卑，创新的万丈豪情顿时消失。然而，这是历史的宿命，我们无须悲天悯人。在现代化理论中，把现代化分为早发内生型与后发外生型。所谓早发内生型，是指社会现代化的最初动力产生于本社会内部的现代化类型；所谓后发外生型，是指社会现代化的最初动力来自社会外部严峻挑战的现代化类型。因为早发内生型现代化是没有先例的，而后发外生型现代化则由于是迟发的，存在所谓迟发展效应，可以有效地利用先发的内发型现代化的思想、技术与文化，从而缩短现代化的进程。正如我国学者指出："后发外生型国家不可能也不必要重复同样的创造过程，有选择的并附之以创新的采借是后发外生型现代化国家在现代化中（特别是初期）普遍采用的一种手段。"[①] 法律的现代化，同样适用于上述分析框架，可以分为内发型法律现代化模式（Legal Modernization from within）和外发型法律现代化模式（Legal Modernization from without）。[②] 法学是依附于法律的，因而法学现代化同样可以分为内发先生型与外发后生型。显然，中国，无论是社会、法律还是法学，都属于外发后生型。刑法学也是如此。在这种情况下，我国刑法学应当吸收及汲取一切先进的刑法学知识与文化，以此作为我国刑法学现代化的养分。

我国刑法学所处的这种外发后生劣势，是否意味着我国刑法学无所作为了呢？我并不以为然。借用胡适的"问题"与"主义"的分析工具，将大陆法系刑法学视为一种"主义"，那么，我国刑法学应当以此来解决中国的"问题"。换言之，"主义"是大陆法系的，而"问题"是中国的。正是在解决中国问题的过程中，大陆法系刑法学得到运用，由此形成具有本土化特征的我国刑法学。陈瑞华教授曾经提出"中国的问题，世界的眼光"的研究范式。中国的问题是容易理解的。那么，何谓世界的眼光？陈瑞华在《问题与主义之间——刑事诉讼基本问题

① 孙立平：《现代化与社会转型》，78页，北京，北京大学出版社，2005。

② 参见公丕祥：《法制现代化的理论逻辑》，310～311页，北京，中国政法大学出版社，1999。

研究》（中国人民大学出版社2003年版）的代序言中指出：世界的眼光是指研究者所持的思路和所要达到的境界。但在该书第十章刑事诉讼法学的研究范式问题中，陈瑞华教授在解释“研究中国问题，持有世界眼光”时又指出：“问题应主要是中国的。唯其是中国的问题，分析和解决问题的学问也才是中国的学问，但是，对于中国的问题，研究者仅仅以中国式的智慧来解决是否可行？对于这一问题，历史早就作出了回答：中国式的智慧固然有其奇妙之处，但面对西方的法律文化，它已经失去了昔日的风采和优势。因此，对于中国的问题，所持的立场、方法、观念甚至理论却不能仅仅限于中国式的，而应是世界性的、普遍性的。换言之，研究者必须有世界的眼光。”① 换言之，世界的眼光并非我国学者在解决中国问题中所持的思路和所要达到的境界，恰恰是借助于西方先进的法律文化所建立起来的包括立场、方法、观念的理论分析工具。当我们能够运用这种理论分析工具来解决中国问题的时候，我们就具有了世界的眼光。因此，确切地说，应该是用世界的眼光打量中国的问题。如果换用张之洞的“中学为体，西学为用”，则是“西学为体，中学为用”。中学之形成，恰恰是利用西学研究中国问题的结果。刑法学的发展也是如此，我们不能排拒大陆法系刑法学，而应将其作为解决中国刑法问题的工具。这种中国刑法问题的解决，绝不是大陆法系刑法学的机械照搬或者简单套用，而是结合中国实际的一种灵活运用，由此形成我国刑法学的特色。

（本文原载《华东政法大学学报》，2006（3））

① 陈瑞华：《问题与主义之间——刑事诉讼基本问题研究》，517～518页，北京，中国人民大学出版社，2003。

图书在版编目（CIP）数据

刑法研究．第四卷，刑法理论．Ⅰ/陈兴良著．--
北京：中国人民大学出版社，2021.3
（陈兴良刑法学）
ISBN 978-7-300-29127-7

Ⅰ.①刑… Ⅱ.①陈… Ⅲ.①刑法-中国-文集
Ⅳ.①D924.04-53

中国版本图书馆 CIP 数据核字（2021）第 049537 号

国家出版基金项目
陈兴良刑法学
刑法研究（第四卷）
刑法理论Ⅰ
陈兴良　著
Xingfa Yanjiu

出版发行	中国人民大学出版社		
社　　址	北京中关村大街 31 号	**邮政编码**	100080
电　　话	010－62511242（总编室）		010－62511770（质管部）
	010－82501766（邮购部）		010－62514148（门市部）
	010－62515195（发行公司）		010－62515275（盗版举报）
网　　址	http://www.crup.com.cn		
经　　销	新华书店		
印　　刷	涿州市星河印刷有限公司		
规　　格	170 mm×228 mm　16 开本	**版　　次**	2021 年 3 月第 1 版
印　　张	29.5 插页 4	**印　　次**	2021 年 3 月第 1 次印刷
字　　数	439 000	**定　　价**	158.00 元

版权所有　侵权必究　　印装差错　负责调换